# 院校研究手册
The Handbook of Institutional Research

［美］理查德·D. 霍华德（Richard D. Howard）
［美］杰拉尔德·W. 麦克劳林（Gerald W. McLaughlin）
［美］威廉·E. 奈特（William E. Knight）　编
　　　　蔡三发　等　译

**图书在版编目(CIP)数据**

院校研究手册 /（美）理查德・D.霍华德（Richard D. Howard），（美）杰拉尔德・W.麦克劳林（Gerald W. McLaughlin），（美）威廉・E.奈特（William E. Knight）编；蔡三发等译. —上海：同济大学出版社，2021.6

书名原文：The Handbook of Institutional Research

ISBN 978-7-5608-8449-3

Ⅰ. ①院… Ⅱ. ①理… ②杰… ③威… ④蔡… Ⅲ. ①高等学校-研究-手册 Ⅳ. ①G64-62

中国版本图书馆 CIP 数据核字(2021)第 116066 号

All Rights Reserved. This translation published under license.

# 院校研究手册

[美] 理查德・D. 霍华德　　杰拉尔德・W. 麦克劳林　　威廉・E. 奈特　编
蔡三发 等　译

| 责任编辑　翁晗 | 责任校对　徐春莲 | 封面设计　陈益平 |

| | |
|---|---|
| 出版发行 | 同济大学出版社　www.tongjipress.com.cn<br>(地址：上海市四平路 1239 号　邮编：200092　电话：021-65985622) |
| 经　　销 | 全国各地新华书店 |
| 排　　版 | 南京文脉图文设计制作有限公司 |
| 印　　刷 | 上海安枫印务有限公司 |
| 开　　本 | 710 mm×1000 mm　1/16 |
| 印　　张 | 39.25 |
| 字　　数 | 785 000 |
| 版　　次 | 2021 年 6 月第 1 版　　2021 年 6 月第 1 次印刷 |
| 书　　号 | ISBN 978-7-5608-8449-3 |
| 定　　价 | 360.00 元 |

本书若有印装质量问题，请向本社发行部调换　　版权所有　侵权必究

# 前　言

　　本书的出版旨在给高校从业者、行政管理者、教职员工以及学生提供可供参考的关于院校研究的核心内容概括,包括:院校研究的历史和理论基础,它对计划与决策的支持作用,它在回应外部问责授权中的作用,由院校研究专家建立并可为他们采用的数据来源,用于院校研究并告知团体所有成员的工具和技术。

　　高等教育中关于院校研究理论和实践的最广泛讨论已超过 40 年时间。1971 年,美国密歇根州立大学教授保罗·德雷斯尔(Paul Dressel)及其同事一起写了《大学院校研究手册》(*Institutional Research in the University: A Handbook*)。该书叙述的发展实践,技艺多于专业,对学术机构而言是新生事物。自那以后,德雷斯尔描述的这门技艺已经转化成专业,在美国和世界各地的高等教育院校中真真切切地实践着。作为一门专业,已经出版了系列规范和标准,发展了从业者的组织,具有不断发展与拓展的知识库。多年来,因为专业的发展,许多出版物强调院校研究的多方面实践。然而,1971 年德雷斯尔的出版物中并没有描述和讨论院校研究实践中的概念、流程和方法论,这也是本书的写作原因。

　　我们的首要任务是尝试回答这个复杂的问题:准确来说,院校研究是什么？虽然已经有许多定义描述院校研究的功能,但乔·索普(Joe Saupe,1990)清晰、简洁地将其定义为:院校研究是高等教育机构组织的一项研究,提供支持院校计划、政策制定和决策的信息。更早以前,在阿萨·诺尔斯(Asa Knowles)的《大学行政管理手册》(*Handbook of College and University Administration*,1971)中,约翰·斯特克莱因概括了院校研究的三个基本目的。我们认为这至今仍然是切题的。斯特克莱因认为院校研究的目的为:①服务教职员工;②服务行政管理者;③服务合作组织及其他外部代理。他也对这些服务的多种活动做出了说明,比如:

（1）为教学程序和实践的关键考核提供研究基础;
（2）为课程目的创造更好的理解;
（3）为教学和课程建设的比较判断提供基础;
（4）更好地理解行政实践、考试程序、指导实践以及工作量;
（5）更好地理解大学行政管理中教职员工的角色;
（6）更好地理解影响成本的因素;
（7）更好地理解决策,如空间利用率、建造成本及其他日常操作等资源使用的决策方式；

（8）提供最新的院校特征统计，识别这些特征中的趋势，提供财务支持中的有用数据和信息，提供阐释院校使命和成就的有用数据。

这是有关院校研究活动和职责的广泛列表，与钱伯斯和格雷克（Ghambers & Gerek，2007）发展的列表十分相似。院校研究协会的常务主任兰迪·斯温（Randy Swing，2009）丰富了该列表，他提出院校研究专家也应当支持和管理大学中的变化；院校研究从业人员需要发展他们的技术技能、批判思维和逻辑能力、大学系统和部门文化的理解以及管理能力。该协会的简介在 xiii 页。

## 本书的构成与概述

本书由四大篇组成，描述了院校研究专业中的大量核心知识和技术。在本书的主题组织中，我们使用了帕特·特伦齐尼（Pat Terenzini，1993）的概念模型，从三个层次或主要类型定义知识来作为章节编排的框架。第一篇，在研究了专业发展和现有实践之后，作者为院校研究的专业实践设定了一个专门的情境（特伦齐尼提出的知识的第三个层次：情境智能或院校智能），审视了该专业的发展及其现行的实践，同时提出了一些关于大学未来发展方向的想法。第二篇，特伦齐尼关于知识的第二层次——"问题智能"的想法在一些章节中得到了体现，这些章节介绍了具体的院校规划和决策支持活动。第三篇，将重点放在了那些能够同时支撑外部问责和院校研究的数据的开发和使用上。在这部分中，特伦齐尼提出的问题智能结合了第一层次的"技术和分析智能"，同时将这些反映在所说的缩小院校研究活动内外部环境差异的过程中。最后一篇的内容主要着眼于能够体现特伦齐尼提出的第一层次技术和分析智能上，包括研究和管理工具以及专门用于院校研究领域的技术。

以下是对每一篇的简述：

（1）第一篇——院校研究的历史、理论和实践。在这部分中读者可以了解到院校研究的专业领域、历史、功能是如何组织和体现的，以及校园中正在出现的新角色和变革。

（2）第二篇——为大学的领导与管理提供支持。这部分主要侧重院校领导力及院校研究应实现的告知和评估过程的支撑。主要内容包括行政和学术领导力及管理的支撑、教职工及学生的成功、战略和实践规划管理的监管和分析、设施管理和校园的可持续性。

（3）第三篇——为院校研究建立内部和外部标准。介绍了各种数据来源（美国联邦政府、州和学校）和院校研究者及专家教授对这些数据的使用。

（4）第四篇——院校研究工具和技术。包括对院校研究者及专家教授在院校研究领域使用的一些分析工具、技术和方法的探讨。内容主要包括应用统计学的研究活动,对比分析,质量控制系统,测量学生、教职工和员工观点,以及如何更加战略性地改善组织有效性的一些管理活动。

## 手册的开发形成

本书的开发步骤如下：首先,编者提出了一些需要涉及的话题的初拟大纲。该大纲随后由两组院校研究专家进行评审。第一组由代表高等教育不同阶段的专家组成,第二组包括院校研究领域各个方向的专家。基于这些专家的评价及建议、研究话题及大纲最终形成,接着通过"征集志愿作者"传递给院校研究委员会内所有成员。征召大约200位专家自发参与写作——有些志愿撰写特定话题,其他的去写需要他们写作的部分。每一篇的第一作者由编者挑选出来。这些第一作者会得到一列写作这些话题的志愿者名单,作为可能的合著者。一些主作者自行挑选自己想写的章节,其他的主作者挑选合著并且从其他志愿者名单中招募合著者。经过这个过程,我们相信这本由院校研究实践领域的专家和学者共同完成的手册能够准确地被称为关于院校研究角色、知识和方法讨论的著作。

## 结语

综上,本书涉及一系列由院校研究实践者参与其中的、能体现广泛特性和大量工作的话题。一些讨论是概念性的,能够为其他工作提供巨大的参考价值。相比之下,其他一些讨论更加具有技术性,但是也能提供大量支撑性的参考。正如本书所述："虽然一些章节会有稍许重叠,但是这些章节更加侧重观点的不同之处。院校研究不能简单地被划分成一些完全独立的、离散的话题。"然而,本书既不是院校研究实践中的最终裁定,也不是所有院校研究活动的概要。事实上,本书旨在为那些感兴趣的人们抛砖引玉,帮助他们寻找更多话题、进行进一步的讨论以及了解我们怎样做那些我们能做的事情。

## 参考文献

Chambers, S., & Gerek, M. L. (2007, February 26). *IR activities, IR applications*, vol. 12. Association for Institutional Research.

Dressel, P. L., & Associates. (1971). *Institutional research in the university: A handbook*. San Francisco: Jossey-Bass.

Knowles, A. S. (Ed.). (1971). *Handbook of college and university administration*. New York:

McGraw-Hill.

Saupe, J. P. (1990). *The functions of institutional research*. Tallahassee, FL: Association of Institutional Research.

Stecklein, J. E. (1971). *Institutional research*. In A. S. Knowles (Ed.), *Handbook of college and university administration* (pp. 4-123-4-134). New York: McGraw-Hill.

Swing, R. (2009). Institutional researchers as change agents. In C. Leimer (Ed.), *Imagining the future of institutional research* (pp. 5-16). New Directions for Institutional Research, no. 143. San Francisco: Jossey-Bass.

Terenzini, P. T. (1993). On the nature of institutional research and the knowledge and skills it requires. *Research in Higher Education*, 34(1), 1-10.

# 致　　谢

首先,我们想感谢我们的妻子们乔塞塔(Josetta)、阿德里安(Adriene)和帕特(Pat),在我们完成这部手册的工作过程她们给予了足够的耐心与支持。

这部手册提醒了我们在院校研究的专业领域建立工作联系有多么重要。多年来,我们得益于许多专家的智慧和指导。感谢他们一直欢迎我们前来拜访,尤其感谢吉姆·蒙哥马利(Jim Montgomery)、查克·埃尔顿(Chuck Elton)和卡梅隆·芬奇(Cameron Fincher)。

我们也想对那些为本手册的编写贡献了智慧和精力的作者们表示感谢。此外,我们要感谢乔西·巴斯(Jossey Bass)和院校研究协会(AIR)在本手册完成过程中提供的支持和建议。

最后,我们要特别感谢吉恩·查拉克(Jean Chulak),她在 1974 年至 1991 年期间担任院校研究协会的行政总监,是协会成立早期的核心和灵魂人物。我们无法想象,如果没有她孜孜不倦的奉献,我们协会能够发展成今天的水平。

理查德·D.霍华德(Richard D. Howard)
杰拉尔德·W.麦克劳林(Gerald W. McLaughlin)
威廉·E.奈特(William E. Knight)

# 编者简介

理查德·D.霍华德(Richard D. Howard)现为一名高等教育顾问。他最近从美国明尼苏达大学的院校研究主任和教育政策与行政教授岗位退休。在这之前,他在美国西弗吉尼亚大学、北卡罗来纳州立大学、亚利桑那大学担任院校研究主任和教师的职务。霍华德也曾是蒙大拿州立大学的高等教育终身教授,教授研究生课程和指导学生研究,并担任大学教师委员会会长。他曾任美国院校研究协会主席、专业发展委员会主席、论坛主席和院校研究资源专题丛书的编辑,并自基金会研究所成立以来一直在该所任教。他还在统计研究所、数据和决策研究所任教,并在各个专业协会的年度会议上提交论文且开展研讨,这些协会包括美国院校研究协会、美国高等院校计划管理协会、美国高等教育信息化协会、美国南部院校协会和美国教育研究协会。他曾被授予"杰出服务奖",并且是协会的杰出成员。此外,他也是南部院校研究协会的前任主席和杰出成员。他的专业兴趣包括战略规划、高等教育管理、数据管理和混合方法方法论。

杰拉尔德·W.麦克劳林(Gerald W. Mclaughlin)是美国德保罗大学招生管理和市场营销的副校长助理。他以前是德保罗大学规划和院校研究主任,也是弗吉尼亚理工学院院校研究和规划分析主任。他教授过管理和教育课程,并且是弗吉尼亚理工学院教授,是学院的硕士和博士生委员会成员。他担任美国院校研究协会主席、论坛主席和出版物委员会主席。麦克劳林曾担任美国南部院校研究协会的论坛主席、会长和创始成员,也曾是院校研究协会专业文件和《院校研究应用》的编辑。麦克劳林自基金会研究所成立以来一直在该所任教,他也在统计研究所、数据和决策研究所任教,并在各个专业协会提交论文且开展研讨会,包括美国院校研究协会、美国高等院校计划管理协会、美国高等教育信息化协会、美国南部院校研究协会、美国南部院校研究协会以及董事会协会。他获得过西德尼萨斯洛奖以及全美院校研究协会和美国南部院校研究协会的杰出服务奖和杰出会员奖。麦克劳林的专业兴趣领域包括方法论、战略管理和数据管理。

威廉·E.奈特(William E. Knight)现任机构有效性部门的执行主任,也是美国鲍尔州立大学的客座教师。他带领和执教鲍尔州立大学的院校研究员证书课程。他以前是博林格林州立大学和佐治亚南方大学的院校研究员和教师,也曾是肯特州立大学的院校研究员。他曾获得1988年博林格林州立大学最佳奖以及

2009年博林格林州立大学的蒂莫西·D.金学生之友事务奖。奈特曾是院校研究协会的主席、论坛主席以及董事会成员。他的学术兴趣包括大学对学生的影响和院校研究的有效性。他已经撰写和合著了二十五本同行评审和邀请的出版物,编辑院校研究的入门图书,举办了一百场同行评审和邀请的会议演讲和研讨会,是二十五个论文委员会的成员。他还担任美国中北部协会高等教育委员会的顾问评估员、团队主席和认证审查委员会的成员。

# 撰稿人名单

丽萨·M.阿莫鲁索(Lisa M. Amoroso),管理学副教授,多明尼克大学

桑德拉·J.阿彻(Sandra J. Archer),大学分析与规划支持主任,中佛罗里达大学

金·K.本德(Kim K. Bender,评估主任),科罗拉多州立大学

汤姆·R.博安农(Tom R. Bohannon),分析顾问,美国北卡罗来纳州SAS研究所

雷切尔·D.布恩(Rachel D. Boon),高等教育数据共享联盟副主任,瓦贝希学院

维克托·M.H.博登(Victor M. H. Borden),教育领导与政策研究教授,印第安纳大学伯明顿主校区

保罗·T.布林克曼(Paul T. Brinkman),预算与规划办公室助理副校长,犹他州大学

科尔·M.坎贝尔(Corbin M. Campbell),院校研究办公室助理研究员,马里兰大学

朱莉·W.卡朋特-休宾(Julie W. Carpenter-Hubin),院校研究与规划主任,俄亥俄州立大学主校区

丽贝卡·E.卡尔(Rebecca E. Carr),国家协调员,美国大学数据交换协会

约翰·J.切斯洛克(John J. Cheslock),高等教育研究中心副教授,宾夕法尼亚州立大学

迈克尔·J.杜丽斯(Michael J. Dooris),规划研究与评估主任,宾夕法尼亚州立大学

马迪·T.艾默斯(Mardy T. Eimers),院校研究主任,密苏里大学哥伦比亚分校

安·S.费伦(Ann S. Ferren),高级研究员,美国学院与大学协会

乔纳森·D.菲夫(Jonathan D. Fife),教育领导与政策研究客座教授,弗吉尼亚理工学院暨弗吉尼亚州立大学

约瑟夫·W.菲尔金斯(Joseph W. Filkins),院校研究与市场分析高级研究助理,德保罗大学

盖尔·M.芬克(Gayle M. Fink)，院校效能助理副校长，包伊州立大学

卡罗尔·H.富勒(Carol H. Fuller)，咨询顾问

丹尼斯·C.加德纳(Denise C. Gardner)，助理教务长兼院校研究办公室主任，田纳西大学

查尔斯·F.哈林顿(Charles F. Harrington)，管理学教授，北卡罗来纳大学彭布罗克分校

罗斯玛丽·Q.海斯(Rosemary Q. Hayes)，学生保有数据交换联合会主任，学生保有数据交换联合会

特丽·L.海因兹(Teri L. Hinds)，院校规划、评估与研究主任，维诺纳州立大学

理查德·D.霍华德(Richard D. Howard)，咨询顾问

格伦·W.詹姆斯(Glenn W. James)，院校研究主任，田纳西科技大学

伊丽莎白·A.琼斯(Elizabeth A. Jones)，教育学院博士点项目主任、教授，圣加大学

丹尼尔·R.琼斯-怀特(Daniel R. Jones-White)，院校研究办公室分析员，明尼苏达大学

克里斯汀·M.凯勒(Christine M. Keller)，自愿问责制执行主任兼研究与政策分析主任，公立和赠地大学协会

希瑟·A.凯丽(Heather A. Kelly)，院校研究办公室主任，特拉华大学

阿德里安娜·J.克扎尔(Adrianna J. Kezar)，副教授，罗斯耶教育学院，南加州大学

贝弗利·R.金(Beverly R. King)，院校效能助理副校长，北卡罗来纳大学彭布罗克分校

高长完(Jang W. Ko)，教育系助理教授，韩国成均馆大学

丹尼斯·A.克雷默二世(Dennis A. Kramer Ⅱ)，高等教育研究所研究生助教，佐治亚大学

葆拉·S.克里斯特(Paula S. Krist)，评估支持院长助理，圣地亚哥大学

里克·J.克罗克(Rick J. Kroc)，院校研究和规划支持副教务长，亚利桑那大学

玛莎·V.克罗森(Marsha V. Krotseng)，战略规划副校长兼大学技术教育委员会执行主任，北达科他州立大学系统

图拉西·库马尔(Thulasi Kumar)，院校研究和评估主任，密苏里科技大学

凯茜·J.利博(Cathy J. Lebo)，院校研究助理教务长，约翰霍普金斯大学

刘颖[Ying(Jessie) Liu，音译]，研究分析员，达特茅斯学院

栾晶(Jing Luan)，教育服务及规划副校长，圣马特奥社区学院

安德鲁·L.卢纳(Andrew L. Luna)，院校研究、规划和评估主任，北阿拉巴马大学

撰稿人名单

简·W.莱顿(Jan W. Lyddon),组织效能顾问主任

布鲁斯·E.麦库姆(Bruce E. McComb),组织效能顾问主任

杰拉尔德·W.麦克劳林(Gerald W. McLaughlin),招生管理和市场助理副校长,德保罗大学

乔塞塔·S.麦克劳林(Josetta S. McLaughlin),怀特工商管理学院管理学副教授,罗斯福大学

玛莎·C.梅里尔(Martha C. Merrill)高等教育学副教授,肯特州立大学

约翰·H.米拉姆(John H. Milam),规划和院校效能主任,费尔法克斯勋爵社区学院

J.帕特里克·米扎克(J. Patrick Mizak),院校研究主任,凯尼休斯学院

约翰·A.穆夫(John A. Muffo),约翰马弗总裁以及合伙人

查德·芒茨(Chad Muntz),院校研究主任,马里兰大学系统

丹尼尔·W.纽哈特(Daniel W. Newhart),学生生活研究与评估副主任,俄亥俄州立大学主校区

朱莉·P.诺布尔(Julie P. Noble),首席研究员,美国大学入学考试委员会

吉塔·W.皮特(Gita W. Pitter),院校效能助理副校长,佛罗里达农工大学

约翰·D.波特(John D. Porter),院校研究分析副教务长,纽约州立大学

詹姆斯·T.波西(James T. Posey),院校研究与规划助理副校长,查尔斯顿学院

詹姆斯·珀塞尔(James Purcell),高等教育专员,路易斯安娜州政府基金会

杰罗姆·S.拉科夫(Jerome S. Rackoff),规划与院校研究副校长,巴克内尔大学

唐纳德·J.莱卡德(Donald J. Reichard),校长高级顾问,艾默里和亨利学院

加里·A.赖斯(Gary A. Rice),院校研究副教务长,阿拉斯加大学安克雷奇分校

约翰·J.罗梅(John J. Rome),副首席信息官兼商业智能策略师,亚利桑那州立大学

莎伦·L.朗科(Sharron L. Ronco),评估主任,马凯特大学

帕特里克·M.罗斯尔(Patrick M. Rossol),国立高等教育标杆研究所高级研究分析师,约翰逊社区学院

玛丽安·S.拉多克(Maryann S. Ruddock),已退休,得克萨斯大学奥斯汀分校

艾琳·B.罗塞尔(Alene B. Russell),高级政策顾问,美国州立大专院校和大学协会

帕特里夏·C.莱恩(Patricia C. Ryan),院校研究主任,东南密苏里州立大学

莉兹·桑德斯(Liz Sanders),院校研究与市场分析副校长,德保罗大学

理查德·L.索耶（Richard L. Sawyer），高级研究员，美国大学入学考试委员会

杰弗里·A.塞贝特(Jeffrey A. Seybert)，国立高等教育标杆研究所主任，约翰逊社区学院

肖恩·西莫内(Sean Simone)，国家教育统计中心副研究员，教育科学研究院

斯蒂芬·D.斯潘吉尔（Stephen D. Spangehl），认证关系副主席，高等教育委员会

苏蒂·苏吉特帕拉皮塔亚(Sutee Sujitparapitaya)，院校研究助理副校长，圣何塞州立大学

丹尼尔·谭泽思(Daniel Teodorescu)，院校研究主任，埃默里大学

金伯利·A.汤普森(Kimberly A. Thompson)，院校效能主任，科罗拉多大学丹佛分校

罗伯特·K.陶特库世安(Robert K. Toutkoushian)，高等教育研究所教授，乔治亚大学

J.弗雷德里克斯·沃克温(J. Fredericks Volkwein)，高等教育讲席教授，宾夕法尼亚州立大学

理查德·A.沃赫斯（Richard A. Voorhees），总裁，集团有限责任公司

阿利森·M.沃尔特斯（Allison M. Walters），院校研究主任助理，特拉华大学

凯瑟琳·E.瓦特(Catherine E. Watt)，公共管理硕士项目主任，克莱姆森大学

詹姆斯·伍德尔(JamVictores Woodell)，创新与科技政策主任，公立与赠地大学协会

# 院校研究协会简介

院校研究协会(Association of Institutional Research, AIR)是世界上最大的院校研究(IR)专业性组织①。自1965年成立以来,该组织致力于为全世界4 000个以上的会员提供教育资源、最佳实践案例和专业化的发展机会。协会的基本目标是提供高质量的、基于数据的决策支持,促进高等教育发展和学生成长。

院校研究协会是一个由理事会治理的会员组织,理事会从成员中选出。理事会成员都是院校研究的实践者,它们代表着大专院校、高等教育协会和其他相关组织。除了协会治理以外,院校研究协会的成员也积极出版图书,本书就是其中之一。本书大部分章节的作者都是院校研究协会的成员,另外,本书的三位编者也是协会前任主席。

院校研究协会是一个致力于提供院校研究培训和专业发展的综合性的资源,提供大量线上资源和培训机会,帮助其成员以最高的质量完成工作。培训机会包括:"数据与决策学"——针对院校研究者设计的一系列线上专业发展自学课程;院校研究协会通过高等教育数据系统(Integrated Post Secondary Education Data System, IPEDS)中的调查和数据工具提供的独有的工作坊和教程,以及大量的线上出版物,介绍院校研究过程和模型,同时向院校研究者分享可供应用的实用知识。

每年春天,院校研究协会都会主办该领域的高级会议——院校研究论坛(the AIR Forum),这是全世界最大的高等教育专家的盛会,工作在院校研究、评估、规划和相关高等教育领域的专家齐聚一堂。4天的会议包括450多场演讲,展示高等教育的方方面面,并展现支持数据决策的最新的工具和资源。

我们希望读者能把本书作为院校研究领域中首选的出版物及必备的专业资源。此外,我们也邀请读者积极参与院校研究协会,与所有高等教育部门的同行和同事交流,以保持他们的专业发展。

---

① 主要由美国院校研究人员主导,有时也被称为"美国院校协会"。——译者注

# 目 录

前言   i
致谢   v
编者简介   vii
撰稿人名单   ix
院校研究协会简介   xiii

## 第一篇   院校研究的历史、理论与实践

第1章   院校研究的历史   3
第2章   院校研究办公室的结构与功能   22
第3章   院校研究实践   39
第4章   院校研究在国际性大学中的角色   54
第5章   跨出院校：变革时代的院校研究   68
第6章   院校研究与合作性组织学习   79
第7章   利用变革管理发展院校的适应性   97

## 第二篇   为大学的领导与管理提供支持

第8章   院校治理支持   121
第9章   对教务长和学术副校长的支持   131
第10章   教职员工的招募、留任、晋升和退休   148
第11章   院校规划和资源管理   164
第12章   建立支出模型   181
第13章   本科生招生管理   199
第14章   再聚焦"学生成功"——综合模型的角度   211
第15章   学术空间管理及制度研究的作用   228
第16章   可持续性管理   238

## 第三篇   为院校研究建立内部和外部标准

第17章   问责方面存在的挑战   261

| | | |
|---|---|---|
| 第18章 | 院校认证与院校研究者角色的转变 | 271 |
| 第19章 | 规范伦理学：院校研究对IRBs和FERPA的服从 | 284 |
| 第20章 | 数据、种族歧视和法律 | 297 |
| 第21章 | 联邦高等教育报告中的数据库和工具 | 310 |
| 第22章 | 新纪元对高等教育问责的共同回应 | 323 |
| 第23章 | 联邦和州层面数据收集的议题和实践 | 335 |
| 第24章 | 发展中的K-20＋州数据库 | 350 |
| 第25章 | 数据交换联盟：特征、案例和发展新的交换模式 | 365 |
| 第26章 | 商业智能与分析：院校研究视角中的数据管理、报告、数据集市和数据储仓 | 377 |

## 第四篇　院校研究工具和技术

| | | |
|---|---|---|
| 第27章 | 为计划和决策提供支撑信息的分析方法 | 398 |
| 第28章 | 探索和挖掘数据 | 414 |
| 第29章 | 观点与行为的测量 | 435 |
| 第30章 | 用既有工具开展院校研究 | 453 |
| 第31章 | 教师工作量的测量与评估 | 478 |
| 第32章 | 教师薪酬公平性分析 | 500 |
| 第33章 | 高效的研究报告 | 519 |
| 第34章 | 制定战略的工具 | 534 |
| 第35章 | 战略执行的工具 | 547 |
| 第36章 | 发展院校比较研究 | 565 |
| 第37章 | 提升院校效率的工具 | 575 |
| 第38章 | 衡量院校研究有效性的工具 | 590 |

| | |
|---|---|
| **后记** | 603 |
| **译后记** | 607 |

# 第一篇

# 院校研究的历史、理论与实践

　　过去 50 年来，院校研究逐渐在美国和加拿大发展成为高等教育领域内公认的专业活动，并于近几十年在全球其他许多国家出现。本书第一篇共有 7 章，主要介绍院校研究专业的理论与实践，为初涉院校研究领域的人员提供该专业的概览——院校研究的历史及其在学院和大学中的实践，也为本书的后续部分探讨具体院校研究活动提供背景。后续部分同时为院校研究的专业人员以及对该专业感兴趣的其他人员，就院校研究机构和院校研究专业人员在回应和预测内外部需求与机遇变化时，在国内和国际可能充当的角色，提供了一系列的相关论述。

　　在第 1 章中，唐纳德·J. 莱卡德(Donald J. Reichard)通过院校研究功能的萌生和院校研究协会的创立勾勒了院校研究专业的历史。尤其是，他强调了那些在院校研究专业发展以及院校研究协会创立和发展中起到关键作用的个人，以及他们对院校研究专业形成做出的主要贡献。莱卡德赞誉了那些在过去 50 年来定义院校研究并阐述其理论和实践的核心出版物。这些出版物描述了"院校的"(行政管理职责)和"研究的"(学术性机遇)之间天生的紧张关系，有助于明晰奠定院校研究专业化基础的各种功能。

　　接下来的三章阐释了院校研究的结构与实践。第 2 章由 J. 弗雷德里克斯·沃克温、刘颖(音译)(J. Fredericks Volkwein, Ying Liu)与詹姆斯·伍德尔(James Woodell)撰写。该章从比较研究的视角呈现了经由实施了 30 年的全美调查而得出的院校研究办公室的结构及活动概况。沃克温基于院校研究的内外部聚焦点，分析了院校研究所扮演的不同角色。在第 3 章中，马迪·T. 艾默斯(Mardy T. Eimers)、高长完(Jang Wan Ko)以及丹尼斯·C. 加德纳(Denise C. Gardner)讨论了院校研究的实践，主要涉及有效进行院校研究所要求的技能类型。内容包括院校研究协会伦理准则(AIR code of ethics)和专业标准(professional standards)，从而为该专业建立了标准。此外，还讨论了通过院校研究协会而形成的院校研究专业化发展的不同类型。最后，讨论了院校研究办公室实践活动的各种类型，并由此表明，虽然院校研究办公室有许多共同职责，但与决策支持相关的特定规划和活动制定取决于各个院校。在第 4 章中，安·S. 费伦(Ann S. Ferren)和玛莎·C. 梅里尔(Martha C. Merrill)描述了文化与政治现状对国际型大学院校研究实践的影响。

这些院校的院校研究实践往往很复杂，因为它涉及国际协定和多国协议，需要向国内和国际机构做汇报。报告的多头报送通常需要使用不同的定义和数据。随着高等教育更加全球化，这些国际型大学遇到的挑战也将是许多院校面临的问题。

在第5章中，理查德·A.沃赫斯（Richard A. Voorhees）和特丽·L.海因兹（Teri L. Hinds）挑战性地将院校研究专业人员视为他们所在学校的积极行动者（activist）。他们讨论了如何超越外部问责报告，而转向提供可行动信息，帮助院校积极回应当前与未来的威胁和机会。这些挑战必须纳入前述三章在讨论院校研究的实践和结构时涉及的能力背景中讨论。如何应对这些挑战也应当被视为院校研究下一步改革的潜在方向。

本书第一篇的最后两章将讨论组织学习（organization learning）和变革管理（change management）的概念内涵。在第6章中，维克托·M.H.博登（Victor M. H. Borden）和阿德里安娜·J.克扎尔（Adrianna J. Kezar）探索了合作型组织学习的理论和概念，以及它们如何体现院校研究的目的和实践。这些讨论涉及合作型组织学习的不同理论。这一章以"不同类型的组织学习理论如何指导院校研究实践"作为总结。在第7章中，金·K.本德（Kim K. Bender）阐述了变革管理理论，将它放在组织学习的背景中进行讨论，并采用案例说明一所大学的院校研究办公室如何应用这些概念管理变化。这两章都讨论了院校研究如何改变并提升其对学校的影响。

在读者深入阅读第一篇后，他们会发现院校研究的理论与实践有其历史基础。显然，院校研究所需的知识和技能非常复杂，而且特定活动的重要性在很大程度上取决于院校研究所在学校的背景。最后，读者还将发现院校研究领域依然处在持续发展和变化的过程中。有效的院校研究需要理解如何管理这些变化。第一篇创设了随后讨论特定院校研究活动、功能、工具以及技术的背景。

# 第 1 章

# 院校研究的历史[①]

唐纳德·J.莱卡德(Donald J. Reichard)

本章综述了院校研究的历史起源,以及 1965 年创建院校研究协会的背景环境。本章所引述的出版物并非为了呈现一个完整的文献综述或书目摘要,而是为了明晰那些重要的资源以便读者能够追溯它们的出处。

## 院校研究领域的萌芽

与"院校研究"这一术语有关的来源有:①在一个特殊的基础上开展的自我研究,其基础是个别机构对与它们的特殊环境相关的投资问题感兴趣;②外部组织或跨院校协会所推动的调查;③在大型公立大学建立的专门研究委员会、研究处或者以研究为导向的办公室,主要负责与投资有关的问题。

### 大学的自我研究

《大学自我研究:院校研究讲座》(*College Self-Study: Lectures on Institutional Research*)(Axt & Sprague, 1960)或许是第一部主要论述院校研究的论文集。该论文集由美国西部州高等教育委员会(Western Interstate Commission on Higher Education,WICHE)出版,收录了在 1959 年 7 月斯坦福大学召开的为期一周的研讨会上发表的论文。此次研讨会吸引了来自美国 13 个西部州以及 12 个非西部州高等教育委员会地区的共 130 所学院和大学的管理人员参加。W.H.考利(W. H. Cowley)以"院校研究 250 年"为主题进行了一次公开演讲,是"院校研究"的第一个案例。考利是斯坦福大学杰出的高等教育史学家,他在演讲中指出,1701 年,即耶鲁大学创立的那一年,耶鲁的创立者在仔细考察了苏格兰的大学以及都柏林大学的单一董事会结构之后,采用了与之相似的治理结构,它是从哈佛、威廉与玛丽学院(William and Mary College)的双重治理结构演变而来的,这两所学校是美国当时仅有的两所大学。考利继而将 18 世纪其他几个重要的研究和 19 世纪 20 年代哈

---

[①] 感谢威廉·拉舍尔(William Lasher)的建议,他的建议帮助作者选择了本章所述内容的具体资料。

佛委员会（Harvard Committees）所主持的一系列研究以及耶鲁大学1828年的课程体系研究视为院校研究发展史上具有里程碑意义的作品。考利还指出，A.劳伦斯（A. Lawrence）能在1909年接任查尔斯·艾略特（Charles Eliot）成为哈佛大学校长，"很大程度上归功于他的院校研究活动"。劳伦斯于1902年开始从事院校研究，当时他是哈佛学院教学促进委员会（Committee on Improving Instruction in Harvard College）委员（Cowley, 1960）。

考利的演讲引用了如下文献：威廉·雷尼（William Rainey，时任芝加哥大学校长）于1899年发表的一篇题为《教育的浪费》（Waste in Education）的论文，以及由卡内基教学促进基金会（Carnegie Foundation for the Advancement of Teaching）出版的题为《工业与学术效率》（Industrial and Academic Efficiency）的一项研究成果（Cooke, 1910）。这类研究成果已超越了效率专家F. W.泰勒（F. W. Taylor）在1911年出版的著作《科学管理原理》（The Principles of Scientific Management）。

## 调查

泰特洛（Tetlow, 1973）在他的关于院校研究起源的学位论文中，将1909—1943年这段时间称为"调查的时代"（The Survey Era），这个时代起始于奥柏林学院（Oberlin College）校长亨利·C.金（Henry C. King）主持的一项针对战略问题的综合调查。亚伯拉罕·弗莱克斯纳（Abraham Flexner）在1910年关于医学教育的一项重要研究也是这个时代早期的佳作。沃尔特·克罗斯比·伊尔斯（Walter Crosby Eells）整理了500多项研究，并将其中240项集结作为报告出版，题为《美国高等教育的调查》（Survey of American Higher Education），由卡内基教学促进基金会于1937年出版。伊尔斯继而总结了调查之所以成为主要分析工具的十大原因：①科学精神在教育中的发展；②商业和企业中提高效率的运动；③社会调查运动；④高等教育自身的发展；⑤高等教育的复杂性；⑥高等教育的成本；⑦对高等教育的批评；⑧认证机构的发展；⑨通识教育调查运动的影响；⑩自我保护（Eells, 1937）。

如果说伊尔斯是调查运动（survey movement）的主要记录者，那么芝加哥大学的弗洛伊德·W.里夫斯（Floyd W. Reeves）则是调查的重要发起者之一，这些调查深深地影响了20世纪20年代末至30年代初的高等教育。里夫斯将这方面的工作整理为一个章节，标题为"学院、大学和其他教育机构的调查以及与北部学院协会中心的合作：1927—1936"（Surveys of Colleges, Universities and Other Educational Institutions and Work with the North Central Association of Colleges and Schools, 1927-1936）（Niehoff, 1991）。伊尔斯讨论了96个调查，囊括了里夫斯提出的各种类型的教育机构，其中64个调查被里夫斯视为最主要的调查。为北部协会中心所做的调查包括：文理学院教育成本（Costs of Education in Liberal Arts Colleges，1927）、大学认证的财务标准（Financial Standards for Accrediting Colleges，1928）、大学认证的标准（Standards for Accrediting Colleges，1928）以及高等教育评估（The Evaluation of Higher Education Institutions），调查取得的一系列研究成果于1929—1936年出版。

里夫斯最著名的作品是一套12卷本的深入研究成果，该研究于1929—1933年开展，是芝加哥大学一项综合的自我调查项目的一个部分。里夫斯和他的博士生约翰·戴尔·罗塞尔（John Dale Russe）是该研究中9卷研究成果的主要作者（Niehoff，1991）。1930—1932年，里夫斯还主持了一项针对35所大学的调查，涉及卫理公会主教派教会（Methodist Episcopal Church），调查完成之后于1932年出版了一卷700多页的报告，报告题为《文理学院》（The Liberal Arts College）。值得一提的是，在里夫斯这项研究中有两位年轻的合作者：约翰·戴尔·罗塞尔（John Dale Russell）和A.J.布伦博（A. J. Brumbaugh），他们二人是院校研究协会1966年"杰出会员奖"（Distinguished Membership Award）的获得者，这一年，院校研究协会召开了第一届学会论坛。

在院校研究领域，最早对研究范围以及调查方法做了清晰界定的是席勒·斯克罗格斯（Schiller Scroggs）于1935年在耶鲁大学完成的学位论文，直到1938年才得以出版。论文的标题为《高等教育管理中的研究与系统地发现事实》（Systemic Fact-Finding and Research in the Administration of Higher Education），目的是"探讨高等教育机构中的管理统计与研究办公室如何系统地界定并呈现数据"，以及"如何通过在学校中设立一个研究与发现事实的管理辅助机构，从而为学校的管理活动提供具体的支持"（Scroggs，1938）。

斯克罗格斯在论文中列出了259篇参考文献，包括许多研究资料，这些资料是他在"实地调查"中所搜集的资料，"实地调查"是在六所不同规模、不同复杂程度的学院和大学中完成的。

## 研究委员会/研究处

考利指出，20世纪的前二三十年里，大规模的跨院校研究主要由一些基金会创立，这些基金会不愿通过单一院校开展自我研究。缺少了单一院校的基金，一些大型院校开始鼓励通过自身的力量开展教育以及管理研究。考利援引伊利诺伊大学1918年创立的院校研究处、普度大学1920年创立的教育参赞部，以及耶鲁大学1921年创立的人事研究部作为例证。1918年，俄亥俄州建立了教育研究局，该部门很大程度上是针对中学的调查而设立的。1928年，俄亥俄州建立了"成就测试部"（Division of Achievement Tests），由拉尔夫·W.泰勒（Ralph W. Tyler）领导；1929年，俄亥俄州增加了一个与之平级的学生事务研究部门，由考利领导。1927年前后,密歇根大学创立了院校研究处;在1929—1945年间,该部门改名为"教育调查办公室"(the Office of Educational Investigations)(Cowley, 1960)。

1924年明尼苏达大学成立了教育研究委员会,到了1948年,该委员会演变成院校研究处(the Bureau of Institutional Research)。正如《教师手册》(The Faculty Handbook)中所描述的那样,院校研究处的角色定位是"由学校支持,为了研究学校自身的教育和管理问题而设的特殊研究机构"(Stecklein, 1960)。"院校研究处的主要职责是:第一,研究明尼苏达大学的问题;第二,研究明尼苏达州的高等教育问题;第三、研究美国的高等教育问题。"(Stecklein, 1960)

## 建立院校研究办公室的倡议

建立院校研究办公室并培养院校研究人员的最主要的倡议者包括:国家层面有美国教育委员会(American Council on Education, ACE),地区层面有南部教育委员会(Southern Regional Education Board, SREB)、西部州高等教育委员会(WICHE)以及新英格兰地区高等教育委员会(the New England Board for Higher Education, NEBHE)。NEBHE成立于1948—1955年间,旨在合作开展对州层面的高等教育问题的研究。1956—1960年间举办的一系列全美性的会议和工作坊,以及1960—1965年间举办的全美院校研究论坛,促成了1965年院校研究协会的正式成立。希廷格(Schietinger, 1968, 1979)和泰特洛(Tetlow, 1973)对这一系列活动进行了详细的阐述。

据估算,1955年之前,全美仅有10所学院和大学设立了院校研究办公室。然而到了1964年,开展院校研究活动的研究处或办公室已经达到115个,其中1966年一年就创立了21个院校研究办公室(Rourke & Brooks, 1966)。院校研究办公室的设立,有助于回应日益增长的问责要求。高等教育问责的与日俱增是因为这段时期公共高等教育基金的开支在迅速地扩增。

1956年,在卡内基公司(Carnegie Corporation)37.5万美元的资助下,美国教育委员会(ACE)成立了统计信息与研究办公室(Office of Statistical Information and Research, OSIR)。在1957年2月召开的学院与大学校长会议之后,OSIR非常活跃的主任埃尔默·韦斯特(Elmer West),对倡导大学校长任命员工投入系统的院校研究活动产生了巨大的影响。OSIR后来主办的一系列局部地区的工作坊进一步鼓励了SREB后来举办的工作坊以及1959年WICHE举办的工作坊。考利(Cowley, 1960)呼吁:"有些人需要更有说服力地陈述院校研究案例。我知道没有足够的演讲、文章或图书提及那些对此感兴趣的校长或教师。"

当时能够回应考利的问题的图书,只有A. J.布伦博(A. J. Brumbaugh)的《促进高等学习的研究设计》(Research Designed to Improve Institutions of Higher Learning),该书由美国教育委员会(ACE)于1960年出版。该专著包括了以下主题:①院校研究的需求;②院校研究的领域;③院校研究的实施;④院校研究的影响。此外,该书在附录中提及:①董事会必须制定决策的问题;②如何开展院校研究的案例;③院校研究所引起的改变。该书的关键几段,包括最后一段,特别写道:

"高等教育机构和商业企业存在区别并不意味着学院和大学就不需要追求高效率。但它们要有属于自己的评价目标和功能的方法。

提高管理效率的关键,是校长以及那些与校长一起共事的人有能力提出正确的问题并找到恰当的解决方法。然而,不论问题是关于具体的高等教育机构的还是更加综合的,解决问题的恰当方法必须全面考虑各方面的相关因素以及真实的数据——即只有院校研究办公室方能提供的那些数据。"(Brumbaugh,1960)

第二本极力主张建立院校研究办公室的著作是鲁尔克(Rourke)和布鲁克斯(Brooks)于1966年出版的《高等教育管理革命》(The Managerial Revolution in Higher Education)。该书用几个章节的篇幅阐述了日益扩张的官僚主义、校园信息化以及对资源分配高效率的需求对大学带来的影响,并用几个章节讨论了大学管理的新模式以及管理的创新。在鲁尔克和布鲁克斯的书中最重要的是讨论院校研究的发展的那一章,这一章追溯了院校研究的起源,列举了许多新兴的组织模式,并深入思考了院校研究领域不断增大影响的未来趋势(Sticker,1968)。这些资料在扩大认知、达成共识以及论证创建有效的院校研究机构的必要性方面扮演着重要的角色。

## 实践者开始组织

有学者详细描述了许多组织在促成院校研究协会成立方面所做的努力的历程(Lins,1966;Stecklein,1966;Tetlow,1973;Doi,1979;Saupe,2005;Howard,2011;Lasher,2011)。下文将介绍促成院校研究协会成立的五次全美院校研究论坛(Lins,1966)。

### 全美院校研究论坛

在许多人的倡议下,越来越多的在校人员开始意识到达成并分享共同利益的必要性,由此促使全美院校研究论坛(National Institutional Research Forum,NIRF)的创立,该论坛是院校研究协会的前身。

NIRF是在1960年7月14日于佛罗里达州塔拉哈西(Tallahassee)的一次午餐会上酝酿而成的,当时正值SREB发起举办为期一周的"院校研究机构"研讨会。

会上大家达成一致,来年春天举办一个正式的全美性研讨会讨论院校研究的方法论问题,该会议只有受到邀请方能参加。SREB 的研究副主任约翰·福尔杰(John Folger)担任第一次 NIRF 论坛主席。论坛于 1961 年 3 月 4 日—5 日在芝加哥举办,比美国高等教育协会(AAHE)的年会更早一些。论坛共有 46 名与会人员,其中 16 人来自东北部、10 人来自南部、9 人来自西部、9 人来自中西部、2 人来自美国联邦教育办公室(United States Office of Education)。

第二次 NIRF 同样在芝加哥举办,时间是 1962 年 3 月 3 日—4 日,仍比 AAHE 的年会早一些。本次会议有 50 人参加,注册费为每人 1 美元。来自明尼苏达大学的约翰·斯特克莱因(John Stecklein)担任规划委员会主席。约翰·戴尔·罗塞尔(John Dale Russell)和 A. J. 布伦博(A. J. Brumbaugh)在晚餐会上被授予院校研究"主任"的荣誉,因为"他们长期致力于院校研究原理的研究,并做出突出贡献"(Lins, 1966)。

第三次 NIRF 于 1963 年 5 月 5 日—7 日在韦恩州立大学(Wayne State University)召开。这次论坛既有普通的环节,也组织了一些工作坊。规划委员会由 10 人组成,这 10 个人是从全美范围内遴选出来的,而非地方性的,威斯康星大学的林斯(L. Joseph Lins)担任新一届规划委员会主席。会议"对所有积极参与或对院校研究感兴趣的大学教职工或与大学有关的协会的工作人员开放"(Lins, 1966)。会议共有来自全美 36 个州、哥伦比亚地区、夏威夷、菲律宾以及波多黎各的 196 人参加。会议第一次将会议论文结集出版,由林斯编辑,标题为《院校研究在规划中的角色》(*The Role of Institutional Research in Planning*)。

第四次 NIRF 论坛于 1964 年 5 月 17 日—20 日在明尼苏达大学和利明顿酒店(Hotel Leamington)举办,共 146 人参加,出版了会议论文集《院校研究的理论定位》(*A Conceptual Role for Institutional Research*),决定建立一个正式的院校研究组织,并形成了委员会的章程。

第五次 NIRF 论坛于 1965 年 5 月 3 日—5 日在纽约州立大学石溪分校(SUNY Stony Brook)举办,共 201 人参加。出版了会议论文集《院校研究设计与方法论》(*Design and Methodology in Institutional Research*)。约翰·斯特克莱因(John Stecklein)宣读了院校研究协会章程并当选为院校研究协会的第一任主席。

## 院校研究协会

院校研究协会第一次年会暨第六次 NIRF 论坛于 1966 年 5 月 2 日—5 日在波士顿萨默塞特酒店(Hotel Somerset)举办,共 257 人参加。会议出版了会议论文集《学术投入研究》(*Research on Academic Input*)。院校研究协会在密歇根州注册为非营利组织,第一次会议举办时,共有 371 名付费会员,其中 282 人是正式会员，89人是准会员。

院校研究协会正式成立之后，多伊（Doi，1979）指出，那些参与过早期的工作坊以及NIRF论坛的"老会员"对其在协会未来发展进程中所扮演的角色做了有趣的界定：

"他们并没有打算控制这个新的协会（即使他们有这个想法），而是尽可能快地将管理权交给院校研究的新成员。他们希望尽快建立宽广的院校研究领导基础。

到1970年，参加过1961年第一次NIRF论坛的40个人中没有一人担任院校研究协会的领导职务，作为一个专业协会，这值得铭记。的确，彼时这40人并非都活跃于院校研究领域，但确实有一些人在做院校研究。然而，更为关键的是，'老会员'们做出的决定，即'更有经验的领导者退居幕后处理事务'，导致了两个意想不到的结果：第一，至少在六年时间内，院校研究会议主要讨论的是概念和效用的问题，比如'什么是院校研究？''我们扮演什么角色？''我们的努力是否能对决策制定产生影响？'显然，重要的是任命有能力的人担任院校研究主任，而他们几乎没有超越过工艺水平（state of art）（难以胜任主任的角色）。第二，技术论文很大程度上忽略了过去的历史。正如科罗拉多大学的保罗•杰德默斯（Paul Jedamus）在许多场合所做的评论，这好像说院校研究领域没有对过去的记忆一样"。

虽然院校研究协会在1965年已成为正式的组织，但直到1974年才有自己的中心办公室。因而院校研究协会最初几任主席在处理协会的业务时主要由他们所在的学校提供支持。其任命委员会（Nominating Committee）成立于1976—1977年，在这之前，院校研究协会办公室职员主要从执行委员会推荐的候选人中遴选。当选为副主席的人第二年将成为主席，并且在担任副主席期间还要兼任论坛主席的职务。这种机制一直持续到1980年单独的论坛主席以及副主席的职位设立之时。

## 院校研究协会附属的地区、州以及特别兴趣组织的成立

院校研究办公室主要由美国教育委员会以及区域合约倡导成立，院校研究协会的成员则担负起为院校研究实践者创立附属的州、地区以及特别兴趣组织的职责。院校研究协会于1978—1979年间成立了附属组织委员会（Affiliated Groups Committee），借此推动成立附属的各类组织。最早的附属地区/特别兴趣组织的名单见诸1981—1982年出版的《院校研究协会的组织目录与事项》（AIR Directory and Proceeding），该名单包含了13个州或地区的附属组织，以及2个社

区学院组织——全美研究与规划委员会（National Council for Research and Planning，NCRP）和南方社区学院研究者协会（Southern Association of Community College Researchers，SACCR）。

与此相比较，2010年，院校研究协会官方网站上列出了56个正式的附属组织，包括7个国际协会、6个跨州的地区协会以及29个单独州协会。此外，还有7个单独州内部的院校研究者的特殊小组，比如纽约城市大学院校研究分委会，以及7个多元兴趣协会，比如传统黑人学院与大学（Traditionally Black Colleges and Universities，TBCU）、院校研究教师以及新英格兰教育评估网络。

在最早成立的州一级的附属组织中，佛罗里达院校研究协会从1968年起开始举办年会，虽然直到1987年它才正式接受院校研究协会章程。加利福尼亚于1971年举办了第一次会议，加州大学伯克利分校的西德尼·萨斯洛（Sidney Suslow）做了主题发言。1973年，北卡罗来纳院校研究协会成为第一批正式接受院校研究协会章程并成为正式附属组织的地区组织之一。在跨州的地区性组织层面，州内的区域组织如洛基山院校研究协会以及中西部院校研究协会自1971年开始举办年会，然而南方院校研究协会（SAIR）和东北部院校研究协会于1974年才开始举办年会。

## 院校研究协会国际附属组织的成立

理论上，就方法论和研究范式而言，院校研究协会一直将自己视为真正的国际化组织。然而实际上，院校研究协会的成员以及研究项目却越来越集中于美国高等教育的问题。在加拿大举办的论坛，包括温哥华（1973）、蒙特利尔（1977）、多伦多（1983，2002，2011），来自加拿大以及其他国家的成员越来越少了——过去20多年来，不论在数量上还是比例上都减少了很多。

院校研究协会成员以及论坛的参与者中非美国人数量的减少，主要与七个院校研究协会附属的国际组织的建立和发展有关。其中建立最早、规模最大的附属国际组织是欧洲院校研究协会（European Association for Institutional Research，EAIR）于1979年召开了第一次会议。EAIR后改名为欧洲高等教育社团（European Higher Education Society），拥有500名会员，秘书处一直设在阿姆斯特丹。和美国院校研究协会一样，欧洲高等教育社团也有自己的期刊和系列专题著作。

后来成立的国际协会包括自1991起定期出版《院校研究期刊》（*Journal of Institutional Research*）的大洋洲院校研究协会（Australasian Association for Institutional Research，1988）、南部非洲院校研究协会（Southern African Association for Institutional Research，1994）、加拿大院校研究与规划协会（Canadian Institutional Research and Planning Association，1994）、尼日利亚高等

教育研究与政策网络(the Higher Education Research and Policy Network based in Nigeria，2000)和东南亚院校研究协会(the South East Asian Association for Institutional Research，2001)。此外,1996 年成立了中国海外院校研究协会(the Overseas Chinese Association for Institutional Research),作为一个"虚拟"组织,该协会在网上开展相关问题的讨论,每年在院校研究协会论坛上进行面对面讨论。关于这些国际协会的简介可以在加拿大院校研究与规划协会官网上 2010 年 4 月的时事通讯上查阅。在美国的院校研究协会(AIR)和欧洲院校研究协会(EAIR)第 25 届论坛上讨论的有关在美国和欧洲形成管理和院校研究的共同的外部条件的比较,可参阅彼得森的文章(Peterson，2003)。

## 院校研究的不同视角:研究,管理支持,还是自我研究?

从院校研究协会成立至今,一直存在一个根本性的问题:院校研究协会究竟是理论主导,旨在加深对高等教育机构的基本理解,还是专门研究实际问题? 它是否能同时满足这两个目标? 一些关键著作的参考文献提供了许多重要的资料,这些资料有助于构建起讨论的基本框架,并构设了进一步讨论的平台,本书的随后章节将涉及这些方面。

戴尔(Dyer,1966)在他的文章《院校研究是否能够引导学校走向科学化》(*Can Institutional Research Lead to a Science of Institutions?*)中通过阐述内维特·桑福德(Nevitt Sanford)和约翰·戴尔·罗塞尔(John Dale Russell)分别提出的似乎完全对立的两个观点,概括了一个基本的争论——院校研究本质上是理论的还是实践的?

桑福德的不朽著作《美国的大学:从心理学和社会学的视角解读高校学习》(*The American College: A Psychological and Sociological Interpretation of the Higher Learning*，1962)的最后几个章节或许最恰当地阐述了院校研究理论的观点。John Dale Russell 实践的观点在许多地方被阐述过,但最简洁的概括或许是在一次讲座上——在 1959 年由 WICHE 发起的、在斯坦福大学举办的工作坊中,Russell 做了题为"院校研究的目标与组织"的演讲。在本次工作坊中,考利回顾了院校研究 250 年的发展史(Russell，1960)。

戴尔总结道:必须要把两种观点融合起来,因为"在实践中,任何一种观点都有自身的局限性;如果把二者相结合,那么就有可能产生更好的效果"(Dyer，1966)。戴尔这篇关于院校研究定位的争论的文章的核心观点和参考文献在院校研究协会第一届主席的演讲中进一步被提及(Stecklein，1966),实际上这类讨论一直持续到现在。

密歇根州立大学院校研究办公室的创立者保罗·德雷斯尔(Paul Dressel)在

桑福德和罗塞尔的争论中持中立的观点,他认为院校研究是一个独立的力量,它客观地看待院校各个方面的事务,尤其是院校的自我研究和长期规划(Dressel,1964)。此后,在《大学院校研究手册》中,德雷斯尔指出:"院校研究的基本目标是深入地探索学校的各项工作,以寻找有关学校的弱项和缺点的证据,这些弱项和缺点阻碍了学校目标的实现,或使得在实现学校目标的过程中消耗了过多的资源。在探寻学校的缺点时,没有一个组织、个人或单位可以置身事外。"(Dressel & Associates,1971)

## 为院校研究实践者解释院校研究并提供相关案例

在 1965 年正式成立院校研究协会之前,有关院校研究的潜在实践者或那些已经参与院校研究中的人的研究兴趣的案例非常少,仅零散地出现在不定时出版的工作坊议程中。少有的例外是威斯康星大学出版的一部专著:《决策支持:院校研究方法与大学报告的整合》(*Basis for Decision: A Composite of Institutional Research Methods and Reports of Colleges and Universities*)(Lins,1963)。在该书的前言中,编者指出,这部著作是"为那些关注院校研究的人、对院校研究感兴趣的人而出版。希望至少能够满足一个感觉的需要——提供一个改变研究方法和结果的渠道"(Lins,1963)。这部书里所包含的 29 个完整的研究或研究摘要中有一个是约翰·戴尔·罗塞尔的关于教师满意度与不满意度的研究,还有一个有关大学预备课程的研究是由美国院校研究协会第二任主席詹姆斯·蒙哥马利(James Montgomery)与其共同完成的。这部书确实推介了林斯(Lins)的文章,使得他获得攻读博士的机会并将院校研究作为自己学术事业的重点。

作为一个没有多少经验的组织和学者们共事的地方,美国院校研究协会有必要向越来越多对此感兴趣的管理者、院校研究协会成员以及潜在成员全面地解释院校研究的内涵。《院校协会正式会员概览》(*A Look at the Charter Member of AIR*)(Bureau of Institutional Research,1966)分析了美国院校研究协会 382 名正式会员的特征,从而满足了上述需求。该项调查的主要内容包括:协会成员参与其他专业组织的情况,院校研究协会成员的类型及所在院校的规模,学术水平和研究领域,年龄、性别(90%的会员为男性),学术排名(占 42%),会员的职务类型和研究类型。

1966 年关于院校研究协会正式成员的研究后来由廷彻(Tincher,1970)继续更新。到 1970 年,院校研究协会成员增长了 136%,由 1966 年的 382 人增长到 902 人。成立四年之后,院校研究协会最初的 382 名会员中,有 223 人(占 58%)依然保持会员身份。1970 年,约有 84%的会员来自学院或大学,依旧保持会员身份的人当中,大约有一半来自各个州所支持的机构或协调组织。来自各个州所支持的机构以及非学校机构的会员增长最快,四年之间,从 19% 增长到 50%。此后,院校研究协会会员的数量依次为:1 765 人(1980 年),2 485 人(1990 年),3 097 人(2000 年),约 4 200 人(2010 年)。关于院校研究协会过去 50 年来每十年的会员数的详细数据由霍华德(Howard,2011)和拉舍尔(Lasher,2011)提供。

第二部有关院校研究协会的著作《院校研究领域新手的备忘录》(Memo to a Newcomer to the Field of Institutional Research)(Saupe,1967),为大学管理者以及那些投身于创设院校研究办公室的人提出了一些建议。它建议许多有着共同兴趣的高等教育协会需要订阅某些期刊或其他出版物,研究高等教育的学术机构应该提供满足院校研究兴趣的课程或项目(书中列出了四类),该书还列出了院校研究的相关参考文献。

《院校研究领域新手备忘录》(Memorandum to a Newcomer to the Field of Institutional Research)(Lyons,1976)主要补充了索普(Saupe)先前的著作。该书的主要目的是"为新上任的院校研究办公室职员提供系统的可用资源纲目"。莱昂斯(Lyons)认为,研究高等教育的学术研究中心数量从 4 个增长到了 10 个,可惜的是院校研究过去十年屈从于管理导向,因而"大部分院校研究学者发现他们花费了越来越多的时间去整理当前学校运作的相关数据"。美国院校研究协会推荐各高校院校研究办公室订阅的期刊数量有所增加:《改革杂志》(Change Magazine),乔西-巴斯(Jossey-Bass)出版公司出版的系列著作,包括《院校研究新方向》(New Directions for Institutional Research)、《高等教育新方向》(New Direction for Higher Education)、《社区学院新方向》(New Directions for Community Colleges),这些著作在索普 1967 年的书中还不曾提到。

自从院校研究论坛创立伊始,就有一个重要的问题一直受到广泛的讨论。这个问题是:院校研究是否真的是一个职业以及院校研究是否需要一定的伦理准则,尤其是关于技巧方面的伦理准则(McLaughlin & Howard,2001)。这类讨论的"常年的担忧"(annual angst)以及为院校研究协会会员制定伦理准则的过程见诸《院校研究的伦理与标准》(Ethics and Standards in Institutional Research)(Schiltz,1992)。该书许多资料是院校研究协会的标准与伦理委员会所做工作的记录,这些工作最终促使院校研究伦理准则得以建立,院校研究伦理准则最初在 1992 年经院校研究协会会员讨论通过,又在 2001 年作了修订。院校研究伦理准则主要内容是关于能力、实践、保密以及与社区和技巧关系的陈述。

## 向更大范围的高等教育团体阐释院校研究

院校研究人员有时很难向他们所在院校及家人解释清楚他们为了生存所做的事情是什么,这些事情本来就很让人费解。要向更大范围的听众解释院校研究的本质和价值就更有挑战性。前文已提到,最早做这种尝试的是那些倡导建立院校研究办公室的人,他们并非直接受雇于学校的院校研究系统(Brumbaugh,1960;Dyer,1960;Rourke & Brooks,1966)。此后,美国院校研究协会或个别院校研究人员开始努力向更大范围的大众阐释院校研究的需求、益处以及所面临的挑战,这一时期被提及的均值得讨论。

美国院校研究协会最早尝试向更大范围的大众(超出了那些已经加入该领域的人)解释院校研究的著作是《院校研究的本质和角色定位》(*The Nature and Role of Institutional Research*)(Saupe & Montgomery,1970),涉及对如下问题的讨论:①院校研究是什么?②院校研究有多大程度上是纯理论的?③院校研究能为院校做些什么?④院校研究应该是管理导向的还是教育导向的?⑤院校研究如何与长远规划相联系?⑥院校研究如何组织?⑦有效的院校研究有何要求?

1970年,索普(Saupe)和蒙哥马利(Montgomery)出版了《院校研究的功能》(第二版)(*The Functions of Institutional Researh,2nd edition*)(Saupe,1990)。这部著作实际上是索普1981年出版的相似著作的修订版。

考利(Cowley)为院校研究的请求得到更有力的支持,美国院校研究协会获得埃索教育基金会(Esso Education Foundation)的一项资助,邀请了15人于1971年在肯塔基州普莱森特山市的沙克尔镇召开会议。该会议的成果是《院校研究宣言》(*A Declaration on Institutional Research*)(Suslow,1972)。

有时候,院校研究者被要求向该领域之外的人提供院校研究的简介。《国际高等教育百科全书》(*International Encyclopedia of Higher Education*)中的条目"院校研究"则提供了一个简要的概览(Sheechan & Torrence,1977)。虽然这篇文章主要反映的是北美模式的院校研究,但文中也指出欧洲院校研究的功能通常受限于国家控制高等教育机构的体制。欧洲大陆和英国的高等教育机构都倾向为临时的研究项目指派教师而非发展永久性的分析型职员。对于那些仅需要了解"院校研究"表面价值的人而言,维基百科上对于"院校研究"这个词条的解释便能满足他们的需求。就像维基百科上所有词条一样,"院校研究"这个词条的作者无从知晓,然而维基百科上的词条对于其他资料(包括美国院校研究协会官网)而言,与普通个体的联系更为直接。

值得一提的是,一个最新的系列出版物"高等教育新方向"(New Directions for Higher Education,NDHE)中的一本,有助于向更广阔范围的高等教育社团解释院校研究它的名字是《院校研究:不只是数据》(*Institutional Research: More Than Just Data*)(Terkla,2008)。这个系列向更广泛的读者(不只是院校研究领域的研究者)阐明,院校研究者不只是"善于计算的人"(bean counter)——那些有时认为自己知道所有事情的成本并懂得价格战争(the value of nothing)的人。

## 扩展视野：某些关键资源

某个职业或这个职业的从业者很少有机会反思该职业过去处于什么位置，未来将走向何方，除非某个场合需要，抑或这个职业的从业者愿意花点时间去思考这个问题。就这一点而言，有三个主要的资源提供了有关院校研究领域发展的观点：《大学院校研究手册》《促进学术管理：院校研究与规划手册》(*Improving Academic Management: A Handbook of Planning and Institutional Research*) (Jedamus & Peterson, 1980)，以及 ASHE 的《院校研究与规划读者》(*Reader on Planning and Institutional Research*) (Peterson & Associates, 1999)。

人们在网上搜索"院校研究"这个词的时候会发现，网页上显示许多专门的院校研究办公室或是由这类办公室主导的研究项目，但奇怪的是只有很少的条目针对院校研究这个领域。虽然"院校研究新方向"(NDIR)这个系列自1974年创立伊始，已出版了150期资料读物季刊，但也仅有其中两期提供了比较综合的院校研究领域的回顾(Peterson & Corcoran, 1985; Volkwein, 1999b)。在 NDIR 第三卷里，讨论了院校研究未来的改革和转型的可能性(Leimer, 2009)。

院校研究协会会员数量经历了连续两年史无前例的减少，从1981—1982年的1 869人锐减到1982—1983年的1 627人，又减少到1983—1984年的1 544人。1982年9月，院校研究协会任命了一个由12人组成的委员会重新评价协会的目的和宗旨。该委员会评价了20世纪80年代院校研究在高等教育中所扮演的角色、院校研究协会的目的、院校研究领域的长远发展以及院校研究协会在中学后教育中所扮演的角色。此外，还评价了"院校研究协会的会员基础、国际活动、政策发展的投入以及院校研究协会为其会员所提供的服务"等内容(Reichard, 1984)。

该委员会最后给出了10条建议。委员会提供的报告指出：需要建立全年的专业服务从而为会员提供服务；需要从外部正规的院校研究办公室招聘"看不见的"院校研究人员；需要全面理解院校研究协会以及附属的地区、州、地方和国际小组如何相互补充。该委员会提供的报告导致院校研究协会职责的增加，以促进其会员数量的扩增，并使院校研究协会及其会员在发展联邦或州数据搜集政策方面投入更多的努力。

NDIR 的特别卷以及院校研究协会25周年纪念论坛既是对过去的回顾，也是对未来的展望(Peterson & Corcoran, 1985)。彼得森(Peterson, 1985)在书中第一章叙述了院校研究三个主要的发展阶段：①20世纪50—60年代院校研究的兴起；②20世纪70年代的成长与稳定期；③20世纪80年代的分裂与迷茫期。在每一个阶段，影响高等教育的各种力量与院校研究实践、院校研究职业以及院校研究协会的发展放在一起进行讨论。

NDIR 特别卷第二章以及院校研究协会 25 周年论坛,追溯了各种不同的理论基础、调查方法以及实证发现——这些或许能够证明院校研究既是艺术也是科学。Fincher(1985)总结认为,院校研究的价值不在于它的科学基础,而更在于它与决策和政策制定方面的联系。

对院校研究的主旨和清晰性的特殊兴趣在 1995 年波士顿论坛的主题发言上得以阐述,演讲的主题是"院校研究的进化与革命"(Terenzini, 1995)。这个演讲进一步扩展了特伦齐尼(Terenzini)有关院校研究的本质的概念(1993)并回顾了 20 世纪 50 年代和 20 世纪 60 年代院校研究的兴起,20 世纪 70 年代院校研究成长、巩固并不断发展以及 20 世纪 80 年代以来对评估、规划和质量保障的重视,这些内容进一步拓展了院校研究的功能。

"院校研究的角色:从改进到重新设计"(The Role of Institutional Research: From Improvement to Redesign)(Peterson, 1999)的一章,通过进一步分析 20 世纪最后 15 年发展的力量对院校研究的影响,延续了他早期的工作(Peterson, 1985)。这一章是《院校研究新方向》一书的最后一章,标题为"院校研究与什么有关?对院校研究领域的批判及综合评价"(What Is Institutional Research All about? A Critical and Comprehensive Assessment of the Profession)(Volkwein, 1999b)。这一章分析了 21 世纪的挑战以及重构高等教育知识产业的力量。Peterson 总结道:院校研究成长为学校的一个基本职能和一个专业领域,因为它为学校"自适应功能"做了贡献,并在促进及帮助学校的转型方面扮演主要角色。

"院校研究的基础及发展"(The Foundation and Evolution of Institutional Research)(Volkwein, 2008)章节延续了沃克温此前的工作(Volkwein, 1999a;1999b),简要概括了院校研究的发展,并描述了来自多种多样组织背景中的院校研究者所提出的不同议题。这一章是 NDHE 全文的一部分,为那些刚进入院校研究领域的人以及那些没有院校研究经验却承担监督院校研究职能义务的人提供了一些有价值的洞见。

## 结语

从 1961 年举办的第一届全美院校研究论坛——一个仅有 46 人参加的非正式的邀请会,到 50 年后的 2011 年,已发展成了一个拥有 4 000 多名会员的充满活力的专业组织,美国院校研究协会和院校研究领域,不论是否延伸至世界各地,都一直在成长,并且不断变革其角色和条件。

Doi(1979)将院校研究的活力归因于互利互惠的实践者和各类事件的交互影响,主要包括:①地区性的州际高等教育合约,最早倡议建立院校研究办公室;②州高等教育协调的推广,从 1954 年的 9 个州到 1978 年的 48 个州;③高等教育企业的研究进展以及由教考试服务(Educational Testing Service)、美国大学考试项目(American College Testing Program)或全美高等教育管理系统中心(National Center for Higher Education Management Systems,NCHEMS)等组织开发的关于院校兴趣的研究工具;④高等教育研究生项目的增长,研究生导师们开阔了学生——未来院校研究者的视野,学生所在的学术部门恰好为那些即将步入职业生涯、有意静观生活的学生提供了一个基础平台。

今天,虽然行动者的姓名、问题以及技术都已改变,但多伊(Doi)所提出的这些重要因素依然存在。高等教育数据综合系统的报告,院校研究融入评估、认证的需求,以及将院校效力发挥的过程(Reichard & Marchese, 1987)共同推动了所谓的"第一次和第二次院校研究者招聘行动"。正如本书其他部分提到的,为了满足这些需求,许多事情推动着院校研究协会的持续扩张。然而,我们要继续提醒,院校研究不仅仅只关注数据。

院校研究是否注定要在阐述高等教育知识产业(postsecondary knowledge industry)未来的需求方面扮演主导角色或支持者角色可以进行开放讨论。如果院校研究者以及该领域相关人士能够扩展对目前院校所遇问题的认识,并为他们所在院校未来的分析过程的发展做出贡献,那么下一个 50 年,院校研究领域及该领域的专职人员将会有一个光明的未来。

# 参考文献

Axt, R. G., & Sprague, H. T. (Eds.). (1960). *College self-study: Lectures on institutional research*. Boulder, CO: The Western Interstate Commission for Higher Education.

Brumbaugh, A. J. (1960). *Research designed to improve institutions of higher learning*. Washington, DC: American Council on Education.

Bureau of Institutional Research, University of Minnesota. (1966). *A look at the charter members of AIR*. Minneapolis, MN: University of Minnesota.

Cooke, M. L. (1910). *Academic and industrial efficiency*. New York: Carnegie Foundation for the Advancement of Teaching.

Cowley, W. H. (1960). Two and a half centuries of institutional research. In R. G. Axt and H. T. Sprague (Eds.), *College self studies: Lectures on institutional research*. Boulder, CO: Western Interstate Commission on Higher Education, 1-16.

Doi, J. L. (1979). The beginnings of a profession. In R. G. Cope (Ed.), *Professional development for institutional research* (pp. 33–41). New Directions for Institutional Research, no. 23. San Francisco: Jossey-Bass.

Dressel, P. L. (1964). A comprehensive and continuing program of institutional research. In E.

McGrath (Ed.), *Cooperative long-range planning in liberal arts colleges* (pp. 37-49). New York: Teachers College, Columbia University,.

Dressel, P. L., & Associates. (1971). *Institutional research in the university: A handbook*. San Francisco: Jossey-Bass.

Dyer, H. S. (1966). Can institutional research lead to a science of institutions? *Educational Record*, 452-466.

Eells, W. C. (1937). *Surveys of American higher education*. New York: Carnegie Foundation for the Advancement of Teaching.

Fincher, C. (1985). The art and science of institutional research. In M. W. Peterson and M. Corcoran (Eds.), *Institutional research in transition* (pp. 17-37). New Directions for Institutional Research, no. 46. San Francisco: Jossey-Bass.

Howard, R. D. (2011). AIR History—Governance, Policies, and Services—Perspectives of Past Presidents 1965-2010. In M. A. Coughlin & R. D. Howard (Eds.), *The Association for Institutional Research: The First 50 Years*. Tallahassee, FL: Association for Institutional Research.

Jedamus, P., & Peterson, M. W. (Eds.). (1980). *Improving academic management: A handbook of planning and institutional research*. San Francisco: Jossey-Bass.

Lasher, W. F. (2011). The history of institutional research and its role in American higher education over the past 50 years. In M. A. Coughlin & R. D. Howard (Eds.), *The Association for Institutional Research: The first 50 years*. Tallahassee, FL: Association for Institutional Research.

Leimer, C. (Ed.). (2009). *Imagining the future of institutional research*. New Directions for Institutional Research, no. 143. San Francisco: Jossey-Bass.

Lins, L. J. (1963). *Basis for decision: A composite of institutional research methods and reports of colleges and universities*. Madison, WI: Dembar Educational Research Services. Also in *Journal of Experimental Education*, 1962, 31(2), 88-234.

Lins, L. J. (1966). The Association for Institutional Research: A history. In C. H. Bagley (Ed.), *Research on academic input*. Proceedings of the Sixth Annual Forum of the Association for Institutional Research, Boston, Massachusetts, i-iii.

Lyons, J. L. (1976). *Memorandum to a newcomer to the field of institutional research*. Tallahassee, FL: Association for Institutional Research.

McLaughlin, G. W., & Howard, R. D. (2001). Theory, practice, and ethics of institutional research. In R. D. Howard (Ed.), *Institutional research: Decision support in higher education* (pp. 163-194). Tallahassee, FL: Association for Institutional Research.

Niehoff, R. O. (1991). *Floyd W. Reeves: Innovative educator and distinguished practitioner of the art of public administration*. Lanham, MD: University Press of America.

Peterson, M. W. (1985). Institutional research: An evolutionary perspective. In M. W. Peterson and M. Corcoran (Eds.), *Institutional research in transition* (pp. 5-15). New Directions for

Institutional Research, no. 46. San Francisco: Jossey-Bass.

Peterson, M. W. (1999). The role of institutional research: From improvement to redesign. In J. F. Volkwein (Ed.), *What is institutional research all about? A critical and comprehensive assessment of the profession* (pp. 83 – 103). New Directions for Institutional Research, no. 104. San Francisco: Jossey-Bass.

Peterson, M. W. (2003). Institutional research and management in the U. S. and Europe: Some EAIR-AIR comparisons. In R. Begg (Ed.), *The dialogue between higher education research and practice* (pp. 1–15). Dordrecht, the Netherlands: Kulwer Academic Publishers.

Peterson, M. W., & Associates (Ed). (1999). *ASHE reader on planning and institutional research*. Needham, MA: Pearson Custom Publishing.

Peterson, M. W., & Corcoran, M. (1985). Proliferation or professional integration: Transition or transformation. In M. W. Peterson and M. Corcoran (Eds.), *Institutional research in transition* (pp. 99–112). New Directions for Institutional Research, no. 46. San Francisco: Jossey-Bass.

Peterson, M. W., Dill, D. D., Mets, L. A., & Associates. (1997). *Planning and management for a changing environment*. San Francisco: Jossey-Bass.

Reichard, D. J. (Chair). (1984). Final report of the commission to reassess the purposes and objectives of the Association. *AIR 1984 – 85 Directory* (pp. 16 – 39). Tallahassee, FL: Association for Institutional Research.

Reichard, D. J., & Marchese, T. J. (1987). Assessment, accreditation, and institutional effectiveness: Implications for our profession. Presidential Session in *Managing Education Better: Technology and Tomorrow* (pp. 27–42). 27th Annual Forum of the Association for Institutional Research, Kansas City, MO.

Rourke, F. E., & Brooks, G. E. (1966). *The managerial revolution in higher education*. Baltimore, MD: Johns Hopkins University Press.

Russell, J. D. (1960). The purpose and orgainization of institutional research. In R. G. Axt & H. T. Sprague (Eds.), *College self studies: Lectures on institutional research*. Boulder, CO: Western Interstate Commission on Higher Education, 17-22.

Sanford, N. (1962). Research and policy in higher education. In N. Sanford (Ed.), *The American college: A psychological and sociological interpretation of the higher learning* (pp. 1009-1034). New York: Wiley.

Saupe, J. L. (1967). *Memo to a newcomer to the field of institutional research*. Tallahassee, FL: Association for Institutional Research.

Saupe, J. L. (1990). *The functions of institutional research* (2nd ed.). Tallahassee, FL: Association for Institutional Research.

Saupe, J. L. (2005, November 10). How old is institutional research and how did it develop? Presentation made at the Annual Mid-America Association for Institutional Research (MIDAIR).

Saupe, J. L., & Montgomery, J. R. (1970). *The nature and role of institutional research: Memo to a college or university*. Tallahassee, FL: Association for Institutional Research.

Schietinger, E. F. (Ed.). (1968). *Introductory papers on institutional research*. Atlanta: Southern Regional Education Board.

Schietinger, E. F. (1979). Origins of IR. *Research in Higher Education*, 10, 371-374.

Schiltz, M. E. (Ed.). (1992). *Ethics and standards in institutional research*. New Directions for Institutional Research, no. 73. San Francisco: Jossey-Bass.

Scroggs, S. (1938). *Systematic fact-finding and research in the administration of higher education*. Doctoral dissertation, Yale University. Ann Arbor, MI: Edwards Brothers.

Sheehan, B. S., & Torrence, L. E. (1977). Institutional research. In A. S. Knowles (Ed.), *International Encyclopedia of Education* (pp. 2184-2193). San Francisco: Jossey-Bass.

Stecklein, J. E. (1960). Institutional research at the Universities of Colorado, Wisconsin, and Minnesota. In R. G. Axt & H. T. Sprague (Eds.), *College self-studies: Lectures on institutional research*. Boulder, CO: Western Interstate Commission on Higher Education, 31-35.

Stecklein, J. E. (1966). President's address: The birth of a profession. In C. H. Bagley (Ed.), *Research on academic input* (pp. 9-13). Proceedings of the Sixth Annual Forum of the Association for Institutional Research, Boston, MA.

Stickler, W. H. (1968). The role of institutional research in the managerial revolution in higher education: An overview. In E. F. Schietinger (Ed.), *Introductory papers on institutional research* (pp. 1-15). Atlanta: Southern Regional Education Board.

Suslow, S. (1972). *A declaration on institutional research*. Esso Education Foundation and Association for Institutional Research.

Terenzini, P. T. (1993). On the nature of institutional research and the knowledge and skills it requires. *Research in Higher Education*, 34, 1-10.

Terenzini, P. T. (1995). Evolution and revolution in institutional research. Keynote address at AIR Forum, Boston, MA.

Terkla, D. G. (Ed.). (2008). *Institutional research: More than just data*. New Directions for Higher Education, no. 141. San Francisco: Jossey-Bass.

Tetlow, W. L. (1973). *Institutional research: The emergence of a staff function in higher education*. Doctoral dissertation, Cornell University.

Tincher, W. A. (1970). *A study of the members of the Association for Institutional Research*. The Association for Institutional Research.

Volkwein, J. F. (1999a). The four faces of institutional research. In J. F. Volkwein (Ed.), *What is institutional research all about? A critical and comprehensive assessment of the profession* (pp. 9-19). New Directions for Institutional Research, no. 104. San Francisco: Jossey-Bass.

Volkwein, J. F. (Ed.). (1999b). *What is institutional research all about? A critical and comprehensive assessment of the profession*. New Directions for Institutional Research, no. 104. San Francisco: Jossey-Bass.

Volkwein, J. F. (2008). The foundations and evolution of institutional research. In D. G. Terkla (Ed.), *Institutional research: More than just data* (pp. 5-20). New Directions for Higher Education, no. 141. San Francisco: Jossey-Bass.

# 第 2 章
# 院校研究办公室的结构与功能

J.弗雷德里克斯·沃克温(J. Fredricks Volkwein)
刘颖[Ying(Jessie) Liu,音译]
詹姆斯·伍德尔(James Woodell)

"什么是院校研究?"几乎每一位在院校研究领域有若干年从业经验的专职人员都能讲述这样一个故事——在会议酒店拥挤的电梯里,其他乘客看到我们的姓名牌时都会问这么一个奇妙的问题。我们中很多人都会结巴地,或许略带幽默地回答这个问题。然而,关于院校研究的两个被广泛接受的定义是:①乔·索普(Joe Saupe, 1990)认为,院校研究是决策支持——为院校的规划、政策制定以及决策制定提供一系列的支持;②卡梅伦·芬彻(Cameron Fincher, 1978)认为,院校研究是组织的智能(organizational intelligence)。

帕特·特伦齐尼(Pat Terenzini, 1993)描述了三个层次的组织智能从而对这个概念进行详细的阐述。首先,最基本的组织智能层次是"技术和分析智能"(technical and analytical intelligence)。这是为了提供一些事实和图表以表述某个机构的基本概况(招生、招聘、学位授予、教师工作量以及财务)所必需的智能。技术和分析智能同样包括其他层次的智能所涉及的工具,比如:电子表格制作、统计学知识、诸如 SPSS 之类的软件,以及调查研究技能。

特伦齐尼提出的第二层次的组织智能是"问题智能"(issues intelligence),它是第一层次组织智能的基础。不仅包括技术层面的知识,还包括院校所面临的具体问题——师生多样化、资源分配、项目评价与改进、招生目标设置以及资本建构。问题智能同时还包括:知道院校的关键人物是谁,并和他们共同努力以解决上述问题。

第一层次的组织智能比第二层次更为基础,而第一层次和第二层次相比第三层次的组织智能——情境智能(contextual intelligence)也是基础。情境智能意味着不仅要从内部考察院校,还要从外部,如它的历史、文化、发展以及外部环境等方面来考察院校。总体而言,情境智能阐释了所有与外部环境相关的趋势——金融的、社会的、政治的以及人口统计学的相关趋势。(本书某些章节建立在特伦齐尼的框架之上。详细的论述参见第 3 章。)

## 院校研究的组织特征

我们对院校研究领域的了解很大程度上来自一些跨州的以及院校研究协会和地区分委会的全美范围的调查(Peterson，1985；Volkwein，1990；Knight，Moore & Coperthwaite，1997；Lindquist，1999；Muffo，1999)。为了更新在20世纪80年代和90年代所开展的这类调查，宾夕法尼亚州高等教育研究中心于2008—2009年开展了一个关于院校研究办公室的全美范围的调查。调查获得了超过1 100个院校研究办公室以及3 300多名专职人员的回复。虽然调查显示每个院校研究办公室平均聘请了三名专职的院校研究人员，但变化的范围很大——有的办公室仅有一名兼职的研究人员，而有的办公室则有22名全职的专职雇员(图2.1)。

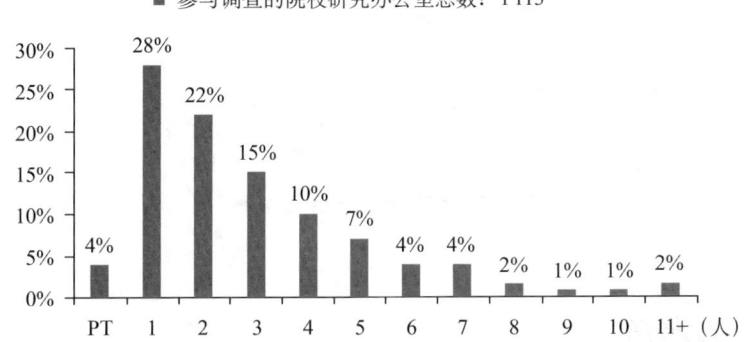

图2.1 院校研究办公室的规模：全职专业人员数

资料来源：Volkwein，Liu & Woodell，Penn State University.

全美范围的调查告诉了我们有关院校研究专业身份的哪些信息？我们发现，38%大学和学院的院校研究办公室用的是传统的名称，涉及如下词汇：院校研究(institutional research)、分析(analysis)、信息(information)、报告(reporting)或者研究(studies)。第二大群体(占35%)用的是诸如此类的词汇：评估(assessment)、问责(accountability)、认证(accreditation)、评价(evaluation)、效率(effectiveness)以及绩效(performance)。当然也发现了其他名称。院校研究者以及院校研究的职能统合在院校研究办公室中，包括：战略规划、招生管理、预算、政策分析，甚至注册以及信息技术。然而有一点很重要，即院校研究无论其名称是什么，都不一定只存在于学院和大学中。从调查中我们发现，有些基金会、政府部门、州教育部门以及各类研究导向的组织也聘请受过研究和分析训练的人员，而且这些人占院校研究协会会员总数的10%。由此可以认为，院校研究领域的身份是多元化且复杂的。

假如全面地审视美国高等教育图景，你将看到大多数院校之间都建立了密切的联系，如果不是正式的组织安排，那就会集合到如下三类分析职能中：①院校报告以及管理政策分析；②战略规划、招生以及财务管理；③成果评估、项目评价、问责、认证以及院校绩效评价。这三者构成了院校研究的黄金三角形（图2.2），因为此三者是美国院校研究实践的主要活动。我们可以从以上论述中看到，在整合这些职能或将它们单独分开的程度上，院校之间存在差异。

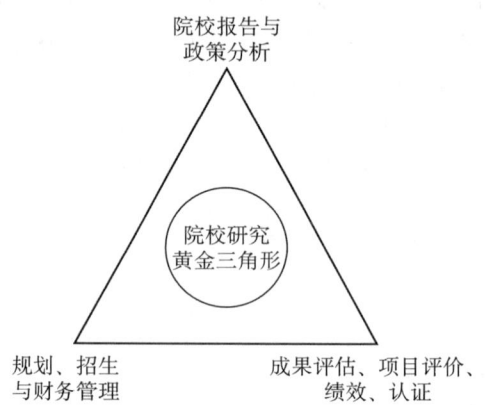

图 2.2　院校研究黄金三角形

## 院校研究的演进

沃克温（Volkwein，2008）和彼得森（Peterson，1985；1999）总结了院校研究的进展，并在社会以及高等教育领域更大变革的背景中讨论院校研究。的确，过去几十年来高等教育发生了巨大的变革。

在本书的第1章，莱卡德详细论述了院校研究作为一个研究领域所经历的发展过程。院校研究诞生于50多年前，最早的职责是提供准确的数据、描述性统计以及资料手册。之后院校研究经历了一个迅速发展的时期，其工作包含了更多的分析和评价，包括定量和定性两个方面。如今我们处在一个新的时期，新时期的院校研究需要以下能力：多元分析以及建模技能，包括制订招生计划、识别能够产生有益收获的学生经验、构思可选择的学费和财务资助方案并计算其对招生和收入的影响。显然，我们看到学校越来越强调问责和绩效、技术和信息系统、成果评估以及关于学生保持率的研究。院校研究人员反馈说这些事务在他们的工作职责中显得越来越重要了。

由于问责、认证、质量保障以及竞争的加剧，世界各地的高等教育机构都开始增加投入以提高其分析与研究能力。这体现在院校研究协会会员数量的增长上，从

20 世纪 70 年代的不足 1 000 人(参加年会者约有 500 人)到目前的 4 000 人左右(参加年会的约有 1 700 人)。院校研究协会的附属州和地区委员会也经历了相似的增长。

不同学校的院校研究组织结构以及院校研究任务呈现巨大差异。图 2.3 反映了 2008 年调查中所发现的基于校园的院校研究机构的组织安排。

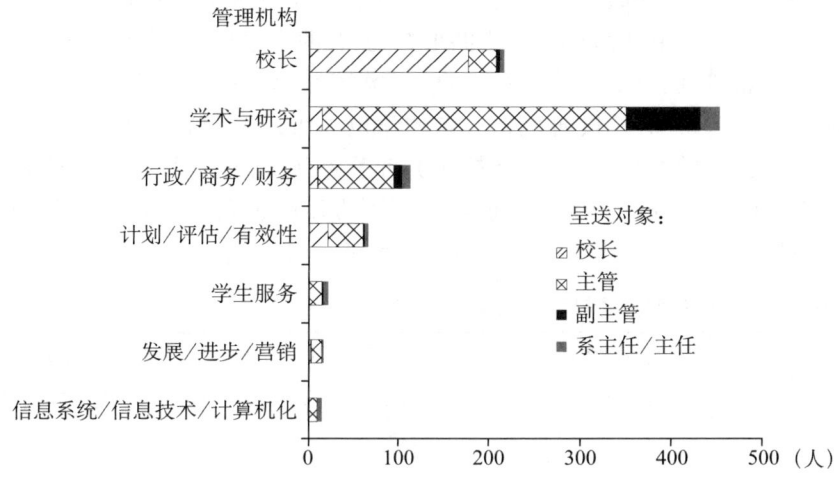

图 2.3　院校研究办公室组织位置与报告水平

条形图中每一条形的长度代表行政部门的办公室数量,条形中的阴影部分表示办公室报告汇报对象。我们发现调查中 84% 的办公室都向高级管理者汇报工作:校长、教务长或副校长。仅有 16% 的办公室向第一级的管理者汇报。图 2.3 同样表明院校研究一般隶属于学术事务部门,向主要的学术事务管理者、教务长或副校长汇报工作。此种情况下典型的院校研究办公室便投入到相关的研究中,这些研究与学校的教学或学术事务直接相关——有关教师的教学工作量及薪资公平、学生评教以及教师科研和学术水平等事务的研究。许多学校的院校研究办公室向校长汇报工作,这种情况一般出现在相对较小的学校或者在那些将规划工作交给院校研究办公室的大型学校也可能会有此种情况。如果将财务或商业作为院校研究的职能,那么院校研究办公室很可能会开展有关资源分配以及制订招生和税收计划的研究。

学校发展以及校友影响使得学校能够聘请更多的研究人员,从而为筹款以及校友会的发展提供分析支持。主管学生事务的管理者需要专业人员来帮助他们研究学校的环境、住宿生活、学生入学第一年的就学体验、学生保持率、多样性以及学生服务的成效,并指出如何改善这些事务。因而在院校研究领域仍有很大的发展空间。

基于过去 30 年来许多调查提出的院校研究协会成员的资历水平以及会员保

持率,无法得出有关该专业的成熟度的准确证明。表 2.1 整合了 20 世纪 80 年代和 90 年代美国国家或地区的调查结果并将其与 2008 年的调查结果进行比较。院校研究办公室主任以及其他拥有较高职位头衔的人群中拥有博士学位的比例最高,他们在该领域的从业年限也最长。而且这部分人更有可能受过社会科学或教育学的训练,院校研究领域有一半的从业人员来自社会科学以及教育学领域。然而,从 2008 年的调查中"所有员工"比例来看,没有博士学位、来自自然科学、技术、工程、数学、商业、管理以及会计等专业的人数渐渐增多。

在所有调查对象中,院校研究从业者的学位等级还是比较低的。十分之三的院校研究从业者(以及十分之一的院校研究办公室领导)仅有学士学位或者更低。在规模较大的院校研究办公室中,通常有 50% 的院校研究从业者没有硕士学位。这使得院校研究职员在学术组织中并没有多大的晋升空间。

表 2.1 院校研究办公室职员的最高学位及从业年限

|  | 20 世纪 80 年代 | 20 世纪 90 年代 | 2008 年 | 2008 年 |
| --- | --- | --- | --- | --- |
|  | 全体职员 | 全体职员 | 全体职员 | 院校办公室领导 |
| 最高学位 | | | | |
| 博士 | 33% | 38% | 25% | 46% |
| 硕士 | 46% | 50% | 45% | 44% |
| 最高学位所属学科领域 | | | | |
| 社会科学 | 39% | 34% | 30% | 33% |
| 教育学 | 26% | 31% | 19% | 30% |
| 科学、技术、工程和数学类 | 14% | 13% | 23% | 15% |
| 商业和会计 | 11% | 16% | 18% | 16% |
| 人文以及其他领域 | 8% | 6% | 10% | 6% |
| 从事院校研究的时间 | | | | |
| 0~2 年 | 20% | 19% | 26% | 14% |
| 3~5 年 | 20% | 16% | 22% | 19% |
| 6~10 年 | 21% | 25% | 23% | 26% |
| 11 年以上 | 39% | 40% | 29% | 41% |
| 20 年以上 | — | — | 12% | 19% |

## 院校研究生态学

在所做工作的基础上,彼得森(Peterson, 1985)和沃克温(Volkwein,

1990；2008)搜集了从20世纪80年代至今有关院校研究办公室的结构和职能的资料。此外，穆夫(Muffo，1990)总结了地区及各个州有关院校研究办公室的研究。这些资料证实了院校研究作为一个行业所具有的多样性，不同年份所做的许多研究表明，不同地区院校研究办公室的规模差异很大。在加拿大，每个院校研究办公室平均有5名职员，在南部地区是4人。而在美国新英格兰地区以及东北部，1~2人规模的院校研究办公室很常见。

有些院校研究办公室刚成立不久尚未得到充分的发展，有时仅有一名职员，这个职员不隶属于教师体系，而是由校长或教务长直接领导从事院校研究的工作。我们也发现了一些规模庞大、建制成熟的院校研究办公室，这些办公室受到校长及教务长的高度认可。在其他一些情况中，院校研究活动高度分散，经常由学校一些零散的部门或项目去完成。一个"四部分生态学"①(four-part ecology)描述了我们对院校研究领域的观察和发现(Volkwein，1990；2008)。

"手工部门"(craft structure)这个术语用来描述那些仅有1~2个职员的院校研究办公室。这样的院校研究办公室数量很多，它们大量地承担一些例行的管理报告的写作任务，并为学校做大量数字统计的工作。这些院校研究办公室及其职员在规模少于5 000人这个层次的院校中为主，但在规模较大的院校中，也呈这样的碎片化模式特征。这些院校中每个副校长以及许多院长都有他们自己的院校研究人员。"手工部门"的日常事务主要由主管的行政人员决定。

许多"手工部门"发展成为"小型的灵活组织"(small adhocracies)，尤其是当学校不再分割为筒仓(silo，比喻独立的互不联系的单元)的时候更是如此。2~3人规模的院校研究办公室已处于中等水平发展的阶段。这类办公室呈扁平化组织结构，分工简单，而且尚处于专业化的起步阶段。不同学校之间，这类小型的灵活组织及其职员的学位层次有很大的差异。大部分这样的办公室主要开展应用研究和少量的政策分析，以及一些例行报告的写作任务。它们的职员中有些人拥有博士学位，但大部分只有硕士学位及相应的工作经历。在美国，小型的灵活组织占院校研究办公室总数的三分之一以上，通常与其他行政部门合作开展一些分析性的研究活动。

小型的灵活组织通常会发展为"专业部门"(professional bureaucracy)，尤其是在大型院校中。专业部门的发展很大程度上有赖大量的研究职能和活动集中在一个单一的机构中。这类机构代表者专业的院校研究，通常至少拥有4名专业人员。2008年的调查发现了150多个拥有6~22名专业职员的院校研究办公室。"专业部门"这一类型的院校研究办公室的领导基本上都有博士学位，并且拥有多年从事院校研究的经验。这些办公室组建了适当的组织层级并将它们的员工培养

---

① 指的是将不同的院校研究办公室按规模、职能等要素划分为四种类型。——译者注

成专业人员。"专业部门"一般会设置一些入门级的职位,提供给那些研究生助理或其他拥有硕士学位并刚进入该领域的人。这类院校研究办公室能够开展一些比较前沿的研究项目,这类项目基本上由院校研究办公室主导,不太可能由其他办公室开展。从全美会议中我们了解到,这类院校研究办公室构成了我们想象中的美国院校研究的样子。然而,"专业部门"的数量仅占全美院校研究机构的四分之一左右。

还有一类组织机构,即"精致丰富型"(elaborate profusion)[①],这类机构一般存在研究型大学中,尤其是私立研究型大学。这类机构的诞生源自自治文化,在这类文化氛围中,院长和副校长觉得他们自己的员工有必要开展研究分析活动。因而,这类办公室通常是零散分散的,由小部门运作,但也比较容易协调。在"精致丰富"的条件下,大型的研究项目——如招生方案或预算项目,或多元化长期的学生学习成果追踪研究——假如由全体人员共同接手,也通常安排给单独的研究者去完成。然而,在"专业部门"中这类研究通常是由一个研究团队承担的。

在每年我所教的一门在线院校研究课程中,我都会请学生将他们的院校研究活动对应到上述院校研究生态环境中(Volkwein, 2008)。显然,并非所有办公室都能对应到这个框架中去,因为有些办公室是多种形式的综合,有些尚处于转型期。但这些所表述的情况基本上符合我们对今日院校研究领域主要模式的阐述。总体而言,在全美范围的调查中三分之二的学院和大学的院校研究处于"手工部门"或"灵活组织"这两个发展阶段。然而,其他那些能够支持大型的院校研究或者战略规划活动的机构似乎面临一个选择——是走相对集中的专业模式还是相对分散的模式?

这些有关院校研究进展的结论不仅得到"院校研究协会会员数量自20世纪70年代中期以来增长了四倍"的支持,也同样得到调查对象所反馈的资源增长这个事实的支持。在调查期间,两年内大约37%的院校研究办公室至少增长了一个FTE(Full-time equivalents,全职人力工时),仅有10%呈下降趋势。此外,大约65%的院校研究办公室表示在1998—2008年这10年间职员数量和预算都相应地得到了增长,仅有14%的办公室表示资源有所减少。

图2.4展示了常规的院校研究办公室的组织结构。这类集中型(centralized)的院校研究专业部门通常比其他类组织更加高效,因为它在规模经济上具有天然优势,并且资源基础更庞大,还会有专业知识的分享、交互的训练以及多样化的方法。集中型的组织模式能够很好地避免由于狭窄的专业化所导致的低效率以及由于职员的流动、健康问题和家庭矛盾所导致的服务落差。因为有交互训练(cross-training)和团队合作其他功能或任务,如学生追踪、调查研究、院校工作量研究或

---

① 分散在学校各处但很精细的院校研究办公室。——译者注

者招生预测,在集中型组织机构中能够得到更好的支持。如果某一天或者某一周,有的人由于生病、放假或家庭中的紧急情况而不在岗位时,办公室中将可能会出现什么情况?万一缺席,他手上正在开展的工作都得要停下来,除非他是在规模较大的办公室——在规模较大的办公室职员需要交叉训练以及团队工作,并且很多人不仅仅参加一个项目。有效的团队合作通常发生在相对较大的集中型的活动中,通常在碎片型的机构中就不太可能进行有效的团队合作,这类机构中院校研究活动通常被分割到全校许多较小的办公室中。

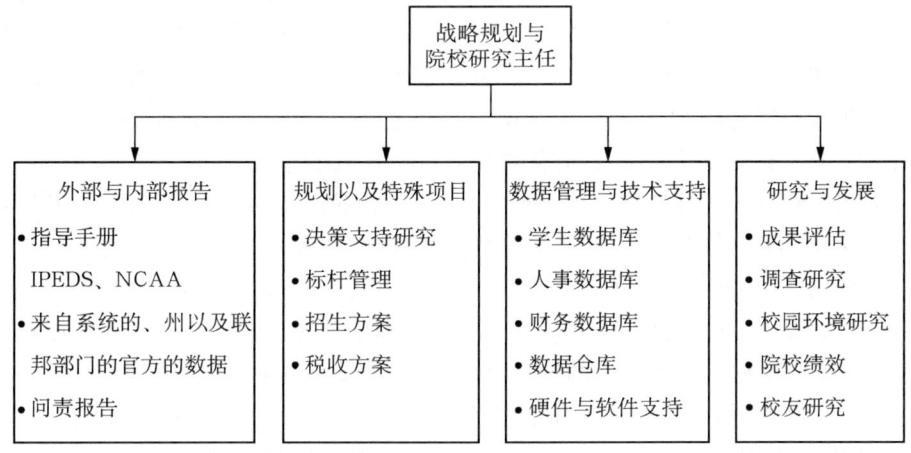

**图 2.4 根据主要功能所组织的院校研究,尤其对应于"专业部门"类型的院校研究**

图 2.4 中的组织模式列出了院校研究的核心职能,并将其划分为不同领域,即如果不是富有经验的研究者,就是受过良好训练的研究者所应承担的职责。有的人需要成为学校官方资料和图表汇编的领导者,这些资料既包括学校内部的也包括外部的。有的人需要成为关键决策支持研究的首选者(go-to person),尤其是支持学校规划的人;有的人成为持续的数据管理和技术支持的重心,在技术支持和许多为学校数据仓库提供数据的办公室之间起到联系人的作用;有的人需要为院校研究办公室提供研究设计和多元统计技术,并在调查研究、评价以及评估事务上成为本部门的专家。自然地,院校研究办公室主任也需具备这些技能。大部分高校的院校研究办公室都有在这些领域的全职研究人员,以保证办公室主任能够有效领导、协调,并为学校的管理队伍做出重要贡献,并且他自己也要成为一名研究者。只有当集中运作的院校研究办公室中出现暂时的人员离岗或流动时,有人能够及时填补空缺,这个机构才能运行良好。

集中型的专业部门不仅是最高效的组织机构,而且如果是直接向校长或学校首席执行官(即主要的信息消费者)做汇报的话就更好了。这是一个理想的集中型院校研究与规划组织形式,将职能型组织和作为主要的信息消费者的组织整合在一起。这种安排的好处是，如果需要信息，该组织的每个主要成员都知道应该找谁。假如教务长需要有关教师工作量的研究或者薪资公平的分析，或者教师活动与努力的绩效指标，就能找到与院校研究有关的人满足其需求，而不用管他们所具有的其他领域的背景——比如调查研究或多元统计。相似地，首席财务官很清楚，如果他想做一个学费的分析从而检视学费与财务资助之间的平衡及其与年收益的关系，会有相应的研究人员可以使用。招生管理者则与多个办公室打交道（比如招生以及学生事务办公室），并做一些有关学生保持与毕业的追踪研究，或许甚至还包括校友研究。院校研究人员还能够开展学生事务方面的工作，从满意度调查到校园文化和多样性、体育运动以及住宿生活的质量等各个方面的事情。如果有需要，他们中的任何人都能担任一个项目的领导者，或者开展团队工作，因为他们受过交叉训练并拥有跨领域的专业知识。这种有备选的安排比较强调客户服务，并能确保学校所有主要决策者都能及时获得其所需要的信息。

从欧洲到亚洲的其他国家也开始成立学校的院校研究办公室。有些人开始翻译在美国进行的院校研究调查，搜集相关数据，将他们的调查发现与美国的情况进行比较。例如，中东与北非院校研究协会（Middle East and North Africa Association for Institution，MENA-AIR）2011年发布了一些非常有意思的研究发现。虽然中东和北非许多学校的院校研究办公室的特征和职能与美国的院校研究机构类似，但仍有如下一些显著的差异：①中东与北非的院校研究办公室有一半是本书写作近五年成立的；②大部分中东与北非的院校研究办公室主要向校长汇报工作而不是教务长；③中东与北非的院校研究办公室平均有4.4名员工，而美国是3名；④大部分中东与北非的院校研究办公室领导均有博士学位（中东与北非IR办公室领导拥有博士学位的占60％，美国是46％）；⑤中东与北非的院校研究办公室中拥有教育学学位，并接受了科学、工程、计算机以及信息技术方面的训练的员工比例很高；⑥中东与北非的IR办公室比美国同行做了更多的数据库管理方面的工作。

这说明发展中国家的大部分大学或许跳过了院校研究的"手工部门"和"灵活组织"的发展阶段而直接进入"专业部门"的模式。在许多案例中，我们似乎为学校的决策支持和组织智能方面的努力找到了有效的模式。大型院校已经朝着那个模式走了，而其他类型的院校还在努力追赶中。

## 评估院校研究的成熟度

基于早先的研究，2008年的研究项目中引入了院校研究办公室相对成熟度（relative maturity）的概念，院校研究相对成熟度的评价基于办公室的组织层次①

---

① 指院校研究办公室在学校组织结构中的位置。

(organizational location)、员工数、经验以及员工的学位(Volkwein，1990；1990a)。我们将具有"规模庞大、为学校高层管理者汇报工作、员工比较专业而且很有经验并拥有较高层次的学位"这些特征的院校研究办公室定为发展得相对较好、较为成熟，并承担学校的院校研究以及规划职能的院校研究办公室。因此，在 2008 年的调查项目中，我们考察了这些方面的特点以及其他特征，从而找到有关成熟度方面的证明。如图 2.5 所示，我们的"院校研究成熟度"的评估指标综合了院校研究员工数、汇报层次、经验，以及员工的最高学位各方面因素。出乎意料的是，院校研究成熟度与其他的变量(如院校类型、院校规模以及卡内基大学分类体系)的相关性很弱。比如，有些社区学院的院校研究成熟度很高而有些研究型大学却被分割成一系列的"手工部门"。

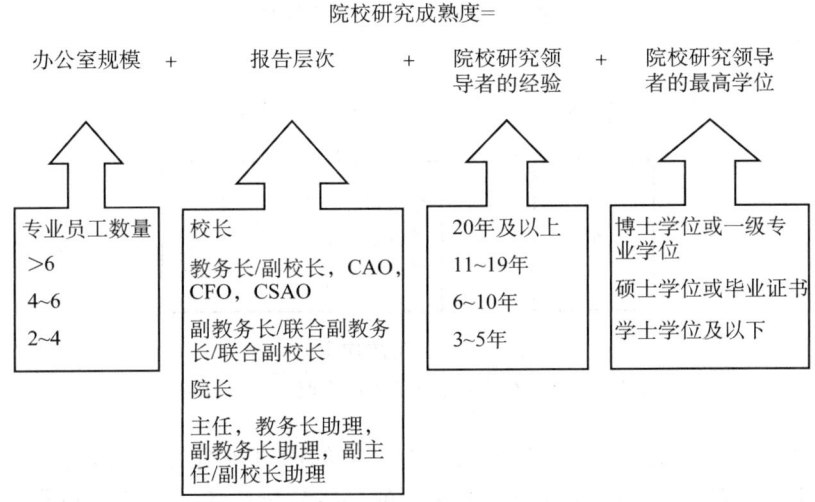

图 2.5　院校研究成熟度的计算

资料来源：J. F. Volkwein，"The Foundation and Evolution of Institution" Chapter 1 in *New Direction for Higher Education*，♯141，Spring 2008，Dawn Terkla (ed). Jossey-Bass, SanFrancisco. Reprinted with permission of John Wiley & Sons, Inc.

## 院校研究任务的层次

在 2008 年的调查中，我们还设计了一些题项以了解院校研究办公室所做工作的层次划分。我们整理了一份包含 77 个分析任务的目录清单，并将它放入调查问卷中(同时为其他条目留有空间)。目录清单包括：①14 类常见的报告任务；②9 类技术与数据库管理；③7 类学术事务研究与分析；④12 类行政管理与财务分析；⑤12 类战略规划与招生管理研究；⑥23 类评估、绩效、评价以及问责研究。

我们请接受调查的院校研究办公室指出这些独立的任务是不是院校研究办公

室的一项日常任务,如果是一项院校研究任务,那么它是否与其他一个或多个办公室合作开展。此外,我们对每一项活动进行评价,根据分析复杂性和技术含量将它们分为高、中、低三个层次。我们将那些需要较高教育层次以及分析技能的院校研究活动列为高层次活动(比如,招生方案模拟、多元成果研究、同辈基准点确立)。另一方面,将那些训练层次低、技术含量低的活动列为低层次活动(比如,维护或编制学校资料手册,回应指导大纲和联邦/州的数据需求,汇报学生特征、招生情况以及学位授予)。

基于这些高、中、低的等级评价,我们为每个院校研究办公室生成了一个"任务层次"(task hierarchy)得分计算方式(图2.6)。

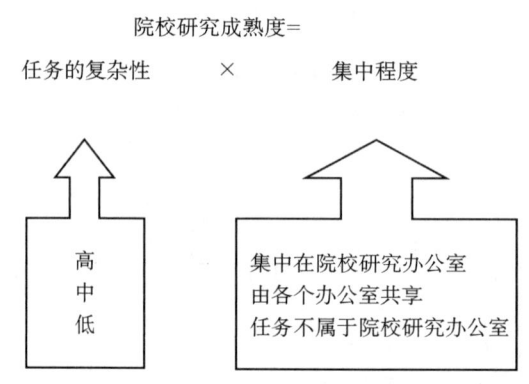

**图 2.6　任务层次得分**

注:基于各个院校研究办公室对 77 个调查问题的回答。

2008年的调查对1 100个院校研究办公室的回答进行分析后,可以得出全美大多数院校研究办公室所进行的相对集中的一些分析任务。这些相对集中的院校研究活动与搜集和汇报学校以及国家数据有关:协调全美调查数据的搜集(77%),维护或编制学校资料手册(73%),回应指导大纲(67%),回应联邦/州的数据需求(67%),交换数据(61%),汇报学生特征(63%),汇报招生情况(54%),汇报学位授予情况(58%)。这些常见的任务包含一些专业知识和技术(我们判断这些专业知识和很大程度上是描述性的而不是分析性的)。那些更具分析性而非描述性的集中型院校研究活动包括:使用 IPEDS 同辈分析系统(73%),分析学生的流失、保留和毕业情况(66%),确定同辈基准点(peer benchmarking)(65%),分析全美数据库(65%),研究学生参与(student engagement)(59%),研究学生满意度(58%)。如此可见,院校研究似乎包含一系列的任务,这些任务是分析与例行汇报的结合。

我们在分析院校研究办公室和学校其他办公室合作开展的任务时,一个更加完整的院校研究工作图景呈现了出来。将集中的与共享的院校研究任务整合起来,我们不仅看见了院校研究办公室的高度参与,而且看见了大量的分析挑战。比如,90%以上的院校研究办公室需要参与涉及校和部门的自我研究以及认证。大约80%的院校研究办公室需要和其他部门合作或者独立开展学生追踪(student tracking)、学生表现、进步、学生参与以及学生满意度的研究。大约70%的院校研究办公室需要参与行政管理政策的研究,参与环境扫描(environmental scanning),为市场和招聘提供数据,以及研究教师的教学工作量。62%的院校研究办公室需要参与学校规划、招生管理和方案制定。

其他院校研究办公室经常参与或与其他部门合作开展的工作主要是一些评价和评估的任务,比如学生成果研究(64%)、学生通用技能评价(62%)、学生个人成长评价(55%)、员工满意度研究(59%)、CQI研究(60%)、校友研究(56%)、学生服务评价(60%)和行政管理办公室评价(52%)。总体而言,这些资料表明,团队合作在院校研究工作中越来越必要而且有价值。此外,由于70%的院校研究办公室仅有3名或者更少的专业员工,因此更需要团队合作以弥补员工不足的问题。

这些任务层次得分多大程度上与学校的院校研究活动的成熟度相关?调查结果证实了我们的猜测(图2.7)。我们对院校研究成熟度的测量解释了不同办公室在任务层次得分上的重大差异。在院校研究活动的所有领域中,那些成熟度较低的办公室在任务层次上的得分低于那些成熟度高或者成熟度中等的办公室。总体而言,339个最成熟的院校研究办公室的任务层次得分显著高于其他办公室。

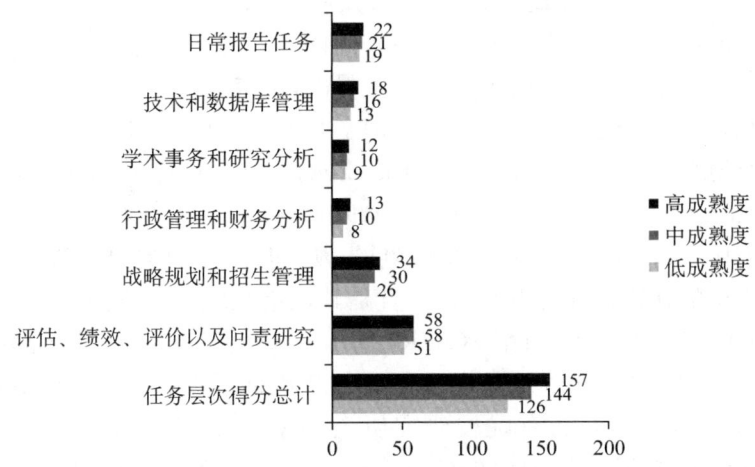

图 2.7 三个成熟度的院校研究办公室的任务层次平均得分

资料来源:Volkwein, Liu, and Woodell, Penn State University.

## 成熟职业的基本特征:院校研究具备吗?

我们知道最成熟的职业,比如医学、法律、神学以及工程等领域,都有各自的职称等级以及二级专业的常用术语(nomenclature)。每个学位名称都包含相似的训练和课程，也包含职业路径的主要模式。在每个成熟职业中，拥有这些头衔的人都从事相似的工作，也存在相对成熟的质量保障机制，比如课程认证、职业证书考试，以及伦理审查委员会。

然而结论是什么？院校研究是一个成熟的职业吗？从前述的证据中可以看出，院校研究存在许多不同类型的组织安排。虽然我们看到的是从小型到大型办公室的缓慢发展，但办公室头衔的专业标识和职称都不稳定而且非常多样化。虽然不同的院校研究办公室有一些核心的相似的任务，但院校研究办公室具体的工作任务很大程度上根据其所在组织机构而定。进入院校研究这个领域的人接受过大量的相关训练，有相关教育背景，并且获得了学位。此外，职业模式以及职业路径都不清晰，尤其是因为大部分的院校研究从业人员对于该领域而言都是新手，而且仅有12%的专业人员拥有20年的院校研究从业经验。虽然对于院校研究从业人员所应具备的技能有一定的共识，但具体而言，雇佣院校研究从业人员都是间接的，而且不存在院校研究课程或者"认证"。

另一方面，通过夏季学院和论坛工作坊，以及院校研究证书项目（比如我们在宾州州立大学所设立的项目），院校研究开始发展自己的职业训练和质量保障机制。而且，院校研究协会多年前就有了关于该职业的伦理声明。此外，我们拥有多个成熟的院校研究协会出版物以构建该领域的知识基础。院校研究协会的官方学术期刊是1972年开始出版的《高等教育研究》(Research in Higher Education)，这本期刊现在或许是高等教育研究领域最好的期刊。另一个连续出版物是《院校研究的新方向》，这是一套以主题为基础的资料书，由院校研究协会及其出版委员会发起并授权，由乔西·巴斯出版公司从1974年开始出版。由院校研究协会以及高等教育研究协会(The Association for the Study of Higher Education)联合发起的《高等教育手册》(Higher Education Handbook)从1985年开始每年出版一卷。电子院校研究协会(Electronic AIR)是最老的，从1987年10月开始连续出版，而且至今仍在出版的在线邮件时事通讯，一直是其他组织效仿的范例。其他出版物还包括《院校研究协会专业档案》(AIR Professional File)、《院校研究的应用》(Applications for Institutional Research)，以及《院校研究资源》(Resources in Institutional Research)；还有院校研究协会的系列专著，比如《院校研究入门》(Primer for IR)，以及《学科评估》(Assessment in the Disciplines)。(有关这些出版物的详细资料，参见：http://www.airweb.org)。

在对院校研究实践的理论进行概括时，我们必须非常谨慎。不论是在国际上还是美国国内，院校研究依然处于高速发展时期，而且我们还看到了不同学校的院校研究办公室的规模、员工所获得的学位层次、报告的层次以及主要任务的巨大差异。院校研究办公室的工作日程存在巨大差异，这种差异主要是由院校研究办公室在学校组织结构中所处的位置而不是学校的类型所造成的。最成熟的院校研究办公室的分析任务和责任将变得越来越复杂。因此这样说是恰当的：院校研究领域正在朝更加成熟的阶段逐渐发展。四五十年前刚刚起步时该领域还处于婴儿期，而现在它逐渐成为一个既是实践也是研究的领域。

## 院校研究的角色

我们可以看到院校研究是一个正在发展之中的职业，但现实情况是行政层面的院校研究和专业层面的院校研究之间存在一定的冲突。从行政层面来看，院校研究是行政的一员也是管理团队的一员；专业层面的院校研究与此不同，它更具学术性而且强调客观公正的研究。此外，院校研究的功能及其任务通常被内部的改善需求（一个更加形成性的作用）和外部的问责需求（一个更加终结性的作用）所分割。这些矛盾的二元性和冲突促使院校研究者扮演着各种不同角色的混合角色，我们称之为"院校研究的角色"（the faces of institutional research）（Volkwein, 1999b, 2008），如表 2.2 所示。

在表 2.2 中，右边两列的标题首先区别了院校研究的目的、角色和活动：其一是更加内部的、形成性的以及提高导向的；其二是更加外部的、终结性的以及问责导向的。左边一列将组织文化和价值体系分为两行：行政的和机构的角色，以及学术的和专业的角色。这形成了一个四种重叠但容易区分的院校研究目的与角色分类体系。这些不是单一的类型，但它们反映了主要的趋势，而且它们能够被用到办公室的整体层面，或用于办公室的每个成员和各个功能。

表 2.2 院校研究的四个角色

| | 院校研究的目的和服务对象 | |
|---|---|---|
| 院校研究组织角色和文化 | 形成性的及内部的：提高导向 | 终结性的及外部的：问责导向 |
| 行政和机构角色 | 描述院校：院校研究作为信息部门 | 展示最佳案例：院校研究作为舆论导向部门 |
| 学术和专业角色 | 分析可选方案：院校研究作为政策分析部门 | 提供客观的绩效证据：院校研究作为学者和研究部门 |

资料来源：J. F. Volkwein, "The Foundation and Evolution of Institution" Chapter 1 in *New Direction for Higher Education*, # 141, Spring 2008, Dawn Terkla (ed). Jossey-Bass, SanFrancisco. Reprinted with permission of John Wiley & Sons, Inc.

### 1. 院校研究作为信息部门

内部的并且倾向于行政目的以及行政支持的角色，需要院校研究描述学校的形态和规模，包括学生和教师、活动。在这里院校研究人员告诉学校的各个社群有关他们自身的情况，包括招聘、招生、教师、财务以及学位授予等方面的数据。在院校研究具有挑战性的任务中,这一部分的工作或许是对教育背景和工作经验要求最低的。职位需求大致和特伦齐尼的技术和分析智能(Terenzini,1993)中所描述的一致。

**2. 院校研究作为政策分析部门**

内部的并且专业目的的角色定位,要求院校研究分析学校及其政策。这一角色要求院校研究人员作为分析师或咨询师,与学校的最高管理者共事,为学校提供规划和预算决策、政策修订、管理机构重建或其他所需变革等方面的支持。院校研究人员是政策分析师并为管理团队提供知识。这一目录之下的研究活动包括:提供可选的招生以及收入图景、相比较的成本分析、学生调查研究以及招聘和薪资公平的研究。这一角色需要相对较高的教育和训练水准,以及分析能力和问题意识。

**3. 院校研究作为舆论导向部门**

在两个外部类型中,更具行政风格的是院校研究集中反映学校表现良好方面的描述性统计。我们许多人经常被要求扮演这样的角色,但是需要防止让这种风格走向非道德的极端。在这里,作为舆论导向者,院校研究人员为学校提供"最佳案例",将杯子描述为"有一半是满的"而不是"有一半是空的"。当协助学校招聘、筹款以及为政府工作人员展示学校的美好景象时,院校研究人员就在扮演这样的角色。为了在这个角色上获得成功,相关工作经验和学校的知识是必要的。

**4. 院校研究作为学者和研究者**

更具专业导向和分析特征的外部/问责角色是无偏见的研究者和学者,他们调查并提供有关证据从而使学校的绩效、法律承诺以及目标的实现程度得以辨识。当主要的服务对象是校外的人员时,院校研究人员就需要开展学习成果的研究以及绩效报告。这一角色需要高级的训练并且拥有长时间的从业经验。

**5. 院校研究作为知识管理部门**

塞尔邦(Serban,2002)改进了沃克温(Volkwein)的四角色,提出了第五角色:院校研究作为知识管理者搜集数据,并将数据转变为信息和知识,合作创造与维护信息库。这是一个进步,因为创造并管理知识是组织智能的一部分,而且这也已为他人所用。

有些院校研究活动很难归类,因为它们具有多个类别的特征。学校的统计资料既为内部也为外部人员编撰。承诺报告既有描述性也有分析性的方面。当我们为学生评分并汇报学生的分数时,扮演的是信息部门的角色;当我们在学生评价的数据基础上开展相关研究时,扮演的是研究者的角色。教师工作量分析和院校分析可以根据对象以及任务的复杂度归于院校研究上述四类角色中的任何一个。

然而,我们所做的大部分工作迫使我们时而扮演一个角色,时而扮演另一个角色,有时一天之内就要扮演多种角色。虽然院校研究的这些角色之间的边界或许会随着时间的推移而变得模糊,而且从一个角色转移到另一个角色可能会像打电话那样快,但我们相信每一个机构都需要院校研究有效地扮演所有上述角色。最理想的情况是,院校研究作为所有院校的分析以及决策支持活动——包括内部的和外部的、形成性的和终结性的、行政性的和学术性的——的重力场的中心。通过满足这些需求,院校研究体现了学校的所有努力。

## 参考文献

Fincher, C. (1978). Institutional research as organizational intelligence. *Research in Higher Education*, 8(2), 189-192.

Knight, W. E., Moore, M. E., & Coperthwaite, C. A. (1997). Institutional research: Knowledge, skills, and perceptions of effectiveness. *Research in Higher Education*, 38, 419-433.

Lindquist, S. B. (1999). A profile of institutional researchers from AIR national membership surveys. In J. F. Volkwein (Ed.), *What is institutional research all about? A critical and comprehensive assessment of the profession* (pp. 41-50). New Directions for Institutional Research, no. 104. San Francisco: Jossey-Bass.

Muffo, J. A. (1999). A comparison of findings from regional studies of institutional research offices. In J. F. Volkwein (Ed.), *What is institutional research all about? A critical and comprehensive assessment of the profession* (pp. 51-60). New Directions for Institutional Research, no. 104. San Francisco: Jossey-Bass.

Peterson, M. W. (1985). Institutional research: An evolutionary perspective. In M. Corcoran and M. W. Peterson (Eds.), *Institutional research in transition* (pp. 5-15). New Directions for Institutional Research, no. 46. San Francisco: Jossey-Bass.

Peterson, M. W. (1999). The role of institutional research: From improvement to redesign. In J. F. Volkwein (Ed.), *What is institutional research all about? A critical and comprehensive assessment of the profession* (pp. 83-104). New Directions for Institutional Research, no. 104. San Francisco: Jossey-Bass.

Saupe, J. L. (1990). *The functions of institutional research* (2nd ed.). Tallahassee, FL: Association for Institutional Research. Available at http://www.airweb.org/page.asp?page585

Serban, A. M. (2002). Knowledge management: The fifth face of institutional research. In A. M. Serban and J. Luan (Eds.), *Knowledge management: Building a competitive advantage in higher education* (pp. 105-112). New Directions for Institutional Research, no. 113. San Francisco: Jossey-Bass.

Terenzini, P. T. (1993). On the nature of institutional research and the knowledge and skills it requires. *Research in Higher Education*, 34, 1-10.

Volkwein, J. F. (1990). The diversity of institutional research structures and tasks. In J. B. Presley (Ed.), *Organizing effective institutional research offices* (pp. 7-26). New Directions for Institutional Research, no. 66. San Francisco: Jossey-Bass.

Volkwein, J. F. (Ed.). (1999a). *What is institutional research all about? A critical and comprehensive assessment of the profession*. New Directions for Institutional Research, no. 104. San Francisco: Jossey-Bass.

Volkwein, J. F. (1999b). The four faces of institutional research. In J. F. Volkwein (Ed.), *What is institutional research all about? A critical and comprehensive assessment of the profession* (pp. 9-19). New Directions for Institutional Research, no. 104. San Francisco: Jossey-Bass.

Volkwein, J. F. (2008). The foundations and evolution of institutional research. In Dawn Terkla (Ed.), *Institutional research: More than just data* (pp. 5-20). New Directions for Higher Education, no. 141. San Francisco: Jossey-Bass.

# 第 3 章

# 院校研究实践

马迪·T.艾默斯(Mardy T. Eimers)
高长完(Jang Wan Ko)
丹尼斯·加德纳(Denise Gardner)

院校研究实践经过 50 余年的发展,已逐步形成了一个由多个标准和伦理所定义的职业。虽然院校研究的具体任务和责任根据不同的学校有所区别,但某些确切的知识和技能需要所有院校研究人员都应该具备。本章我们将讨论的四个主题,定义了有效的院校研究实践所需的知识和技能:①构建伦理理解和实践的基础;②掌握为了在院校研究领域表现出色所需具备的知识和智力;③懂得提升专业技能的路径和机会;④理解不同类型的机构以及不同报告层次所感兴趣的主题为何不同。

## 院校研究的职业实践标准和伦理准则

院校研究协会将院校研究定义为:"为了促进高等教育机构的理解、规划以及运作而做的研究。"(Peterson,1999)过去 20 多年来,院校研究表现得越来越具有分析、预测以及主动性的特点。院校研究"正朝着一个独特的综合数据技能、战略规划、成果评估以及倡导改进的集合体方向发展"(Swing,2009)。院校研究专业人员的主要职责是通过为学校规划和决策支持提供信息,从而为其所在学校的管理者提供辅佐。因而院校研究专业人员通常能够对高级管理者的决策制定产生影响。为了保障院校研究专业人员及其工作的正直和诚实,为高等教育环境中一系列的职业标准和伦理道德以及专业人员的特殊职责创建一个指导大纲显得极为重要。

### 院校研究职业实践的标准

每一个职业都需要一系列的标准和职业道德。虽然对于职业标准应该包括哪些内容没有固定的认识,但许多职业标准中似乎都至少包括一个强调职业道德的部分。虽然不同职业中存在某些共性,但每一个职业也有其特殊的定义和操作规范。此外,受雇于某一个职业的人员不仅要履行他们自己的道德标准,也要满足职业的操作标准,还要向雇主履行义务。

许多教育机构有它们自己的伦理准则和职业标准。《美国大学教授联合会关于职业道德的陈述》(The American Association of University Professors' Statement on Professional Ethics)为学术职业订立了一系列的详细责任(不仅仅是职业道德)。美国教育研究协会(The American Educational Research Association)有一系列专门指导教育研究者的工作的标准。高等教育研究协会有一个关于伦理行为准则的陈述,包含的是一些比较宽泛的标准。NASPS,高等教育领域中一个学生事务管理协会,有一系列的职业实践标准(包括研究和评估)。

职业的实践标准通常包括通用的指导大纲以及与该职业的具体技能和职责有关的标准。标准可以包括伦理部分,也可以存在单独的伦理准则。

## 伦理准则

伦理(ethics)这个词是从希腊词汇"ethos"演变而来的,它表示个人的品质和德行(ta ethika),涉及从哲学上区分善与恶的本质。伦理准则的目的是制定基本的规则或原则从而判断什么是"善"或"恶"的行为,换句话说,决定我们"应该"做什么(Burn, n.d.)。

职业伦理研究中心(The Center for the Study of Ethics in the Professions, CSEP)创建于1976年,旨在改善研究和教学实践中的伦理问题。作为专注职业领域伦理的第一个跨学科研究中心,CSEP依然是全美职业研究的领导者。引用Luegenbiehl的观点,CSEP如此定义职业伦理的意义在于,"接受职业伦理准则对于职业团体的专业化而言至关重要,因为这是职业团体宣称自己已超越自身的经济利益并承担社会责任的外部证明"(Luegenbiehl, 1991)。

院校研究协会制定了一项伦理准则,"为协会成员提供一些宽泛的伦理陈述,据此指导他们的职业生活,并在伦理不明确的时候能够辨识相关问题"(AIR, 2001)。20世纪90年代初,一个委员会开始起草这项准则,首先是对现有的准则和相关伦理问题(例如在调查研究中涉及的伦理问题)进行审查。然而,这个团队很快就意识到院校研究需要有自己特定的标准(Schiltz, 1992)。

院校研究专职人员有着不同的学术背景和经历。因此,院校研究这个职业由许多带着不同学科观点的人组成,包括教育学、统计学、历史学、政治学、商学等。院校研究实践通常不是单一学科的研究,而是用不同学科的观点研究院校问题。此外,院校研究人员的职责根据院校的使命和结构的差异而有所不同。

院校研究协会的伦理准则列出了一些伦理原则和标准以指导院校研究工作。它提供的不是一系列规则,而是一些个体需要遵守的标准,个人的行为如果违反这些标准,将会受到惩戒。它应该被当作一份"活着"的文件,在不断变化的环境中也应当被接受。院校研究协会的伦理准则有五个部分,分别讲述:能力、实践、保密、与社区的关系、与技术的关系。

"能力准则"被列在第一部分,说的是院校研究人员不得在工作中或者在申请某项职位时宣称或暗示自己具备哪些能力而实际上并不具备这些能力。他们应该为自己寻找合适的训练,并为该领域其他人员提供职业发展的机会。

第二部分讨论的是院校研究实践具体方面的内容,声明院校研究人员必须保持客观无偏见并避免发生个人利益的冲突。个体应当知道他们需要做的是什么,并始终确保所用的数据是正确的。报告应当表述清晰、精确并且行文恰当。这一部分并没有讨论关于院校研究人员的具体任务和一系列技能所需的技术标准等方面的细节。

数据和信息的保密对于院校研究人员的工作而言非常重要,这是第三部分的重点。数据应当妥善存储和传递,而且需要书面的标准。此外,还应当注意保护隐私,这一点同样重要。

第四、第五部分分别讨论与社区和技术的关系。社区包括真实的办公室以及整个学校。所有的员工都应当被公平地对待,院校研究办公室及其职能应当被恰当评价,所有的信息和报告应当安全、准确并恰当地汇报。院校研究的技术应当得到诚实品质的支持。院校研究人员对学校的数据和实践有着特殊的观点,这些观点应当和学校的管理者及其他同事分享。

院校研究协会的伦理准则最新版是在2001年修订的。它涉及院校研究协会发起的一些培训项目,比如"院校研究机构的基础",院校研究协会论坛和地区会议上举办的新手工作坊,以及专注于院校研究相关技能的研究生证书项目的课程。院校研究专业人员应当定期和他们的同事讨论这些伦理准则并仔细思考其在任务中的运用。

## 院校研究所需技能的描述、综合与评估

为了高效地开展工作,院校研究人员应当完全认同专业实践的原则,而且在他们的职业生涯中所做的行为都应当符合职业道德。这些基本的要求强化了在该领域取得成功所需具备的技能。在院校研究文献中,对这些技能阐述得最为清晰的是特伦齐尼(Terenzini, 1993)所做的介绍。以特伦齐尼的三个组织智能作为基本框架,我们列举出不同水平智力所需的技能,如表 3.1 所示,并在后续文章中进行详细的讨论。

表 3.1 特伦齐尼的院校研究的三个组织智能

| I. 技术和分析智能 |
| --- |
| (1) 真实的知识 |
| (2) 方法论技能 |
| (3) 懂得计算以及相关软件 |

(续表)

> II. 问题智能
> （1）理解高等教育领域的关键问题，尤其是那些与你所在院校有密切关系的内部问题（比如，教师的工作量、获取学位的时间）。
> （2）你所在院校是如何运作的，包括正式的和非正式的决策制定过程
> （3）与他人合作以及通过他人的工作实现目标的能力
> III. 情境智能
> （1）理解高等教育文化，包括你所在院校的文化和历史（比如学校的记忆）
> （2）你所在院校是如何处理业务的（比如，关键人物是谁、关键流程是哪个）
> （3）尊重所有人的观点
> （4）理解你所在院校赖以生存的环境

资料来源：Terenzini，1993.

## 技术和分析智能

特伦齐尼的第一层次智能，即技术与分析智能需要三个领域的能力。首先，院校研究人员需要对"真实的知识或信息"具有稳定的理解，包括知道许多定义、术语、关键的缩略词、数据领域、在不同系统中的数据库（比如，学生系统、人力资源系统），以及这些数据库和数据结构的局限。同时还需要知道如何计算基本的测量数据，比如师生比、FTE学生数，以及教师每个学期所教的课程学分数。

第二个领域包括有关方法论技能（methodological skills）的程序性知识。这些技能包括开发量化和质性研究、创造并管理调查、理解用于测量学生保持率的技术，以及主持招生项目。

技术与分析智能的第三个领域包括有效使用计算及计算软件的能力。例如，为一个计算过程编写程序代码、理解专业术语和程序、制作电子表格、改进关键表格、将数据整理为可用的数据结构以及使用统计软件包分析数据。

类似的技能由乔·索普和詹姆斯·蒙哥马利在《院校研究的本质与角色：学院或大学备忘录》(*The Nature and Role of Institutional Research: Memo to a College or University*)（1970）中提出。他们强调如下技能的重要性：量化方法和研究方法、建模、统计、口头以及写作交流、展示图表以及"信息处理设备"（Information Processing Machinery）。虽然1970年之后技术以及计算的专业术语有了巨大的发展，但懂得如何在院校研究中进行计算对于院校研究办公室来说依然是一项关键的技能。

技术与分析智能被认为"既是基本的也是基础的"。这是指，个体在完全实现特伦齐尼所定义的其他组织智能之前这项智能是非常重要的。然而，使用技术与分析智能的工作具有一定的限制，在它自身之内或它本身，超越了提供描述性资料以支持规划和决策制定。

## 问题智能

问题智能的首要方面是知道并理解高等教育领域的关键问题以及那些与院校有密切关系的内部问题。问题智能还包括懂得你所在院校是如何运作的以及决策是如何制定的。正式和非正式的决策制定过程是什么？哪些方面或哪些人具有影响你所在院校的能力？你所在院校的运行准则是什么，它们是如何影响决策指定的，优先事项是如何建立的，以及完成了什么任务？你所在院校中哪些事情能够得到奖励？因为这些子项很大程度上依赖理解一所学校的正式运作流程和结构，需要结合直觉和经验与决策制定者共同工作，以期全面理解在一个院校中决策是如何制定的。

问题智能的另一个子项是院校研究办公室具备"与他人合作以及通过他人的工作实现目标"的能力。对于一个院校研究人员而言，学会与学校的同事合作以实现学校的目标是问题智能的一个关键部分。索普和蒙哥马利（Saupe & Montgomery，1970）强调院校研究人员应该努力与全校各个部门的同事建立良好的关系，并努力成为管理队伍乐于接受的成员。具体而言，院校研究专职人员应该和他们经常往来的部门的同事建立良好的关系，比如招生、注册、商业事务、财政资助、人事关系等办公室。此外，作者还强调这些方面的重要性："了解学校当前面临的问题和困境"以及"紧跟高等教育领域的最新研究，从而在需要的时候能够将这些研究用到你所在的院校中"。

## 情境智能

特伦齐尼的组织智能的第三个方面是情境智能，包括理解"在你工作的环境中宏观的和微观的高等教育文化"。对你所在院校具有历史的和哲学式的理解并知道做出一个具体选择的过程，这也是情境智能的重要方面。特伦齐尼使用"院校记忆"（institutional memory）来表述这一方面的情境智能。"包括懂得在这所学院或大学中业务是如何处理的以及在组织和管理部门谁是关键人物。"（Terenzini，1993）情境智能还包括承认并尊重所有人的观点——学生、伙伴、立法者、教师、企业领导、员工、社区以及其他。

在特伦齐尼文章中重点强调了情境智能的某些子项，从 1993 年起，它们被该领域的众多研究者不断强化。例如，索普和蒙哥马利（Saupe & Montgomery，1970）认为，院校研究专业人员偶尔教授一些大学课程或许是有价值的。与其他事务相比，教课能够使院校研究人员更好地理解教师的观点和学术环境。此外，希恩（Sheehan，1975）的"三顶帽子"理论（three-hat theory）展示了仅仅懂得与真正尊重不同人的细微区别。根据这个理论，当院校研究专业人员接到一个管理信息的任务时必须要有能力猜想三种不同的观点。首先，分析者必须猜想那些需要信息的人的观点。其次,分析者必须要假定分析者(比如他自己)的角色是能够仔细地分析需求,辨别有效的数据,使用有用的工具和技术,并知道如何依据分析者所处理的资源有效地满足需求。最后,分析者必须要戴上技术人员或程序设计员这顶帽子从而清楚地理解哪些数据是有用的,以及分析者满足决策制定者的需求的能力中可能存在哪些局限。

具备情境智能的院校研究人员能够理解他们所在学院或大学运作的环境,并全面地掌握了蕴含其中的机会和限制。马文·彼得森(Marvin Peterson)在《院校研究的角色:从改善到重建》(*The Role of Institutional Research: From Improvement to Redesign*, 1999)这篇文章中强调,院校研究人员有责任去理解高等教育不断变革的景象,并有意识地去思考高等教育的变革将会如何影响他们所在的学校。

沃克温(Volkwein, 1999)介绍了院校研究的四种角色或目标,并将它们命名为院校研究的"四个角色"(four faces):①信息部门;②政策分析部门;③舆论导向部门;④学者和研究者(详细的论述参见本书第2章)。就为高效地实现各个角色所需的教育和经验而言,"学者和研究者的角色对教育训练和经验的要求最高,其次是政策分析部门、舆论导向部门以及信息部门的角色"(Volkwein, 1999)。从Terenzini的三个组织智能来看,以下这些是院校研究各个角色最起码应该具备的技能:"信息部门"的角色需要技术智力,"政策分析部门"和"舆论导向部门"的角色需要问题智能,"研究者和学者"的角色需要情境智能。塞尔邦(Serban, 2002)介绍了第五个角色:院校研究作为"知识管理部门"。虽然这个角色很大程度上依赖技术与分析智能,但存在一定的争议:作为"知识管理部门",院校研究专业人员在整合并组织数据之前必须具备情境智能。

总而言之,过去40多年来,许多学者和实践者写了很多关于"为了在院校研究领域高效地完成工作所需具备的技能"。越来越复杂的内外部环境要求整个院校研究办公室以及办公室中的每一个成员都要努力掌握前文所述的院校研究的三个智能。

有必要强调这个观念:如果没有"技术和分析智能"和"问题智能"作为基础,就难以全面地发展情境智能;缺乏"技术和分析智能"就难以全面地掌握"问题智能"(Terenzini, 1993)。学院和大学的院校研究人员应当努力成为一个集体并提高他们集体的智能,以期提供最有价值的院校研究。

## 职业技能和智力的评估

目前尚没有一个系统的、通用的评估可以了解院校研究作为一个集体的组织,就三个智能而言哪些方面表现较好,哪些方面比较薄弱。应用特伦齐尼的三层次智能作为基本框架,在这部分,我们将评价院校研究专业人员以及院校研究这个职业的智能,以了解他们在哪些方面具有优势,在哪些方面还有一定的改进空间或职业发展机会。我们做这部分工作有三个原因。第一,介绍改进的空间从而促进院校研究整个领域的发展;第二,鼓励院校研究领域的从业人员对他们自身所具备的技能进行评估并努力构建这些技能,尤其是当他们有志于提高责任心的时候更应该发展这些技能;第三,为院校研究办公室主任提供一种方法,以帮助院校研究办公室,提升整体的技能,并努力打造一个具备各个层面的智能所需的基本技能的团队。

对该职业的评估有可能发现技术和分析智能的优势,以及问题智能和情境智能的具体方面。拥有技术和分析智能,该职业领域就能吸引那些在分析和技术方面表现出众的人。或者我们已经主动地投身于该职业领域,因为我们所具备的技能与院校研究所需技能非常匹配;又或者是领导者和同事们已经带领我们朝着这个方向努力了,因为我们所具备的技能和该领域所需的技能非常一致。此外,对于许多接受过硕士和博士教育训练的院校研究者,我们很欣赏分析和技术智力的学术与专业价值。

对于问题智能和情境智能而言,专业人员很可能获得同事的高度评价,因为他们理解高等教育所面临的问题,认识到高等教育的文化和历史的重要性,并懂得当地的大学环境。问题智能和情境智能的这三个部分代表着高等教育机构所运行的环境背景。我们认为大部分院校研究专业人员对这些环境背景非常熟悉,因为这是院校研究工作的基本要求。这些观点至少部分证明了为什么院校研究职业领域在特伦齐尼的三个层次智能的分析、技术以及环境方面具有优势。

然而,在特伦齐尼的智能类别中也有一些对院校研究者构成的挑战大于其他领域的从业者。问题智能和情境智能要求院校研究人员要和全校其他同事合作共事,尊重并欣赏他人的观点,知道学校的关键人物是谁,欣赏学校的非正式的决策制定过程。根据个人经验以及与同事的讨论,我们认识到许多院校研究专业人员认为 Terenzini 所说的这方面的智能对他们具有一定的挑战。

基于个性评估检验个人的倾向就能更好地支持这个结论。著名的 MBTI 测量个体的四个方面的个性,所依据的逻辑是:个体在每个维度上具有一定的倾向性(A 或者 B)(Isachsen & Berens, 1988; Schneel & Hammer, 1987)。这样的假设是合理的,因为考虑到从事该项工作所需的基本条件和高级训练,很多将院校研究作为自己职业的人在各个维度的测验中的倾向如表 3.2 中的黑体字所示。

**表 3.2　MBTI 四大维度:院校研究的视角**

| |
|---|
| **维度 1:获得能量**<br>　A. 外向型:作为一个院校研究人员,你倾向关注外部的项目和关系。人际互动激发你的能量和努力。<br>　**B. 内向型:作为一个院校研究人员,你更倾向沉浸在自己的内心世界。对信息、观点和思想的独立思考能激发你的能量和努力。** |

(续表)

> 维度2：解释信息
>   A. 敏感型：在你的院校研究角色中，你倾向通过检视在当前高等教背景中的事实、细节和数据从而对信息进行处理。
>   B. 直觉型：在你的院校研究角色中，你倾向培养并相信人际关系并且追随理论；你是一个未来导向者(future-oriented)。
>
> 维度3：制定决策
>   A. 沉思型：在工作中需要做决策时，你倾向采取逻辑的、可测量的方法，这些方法比较直接和客观。
>   B. 感觉型：在工作中需要做决策时，你会努力维持不同等级之间的和谐并谨慎地考虑决策对他人的影响。
>
> 维度4：在高等教育环境中生存
>   A. 审辨型：作为一个院校研究者，你更喜欢有组织的、系统的环境，并且快速做决策。
>   B. 感知型：作为一个院校研究者，你更喜欢灵活、可调整的环境，并维持选择的多样性。

资料来源：Schnell and Hammer, 1997.

从MBTI的四个维度的测量来看，一项针对院校研究专业人员的非正式调查结果显示：很多从事该职业的人的倾向是内向型、敏感型、沉思型、审辨型。这说明了，确切地说期望某些特殊的才能、技能和倾向使得我们能够在院校研究职业领域表现出色，特别是在核心层面(技术和分析智能)的不足，或许阻碍了我们全面地掌握其他方面的智能。因此，我们中许多人倾向从自己的内心世界获得能量，而不是通过建立人际关系来获得能量；我们倾向相信那些真实的、详细的信息，而不是用自己的直觉；我们喜欢使用逻辑和分析技能去做出决策却很少关心他人的感受；我们喜欢妥善的组织和秩序而不是适应和灵活。这些特殊的倾向或许也会制约我们在院校研究中取得的成效。

情绪智能这一20年前创造的概念，抓住了特伦齐尼描述的高阶(Higher-order)智能，这方面是院校研究人员需要特别关注的。情绪智能指的是个体有能力用成熟和高效的方法管理自己以及自己和他人的关系(Goleman, Boyatzis & McKee, 2002)。情绪智能由个人能力和社会能力构成。个人能力包括：仔细的自我反省以及深入的思考，当你检查过所有的数据之后你相信自己的"直觉"、适应能力和灵活能力。例如，如果在测试中显示你是一个ISTJ型的人(即倾向内向、敏感、沉思、审辨)，那么作为一个院校研究专业人员，你或许需要更相信自己的直觉，并尝试着不要那么多的严格组织，变得更灵活一些。

社会能力也是情绪智能中的一部分，莱默尔和特克拉(Limer & Terkla, 2009)在最近的一篇文章《院校研究的新方向》(*New Direction in Institutional Research*)强调了社会能力的重要性。社会能力包括：对他人的情绪和观点保持敏感和理解，系统地了解内部的政策、趋势和决策网络，培养人际关系(Goleman,

Boyatzis & McKee,2002)。社会能力中有三个方面和前文提到的特伦齐尼的框架有密切的联系——提高对它们的关注或许有益,特别是问题智能(学会如何与他人合作并通过他人的工作实现目标)以及情境智能(尊重不同人的观点)(表3.1)。

无论我们基于特伦齐尼的框架,还是在情绪智能的标题下辨别这些薄弱环节,都有理由重点关注院校研究领域可能存在的薄弱环节。第一,我们多数人在研究生院中度过了大部分的时间,但研究生院并没有特别教给学生与情绪智能有关的技能。第二,与情绪智能有关的技能并没有在会议、工作坊、研讨会或其他职业发展机会(尤其是院校研究协会或其他协会组织的)中反复强调。第三,如果院校研究人员所在的学校能够提供一些机会的话(比如领导力项目、领导力培训),那么他们或许能够在情绪智能方面得到特别的训练和发展。第四,培养这些品质让你有更大的希望成为该领域的佼佼者,即那些掌握了这些技能的院校研究专业人员更可能进入院校研究领域的领导层,部分原因是他们具有这些高阶能力,在工作中具备情绪智能。

总之,有许多理由说明我们每个人都要评估自己的技能,并努力改善自己的不足之处。作为一个职业领域,我们需要考虑增加一些研讨会、工作坊以及研究机构致力提高本章所阐述的这些综合的技能和智力。从目前来看,有意识地提供一些专注于提高问题智能和情境智能方面的技能和能力的职业发展机会,能够更好地促进该职业的发展。下一部分将讨论目前已有的一些教育和训练的机会,这些机会是为那些希望提高自己能力的院校研究专业人员提供的。

## 学习技能:提高院校研究的成效

院校研究人员通过多种途径获得特伦齐尼提出的三个智能各个层面所需的技能。第一,院校研究协会通过举办多种多样的夏季研讨会、在线研讨会、每次年会之前的工作坊以及发行相关出版物满足协会会员的职业发展和继续教育的需求。第二,由美国国家教育统计中心(National Center for Education Statistics,NCES)和美国国家自然科学基金(National Science Foundation,NSF)发起的特伦齐尼协会证书项目,为院校研究人员或有志于成为院校研究专业人员的人士提供了一些正式的课程。第三,院校研究实践者积极参加特殊兴趣小组和地区性的院校研究协会从而提升自己的知识和技能。这些教育和培训机会将在本部分详细讨论。

院校研究协会发起了"院校研究研究生证书"项目(Graduate Certificate in Institutional Research),为院校研究人员、学校管理者、研究生、大学教师提供学术和职业发展机会。目前有很多机构提供院校研究的研究生证书,包括宾夕法尼亚州立大学和佛罗里达州立大学,它们是最早设立此类证书项目的机构。证书项目的课程既有传统的讲授形式也有在线授课形式。一般来说,证书项目至少包括18

个学时的研究生水平课程,许多学生还额外接受某一具体领域的课程(如招生管理、项目评估和评价)。虽然每所大学都提供它们自己的课程,但这类证书项目一般都包括一些基本的课程(如"院校研究基础")、研究方法课程(如"教育研究方法与设计"),以及院校研究或高等教育领域的特殊主题(如教师工作量、评估)。

除了这些课程之外,项目还提供了一些院校研究的实习课程或实习活动从而让参与者能够将理论应用于实践。该证书项目侧重技术和分析智能框架中所需的知识和技能,提供院校研究知识和技能的基础与核心。然而,参与者有机会通过院校研究实习课和实习活动发展他们的问题智能和情境智能,这些实习课和实习活动是四个证书项目都会提供的。

院校研究协会的暑期学院由四个部分组成:基础学院(Ⅰ)、基础学院(Ⅱ)、统计学院、为院校研究实践者准备的评估学院——这些暑期学院很好地反映了院校研究协会为院校研究实践者提供拓展知识和技能所做的努力。院校研究协会的基础学院(Foundation Institute)创建于1990年,旨在为院校研究新手提供集中的、强化的、结构化的学习环境,基础学院每个暑假都会开办。

由于持续增长的需求,院校研究协会于2006年创建了第二个基础学院(AIR,2006)。基础学院(Ⅱ)主要为那些具有两年或两年以上院校研究经验的人设计的,旨在促进他们朝高级管理职位发展或扩展他们的职业发展经验,包括如下主题:战略规划、学校绩效、办公室管理、高级统计。教学模块主要包括:概念、理论以及院校研究最佳实践,并将讲授、讨论、实践活动(hands-on activities)与小组练习结合起来,从而将各有特色的方法和战略的实际运用阐释清楚。许多院校研究人员和相关工作者参与了基础学院(Ⅱ);有些年参加基础学院(Ⅱ)的院校研究专业人士达到了80人之多(AIR,2008)。

应用统计学院侧重提高院校研究人员的统计学理论和应用,以及研究方法。该学院聚焦统计方法的传授,比如变量分析、多变量分析以及非参数统计分析等。这些技术和"技术和分析智能"密切相关,参与者可从中学习如何将这些技术恰当地在高等教育环境中进行运用。

评估学院创建于2007年,旨在满足持续的院校认证与评估的需求。创建评估学院的目的是帮助院校研究专职人员或评估人员获得有关评估的知识,并扩展他们各自所在机构所需要的评估方面的知识和技能。

从第一届论坛开始,院校研究协会便在每年的年度论坛上为其成员提供论坛前的工作坊,以提高他们的知识和实践能力。工作坊和参与者的数量一直在持续增长,一般每年都有36个工作坊、800余人参与其中(AIR,2007)。工作坊的主题多种多样,从"基础技能和动手能力培训"到"高级统计和研究方法",再到"规划战略"等。虽然很多工作坊主要侧重发展技术和分析智能,但也有一些工作坊涵盖了问题智能和情境智能相关主题。此外,每年都会为第一次参加院校研究协会论坛的人员举办"新手工作坊",以帮助他们了解院校研究实践以及院校研究协会。

随着专业培训需求的持续增加,以及技术的不断发展,网络论坛逐渐成为一个为院校研究实践者传递知识和技能的有效途径。2004年,院校研究协会最早举办了一个有关SPSS和AMOS结构方程模型(Structural Equation Modeling)软件的在线论坛,以及两个关于IPEDS的在线论坛(AIR,2005)。过去几年,对在线论坛的需求持续增大(AIR,2005,2006,2007,2008,2010)。目前,院校研究协会的在线论坛包括按需式(on-demand)专业发展服务,比如统计学在线论坛系列以及院校研究协会链接。院校研究协会还和美国国家自然科学基金会合作提供新的美国国家自然科学基金在线论坛,这些论坛主要和"科学家与工程师统计数据系统"(Scientists and Engineers Statistical Data System)以及WebCASPAR数据系统有关。

特别兴趣小组和院校研究的附属协会是重要资源——不仅有助于获得技术知识和技能,而且还有利于院校研究实践者之间交流经验以及讨论高等教育问题。特别兴趣小组类型多样,从技术小组到具体问题导向的小组应有尽有。它们通常在院校研究协会年度论坛召开之时举办年会或例会。附属协会或小组是提高院校研究实践者的知识以及建立他们之间紧密联系的优秀例子。院校研究协会在美国有7个地区的和27个州的附属小组。这些附属小组会举办它们自己的会议,有意提高其成员的知识和经验。此外,院校研究协会还有7个国际附属小组。在特殊小组和附属小组的活跃的人际网络以及知识交流中能够有效地发展参与者的问题智能以及技术和分析智能。因为这些小组是基于各自的共同兴趣建立的,它们有志于投入极大的努力以获得相关知识。

院校研究协会还出版或直接资助许多期刊的出版,从而帮助院校研究专职人员提高他们的知识和技能。许多这类出版物专门讨论院校研究职业领域的问题。《专业档案》(*Professional File*)介绍了许多能够广泛应用于高等教育环境中的新模式、新技术和新程序。《院校研究的应用》(*IR Application*)是一份电子出版物,主要侧重运用专业的方法辅助高等教育管理。

此外,院校研究协会资助了许多出版物,它们将理论与实践紧密联系。《院校研究的新方向》讨论与院校研究有关的一个主题或问题。《高等教育研究期刊》(*Journal of Research in Higher Education*)(由施普林格科学公司出版)以及《高等教育:理论与研究手册》(*Higher Education: The Handbook of Theory and Research*)(院校研究协会与高等教育研究协会共同资助,由Kluwer Academic公司出版)同样是院校研究协会所资助的出版物中将理论与高等教育实践相联系的例子。

为了努力与院校研究领域最新进展保持同步,院校研究协会还定期出版有关学生评估[《评估进展》(*Assessment Update*)]、联邦数据和报告内容[《AIR警示》(*AIR Alerts*)],以及每月的时事通讯[《电子AIR》(*Electronic AIR*)],这些出版物囊括了院校研究领域的关键事件、最新技术和机会。

## 与机构类型和院校研究办公室的组织位置有关的技能

沃克温和他的同事写了许多有关院校研究办公室组织结构、院校研究办公室规模以及院校研究办公室在学校组织结构中所处的位置的文章。沃克温阐述了这三个因素是如何显著影响院校研究办公室的工作类型以及所需技能的（全面的论述请参阅本书第 2 章）。然而，他们在本章所阐述的关键要点如下：第一，沃克温（Volkwein，1990，2008）根据院校研究办公室的规模和集中程度将其分为四种类型：手工部门、灵活组织结构、专业部门和精细丰富的机构。员工的受教育水平、所需训练、所需技能根据院校研究办公室在沃克温的分类体系中所属分类的不同而不同。第二，院校研究办公室在学校的组织结构中所处的位置（如学术事务部门、校长办公室、财务和预算部门）也会影响它所从事的项目类型以及完成这些方案所需的技能（Muffo，1999；Lindquist，1999；Volkwein & Woodell，2008；Leimer & Terkla，2009）。例如，设在财务和预算管理部门中的院校研究办公室与汇报学术事务或向校长汇报工作的院校研究办公室很可能从事不同的项目。

高长完（Ko，2008，2009）从不同的视角切入，对院校研究办公室的各个职位所需的资历和技能具有深刻的洞察。他基于院校研究人员的职位描述，分析了 93 个首席院校研究官员的职位和头衔以及 112 个普通员工的职位，比如助理和副主任、研究分析师、高级研究员、协调员。根据高长完（Ko，2008）的观点，在四年制大学中首席院校研究官员最需要具备的资历是院校研究领域的丰富经验，其次是人际交往技能、交流技能和数据库软件的应用能力。在两年制学院中最需要具备的资历是数据库软件和统计分析软件的应用能力以及研究模型和调查的设计与实施能力。在高长完的研究中发现，大型院校更强调技术，而中等规模的院校更强调在院校研究或高等教育领域的丰富经验。首席院校研究官员的职责根据其所在院校的水平和规模的不同而不同。在四年制院校，院校研究主任主要从事一般性的工作（即向内部或外部机构做报告）以及领导研究和评估活动。在两年制院校中，首席院校研究官员既要辅助战略规模也要从事一般性的工作。虽然不同规模院校的首席院校研究官员的主要职责是相似的，但与小型或大型院校相比，中等规模院校的首席院校研究官员明显更侧重辅助项目评估和认证活动。

职员的资历根据其所在职位有所不同（Ko，2009）。院校研究办公室要求助理主任或副主任既要具备技术（即数据库、数据管理系统和统计软件的应用能力），也要具备院校研究能力（即人际交往技能和项目管理技能）。研究分析师是院校研究办公室主要的职位，需要掌握全面的院校研究知识和技能，包括桌面软件和数据库的应用能力、交流能力、统计分析能力等。与两年制院校相比，四年制院校中的研究分析师需要掌握更强的人际交往能力和项目管理能力。高级研究员也需要具备研究、评估以及研究设计的实施相关技术经验。协调员所需技能主要是人际交往能力、数据库应用能力以及研究经验。

## 结语

本章侧重四个方面：①建立伦理知识和实践的基础；②了解为了在院校研究领域表现出色需要掌握的技能或智能；③了解提高专业能力的途径和机会；④理解不同院校类型和汇报层次所研究的主题及所需技能的差异。

《院校研究协会伦理准则》最近一次修订是在2001年。随着院校研究的发展，或许是时候对《院校研究协会伦理准则》进行再次修订并进行恰当的更新。针对"院校研究具备怎样的技能使其在各个层面的智力上有效运作"开展一项实证分析应该能为该领域做出实质性的贡献。理解那些从事院校研究的人的工作偏好，使用MBTI或其他工具，能够有效地形成院校研究协会的课程，这些课程通过许多途径（如研讨会、工作坊、在线研讨会）得以呈现。院校研究协会提供了大量职业发展和训练的机会，这些项目根据主题和侧重点不同而不同，这表明在各个领域中几乎所有人都能获得相应的教育机会。最后，院校的类型以及个人工作领域的差异是形成院校研究工作的特征的重要因素。虽然不同的院校类型或统属关系（reporting lines）所需要的技能大致是相同的，但理解其中的细微差别有助于院校研究人员找到与自己相匹配的成功职业。

## 参考文献

Association for Institutional Research. (2005). *2004-05 annual report*. Tallahassee, FL: Association for Institutional Research.

Association for Institutional Research. (2006). *2005-06 annual report*. Tallahassee, FL: Association for Institutional Research.

Association for Institutional Research. (2007). *2006-07 annual report*. Tallahassee, FL: Association for Institutional Research.

Association for Institutional Research. (2008). *2007-08 annual report*. Tallahassee, FL: Association for Institutional Research.

Association for Institutional Research. (2010). *2009-2010 annual report*. Tallahassee, FL: Association for Institutional Research.

Association for Institutional Research. (n.d.). Publications. Retrieved from www.airweb.org/?page55

Association for Institutional Research Code of Ethics. (2001). Retrieved from http://www.airweb.org/?page5140

Burns, S. A. (n.d.). Evolutionary pragmatism: A discourse on a modern philosophy for the 21st century. Retrieved from http://www3.sympatico.ca/saburns/pg0401.htm

Center for the Study of Ethics in the Professions (CSEP). (n.d.). Retrieved from http://ethics.iit.edu/index1.php/Programs/Codes%20of%20Ethics

Goleman, D., Boyatzis, R. E., & McKee, A. (2002). *Primal leadership: Realizing the power of emotional intelligence* (1st ed.). New York: Harvard Business School Press.

Isachsen, O., & Berens, L. (1988). *Working together: A personality centered approach to management*. Coronado, CA: Neworld Management Press.

Ko, J. (2008). Chief institutional research officers: Their qualifications, occupational duties, and implications for institutional research. Presented at the Association for Institutional Research (AIR) 2008 Annual Forum. Seattle, Washington, May 24-28.

Ko, J. (2009). The qualifications and occupational duties of institutional researchers. Presented at the Association for Institutional Research (AIR) 2009 Annual Forum. Atlanta, GA, May 30-June 3.

Leimer, C., & Terkla, D. (2009). Laying the foundation: Institutional research office organization, staffing, and career development. In C. Leimer (Ed.), *Imagine the future of institutional research* (pp. 43-58). New Directions for Institutional Research, no. 143. San Francisco: Jossey-Bass.

Lindquist, S. B. (1999). A profile of institutional researchers from AIR national membership surveys. In J. F. Volkwein (Ed.), *What is institutional research all about? A critical and comprehensive assessment of the profession* (pp. 41-50). New Directions for Institutional Research, no. 104. San Francisco: Jossey-Bass.

Luegenbiehl, H. C. (1991). Codes of ethics and the moral education of engineers. *Business and Professional Ethics Journal*, 2, 41-61. Also in Johnson, D. G. (Ed.). (1991). *Ethical issues in engineering*. Englewood Cliffs, NJ: Prentice-Hall, 137-154. Retrieved from http://ethics.iit.edu/index1.php/Programs/Codes%20of%20Ethics/Function%20and%20Value%20of%20Codes%20of%20Ethics

Muffo, J. A. (1999). A comparison of findings from regional studies of institutional research offices. In J. F. Volkwein (Ed.), *What is institutional research all about? A critical and comprehensive assessment of the profession* (pp. 51-60). New Directions for Institutional Research, no. 104. San Francisco: Jossey-Bass.

Peterson, M. W. (1999). The role of institutional research: From improvement to redesign. In J. F. Volkwein (Ed.), *What is institutional research all about? A critical and comprehensive assessment of the profession* (pp. 83-103). New Directions for Institutional Research, no. 104. San Francisco: Jossey-Bass.

Saupe, J., & Montgomery, J. (1970). A memo to a college or university. *Association for Institutional Research*. Retrieved from http://www.airweb.org/page.asp?page=84

Schiltz, M. E. (1992). An introduction to the draft code of ethics. In M. E. Schiltz (Ed.), *Ethics and standards in institutional research (pp. 3-9). New Directions for Institutional Research, no. 73. San Francisco: Jossey-Bass.

Schnell, E. R., & Hammer, A. L. (1997). Integrating the FIRO-B with the MBTI: Relationships, case examples, and interpretation strategies. In C. Fitzgerald and L. K. Kirby (Eds.), *Developing leaders: Research and applications in psychological type and leadership development* (pp. 439-464). Palo Alto, CA: Davies-Black.

Serban, A. M. (2002). Knowledge management: The "fifth face" of institutional research. In A. M. Serban & J. Luan (Eds.), *Knowledge management: Building a competitive advantage in higher education* (pp. 105-111). New Directions for Institutional Research, no. 113. San Francisco: Jossey-Bass.

Sheehan, B. (1975). The question of a synthesis in higher education management. In P. J. Plourde and C. R. Thomas (Eds.), *Innovative systems: Solution or illusion?* Proceedings for College and University Systems Exchange 1974 CAUSE National Conference, Boulder, CO: College and University Systems Exchange, *1*, 135-155.

Swing, R. L. (2009). Institutional researchers as change agents. In C. Leimer (Ed.), *Imagine the future of institutional research* (pp. 5-16). New Directions for Institutional Research, no. 143. San Francisco: Jossey-Bass.

Terenzini, P. (1993). On the nature of institutional research and the knowledge and skills it requires. *Research in Higher Education*, *34*(1), 1-10.

Volkwein, J. F. (1990). The diversity of institutional research structures and tasks. In J. B. Presley (Ed.), *Organizing effective institutional research offices* (pp. 7-26). New Directions for Institutional Research, no. 66. San Francisco: Jossey-Bass.

Volkwein, J. F. (1999). The four faces of institutional research. In J. F. Volkwein (Ed.), *What is institutional research all about? A critical and comprehensive assessment of the profession* (pp. 9-19). New Directions for Institutional Research, no. 104. San Francisco: Jossey-Bass.

Volkwein, J. F. (2008). The foundations and evolution of institutional research. In D. G. Terkla (Ed.), *Institutional research: More than just data* (pp. 5-20). New Directions for Higher Education, no. 141. San Francisco: Jossey-Bass.

Volkwein, J. F., & Woodell, J. (2008). AIR survey fact. *The Electronic AIR*, *28*(10). Tallahassee, FL: Association for Institutional Research.

# 第4章

# 院校研究在国际性大学中的角色

安娜·S.费伦(Ann S. Ferren)
玛莎·C.梅里尔(Martha C. Merrill)

在21世纪的第一个十年,全球各个地区的大学都在调整发展战略,以应对全球化中思想、人口、产品、技术跨地区流动所产生的影响,全球化刺激了高等教育的变革(Knight, 2006)。在许多案例中,变革是由政府驱动的,旨在对大学进行管理和协调,以提高地区经济在国内以及国际上的竞争力,并制定质量保障标准。这些改革就其改革的程序、透明度、方法,以及与基金的关系而言有所差异(Billing, 2004)。最著名的例子是"博洛尼亚进程"(Bologna Process),它旨在为"欧洲高等教育区"(European Higher Education Area)制定标准,并提高欧洲高等教育的全球竞争力(Gaston, 2010)。因而,与美国大学相比,在全球背景下的院校研究更倾向政策和管理导向。

本章我们将提及四种类型的国际性大学。"世界一流大学"指的是非常著名的国际性大学,比如牛津大学和巴黎综合理工大学(Ecole Polytech),这些大学都排在全球大学排行榜的前100名(Levin, Jeong & Ou, 2006)。另一类国际性大学,从美国的视角看,简单地定义为在美国以外其他国家的一些大学,包括公立大学和私立大学。虽然在世界许多地区院校研究还没有发展起来,但是在这几类国际性大学中院校研究的主题与本书所提及的其他大学一样。不同的是,在某些环境中研究者需要知道数据资料的某些政治上的用途。

其他两类"国际性大学"是:①类似美国教育模式的私立大学;②美国的公立和私立大学在海外的分校——这类学校有多种举办形式,包括在线教育、分校,以及与所在国的联合办学机构——在某种程度上说,这类学校需要院校研究者扮演不同的角色。这两类国际性大学的目标是紧跟美国高等教育的最佳实践和最高要求,同时,它们也要满足当地的期望和法律规范。兼顾两种认证程序,院校研究者经常发现他们在两种不同的文化中工作,有着不同的标准。院校研究人员面临着诸多挑战:保持分析的独立性、有限的数据资料、缺乏对照组,以及在陌生的文化背景中开展研究时所遇到的一系列问题,比如关于诚实和透明度的当地标准

(Crossley & Watson，2003)。

本章我们集中讨论全球高等教育面临的主要问题：①在政府开始高等教育放权时，越来越强调的高等教育质量保障问题；②区域一体化的推进要求地区之间开展合作；③大学在生源竞争以及开拓市场时面临的挑战；④当高等教育已成为一种商品时，新的高等教育提供方拥有技术和贸易协定的优势，这种背景下市场对高等教育的影响(Knight，2006)。我们在合适的地方呈现了政策文件、相关的协会以及资料来源。院校研究者不仅要理解影响国际高等教育的这些变革的背后驱动力是什么，也要理解他们所工作的地方具体的政治、社会以及经济背景。

## 世界一流大学

虽然大学排名由于其方法问题经常遭受批判，但学者们归纳了世界一流大学之所以是一流大学的一些特质，这些特质得到了普遍的认同。萨尔米(Salmi，2009)提出顶尖大学的三种特质：①人才的高度集中(包括教师和学生)；②拥有充足的资源，提供丰富的学习环境以及开展前沿的研究；③良好的治理特质：鼓励战略眼光、鼓励创新、鼓励灵活性，这些特征使得学校能够自主制定决策并且管理资源时很少受到行政的干扰。这些因素清楚地表明，世界一流大学最可能诞生在那些强调自治胜过监管并且资源充足的国家。在最知名的世界排名中，美国的大学占据了世界前 100 名的大部分，紧随其后的是 9 个欧洲国家以及日本、澳大利亚、加拿大和以色列(Academic Rankings，2009)。

世界一流大学以及志在成为世界一流的大学中的院校研究人员面临三种特殊的挑战。第一，这类大学，按照定义，更强调国际"观众"而不是国内"观众"。比起主要面向国内的大学，在这些国际性大学中，院校研究人员要搜集更多类型的学生与教师的数据。在这些学校，及时更新校友的联系方式以搜集他们的职业发展和研究生入学数据更为困难。甚至为院校营销目的提供数据都更为复杂，因为正如比较修辞学领域的研究者所说的，在一种文化中有说服力的言辞，在另一种文化中却不一定有说服力。例如，在一种文化中，统计数据被认为是非常有意义的，然而在另一种文化背景中，官方的陈述被认为更加可信。为了向所有利益相关者提供服务，在世界一流大学中的院校研究人员应当懂得跨文化交际，并且要能够使用多种语言，或者能够接触到翻译者和跨文化信息提供者。

第二个特殊的挑战，尤其是那些志在成为世界一流的大学所面临的，是院校研究人员在多大的范围内搜集数据，以帮助学校提升在国际排名中的位次，比如"世界大学学术排名"(Academic Ranking of World Universities)(前身是上海交通大学排名)和 QS 世界大学排名(QS World University Rankings)(前身是《泰晤士报》高等教育排名)。虽然已开发了其他类型的排名系统，但人们依旧将上述两个大学排名系统所强调的英文出版物,尤其是在硬科学(Hard Sciences)领域的出版物,科研生产力以及论文被引量,作为精英大学的标志。大学排名被认为是外部的质量证明,高级管理者甚至是政治人物都非常认真地对待大学排名,因而院校研究人员必须紧跟各种大学排名系统的排名指标和排名方法——如果他们想让学校有个好的名次的话。那些热衷计算排名的人成立了国际排名专家组(The International Ranking Expert Group, IREG),包括举办常规的会议、制定职业准则,以及一系列设计排名系统的原则(Berlin Principles, 2006)。

在世界一流大学工作的院校研究人员面临的第三个特殊挑战是,增加学生数这个许多大学都有的目标却不是世界一流大学的目标。虽然增加精英学生群体的多样性或许是一个目标,但增加录取率与世界一流大学的利益存在冲突。他们通过限制录取率来获得利益:录取率越低就越有声望,从而给学生在求职、收入、社会地位方面带来一定的优势。精英教育是一种地位性商品(positional good)——物以稀为贵(Marginson, 1997)。对于某些院校研究者而言,搜集有关数据强调学校的排他性或许能引发他们对价值的重新思考。强调排他性也可能会和国家指派学校接受特殊群体的高中毕业生这个任务相冲突。有时在内部引起争议的大学目标,越来越多元的利益相关者和文化环境,意味着21世纪的院校研究者需要具备政治智慧以辨别各种需求并适时采取欺骗手段。

## 在美国之外的大学

主要招收国内学生的大学也会面临外部的需求,这些需求由全球化和改革引发。最重要的是高等教育大众化,特罗(Trow, 2007)将高等教育大众化定义为一个国家有16%~50%的适龄青年进入高等教育机构学习。私人机构和国家系统都面临持续扩大的多样性,适龄学生以及成年人都看到了高等教育的社会价值和经济价值,因为"知识经济"需要的是有技能的劳动者。由于高等教育大众化是在没有增加资金投入和人力资源的情况下发生的,观察家一方面注意到了其积极的效果——提高社会流动性、增加教育民主,但他们也担心高等教育标准会下降以及受过良好训练的教师数量不足等问题(Altbach, Reisberg & Rumbley, 2009)。院校研究人员的任务是整理数量和质量两方面的证据,以证明他们所服务地区具有相应的实力。

就像在美国,经济、年龄、种族等方面的多样性要求院校研究者不要局限在Excel表格中新增一列以分析不断增加的多样性对学生保持率、教师生产力、上课方式等方面的影响。在美国,"旋转"(Swirling)这个词用来描述这些新学生的入学方式,学生将高等教育机构看作服务提供者,而且上学的时候还同时在做全职或兼职工作,可能在一所大学中上学习数学课,而在一所社区学院上计算机课程,并在一个营利机构上在线的商业课程。这类学生希望往后将所有碎片整合成一个连贯的整体。在这些新的环境中追踪学生的进步或测量学校的效益需要新的技术和定义,就像"毕业率"需要美国国家教育统计中心在4~6年之内进行重新定义。

高等教育大众化的含义已不仅仅是"建造更多的楼房,聘请更多的教授",而是开始重新思考多元化的学生实际中是如何促使高等教育政策和高等教育形式的改变的(Altbach, Reisberg & Rumbley, 2009)。虽然高等教育逐渐被认为不仅仅是一个公共产品而且也是一项基本的权力,但全球不同地区高等教育入学率仍然存在很大的差别。于是,增加高等教育机会不仅影响着私立院校的活动,也导致了院校的多样性,不幸的是,还给那些"没有良心的"教育提供者创造了进入市场的机会。政府加强了对私立以及营利性高等教育机构的监管,防止它们成为文凭工厂,虽然它们提供了很多高等教育机会以满足持续增长的教育需求。

独立于1991年的吉尔吉斯斯坦共和国拥有成熟的大学体系(Full-fledged University)是50余所大学的家,包括中亚的美国大学,吉尔吉斯斯坦-俄罗斯斯拉夫语大学,一所由土耳其政府主办的土耳其大学,一所由苏菲派教会主办的土耳其大学,一所由科威特创办的大学,五所俄罗斯大学的分校,五个博洛尼亚进程中心,一个孔子学院以及一所技术大学——该大学的一个部门正积极地与德国一所大学开展双学位项目。的些大学使用学士/硕士体系,有的使用苏联时代的硕士/副博士/博士体系,有的使用学分课时(Credit Hours),有的使用面授课时(Contact Hours),有的二者兼用。这只是一个例子,说明国际高等教育迅速变革使院校研究者在搜集、分析、比较数据以满足学校和政府的需求时面临诸多挑战。

为了给国家教育部门做汇报,这些部门监管着公立学校和私立学校,需要系统地搜集数据并撰写标准的报告。政府的改变、高等教育法律的改革、数据保护的新要求,以及鼓励报告的诚实性,仅仅是给经验有限的院校研究者带来压力的一部分因素,特别是在基础设施欠发达的国家,情况更糟。但是非常有经验的院校研究者也会从职业发展机会以及一些出版物中获益,这些出版物可以从这些机构中获得:欧洲院校研究协会、欧洲质量保障协会(European Association for Quality Assurance, ENQA)。院校研究专职人员也希望接触一些资源,从而了解其他国家的高等教育的信息,这类资源有英国高等教育统计部(Higher Education Statistic Agency, HESA)、联合国教科文组织统计部、全球教育文摘、所有博洛尼亚国家的Stocktaking报告,以及由联合国教科文组织和世界银行发布的分析报告。

## 改善高等教育的区域合作

全球范围内,"区域一体化"正在上演。许多国家开始组成区域组织以协调它们的高等教育系统,减少行政监管,促进学生和学者的流动,促使学分互换学位互认更加简便。这些努力需要尊重文化和制度的多样性。这些区域系统想要不断发展成熟，就需要更多的数据以促进过程更透明，并需要提供数据以进行质量评估。最根本也最有挑战的问题是如何定义质量——美国高等教育同样面临这个问题。"当我看到了就知道了"（I know it when I see it）已经不再是一个令人满意的回答了。因为申请政府基金、雇员的期望，或者学生和家长的要求，不同的方面对学术质量定义的不同，有的要求卓越，有的要求适合目标，有的要求改变，有的强调所花的钱的价值（Harvey，2006）。

尽管许多人努力想确定一个固定的定义，但学术质量仍然是一个多维度而且在某种程度上具有文化特异性（Culture-Specific）的概念。第一层面，因为很少学校能够达到"最佳"，学校更多关注的是它们能够在何种程度上实现自己的使命和目标。第二层面，评价一个项目或者一所学校，将它与学科标准、国家教育系统，或者认证标准相对照，能够保证它达到最低的标准，并可以在不同学校和项目之间进行比较。在更加广泛的层面上，质量是在社会环境中被评价的，比如训练学生拥有特殊技能和企业雇主所希望的态度并掌握学习能力以成为终身学习者，使用持有这样的理念：教育是经济发展和公民参与的基础。任何有关质量的讨论，对如下问题都存在不同观点：如何测量投入、过程、产出；关注哪些方面，比如学术项目、教师、服务、设备，以及管理；是单从内部进行质量评估还是内外同时进行。院校研究人员不仅需要参与校内关于质量的讨论，也要参与国际上有关教育质量的对话。

在如此复杂的环境中，区域一体化减少质量定义中的变量数量，降低了过程的差异，并促使质量保障体系趋于一致，它们受集中的权力、良好的交流、跨边界合作的支持。最前沿的区域一体化努力存在于那些遵从博洛尼亚进程的政策和管理的学校中。首先是制定一致的教育和学位要求，其次是定义清楚的质量保障过程。欧洲高等教育区的网站——博洛尼亚进程表示到 2010 年到实现（European Higher Education Area，2010）——是一个组织良好的综合性资源平台，Paul Gaston 的《博洛尼亚的挑战》（The Challenge of Bologna，2010）是关于博洛尼亚进程的一篇值得一读的介绍性文章，尤其是对于那些熟悉美国高等教育系统的人而言更是如此。Easton（2009）简要比较了"国际上强调使用政府权力保障高等教育质量"和美国努力"在政府问责与认证机构以及高等教育机构独立性之间保持适当的平衡"。

虽然博洛尼亚进程似乎整体上得到很大的支持，但最重要的是，它是一个政治运动，最初由那些对欧盟的经济竞争力感兴趣的教育部长发起，而且它还遭到学校层面的某些抵制（de Wit，2002）。将高等教育作为工具使用遭到高等教育利益相关者的抗议，他们反对让具体的劳动要求变成改变专业的借口。许多教育改革案例，比如促进社会凝聚力、支持创新网络，没有很好地体现在标准中。

在博洛尼亚进程区域的任何院校研究者都需要了解当地的政治背景及其所在

学校对博洛尼亚进程的态度，并知道在搜集数据和开展研究时缺乏合作所带来的风险。正如赖克特和托奇（Reichert & Tauch，2003）指出的，每年两次的部长级会议上的宣言所传递的信息与教育部长对高等教育的责任之间存在的区别，在家里就能够确认，部长在国家层面能够接受的，与学校层面所认可的和资助的，是不一样的。的确，许多精英大学认为博洛尼亚进程是仅仅为服务于欧洲的大学而成立的，而不是为那些面向世界的一流大学所创立。

非常清晰的国家层面的数据报告的要求是博洛尼亚进程中常被模仿的一个方面。每年两次的国家报告的模板中包括进步的指标，需要搜集学校层面的数据，并在国家层面进行整合。比如，每个国家都需要回报有多少比例的学生参加了"两轮"（two-cycle）学位项目（通常是学士和硕士）；学生参与五个质量评估过程的程度；有多少学生获得了学位；欧洲学分转换系统（European Credit Transfer System）的学分与学生学习成果的关联度；开发学习评价程序到达了什么位置——这是欧盟非常感兴趣的问题，欧盟需要的是敏捷的劳动力，因为它的人口老龄化严重。

为了进一步减少国家间的差异，博洛尼亚进程中的所有质量评估都必须遵守既定的大纲。《欧洲高等教育区质量保障标准与大纲》（*Standards and Guidelines for Quality Assurance in the European Higher Education Area*）（ENQA，2009）主要关注三个方面：内部评估、外部评估、质量评估机构自身，包括内部评估的七个标准，外部评估的八个标准，质量评估机构的八个标准。内部标准强调了方方面面的事务，包括学生评价、阶段性项目评估、教师资格评价，以保证经常性地搜集相关信息，并且出版。院校研究人员将会看到这些标准和美国的地区认证机构所制定的标准非常相似。

对其他方面的区域一体化的简单了解也能充分说明，院校研究需要思考它所处的环境并设定合理的目标。从改革的速度、中等教育和高等教育的多样性、学生的数量、所覆盖的地域范围、相对贫困的国家来看，有一个甚至比博洛尼亚进程更为大胆的体系，由东南亚教育部长组织区域高等教育与发展中心（South East Asian Ministers of Education Organization Regional Centre for Higher Education and Development）协调，包括印度尼西亚、马来西亚、新加坡、菲律宾以及泰国等国家。全面评价一个包含10个不同的国家、6 500个高等教育机构、1 200万学生的系统的合作与兼容性不是一件容易的事，尤其是最后的实施期限是2015年，这件工作非常繁重。

这类区域性的创造性活动展示了世界范围内高等教育的趋势，也要求地区做出具体的回应。在项目开始的两年前，李和希利（Lee & Healy，2006）指出，东南亚高等教育的一系列特征，与博洛尼亚进程所涉及的国家相似：高等教育大众化、高等教育系统多元化、国际化、市场化、私有化、院校重构、高等教育问责的自主化趋势。特别有意思的是，一些亚洲国家与联合国教科文组织一起，制定了学历互认协定，这比1997年签署的《里斯本公约》（Lisbon Recognition Convention）还要早15年。人口增加、全球贸易、区域内学生流动性的增加被认为是东南亚区域一体化的背后驱动力（Cabreza，2010）。虽然与欧洲相比有很大差别——人口规模、青年人的比例、各个国家经济和政治的多元化，而且对于某些地方来说，殖民地法案依然影响着高等教育——许多挑战和回应是相似的，包括集体努力的价值以及对质量的专注。该地区的院校研究者通过东南亚院校研究协会（South East Asian Association for Institutional Research，SEAAIR）来寻找支持和资源。

非洲大陆也是一个地区研究的好案例，非洲付出了大量的努力来整合并振兴高等教育，其核心要旨是应对贫穷的挑战、欠发达，以及性别和种族的不平等。然而，教育综合改革遭受许多挑战的阻碍，这些挑战也正是国家政府面临的，包括政治动荡、腐败、缺乏人力资源和财政资源。非洲大学联合会（the African Association of Universities）在联合国教科文组织旨在促进非洲高等教育发展的项目、非洲发展银行、世界银行等机构的支持下，正开展一个鼓励比较发达的非洲国家帮助欠发达的非洲国家的计划；集中关注最迫切需要的课程，如农业和自然资源，以及那些能够促进非洲经济多元化发展的研究领域；吸引国际伙伴、高等教育提供者、捐助者帮助应对缺乏基础设施和能力不足的挑战（Mohamedbhai，2008）。虽然过去十年来大学录取率在稳步增长，但仅有5%的非洲青年能够进入大学，很多人没有达到入学条件。

尽管面临很大的社会障碍，非洲国家正在共同努力提高大学的能力，也和世界其他地区一样努力保障高等教育质量，应对同样的管理挑战。马特鲁（Materu，2007）指出"大约有三分之一的非洲国家开始推行系统的教育质量保障体系"。质量保障标准必须包括各种形式的教育，包括成熟的研究型大学和技术大学，也包括正在持续成长的私人部门、分校、企业型教育，比如虚拟大学（virtual university）和特许经营的教育机构（franchised institutions）。传统的高等教育机构中的院校研究可能主要关注的是研究效率、有效教学、学生服务，然而在其他形式的高等教育机构中，院校研究可能更关注培训的需求、营销，以及扩大招生规模（Emetarom & Enyi，2007）。

许多质量保障机构都看到了区域一体化的益处，包括学位互认、教师流动、外部同行评议。然而，他们的工作越来越困难，因为出现了新的跨区域活动，比如在线学习，它能够直接面向学生而且不经受质量审计。例如，南非高等教育质量委员会（Higher Education Quality Committee in South Africa）是一个国家机构，努力监管分校的设置，但其承认在应对海外的远程教育方面并不成功（Knight，2006）。

快速的变化以及具有挑战性的环境需要政府以及学校层面具有领导能力、开展合作，并拥有人才。最近成立的"区域高等教育管理信息网络系统"（Regional

Higher Education Management Information Network System，RHEMINS)，旨在提供合作的方式促进"将获得并管理信息作为一种加强非洲地区高等教育管理的战略"(Emetarom & Enyi, 2007)。考虑到资源的限制,我们可以猜想只有很少的受过良好训练的院校研究人员去搜集、解释、传播这些信息,用以支持认证和质量评估。南部非洲院校研究协会(SAAIR)旨在为增强能力提供指导。不论是在富裕的国家还是在贫穷的国家,高等教育机构都在合作共同应对挑战并适应全球化以实现高质量的高等教育成果——毕业生都能就业、有责任意识的公民、社会经济的发展。

## 美国的大学在海外的办学机构

美国的大学在海外开设分校,或者与其他国家的大学建立合作伙伴关系,这样做是因为它们有责任为了社会、经济、政治的原因将高等教育向海外推广(de Wit, 2002),但也是出于自身利益的考虑。这些美国大学的目的是为那些缺乏高等教育资源的地区做点贡献,它们也得到了这些回报:占据新的市场、从新录取的学生中获得收入、为美国教师提供海外经验、与单纯的远程教育相比获得对教学更多的控制、提高它们作为"世界级大学"的声誉。东道主国家获得的好处是:比起派遣留学生而言,用低成本获得高质量的教育,并减少了人才流失。院校研究者所面临的挑战是要建立一个办公室,其职员接受的是传统的研究方法的训练,既要懂得美国高等教育的要求,也要懂得当地以及区域高等教育的要求。他们所需要的工具以及他们可能开展的研究在本书做了大致的阐述。他们所面对的外部压力在本书中没有涉及。

对于任何想持续发展的海外办学活动而言,美国的大学必须理性地看待它们在东道主国家所面临的挑战。许多资料详细论述了海外办学存在的陷阱和问题,和那些跨国公司在其他文化环境中学习做生意相似(Rumbley & Altbach, 2007)。高等教育机构面临许多困难,包括不同文化对大学运作中的自主和诚实的看法不同、在招聘和录取中避免歧视、教室和课堂中的学术自由。管理者必须学会处理在工作环境中存在的不可避免的文化冲突,也要学会应对学生的期望、令人晕头转向的法律问题和复杂的劳动法。对于东道主国家而言,外国大学在本国的分校可能会和本国的其他学校产生冲突,被视为威胁到它们的生存能力或永久的精英地位,或者外国大学的分校会被怀疑招收的学生会转到美国本土的学校去(McBurnie & Ziguras, 2010)。为了应对所有阴暗的一面,院校研究人员必须掌握当地语言,愿意监控变化着的环境,而且还要敏锐地知道如何更好地搜集、解释、展示信息。

虽然目前48%的国际分校都是由美国的大学开设的,但也有其他一些主要的举办者,包括澳大利亚、英国、法国、印度,中国和阿联酋是最主要的接受海外办学机构的国家(Becker，2010)。在充满竞争的环境中，院校研究或许需要帮助学校进行市场研究，以确定是否有足够的需求，合作项目是否有充足的资源，或者新开设的办学活动是否能够成功。当海外分校建立起来之后，院校研究需要落实质量保障以及学位评定问题，比如与迪拜的大学质量保障国际董事会(University Quality Assurance International Board，UQAIB)这样的机构合作以确认美国认证是有效的(Ahmed，2010)。在国际质量标准中没有提到的一个有趣的问题是进入外国分校的当地学生是否获得了国际化的好处。假如学生和教师主要都是当地人，课程也没有国际化，那么国际分校或许能够提高优质的教育，但无法培养学生"国际视野"，因而也就无法实现美国高等教育越来越重视的重要目标(McBurnie & Ziguras，2010)。

从某种视角和定义来看，国际化既是积极的，即在全球范围内激发更多的教育机会，也是消极的，即降低质量、减少多样性。WTO的贸易服务总协定将教育作为一种"服务"引发了许多担忧：各种营利性公司将会把发展中国家一些资金不足的学校挤垮，使它们的课程或教育项目很难存活，并且还会由于缺乏监管而造成难以预料的后果(Scott，2007)。监督贸易谈判或许不是院校研究人员的日常事务，但对于那些生活在WTO成员方的人而言显得非常重要，因为这些谈判结果会对学校的运作产生影响而且是有法律效力的。Knight(2008)列出了许多例子，在其中认证过程的要素被称为"贸易壁垒"(barriers to trade)。此外，由于大多数执照评估或质量评估过程是为评价本国教育机构而不是海外机构而设计的，文凭工厂或者其他有问题的教育机构在全世界设立或者实体的或者虚拟的商店，这是一个现实的问题(Knight，2008)。不仅是证书评价者，还有学生、教育部长，以及其他高等教育部门，需要意识到违反职业道德的做法的存在。为了适应新时期的特点，《美国国家评估法》即将进行必要的修订。为了阐述这些问题，联合国教科文组织/经济合作组织(2005)制定了《跨地区高等教育质量规定大纲》(Guidelines for Quality Provision in Cross-Border Higher Education)。

## 基于美国模式的国际性大学

最后一类国际性大学是一种独立的私人大学，它以美国高等教育模式为基础，而且在很多情况下既进行美国的认证，也进行当地的评估。这类美国式的大学有很多类型，有成熟的大学，如创立于1862年的贝鲁特美国大学，也有创立于苏联解体后的20世纪90年代以帮助当地向民主制转型的大学，比如位于布达佩斯的欧洲中心大学，到最近美国政府在阿富汗创办的美国大学，各种形式都有。并不是所有这类学校的名称中都包括"美国"两个字，但它们有着共同的责任：基于通识教育基础促进教育成效、用英语教学、以学生为中心的教学、诚信并尊重他人。由于不同的历史传统、治理结构和财务结构,以及政治和社会背景,无法将院校研究者的角色一般化,但他们都要在两种质量保障体系下开展工作,也要在东道主国家找到自己的位置,虽然通常无法获得和公立大学一样的全部支持。在某些情况下,可持续地保障质量是一个挑战。

美国国际学院和大学联合会(Association of American International Colleges and Universities,AAICU)成立于1971年,作为一个支持组织为它的25个成员和协会成员提供服务。AAICU主席和首席学术官员的年会、认证工作坊、分享数据的活动都是为提高质量而设计的。美国国际学术图书馆联合会(American International Consortium of Academic Libraries,AMICAL)成立于2004年,旨在确保成员机构的图书馆专职人员能够接触到最前沿的信息资源——他们位于17个不同的国家并为来自100多个不同国家的学生提供服务。虽然这些美国式的大学可以相互学习,但它们的招生标准、教师构成、规模,或者资源没有足够的可比性。这些合作事务没必要有一个正式的质量控制形式,但它们确实提供了观点和建议,对于那些新建立的并希望得到美国认证的教育机构而言尤其重要。

在这类学校中,院校研究人员的工作很大一部分是开展研究,为当地提供数据。美国教育部大量的指导大纲中有时需要院校研究人员试着将新的"圆形钉子"打进老的"方孔"中。汇报量化数据,比如图书馆中生均图书拥有量,当电子资源替代了纸质材料的时候这些数据就没有意义了。汇报学生可用的公共电脑数量并不能展示技术水平——如果许多学生都有自己的私人电脑。在吉尔吉斯斯坦,有一个数据必须要向其教育部汇报,那就是生均校园面积占有量,基本的要求是生均面积占有量是9平方米。这种要求在实行面授课时系统的学校是有意义的,那儿的学生都住在学校里,每周需要上35小时课。但是这种要求,在美国式的学分课时系统中是不适合的,那儿的学生可能一周只上12~15小时课,其他时间在独立地开展工作,因此同样大的空间能够容下更多的学生。随着时间的推进,这类离散的对输入的测量或许会被强调成果的测量以及持续改进的过程测量所替代,因此促使汇报要求与美国的认证要求更加一致。

与东道主国家其他高等教育机构相比,这类美国式的大学有两个非常不同的理念,即诚实和透明,这两个价值观是美国高等教育所认可的。诚实在美国所有机构中都有体现,从招生、学生任务、成绩评定,到招聘、研究,以及资源管理,都要求诚实。在世界某些地区,基于人情关系招聘员工、只要学生给学校带来礼物就录取他,或者教师直接从学生身上赚取额外的报酬是一件理所当然的事。相似地,信息保密的标准可能和当地关于透明度以及哪些信息能够出现在报纸上的概念相冲突。院校研究人员需要有明确的职业道德标准,而且他们必须经常浏览他们所收集的统计数据,试着判断它们是否可靠,知道需要满足哪些数据需求,并且当遇到不合理的信息需求时要准备说"不"。

美国在海外的院校所面临的最大挑战之一是招生和教师留任。为这些美国式院校招收足够的在国外居住的教师非常困难，因为工作安全性与美国的不同，而且并非所有人都对移居国外感兴趣，或者适合。在国外工作的教师很快就成为薪酬比较、福利、税收、货币波动，以及从安全到当地传统等许多问题的专家。如果当地的薪酬标准以及生活成本和新进教师本国的情况非常不同，这时候设计补助计划极具挑战。在一些学校，美国教师、当地教师，以及来自其他国家的教师有着不同的补助项目。

院校研究人员可能被要求进行薪酬分析，考虑生活成本，高等教育薪酬的比较信息，国民收入研究。在美国高校，管理者依靠美国大学教授联合会（American Association of University Professors，AAUP）有关不同类型学校的平均工资比较的报告，或者是学院和大学人事协会（College and University Personnel Association，CUPA）根据学科和学校类型提供新雇教师和老教师的薪酬排名，而海外的学校与此不同，它们仅有少量的信息以指导它们设置有竞争力的薪酬标准。Rumbley，Pacheco & Altbach(2008)开展的一项综合研究，提供了16个国家学术人员薪酬标准的对比数据，但同样只不过表明了开展这类分析的难度。稳定的师资对于维持教育项目并为学生提供持续服务非常重要，院校研究者需要学会调整方向，不要仅仅只做统计分析，还要通过质性方法，帮助学校改善招聘、转变支持、教师发展以及在国外生活的其他主要问题。

## 结语

正如本章所阐述的，院校研究在国际性大学中所扮演的角色，根据"国际性大学"的不同类型而有所区别，但是不论在何种类型的国际性大学——世界一流大学、美国国内大学、美国大学的海外分校，或者是美国模式的大学——院校研究人员都必须同时考虑到学校的需求和全球背景。如果院校研究人员来自美国，那么有效的工作就需要适应、有良心地思考假设、价值、在新地点使用合适的方法。如果院校研究人员是学校所在国的国民，他们必须要尽可能多地学习与其他背景有关的数据资源和研究方法，从而为所在国不断变化着的政府和社会结构提供观点。正如本章所阐述的，每种类型的学校都需要研究者具备适合当地具体情况的技能和知识，这与坐落在美国本土的大学对研究者知识和技能的要求是不同的。

此外，在海外工作的院校研究者渴望获得专业发展，从而能够应对更多迅速变化的问题：在资源有限的时代高等教育大众化的影响，各国正面临区域一体化的标准问题以及学校类型多样化的问题，这种背景下，教育质量评估的新形式，教授、教师、学生的流动，在国际贸易规则下开展教育服务谈判等。在国际性大学的院校研究非常具有挑战性，并且在持续地变化着——这是专业人士成长和学习的理想环境。

## 参考文献

Academic Rankings of World Universities 2009. (2009). Retrieved from http://www.arwu.org/ARWU2009.jsp

Ahmed, A. (2010). Quality check for foreign universities. *Khaleej Times*. Retrieved from http://www.khaleejtimes.com/DisplayArticleNew.asp?col5&section5theuae&xfile5data/theuae/2010/April/theuae_April481.xml

Altbach, P., Reisberg, L., & Rumbley, L. (2009). *Trends in global higher education: Tracking an academic revolution*. Chestnut Hill, MA: Boston College Center for International Higher Education.

Becker, R. (2010). International branch campuses: New trends and directions. *International Higher Education*. Retrieved from http://www.bc.edu/bc_org/avp/soe/cihe/newsletter/Number58/p3_Becker.htm

Berlin Principles (2006). Berlin principles on ranking of higher education institutions. Retrieved from http://www.che.de/downloads/Berlin_Principles_IREG_534.pdf

Billing, D. (2004). International comparisons and trends in external quality assurance of higher education: Commonality or diversity? *Higher Education*, 47(1), 113-137.

Bologna Process Stocktaking: List of Indicators 2009. (2009). Retrieved from http://www.ond.vlaanderen.be/hogeronderwijs/bologna/actionlines/documents/Stocktaking_indicators_final.pdf. Available from the "Action Lines" section of the 2007-2010 official Bologna Process website: http://www.ond.vlaanderen.be/hogeronderwijs/Bologna/

Cabreza, V. (2010). Global university standards pushed. *Inquirer.net*. Posted February 14, 2010. Retrieved from http://business.inquirer.net/money/topstories/view/20100214-253183/Global-university-standards-pushed

Crossley, M., & Watson, K. (2003). *Comparative and international research in education globalisation: Context and differences*. London: RoutledgeFalmer.

de Wit, H. (2002). *Internationalization of higher education in the United States of America and Europe: A historical, comparative, and conceptual analysis*. Westport, CT: Greenwood Press.

Eaton, J. (2009). Quality assurance and the world conference on higher education. *Inside Accreditation*, 5: 5. Retrieved from http://www.chea.org/ia/IA_2009.07.23.html

Emetarom, U., & Enyi, D. (2007). Strengthening the management of the higher education system in Africa: The role of a regional higher education management information network system (RHEMINS). Retrieved from http://www.airweb.org/webrecordings/publications/africanreview/EMETARON.pdf

European Association for Quality Assurance in Higher Education. (2009). *Standards and guidelines for quality assurance in the European higher education area*. Retrieved from http://www.enqa.eu/files/ESG_3edition%20(2).pdf

European Higher Education Area. (2010). Official website. Retrieved from http://www.ehea.info/

Gaston, P. (2010). *The challenge of Bologna: What United States higher education has to learn from Europe and why it matters that we learn it.* Sterling, VA: Stylus.

Harvey, L. (2006). Understanding quality. In L. Purser (Ed.), *EUA Bologna handbook: Making Bologna work.* Brussels European University Association and Berlin: Raabe. http://www.bologna-handbook.com/

Knight, J. (2006). *Higher education crossing borders: A guide to the implications of the General Agreement on Trade in Services (GATS) for cross-border education.* Paris: Commonwealth of Learning and UNESCO.

Knight, J. (2008). *Higher education in turmoil: The changing world of internationalization.* Rotterdam: Sense Publishers.

Lee, M. N. N., & Healy, S. (2006). Higher education in South-East Asia: An overview. In *Higher Education in South-East Asia* (pp. 1-12). Asia-Pacific Programme of Educational Innovation for Development, United Nations Educational, Scientific and Cultural Organization. Bangkok, Thailand: UNESCO Bangkok.

Levin, H., Jeong, D., & Ou, D. (2006). What is a world class university? Paper presented at the Conference of the Comparative and International Education Society. Retrieved from http://www.tc.columbia.edu/centers/coce/pdf_files/c12.pdf

Marginson, S. (1997). *Markets in education.* Sydney: Allen and Unwin.

Materu, P. (2007). *Higher education quality assurance in Sub Saharan Africa: Status, challenges, opportunities, and promising practices.* Washington, DC: World Bank.

McBurnie, G., & Ziguras, C. (2010). The international branch campus. Retrieved from http://www.iienetwork.org/page/84656/

Mohamedbhai, G. (2008). *The effects of massification on higher education in Africa.* Ghana: Association of African Universities.

Powell, S. (2008, November 12). Asian nations aim to harmonize systems. *Australian.* Retrieved from http://www.theaustralian.com.au/higher-education/asian-nations-aim-to-harmonise-systems/story-e6frgcjx-1111118006196

Reichert, S., & Tauch, C. (2003). *Bologna four years after: Steps toward sustainable reform of higher education in Europe.* European University Association Trends III: Progress Toward the European Higher Education Area. European Directorate for Education and Culture. Retrieved from http://www.ond.vlaanderen.be/hogeronderwijs/bologna/documents/EUA_Trends_Reports/TRENDS_III-July2003.pdf

Rumbley, L., & Altbach, P. (2007). International branch campus issues. Retrieved from http://democrats.science.house.gov/Media/File/Commdocs/hearings/2007/full/26jul/altbach_appendix_1.pdf

Rumbley, L., Pacheco, I., & Altbach, P. (2008). *International comparison of academic salaries*. Chestnut Hill, MA: Boston College Center for International Higher Education.

Salmi, J. (2009). *The challenge of establishing world-class universities*. Washington, DC: International Bank for Reconstruction and Development/The World Bank. Retrieved from http://siteresources.worldbank.org/EDUCATION/Resources/278200-1099079877269/547664-1099079956815/547670-1237305262556/WCU.pdf

Scott, P. (2007). The external face of the Bologna Process: The European Higher Education Area in a global context. In L. Purser (Ed.), *EUA Bologna handbook: Making Bologna work*. Brussels European University Association and Berlin: Raabe. http://www.bologna-handbook.com/

Trow, M. (2007). Reflections on the transition from elite to mass to universal access: Forms and phases of higher education in modern societies since WWII. In J. J. F. Forest and P. Altbach (Eds.), *International handbook of higher education* (pp. 243-280). Dordrecht, Netherlands: Springer (e-book edition).

UNESCO/OECD (2005). Guidelines for quality provision in cross-border higher education. Paris: UNESCO/OECD. Retrieved from www.oecd.org/dataoecd/27/51/35779480.pdf

# 第 5 章

# 跨出院校：变革时代的院校研究

理查德·A.沃赫斯(Richard A. Voorhees)
特丽·海因兹(Teri Hinds)

院校研究应当充当院校的联系者，不仅仅是应有关单位的要求提供数据，而且在更重要的层次上，还要充当院校战略制定的核心。本章我们主要讨论院校研究的行动者角色，并讨论在院校研究这个饱受批判的领域中工作的专业人士对整个学校健康运行所做的重要贡献。从我们的经验来看，院校研究经常被看作一种消极的角色，其人员构成主要是一些为校外机构准备报告的办公室文员。虽然作者认为准备外部报告是院校研究的一项正统的职务，但我们也认为还有许多更加令人振奋的机会需要院校研究的技能，而且这些事情肯定对学校更为有用。

高等教育领域在 21 世纪第一个十年发生的财政危机是一个强烈的信号，表明高等教育和以往相比将不再相同。这个时代强烈地要求大学以及在大学工作的人员具备创新精神。实际上，认为当美国 50 个州用完了弥补基金空缺的钱之后，公共高等教育将回归"正常"的人越来越少了——在本书出版的时候做出这样的预测。Kelderman(2010)指出，美国一半的州将在 2010 年 6 月底用完所有刺激教育的资金，而且后一年会有 40 个州面临收入锐减。显然，短期内必须要放弃一些东西，长此以往将要放弃更多东西。然而我们的目的不是重复现在已经发生的变化，也不是思考高等教育不稳定的未来，而是指出院校研究人员迫切需要直接迎接挑战，并通过提供可供实践的数据以帮助学校继续向前发展。这些数据能够区分消极地承受不可预料的变化和理智地采取行动尝试创造一个更加明朗的未来。

院校研究人员有能力支持创造性思考。其他机构的人知道如何运用量化和质性研究方法，从而创造有关高等教育的知识并将这些知识用于解决学校的问题并抓住相关机会吗？还有哪些机构知道如何搜集重要的数据、录入数据、运用外部数据库以支持艰难的管理决策？显然，院校研究人员在处理这些问题方面有许多优势。但是这些优势是否存在于为学校提供服务的方式中？这些优势是否存在于那些拥有这些能力的人身上？

　　本书其他章节直接讨论了成功的院校研究者所需具备的品质。例如，在本书第2章中，沃克温（Volkwein）、刘（Liu）和伍德尔（Woodel）检验了特伦齐尼（Terenzini, 1993）的三层次组织智能。特伦齐尼的层次划分为院校研究人员指明了方向，使他们能够进行自我检查，尤其是确保他们不仅具备相应的技术，还理解高等教育正在面临的问题，并能够在学校的文化和背景中开展自己的工作。在本书第3章中，艾默斯（Eimers）、高（Ko）和加德纳（Gardner）认为院校研究这个职业需要更好地了解其成员的工作偏好，也许通过采用标准化测试以确定人格类型。这些作者认为院校研究所需技能根据学校的类型和统属关系的不同而不同，但知道其中的细微差别能帮助院校研究人员更快地发展自己的职业。本章，我们倡议院校研究者超越认知技能和他们个人的性格倾向，以广泛地、有目的地与他们所在学校其他人建立联系。单纯知道一些理想化的技能或其他品质——仅仅是半杯水，还不够——还缺乏相应的路径或计划将这些技能落到实处。我们呼吁院校研究者掌握高阶能力以推动创新，用一句流行语来说就是"走出藩篱，走出办公室"（out of the box and out of the office）。

## 创新与领导力的环境

　　我们认为院校研究应当积极地融入整个学校，但我们也承认学校的氛围（climate）可能会促进也可能会阻碍院校研究更好地融入其中。没有哪个因素说明学校的环境已做好创新和领导的准备。显然，从高级管理者那里得到数据和信息的学校更可能支持院校研究的工作。我们也承认在高等教育领域，高级管理者阻碍院校研究或采用政治模式去管理学校的情况越来越少了，因为外部对数据的需求更大了，问责的压力也更大了。

　　在困难的时期，学校提供透明的数据和信息是合适的，但仅做到信息透明是不够的。学校必须证明，它们不仅公开了数据和信息，而且也在积极地做它们知道该怎么做的事情。院校研究有责任指明如何运用学校的数据以做出合理的决策。院校研究者能够推动数据转化为行动，但这需要整个学校进行开放式对话，并愿意访问学校各个部门从而对学校所面临的问题有更为深入的理解。

　　在组织环境中一个有意义的战略规划是一个关键的路标（waypoint）。对于院校研究而言，快速地浏览学校的战略规划就可以对学校的问题和机会提出很多看法。例如，这些战略是否包括可测量的战略还是单指战略本身？是否有证据表明学校的战略规划与计划和预算编制过程直接相关？学校的绩效目标是什么？这些目标是否与学校的历史有一定联系？战略规划是否考虑了本校竞争者的行动？如果没有建立清晰的标准，从而将有效的战略规划与公关手段区别开来，那么很明显,院校研究者需要去改善战略规划。

## 个人背景

院校研究者如何才能让自己和强调创新的组织工作相联系？虽然那些核心的技能对于院校研究者在组织中建构自己的竞争力而言非常重要,人际交往能力和个人品质对于他们的成功也同样重要。奈特,穆尔和科珀斯韦特（Knight, Moore & Coperthwaite;1997）在一项关于院校研究者效率的研究中发现,院校研究者的性格、知识、院校研究技能以及对他人绩效的看法之间的相关性很微弱。这导致研究者认为学校文化、愿景以及领导者的个人品质只是预测绩效的可选指标。

本章的后一部分主要探索院校研究人员的交流和互动在校园文化中所扮演的关键角色。我们也将讨论——虽然是间接的——在学校环境中,从我们的经验来看个人品质与成功的关系。综合起来,这些概念支持了我们的观点,即高效的院校研究者是能够"走出藩篱,走出办公室"的人。我们不是说院校研究必要的领导力是要让内向的人把自己变成活泼、精神焕发的外向者,但我们确实认为,存在一些可供所有院校研究者采用的标准做法,将对他们帮助学校创新的工作起很好的作用。

## 组织导航

我们认为,为了使工作更有效,在院校研究主任和学校之间需要一定的认知上的不一致。在院校的传统观念里,两者保持一定的距离是件好事,以便之后起到高效的作用。有些人会觉得故意展示冷淡的姿态会被误认为不想融入。然而,在学校的争论中自动选边站或避免呈现与"政党路线"相抵触的姿态,从长远来看是没有什么好处的。犹豫不决通常被认为是一种不做决策的消极态度,然而同样也是中庸的态度,意味着能够从问题的两面或多个角度进行评判,并和他人交流观点,从而使学校的利益最大化。院校研究人员应当跨越办公室的边界融入更大的群体,从而帮助学校实现它的战略目标。有一点非常重要,即院校研究办公室中的职员应当看到学校绩效的更大的愿景,并有能力为实现那个愿景而行动。

### 组织技能

组织技能即理解问题、解决问题的能力。从宏观层面来看,理解高等教育以及具体高校所面临的问题对于建立数据搜集和分析的框架而言非常关键。明晰学校与广泛的社会以及政治环境的适应程度能够帮助院校研究者预测学校主要的利益相关者的需求,并及时给他们提供恰当的信息。例如,增加学士学位授予量近来是美国国家公共政策热议的话题,详细了解该话题的内容有助于院校研究实践者为学校决策者提供信息并分析信息,以帮助他们展示学习对增加学士学位授予量所做的贡献,同时也能建立一个模型,这个模型能够对学校在毕业率的目标上的行动所产生的影响做出估计。这里,具有前瞻性思考的院校研究办公室能够估计出学校的招生和学生保持战略生产了更多的学位所产生的影响。

环境扫描非常关键也越来越容易操作,可以通过运用相关技术并增加信息的搜集。扫描国家、地区,以及当地新闻的头条应当是日常例事,但可能很难迈出第一步——尤其是当院校研究者从未追踪过任何信息的时候。无处不在的电子通信,尤其是社交媒体,能够让我们获得即时的信息。与此同时,紧跟大量的新闻头条、推特(twitter)信息、博客可能会迅速打垮一个甚至非常成熟的院校研究人员。学会如何筛选新闻头条——哪些要快速略过哪些需要阅读细节——是一个随着时间的推移会越来越熟练的技能。一个话题的新闻头条出现频次是一个展示它对学校的重要性的好指标。分析对于"为何某个话题对你的学校非常重要"的分析是展示院校研究办公室在学校决策中的地位的传统的方法,并能创建一个对学校战略决策非常有用的对话。可能对院校研究者有用的博客有:高等教育编年史(Chronicle of Higher Education Ticker)、高等教育情报(Inside Higher Education)、《纽约时报》教育版(*New York Times* Education section)、《华盛顿邮报》- campus overload(*Washington Post* Campus Overload),以及《华盛顿》邮报-College Inc.。地区和地方的资源基本上取决于你处于哪个地方,但也可以从州系统办公室那里得到资源(在你自己所在的州以及邻州),也可以从附近的城市的主要报纸那里得到获得资料(比如州首府或主要的经济中心)。

## 文化技能

因为院校研究存在于各个部门的组织边界上,院校研究者应当学会各个方面的词语并使用这种语言以提高交流效率和学校的各方面的成效。在这种背景下,"成效"意味着将数据呈现出来并有能力用大家都能理解的方式去解释这些数据,从而提高学校的生产力,并维持各个部门之间的对话。院校研究工作的本质体现在跨部门的事务中,简单来说就是和学校各个部门联系在一起,尤其是因为院校研究需要用到全校各个部门所产生的数据。院校研究办公室能够主动地在学校各部门之间搭建文化桥梁。

**1. 关键信息**

院校研究通常是学校中唯一一个这样的部门——它能够和学校内部的知识以及那些能够用来质疑并揭示学校运作过程的外部观点进行协商。建立连接的桥梁是院校研究的主要职责。院校研究办公室有机会看到整个学校的运作过程,于是院校研究人员就变得尤其重要。他们能够帮助学校更好地理解哪些过程运行良好,哪些运行不佳需要改进或替换。

**2. 信任**

为了成为成功的说话者,院校研究人员需要被学校及其主要决策团体视为全校讨论会中非常积极并且值得信任的参与者。因此院校研究者应该积极努力让学校更多的人所信任和尊重。整个学校有各个层面的活动,院校研究人员需要建立必要的网络以支持这些活动。小规模的办公室要想建立这样的网络有点困难。大型办公室可能有能力更好地为学校网络提供专业知识。然而,撇开院校研究办公室的规模,其中一项最根本的任务是获得整个网络中不同群体的信任。根据我们的经验,建立信任的关键是坦诚,有能力从两个方面来审视观点,能够包容有时候非常艰难并且延续时间很长的讨论。

**3. 职能办公室**

在整个学校范围内建立联系网络应当自然而成,因为院校研究依赖一系列的职能(如招生、档案、财政援助、信息技术)来提供数据和观点。没有相关背景就没有数据,而这些职能办公室就处在那种背景中。对于许多组织而言,仓筒式的思想是狭隘的,院校研究人员希望打破固守的界限以提高组织效率。能够让院校研究促进合作的一种方法是和那些搜集过或使用过数据的办公室一起来检查数据字典。很少有数据字典——即便是保存完整的——能够将某个部门的数据的每个细节描述清楚,因此周期性的回顾能够帮助学校各个部门之间保持紧密的联系,尤其对于那些整天都要和数据打交道的部门而言更是如此。

**4. 主要决策团体**

院校研究办公室需要活跃并经常参与的人充当重要任务和审查团队的顾问,比如院长委员会、教师评议会、大学规划与预算委员会。能够参与到这些团体中并担任政策分析师或客观的建策者的院校研究人员不仅能够提高院校研究的地位,也能促进团队成员间的对话。如果院校研究人员是带着明确目的参与其中的——为了促进团队合作,而不是仅仅作为例行事务而参与其中,那么信任的氛围就可以营造起来了。指导思想应当是:服务领导力,专注于帮助学校实现战略规划中所制定的目标。

幸运的是,与任何团体开始建立关系的方法能够而且也应当是一样的:找出每个办公室或每个委员会中的关键人物,请求和他们见面,为的是更好地理解他们获得数据和如使用数据的方式,整个过程中所包含的商业事务,以及最重要的是,部门的数据对于个人的重要意义是什么。必须要认识到并承认这一点——谈到数据时职能部门的人员是专家,在院校研究者和职能部门之间建立信任还需要走很长的路。院校研究者通常被要求按某种方式提供报告数据,很大程度上报告方式和搜集数据的目的是不同的,因此理解数据的生命周期能够帮助院校研究者确保这些数据被其他决策者合理地使用。

职能办公室人员应当是他们自己数据的专家。虽然很多委员会或许对他们常用的数据的类型有比较可靠的理解，但实际上一所学校里很少有人能够理解整个学校正在发生的事情。没有其他部门能够像院校研究办公室那样能将完整的观点放在桌面上。同时，院校研究人员必须有足够的视野跨越不同领域从而建立合适的联系，但他们很少能够深刻地理解每个部门的知识从而帮助学校做出最佳的决策。然而，中庸地说，进入每个领域去考察正在发生的事情，院校研究者能够帮助学校提高效率并理解其他人或许无法看到的事情。虽然学校所有部门或许不能无所不知，但每个部门都能很好地理解自己的数据，而且知道所有部门的数据如何整合起来形成一个拼合体，尤其是当拼合体模型与战略决策所用的数据框架相一致时更是如此。不用依赖外部数据就能获得深刻的理解，能够帮助学校各个层次的人看到各个碎片是如何拼接起来的。

## 人际交往能力与领导力

当足够的背景知识和跨院校的信任建立起来的时候（或者这个过程已经开始，这类对话是高效的），院校研究的角色将逐渐转变为强调作为服务型领导者角色的领导力部分。在建立和维持信任的过程中，交际能力和诚信是非常重要的品质，这种信任对于集权制的院校研究是非常重要的——帮助学校的各项讨论指向绩效评估以及评价学校的进步是否朝向战略目标。

高等教育机构是人的组织。虽然很多院校研究领域的人或许相信他们的学校运行良好，作为院校研究者，我们的经验认为高等教育机构从来没那么理想。熟练的专业人士能够理解学校中正式和非正式的权力结构。事实上，对于院校研究人员而言，如果不想知道决策是如何制定的、谁在做决策、数据是如何影响决策的，无异于自杀。除了这些之外，理解资源是如何分配的、谁决定资源分配的优先权、这些优先权是如何建立的，提出一个参考框架以理解学校互动以及领导力可以发挥作用的地方。

本文不对用来展示院校研究绩效的高等教育组织文献进行综述，但此处仍做一些尝试。伯恩鲍姆（Birnbaum，1998）认为大学的运行主要有四种政治模式：官僚模式（bureaucratic）、学院模式（collegial）、无政府模式（anarchical）、政党模式（political）。官僚模式的学校建立在理性结构上并且有能力进行决策。虽然Birnbaum认为这种模式的学校的院校研究可能会觉得最为舒适。需要指出的是，Birnbaum的各种大学的模式的分类并不是互斥的。实际上，在某个具体时间任何一所学校都是几种模式的混合，这使得院校研究人员将面对更为复杂的问题，他们需要清楚地说明学校当前是按照什么模式运行的，在这种情况下需要怎样的领导力从而扩大学校的利益。根据伯恩鲍姆的观点，学院型的大学主要特点是在平等的社区中共享权力和价值观。无政府主义模式的大学中，是一个自治的组织。最后，政党模式的大学主要特点是权力和资源的竞争。所有大学都要对内部和外部的政治环境做出回应。对于院校研究人员来说，问题变成了和可实践的数据之间的辩论，数据的形式取决于在什么时候什么指导原则下使用数据的模型。

## 整合

根据我们的经验，院校研究人员在很多领域中能够运用自己的人际交往能力和领导能力帮助学校获得利益。为了解释这些品质，我们选择了给院校研究者及其所在院校带来挑战的四个领域：评估、战略规划、认证以及课程开发。

### 评估

不幸的是，在许多学校，评估变成了一个"四个字母的单词"，虽然很多教师和员工将评估作为日常活动中的一部分，然而似乎单单提到这个词就会抵抗。有效力的院校研究部门能够为学校带来一个伟大的礼物——他们有能力并且愿意和学校成员讨论评价以及绩效监控的重要性。从社会学研究者借来词汇，理解"环境人"（person-in-environment）（Meyer，1983）以及每个团体接受这个过程的程度，对于实施并维持有意义的评估活动而言是非常关键的。

有的部门可能很愿意分享他们的评估数据，但不理解如何用有效的方式对数据进行整合或者总结。其他人可能一开始就抵制评估，因而需要帮助他们理解实际上他们已经处在某一项评估活动中了，而且需要说明他们如何评估。但有人举出例子说某种评估的文化有时候能够起到鼓励的作用但通常是极为自负的。要想获得成功，关键是要能辨别某个部门持续接受评估以及评估的技能。虽然永远都会有人反对评估，然而采用"环境人"哲学并投入时间建立部门之间的信任与理解，这些反对的声音都会平息。

### 战略规划

本章会举一些例子以帮助院校研究者改善学校当前的战略规划。然而，在帮助学校制定战略规划时，院校研究应当扮演什么角色？正如前文所述，被动性与领导力的区别只是一个开头。理解制定战略规划院校研究者所需具备的技能不只有公关技能，也是重要的起步。

有意义的战略规划必须要用合理的方式整合外部数据和内部数据。大部分学校不缺数据，缺的是能够指引未来的有效数据。学校的数据通常展示在例行报告、年鉴、认证研究以及粗浅的战略规划中，即便用很好的方法展现数据，仍无法服务于学校的实际行动。我们将这种数据称为"墙纸"（Wallpaper），看起来很美，但实际上无法指导学校采取下一步工作以促进学校的发展。根据我们的经验，大多数战略规划的参与者渴望的不仅仅是单纯的数据，而是已经准备充分的数据，从而可以清楚地知道学校当前所处的状态，并能够感知学校未来的发展趋势以及相应的战略选择。

大多数战略规划都制定了高远的目标和美好的愿景，但没有说清楚学校如何朝这些目标努力以及谁将为实现这些目标承担责任。换句话说，问责并没有关心战略规划的内容。院校研究者能够帮助全校各个部门的工作人员对他们的行动进行具体的陈述，以说明他们将如何支持战略规划，所在部门如何通过可测量的行动展示所取得的进步。这方面需要详细的策略，因为大部分部门没有在整个学校背景下对自己的行动进行评估的经验。虽然这些工作以前没有做过，但院校研究人员可以预料到公开陈述问责结果时的那种恐怖场景。

院校研究人员还可以通过辨认学校外部的关键利益相关者，并通过公共会议和采访等方式了解到他们对学校以及学校未来的看法，从而形成学校的战略规划。我们认为外部参与者和内部参与者一样十分渴望数据，尤其是合理的数据。许多外部参与者不理解学校内部的工作，或许也不理解学校如何与他们的企业、组织或社区产生联系。聚集外部人员听取意见对于战略规划非常重要，但积极主动的院校研究人员应该确保开会之前就把最新的、有意义的数据准备妥当，从而会议结论就不会沦为杂七杂八观点的堆积。

## 认证

美国六个地区性认证机构开展各自的证书项目，参与其中的高校对自己进行深入的研究，并把研究结果和认证机构事先制定好的标准进行对比。学校的认证通常每十年循环一次，有两个认证机构没有采用这种机制，而是让学校参与质量改进循环。通常情况下，学校的研究团队花费大量时间确定学校在认证标准中所处的位置，并撰写报告以展示自我研究的结论。学院和大学认为它们无法在认证开始的前几年就进行自我研究，而是要展示学校持续的进步。

在认证的过程中，学校发生了很大的转变，从把认证当作任务去完成，转变为关注学生的学习，并把学习结果的数据用于改进学生的学习过程。展示学生的学习成果是院校研究人员重要的一项工作，但这项工作需要的不只是传统的院校研究技能，还需要采用新的方法去测量认知领域，测量非常抽象的学习概念也需要一些新的词汇。院校人员应该做好帮助教师的准备，为他们的课程或项目建立最低基准，并采用合理的方法测量学生是否达到了最低基准。理解商业测量工具能够测量什么不能够测量什么非常重要。聪明的院校研究人员将会运用他们有关测量工具的知识，确保学校的课程不会成为商业测试的奴隶，而是合理地运用这些商业化的测量工具对学校的课程进行测量。下一部分，我们将论述"以能力为本"的模型（competency-based models）作为整合这些技能的重要方法。

## 课程开发

院校研究者能够帮助学校进行课程开发的作用通常遭到忽略。虽然教师在课程设计和实施中有着无可取代的优势，但他们也能够从专业的院校研究人员那里获得有益的帮助，因为院校研究人员懂得学生如何流进或流出他们的项目、学生从他们以前的学习中带来的能力、教育项目的毕业率、毕业生的就业和升学方面的数据。在大多数学院和大学，这类任务是比较常见的，并且已经融入项目评价中。院校研究者也能够为其他关键的决策者领域提供有益的帮助，尤其是帮助学校理解"以能力为本"的学习模型和"以成效为本"的学习模型。

近来，教育基金会对"如何衡量在某个领域获得学位能够表明学生处于学习的状态中并具备相应的能力"这个问题很感兴趣，这给院校研究人员带来了机会。欧洲博洛尼亚进程开展了一个项目，在美国叫作"协调"（Tuning），它主要是确保各个学校颁发的学位具有可比性，并为质量认定建立基础。"协调"也推动基于学生的需求开发灵活的课程。美国国家研究团队最近在印第安纳、明尼苏达、犹他等州开始研究这些问题（Lumina Foundation for Education，2010）。

过去，课程开发被认为是学校的内部活动。然而，考虑到在线学习的快速发展，没有哪个学校是课程的孤岛。技术所创造的路径不再自动指引高等教育机构的发展。高等教育系统之外的竞争者通过提供"以成效为本"的学习机会给大学造成了巨大冲击。有潜力的学生和本科毕业生成为复杂的教育消费者，并很快就会懂得通过自己喜欢的各种途径以获得技能和能力。通过理解课程如何捆绑或者不捆绑、在不同学校间用共同的术语描述课程，以及能力作为学习成果如何在不同院校之间进行比较，院校研究者能够为学校指引未来的发展方向。

采用能力作为建立课程的基础已成为大多数学校的选择。地区认证机构对促进学生获得成功、提高他们的毕业率感兴趣，也对大学如何努力实现这些目标感兴趣，认证机构开始重视使用能力作为大学课程设置的基础（Voorhees，2001）。例如，大多数学校出版了课程目录，但也有的学校没能让它们的教师将学生在课程中所获得的学习成果（learning outcomes）具体地描述出来。在这种背景下，教师若能解释一下他们的课程所要达到的目标是什么，并评价一下自己教学的优势和劣势，那么情况就会有所改观。理解了为何需要对学习成果进行表述，为何在相似的课程中这些学习成果需要使用相同的方法进行具体化描述，学校就能够为学习建立一定的标准，也能够引起讨论——用能够促进学生获得成功的方式安排课程。反过来，这些方面的努力能够让学生看到课程的模式，并知道这些课程想给学生传授怎样的知识和能力。同时也能够确保学生的学习经历能够培养他们各方面的能力——而不仅仅是教师们认为重要的能力。

院校研究者不能在能力的定义及能力的测量中犯错。定义并测量能力是一项很有挑战性的工作。例如,应当采用什么方法测量学习成效？研究者必须从测试、档案记录、教师或雇主评价、基准线(benchmarks)、绩效榜样(exemplars of performances)等方法中选择评价学生的方法。谁来进行评价？利益相关者以及评价结果的接受者应当包括教师、部门、学院、招生办公室、企业雇主、认证机构。能力评估结果如何使用？认证机构、招生办公室、企业雇主招聘时对测量结果的使用(或误用)需要认真仔细地考虑。这些问题衍生出许多新的数据需求,因为美国各个州以及教育和训练提供者进入了一个新的领域——建立绩效标准、评价学生的能力。

## 结语

在高等教育迅速变革的环境中,"走出藩篱,走出办公室"显然是不够的。院校研究人员逐渐开阔的视野、对可能性的新思考、人际交流能力、对学校文化的深层理解,这些方面要融合起来。我们还认为"走出藩篱"和"跳出玩偶匣"是不同的概念。尽管有商业的压力,但积极思考、客观地展示数据并将这些数据转化为有效的信息是极其重要的。同时,我们也举例说明了有效地使用院校研究技能可以推动创新。院校研究者可根据自身的情况在工作节奏和这些品质中进行平衡。

当学校各个部门之间的信任有所增强,院校研究专职人员成为客观的信息、解释、指导的提供者时,院校研究者便能够基于这种信任在学校对话中引出新的话题供讨论。思考这些提案什么时候、在哪里、为谁最为有效,并理解其他方面的压力,能够进一步增进理解。了解学校的政治和社会态度与其说是科学,不如说是一种艺术。院校研究人员有幸通过长期积极参与学校活动并走出狭小空间融入更大的群体,可以不断提高这方面的能力。

## 参考文献

Birnbaum, R. (1988). *How colleges work: The cybernetics of academic organization and leadership*. San Francisco: Jossey-Bass.

Kelderman, E. (2010, January). Stimulus money staved off deep cuts in state appropriations. Retrieved from http://chronicle.com/article/Stimulus-Money-Staved-Off-Deep/63544/

Knight, W. E., Moore, W. E., & Coperthwaite, C. A. (1997). Institutional research: Knowledge, skills, and perceptions of effectiveness. *Research in Higher Education*, 38 (4), 419–433.

Lumina Foundation for Education. (2010). TUNING USA. Retrieved from http://www.luminafoundation.org/our_work/tuning/

Manning, T. M. (n.d.). Using Achieving the Dream to meet accreditation requirements:

Principles and practices of student success. Retrieved from http://www.achievingthedream. org/CAMPUSSTRATEGIES/GUIDES/default.tp

Meyer, C. H. (Ed.). (1983). *Clinical social work in the eco-systems perspective*. New York: Columbia University Press.

Terenzini, P. T. (1993). On the nature of institutional research and the knowledge and skills it requires. *Research in Higher Education*, 34, 1-10.

Voorhees, R. A. (E.d.) (2001). *Measuring what matters: Competency-based models in higher education*. New Directions for Institutional Research, no. 110. San Francisco: Jossey-Bass.

# 第 6 章

# 院校研究与合作性组织学习

维克托·M.H.博登(Victor M. H. Borden)
阿德里安娜·克扎尔(Adrianna Kezar)

　　本章主要论述合作性组织学习相关理论和概念如何指引院校研究的目的与实践。首先辨析了在院校研究领域普遍存在的决策支持功能,讨论了在复杂的高等教育机构中院校研究作为决策支持的局限。然后论述了一些组织学习概念和观点,并指出关于将院校研究的目的从"为决策提供信息支持"转向"为组织学习做出贡献并从而提高组织的绩效"的具体含义。最后,讨论了院校研究目的的这种转变,对院校研究人员所需的知识、技能和能力提出了怎样的要求。

## 院校研究在决策支持活动中的应用及其局限

　　乔·索普(Saupe,1990)阐述了他关于院校研究的本质和目的的经典论述,他认为院校研究的目的是"为学校的规划、政策形成、决策制定提供信息"。随着时间的推移,院校研究延伸出了多种多样的定义,然而,正如特伦齐尼(Terenzini,1999)所指出的,对院校研究的定义始终与开展研究和分析有关,这些研究和分析涉及高等教育项目的管理、学校以及系统,其核心是决策制定(Chaffee,1983)。随着高等教育机构开始越来越多地采用专业化的行政管理,院校研究也获得了发展与繁荣。随着大学管理文化的变革,紧随其后的是量化研究驱动、理性决策(Swenk,1999),以及与管理过程相关的活动,如战略规划、资源分配模型、项目评价与评估。
　　认为所有的组织团体都有相同的倾向、态度或者技能的观点忽略了处在多样化的高等教育机构及其组织文化中的院校研究者之间的差别。我们承认这种差异性,并提出了开展定量分析以支持理性决策的典型的院校研究的研究人员。强调采用量化分析方法支持决策制定——可以从院校研究协会出版的"院校研究资源丛书"(Resources in Institutional Research)的标题中看出这种特征,包括《中级/高级统计学在院校研究中的应用》(Applications of Intermediate / Advanced Statistics in Institutional Research)(Coughlin,2005)、《人,过程与管理数据》

(People, Process, and Managing Data)(Mclauglin & Howard, 2004)、《院校研究：高等教育的决策支持》(Institutional Research: Decision Support in Higher Education)(Howard, 2001)、《问卷调查研究：如何产生作用》(Questionnaire Survey Research: What Works)(Suskie, 1996)。这套丛书中只有《混合方法在院校研究中的应用》(Using Mixed Methods in Institutional Research)(Howard, 2007)指出了定性研究方法可能的价值，但定性研究方法并不是作为定量研究方法的替代品，而是作为定量研究方法的辅助和补充。

特伦齐尼(Terenzini, 1999)提出的有效的院校研究活动所需要的三种类型的组织智能(技术和分析智能、问题智能、情境智能)和沃克温(Volkwein, 1999)提出的院校研究的四个"角色"(信息部门、政策分析部门、舆论导向部门、学者和研究者)列出了有效的院校研究获得所需要的一系列品质、技能和倾向性。然而，我们认为定量方法或者理性的特质对于院校研究领域所形成的文献和文化而言具有重要的影响。而且我们还试图阐述合作性组织学习的理论如何丰富我们对院校研究的理解，以及如何丰富院校研究的方法。

虽然理性是院校研究所追求的目标，但如果单纯地遵从理性，院校研究也会受到限制。赫伯特·西蒙(Herbert Simon)和他的同事指出这些限制包括"不完整和不充分的人类知识、个人爱好和信念的不持续、个人价值和组织价值的冲突、计算的不精确——即使得到了强大的计算机的帮助"。西蒙(Simon, 1991)提出了"有限的理性"(bounded rationality)以说明理性及其限制的重要意义[1]。

高等教育机构的组织与运作展示了决策过程的高度复杂性，并呈现了院校研究的创建模式。高等教育机构的管理与治理曾被分为科层制模式、官僚模式、学院模式——通常被称为"专业部门"(Swenk, 1999)。科层制的行政管理的决策文化通常会和学术治理产生冲突。正如斯旺克指出的："专业人员(教师)拥有制定专业目标的权力，而行政管理的权力被限制在决定实现这些目标的方法和一系列的绩效评价标准的制定上。"(Swenk, 1999)学校正在逐渐融入政治和市场体系之中——政治和市场体系带来了一系列利益和工作的兼容性。

作为专业部门，高等教育机构的特征是高度的分权以及松散的联合。专业部门的雇员是受过高层次教育，已成为某一方面的专家的人，他们与传统的科层制单位中受到的教育更低层、技能更薄弱的职员相比有更多权力。这带来一系列的问题：谁拥有决策权力、相关的信息是什么、信息如何在不同组织层次中(而不仅仅是在高级管理者中)传递和解释。

院校研究者通常会参与我们本章所提出的"合作性组织学习"的活动中。正如约翰·米拉姆(John Milam)指出的，院校研究者与学校或者本领域的同事共同参与包括"认证过程、全美协会活动、寻找最佳实践、质量改进活动、问责标准、项目评价"在内的活动(Milam, 2005)。我们并不认为院校研究人员(或者高校)没有深入地参与到不太合理的约束、更密切的互动,以及更具创造性的组织知识的创造活动中。相反,我们希望提供一个框架,促进院校研究和院校研究者有意识地、有效地扩大并加深组织的学习。

我们提出的合作性组织学习观点的基本前提是:高等教育的决策制定可以看作是发生在交互学习背景中两个或两个以上的人共同合作,通过讨论和分析以获得对复杂现象的深入理解的过程。在互动过程中,证据被充分讨论,不同的观点一再被重新建构,问题也不断涌现出来。这种特征意味着院校研究产品和服务的设计、生产和传播能够帮助实践者生产更多的信息并将这些信息很好地利用起来。相反,如果对这个学习的过程缺乏足够的关注,就会削弱院校研究的功能以及并削弱高等教育机构的职员的价值。

将这种观点运用到院校研究的过程和观点中有许多可以预见的益处。其中之一是,不断增加的合作能够创造更大的收益、所有权,并更深入地投入到学习过程中——反过来又会促进学习的转化。研究表明,如果没有参与这个过程就很难将知识进行转化(Elkjaer,1999)。当他们提供的数据的准确性存在问题时,院校研究者通常就会抵制组织学习。然而,当部门的同事在描绘院校研究工作所需要的统计概貌(census snapshots)时,他们就会接受这种概貌所存在的固有的局限性,不再质疑数据而是使用数据去评价项目和过程。当同事们意识到通过合适的渠道确保数据的准确性所带来的交流改变的意义时,这个过程也有益于提高数据的质量。

合作性组织学习的另一个好处是,个人组成团体进行学习时能够聚集更多潜在的智能。许多研究表明团队具有更大的认知力量(Bensimon & Neumann,1993)。团队和社团为解决组织的问题提供了更多、更复杂、更有力量的方法。加入这样的团队也能够促使院校研究人员理解信息和分析的细微区别,并能够进一步激发他们融入团队。

大量个人参与学习过程的另一个好处是有机会质疑组织的限制性假设。当一个人经过较多挑选的团队处理信息时,他们通常不太可能挑战信念体系,而且通常是在正遵守假设的基础上发展团队的思考(Argyris & Schon,1978)。当组织进行合作性学习时,人们更可能质疑传统的价值和假设——如果他们身边的人也质疑已有的信念(Brown & Duguid,1991;Weick & Westly,1996)。合作性学习能够促进组织的假设被挑战,如此一来能够促进组织的学习(Dixon,1999)。

本章下面两个部分将探讨组织学习(organizational learning,OL)的概念和观点以支持范式的转变。由于存在一定的局限性,我们仅仅介绍了一些概念的基本含义。

## 定义组织学习并理解合作的方法

组织学习没有标准的定义,但大部分学者都认为它与"认识、实践或者为提高组织绩效而做出的行为的转变"有关(Fiol & Lyles,1985;Huber,1991)。Huber

的定义被认为包括多个领域:"当组织中任何一个部门获得了对组织可能有用的知识时,组织的学习就发生了。"组织学习源自普遍接受的观点——决策并不总是产生令人满意的变化,但决策与学习过程相结合却能够改变人们思考问题、过程的方式,并产生了决策所希望带来的改变。因此,对组织决策过程有贡献的人,应该参与组织学习。

许多学者从不同的学习视角研究组织学习,包括不同的定义和方法,关注的现象也有所不同[2]。比如,组织心理学主要关注人们是如何学习的——检验心理模型、潜在价值和学习风格。这类文献主要强调个人的学习障碍,比如习惯和规律如何阻碍接受新的思想或者人们如何感知当前的行为以便确定错误。从管理科学的视角进行的研究主要关注对组织有重要影响的问题,而不是关注与个体有关的问题,但也会关注组织信息的处理过程。这类例子有:学习与知识转化的组织网络,领导者用以挑战假设并促进深层学习的方法,环境用以将信息引入组织以促进学习的方法。与此相反,从社会学或组织理论的视角开展的研究,主要关注科层、政治、权力以及结构等方面对学习的影响。它们也会讨论组织中促进学习的那些方面的问题,比如激励或者冒险的文化。实质上,这些学科分别从不同层面研究组织学习——个体、团体以及组织——各个学科都看到了不同层次之间的交互作用,但主要关注与各自学科密切相关的那个层次。

组织学习具有不同的学科方法,因而就有不同的哲学传统。早期的研究带着功能主义的观点,主要将组织学习看作获得、存储、管理数据的过程。更近一些,出现了解释主义的观点,更多地关注如何使用及解释数据,而不是数据的产生、传播和管理。从这个视角出发,数据本身通常没有意义;为了创造知识,需要对数据进行消化并将其与其他形式的信息(比如直觉经验)进行组合(Easterby-Smith, Araujo & Burgoyne, 1999)。这一阵营的学者同时强调知识是在人与人之间的交互中建构起来的,并重点关注团体在社区背景中的沟通交流以使数据具有意义(Brown & Duguid, 1991)。

解释主义的方法也认为新的观点和信息能够从组织内部产生,不需要从领导者或者研究部门产生(Easterby-Smith, Araujo & Burgoyne, 1999; Kezar, 2005)。这种方法强调知识胜于信息,组织学习开始关注人而不是数据库或者高层领导(Milam, 2005)。冲突、误解、政治被认为是组织的固有成分,任何一个方面都无法被削减或控制。从解释主义方法理解组织学习在于其真正的合作性。

我们之所以用"合作性组织学习"(collaborative organizational learning)而不是"解释主义组织学习"(interpretive organizational learning)有几个方面的原因。首先,我们不希望我们的观点被认为是完全建立在解释主义哲学基础之上的。功能主义阵营与我们所认为的院校研究传统的决策支持特质更能匹配。此外,在院校研究办公室和实践者头上具有很大的"功能主义者"的压力,如果不考虑这一点,可能无法满足那些发起并依靠院校研究的支持的高级管理者的期望。我们认为通过采用新的假设和概念能够改善院校研究活动。这意味着不放弃既有的实践和信念并将其他方法融合进来，以丰富学习环境。最后，"合作性"这个词反映了院校研究者、教师及学校的职员的目标——支持团队合作以改进工作并提高效率。组织学习的解释主义观点强调个体通过分享信息、观点和经验从而发展新的知识的过程。合作，需要有意识地强调一系列相互关系的复杂性，但有时也需要强调有竞争性的目标以支持有效的组织实践。

## 促进合作性组织学习的理论

本部分，我们讨论了从组织学习的相关文献中发现的许多不同学科传统中延伸出的三种理论，并阐述它们如何看待院校研究活动。首先，我们讨论阿吉里斯（Argyris）和舍恩（Schön）的单循环（single-loop）和双循环（double-loop）学习理论（Argyris & Schön，1978；1996）。该理论源自克里斯托弗·阿吉里斯（Cristopher Argyris）的组织心理学，也受到哲学家唐纳德·舍恩（Donald Schon）的解释主义学习概念的影响。然后我们讨论了休伯（Huber，1991）的组织学习分类法，即从管理学的视角评价院校研究在更大范围内，为支持组织管理和运作而进行的信息获取、分配、解释和存储过程中所扮演的角色。最后，我们从解释主义、情境学习、社区实践的视角进行阐述（Brown & Duguid，2002；Lave & Wenger，1991；Wenger，1998），从而理解院校研究如何为高等教育机构中人际互动和交流做出贡献。

### 阿吉里斯和舍恩的单循环与双循环学习

阿吉里斯和舍恩的组织学习理论的核心概念围绕个体如何发展行动的理论展开，即在特殊的环境中特定的行为如何导致特定可预料的结果的一系列信念和期望。只要这些信念和期望得以实现，个体就不需要再学习其他东西。学习不再是"发现错误"（error detection），即个体经历了或见证了行为的异常结果。阿吉里斯和舍恩指出调整异常的两种不同方式：单循环学习，即表面的行动策略调整；双循环学习，即价值观、假设以及信念的根本性转变。他们进一步区分了模型Ⅰ和模型Ⅱ的理论在实际中的应用，包括单循环和双循环过程分别产生的一系列原则、策略和结果。模型Ⅰ和模型Ⅱ尤其适用于描述组织能力的特征。在模型Ⅰ的组织中，遵守规章制度和传统与实现目标同样重要，有时候比实现目标更重要。事情得以完成是因为他们一直就是那么做的，即使这样做已经没有意义了。模型Ⅱ的学习型组织具有能够促进双循环学习的价值观、政策和实践。组织成员分享他们的信息和思想。促进提高和改变的意见能够得到公开的讨论，人们共同努力以获得更深的理解，同时持续关注不断变化的外部环境。

单循环、双循环以及模型Ⅰ和模型Ⅱ描述了"理想的模式"——通常不存在单纯的形式。个体的学习包括表层学习和深层学习两个部分。当环境和组织的运作比较稳定并可以预料时，主要发生的是单循环学习过程并且模型Ⅰ的原则和策略将会占主导地位。然而，当前的过程没有产生良好的结果时，或者条件发生变化，变化的方式预示着组织的政策和活动需要重新调整，这个时候就需要双循环的学习，并且模型Ⅱ的原则和策略占主导地位。

单循环、模型Ⅰ的学习由如下常见的院校研究产品支持：标准管理报告、绩效指标、招生概述，即那些经常产生的、稳定的、不需要很多时间去整理的信息。这类报告中可能会揭露异常的结果，比如招生数或者年收入意外下滑到计划水平之下。但这些报告通常不会深入分析引起这些异常结果的原因，因此也无法提供好的方法或行动以解决这些问题。

支持双循环学习的信息在两个方面与上述例子不同。第一，它包括深入的分析和解释，对假设和价值观进行仔细的辨别与批判性的评论。第二，这些活动通常需要反复进行。信息和双循环学习的分析的目的是帮助参与者在学习过程中建立新的合理的基础，以妥善处理报告中呈现的变化结果或后果。这通常需要在两者的基础上进行多次的探究。

激发双循环学习的院校研究通常出现在支持特殊委员会或者任务的背景中。院校研究者能够处理证据和分析，反过来又导致更多的问题。例如，即将发生的入学的学生数量的下降可能促使院校研究人员去寻找学生数量下降的原因。数据和分析能够用来监视期望和假设。在一个令人信任的环境中进行仔细的、系统的研究的基础上，对各种事物负责的人更可能会接受那些信息，信息会表明某些过程可能需要重新修订。

领导个体质疑核心假设并发展新的思想的能力，超越了撰写报告、开展研究和分析等方面的技能，但这些技能是院校研究日常工作的基本要求。特伦齐尼（Terenzini，1999）阐述的"问题"和"情境"方面的组织智能以及沃克温（Volkwein，1999）所说的院校研究"政策分析部门"和"舆论导向部门"的角色，涵盖了院校研究所需要的一部分技能和能力。此外，与会议安排、解决冲突、合同谈判、对外交往等此类活动有关的技能是非常重要的。

将解释主义视角的组织学习融入院校研究中可以看作双循环学习过程。主要关注组织成员如何从信息中获取意义，支持这种解释过程的信息来源需要对核心假设和信念进行更多的反思，并关注院校研究是如何运作的。

## 休伯的组织学习分类

休伯（Huber，1991）在20世纪90年代初提出了对组织学习领域大量的文献进行分类的方法。Huber对组织学习提出了包含面更广的定义，前文已有描述。与组织科学领域流行的理论不同,比如阿吉里斯和舍恩(Argyris & Schön,1978),他们认为组织学习是一个以提高组织效力为目的的过程。迪贝拉(DiBella,1998)认为在组织环境中组织学习经常发生并有多种不同的水平。和迪贝拉的观点一致,休伯对组织学习更为宽泛的定义认为,一个人无法创造也无法控制组织学习;相反,它是一个不断进行的现象而且能够或多或少地导向良好的结果,但无法完全控制。休伯进一步指出:"当组织获得更多的……知识并将其看作有用的东西……会发展出许多解释……(并且)组织部门发展了对不同解释的统一理解,这个时候就会有更多的组织学习发生。"他将这三类属性分别表述为广度(breath)、精巧性(elaborateness)、彻底性(thoroughness)。虽然有所不同,但这三个属性结合起来强化了"合作"和"组织学习"之间的联系。

休伯(Huber,1991)指出,四类主要的组织学习过程:获得知识(知识如何获得)、信息分配(信息如何共享)、信息解释(信息如何产生意义)、组织记忆(信息如何存储)。四个主要过程中的三个都有相应的子过程,有些还有下一级的子过程。表6.1摘自休伯的文章(Huber,1991),描绘了完整的组织框架。

**表6.1 与组织学习有关的概念和过程**

| 概念与过程 | 子概念与子过程 | 子概念与子过程 |
|---|---|---|
| 1.0 知识的获得 | 1.1 天赋的学习 | |
| | 1.2 经验的学习 | 1.2.1 组织试验 |
| | | 1.2.2 组织自我评价 |
| | | 1.2.2 乐于尝试的组织 |
| | | 1.2.2 无意识的或非系统的学习 |
| | | 1.2.2 基于经验的学习曲线 |
| | 1.3 替代的学习 | |
| | 1.4 移植 | |
| | 1.5 搜寻与注意 | 1.5.1 扫描 |
| | | 1.5.2 焦点搜寻 |
| | | 1.5.3 绩效监控 |
| 2.0 信息分配 | | |
| 3.0 信息解释 | 3.1 认知地图与框架 | |
| | 3.2 丰富的媒介 | |
| | 3.3 信息超负荷 | |
| | 3.4 非学习 | |
| 4.0 组织记忆 | 4.1 信息的存储与修改 | |
| | 4.2 基于计算机的信息存储 | |

在休伯的概念中,院校研究首先关注的是知识的获得,其次是信息的分配。近年来,在知识管理中开始强调组织记忆(Serban & Luan,2002a;Milam,2005)。我们认为合作性组织学习,将信息的解释看作是对院校研究办公室的产品和服务的有效利用的一个核心要素。有效的院校研究办公室努力形成它的产品、服务,与全校其他部门同事的交流模式以促进信息的解释——用一种能够促进组织目标的实现的方式。下面我们将讨论休伯提出的组织学习分类的四个方面。

**1. 知识的获得**

麦克劳林和霍华德(McLaughlin & Howard,2004)描述的院校研究过程包括:决定搜集什么数据,搜集并存储数据,重构并分析数据使之成为有用的信息;传递信息,最终用这些信息去"影响"知识。这种划分方法将院校研究放在 Huber 的模型里一个相对狭窄的范围,主要是知识的学习中"经验的学习"这个分支,虽然也涉及"搜寻与注意"分支和"信息分配"这个概念。休伯将知识的获得这个过程放在更大的领域:组织的集体知识基础以及正在学习的过程。在一个高等教育机构中,考虑到其主要职能是创造和传播知识,知识的获得可以是一个令人望而生畏的情境。即使在组织的管理活动中,知识领域还是很宽泛、复杂、混乱的(比如学术项目的管理与规划、物理设备和器材、财务、人力资源、学生记录管理、学生财务资助、校友关系、发展)。行政管理职员的雇佣很大程度上基于他们的知识、先前的经验和能力。他们在很多组织部门、委员会、团队等的结合中工作,评价管理过程中产生的各种各样的数据和信息(经验学习);参加会议、访问其他高校从别人所做的事情中学习(替代学习、搜寻与注意)。他们会偶然重建或创造新的部门和过程,以更好地管理一个过程或功能(移植)。

休伯的知识获得的概念深刻地洞察了院校研究者如何更好地使用大量的知识储备,以为更大的任务做出有效贡献而正在进行的一些流程。该理论认为院校研究实践者应当投入时间和精力去理解学校的同事们已经知道了什么、他们一起讨论哪类数据、他们将谁作为最佳实践。这可以作为一个有用的背景以决定其他的哪些信息或许能够更好地激励学习,它能够指出倾向性和观点的偏见,以及不完整或被误解的地方。

合作是首要的拓展角度:在委员会中工作,在正式和非正式场合与同事交流,参加其他部门的会议,等等。这类活动通常是对院校研究主任的要求,很少是研究人员或其他职员所要做的。增加院校研究人员之间的交流与合作,促进他们与学校其他部门的同事之间的交流,尤其是那些作为客户的部门,这样能够促进更有效的院校研究并能够更好地推动组织学习。

**2. 信息分配**

休伯认为,信息分配直接影响组织学习的发生及其广度。他从有关文献中总结了在"将拥有的信息从它产生的地方传递到需要它的地方"这个过程中存在的障碍。这些障碍包括：不同人和团体对相关信息缺乏理解、权力和地位的差异、提供者和接受者的工作量，以及交流链中链接的数量。这个逻辑问题经常导致组织不能完整地理解它知道什么，反过来又会导致要付出双倍的努力去组织信息，并且不情愿去编辑这些信息又会导致信息的不连续。

院校研究人员对待信息分配的传统方式是确定谁应该接受学校所产生的或许有用的信息。休伯指出了更深刻的认识——为某一目的而产生的数据或许对组织的其他人员而言非常有用，以及要尊重组织的交流协议。考虑到可用的信息量很大，注意力需要从"当信息存在的时候就分配"转向"当需要信息的时候就分配"。许多院校研究的运作使用的是严密的或不严密的计算机网络——基于信息系统去存储信息并使之成为有用的信息。然而，用户无须知道到哪里去找信息或者寻找与特定需要有关的东西。

休伯对信息分配的阐述同样突出了在组织信息提供者办公室和职能办公室之间进行协调的意义，从而更好地为学者和行政管理者服务。院校研究通常以一个协调者的角色提供服务，辨别从职能和服务部门所产生的信息是否有用。这种"中间人"的角色多年来一直被认为是院校研究的重要职能（Borden & Delaney, 1989；Delaney, 2009）。然而随着技术的改进，院校研究的职能变得更加重要了，因为技术使得组织中的更多人能够生产分析报告，这些分析报告或许对组织中其他人而言非常有用。

**3. 信息解释**

休伯对与信息的解释有关文献的讨论主要集中在新信息如何与人们已经知道的和正在思考的东西产生联系，信息的解释是如何通过媒介产生影响的，大量流通的信息产生的焦点或缺乏焦点，已经被相信的东西与新学到的东西之间产生冲突时所面对的困难（这是双循环学习的基础）。他的论述突显了"更加明白院校研究活动所产生的信息与来自其他地方的信息之间的关系"的重要性。他指出，由于人们被来自各方面的信息轰炸，关注信息如何有效地交流显得非常重要，这需要注意信息接收者已经知道了什么以及他们的关注点是什么。休伯认为致力信息传递的丰富性是很重要的（比如，呈现问题的多种模型或视角），以及用一种不再超载的方式建构信息（比如，传递少量的信息预先提供背景细节，说明什么是比较相关的，避免出现没有提及的问题等）。

当需要使用信息的时候，院校研究者通常有机会成为委员会、任务团体、部门会议的"座上宾"——使用这些信息非常有益于任务的完成——有效地使用信息的时候同时指出它的含义和局限。然而，传统的院校研究活动并没有赋予院校研究者解释信息的责任。因此，将信息解释的过程进行概念化就显得非常重要。院校研究实践者通常擅长描述资源，并懂得信息的信度和效度问题。对信息详细的解释以及对行动的特别介绍或许能够保证组织学习并将个体的角色在组织内部进行延伸。

### 4. 组织记忆

休伯讨论了人类记忆的局限性（比如，学习偏见和不完整的回忆），有关的组织记忆、为不可确定的未来存储所需的信息存在巨大困难，组织成员间知识与有用信息在分配过程中的不平均和不透明问题。虽然他用了在复印件和基于计算机的记忆之间的已过时的区别，但这种区别的主要观点依然是切题的。与这种区别的更加相关的术语存在于文件（即，包括正式文本、表格、图形资料——组织良好但结构不规则的质性和量化信息）和为组成报告和分析而存在的更加元素化的数据之间。

院校研究者主要把较为原始的数据作为研究和分析的材料。管理、数据仓库、院校数据挖掘是国家、地区、州论坛常被讨论的主题。院校研究协会的系列丛书中也有相关的主题，《院校研究资源》（*Resources in Institutional Research*）（Bordan, Massa & Milam, 2001；McLaughlin & Howard, 2004）使用了越来越多的外部数据资源（Milam, 2003）。

信息的管理和分析，与信息在文件中的存储以及其他的信息处理过程一样，在院校研究活动中不是很流行。至少涉及这些主题有《院校研究对知识管理的贡献的新方向》（New Directions for Institutional Research Devoted to Knowledge Management（KM））（Serban & Luan, 2002a）。塞尔邦和栾（Serban & Luan, 2002b）将知识管理定义为："使累积的知识而不是组织所用知识的价值最大化的一系列的努力。"知识管理运动与 Huber 在他的分类法中提到的组织记忆问题紧密相关。它体现了创造、获取、组织、输入，以及使用高度结构化的信息或知识。塞尔邦和栾举了一个和高等教育机构密切相关的例子，"信息与教学和评估技术、学生评价、课程评价紧密相关"。很多大学现在开始思考如何使用学校在管理过程中产生的大量的电子记录信息，包括大量的电子邮件——许多电子邮件还包含有用的信息。

在"院校研究新方向"的同一卷，佩特里迪斯（Petrides, 2002）论述了知识管理和组织学习的密切关系。她指出院校研究办公室最适合在发展学校的"以知识为基础的系统"（knowledge-based systems）中扮演核心角色，因为它在公共问责中扮演重要角色，是学校信息的"储藏室"，是信息在组织流动的中心点，是支持决策制定的内部研究和分析的催化剂。

有效地使用大量的信息资源与知识管理运动相融合也是商业智能（BI）的核心，而且商业分析趋势在世界各地的企业中拥有良好的发展势头，在高等教育领域也是如此（Campbell, DeBlois & Oblinger, 2007；Norris, Baer, Leonard, Pugliese & Lefrere, 2008）。然而知识管理将信息的视野扩展到高度结构化的文件，商业智能扩展到贸易数据系统领域，即每天的操作信息流。传统上院校研究主要关注在某个时间点提出数据以代表某段时间内的情况(如一个学期或一年),并且将操作信息留在职能部门办公室——职能部门办公室是这些数据的来源(如管理、注册、人力资源、会计)。

就像休伯的整个分类体系一样,知识管理和商业智能将传统的院校研究领域看作更大的组织信息和学习过程中的一小部分。它们强调院校研究实践者要思考如何将他们的工作与其他资源相结合从而满足学校的信息需求以及组织学习。它们进一步强调"合作"作为组织学习的根基的重要性。

## 情境学习与实践社区

知识管理与商业智能趋向于和大量的学校信息相联系从而形成一个生态系统,在这个生态系统中,数据以及使用数据的人能够持续地联系起来而不分离(Davenport & Kusak, 1997)。情境学习理论认为"知识是由我们在感知周围正在发生什么,在谈话、移动等过程中动态地建构起来的"(Clancey, 1995),即学习存在于我们作为许多团体、社区的成员的角色之中,当我们在这些文化与环境中进行活动的时候,学习就发生了(Lave, 1988)。

就像其他组织一样,在高等教育机构,个体开展核心的业务运作并通过有指导的实践磨炼自己的工作:院校研究人员为其提供信息和分析的那些人始终在学习并融入他们工作的社交环境中。拉韦(Lave & Wenger, 1991)、温格(Wenger, 1998)用"实践社区"(communities of practice)这个词描述动态的社会环境——聚焦共同的工作目标、规则、标准,以及将社区的成员组合在一起成为一个社会整体的角色,还有长期积累起来的公共资源。布朗和杜吉德(Brown & Duguid, 1991;2002)描述了在专业实践中情境学习和社区实践所扮演的核心角色。在这些社会学习过程中积累的知识主要是"知道怎么做"(know-how)的知识,因为它与实践的联系更加紧密。

这些概念说明由院校研究生产的信息或者从其他方面来的信息,只有当它融入实践社区或者其他社会环境并由这些社区加工之后才能成为有用的知识("知道怎么做"的知识)。这意味着信息本身不是知识;知识来自处在知识周围的社区的社会互动。实践社区的成员知道在社会环境中信息是如何被消化并被解释的;实践社区之外的人不太可能理解这一点。

虽然院校研究者生产的信息在某种情况下很可能进入这类社会环境中,但通常我们并不知道这类事情何时会发生,以及程度如何。此外,院校研究活动所产生的许多信息产品作为常用资源被许多这类的社区环境所使用。然而,院校研究办公室和实践者经常被要求为情境学习环境提供直接的支持,比如,委员会、任务小组、组织部门试图使用信息作为社交过程的一部分,其目标让大家都认同其决策。学校创建了越来越多的微小的学习社区,院校研究专业人员能够和这些社区合作开展研究。例如,许多学校都有参与式学习、社区参与、多样化与跨文化、国际化、评估等方面的实践社区。院校研究者能够直接和这些社区合作以获得、传播、参与,并帮助他们存储知识。

## 作为合作性组织学习的院校研究:未来工作的启示

在这最后一部分,我们做了总结,举例说明院校研究是采用何种方法促进合作性组织学习,并对促进合作性组织学习的核心技能和倾向做了一些评论。

### 院校研究产品、过程和服务的意义

院校研究者和院校研究办公室为以事实为依据的实践和决策制定(evidence-informed practice and decision making)提供了一系列的产品和服务。从这个方面来讨论,我们把那些为外部问责需要而做的报告和服务放到一边,主要讨论为内部的管理提供的产品和服务。在这个领域,我们思考了三类产品:标准的管理报告(周期性的)、回应特别的信息需求、服务于更加深入的咨询的研究和分析。

概况(factbooks)、招生报告、学生资料、部门简介、学生调查报告是院校研究办公室制作的常规的管理报告。作为周期性的报告,这些产品的内容灵活结构相对来说比较稳定,变化主要基于其他部门人员的投入、环境的改变,以及更一般的情况是学校的喜好变化。这些报告都是非常重要的信息来源,但通常没有得到有效的利用,因为它们都是在有可应用的信息的时候才做出来的,而不是当需要信息的时候做出来的。本章所论述的理念强调理解这一点是非常重要的——学校各部门的人员何时以及为什么需要信息,如何寻找信息,如何解释信息。搜索引擎和索引对于有效利用这些信息而言非常关键,同样地,信息呈现的形式和格式也非常关键。院校研究实践者和学校其他部门的工作人员讨论信息是如何解释和使用的也是非常重要的。最后,院校研究者应该经常关注那些反常现象——这些反常现象通常能够从常规的报告中揭露出来,而且要知道这些反常的现象如何成为组织学习的重要触发器。考虑到时间和注意力是最稀缺的资源,有能力的院校研究者应当能够推测什么时候反常现象值得追寻、哪类研究能够帮助学校其他部门的人员以决定其应该投入多少时间和注意力。

对信息的特殊需求,从非常简单到复杂都有,占用了大部分院校研究活动对许多时间和资源。院校研究实践者认为成功地满足特殊需求依赖问题的质量。熟练的院校研究者能够帮助学校其他部门工作人员修正他们的问题,并确定哪些信息最能满足其需求。这类咨询通常包括界定手头的问题是什么,以及需要信息的人实际上想发现什么。当问题是根据周围的环境而建构起来时,本章所论述的概念认为这个过程最有效。理想的情况是,每一个院校研究人员至少能够和一小部分可能会使用研究结果的人进行协商。阿吉里斯和舍恩的理论也强调提供的信息可能会引出新的问题并且需要更多信息。不要试图满足每一个特殊的信息需要,合作性组织学习理论认为我们应该思考常规的信息需求如何适应更广泛的咨询过程。既然院校研究专业人员成为各类委员会、团体的成员并能够更好地感知信息的需要——采用更多合作的方法可能也会减少计划之外的特殊的信息需要。

院校研究人员被要求采用更加先进的研究和分析方法为学校的战略目标服务。学生进步、教师工作量、项目评价、校园氛围研究是这里研究的常见主题。汉森和博登(Hansen & Borden,2006)为建立在本章所讨论的组织性合作学习理论基础上的院校研究引入了一种行动研究模型(Action Research Model)。他们认为在传统的方法中,需求来自"办公室之外"而且可能是根据问题来厘清,而且在研究结果提供给客户之前,研究过程很大程度上由研究人员控制。行动研究方法与此不同,当研究问题和研究方法已经确定的时候,在研究过程的一开始,研究者就需要与那些要使用研究结果的个人和团体一起合作。合作将会贯穿整个研究过程,有时候还要让利益相关者参与数据的搜集与分析的过程。初步的发现要在团队中进行分享和讨论,以作为进一步研究以及外部咨询的基础。获得更加完整的研究结果的时候,研究者将和利益相关者共同解释研究结果并制定行动方案,包括收集与评价数据的条目,以确定研究活动是否产出了想要的结果。

## 院校研究所需要的技能和性情

特伦齐尼(Terenzini,1999)和沃克温(Volkwein,1999)提出的院校研究所需技能从一般意义上描绘了院校研究所需的技术技能和方法技能,这些技能更适合传统的、理性的决策支持,同时也适合我们所强调的解释主义的和合作的院校研究任务。然而,院校研究所需技能、知识、能力的具体阐述,比如博登、马萨和米拉姆(Borden,Massa & Milam,2001)提出的"信息管理者、信息建造者以及信息工程师"的角色,更加强调方法和技术方面的技能,而不是那些能够促进合作性组织学习的技能和性情。被遗漏的方面还有协助、协商、政治倾向以及当从注意力从信息生产和分析转向信息解释时候所需的技能,更重要的是,当院校研究者和那些跟高等教育机构类似的组织合作时所需的技能。

在一项有关高级院校研究专家和高等教育研究者的调查中,波尔克(Polk,2001)提出了10个方面的技能。这些技能反映了技能面的广度,包括技术、环境、人际关系方面的技能;这些技能存在于超越传统的理性的决策支持方法的合作性组织学习框架中,包括交流能力、批判性思考和质疑、统计推理、专门信息的技术知识、方法论、高等教育管理的背景知识、所在学校的文化、伦理、道德,以及职业行为、人际关系。

有效实践所需的知识、技能、能力是奖学金项目年会持续讨论的问题。在该项目年会上的第一位发言者在五所大学设计了院校研究硕士证书项目。每所大学都要阐述其课程如何落实技术、方法和问题技能。作为课程的成果，最难以描述的技能是政治和人际关系技能；我们认为这些方面的技能对于促进合作性组织学习而言非常重要。对于本项目的参与者而言，非常清楚的是能够促进有效产品的生产以及利用院校研究以支持组织学习的技能，这些学习发生在实际工作中的社会交往。换句话说，情境学习和实践社区的概念，运用到发展能够促进合作性组织学习的技能中，也运用到院校研究者最能支持合作性组织学习的环境中。这表明参与实践社区，包括自己的组织以及和院校研究活动高度相关的组织是重要的学习环境，这些学习能够促进他们成为高效的院校研究人员，就像布朗和杜吉德（Brown & Duguid, 2002）为其他工作组所做的阐述一样。

## 转变院校研究的信条

表6.2展示了我们所认为的心态上必要的一些转变。这些想法来自将合作性组织学习框架覆盖在长期占据院校研究活动主导地位的传统的理性决策支持之上。

表 6.2 院校研究的信条：从决策支持转向合作性组织学习

| 院校研究的决策支持方法 | 院校研究的合作性组织学习方法 |
| --- | --- |
| 理性的数据支持的决策制定过程形成了许多深刻的、成功的决策 | 学习型组织的发展能促进学校的效力以及教育的效力 |
| 管理良好的学校数据给决策制定者提供了必要的工具以改善决策过程 | 学校的数据对学习过程很重要但也存在局限性 |
| 为了有用性，数据必须转变为信息，信息必须转变为知识 | 数据和信息是重要的学习资源 |
| 数据、信息、知识必须得到有效的管理 | 知识通过组织环境中有指导的社交活动而得以积累 |
| 院校研究的首要目的是为决策制定者和决策制定团队提供所需信息 | 院校研究的首要目的是促进组织学习 |

## 注释

[1] 更多有关这些限制的理论和实证研究的例子有以下几个方面：在内心（认知）层面是信息处理过程的偏见或不合规则的现象（Kahneman & Tversky, 1979; Kahneman, Slovic &

Tversky,1982);在人际层面是团队互动的协调问题(例如:Steiner,1972;Thibaut & Kelley,1986);在社会系统层面是提高与许多观点和日常工作的内在冲突有关的情绪反应(例如:Mazur,1968;Louis,Taylor & Douglas,2005)。

[2] 总结之后的讨论,并给出了相应的引文,这部分内容是 Easterby-Smith(1997)提供的。有关组织学习的文献量很大(Kezar,2005)。在1990年代初组织学习(OL)非常流行,以至于一年(1993)发表的学术论文量超过此前10年的总量(Crosson & Guatto,1996)。Easterby-Smith(1997)列出了积极研究组织学习的六个学科领域:①心理与组织发展;②管理科学;③社会学,组织理论;④战略;⑤产品管理;⑥人类文化学。因此,组织学习逐渐成为各个学科的核心研究领域,组织学习被认为是理解组织运作的核心要素。

[3] 虽然没有重点讨论与问责相关的活动,但 Petrides(2002)指出,公共问责和组织学习能够通过"基于证据的活动"(evidence-based practices)建立联系,在这些活动中(比如项目评估和评价)有许多院校研究人员的参与。她引用 Volkwein(1999)的观点,进一步指出,院校研究人员能够很好地在学校的学术、行政和管理文化中建立桥梁和纽带,从而为学校提供服务。

## 参考文献

Argyris, C., & Schön, D. (1978). *Organizational learning: A theory of action perspective*. Reading, MA: Addison Wesley.

Argyris, C., & Schön, D. (1996). *Organizational learning II: Theory, method and practice*. Reading, MA: Addison Wesley.

Bensimon, E., & Neumann, A. (1993). *Redesigning collegiate leadership*. Baltimore, MD: Johns Hopkins University Press.

Borden, V. M. H., & Delaney, E. L. (1989). Information support for group decision making. In P. Ewell (Ed.), *Enhancing information use in decision making* (pp. 49-60). New Directions for Institutional Research, no. 64. San Francisco: Jossey-Bass.

Borden, V. M. H., Massa, T., & Milam, J. (2001). Technology and tools for institutional research. In R. Howard (Ed.), *Institutional research: Decision support in higher education*. *Resources in Institutional Research*, 13, 195-222. Tallahassee, FL: Association for Institutional Research.

Brown, J. S., & Duguid, P. (1991). Organizational learning and communities of practice: Toward a unified view of working, learning, and innovation. *Organizational Science*, 2(1), 40-57.

Brown, J. S., & Duguid, P. (2002). *The social life of information*. Boston, MA: Harvard Business School Press.

Campbell, J. P., DeBlois, P. B., & Oblinger, D. G. (2007). Academic analytics: A new tool for a new era. *EDUCAUSE Review*, 42(4), 40-57.

Chaffee, E. E. (1983). *Rational decisionmaking in higher education*. Boulder, CO: National Center for Higher Education Management Systems.

Clancey, W. J. (1995). A tutorial on situated learning. In J. Self (Ed.), *Proceedings of the International Conference on Computers and Education* (Taiwan) (pp. 49-70). Charlottesville, VA: AACE.

Coughlin, M. A. (Ed.). (2005). *Applications of intermediate/advanced statistical applications in institutional research. Resources in Institutional Research*, *16*. Tallahassee, FL: Association for Institutional Research.

Crosson, M. M., & Guatto, T. (1996). Organizational learning research profile. *Journal of Organizational Change Management*, *9*(1), 107-112.

Davenport, T. H., & Kusak, L. (1997). *Information ecology*. New York: Oxford University Press.

Delaney, A. M. (2009). Institutional researchers' expanding roles: Policy, planning, program evaluation, assessment, and new research methodologies. In C. Leimer (Ed.), *Special issue: Imagining the future of institutional research* (pp. 29-41). New Directions for Institutional Research, no. 143. San Francisco: Jossey-Bass.

DiBella, A. (1998). *How organizations learn: An integrated strategy for building learning capability*. San Francisco: Jossey Bass.

Dixon, N. M. (1999). *The organizational learning cycle: How we can learn collectively*. Hampshire, UK: Gower.

Easterby-Smith, M. (1997). Disciplines of organizational learning: Contributions and critiques. *Human Relations*, *50*(4), 1085-1113.

Easterby-Smith, M., Aráujo, L., & Burgoyne, J. (Eds.). (1999). *Organizational learning and the learning organization: Developments in theory and practice*. Thousand Oaks, CA: SAGE.

Elkjaer, B. (1999). In search of social learning theory. In A. Smith, J. Burgoyne, and L. Araujo (Eds.), *Organizational learning and the learning organization* (pp. 75-92). London: Sage Publications.

Fiol, C., & Lyles, M (1985, July-August). Organizational learning. *Academy of Management Review*, *71*(4), 81-91.

Friedlander, F. (1983). Patterns of individual and organizational learning. In S. Srivastva and Associates (Eds.), *The executive mind: New insights in managerial thought and action*. San Francisco: Jossey-Bass.

Hansen, M. J., & Borden, V. M. H. (2006). Using action research to support academic program improvement. In E. P. St. John & M. Wilkerson (Eds.), *Reframing persistence research to improve academic success* (pp. 47-62). New Directions for Institutional Research, no. 130. San Francisco: Jossey-Bass.

Howard, R. D. (Ed.). (2001). *Institutional research: Decision support in higher education. Resources in Institutional Research*, *13*. Tallahassee, FL: Association for Institutional Research.

Howard, R. D. (Ed.). (2007). *Using mixed methods in institutional research*. Resources in Institutional Research, 17. Tallahassee, FL: Association for Institutional Research.

Huber, G. (1991). Organizational learning: The contributing processes and the literature. *Organization Science*, 2(2), 88–115.

Kahneman, D., Slovic, P., & Tversky, A. (Eds.). (1982). *Judgment under uncertainty: Heuristics and biases*. New York: Cambridge University Press.

Kahneman, D., & Tversky, A. (1979). Intuitive prediction: Biases and corrective procedures. *Management Science*, 12, 313–327.

Kezar, A. (Ed.). (2005). *Higher education as a learning organization: Promising concepts and approaches*. New Directions for Higher Education, no. 131. San Francisco: Jossey-Bass.

Lave, J. (1988). *Cognition in practice: Mind, mathematics, and culture in everyday life*. Cambridge, UK: Cambridge University Press.

Lave, J., & Wenger, E. (1991). *Situated learning: Legitimate peripheral participation*. New York: Cambridge University Press.

Louis, W. R., Taylor, D. M., and Douglas, R. L. (2005). Normative influence and rational conflict decisions: Group norms and cost-benefit analyses for intergroup behavior. *Group Processes & Intergroup Relations*, 8(4), 355–374.

Mazur, A. (1968). A nonrational approach to theories of conflict and coalitions. *Journal of Conflict Resolution*, 12(2), 196–205.

McLaughlin, G., & Howard, R. D. (2004). *People, processes, and managing data* (2nd ed.). Resources in Institutional Research, 15. Tallahassee, FL: Association for Institutional Research.

Milam, J. (2003). Using national datasets for postsecondary education research. In W. Knight (Ed.), *Primer for institutional research* (pp. 123–149). Resources in Institutional Research, 14. Tallahassee, FL: Association for Institutional Research.

Milam, J. (2005). Organizational learning through knowledge workers and infomediaries. In A. Kezar (Ed.), *Organizational learning in higher education* (pp. 61–73). New Directions for Higher Education, no. 131. San Francisco: Jossey Bass.

Norris, D., Baer, L., Leonard, J., Pugliese, L., & Lefrere, P. (2008). Action analytics: Measuring and improving performance that matters in higher education. *EDUCAUSE Review*, 43(1), 42–67.

Petrides, L. A. (2002). Organizational learning and the case for knowledge-based systems. In A. M. Serban & J. Luan (Eds.), *Knowledge management: Building a competitive advantage in higher education* (pp. 69–84). New Directions in Institutional Research, no. 113. San Francisco: Jossey Bass.

Polk, N. E. (2001). Key competencies for institutional researchers in the first decade of the twenty-first century: A Delphi technique for curriculum planning. (Doctoral dissertation). Retrieved from ProQuest Dissertations and Theses. (Accession Order No. AAT 3028478)

Saupe, J. L. (1990). *The functions of institutional research* (2nd ed.). Tallahassee, FL: Association for Institutional Research.

Serban, A. M., & Luan, J. (Eds.). (2002a). *Knowledge management: Building a competitive advantage in higher education*. New Directions in Institutional Research, no. 113. San Francisco: Jossey Bass.

Serban, A. M., & Luan, J. (2002b). Overview of knowledge management. In A. M. Serban & J. Luan (Eds.), *Knowledge management: Building a competitive advantage in higher education* (pp. 5-16). New Directions in Institutional Research, no. 113. San Francisco: Jossey-Bass.

Simon, H. A. (1991). Bounded rationality and organizational learning. *Organization Science*, 2 (1), 125-134.

Simon, H. A., Dantzig, G. B., Horgarth, R., Plott, C. R., Raiffa, H., Schelling, T. C., & Winter, S. (1987). Decision making and problem solving. *Interfaces*, 17(5), 11-31.

Steiner, I. D. (1972). *Group processes and productivity*. New York: Academic Press.

Suskie, L. A. (1996). *Questionnaire survey research: What works* (2nd ed.). Resources in Institutional Research, 9. Tallahassee, FL: Association for Institutional Research.

Swenk, J. (1999). Planning failures: Decision cultural clashes. *Review of Higher Education*, 23 (1), 1-21.

Terenzini, P. T. (1999). On the nature of institutional research and the knowledge and skills it requires. In J. F. Volkwein (Ed.), *What is institutional research all about? A critical and comprehensive assessment of the profession* (pp. 21-29). New Directions for Institutional Research, no. 104. San Francisco: Jossey Bass.

Thibaut, J. W., & Kelley, H. H. (1986). *The social psychology of groups*. New York: Wiley.

Volkwein, J. F. (1999). The four faces of institutional research. In J. F. Volkwein (Ed.), *What is institutional research all about? A critical and comprehensive assessment of the profession* (pp. 9-19). New Directions for Institutional Research, no. 104. San Francisco: Jossey-Bass.

Weick, K. E., & Westley, F. (1996). Organizational learning: Affirming an oxymoron. In S. R. Clegg, C. Hardy, & W. R. Nord (Eds.), *Handbook of organization studies* (pp. 440-458). London: Sage Publications.

Wenger, E. (1998). *Communities of practice: Learning, meaning, and identity*. New York: Cambridge University Press.

# 第7章

# 利用变革管理发展院校的适应性

金·本德(Kim Bender)

院校实施变革管理(change management)已经有几十年了,但人们仍没有很好地把握它。然而现在,复杂的环境使得院校无法通过简单的规划和评价方法去应对。变革管理作为一种旨在提高学校的弹性和适应能力的方法应运而生。技术创新为学校更好地实施变革管理提供了有效的工具。大部分学校的规划和评价过程正在逐渐从纸质的形式转变为交互式的数据库活动(interactive database activities),将学校这些活动进行系统化、协调并进行分享。甚至在资源短缺的时候,学校仍然可以通过使用新的资源显著地提高其管理变革的能力并变得更具适应性——新的资源包括促进员工持续地学习、组织如何运作、他们如何更好地工作。院校研究/评估办公室能够也应该在增加这些资源上扮演重要角色。

## 院校研究部门角色的扩张:管理变革的新边界

院校研究协会的执行主任兰迪·斯温(Randy Swing)认为,院校研究在朝着数据技能、战略规划、成果评估、改进支持的集合体方向发展。他认为院校研究人员应该开始培养变革管理理论所提出的一些能力。此外,院校研究/评估办公室需要提供职员专业发展的机会以促进他们获得更多有关组织变革管理方面的技能,而且高等教育领导力的硕士课程应当设立有关变革管理的课程。院校研究行业协会应该为研究者提供训练机会以帮助他们获得必要的技能从而成为他们所在学校变革的代理人(Swing, 2009)。

《院校研究新方向》期刊(New Directions for Institutional Research)在其2009年的特别一期增加了角色扩张的定义,这一期主要关注院校研究的未来。期刊的编辑克里斯汀·莱默尔(Christine Leimer)写道:"院校研究人员需要在学校的多个部门开展工作,这能够促使他们在分散的学术和行政部门中营造合作的文化。"莱默尔(Leimer, 2009)认为,院校研究/评估办公室不仅仅是为学校的各个部门提供数据,而是应该积极地利用组织学习的特征以支持学校的转型和变革。更早一些年,约翰·米拉姆(John Milam)建议院校研究/评估人员应该成为知识管理的草根领导(grassroots leaders)。知识管理战略包括：分享最佳实践、在线"帮助"训练、搜索引擎、使用目录、数据库、学习历史的展示。院校研究/评估的职责还应包括：为信息使用者提供所需信息(Milam，2005)。

变革管理的出现已成为许多院校研究/评估办公室新的工作领域。为了帮助该领域的探索和专业化，本章提供如下内容以帮助院校研究/评估员工：①识别变革管理的环境；②理解变革管理的过程以及减少变革障碍的方法；③学习院校如何运用变革管理理论和实践，以提高院校的弹性和适应力。

## 变革管理的背景：动机与理论

有效的变革管理需要综合化和分散化，意味着许多教师和员工需要参与进来。动机对于发展所需的参与度以及培养支持的文化而言非常重要。理解不同的理论和变革类型能够为那些在学校中负责变革的人提供指导。

### 动机：哲学观、社会生态系统，以及变革的压力

院校研究/评估办公室如果能够讨论为何变革管理对学校的核心理念而言非常重要，就能更为有效地实施变革管理。实用主义与形而上学两种哲学思想以及最近在社会生态系统中的研究列出了相似的院校变革管理的特征：①质量和管理的变革是紧密联系的；②规划与评价活动的多样性能够提高院校的适应力；③分散的、持续的自我检查和研究能够看到学校真实的一面，并能够提高部门的质量。

实用主义由威廉·詹姆斯(William James)在《实用主义：旧思想新称谓》(*Pragmatism, A New Name for Some Old Ways of Thinking*)一书中定义，是一种积极的和向善的哲学思想。实用主义理念秉持：人类能够通过训练自由意志以改变现实，从而促进世界朝美好的方向发展(James，1907/1981)。实用主义是一种赋权的哲学，它的基础是：行动以及持续地检验真理以验证知识[1]。院校研究/评估在发展持续改进或者变革管理的过程时能够支持这种行动。

罗伯特·波西格(Robert Pirsig)将他关于质量的思想发展成"质量形而上学"(Metaphysics of quality，MOQ)哲学理论，出现在他1991年的小说《莱拉：道德探究》(*Lila: An Inquiry into Morals*)中。MOQ将质量看作价值。发展价值，或者通过变革以实现改进能够提高质量(Pirsig，1991)[2]。学校各个部门的改进依靠教职员工所共享的价值观。因为价值观很少统一，因此如果想实现质量的实质性提高，设计学校部门的变革或规划时必须要保持分散化。系统地管理变革、规划和评价能够促进价值观的培养。Pirsig认为质量的达成是宇宙运行的驱动力，就像重力一样。它在进化论中也得以体现。每个人本质上都存在追求高质量的驱动力。

有一种"静态的质量"(static quality)时间，变革在其间得以巩固。同时也存在动

# 第 7 章　利用变革管理发展院校的适应性

态的质量(dynamic quality)时间,其间,组织处出形成阶段,具有灵活性,对变革持开放态度(Pirsig,1991)。高质量的院校将打造自己保持灵活性和适应性的能力,因而它们能够迅速地适应环境的变化,并能够将变化引向对它们有利的方向。利用分散部门的持续的规划和评价凸显了价值观,并强化了动态质量或者有益的变革的倾向。

近来社会生态系统的文献强调将分散化的适应管理作为一种提高学院弹性和可持续性的方法。学院的适应管理包括分散的行动规划和评价过程。这些过程作为一种感知或者反馈机制,促进各个部门了解自己以及身边的环境。部门及职能的多样性是发展弹性的关键因素,弹性指的是遭遇环境中的各种挑战之后能够恢复原来状态的能力,环境的挑战包括外部的政策变化或者美国的州预算危机(Gunderson & Holling,2002)。人群和职能的多样化程度能够对变革的过程产生积极的影响。组织的多样化能够提高创造力,提高问题解决的有效性,提高适应变革的能力(Cao et al.,1999)。

变革管理者通常会遇到一个进退两难的情况:要平衡职能的多样性,以及伴随效率和集中化而来的冗余。然而,当院校研究/评估员工发展了分散化部门的反馈或者感应资源的时候,他们就是在建立适应能力,这可以提高学校面对变革压力时的反应能力和弹性。

随着复杂程度的提高,院校面临更大的变革压力。戴维·纳德勒(David Nadler)在他的《变革运动》(*Champions of Change*)一书中提出了一个预言。他举的商业组织自满的例子可以应用于高等教育。"享受垄断的公司只能在短时间内侥幸成功。但是将不均衡以及不稳定的事件考虑进去,并加上环境的因素,比如新的竞争力量、技术创新、政府的卷入,突然间就会导致顾客减少、成本增加、速度放慢,整个企业的绩效下降。"(Nadler,1998)

21 世纪一开始便给高等教育带来了变革的环境。技术使得世界各国的人们能够联系在一起,还带来信息资源的爆炸。全球财富重新分配,在线教育得以发展,财力较弱的人也能进入出版市场。公众对高等教育成效的关注强化了问责的需求。学校的教师从终身制转向非终身制,学生群体变得更加多样化。不断加强的政府控制增加了合规活动。这些转折性的变革,包括功能、社会、政治(Dacin,Goodstein & Scott,2002),超出了那些院校的变革管理者的能力。这些院校依然使用老旧的方法,如非正式评价以及不连续的规划(Bok,2006)[3]。

问责机构正在对这些压力进行回应,并鼓励院校采取适应性过程以提高它们的质量。最近,诸如北部中心协会(North Central Association)的高等学习委员会(Higher Learning Committee,HLC)等机构开始为职责标准提供新的选择。HLC 的新《开放路径(2014—2015)》(*Open Pathway* 2014—2015)认证模型包含一个职责保障过程和一个质量保障过程,以促进学校的变革。此外,南部学院和学校协会(Southern Association of Colleges and Schools,SACS)将"质量改进计划"

放入核心要求(2.12)和综合标准(33.2)中,促使变革管理成为院校的高阶行动(Southern Association of Colleges and Schools, 2009)。院校将需要通过变革管理过程以实施质量改进项目。此外,地区认证机构开始将联邦的职责项目增加到他们的标准中。院校研究/评估办公室帮助学校满足变革政策和报告的需求——这是变革管理另一个方面的发展。

## 变革过程理论、模式、类型

量子物理学和混沌理论认为变化是不可预测的、非线性的、不确定的。新出现的系统以及子系统之间的联系导致环境更加复杂;某一方面的微小变化能够引起相关领域的难以预料的变化。线性的、以目标为导向的,并且一步步得以实现的长期战略规划已经成了不可能。采用命令和控制的方法实施变革已经变得无效(Wheatley, 2005)。院校层面的变革管理甚至可能会变成表述上的矛盾,除非提出一个概念支持对条件的管理(这些条件能够促进变革),而不是确定变革的方向和内容。分散化的部门和支持单位将为未来的变革内容承担更多的责任(Simsek & Louis, 1994)。随着复杂性的扩增,院校研究/评估职员能够应用他们变革理论方面的知识以帮助设计变革管理的基础设施。

一个更加综合的调查变革理论的作品是马歇尔·普尔(Marshal Poole)和安德鲁·H.范·德文(Andrew H. Wan de Ven)的《组织变革与创新手册》(*Handbook of Organizational Change and Innovation*)。他们将组织变革定义为"在组织中长期形成的不同的形式、质量,或状态"(Poole & Van de Ven, 2004)。根据普尔和范·德文的观点,描述变革过程的主要有四种理论——进化论(Evolutionary)、辩证法(Dialectic)、生命周期(Life Cycle)和目的论(Teleological),表 7.1 对这些理论进行了简要的介绍。此外,表 7.1 还展示了变革管理的四个核心模型——Lewin 的行动研究(action research)、循环(cyclical/iterative)、转型管理(transformation management)、迅速变革的方法(emergent approach to change),并指出这些模型所使用的情形(Lewin, 1948/1999)。社会生态系统方面的文献与第四列(转型)中的要素比较相关。表 7.1 所列的是简单的理论、模型以及变革管理的动态背景。

表 7.1 变革管理的特征、理论、模型总结

| 动力 | 插入式的/单次的 | 增加的/持续的 | 转型的/激进的 |
| --- | --- | --- | --- |
| 预期的<br>反应的<br>时间框架<br>过程理论(Poole & Van de Ven, 2004) | 扫描<br>问题解决<br>短期<br>目的论/生命周期理论将组织看作有生命的有机体经历起步、 | 协调<br>适应<br>短期和长期<br>目的论基于这样的哲学观点:变革沿着不满意、搜寻、目标设置到规划的实 | 重新设定方向<br>仔细检查<br>持续的<br>进化论将变革看作一个生物的过程,基于"适者生存"的观点 |

(续表)

| 动力 | 插入式的/单次的 | 增加的/持续的 | 转型的/激进的 |
|---|---|---|---|
| | 发展、收获和终结四个阶段不断向前 | 施的方向发展。变革是持续的,已实现的目标会被新的目标取代 | 辩证法理论尊重多元主义并将世界看作是一系列带着不同的价值观的矛盾事件或力量之间的冲突<br>有时两个对立的团体产生了第三种形式,或产生两种形式的综合体 |
| 模式 | 卢因(Lewin)的三步过程由库尔特·卢因(Kurt Lewin)于20世纪40年代提出,包括:①解除限制——准备环境;②变革的实施;③再冻结——将变革制度化(Burnes, 2000)。Lewin提出的"行动研究"作为实施的方法与三个过程匹配 | 变革实施的循环模型是:①识别变革的需要;②发展共享的愿景;③实施变革;④巩固变革;⑤通过识别下一个变革从而持续变革(Nadler, 1998)<br>转变管理包括四个阶段的变革过程:①触发阶段——机会、威胁、危机;②愿景阶段——定义未来;③转变阶段——说服、招募新人;④保持阶段——持续、强化(Paton & McCalman, 2008) | 迅速变革的方法不认为变革能够被固定或者通过线性的步骤得以呈现。相反,变革是一个持续的过程,而且无法预先规划。它依靠部门自下而上的变革管理。它的焦点是建立适应力的条件(Burnes, 2000) |
| 复杂性 | 单独的、简单的、确定性/信心 | 高低确定性循环 | 多元联系,高度不确定性 |
| 学习层次 | 单循环:简单的反应性思考 | 单循环与双循环的组合 | 双循环:持续检查,严格的询问 |
| 变革的方向 | 线性的 | 进步的 | 非线性的 |
| 组织类型和规模 | 小型的单目标部门;个人关系 | 中等规模的部门或学院 | 大型、复杂的院校,组织系统中人与人之间松散的联合,结构化的关系 |
| 院校的影响 | 单独的活动改变 | 过程、政策或结构的改变 | 文化、价值观、行为、设想的改变 |
| 变革的强度 | 有限的,或受到控制的 | 质变或变革 | 革命性变化 |
| 领导风格 | 指导规划或者充当变革的代理人 | 合作性的团队领导 | 构建愿景的角色,支持变革过程和能力,比如组织学习 |

注:社会生态系统(social-ecological system)的文献与第四列中所列的要素比较相关。
资料来源:本表部分资料来自 D. Nadler, 1998 和 Kezar, 2001。

### 变革的类型：从简单到复杂

变革的类型有简单的一次性转变，也有院校层面的复杂的、持续的变革（Burnes，2000）。变革一方面可能是短期的、插入式的、一级的、线性的、增值的，但在另一方面它又可能是长期的、连续的、二级的、多方面的、转型的（Poole & Van de Ven，2004）。插入式的变革（episodic change）更容易管理，对组织的破坏也更小。它和院校对变革或问题解决的反应有关，且能够运用当地的、封闭的系统缓冲来自外部的冲击。第一级的变革能够影响组织的结构、过程和活动。相反，转型就更加复杂了，而且还包括规划的过程——这个规划的过程是多维度的、持续的，而且最终会影响学校的文化，改变设想（assumptions）、行为和价值观（Boyce，2003）。它拥抱不确定，采用开放的系统，引入参与多院校的子文化带来的复杂性并引入外部的社区团体参与变革的实施。

## 变革管理的过程与障碍的消除

院校研究/评估的职员能够提高所在院校的接受度，为院校提供实施变革的可选方案，并帮助院校消除阻碍变革的障碍。

### 鼓励怀疑激发变革：充分利用数据

用来表述"创造性破坏"的第一阶段的词语有很多，比如"去机构化"（de-institutionalization）（Dacin et al.，2002）或"不认可"（disconfirmation）（Schein，1992）。玛丽·博伊斯（Mary Boyce）认为院校应该引入压力，以克服阻碍变革的内在惯性。变革的特点应当是减少压力的方法（Boyce，2003）。沙因（Schein，1992）认为所有形式的学习和变革都开始于某种程度的不满或者挫折，来自那些无法验证的期望或希望的数据。无论变革是为了适应环境的变化（反应），还是为了推动有效的组织学习，"不认可"都是推动变革的主要力量之一。这一步包括新的信息对院校或部门层次的价值观产生威胁，以致产生一种很大的"焦虑"。

院校研究/评估办公室在这一步中扮演非常关键的角色，因为它们生产了大量的让希望破灭的数据。有些办公室产生了大量互动的数据，其他部门可以一起交流，比如在线调查结果。许多院校研究/评估办公室在它们所管理或服务的适应性管理（规划或者评价）平台系统地发布数据或信息，比如评估方案、项目评论、认证的自我研究，或者战略规划方案。通常情况下，数据会挑战学校的愿景并鼓励质疑，尤其是在教师和员工经常需要做的事情上。

## 实施变革：选择变革的模型

当变革的意志和决心建立起来之后，院校需要选择合适的实施方法。如表 7.1 所列的资料以及普尔和范·德文（Poole & Van de Ven，2004）的《变革管理手册》就是不错的开始。

当在稳定的环境中朝着小规模的变革发展时，院校很可能使用简单的变革模型，易于变革代理者或领导实施。也可以选择一个组合，如采用卢因（Lewin，1948）的模型（解除限制、实施变革、再次冻结），并实施线性的变革——按照目的论或生命周期过程运作（其定义见表 7.1）。收集到的数据将会告诉院校或各个部门，变革是否在起作用或者变革本身是否有效。

处在更加复杂、不稳定的环境中的院校需要实施更加革命性、大规模和长期的变革，因此也是缓慢的、复杂的、多方面的变革。变化在多个场景发生，如：政治组织、文化（Cao et al.，1999）。院校将融合各个部门设计整体的复杂的变革，而不是一次在一个领域实施独立的变革。领导层更加注重建立愿景、发展反馈能力、提高各个部门的技能和责任，从而让它们管理自己的变革。这类变革不能由顶层驱动（Senge，1999）。

如果没有打算将变革制度化，那么变革就无法持续。对于线性的、有明确规划的变革，制度化就没有那么必要了。例如，这类变革只需通过调整院校的政策大纲就能得以固定化。然而，对于复杂的、转型的变革，将它制度化显得非常具有挑战性。为了在全校范围内改变设想和行为，就需要反复进行组织学习（见"案例研究"部分——讨论的是如何将变革管理系统制度化）。院校研究/评估办公室作为实施变革管理的部门，会受到来自各方面的反抗。

## 变革的障碍：院校研究/评估部门何以消除它们的影响

彼得·森奇（Peter Senge，1999）用了一个生物学的概念去说明"变革之舞"（dance of change）——"每项运动在开始的时候就受到抑制"。彼得·森奇补充道："在成长过程和约束过程由不可避免地相互影响。"商业学者约翰·马奇（John March，2008）指出某一个领域越制度化，就越强烈地反对改革。知识分子历史学家路易斯·梅南（Lewis Menand）写道："改革现代大学就像试图通过打字机上网或者骑马上街。"（Menand，2010）

有些高等教育机构依然使用传统的管理方式阻碍变革的发生。许多院校仍然采用临时的规划和评价过程，各个学院的教师进行项目评估或每 5～6 年进行特殊认证的自我研究，然后就将这些活动抛之脑后直到，循环往复。反馈系统也是临时的，只有当出现危机或者有设立新项目的建议时，院校研究办公室才会接到提供数据的要求。规划通常是不连贯的，评估规划、项目评价活动规划、学院规划、院校战略规划都在相互独立的轨道上运行。许多院校的信息或知识管理并不系统，因此行政管理的错乱产生内部消耗，甚至导致功能失调，从而扭曲了院校的规划。此外，部门领导或者院长的评价指导大纲,并不都详细地阐明变革管理的领导力的质量。

院校研究/评估办公室通常能够采用新技术以缓解功能障碍,从而发展交互使用的规划和评价数据库。它们时常能够监督院校的持续改进活动,减少管理的破坏和自我评价的不连续所产生的有害影响。此外,定期的同行评价及评价报告能够让变革管理中落后的部分在院校之间的比较中看得一清二楚。院校研究能够为在线部门的自我研究或其他单位持续地提供数据以确保反馈的持续进行。把规划归档,并将当前的规划和以往的规划以网络版上无缝地联系起来,从而展示规划的变迁并减少管理层的功能缺失。将多层次的规划嵌入各个部门的行动规划目标中,能够促进规划的分类,并让不同层次规划的融合变得可见。院校研究/评估办公室能够和同行评议委员会直接合作,提供系统报告的资料并开发同行评价准则,从而帮助评论者管理规划和评估的质量,从而实施最佳形式的变革,比如诊断式的规划鼓励变革活动胜于监控目标。将变革的话语及其最佳实践安置于在线评估计划或项目评估的自我研究模板中,陡峭的学习曲线从而变得平缓。提升项目评价的自我研究中领导力的评价标准能够显示对变革管理能力的强调。

有些变革障碍是文化导向的。有些组织或者子组织极力避免分享信息,因为害怕信息被竞争者利用,有些是害怕文化的污染。学术部门反对市场决定、用户至上主义、工具主义。其他部门担心院校战略改变时自己会失去地位或预算资源。有些部门可能会说当前的资源无法支撑变革或者鼓励变革的证据或数据是有问题的(Paton & McCalman, 2008)。

院校的文化可能阻碍变革也可能促进变革。为了避免不必要的冲突,变革管理者必须要深刻地理解所在学校的文化,并通过他们的优势引入变革战略中(Tierney, 1988)。不同的教育层次有不同的文化,而且,通常在同一层次的不同院校也有不同的文化。许多大型院校有着许多子文化,这些子文化之间互相影响,使得变革管理更为复杂(Chaffee & Jacobson, 1997)。

通过政策以及网上交互规划系统,院校研究/评估办公室可以通过强调地方色彩从而减少文化对变革的抵抗。院校研究/评估员工可以设计变革管理过程以鼓励分散化并发展高等教育机构的松散结构。强调地方色彩以减少对集中化的结构或政策的焦虑,从另一方面也可能反驳标准的文化。例如,政策指导大纲的项目评估,要求教师和职员将他们的规划和评估活动建立在他们本部门的价值基础之上。规划与试验的去中心化能够降低风险,以抵制那些试图通过不明确是否接受变革的人以抬高自身地位的行为。误差是可以容忍的。

这些消除变革的障碍的策略(以及其他策略)的实际运用在"案例研究"中详述。这部分阐述院校研究/评估办公室如何运用这些理论和模型,开始变革的过程步骤,消除障碍、强化院校的弹性——通过了解弹性的特征:系统性思考、去中心化自我组织、功能多样化、适应性管理、组织学习。

## 从理论到实践:变革管理过程的实施案例研究

本部分采用案例研究的方法,阐明变革管理理论及其系统性思考在实际中的运用,论述消除变革障碍的策略,并展示院校如何建立各个部门的弹性和适应能力,从而支持院校的可持续性。

### 院校研究/评估在发展院校弹性和适应能力中所扮演的角色

院校研究/评估办公室可以有意识地加强它们所在院校的弹性,通过①提高面对不确定和复杂性时的舒适度;②培育多样化的功能;③开发资源以支持分散化单位的自我组织;④强化组织学习(Berkes Colding & Folke,2003)[4]。早期有关复杂性的论述在 Peter Senge 的《第五项修炼:学习型组织的艺术实践》(*The Fifth Discipline: The Art and Practice of the Learning Organization*)一书中有涉及。之后,森奇(Senge,1999)解释活跃的系统性思考认为人类的团体是自我组织的。没有设计者控制信息的流动,但"……信息以其自然的模式在组织中快速地传递"。阿德里安娜·克扎尔(Kezar,2001)强调了这个观点,"一般而言,院校在全校范围内进行革新,促使伟大的思想开始显现是明智的"。戴维·纳德勒(Nalder,1995)提出了这类变革管理的设计,倡导一种联合式的结构——需要中心计划和处在边缘的分散在各个部门的计划之间进行协调。

通过变革管理的去中心化从而发展院校的适应力需要院校研究/评估活动提供服务。例如,为各个部门开发用于部门反馈系统的交互式数据资源(Mets,1997)[5]。有效的规划数据库(评估与项目评价)中心设计有助于院校规划的整合,并能够促进基于各个部门的组织学习,例如帮助建立电子规划和评价资源。院校研究者能够识别"新兴的"想法或突发的变革以促使其发挥作用,监控并报告规划活动并分享各个部门的战略以解决问题。

### CSI 变革管理过程

以研究型大学为例,美国国家变革研究机构(Change State Institution,CSI)开发了一个变革管理过程,叫作"更快地提高质量"(Attain Quality Faster,AQF),将变革管理理论应用于实践。它将用于院校层次的迅速变革模型(emergent change model)和 Lewin 运用与各个部门层面的模型相结合(表 7.1)。变革理论中在院校层面用得最多的是"进化过程",而目的论循环更适用行动规划产生的部门层面。在院校层面使得环境的变化、选择、维持成为一个流程,AQF 识别并展现部门变革管理的最佳实践;如果将这个过程复制到其他院校,就能够提高院校的价值并强化它的弹性(适应性)。通过使管理变革的责任分散化,也能够促进差异化和多样性。AQF 在变革管理方面和其他院校一起合作，增加了最佳实践的案例数量，提高了 CSI 的变革比例，并提高了它的适应力。进化论和 Robert Pirsig 的质量形而上学十分匹配，变革创造了更大的价值和质量。

当院校研究/评估部门设计变革管理系统的时候，应该将哪些元素整合起来？可能的元素包括人的组织、数据库、规划和流程的链接、持续的信息流模型，以及院校的合作。AQF 使用 10 个相互关联的部分，从自建的能够运行多个层面的反馈机制的评估数据库管理系统到与公众分享评价信息的公开系统各种类型都有。与开发系统理论相一致，它试图与其他系统建立联系，扩大系统的复杂性。例如，与院校战略规划以及其他使用 AQF 的院校建立联系。以联邦主义（federalism）原则为基础，数据库规划平台和组织学习被集中管理，但适应性管理（设计变革规划和绩效评价流程）是由各个部门分别负责。每个部门都试图获得自我组织能力的提升，比如规划和评价的能力，从而更有效地管理自己。图 7.1 和图 7.2 展示了 AQF 模型的大致内容及其系统的主要组成部分。

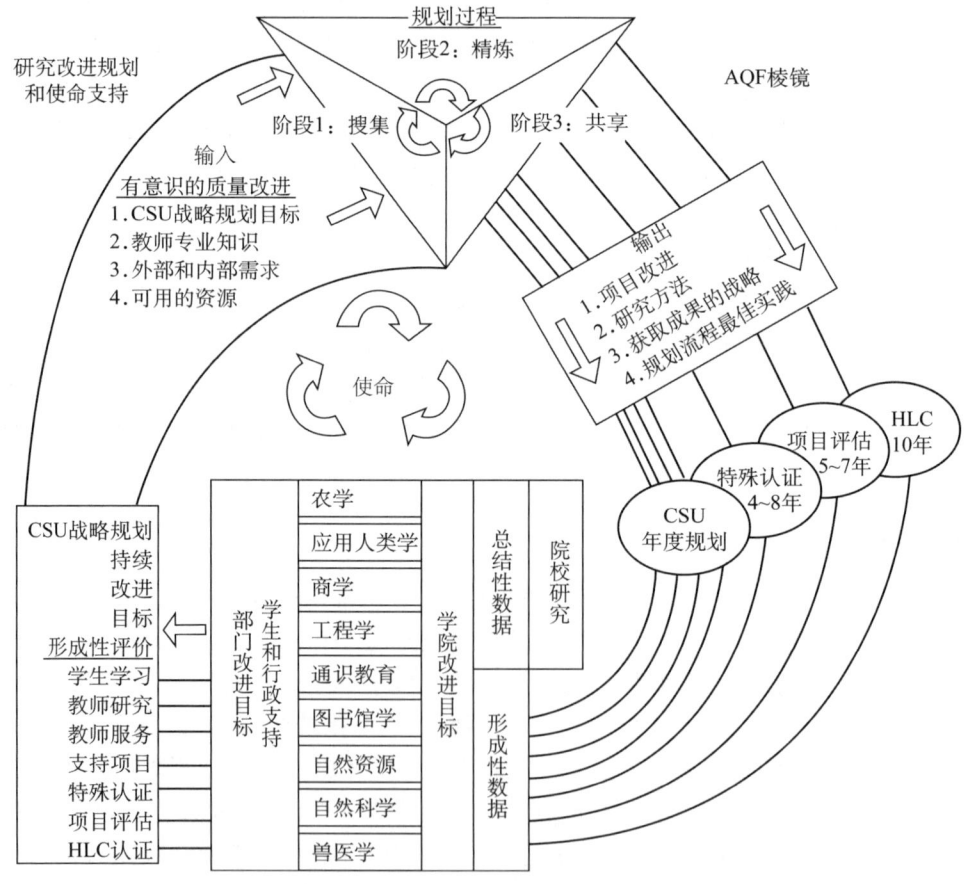

**图 7.1　AQF 变革管理过程的概念模型**

# 第7章 利用变革管理发展院校的适应性

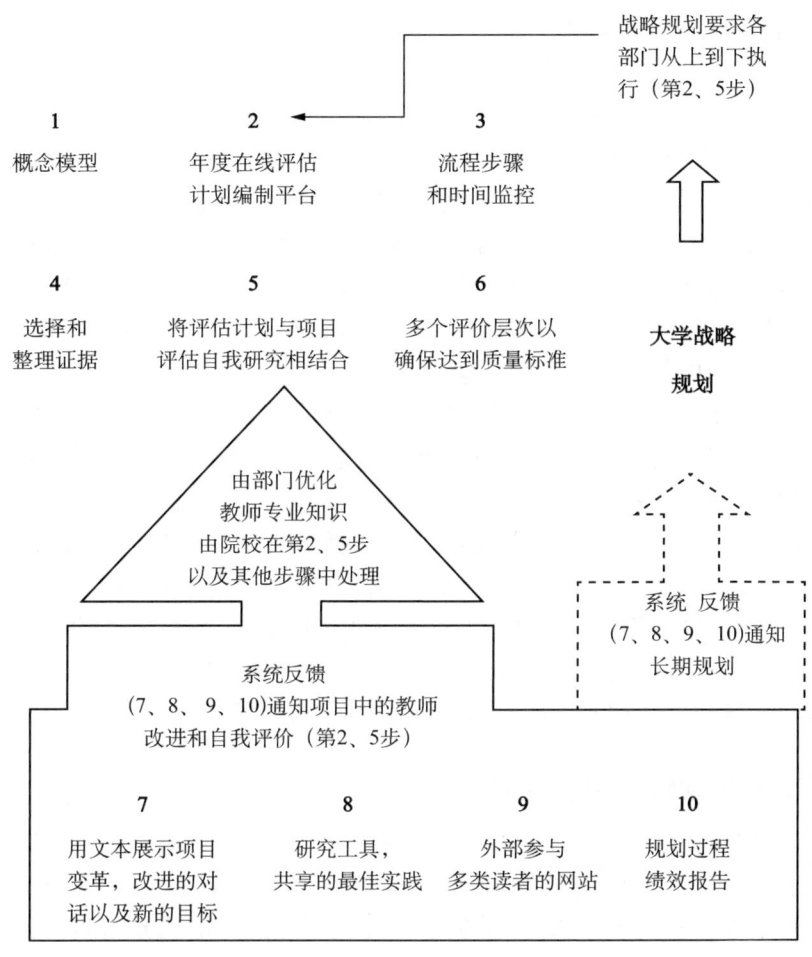

图 7.2 AQF 过程的 10 个部分，即信息流

## 适应性管理：通过创建促进质疑的平台而激发变革

为了获得部门的价值和质量，就需要一个常规模式的变革，这个变革由质疑或者对现实的不满驱动。自从 2003 年开始运作以来，AQF 在部门的层面提供了许多修订路径的机会。

大约有 170 个学术项目和 30 个学生事务部门在 AQF 数据库中开设了在线评估计划，以确定哪些是学生学习、教师研究以及学生支持的有成效的行动计划。每年，代表每个学院和学生事务部门的标准委员会都会进行同行评议。AQF 每年的工作计划包括部门召集、展示、分析数据和同行评议的信息。有时候，这些数据与教师对学生学习的期望相左，促使教师更乐意接受变革。变革与 Pirsig 的"动态质量"（dynamic quality）状态相匹配。这促进了课程、专业发展以及评估流程的改进。最核心的是，CSI通过以下两个方面来检查它的四个部分战略规划的真实性（实用性）：其一，四个院校层面的委员会每年对其进行仔细的检查；其二，检查衡量标准的时候改变其内容，院校研究/评估员工提供的数据报告有时会对学校的愿景（即实际的数据表明，学校的愿景没有实现）形成挑战。

院校研究/评估员工在CSI同行评议委员会服务，协助开发并使用评估准则，这些准则定义了院校的质量规划和评价标准，能够促进院校的变革。通过评价并识别计划，获知各个单位的优势和劣势，使得最佳的诊断性能力评价能够显现并在院校之间进行比较。诊断性绩效研究（diagnostic performance research）比单纯地监视活动的研究更能挑战现存的活动。

当处理AQF在线评估项目时，院校研究/评估办公室职员将院校研究数据放在部门自我研究论述的应用部分，比如将班级规模数据输入在学生学习环境部分。数据的意义是证实或者反驳所声称的质量。此外，项目评估团队将他们在线反馈的评论放到自我研究中。这些方面也支持或者反驳某个项目的宣言并挑战其设想。院校研究/评估办公室所用的设计模板能够给各个部门更多的机会去反思自己的实践活动。变革管理过程能够促使教师更多地讨论教育项目的质量问题，也能够增加他们与当前以及有意义的分析数据反馈系统的接触频率。在AQF创立之前，很少系统地关注这些方面，而且变革通常都非常缓慢。

### 检视变革的持续性以减少变革的阻碍

通过采取可视化和认知的策略，院校研究/评估办公室在变革实施的问责行动方面起到了一定的作用。每个学院或者部门有责任实施规划中所确认的变革。院校研究/评估办公室员工在AQF数据库中建立了易接入的交互报告资源，以呈现部门规划的参与程度以及他们在部门层面实施改进行动的频次。每年，院校研究/评估办公室都要给CSI管理者委员会发送日程安排，以展示学院在追求它们的项目目标的过程中做得如何。评估行动规划的年度同行评议以及同行评议的评议员对变革实施的记录进行评价，并对绩效不佳的情况进行反馈。院校研究/评估办公室对那些在绩效中实施了重要变革的部门进行嘉奖——在AQF公开网站上基于荣誉，突显了CSI的改进。同行评议也包括识别学院在项目改进中的最佳实践，将其作为评估规划的结果。所得荣誉通过两个渠道得以突显——自己在项目评估规划中展示出来，或者将所得嘉奖放入最佳实践的案例库中使得各个院校都能看到。院校研究/评估使用可交互的时间线以监控规划的完成情况以及评价的步骤。它的变革管理活动报告保持连续，帮助减少不连续的规划所产生的消极影响。保持规划和评价的历史记录展示了随着时间的推移院校的进化，及建设管理层的更替所造成的影响。

## 变革管理的制度化：提高院校的弹性

在 2004 年建立 AQF 从而为地区认证建立学生学习成果标准之后，CSI 意识到要进行转型变革（transformative change）或成功地采纳 AQF，需要再等 5～10 年。CSI 建立了一个初步的变革管理系统，包括分散的单位的行动规划和集中的学习资源，但它需要进行制度化。院校研究/评估办公室开始实施一项对更多人有价值的战略。它从"目的论"模式转向"进化论"模式，从而能够鼓励并识别意外的变革（emergent change）。系统性思考能够培养自我组织和组织学习，驱动变革管理设计。

**1. 系统性思考：将 AQF 规划和更多的可接受的文化实践领域整合起来**

通过扩大在现有活动中的使用面，变革管理战略包括提高持续的学习成果评估计划的价值。在教务长的帮助下，院校研究/评估办公室将评估范围从学生的学习延伸到教师的研究和对外服务上。这种方式的学生学习应当包括在学院对其他的传统追求上。结合院校研究/评估员工的领导力，CSI 将年度评估计划和它每六年一次的项目评估相结合，修订了项目评估的指导大纲，从而评估计划就能够自动地出现在 AQF 新的自我研究模板中（self-study templates）。此外，院校研究/评估技术人员将院校的战略规划嵌入项目评估活动中，从而教师就能够通过分类练习建立有记录的联系。为了让报告更加清楚地反映学校教职员工在管理变化中投入的努力的情况，AQF 现在将年度评估、项目评估行动计划、院校战略规划更加紧密地整合在一起。院校研究/评估员工还与教务员工合作修订新项目的建议政策从而进一步扩大 AQF 作为一种评价方法的实用性。

为了进一步提高 AQF 的价值，院校的院校研究/评估人员努力扩大 AQF 的范围及其全美知名度。院校研究/评估人员和学生事务工作人员合作以鼓励其使用 AQF 的在线评估计划和项目评估功能。它们部门规划现在将学术方面的内容和非正式的战略规划整合起来。院校研究/评估办公室将其 AQF 评估数据库管理软件与其他研究机构共享，以促进支持开放系统的合作。院校研究/评估办公室还相信扩大 AQF 在全美的知名度，能够提高它在 CSI 院校中的声誉。AQF 许多特征在全美范围的会议中得到展示，许多期刊出版社指出它的特征，非 CSI 网站也提供了额外的 AQF 板块。此种方式的知识传递，有助于将 AQF 系统整合到研究型大学的文化中。

**2. 自我组织部门的复杂性："分散化"和"集中化"策略**

通过挖掘分散化的文化以及高等教育机构的松散联合，院校研究/评估办公室帮助建立了 CSI 变革管理政策并开发了技术基础以支持部门的规划和评价。卡尔·韦克（Karl Weick）认为，松散联合的组织使好的系统更具地方适应性（localized adaption），因为"它们能够维持许多变化和新的解决方案，并且能够在对更宽泛的变革的回应中保持多样性"(Weick, 2000)。

CSI 的目标是让地方单位(local units)成为自我组织(self-organizing)的团体，并能够实施自己的持续变革。参与者将要清楚地说明他们希望达到的目标，试验新的方案和行动，从他们的成功和失败中学到东西，与他人坦率地讨论结果(Senge, 1999)。为了进一步提高院校的灵活性，院校研究/评估办公室将多层次的部门反馈资源和 AQF 的规划与评价部分相结合，比如两个常规的同行评议流程（一个是年度的评估，一个是六年一个循环的项目评估），将学生课程调查信息和部学院层面的院校数据输入表格中，从而在在线项目评估的自我研究中进行使用。这给教师提供了部门层面的持续反馈数据资源，并维持了自我研究的应用。此外，院校研究/评估人员购买了一个执照以使用感知或反馈机制，即学术分析(Academic Analytics)，从而为各个部门提供数据分析。这些部门需要用户化的、连贯的测量标准以展示学术和研究绩效。院校研究/评估人员建立了 AQF 数据库以产生自下而上的规划报告，以显示院校的突然变化或者处于边缘的变化。报告揭示了分散化的规划支持或者不支持集中化的战略报告的实施[①]。不支持战略规划的模式如果值得投入资源的话也应当投入合适的人力。

**3. 发展组织学习**

院校研究/评估办公室能够列举许多扩大组织学习的方式，比如：①系统性问题解决的观点；②试验新的方法；③从试验和过去的历史中学习；④从经验中学习以及从他人的工作中学习；⑤迅速并有效地将知识传递到组织之外。（有关组织学习的详细论述可参见本书第 6 章）

院校研究人员所采用的一种策略是：捕获组织的对话或者教师的在线交流——能够产生相互学习。学校应该形成并传播这些对话创造"运输工具"(carrying vehicles)(Boyce, 2003)。"运输工具"或者平台可以包括：学习评估计划、项目评估自我研究或其他能够促进教师之间进行交流互动的活动。Peter Senge(1999)补充道："如果在多样化的群体中找到对的人，经常性地交流互动，而且互动的方式也多种多样，那么好处就会自然地产生。"

当组织学习能力在 AQF 建构中时，CSI 使用了多种学习策略。它计划支持地方单位以自我组织的方式强化院校的适应力。AQF 的概念地图(concept map)作为一种知识管理的工具，以建立品牌身份并说明持续的改进过程在学校中起到了什么作用(Milam, 2005)。AQF 的信息传递能力包括：鼓励院校之间进行交流的交互式数据库资源，基于任务的学习，比如教师和员工考察在 CSI 中形成规划时的最佳实践。此外，数据库评价者能够通过上百种评价工具有效地进行搜索，包括学生学习评估准则、实习评价标准、现有的调查、研究生委员会学位论文标准，等等。

---

① 分散化的规划指的是院校各个部门和学院内部的规划；集中的规划指的是整个学校的规划。

院校研究/评估员工在规划数据库中设计了许多"帮助"按钮从而提示用户查看高质量的实践活动，比如如何确定能够测量的有效的学习成果。

比如准备自我研究的学院教师以及阅读自我研究的 CSI 评估教师（每年有 88 名教师轮流担任）等目标用户，查看了 16 个网上自我研究板块的最佳实践。这些资源为他们展示了每个板块的高质量成果。学院的实施变革的报告来自催促改进的压力。AQF 数据库的评估和项目评价板块都提供了讨论的空间；在这里，教师可以用文字的形式讨论变革管理过程的质量和改进。每年都会产生几百个讨论。变革管理数据库为教师提供了分类练习，从而将年度运作评估计划和六年一次的项目评估行动计划的目标联系起来，并将这些行动的目标与整个院校的战略目标相联系。AQF 帮助学校各个部门的人员认识部门的规划和学校的规划是如何相互支撑的，而且它还提供搜索服务以查阅那些支持整个学校的目标的学院层面的战略规划。院校研究/评估办公室还让教师或者员工为 AQF 中行动目标设置优先水平，以帮助管理者制订预算分配方案。

米拉姆（John Milam，2006）写到，"高等教育的实体"中，这种分类是解决越来越多的信息膨胀问题的最好方法。CSI 中的院校研究/评估人员将分类体系嵌入 AQF 规划平台，从而协助对规划的分类——这类规划在分散的和部门中紧急的变革活动中生产报告。结果交流系统的报告帮助院校观察者和认证团队了解变革管理系统的产出，比如：成果的数量和类型、评估方法的种类、识别项目绩效的优势和劣势、改进的数量和类型。使用诊断式分析得到的规划结果的百分比显示了动态质量的水平，或者接受由数据所推动的行动所面临的阻力。

为了让更多的人能够从变革管理中学到东西，CSI 增加了外部人员融入其组织学习网络。院校研究/评估办公室开发了一个公共网站，名为"变革与改进规划"（Planning for Improvement and Change）。该网站为多种多样的人提供其所需要的信息。每个群体都有自己特殊的方式去评估反馈信息。比如，学生的父母可以查看基准调查结果——显示 CSI 住校生和其同伴的安全。CSI 加入了许多变革管理系统，不断地扩大它的组织学习。其他三所大学合作使用 AQF，一起分享评估计划、最佳实践以及绩效评价工具。随着变革的进一步扩大，所有合作方的组织学习能力都获得了提高。例如，产生了这些有意思的研究问题：其他院校正在发生怎样的变革？变革发生在哪些领域，变革发生的频率有多高？哪个院校的适应能力最强，为什么？

## 为变革管理过程持续地创造价值

院校研究/评估办公室必须寻找多种方式让变革管理对它们的学校有价值。例如，它们的规划和评价流程以及数据库应当提供证据表明其满足地区的或特殊的认证机构的持续质量改进的标准。在将教师同行评议的对话、报告类型、获得改进的项目数量编辑成文本时,展示了所有层次的规划的整合,参与 AQF 的项目的百分比,以及信息公开透明——比如,告诉学生他们的学习成果 AQF 非常有效——并将各个时期所做的规划都存储起来。地区认证机构,比如高等教育委员会(HLC)等认证机构,将很快就会要求院校每 4～6 年就要提供常规的电子资料——能够说明它们达到了认证标准。院校研究/评估办公室必须要将这类事情作为它们变革管理流程的一个重点。AQF 在其在线项目评估的自我研究模板设计中,为这些电子资料提供存储空间,并将它提高到院校层次,也能达到特殊的认证要求。

如果是进行转型变革,就必须要有证据表明院校的文化特征得到了改变,或者院校的文化能够容纳改变。这表明了变革管理的价值要求。此外,有效的变革流程应当帮助院校了解自己,比如识别出那些最能适应和实施变革的单位。

**对学术文化产生系统性影响的证据**

接下来几个来自 CSI 的例子说明 AQF 正在影响教师文化,使教师逐渐认可系统的变革管理流程。耽误了很长时间才加入的两所大学最近开始使用 AQF 规划数据库,其中一所大学新增了一个兼职的评估协调员来协助使用 AQF。学生学习的项目评估行动计划的目标的数量获得了快速的增长,尤其是在研究型大学中。院校战略规划中用到的 AQF 的资料翻了三倍多。项目评估政策以及新项目提议的政策现在也提到了 AQF 流程。有些学院开始在它们的特殊认证的自我研究以及申请联邦拨款的提议中使用 AQF 参考资料,比如美国国家科学基金会。2011 年,CSI 选择 AQF 作为它 2014 年地区认证评价的核心资料来源。

**变革活动与成功的证据:展示变革特征的索引**

最佳实践与项目改进的频次部分地显示了大学、学院或系层面的变革活动。诊断性规划的比例能够揭示院校接受变革的程度。院校研究/评估员工开发了一个规划与评价指标工具,该指标工具给每个学系的规划和评估活动的成效进行评分(表 7.2)。

表 7.2　规划与评价的成效:2003—2004 年度报告[6]

| | 指标 | 艺术 | 英语 | 外语 | 音乐 | 哲学 | 演讲 | 平均值 |
|---|---|---|---|---|---|---|---|---|
| 学生学习 | 指标 1:成果的范围 | 5.0 | 3.0 | 3.0 | 4.0 | 3.0 | 4.0 | 3.7 |
| | 指标 2:探索的强度 | 4.9 | 4.8 | 6.7 | 4.6 | 5.9 | 5.8 | 5.4 |
| | 指标 3:测量方法 | 6.0 | 9.0 | 4.0 | 6.0 | 5.0 | 4.0 | 5.7 |
| | 指标 4:测量频次 | 4.0 | 11.0 | 4.0 | 3.3 | 5.0 | 3.0 | 5.1 |

(续表)

| | 指标 | 艺术 | 英语 | 外语 | 音乐 | 哲学 | 演讲 | 平均值 |
|---|---|---|---|---|---|---|---|---|
| 学生学习 | 指标5:测量的时间点 | 3.0 | 2.0 | 1.0 | 3.0 | 1.0 | 2.0 | 2.0 |
| | 指标6:诊断性能力 | 1.6 | 2.3 | 2.3 | 0.1 | 1.5 | 1.0 | 1.5 |
| | 指标7:改进的幅度 | 2.0 | 1.0 | 4.0 | 2.0 | 0.0 | 4.0 | 2.2 |
| | 指标8:改进的频次 | 1.2 | 2.0 | 2.5 | 1.7 | 0.0 | 3.0 | 1.7 |
| 系统参与 | 指标9:反馈—最佳实践 | 4.0 | 3.0 | 2.8 | 0.3 | 1.0 | 3.5 | 2.4 |
| | 指标10:反馈—评论 | −5.6 | −6.3 | −8.6 | −9.4 | −5.8 | −10.0 | −7.6 |
| | 指标11:低参与水平 | 0.0 | 0.0 | 0.0 | −1.4 | −1.5 | 0.0 | −0.5 |
| | 指标12:低参与水平 | 0.0 | 0.0 | 0.0 | −1.6 | −1.5 | 0.0 | −0.5 |
| 研究与服务 | 指标13:探索性研究数 | 3.0 | 2.0 | 2.0 | 4.0 | 2.0 | 4.0 | 2.8 |
| | 指标14:使用影响指标的研究 | 3.0 | 0.0 | 3.0 | 1.0 | 0.0 | 4.0 | 1.8 |
| | 指标15:探索性服务数量 | 4.0 | 2.0 | 2.0 | 3.0 | 1.0 | 0.0 | 2.0 |
| | 指标16:使用影响指标的服务 | 1.0 | 0.0 | 1.0 | 0.0 | 0.0 | 0.0 | 0.3 |
| 指标组 | (A)绩效研究数量/强度 | 16.9 | 11.8 | 0.0 | 15.6 | 11.9 | 13.8 | 13.9 |
| | (B)测量的频次 | 13.0 | 22.0 | 13.7 | 12.3 | 11.0 | 9.0 | 12.7 |
| | (C)变革/改进 | 3.2 | 3.0 | 9.0 | 3.7 | 0.0 | 7.0 | 3.9 |
| | (D)诊断性能力 | 5.6 | 2.3 | 6.5 | 1.1 | 1.5 | 5.0 | 3.6 |
| | (E)同行评议反馈 | −1.6 | −3.3 | 6.3 | −9.1 | −4.8 | −6.5 | −5.2 |
| | (F)报告的参与 | 0.0 | 0.0 | −5.8 | −3.0 | −3.0 | 0.0 | −1.0 |
| | 学系层面绩效/指标得分 | 37.1 | 35.8 | 29.7 | 20.6 | 16.7 | 28.3 | 28.0 |

注:指标2和指标10包含指标的权重系数从而降低了它们在总指标中的影响力。如果用其100%的权重,则指标2就会让那些仅仅写了一份不错的研究计划或者打算开展深入研究但没有搜集数据也没有汇报研究成果的那些项目捡了便宜。此外,虽然同行评议被定义为负向指标——因为当计划出现问题的时候才会进行同行评议——但整个系统并不打算把同行评议限制在对计划进行评论方面。表中显示,哲学的绩效最差(16.7),改进方面比较弱(指标7、8),参与度也比较低(指标11、12)。

资料来源:Bender, Planning and Evaluation Effectiveness Index. Colorado State University Continuous Improvement Activity. Department of Assessment. 转载已得到作者的许可。

## 结语

为了帮助社区乃至全世界获得更加可持续的环境，大学首先应该为自身的可持续发展系统地进行努力。院校研究/评估办公室将在开发变革管理流程中扮演领导者的角色，这些变革管理流程能够支持多样化自我组织的单位进行适应性管理、为推动组织学习而进行的基础设施集中化[7]。大多数时候，变革管理能够明确院校的解决问题的需求，主要是如何让各个部门更快地获得价值（分散化），并保证它们与院校的优先事项具有联系（集中控制）。许多院校希望减小班级规模，提高教师和学生的多样性，发展新的收入来源，保障学生获得一定的学习成果。要想做到这些事情，只有进行变革并有效地管理变革。环境越来越复杂，不确定性越来越多，其中有一点是确定的，那就是院校研究/评估人员将会有更多的事情要做，因为有利于提高院校的适应能力的因素的价值正在不断提高。

## 注释

[1] Charles S. Peirce 在 1878 年《大众科学月刊》(*Popular Science Monthly*)的一篇文章《如何厘清我们的观念》(*How to Make Our Ideas Clear*)中提到实用主义。用 Peirce 在 1877 年关于"信念固定"(Fixation of belief)的文章中所强调的：质疑是改变信念的主要元素。

[2] Robert Pirsig 在他 1974 年出版的《禅与摩托车维修艺术》(*Zen and the Art of Motorcycle Maintenance: An Inquiry into Values*)一书中首次提到有关质量的问题。

[3] Bok(2006)支持在院校中发展组织学习。组织学习能够促进自我评价并批判院校用于自我改进的糟糕方法。

[4] Berkes 以及其他学者将适应能力定义为：回应并实施变革的能力。

[5] Mets 指出组织变革本身就是组织学习。

[6] 表 7.2 中展示的 16 个绩效指标的定义如下："指标 1：成果的范围"与学习研究的范围有关——一个项目是仅仅研究协作技能还是同时也测量问题解决能力、项目规划能力、知识运用能力，等等。"指标 2：探索的强度"是关于研究的深度——一个项目是全面地研究写作，还是也测量写作的子部件，如组织、主题发展、变化/流动、机制、综合、成文，等等。"指标 3：测量方法"则是关于搜集数据的工具的多样性——一个项目是仅仅利用已有的调查成果，还是也用了带有标准的综合的项目，并使用实习案例作为技能运用的体现，对技能的获得进行的前测，等等。"指标 4：测量频次"是关于项目每学年使用了评价工具的次数，比如，一年一次，一个学期一次，或者更多。"指标 5：测量的时间点"是在学生的学习生涯中，对他们进行了多少次的学习测量，比如，分别在学生入学时、大学生涯中间、毕业时、毕业后（读研时）测量学生的学习。"指标 7：改进的范围"和"指标 8：改进的频次"，"范围"指的是有关改进的研究项目的类别，例如，评估、课程、专业发展、技术，等等；"频次"指每年实施改进行动的次数。如果某个项目重复地、过多地进行同行评议就会得到负分数（如表 7.2）。"指标 9 与指

第 7 章　利用变革管理发展院校的适应性　　115

标 10：反馈"，如果无"指标 11 与指标 12 参与"或者汇报数据分析的结果。对于教师研究与服务而言，项目获得正分数——如果规划使用"指标 14：影响指标"，比如文献的被引指标，或者在各类编辑委员会、拨款评价委员会或者专业协会中担任领导职位的数量。整体而言，这 16 个指标组成了一个完整的流程—效力（process-effectiveness）指标体系。当指标对于流程和活动的测量识别出绩效较低的学系，并揭示哪方面的流程需要改进的时候，它将作为全面诊断的指标。从作者那里可以看到对指标体系的完整的分析。

［7］J. Burke 在他 2007 年出版的 *Fixing the Fragmented University: Decentralization with Direction* 一书中，提倡在统一方向的基础上实行权力分散化。

## 参考文献

Bender, K. (2003). Planning and evaluation effectiveness index. Colorado State University Continuous Improvement Activity. Department of Assessment.

Berkes, F., Colding, J., and Folke, C. (2003). *Navigating social-ecological systems: Building resilience for complexity and change*. Cambridge: Cambridge University Press.

Bok, D. (2006). *Our underachieving colleges: A candid look at how much students learn and why they should be learning more*. Princeton: Princeton University Press.

Boyce, M. (2003). Organizational learning is essential to achieving and sustaining change in higher education. *Innovative Higher Education*, 28, 119-36.

Burnes, B. (2000). *Managing change: A strategic approach to organizational dynamics*. London: Pearson Education.

Cao, G., Clarke, S., and Lehaney, B. (1999). Towards systemic management of diversity in organizational change. *Strategic Choices*, 8, 205-216.

Chaffee, E., & Jacobson, S. (1997). Creating and changing institutional cultures. In M. Peterson, D. Dill, & L. Mets (Eds.), *Planning and management for a changing environment: A handbook for redesigning postsecondary institutions* (pp. 230-245). San Francisco: Jossey-Bass.

Dacin, M., Goodstein, J., & Scott, W. (2002). Institutional theory and institutional change. *Academy of Management Journal*, 45, 43-56.

Gunderson, L., & Holling, C. (2002). *Panarchy: Understanding transformations in human and natural systems*. Washington: Island Press.

James, W. (1907/1981). *Pragmatism, a new name for some old ways of thinking*. Indianapolis, IN: Hackett Publishing.

Kezar, A. (2001). Understanding and facilitating organizational change in the 21st century: Recent research and conceptualizations. *ASHE-ERIC Higher Education Report*, 28(4). San Francisco: Jossey-Bass.

Kezar, A. (2005). What campuses need to know about organizational learning and the learning organization. In A. Kezar (Ed.), *Organizational learning in higher education* (pp. 7-22).

New Directions for Higher Education, no. 131. San Francisco: Jossey-Bass.

Leimer, C. (2009). Taking a broader view: Using institutional research's natural qualities for transformation. In C. Leimer (Ed.), *Imagining the future of institutional research* (pp.85-93). New Directions for Institutional Research, no. 143. San Francisco: Jossey-Bass.

Lewin, K. (1948). Group decision and social change. In T. M. Newcomb (Ed.), *Readings in social psychology* (pp. 330-341). New York: Henry Holt; later in Gold, M. (Ed.). (1999). *The complete social scientist: A Kurt Lewin reader* (pp. 265-284). Washington, DC: American Psychological Association.

March, J. (2008). *Explorations in organizations*. Stanford, CA: Stanford University Press.

Menand, L. (2010). *The marketplace of ideas*. New York: Norton.

Mets, L. (1997). Planning change through program review. In M. Peterson, D. Dill, & L. Mets (Eds.), *Planning and management for a changing environment: A handbook for redesigning post secondary institutions* (pp. 340-359). San Francisco: Jossey-Bass.

Milam, J. (2005). Organizational learning through knowledge workers and infomediaries. *New Directions for Higher Education*, 131, 61-73.

Milam, J. (2006). Ontologies in higher education. In A. Metcalfe (Ed.), *Knowledge management and higher education: A critical analysis* (pp. 34-62). Hershey, PA: Information Science Pub.

Nadler, D. (1995). *Discontinuous change: Leading organizational transformation*. San Francisco: Jossey-Bass.

Nadler, D. (1998). *Champions of change: How CEOs and their companies are mastering the skills of radical change*. San Francisco: Jossey-Bass.

Paton, R., & McCalman, J. (2008). *Change management: A guide to effective implementation*. Los Angeles: Sage.

Pirsig, R. (1991). *Lila: An inquiry into morals*. New York: Bantam Books.

Poole, M., & Van de Ven, A. (2004). *Handbook of organizational change and innovation*. New York: Oxford University Press.

Schein, E. (1992). *Organizational culture and leadership*. San Francisco: Jossey-Bass.

Senge, P. (1999). *The dance of change: The challenges of sustaining momentum in learning organizations*. New York: Doubleday/Currency.

Simsek, H., & Louis, K. (1994). Organizational change as paradigm shift: Analysis of the change process in a large public university. *Journal of Higher Education*, 65, 670-95.

Southern Association of Colleges and Schools. (2009, December). *Summary of modifications to the principles of accreditation*. Retrieved from http://sacscoc.org/

Swing, R. (2009). Institutional researchers as change agents. In C. Leimer (Ed.), *Imagining the future of institutional research* (pp. 5-16). New Directions for Institutional Research, no. 143. San Francisco: Jossey-Bass.

Tierney, W. (1988). Organizational culture in higher education. *Journal of Higher Education*, 59, 2-21.

Weick, K. E. (2000). Educational organizations as loosely coupled systems. In M. Christopher Brown II (Ed.), *Organization and governance in higher education* (5th ed.) (pp. 36-49). Boston: Pearson.

Wheatley, M. (2005). *Finding our way: Leadership for an uncertain time*. San Francisco: Berrett-Koehler.

# 第二篇

# 为大学的领导与管理提供支持

正如本书第1章中所描述的那样,最初的院校研究活动的开展,是为了给学校高层领导者在进行决策时提供相关信息。在这一篇,我们将主要探讨能够为院校领导、院校治理以及具体的管理活动提供便利的相关话题。我们必须注意到在这些讨论中,支持这一功能的院校研究活动的开展,都是在没有正式权限以及不需要对其成功进行负责的情况下进行的。第二篇的前三章(第8章至第10章)言明了院校研究的一般作用,就是对学校以及整个体系范围的领导与管理进行支持。第11章到第16章则探讨了具体的院校管理职责以及如何使得院校研究所提供的支持更加高效。

在第8章中,詹姆斯·珀塞尔(James Purcell)和查尔斯·哈林顿(Charles Harrington)以及贝弗利·金(Beverly King)聚焦对院校治理工作的支持,展示了决策层在进行决策时的具体情况,同时也表明了做出决策所需要的信息类别。本章也涉及关于共同治理在当今高等教育中领导与管理所起作用与实际境况的讨论。虽然共同治理在院校研究中较少被提及,但是作者认为正是共同治理加强了院校的产出与功效。院校领导深信院校研究的主要作用是其对院校治理发挥支持作用。

在第9章中,詹姆斯·波西(James Posey)和吉塔·皮特(Gita Pitter)阐述了对教务长以及首席学术官工作的支持。他们尤其注重对院校级别的指导性或研究性活动的领导与管理的支持。由于对学术管理人员的要求往往是复杂而繁重的,这些作者(就像之前的那些章节的作者那样)认为有效的支持必须将特伦兹问题以及情境智力纳入考虑范围。第9章作者列举了一些对教务长提要求的例子,还有一些有效的院校研究支持的类型。在第10章中,丹尼尔·谭泽思(Daniel Teodorescu)关注教务处的一大典型职责,探讨了在从教职工的聘用到其工作稳定再到其退休这些过程中,院校研究处为了对其进行管理与监督所需要建立的系统与数据。这一章将呈现数据搜集以及分析策略,这些都将为教务长提供相关信息,使之了解院校雇用以及任用教职工的承受力,也反映出为了使得院校效率提高,一个整体的院系简介是必不可缺的。

接下来的四章讨论了一些具体的校园事务,这些事务都需要以数据为基础的支持。在第11章中，迈克尔·杜丽斯（Michael Dooris）和杰罗姆·拉科夫（Jerome Rackoff）列举了一些院校计划开展和资源分配的程序，以及院校研究可以提供的支持。他们认为意向性总是以有效的策略部署为特征的，它往往要求基于数据的分析以及相应的院校知识。在第12章中，约翰·米拉姆（John Milam）以及保罗·布林克曼（Paul Brinkman）探讨了成本模型的发展。这一模型的创建往往可以为预算以及资源分配提供便利。这两章都显示出了院校研究在建立有效数据以及提供信息方面所做出的贡献。

在第13章中，约翰·切斯洛克（John Cheslock）和里克·克罗克（Rick Kroc）提及了在学生大量涌入院校的背景下的招生管理，以及院校研究可以为学校达成其招生目标所提供的支持类型。接下来他们对探讨的内容进行了扩充，反映了诸如学校在招生过程中对具体的学生类型的关注，不同类型的院校以及各式各样的可持续教育等问题。在第14章中，加里·赖斯（Gary Rice）和艾琳·罗塞尔（Alene Russell）以学生成功为背景，探讨了一些有关报告以及对毕业率的诠释的相关事务。在这些讨论之后，他们继而又提出了一个能够对学生所获得的成功进行测量的模型，这就在考虑到学生目标以及学术行为的情况下通过将院校总的毕业生纳入考量范围后，拓展了如今对毕业率的使用。

本篇最后两章涉及空间管理以及可持续性的话题。卡瑟琳·瓦特 Catherine Watt 在第15章中就提出了一个通过使用数据来对学院空间进行管理的模型，不仅仅反映了实体化的空间问题，还显示出了它的作用以及其使用者。在第16章中，乔塞塔·麦克劳林（Josetta McLaughlin）和丽萨·阿莫鲁索（Lisa Amoroso）对可持续性概念进行了概述，使之不再局限于教职工，而是包含了有关领导与管理的事务、团体关系以及课程。这几位作者认为未来的校园将深受现如今我们所进行的可持续性建设的努力的影响。

这些讨论的话题将读者们从对院校领导与管理的支持引导至对特定院校事务的处理。相关作者提供了院校研究能够使得学校事务处理更为高效以及支持更为有效的细节性的内容。我们意识到并不是所有的院校功能以及项目这些章节都有所涉及，但是一些由院校研究所提供的传统功能还是得到了体现。当然，随之出现的还有一些即将被我们所提及的有关学校的新兴事物。

# 第 8 章

# 院校治理支持

詹姆斯·珀塞尔(James Purcell)
查尔斯·哈林顿(Charles Harrington)
贝弗利·金(Beverly King)

院校"治理关注以下几点：谁在掌控、谁做决策、谁有发言权，还有这个发言的力度是多大"(Rosovsky，1990)。共同治理作为一种组织控制和影响的系统被认定为两种明显不同的管理形式：一种是法制的，另一种则是专业的(Birnbaum，2003)。法律权威是院校治理董事会的规则和责任基础，并且董事会对于院校或者系统的决策制定有着无限责任。董事一般会把权力转移到院校校长的身上来实现运营管理和战略决策制定(Lazerson，1997)。

专业权威赋予了教员权力的正当性，也就是说，如同优先原则(Tappan，1961)和公开原则(Amercian Association of University Professor，1966)所公认的那样，教员在全部课程之类的学术问题上拥有专业权威。尽管共同治理在某种程度上在大多数的美国学院和大学里面实行，但是不同的学院机构之间共同治理规则的适用方式却存在着很大不同(Veit，2005)。

理想状况下，词条"共同治理"可以被认为是教员、管理人员、职员、合同员工和学生之间责任的共享，从而做出关于院校使命、政策、预算和财政优先等问题的战略决策。在共同治理下，每一个利益相关者都会尽力思索和行动，以使院校整体变得更好，并且通力合作以便能在做出最终决定前达成协议或者共识。

本章要探讨院校研究在为校长和共同治理参与者提供特定信息支持时能够起到的作用。这一部分讨论的关键在于这个概念：有效的共同治理要求支持校长领导力，并帮助多个利益相关者代表参与讨论院校发展方向和绩效评价。正因为如此，所有发现的用于支持共同治理的信息都与校长有关。但是所有为校长提供的信息却不一定与共同治理有关。院校研究专家必须认识到，共同治理下的合法信息与校长的分享与不分享责任的信息之间的区别。

## 为校长或 CEO 提供支持

许多院校研究者总会描述他们与大学领导者印象最深的一次互动，多半发生在一次紧急地为他们的演讲准备校园不同人群统计信息的情况下。尽管这种类型的要求确实会发生，但这是院校研究办公室与校长之间建立的一种信任基础上的长期关系。

### 特殊关系

没有其他的跨系间的影响能比院校研究人员与首席执行官之间高质量信息和视点分享更能影响一个组织的成功，不论是在校园，还是在系统和协调委员会中。在与校园首席执行官的沟通关系中，院校研究人员应当扮演一个未来主义者的角色而不是评估当前行动的角色。校园的日常运营更经常地委托给分管副校长、院长和系领导，但是校园的未来方向，即院校愿景更多地把控在校长的手中。对于一个校长的考评，更多依赖产生计划、丰富计划、执行计划的能力。

麦克劳林和霍华德(McLaughlin & Howard, 2004)认为院校的成功"取决于信息支持结构，它确保了被用于决策的相关信息的质量和可得性"。大多数计划的失败并不是因为它们缺少内容而是因为它们缺少执行或者说是关注。当院校研究办公室对院校首席执行官进行支持的时候，会提供能够辨别未来可能性的信息和趋势，帮助决定合适的院校研究行动成为干预计划的一部分，并且帮助监督和评价计划本身。因此，院校研究办公室的实际行动是院校、校长以及院校计划的成功。

院校研究办公室和校长之间的对话应该是经常且稳定的，并且随着关系的增进，院校研究办公室应当确立目标来预测首席执行官的信息需求而不是等待对方提出要求。由于走向执行官路线的差异性，校长进行管理的方法也有差异，但是校长和院校研究办公室的工作面临的是相似的需求和现实条件。

### 管理现实

即使在校园外，也有很多相似的实际问题与领导力相关。所有的领导者都是在他们各自专业或者学术领域内具有优异才能的个体，并且能够在智力上超越别人，尤其是在他们能够从校园经营者那里获取有价值信息的时候。

现实1：大多数情况下，校长不具备管理校园各方面事务的经验。在2006年接受调查的美国高校校长中，只有大约五分之一(21%)的人在获得当前职位前曾经做过类似工作。分管学术副校长和教务长占了43%的比例，另外13%的人来自与高等教育无关的其他职位(Chronicle of Higher Education, 2008)。对这个世界的管理视角和解决问题的方法常常被以前的案例所影响。当培养出来的学生并不能在各行业崭露头角,院校分管学术的领导会试图提升教学质量,但是学生处则会试图提供对学生的额外支持。一个具有商业背景的校长可能追求学校产出最大化,或者消除浪费。沃特金斯(Watkins)告诫新领导者应当努力从旧工作中脱离出来适应 CEO 的节奏。沃特金斯更强调了学习决策制定技巧的重要性。学会过滤信息是能够成功领导的关键。院校研究人员应当明白校长过去的工作背景,并且以足够的信息支持校长为指挥未来行动服务。

现实 2:如果新校长无休止地提出创新和变革,很容易遭受非议。变革基本原理和相应策略均需要根据事实来制定。一个经验丰富的院校研究负责人可以成为鉴别问题理想的信息来源,能为获取成功提出建议有效的方法。组织领导者的一般角色是为未来绘制蓝图。正是通过扮演圣人和未来主义者的角色,才使得院校研究人员能够制定出通往未来的成功路径。趋势和计划对于校长的重要性远比日常的管理评估对副校长和副院长的重要性高。

评估建议实施所带来的影响对于成功的管理来说是必要的。例如,一所历史悠久的,自由入学但是毕业率很低的高校新校长可能会提倡选拔进入标准,或者不允许开展继续教育,抑或是两者都要求。确定可能会被新标准影响的学生的百分比和特点,并预测新标准对于注册、基金、学生成功的影响将会极大的反映战略和执行力,并且潜在地影响最终的成功。

20 世纪 90 年代中期,佐治亚州立大学,一所之前属于地区非选拔性的大学,被佐治亚大学系统指派为州立文理大学。为了使学校能够转变得与新使命一致,新校长寻找了能够提升准入标准的方法,诸如将补习班的比例从 40% 减少到 5%,调整学生注册战略,修订全部课程使之更为基础,并且发展收益流从而满足更低的生师比率。此外,校园宿舍应当扩建到可容纳 40% 的注册学生,并且校园图书馆和几个学术建筑需要更深层的再度革新。许多附属问题也需要解决。由于学生选择性的提高,许多当地学生和少数民族学生将不会被录取,大学需要与当地的社区学院合作提出一套合适的桥梁项目来确保对上述改变的社区支持。基于公共机构的课题未来影响,校长和他的领导团队有能力提出计划,在 7 年的时间里全面解决这些问题。目前,佐治亚大学被认定是教育选择的理想目的地,因为不论是对于其州内还是州外的学生而言,它都能够在课堂内外提供更扎实的文理训练。它在《美国新闻与实践报道》的排名也提升了,获得更大的成功。

现实 3:时间紧迫。尽管反省和沉思能够锻造一位好的领导者,但是时间压力和现代机构领导者的折中角色却经常限制了他们依靠自身来从多元化的报告中获取相关信息的机会。院校研究人员必须从提供的信息中鉴别出相关的点,为现行政策和未来计划提出建议。得益于计算机科学,今天校长能够得到的信息扩充了很多(Coughlin,2005)。院校研究人员的角色应当是检查多余的信息,将必要综合成一些点,然后指出机会和必须关切之处。校长要的是结论和有用的建议。院校研究办公室的角色是决定使用哪些信息表明机构成功,哪些信息表明失败。校长的角色是创造一个机构愿景,并且通过谆谆教诲来在校园受托人、科系和全体员工之间转换倾向(Pelletier,2009)。

显然,从统计校园变化的数据中找出趋势,并且让校长对未来潜在的问题了如指掌。例如,对学生、教员和职员满意度评估的检查能够识别出哪些特定的方面正在提升,哪些需要继续改进。校长对满意度调查中得分最低项目的干预会减少未来许多问题的发生。解决这些问题的成效很容易在未来的满意度调查中确定。

现实4:信任如果被辜负将会是一件糟糕的事情。校长对于由院校研究办公室提供信息的信心对组织、校长和院校研究办公室的成功运行至关重要。这些信息能否被信任?相关建议是否基于事实和专业文献?这些都需要信任,不管是数据的真实性和多样性还是院校研究办公室是否在一个有效的背景条件下提供这些信息。当信息通过一个平台公布或者直接发布给校友、受托人或者立法机关的时候,信息准确性都是非常重要的。当然,领导技巧、集资能力、政治悟性和好的面板关系是选举校长的标准和条件,但是这些都应当以强大的机构研究功能为支撑。

院校研究办公室应当忠实地提供信息。院校研究协会详细阐述了院校研究办公室和信息提供日常维护的重要性。从根本上说,提供给校长的应当是信息而不是单纯的数据——这是未来院校发展的方向。

本章作者詹姆斯·珀塞尔(James Purcell)作为曾经任职美国阿肯色州和路易斯安那州两个州高级州立教育执行官,着重依赖多元化渠道数据来源来制定能够影响到学生、科系、学术项目、基金和院校的决策。当讨论比较棘手的问题的时候,关于分析用数据的适用性和质量问题往往成为讨论的焦点,而不是最初讨论的政策或者行动本身。

现实5:从不同的角度看问题会得到不同的结论。现象学绝对论是用来描述这样一个事实:对于相同的现象人们会有自己独特的视角来看待它。尽管新校长会依据自己的职业生涯经历来看待这个世界,但是所有的校长都会从校园首席执行官的位置来看待世界。校长对于校园环境等诸多方面的个人看法会影响决策制定,这一因素与事实和数字相同或者更加重要。决策制定和未来主义并不完全是基于数据的理性思考过程(Leslie & Fretwell,1996)。沃特琳提出:"首席执行官必须传达出建设愿景、建设方法,从而确保学院、学生和社区的利益。"院校研究办公室的员工应当明白,他们的任务是提供有价值的信息用于决策制定,但是最终的决策应当由校长或者是董事会层面来制定。院校研究办公室的员工应当从工作中找到平衡:他们提供的信息是已经发生的既定事实,而不是将来要发展的方向。

由于影响决策制定因素的不可言说性,没有具体的例子可以提供,但这里用一个文学性的例子来说明。詹姆斯·鲍德温(James Baldwin)是一位作家和民权偶像,他提道:"一个人为追求职业而付出的代价是对其肮脏面的深刻了解。"

(Baldwin，1961)就像许多复杂的人类努力，在高等教育中执行决策制定受到下列因素的影响：如政治阴谋、潜在诉讼、金融报仇、人际关系和员工问题。并不是所有的决策制定过程参与者都需要知道影响校长做出决策的所有因素。提供出能够帮助决策的理性信息是非常有帮助的，但是它并不代表要消除其他的因素。

## 执行性需求的种类

从实际的角度来看，总有信息能够对校园领导者起到帮助。管理校园是一项棘手的工作，除非必要的管理部门都在不断地监督之下。在与校园领导者一起工作的时候，院校研究人员应当辨别出那些对监督过程最有用的信息。

**1. 仪表盘**

院校"仪表盘"(dashboards)强调了对任务比较关键的必要信息，从而帮助学校领导者关注和理解这些内容。及时并且有规律地提供这些信息是必要的。仪表盘必须事先确立一个基准并且给出发展趋势方向，同时与院校使命和院校发展计划相联系。例如，新学生录取量可以通过以往年份学生申请数量和计划招收量来进行估测。相似地，监测学生毕业率可以通过以往的留级率和人口统计学上学生的成功毕业率来推测。仪表盘内容在不同的院校之间存在着不同，但是所有的仪表盘都应当是简洁而切题的。

**2. 特别需求**

即使是最好的仪表盘系统，也仍然会有超出其内容的特别信息需求的存在。院校研究人员执行的是数据选取过程，这一过程必须是对信息需求的敏捷而可靠的回应。当存在特别要求或者是时间紧迫的要求时，信息容易出现错误。所提供的信息必须准确并且满足征询要求。院校研究人员应当针对征询进行分析并且检查结果以保证信息的准确性。提供建设性不足的报告会使院校研究人员的信任度下降。院校研究人员应当强调报告的重要方面并且给出对于院校的建议。

某些情况下，校长可能只需要他所关注的数据，比如常在对选举问询、解决投诉或者是个人问题做出回应之时。此类的信息需求必须保密并且小心处理。投诉信息也有优点是可以通过收集额外信息来确定。判断力是在服务校园领导者过程中的必备素质。

**3. 规划**

因为校长更加关注未来，所以院校规划和相关的基准对于阐述校长的规划来说是至关重要的。一个扎实可行的计划应当将过去、现在和未来连接在一起。院校研究人员可以提出一个过程来对院校目标完成度的成绩进行监测，具体来讲就是评估趋势、计算步骤并且监测数据。这对于解释院校计划/院校预算和委派要求之间的联系是有帮助的。确定教职员工对于未来规划和财务支出的认识程度对于维护院校成就是很有必要的。弗拉克(Flack，1994)确立了在战略计划中的三个关

键因素,包括校长方面和院校研究办公室方面:

(1) 对学院或者大学形势一个彻底的、真实的评估;

(2) 有一个可以接受的过程来确定行动优先性;

(3) 学院或者大学的校长负责给出规划和过程,并且寻求校园利益相关者的支持。

### 4. 院校预算和财务

最有效的交流改变承诺的方法是对院校资源的重新分配,使其满足提出的院校未来计划。威尔曼提出院校需要经常思索这样一个问题:"如何把战略优先的问题转化为可以付诸实践的实际目标。"确定哪些项目是关键任务应当是确定院校预算的首要标准,尤其是在财政紧张的时候。财务上的趋势数据有助于确定院校项目的优先顺序。

### 5. 建立信息时间表

院校研究办公室应当与校长一起确定特定信息需要的时间。美国州内信息检索圈和联邦报告可以作为基础,但是校长的工作时间并不与传统数据收集周期一致。这类事件的相似之处是校长希望在八月初到秋季学期的开始前向教员提出科系院校发展报告。八月,每个学生的数据点都是变动的,因此这一阶段更重要的是依据历史和趋势数据来做判断。向广大受众公布初步信息时,要给出适当的脚注,这一点非常重要。

提供给新校长的信息时间表可以是独特的,因为他们更多地要求信息从自己正式工作的第一天开始提供。这种准备的热心和愿望是好的领导信号。沃特金斯(Watkins, 2003)指出,新领导者更应该重视他们工作的前90天的工作,而不只是正式工作的第一天,这是为了更好地制订计划。如果能尽可能早地为未来领导者提供他们需要的信息,将会有助于提升他们获得最初期望的影响能力。

不管是否在工作前要求提供数据,校长的优势地位确定之前的一年的数据通常会成为基线数据的重要来源,并且会进行跟踪。当需要确定校长工作的有效性,校长和组织面板都会关注关键机构的成绩。机构数据和同行机构以及国家其他相似数据将会成为关键的基准数据的一部分。

### 6. 将管理数据转化为公关信息

校长经常会寻求机会来强调组织成功的重要性。尽管院校研究办公室能够帮助提供信息,但是信息提供的精度和信息背景也很重要。院校研究协会的规范观指出数据必须是真实的。尽管有些时候不被看好,但是院校研究主任仍然需仔细检查媒体报道中和校园宣传材料的数据,并且关注那些近似支持虚构观点的数据。

### 7. 董事会

在大多数的学院或者大学组织里,校长是向董事会汇报的。在公立院校里,董事会成员常常由政府官员任命。当搜集董事会成员所需信息时,院校研究办公室应当通过校长来进行,因为校长对董事会的关注点更加了解。与校长合作来为董事会提供信息将能保证所提供的信息不会与校长的意愿背道而驰。因为董事会并不参与学院的日常运营,所以提供的信息可能需要额外的解释。

## 共同治理

正如本章开始所描述的那样,共同治理是一个院校活动,在这个过程中,每一个利益相关方都以院校的整体利益为前提,努力来思考和行动,或者通过合作来达成协议或者通过折中妥协来做出最终的决定。这实际上是一个非常糟糕的过程,因为每一个利益相关方都会带来不同的观点,代表不同的利益,并且会有不同的倾向。例如,21世纪最伟大的领导者之一德怀特·艾森豪威尔(Dwight Eisenhower)在任职哥伦比亚大学校长的时候,曾经指出:"教员是大学的员工。"但是他很快就被劝诫道:"校长先生,教员不是大学的员工,他就是大学本身。"共同治理的关键就是所有的利益相关方能够相互信任和尊敬,并且拥有对组织愿景的相同理解。并且,与校长的角色类似,共同治理的角色主要就是确保院校的未来发展和成绩,能够达到预定目标,完成自身使命。

### 与谁分享、分享什么?

一般认为,与共同治理有密切关系的三个方面是预算和战略计划、学术和学术员工政策、学术管理员的选择与考核。大多数的院校承认科系权利在学术政策和程序之上。科系活动主要控制全部学术课程、学生准入标准政策、学术成就评价标准和职称授予标准。在许多学院和大学中,科系也会设置科系评价的标准,包括晋升和任职。但是在共同治理和战略计划之间却存在着分歧。当校长和院校管理面板关注战略议程设置和院校资源分配的时候,共同治理的可行性会受到科系和其他校园利益相关方的挑战。

对于哪些人应当或者不应包括在共同治理的范畴中,并没有理想的评价标准。作为院校的一部分,利益相关方的深度和广度决定了共同治理的复杂性。大多数明显包含的是制度科系(通常由科系管理本体来代表,排除兼职和非终身制跟踪科系)、执行水平管理员、关键的中层水平管理和支持员工、集中议价单元代表(如果院校有集中议价机构的话)、董事会或者类似的管理机构,或者其他的选民。其他的利益相关方可能包括校友、学生管理机构领导(校长)、院校附属基础代表,并且,在有些情况下,社区代表也属于利益相关方。当院校附属于地区,那么市长和其他特定教派的外行也有可能是持股人。

### 共同治理的院校研究支持

对于共同治理定义的误解以及学校之间的具体操作的不同,可能会使院校研究专家质疑其界定和成功执行的能力，质疑支撑共同治理的机制。然而，正如本章最初所提到的，共同治理本质上是关于共同决策制定。因此院校研究专家支持共同管理的方式与他们支持其他与决策制定过程有关的活动的方式并不是没有相同之处。这一部分给出的例子是与院校研究办公室典型作用相关的：评估、计划和数据管理。

根据特伦齐尼（Terenzini）所说，院校研究专家必须具备三方面的智能来帮助其所在的机构提供有价值的信息：技术和分析智能、问题智能和情境智能。问题智能和情境智能包括通常情况下和所在区域不同背景（气候、文化和历史）对高等教育中现有及未来可能问题的全面理解。考虑到不同院校管理机构之间的差异，院校研究专家不但应当熟悉共同治理的问题，还应当了解他们自己校园的情形。这对于大学社区的其他成员来说也是成立的。理解此类问题的一种方式是进行评估。不管信息是否由院校研究专家获取或者提供，关于共同治理的对话都可能导致关于在一个特定校园实行共同治理的信息需求。在这种情况下，专业人员可能希望能够使用评估工具，这个可以从美国大学教授联合会网站上得到。这个工具是为了衡量院校在何种程度上适应了共同治理。根据美国大学教授联合会的报告，调查问题（和他们基于的参考资料）"能够提供一个有用的建设框架并且提升在院校和大学里面的共同治理效果"。

院校变化的一个关键组件来自院校的独特使命。如汉密尔顿提倡的那样（Hamilton，1999），智力模型应当按照院校整体使命的顺序进行排列（例如，一个以教学为主的大学的治理结构应当不同于一个以研究为主的大学的治理结构，并且两年制学校的组织形式也应当与学术型学校的形式不同）。所有共同制定决策的管理单元都应当参与设计院校的使命和长期目标。也就是说，他们应当包含在战略计划中。尽管美国大学教授联合会和管理协会董事会将战略决策责任分配给管理委员会，但罗兹提出了一个具有更多考量范围和平滑决策机制的新模型。尽管学术领域的战略计划已经被认为是"管理主义泛滥成灾"，但是没有其他的活动更能够比利益相关方的合作产生更多的收益。此外，没有其他的活动能够将所有的院校研究者集中在一起，进行组织内部和外部的调查然后评估执行过程的成功度，来达到最终的目标。

可能院校研究专家在支持院校共同治理的过程中扮演的最重要角色是数据管理。共同治理的合作参与假定所有参与者共享所有的数据和信息以便制定决策。每一个小组在提出他们的决策计划时都应该使用相同的制度和基准。对于在假设、断言和传言基础上制定的决策并不是没有发生过。此外，有些利益相关方可能会从多个渠道收集信息和数据来支持他们自身的情况，制定特定的决策。好的决策制定过程要求准确、可靠和及时的数据。院校研究办公室是作为他们学院或者大学的数据监护人和数据破坏者存在的。麦克劳林和霍华德（McLaughlin & Howard，2004）定义数据破坏者的角色为通过把数据加工成有意义的信息实现增值过程。不管院校研究专家是否增加"数据代理人"的头衔,他们都需要既为数据维护负责,也需要知道哪些信息是必需的,哪些是有用的,以正确的方式将这些信息传递到受众那里。有一点要强调的是,要深入地理解人们的需求,并且传达出院校的运行方式能够帮助实现个人和所有大学团体成员的一致目标。

## 结语

在第45届美国院校研究协会年度论坛上,一个CEO讨论小组谈到了院校研究办公室在促进协会效率提升方面可以扮演的角色(Chambers & Gerek, 2007)。小组的两位理事长认为由协会调查者代表执行团队是一种良好的做法。这是因为院校研究处于一种提供基于他们在大学中的功能而得到的信息的地位。院校研究办公室中发生的活动在广度和深度上有多样性,这使得其人员能够同时从宏观和微观层面看待高校。这一独特视角意味着信息检索人员有很大的机会能支持校园管理者和其他分享治理结构。他们可以观察并促进在分享治理中应扮演重要角色的选区,为他们提供有效决策(基于高校与学生利益的决策)的工具。

院校研究者的一个角色是开发一种信息传递机制,为学校领导者提供可能影响到院校的积极或消极情况的警告。在院校研究人员,CEO以及其他共同治理参与者间建立信任关系对于成功的治理至关重要。这种关系的建立依赖院校研究者建立关于院校的多维度视角的能力。院校研究人员在寻求与预测数据时提供与学术、财政、学生支持、赞助等相关的简洁形式的展望的能力对确保院校的成功十分有用。

好的院校治理基于对校园及学术有利的共识。尽管校长要对院校的前景负最终责任这点毋庸置疑,但从设立学术标准到提出政策建议等一系列的共同治理,可以增强院校的实力。积极的院校调查可以提供关于院校政策与实践效果的信息,这将最终勾画出院校的未来。

## 参考文献

American Association of University Professors. (1966). *Statement on the governance of colleges and universities*. Washington, DC: American Association of University Professors.

Association of Governing Boards. (2001). *Governing in the public interest: External influences on colleges and universities*. Washington, DC: Association of Governing Boards.

Association for Institutional Research. (2001). Code of ethics. Retrieved from http://www.airweb.org/?page=140

Baldwin, J. (1961). *Nobody knows my name*. New York: Vintage International.

Birnbaum, R. (2003). The end of shared governance: Looking ahead or looking back. *New Directions for Higher Education*, 127, 5-22. Retrieved from ERIC database.

Chambers, S., & Gerek, M. L. (2007). IR activities. *IR Applications*, *12*. Retrieved from http://www.airweb.org/images/irapps12.pdf

Chronicle of Higher Education. (2008). A profile of college presidents, 2006. *Chronicle of Higher Education*, *Almanac Issue 2007-8*, LIV, 1.

Coughlin, M. A. (2005). *Applications of intermediate/advanced statistics in institutional research*. Tallahassee, FL: Assocation for Institutional Research.

Devons, S. (2001, Summer). I. I. Rabi: Physics and science at Columbia, in America, and worldwide. *Columbia Magazine: Living Legacies; Great Moments and Leading Figures in the History of Columbia University Series*. Retrieved from http://www.columbia.edu/cu/alumni/Magazine/Summer2001/Rabi.html

Flack, H. (1994, Fall). Three critical elements in strategic planning. *Planning for Higher Education*, *23*, 24-31.

Hamilton, N. (1999). Are we speaking the same language? Comparing AAUP and AGB. *Liberal Education*, *85*(4), 24-31.

Lazerson, M. (1997, March/April). Who owns higher education? *Change*, 10-15.

Leslie, D. W., & Fretwell, E. K., Jr. (1996). *Wise move in hard times: Creating and managing resilient colleges and universities*. San Francisco: Jossey Bass.

Low, B. (2002). The future role of the institutional researcher in Australian universities, or "Never let the facts interfere with a good theory." *A primer on institutional research in Australasia*. Retrieved from http://www.aair.org.au/jir/Primer/Low.pdf

McLaughlin, G. W., & Howard, R. D. (2004). *People, processes, and managing data* (2nd ed.). Tallahassee, FL: Association for Institutional Research.

Pelletier, S. (2009, March/April). Toward transformative change: Finding a path to systemic reform. *Trusteeship*, *17*, 2.

Rhoades, G. (2005). Capitalism, academic style, and shared governance. *Academe*, *91*(3), 38-42.

Rosovsky, H. (1990). *The university: An owner's manual*. New York: Norton.

Tappan, H. P. (1961). The idea of the true university. In R. Hofstader & W. Smith (Eds), *American higher education: A documentary history*, Vol. II (pp. 515-545). Chicago: University of Chicago Press.

Veit, R. (2005). Some branches were more equal than others. *Academe*, *91*(6), 42-45.

Wallin, D. (2009). Fast-paced environment creates new leadership demands. *Community College Journal*, *79*, 6.

Watkins, M. (2003). *The first 90 days. Critical success strategies for new leaders at all levels*. Boston, MA: Harvard Business School Press.

Wellman, J. (2009, May/June). Connecting spending and results: Tying dollars to national, campus goals. *Trusteeship*, *17*, 3. .

# 第 9 章

# 对教务长和学术副校长的支持

詹姆斯·T.波西(James T. Posey)
吉塔·维杰辛格·皮特(Gita Wijesinghe Pitter)

本章讨论了院校研究对教务长和学术副校长的支持作用。学术界的传统三大支柱是教学、服务和研究,这一章将重点讨论院校研究对教学和研究的支持功能,其中许多原则和技术可以应用到服务支持。本章分为三大部分:理论认识、对教学活动的支持以及对研究活动的支持。

## 对教务长支持的背景

基于 20 世纪 90 年代外部建立的绩效指标,高校面临日益增长的责任期望(Ruppert,1994)。在美国,联邦和州政府是促进教育问责运动的首要力量(Ewell,1991)。由于高等教育的全球竞争加剧了领导力转变的需求,校长和教务长的角色变得更复杂,他们对信息的需求也随之增长。教务长和学术副校长通常被认为是负责高等教育机构学术领导的个体,在承担责任方面发挥着举足轻重的作用,因为在学术领域问责的度量标准都以成果和资源利用为中心。

一些人认为,教务长和学术副校长的传统角色正在改变。从历史角度来说,这个角色一直主要侧重支持促进教学和学习的学术使命,然而在现今的高等教育世界,其他的关注点,诸如大学排名、SAT 成绩、不提供基金资助的政府授命、问责制或院校竞争需求,正占用一个教务长和学术副校长的大部分时间(Paradise & Dawson,2007)。

在本章接下来的部分,我们把教务长、学术副校长或首席学术官统称作"教务长"。

## 院校研究对支持学术院校效能的重要性

院校研究办公室在一个院校中的位置影响着其分析类型,即执行力。在最普通的组织结构中,院校研究办公室直接对教务长负责(Volkwein,2008)。隶属或支持教务长的院校研究办公室参与评估学生学习、提供认证支持、为新学术项目制定计划、开展毕业生调查、并且分析科研生产力以及教职员工资源与学生的关系（Saupe，1990）。

院校研究专业人员需要向教务长提供数据，报告多种观点和复杂联系。例如，面临收益减少的情况时，校长和教务长将需要检测许多可选的行动步骤。所以他们也许需要大量的信息，比如通过涨学费增加收益的可能性、增加财政援助以帮助学生满足额外消耗的可能性、学生保持率可能的影响。他们也许也想要探索分割区域，明确具体衡量标准缺乏的生产力，以及可能受影响的终身教职员工和其他员工的数量。教务长必须面临越来越复杂的问题，且需要"复杂"的理解，即以多元视角而不是单个视角理解组织事件和环境事件（Bartunek, Gordon & Weathersby, 1983）。提供单个数据是不够的。为了识别哪些数据对既定的复杂情况有用，开展细致分析或发掘对教务长有用且基于数据的信息，院校研究专业人员自身必须提升复杂的理解能力。复杂的理解也可能是涵盖Terenzini的问题智能和情境智能（Terenzini，1993）。举个例子来说，如果数据表明毕业率有所下降，那么有效的院校研究专业人员就必须查明影响毕业率的因素。这些因素包括入校学生的入学特点、院校政策变化、高校专业招生变化以及课程实用性。教务长也许不能准确地认识到哪些数据对探讨问题有用，来自教务长明确的数据要求可能并不是院校研究提供数据给其最有力的触发器。理解大学普遍面临的问题，并提出对解决问题有益的数据，这是院校研究的职责，尤其是教务长的职责。为了知道什么样的问题需要教务长注意，问题讨论时院校研究需要在场，比如参加常规的教务领导会议。

在《舵手的视界》（*The View From the Helm*，2007）一书中，密西根大学的前任校长James Duderstadt认为，建立学术项目重点是最困难和最有争议的行为，但这是院校领导必须要做的，尤其是面对资源约束时。为了支持领导制定如此重要和有争议的决策，院校研究专业人员必须知道哪些数据是相关的，并且在怎样和何时将信息披露给更广泛的受众方面保持机敏灵活。

在第45届院校研究协会论坛上，首席执行官小组明确了他们想要院校研究提出的一些领域，包括学生学习和帮助解决诸如获得学位、学位时间以及高等教育成本等新兴问题的评估。他们也提出了以下增加院校研究对首席执行官有效性的方法："①保持客观；②走在前沿；③清楚国家、州、本地和院校层次的倾向；④打破常规；⑤通过与高级管理人员合作认识所处的院校环境；⑥参加自我评估实践。"（Chambers，2007）

院校有效性已经成为院校地区认证的一个重要组成部分。概括来说，院校有效性表明院校规定任务完成得怎么样。这包括院校多种功能的评估（尤其是学术功能）、资源使用方式与任务战略目标一致的证实、显示院校在完成任务中持续进步的绩效考核方法的建立（New England Assocation of Schools and Colleges,

Commission on Institutions of Higher Education，2011；Higher Learning Commission，2003；North Central Association of Colleges and Schools，The Higher Learning Commission，2003）。在许多院校，帮助证实院校有效性已经成为院校研究的职责。

## 提供实时、精炼的信息给教务长的关键

复杂组织的教务长工作繁忙，内部和外部都需要他的关切。院校研究专业人员需要知道信息类型和最有用的分析，并且也要知道如何最好地展示它们（Howard，2001）。下面是帮助院校研究主管建立和教务长有效关系的一些指导方针。

院校研究专业人员应当通过数据收集和分析、会议以及个人在学术单位的人脉对院校深入研究，并且应当清楚了解现在的高等教育问题。这将会帮助院校研究深入特伦齐尼（Terenzini）问题智能和情境智能。例如，如果院校想要提高科研地位，为满足目标调查资源最有效的策略是什么呢？这不仅需要一个独立院校科研优势，而且需要国家科研基金的增长，以及从应对类似挑战的院校学习来的经验教训。

院校研究应当不仅提供信息，而且要提供分析（McLaughlin & Howard，2004）。工作人员必须从多元视角思考问题。例如，如果院校经历学生保持率从春季到明年秋季的大幅下滑，可能的原因是什么？在未来采取什么样的有效介入措施提高保持率？

数据，时间选择才是一切。如果教务长今天需要制定决策的数据，那第二天提供就没有意义。教务长并不能经常控制外部需求、威胁和机遇的时间线，而这些需要他及时的行动。

如果可能的话，应当只用一页纸列明信息。结合口头、书面和视觉元素会产生好的效果（使用多个镜头）。重点句、图表以及其他的清晰图形是有效的。最重要的信息应当放在最前面或最后面，这样教务长不需要寻找答案。结论应当显而易见（Henry，2009）。

现今的教务长并不是生活在一个秩序井然的，事件以线性方式进行的世界。由于内部动力和外部影响的本质，高等教育领导力的复杂需求通常是不可预测且混乱的。所以院校研究必须为来自教务长的短期限临时需求做准备。使用下列策略快速反应的院校研究专业人员很可能变成决策制定的一个重要资源：

（1）确保所需数据传输顺畅，所需信息现成可得；
（2）知道在哪里获取相关数据；
（3）通过院校背景和高等教育两者知识预料问题。

## 院校使命的相关内容

院校研究被期待传达给教务长的信息类型当然取决于院校使命（Cougjlin, Hoey & HiranoNakanishi, 2009）。与四年制院校相关的数据传输率对两年制社区学院很重要，与两年制学院相关的传输数据对四年制大学很重要。科研活动数据对研究型大学很重要，但是对社区学院或教学机构不重要。为给教务长评估信息的相对重要性，院校研究专业人员必须在特定时间及时注意院校使命和院校环境。

德兰尼（Delaney，1997）发现，一个院校的规模与院校的研究功能相关联，"大规模四年制的私立院校更有可能从事包含社会科学研究方法论的项目，比如计划、预测，以及学科和学术问题的研究。与公立院校相比，私立院校也更有可能从事先进的研究项目和学术问题的研究"。

# 学术支持的框架

教务长的作用是综合的，错综复杂地贯穿交织在大学中。为了有效支持一个教务长，院系研究需要理解两种基本框架：①教务长和其他组成部门间的复杂性和相互作用；②所需数据的复杂性和多层次。

## 复杂交互的平衡做法

韦克（Weick，1997）在他的复杂理解力理论中提出，管理人员需要从多元结构而非单个视角了解并理解组织事件和环境事件。因为许多情况非常复杂，就会有多样解读和理解，观察情况的多元交互能力对管理人员有帮助，然而狭隘的框架结构或理解会导致无效率的解决方案或反作用。韦克表示成功的管理人员使用多元框架找到解决方案，并从提供多样解决方法中受益。

教务长复杂数据需求的背后驱动力，可以在高等教育院校中存在的区域组织的复杂重叠性中得到理解。伯恩鲍姆（Birnbaum，1998）假设院校组织有三个不同的竞争层次：①教学、研究和服务的技术层次，这是全体教职员工的首要责任；②院校层次，必须对外部社会压力做出反应，这是校长和理事会的责任；③管理层次，必须在其他两个层次间进行调解，找到解决校长和理事会任务冲突的平衡做法。教务长功能处在管理层次。

由于教务长是向校长汇报工作，要对学术任务负责，要依靠全体教职员工达成使命，因此他需要从多元视角检测数据。教职员工和委托人在一个院校中发挥不同的作用，通常背景迥异。根据伯恩鲍姆（Birnbaum，1988）的研究，教职员工通常将管理机构等同于繁文缛节和约束，且有巨大的外界压力，但是董事可能认为教职员工是自私的,不愿意注意必要的责任需求。教务长的努力就是在双方对立的立场中航行,向两者都提供支持。教务长可通过精确的基于数据的信息来完成这项任务。

为了令校长和董事满意,教务长必须从院校使命、院校视角、院校重点等观点分析数据。数据需要显示的不但是内部计划和质量改进,而且是与外部观众相关的问责措施。相比企业员工,教职员工被视为院校的组成部分而非下属。尼科尔斯(Nichols,1995)指出来自教职员工的阻力是阻碍院校有效活动实施的重要因素。莱恩(Ryan,1993)、韦尔什(Welsh,2003)和梅特卡夫(Metcalf,2003)指出,教职员工一般认为院校效能测量的工作是:"①攻击终身教职和学术自由;②试图降低教职员工底线;③出售企业意识形态;④屈服于政府官僚政治。"同样重要的是,问责措施被教职员工视为课程的损失控制。

埃伦伯格(Ehrenberg,2005)介绍了让教职员工参与院校有效性研究的必要性和方法。由于许多院校的院校效能测量都是基于没有考虑到教职员工的资源和投入,数据的收集和分析通常不需要教职员工参与。然而,近期的学生学习成果重点作为质量定义的一部分,明确需要教职员工参与。实际上,为了建立一个合作方式而非对抗范式,教职员工参与是必要的。教职员工对院校有效性活动的支持有可能增加,以确保教职员工个体参与院校有效性活动(Welsh & Metcalf,2003)。院校研究人员应当利用教职员工的大学专业知识来进行合作研究。

为能够实际帮助教务长,数据必须是结构化的,以让使用者深入挖掘至院校、项目以及个体教职员工。教务长经常与院长互动,讨论通常围绕资源需求,这里的资源被认为是有限的,且同其他学校或项目竞争。院长必须协调教职员工期望、学术部门以及中心管理的期望,所以他们对数据感兴趣以促进存在利益冲突的谈判(Wolverton, Wolverton & Gmelch, 1999)。这些数据通常是整合型数据,以形成对教务长资源分配决策必要的政治支持。

温斯顿·丘吉尔(Winston Churchill)的话论证了今天的高等教育世界:"绅士们,我们没有钱。现在我们必须思考。"(Glark,2009)没有人比教务长更受当期预算的影响,他有强烈的财政数据需求、支持预算和资源分配决策的数据需求。教务长需要做出艰难选择、抓住重点和发展战略。科特勒和墨菲(Kotler & Murphy,1981)详述了高等教育中必要计划的三个层次:①预算和安排;②短期计划,如招生和修改课程计划;③长期计划需要"……外部环境的定量和定性评估"。

## 效率与效益

院校通常集中关注效率测量,比如如何用更少的钱提供优质教育。效率可定义为成本与一些产出的比例,或者定义为组织生产输出中的能力损失数量。每一全日制(FTE)学生、师生比成本、每一教职员工成员成本,以及每一学位成本都是效率测量的例子，这等于可计量的关键绩效指标。与此相反，效益侧重显示产出生产的资源有效利用(Gameron, 1978)。毕业生的能力技巧属于效益这类。效益测量也许被视为重要的成功因素，当其成功满足时，将确保一个组织的成功(Martin, 1982)。

如今许多预算模型被运用在高等教育领域以测量效率和效益，包括作业基础预算模式(ABB)和诸如责任中心管理(RCM)的分权预算模型。这些预算模型都是基于绩效的模型，需要数据的检测来确定资金需求。相反地，先前其他传统融资模型通常基于融资多少而不是绩效。

作业基础预算是一个涉及院校使命和战略目标的成本发生活动都必须得到解释和分析的系统。作业基础预算本质上是给个体活动的资源分配，但保持中心控制。作业基础预算对准活动目标，首先看结果而不是原始输入(Investopedia, 2010)。作业基础预算在理解项目和服务全部成本方面创造透明度。

2000年，在新罕布什尔大学于分权预算作为责任中心进行管理(New Hampshire, 2010)。这项财政管理系统授权院长和其他主管为创收和成本效益建立合适的激励措施。与传统预算相比，分权预算把资源控制分类，分配给院长和副校长，而非通过大学层面的行政管理层控制分类。在这里简短提到作业基础预算和责任中心管理，为了强调在院校给教务长提供相关财政决策数据的必要性。我们应当注意到，这些系统都需要及时且易共享的数据以达成共识。需要的数据也许包括学生的学分时、学位、学生学杂费、其他劳动所得、捐赠和礼物、入学人数预测和教职员工生产力。

## 交易型和变革型领导活动

伯恩斯(Burns, 1978)详细解释了交易型领导的概念，其与教务长作用极其一致。简短来说，交易型领导通过提供奖酬并公平分配来保持权利，即满足预期。变革型领导表达新的更好的价值，促进预期的改变。交易型领导涉及可能的经济、政治或精神价值交换。根据伯恩斯的观点，"每方交易都意识到权利资源和其他者的态度……他们的目标是相关联的"。伯恩鲍姆(Birnbaum, 1998)进一步陈述了高等教育管理人员接受权利交换以实现预期和成员需求。有许多教务长在交易型领导方面的例子，比如解决预算需求、确保一个部门所需的办公室空间，或者分配新教职员工。

变革型领导对一个教务长的成功也是很重要的。当领导和追随者相互提升到更高水平的动机时，这种类型的领导就出现了(Burns, 2003)。双方为共同目的相联合。设置一个新的学位课程、重新调整院校、提出一个全校范围的评估倡议、实施新项目或政策倡议，或者试图改变已建立的文化或体制，这些都是变革型领导的例子。

院校研究人员应当理解这两种类型的领导活动，并努力提高与现实需求对应的数据。不管是交易型还是变革型,不仅简单提供数据,而且提供显示和阐述领导活动及所造成影响的增值数据,这是很重要的。

## 学术支持:教学和研究

虽然教学和研究被视为学术界的支柱,并通常相互影响,但是这些活动可被重叠竞争结构中各种各样的人执行(Birnbaum,1988)。此外,一个院校也许主要关注其中一方面作为核心任务,因而以教学型院校或研究型院校著称(Terpstra & Honoree,2009)。有效院校研究在支持教务长方面的重点,与院校的类型和任务相联系。提供教学和研究相关数据对院校管理发挥基础性作用,因为比如院校荣誉、绩效工资、职位与晋升以及绩效拨款等奖酬与个人层次和院校层次的这些活动的成功联系在一起。教务长在学术支持方面的核心措施包括学生学习和能力评估、学生满意度、教职员工满意度、教职员工研究的质量和数量、服务水平、师生保持率、现有程序审查、新项目开展、认证资格、战略计划实施,以及推广服务和继续教育的开展。

### 院校研究对教学的支持

虽然教务长在教学和学术支持方面起着重要的功能,但是当支持学术项目时,他们也极其关注院校有效性。卡梅伦(Cameron,1978)定义了有效性的九个维度和它们各自的标准,其中下面的五个维度尤其适用于一个教务长的数据需求:学生教育满意度、学生学术发展、学生职业发展、教职员工满意度,以及专业发展和师资质量。

关于教学的这部分分为两大主要部分:第一部分处理现存相关情况的数据和信息,包括教职员工、学时、学术支持,以及战略计划目标和认证资格的进展;第二部分建议院校研究如何帮助教务长开发新项目、创造变革型改变。

**1. 学术支持的问责制和生产力数据**

虽然院校研究应当经常充当好咨询角色,为教务长提供所需数据,但根据院校规模和使命以下是许多大学通常需要的学术数据的例子。

院校数据。一个教务长需要院校层次的数据,主要为寻找问责措施以向外部赞助者汇报,外部赞助者对项目或教职员工层次的数据并不感兴趣,而是想知道从更广泛意义上来说,此院校与其他院校相比怎么样。这也是院校研究在建立同等院校和基准方面起作用的地方。院校研究员应当知道,由于前面提到的院校中独立组织的现实,同等院校的确立是各校最具政治性的事业之一。哪所院校应当被视为同一水平,教职员工、管理人员以及理事会成员在此问题上可能都有不同的观点。然而,当考虑资源分配时,提供同行院校可比数据对教务长可能极具价值。这些数据可包括学费水平、教职员工学时生产力、教职员工工资、人员编制以及学生/教职员工比例。这些可比数据可以应用到调整学费增加、预算需求、教学工作量或薪资增长上(Teeter & Brinkamn, 2003)。(创建院校对照组的详细讨论见第36章)

项目数据。虽然一个教务长需要了解院校层次的数据，以使用基准和同等院校比较，但同样地，为了内部问责和评估的目的，院校层次的数据必须分解到项目并最终分解到个体教职员工。项目层次的数据对显示预算和政策决策是很重要的。重要项目层次的数据举例如下：

(1) 申请与注册入学趋势；
(2) 所要求最低学分内的学位授予比例；
(3) 专业数量；
(4) 六年制及/或三年制毕业比例；
(5) 课程数据，比如课程障碍、课程有用性、平均班级规模以及选课；
(6) 一定水平的学位授予数量（包括高需求和国家需要的领域，如科学、数学和工程学毕业生）；
(7) FTE资金；
(8) 学生/教职员工的比例；
(9) 项目排名全美的数量；
(10) 教职员工薪资分析；
(11) 学生形成的总学分；
(12) 学生和教职员工保持率；
(13) 毕业后获得高级学位的学生数量和百分比；
(14) 每个教职员工的赞助科研经费及总和。

教职员工数据。教职员工的责任和生产力数据包括定量和定性测量，比如决定学生/教职员工比例的教职员工数量，着眼于多样性角度的教职员工人口统计；按终身制任期、长聘和兼职对教职员工的分解，按行政教职员工和教学教职员工对教职员工分解，全职、兼职、休假、空闲时间下的教职员工状态，讲授的课程，包括入学课程，全职讲授课程对兼职讲授课程的百分比，学生评估，学术著作的引用，教职员工获得的奖励，当选进国家科学院的教职员工；专利获得数量；获得的科研经费数量。

学生数据。这些数据可包括学生人口统计数据，如多样性（附有未被充分代表的少数民族的详细分析）、年龄、居住地址、入学成绩、第一代身份、财政援助受助人奖学金、助学金和贷款的百分比，学生满意率，包括来自诸如NSSE（全美大学生参与调查）或者CCSSE（社区大学生参与调查）的本地和全美范围的调查的观察和需求，同意会再次选择此项目或院校的学生百分比，季度和年度保持率，传输率，毕业率，具有实习、研究或服务经验的学生数量。

学术支持数据。院校提供不同层次的学术支持服务，比如教学中心、美国联邦三重计划（TRIO programs）、考试中心以及辅导。教务长需要数据来评估支持服务各领域运作的有效性。这些数据可能包括使用此服务的学生数量，他们的人口统计数据，按主题、频率、时间，以及影响或成果进行的耗用分析，比如绩点进步、保留或毕业率。

**2. 促进质量保证和改进的进程信息**

促进质量保证和改进的进程包括评估、项目评审、战略计划和认证资格。在这部分，我们重点关注对教务长最有用的活动信息。

评估包括来自学生、校友和用人单位的调研数据。教务长在评估方面的一个重要作用就是定期让教职员工和管理人员记住评估活动。即使是有组织的，评估也是一项很难维持的活动，所以给予教务长定期在好的方面（评估时参与并公布的部分）、坏的方面（评估时不公布的部分）、缺陷方面（评估时虽公布但只是轻描淡写地公布）进行总结报告是必要的。院校研究应当帮助教务长注意到没有报告或者没有真正参与评估的部分。院校研究需要提供给教务长的评估信息类型有：

（1）指出常见问题、学术部分或调查中一些评估结论明显的主题；

（2）提供学术支持服务层次有效性的信息，他们实际上提高了学生学习成绩吗？

（3）识别需要院校注意的比个体层次能提出的还要大的问题；

（4）识别一段时间内评估结果方面的主要进步，庆祝促进维持评估成果的成功并为认证资格提供必要信息；

（5）总结一般教育成果：学生擅长的领域和需要进步的领域；

（6）识别区域认证评估标准的空白。

项目评审。指出需要教务长注意的主要问题。项目评审采取哪几种形式，取决于院校。无论什么模型，都有可能要识别一些需要教务长注意的紧急问题，比如实验室安全问题或特殊项目登记和学位授予明显下降的问题。也许也有可观的发现，应当告知教务长这些问题，比如超质项目、做出突出飞跃的潜能，或在项目中启动一个更高学位水平。

院校研究应当识别多种项目评审中突出的常见问题。因为在评估中，几个项目评审中出现的常见问题会引起院校注意。例如，一些项目也许在吸引研究生方面存在问题，原因在于学费免除得不充分导致整个项目不具竞争力，或几个项目的教学实验室、设备可能被认为完全不足。教务长需要被告知这些问题以便制定解决问题的院校计划。

院校研究针对评审结果应当总结改进措施。就评估而言，由于先前项目评审在院校和特定项目上反应不错，教务长想要被告知改进之处。这些改进之处的总结对向认证机构证明院校有效性是必要的。

战略计划。院校研究在院校战略计划成就方面能起到的作用将在第 11 章讨论。一旦战略计划实施，院校研究要告知教务长各部门对院校目标所做的贡献和进步。

将各部门目标的十字矩阵映射到院校战略计划目标可以找到实现院校战略计划各目标的部门，将帮助教务长评估所有相关单位分内工作是否有利于院校目标。这也将会使院校研究目标的任意空白明显化，即识别哪些目标没有人出面实现。

院校研究应当分部分汇报关键战略计划目标取得的进步。他们需要汇编年度数据并给教务长实现战略计划目标取得的发展报告。设立带有具体措施和目标绩效指标的战术工作计划来实现每个目标的战略计划，对院校是很有用的。每年将实际结果和目标进行比较，教务长由此可决定一些目标是否需要特殊注意，或者不现实且需要在战略计划修改中调整的目标。

专业的评审信息。专业的评审以及院校研究专业人员会如何促进专业评审将在第 18 章进行讨论。院长和教务长最重要的作用之一就是确保学术项目的持续评审。通过以下两个活动，院校研究可以帮助教务长监控专业评审活动。

（1）汇编并每年更新专业评审的信息。大多数院校拥有许多定期进行专业认证评审的学术项目（美国专业认证中介的列表，见 Council for Higher Education Accreditation，2010）。教务长有必要知道在任何一年，哪些项目在评审安排内，哪些项目被认证了。请教务长参与当年认证的项目，会让他与各个自院长的讨论，以确保单位做好了准备。各部门自身会被督促完成与每个认证标准相关的差异分析。

（2）通过行动计划帮助教务长监控认证问题发展。总结不一致的行动计划以及为达成一致必须完成的行动，不但可以使教务长了解信息，而且对院长来说也将是一个有用的工具，可以确保正确行动都在任何即将到来的截止日期前一致。

### 3. 确定和支持新提议

在适当时间将帮助确定正确提议的信息，对持续改进和变革来说至关重要。这在学术领域尤其重要，因为它是通过院校经常改变的新学术项目来实施的。

新项目及新重心的需求数据。当想法流来自参与项目的教职员工时，新学术项目才是最成功的。在这个领域能识别机遇的管理人员会要求教职员工委员会调查大学行动的可能性，最终将带动教职员工的热情，教职员工自身都深信在此领域中存在使新项目成功实施的令人兴奋的可能性。院校研究会为此项目提供劳动市场信息。或者，想要实施项目的教职员工会被要求提供作为提议一部分的需求数据，而后会被院校研究评估。这种方法的好处在于，教职员工通过收集和分析数据，自己来确认存在或缺乏的需求。教职员工成员最可能知道他们专业领域好数据的来源。院校研究可通过教育综合数据系统的数据补充数据来源，以确定其他院校是否有相似项目以及这些项目成效如何。如果可比院校的其他项目很小，院校研究职工应咨询这个项目在他们院校的生产能力。如果没有其他此类的项目，领域内的文献（由教职员工提供）表明这是一个很可能产生高需求的新领域，教务长将需要决定院校是否接受这个艰巨任务，发展和支持一个前沿项目。有一些项目具备市场需求但是学生需求在下降。然而面对诱人的市场需求，为推进一个新项目，教务长应当确信充分的学生需求和预算资源。院校研究、部门教职员工或两者都可对社区当前或潜在的学生进行调查，以确定此项目中学生兴趣的优势。院校的特殊使命将决定是否在当地、州或美国国家层次对需求进行评估。新学术项目的提议应当至少包含与院校使命一致的信息、需求、课程、院校中是否有提供项目的优质教职员工或额外所需教职员工、项目评审需求（如果相关的话），以及来自商业计划以确保项目生存能力的预计招生和成本。

就新项目来说，基于数据的分析应当支持大学管理层和理事会预想的新重点。院校研究可提供数据和客观分析，使管理人员相信想法是合理的并可能提高院校，或相信在决策之前必须考虑潜在的挑战性问题。如果校长或教务长热衷于一个潜在新提议，但是院校研究却找到可能对院校不利的信息，院校研究应当策略地将此信息传达给管理人员。院校研究协会的道德规范（AIR，2001）在这种情况下就是一个有价值的资源。

新的或扩展的学术支持服务也许需要来自其他领域的数据。这通常是明显的，因为院校研究分析多种来源的数据，如学生人口统计和学术方面的特点，来自如 NSSE（全美大学生参与调查）、CCSSE（社区大学生参与调查）或 Noel-Levitz（满意度调查）和出口处民意调查的数据，揭示高失败率课程的评分模式，标准化考试的结果，比如美国教育考试服务中心水平简况（学术水平和发展测量或 MAPP 的前身）和大学生学习评估（CLA）。如果通过一个或多个这类资源或师生活动输入，一个新学术支持服务的需求被明确表示出来，那么应当告知教务长的不仅仅是需求，还有满足需求如何影响学生成功（这类或其他工具的详细讨论见第 14 章和第 30 章）。

显示变革型变化的数据。变革型变化很少是瞬间发生的。它通常始于校长或教务长的一个想法，也可能始于院长的幻想或看见独特机会并抓住的其他人。有许多听起来像变革型变化的机会，但是院校研究专业人员和其他人需要搜获尽可能多的相关事实。这包括成功可能性及其必要资源的分析。向教务长展示机会的个人也许太热情以至于不能考虑到所有的成本和缺陷，因此这项工作落在了院校研究身上。院校研究应当培养公正的态度，因此其他方知道他们能够依靠其提供来自几个相关观点的真实信息，这些观点表明了提议的积极和消极方面以及提议的潜能。

不习惯院校资源的强大前瞻性的领导，在考虑一个重大改变时也许不会想着寻求院校研究的帮助。院校研究人员可通过提供未被要求就考虑到的重要课题的必要信息,来构建大学领导的价值。(第 4 章提供了更多在院校研究中变得前瞻的信息。)

以下数据类型能显示变革型变化:
(1) 成本分析;
(2) 增加变化的院校能力分析;
(3) 变化的潜在积极影响和消极影响分析;
(4) 从其他已创建所考虑变化的院校学习来的经验教训。

## 院校研究对研究的支持

研究事业的中心随着院校使命会产生巨大变化。因为在大学里,这是使命的一个重要组成部分,研究对竞争力、声誉,以及研究型大学等级制度中所处的地位来说是必要的。研究型大学方面的国际性观点,会由像经济合作发展组织这样的公共组织收集(Connell, 2004)。从国家研究兴趣中受益最多的院校属于卡内基分类体系中的外延性研究院校、密集型研究院校以及博士学位院校(Carnegine Foundation, 2005)。即使对于其他分类的院校,如硕士院校,渴望成为研究型院校,在科研生产力多种度量标准上的执行力,也会受到教务长的青睐。

以下部分为度量标准提供了建议,也许对教务长分析科研生产力并总结明显结论(积极的或消极的)有用。这些建议中的部分或全部应当成为院校研究每年制作的关键绩效指标中的一部分。

### 问责制和生产力数据

学术单位发起科研生产力的趋势。单位追踪生产力的有用趋势数据也许包括:
(1) 院校和部门提交的每个教职员工补助申请的数量和比例趋势;
(2) 通过资金来源(比如国家、州或其他的),院校、部门或科学与工程统计数据等可得来源统计来的每年研究收支趋势(NSF, 2010)。

专利、许可证、稿酬,或学院、学校或部门的许可收入。大学技术经理人协会(AUTM)的许可调查是专利、许可证以及许可收入信息的一个好来源。

其他有用数据包括新兴企业信息、创造的就业机会信息,以及院校研究转化为技术成果的信息。美国国家科学基金会官方网站(NSF, 2010)提供了大量数据,这些数据也许会被院校研究使用以提供对教务长有用的各种分析。NSF 的数据来源或其他来源将在第 21 章中进行讨论。

虽然奖学金被认为比教学容易度量,因为一个人可以"计算"出版物,但这绝不是一个简单的问题。许多问题,如出版物是否出版在卓越的同行评审期刊上,如何对待众多的原创作者,期刊是否比书更有声望或反之,这些都取决于学科。奖学金的视觉和表演艺术,给他自身带来特别的挑战,因为奖学金包含了创造性的工作。统计同行评审期刊文章的一种方法就是利用如"知识网"这类的来源,其汇编了大多学科在第一期刊上同行评审文章中的引用文献。为使用这些服务,院校资格是必不可少的,但其服务有其局限性,因为特定学科中的第一期刊可能没有包含在内。同样,教职员工发表文章但是没有发表在最有声望的期刊上,如果一个院校研究事业进展中处于这样的状态,那么这些服务对院校研究职员来说用处不大。由于度量学术生产力的复杂性,教职员工参与评估学术度量措施及汇编数据的方法论研究是很必要的。

投资回报数据。证明大学的研究功能是校长和教务长面临的一个挑战。公众和公务人员期待大学的研究引擎以驱动地区、州和国家的经济发展,尤其是转变为知识经济的国家。证明科研投资可采用以下措施:

(1) 参与院校研究成果的学生数量数据、未毕业和已毕业学生的代表作和出版物数量数据;

(2) 赞助的研究和许可收入用在科研项目中的比例;

(3) 院校研究促生的技术转化、新兴企业数量及其创造的就业数据。

**1. 同行排名和关键指标**

使用不同来源的数据可以追踪有关同行的研究绩效。鉴别同行的一个来源就是卡内基分类(Carnegie Foundation, 2005),通常适用于院校研究活动分类的标准。研究员可通过此系统中的一个或多个标准搜寻同行院校。同行也可通过其他排名系统鉴定,比如美国国家研究委员会(NRC)、绩效测量中心、美国新闻和世界报告排名,以及可以定制国家研究委员会排名的伊利诺伊大学香槟分校科研排名网站。主要的标准是一般重点关注同行评审出版物、赞助的科研活动、专利和专利费(Keith, 2001; University of Illinois, 2009; National Research Council, 1995; Center for Measuring Performance, 2008; U. S. News and World Report, 2011)。

**2. 为变革型变化制定目标**

教务长也许希望创造院校研究事业的变革型变化。院校研究可帮助绘制此变革的路径。变革也包围了整个大学,把大量增加所有学科的研究和奖学金作为目标。或更有可能的是,变革可开始于院校早已有一些优势的研究领域;这些是投资机会的战略重点领域,其中大学现实地希望为知识进步做出重大贡献。院校研究可能需要提供一组信息,包括:

(1) 院校的人口统计数据;

(2) 科研生产力数据;

(3) 获得目标领域的专家服务以确定哪些是理想变革现实所需的,为此特定目标进行的项目评审数据；

（4）为了提供一段时间内院校可能需做的重大投资信息，以实现转型；

（5）变革所选领域与起杠杆作用的国家或地区兴趣及优势的一致性；

（6）政策分析，比如教学工作量、任期和晋升标准，以及需要再审的教职员工新兴资金的规定；

（7）所选学科在同行院校中的地位；

（8）外部资金机会。

## 结语

众所周知，当谈及院校研究办公室执行的所有功能时，院校研究存在一个身份危机。就支持教务长和院校使命而论，院校研究不应该有身份危机；基于数据决策支持的需求是明显而大量的。教务长的压力很大，因为更多人是通过能反映争议价值观的问责制透视高等教育。教学生产力的需求日益增长；院校被期待授予大量带有更多优秀毕业生的学位。对学术院校有效性日益增加的重视正落在了教务长的肩膀上。

"生产力"一词经常应用到与资金相关的绩效。美国国家立法机关对"没有国家支持，学杂费一定增长"的观点做出回应，提倡用生产力测量措施来确定现存资源下院校执行的效果。然而，生产力测量标准化存在挑战，尤其是试图解决院校特殊增值影响。定义生产力的初步成效通常包括学术成果，如毕业率和大学学位的产生成本（Kelly，2009）。教务长需要监控学术项目，所以需要经常检查数据以确定在可接受水平下项目是否能运行。由于资金问题在高等教育中非常重要，院校研究应当把通过提供收支相关的学术成果数据以支持教务长当作头等大事。如果没有精确且详细的信息，一个教务长就不能精准评估绩效和有效分配资源。这些信息会促进资源有效利用、合理政策制定、生产力增加，以及院校服务对象的可论证价值。

## 参考文献

Association for Institutional Research. (2001). *Code of ethics*. Retrieved from http://www.airweb.org/?page=140

Association of University Technology Managers. (n.d.). *AUTM statistics access for tech transfer (STATT)*. Retrieved from http://www.autm.net/Home.htm

Bartunek, J. M., Gordon, J. R., & Weathersby, R. P. (1983). Developing "complicated" understanding in administrators. *Academy of Management Review*, 8(2), 273-284.

# 第 9 章 对教务长和学术副校长的支持

Birnbaum, R. (1988). *How colleges work: The cybernetics of academic organization and leadership*. San Francisco: Jossey-Bass.

Burns, J. M. (1978). *Leadership*. New York: Harper Torchbooks.

Burns, J. M. (2003). *Transforming leadership*. New York: Grove Press.

Cameron, K. (1978, Dec.). Measuring organizational effectiveness in institutions of higher education. *Administrative Science Quarterly*, 23(4), 604-632.

Carnegie Foundation for the Advancement of Teaching (2005). *Carnegie classification of institutions of higher education*. Retrieved from http://classifications.carnegiefoundation.org/

Center for Measuring Performance (2008). *The top American research universities annual report*. Retrieved from http://mup.asu.edu/research.html

Chambers, S. (2007, February 26). Insights from the institutional research knowledge base on understanding chief executive needs in IR applications. *Association for Institutional Research*, 12.

Clark, T. B. (2009). Management matters: Now we must think. *Government Executive*. Retrieved from http://www.govexec.com/dailyfed/0809/081909mm.htm

Connell, H. M. (Ed.). (2004). *University research management: Meeting the institutional challenge*. Paris, France: Organization for Economic Cooperation and Development.

Coughlin, M. A., Hoey, J., & Hirano-Nakanishi, M. (2009). Sector differences in the role of institutional research in informing decision making and governance in higher education. *Asia Pacific Education Review*, 10(1), 69-81.

Council for Higher Education Accreditation (CHEA). (2010). *Recognized accrediting organizations*. Retrieved from http://www.chea.org/pdf/CHEA_USDE_AllAccred.pdf

Delaney, A. M. (1997). The role of institutional research in higher education: Enabling researchers to meet new challenges. *Research in Higher Education*, AIR Forum Issue, 38(1), 1-16.

Duderstadt, J. J. (2007). *The view from the helm: Leading the American university*. Ann Arbor, MI: University of Michigan Press.

Ehrenberg, R. G. (2005, May). AIR research and practice: Why universities need institutional researchers and institutional researchers need faculty members more than both realize. *Research in Higher Education*, 46(3), 349-363.

Ewell, P. T. (1991, Nov.-Dec.). Assessment and public accountability: Back to the future. *Change*, 23(6), 12-17.

Henry, D. P. (2009). *The art and psychology of effective presentations*. Paper presented at the Association for Institutional Research, Atlanta, GA.

Higher Learning Commission. (2003). *Institutional accreditation: An overview*. Retrieved from http://www.ncahlc.org/download/2003Overview.pdf

Howard, R. D. (Ed.). (2001). *Institutional research: Decision support in higher education*. Tallahassee, FL: Association for Institutional Research.

Investopedia. (2010). Activity-Based Budgeting—ABB. Retrieved from http://www.investopedia.com/terms/a/abb.asp

Keith, B (2001). Organizational contexts and university performance outcomes: The limited role of purposive action in the management of institutional status. *Research in Higher Education*, 42(5).

Kelly, P. J. (2009). *The dreaded "P" word: An examination of productivity in public postsecondary education*. Delta Cost Project white paper series. Retrieved from http://www.deltacostproject.org/resources/pdf/Kelly07-09_WP.pdf

Kotler, P., & Murphy, P. E. (1981, Sept.-Oct). Strategic planning for higher education. *Journal of Higher Education*, 52(5), 470-489.

Martin, E. W. (1982, June). Critical success factors of chief MIS/DP executives. *MIS Quarterly*, 6(2), 1-9.

McLaughlin, G. W., & Howard, R. D. (2004). *People, processes, and managing data* (2nd ed.). Tallahassee, FL: Association for Institutional Research.

National Research Council (NRC). (1995). *Research doctorate programs in the United States*. Washington, DC: National Academy Press.

National Science Foundation. (2010). *Webcaspar*. Retrieved from https://webcaspar.nsf.gov/

New England Association of Schools and Colleges, Commission on Institutions of Higher Education. (2011). Standards for accreditation. Retrieved from http://cihe.neasc.org/downloads/Standards/June_2011_Standards_revisions_in_color.pdf

Nichols, J. O. (1995). *A practitioner's handbook for institutional effectiveness and student outcomes assessment implementation*. New York: Agathon Press.

North Central Association of Colleges and Schools, The Higher Learning Commission. (2003). *Handbook on Accreditation* (3rd ed.). Retrieved from http://www.ncahlc.org/

Paradise, L. V., & Dawson, K. M. (2007). New peril for the provost: Marginalization of the academic mission. *About Campus*, 12(1), 30-32.

Ruppert, S. (Ed). (1994). *Charting higher education accountability: A sourcebook on state level performance indicators*. Denver, CO: Education Commission of the States.

Saupe, J. L. (1990). *The functions of institutional research* (2nd ed.). Tallahassee, FL: Association for Institutional Research.

Teeter, D. J., & Brinkman, P. T. (2003). Peer institutions. In W. E. Knight (Ed.), *The primer for institutional research* (pp. 103–113). Resources in Institutional Research, no. 14. Tallahassee, FL: Association for Institutional Research.

Terenzini, P. T. (1993). On the nature of institutional research and the knowledge and skills it requires. *Journal of Research in Higher Education*, 34(1), 1-10.

Terpstra, D. E., & Honoree, A. L. (2009, Jan.-Feb.). The effects of different teaching, research, and service emphases on individual and organizational outcomes in higher education institutions. *Journal of Education for Business*, 84(3), 169-176.

University of Illinois. (2009). *College and university rankings*. Retrieved from http://www.library.illinois.edu/edx/rankings/index.html

University of New Hampshire. (2010). Responsibility center management. Retrieved from http://www.unh.edu/rcm/

U. S. *News and World Report*. (2011). *Best colleges 2011*. Retrieved from http://www.usnews.com/education/slideshows/best-colleges-2011

Volkwein, J. F. (2008). *The foundations and evolution of institutional research*. New Directions for Higher Education, no. 141. San Francisco: Jossey-Bass. Retrieved from www.interscience.wiley.com

Web of Knowledge. (2010). Retrieved from http://isiwebofknowledge.com/

Weick, K. E. (1979). *The social psychology of organizing* (2nd ed.). New York: McGraw-Hill.

Welsh, J. F., & Metcalf, J. (2003. Jul.-Aug.). Faculty and administrative support for institutional effectiveness activities: A bridge across the chasm? *Journal of Higher Education*, 74(4), 445-468.

Wolverton, M., Wolverton, M. L., & Gmelch, W. H. (1999, Jan.-Feb). The impact of role conflict and ambiguity on academic deans. *Journal of Higher Education*, 70(1), 80-106.

第 10 章

# 教职员工的招募、留任、晋升和退休

丹尼尔·谭泽思(Daniel Teodorescu)

高校在教职员工身上投入了大量资源,然而,教职工招募工作的成效如何呢?在已聘用教师的维持、晋升和留用方面取得的成效如何?在很多院校研究办公室,教职工数据相比学生数据而言较为不足,像这样的问题往往找不到答案。由于教职工满意度是预测教职工留任与否的重要指标,所以院校研究专家必须针对高校的学术工作场所和教师满意度开展定期评估。与此同时,院校研究专家应当在教务办公室的帮助下开发并维护数据收集系统,用来描述和探究高校在教职工招聘、晋升和留任方面取得的成效。本章中,笔者将就如何收集和报告了解教职工流动的必要信息,从成功招募到留用、晋升概率、分析、退休前景和新教职工前景等方面展开讨论(也可以参考第 9 章关于对学术事务的支持)。

## 教师招募评估

在教务办公室的协助下,院校研究专家应当参与新教职工招募和外部职位邀请等信息的年度分析,便于学术领导能够检视整个校园教职工招募工作取得的成效。收集到的信息在各个学校和学院都应当保持一致,而且应当抓住每一项职位的相关数据。由于人力资源数据系统很少会收录有关教师招募过程的信息,所以这些数据收集活动可能需要院校研究办公室在教务的帮助下最先来完成。尽管院校研究办公室可能在设计收集模板和分析数据方面发挥了重要作用,但完成从学术单位收集数据工作的却是教务办公室的工作人员。因为所有院长都是直接向教务长报告,所以直接由教务长来传达更新年度数据的要求会更加有效率。学校或学院通常会在年度报告中提交上一年度活动的信息给教务长,所以在较为理想的状态下,制作教职工资料收集模版的工作应该被合并到这些年度报告过程中去。同时,应当按专业和校区(在多校区的学校),或者是按招募类型(公开招募或者行政任命)来分开展示招募活动的成效。表 10.1 提供了一个样本案例,展示了如何在高校层面上组织这类信息。

第10章 教职员工的招募、留任、晋升和退休

表10.1 "非升即走"制教职工的招聘情况和成功率(1999—2009年秋季)

| 年份 | 1999 | 2000 | 2001 | 2002 | 2003 | 2004 | 2005 | 2006 | 2007 | 2008 | 2009 |
|---|---|---|---|---|---|---|---|---|---|---|---|
| 招募 | 891 | 441 | 302 | 504 | 486 | 504 | 511 | 759 | 889 | 937 | 1 142 |
| 任用 | 526 | 237 | 184 | 371 | 367 | 401 | 388 | 543 | 616 | 704 | 845 |
| 成功率 | 59% | 54% | 61% | 74% | 76% | 79% | 76% | 72% | 69% | 75% | 74% |

　　高校经常对测算招募少数教职工群体的情况,例如少数族裔教职工和女性教职工方面取得的成就很感兴趣。但在着手分析聘用决策的公平性的过程中,一个主要障碍就是大多数高校经常无法提供所有招募岗位的求职者的性别和种族信息。所以为了证明聘用的公平性,院校研究应当联合校园内的其他办公室,一起确立一个集中统一的信息收集过程,确保能从每一个招募委员会那里获得关键的人口统计学数据。

　　因为对办公室而言,监测聘用决策的公平性是确保其符合包括规定公平的就业机会和反歧视行为在内的,所有可适用的美国联邦和各州反歧视法规定的关键性目标,所以应当由院校研究办公室和机会均等计划办公室(EOP)协同完成数据收集系统和过程的设计工作。机会均等计划办公室对学校的聘用过程和程序进行监督,协助部门开展支持准入、公平和纳入的教职工招募和聘用工作。作为监测的一部分,机会均等办公室要求所有的招募委员会针对每一次教职工招募都要提交一份招募活动报告(SAT),任何一项职位的录用通知都必须获得机会均等计划办公室的批准。院校研究办公室应当协助机会均等计划办公室的工作人员设计招募活动报告表格,存储收集到的资料的数据库,这也能帮助机会均等计划办公室的工作人员对每个招募活动中收集到的数据进行分析。

　　通过招募活动表格,教职工招募数据收集系统能够从以下要素监测每一例教职工招募的情况:学院/学校/部门,科系/分部,职位,年份,招募广告发布日期,广告水平,聘用水平,招募职位,招募委员会成员、申请者、可聘用者以及候选人的性别和种族分布,每一位候选人的最终选聘结果(提供的职位、接受职位或者拒绝职位)以及每位候选人被录用或者不被录用的理由。

　　分析这些数据能够帮助学术领导者确定性别和种族差异发生在聘用过程中的哪些阶段,这是各部门检验其招募和聘用工作时所需要的关键信息。基于这些数据,院校研究要能够弄清楚以下问题:①过去十年女性教职工受聘成为"非升即走"制教职工在数量和百分比上呈现何种趋势?②相比男性教职工,女性教职工是否在更大程度上被聘用为非终身制职位?③按照美国可用性统计学科的调整,在过去十年里哪些部门或学校在聘用女性教职工方面取得了进展?同样,在衡量高校聘用少数族裔教职工方面的表现时,也可以提出类似的问题。

　　在收集好有关招募成功率的描述性数据以后,院校研究分析专家应着手分

析与这些成功的招募活动相关的各种因素。当然，随着开展招募的学术领域和学校的位置的不同，招募活动的成功与否也会发生改变，所以在分析时要分学校、学科或者校区（如果一所机构有不止一个校区）来衡量招募成功率。用来解释与较高的成功率相关的数据来源主要有两类：学术单位（通过院长和系主任）和受聘教职工。

### 来自学术单位的数据

由于校方很少收集有关教职工招募结果的详细信息，所以可能需要教务办公室最先来完成这种数据收集过程，而最有可能提供这些数据的办公室应当是各个学校的学院副院长。此外，尽管教务办公室有责任定期从学校和学院处收集这些数据，但是院校研究专家们有义务设计一个信息收集系统，同时做好招募数据的分析工作。在提供职位的时候收集信息是一种监测成功招募案例的有效方法，这些数据会比事后收集到的数据准确得多。至于信息收集方面，院校研究需要设计一个电子表格来记录包括潜在教职工是否接受所提供的职位在内的有关教职工招募的信息。对于那些没有成功的招募案例，关于求职者为何拒绝所提供岗位的原因数据也应当要收集起来。

威斯康星大学麦迪逊分校的学术规划分析委员会在2009年使用的模板为数据收集过程的要点提供了一种范式，而加州大学在2006年提出了一种更为复杂的数据收集策略。加州大学也是从招募单位的管理员那里收集有关各个学科的平均跳槽成本、启动资金、工作量削减等信息，这些都是教职工在决定是否加入一所高校时的主要考虑因素。

分析从各个单位收集到的数据的方法是多种多样的。对所有失败的招募而言，制作一个简单的被拒原因表格就能揭示是否是补偿金和其他学校的特色阻碍了学校招募到理想的教职工。除了制作简单常用的影响因素表格外，院校研究还应当考虑构建旨在确定影响招募成功最重要的预测指标的回归模型。在多校区环境中，回归分析能够帮助回答在调查中遇到的以下问题：①在校区水平上的成功招募和起薪之间有什么关系？②在校区水平上的成功招募和住房成本之间有什么关系？③在科学领域，决定了所提供薪酬多少以后，科研启动包和成功招募之间有什么关系？另一种揭示分析法就是分学校和部门来检视少数族裔教职工和女性教职工的聘用情况。具体而言，这种分析方法能够确定提供给少数族裔教职工和女性教职工的职位邀请所占的百分比和所提供职位邀请的接受率。有了这些数据，我们就能确定少数群体教职工和白人男性教职工的职位接受率之间是否存在可比性。2006年加州大学制作的教职工招募报告还展示了其他许多的可以用来检视招募成功与否的分析方法。

## 来自受聘教职工的数据

许多学院和大学都会在录取学生中展开调查,调查是什么因素影响了他们决定是否要前来报到(通过内部调查或者由 ATC 负责的录取学生调查问卷)。然而很少有学校会对其聘用的教职工,包括对那些拒绝学校职位邀请的人展开调查。为了更好地弄清楚促使教职工接受或者拒绝学校邀请的原因,院校研究应该联合教务办公室定期对从各个招募单位补充收集关于教职工接受或拒绝学校所提供的职位邀请的调查数据。这种直接的信息反馈能够带来更多深层次的关于教职工接受或者拒绝职位邀请的原因的信息。

2006 年加州大学提供了一种从招募到的教职工处收集数据的调查方法,调查收集了六个方面的信息:①接受职位邀请的理由;②受访者对招募过程的评分;③来自其他职位的竞争——接受的职位薪酬和收到的其他职位的薪酬对比;④拒绝职位邀请的理由;⑤拒绝职位邀请的受访者未来会到哪所学校任职;⑥被接受和被拒绝的职位邀请在薪酬方面有何区别。通过对招募到的教职工进行调查,收集到的数据可以帮助院校研究解决以下这些问题:

(1) 对于接受学校职位邀请的教职工而言,被谈及的最重要的理由是什么?
(2) 教职工认为高校招募的过程怎么样?
(3) 感觉面试公平公正吗?
(4) 招募过程及时吗?
(5) 有关补偿金和福利的问题回答得完整吗?
(6) 对于拒绝职位邀请的教职工而言,最大的原因是什么?
(7) 接受的职位邀请和收到的其他职位邀请在平均薪酬方面有什么区别?
(8) 拒绝职位邀请的教职工未来会去向何处?

到目前为止,讨论的这些指标都只能衡量招募活动的数量而不是质量。在招募成功与否的分析中还需要加入一个额外的细节层面,就是记录下由招募委员会确定的这份聘用是第一、第二还是第三选择候选方案。同时,应当提交通过招募活动报告收集到的每一份教职工招募的此类信息给机会均等计划办公室。由新教职工完成的博士项目的 NRC 排名可能是衡量具有初级职称的教职工质量的另一粗略指标。对于那些进入学校之前已经是副教授或者教授级别的教职工而言,他们之前供职的大学的全美排名可以代表他们的质量。最后,对于那些已经实施了战略计划的学校而言,记录下每一例教职工聘用和他们的战略目标和主动性之间有何关联是非常重要的。

## 分析在职教职工

有能力招募到高水平的教职工是衡量一所学校学术能力的唯一尺度,而对学校的未来同样重要的是有能力保留这些教职工并使得他们的职业生涯大放异彩。在大多数研究型高校中教职工的跳槽率大概在2%～10%之间（Harrigan，1999年），而在两年制学院和规模较小的公立大学里教职工的跳槽率要稍微高一些，同时，女性教职工的跳槽率要比男性教职工高。2004—2005年，美国高等教育研究机构（HERI）开展的教职工调查显示，三分之一的受访者表示他们曾考虑过离开学术界换一份工作，28%的受访者曾收到过至少一份明确的职位邀请。这些发现表明，教职工维持这一问题需要得到院校研究专家的检视。通常而言，有关教师留用问题的数据来源主要有两类：学术单位和教职工。

### 来自学术单位的数据

关于招募的问题，大多数学校现行的人力资源数据系统并不能提供有效的信息来对教职工的离职行为进行全面分析，其所能提供的离职原因太过笼统且没有什么作用。所以除了要设计监测招募成功与否的数据收集工具以外，院校研究办公室还需要设计一个用来收集有关外部职位提供和教职工维持工作成效的年度数据的系统。和收集其他教职工数据一样，收集教职工维持数据也需要得到教务办公室的大力支持。尽管院校研究办公室能够设计出数据收集模版，但往往是教务办公室的工作人员在做数据收集工作。当这些数据被收集好以后，院校研究办公室人员就需要构建一个个文件然后做相应的分析。

威斯康星大学麦迪逊分校在2009年使用的模板为组织数据收集活动提供了一种模式，这种模版收集了有关"抢占性留用邀请"和"响应性留用邀请"的信息，还收集了一些从来没有发生过留用邀请的案例信息。"响应性留用邀请"是提供给那些已经收到或者即将收到其他高校口头或书面的职位邀请的教职工的。这类策略主要适用于那些学校希望保留的教职工，但"响应性留用邀请"并不能真正发挥作用。因为对这些教职工而言，他们并不期待学校给出邀请，或者是因为外部职位邀请条件太过诱人以至于学校给出的条件根本无法匹配。

"抢占性留用邀请"主要是提供给那些持观望态度的教职工的，学校会采取明确的措施来挽留这些教职工（例如加薪、更多的空间、配备研究助理）。尽管这些教职工可能未收到过真正的职位邀请或者根本没有去参加过面试。在一些案例中很难明确"抢占性"和"响应性"留用邀请两者的区别，所以年度数据的提供者应当最大限度地利用他们的判断力来确定邀请的类型。第三种可能就是"不予还价"，指的就是教职工收到了外部职位邀请但学校决定不予以挽留的情况，适用于院长或者领导不想留用的教职工，也适用于那些准备转变职业方向的教职工（例如改做行政职务或者到其他行业任职）。

只要收集到高校对外部职位邀请反映的多年数据，院校研究办公室就能给出很多有价值的分析。要牢记的一点就是，在教务办公室的协助下，大学里面没有任何机构会比院校研究办公室更适合对整个学校的维持工作的成效做出评估。尽管这些信息可能只限于每个部门或者学校的内部知晓，但是除非院校研究办公室首先设计一个集中的数据收集系统，不然在学校层面上，这些数据还会停留在碎片化状态。专栏10.1呈现了在学校和高校层面上运用从各个学术单位收集来的数据能够回答的一系列问题。

---
**专栏 10.1  有关教职工维持分析的典型问题**
---

- 我们流失的教职工都去了哪些学校和学院？
- 在过去三年，外部职位邀请的数量是否有所增加？如果增加了，都发生在哪些领域？（外部职位邀请数量的增长能够提醒学校的领导者他们必须一下子处理大量的维持计划，这样的代价是很大的）。
- 在过去一学年中，成功留住的接到外部职位邀请的教职工比例是多少？这一比例在过去三年是否有所下降？
- 哪些领域在教职工维持方面表现得最为脆弱？
- 补偿金是教职工决定离开的主要原因吗？
- 教职工离职主要的非财务原因是什么？

---

教职工在退休前就离开大学或者学院岗位的原因主要可分为两类：非自愿行为（财务应急、无法取得终身制职位、因故被解雇）和自愿行为（对职位不满、找到了更好的职业机会、获得了更高的薪酬）。我们讨论的留任分析仅限于由外部邀请导致的自愿性辞职。当然，一份完整的留任分析也应当包括对非自愿性离职的检视——无法获得终身职位、不能连任、不续签合同和财务紧缩［可参考《加州州立大学教职工招募报告》(*California State University Report on Faculty Recruitment*)，2006年］。

## 来自教职工的数据

在招募分析中，直接询问教职工离职原因就能够获得有价值的信息，特别是那些之前讨论的模板所无法获得的个人原因。此外，离职调查或者采访能够给院校研究提供教职工对学校更全面看法的数据，而不仅仅是离职原因。很多学校都会对离职教职工做常规的离职采访或者调查，而且已经形成了一套系统的过程。

一旦院校研究认识到直接借鉴离职教职工经验是一项有意义的工作，那么工作人员就必须权衡采访（具有对离职原因做深入开放的讨论的潜力）和调查（具有低成本、更标准的指标和全面性的潜力）两种方式各自的相对优势。虽然对于规模较大的学校来说调查可能更好，但对于那些一年只有少数教职工离职的学校来说，调查数据的准确性可能会受个人案例的影响（即使这些数据是由若干年数据汇总而成的），所以采访可能是更好的选择。一些学校也会同时采取调查和离职采访两种方式。

对于那些认同用调查的方式来收集数据的人来说，宾夕法尼亚州立大学在2009年就提供了一个非常好的范例。大多数离职调查的对象只是终身制教职工或者不升即离制教职工，但这并不意味着院校研究就不需要考虑其他教职工群体。此外,一些大学在教职工离职不断变化的基础上不断调整调查工作,而一些大学却选择开展定期研究,把注意力都放在对过去三年离职教职工的研究上。一个伴随性的调查(当这些教职工还在学校的时候)不但能够获得更好的回应率,而且能够提供更准确的数据。院校研究工作人员可以选择的一种有效分析方法叫作"差距分析法",这种方法让教职工针对影响职业生涯的一些因素,将自己认为的重要性和实际满意度做比较,而差距最大的地方就是需要被介入的薄弱之处(表10.2)。

表10.2 影响教职工职业生涯的重要性和满意度存在最大的差距

| 序号 | 调查项目 | 重要性和满意度差距 |
| --- | --- | --- |
| 1 | 合议、包容和共同决策的意识 | 2.07 |
| 2 | 高校对于你所在部门或学科的承诺 | 2.00 |
| 3 | 你所在的部门教职工的工作量平衡分配 | 1.91 |
| 4 | 高校对你所在的研究领域的承诺 | 1.80 |
| 5 | 有效的部门领导力 | 1.79 |
| 6 | 部门里的良好的社交氛围 | 1.72 |
| 7 | 相对于完成其他要求,能够获得进行研究/学术的时间 | 1.71 |
| 8 | 有效的部门管理 | 1.67 |
| 9 | 你的年度薪酬 | 1.66 |
| 10 | 年度绩效考核过程的公平性是否增加 | 1.58 |

数据来源:Hearn, Jensen & Gustafson. Leaving the University of Minnesota: Results of an Exploratory Survey of Departed Faculty, 1997-2000, December, 2001.

　　虽然调查使得员工能够在匿名情况下反馈他们的个人经历,但离职采访报告能够让每一位离职的教职工详细地表述他们的观点,而且这些观点能够被很好地记录下来。尽管采访需要更多的人力物力,但它揭示了更多的对个人关注的需要,同时表现出对教职工离职的关注。采访可以由教职工代表或者调查员在全校范围展开,或者被集中分配到机会均等计划办公室、人力资源办公室、教务办公室来完成。当这个任务被分配到各个部门以后,教务办公室应当考虑要求各个学院都采用标准的系列问题,以便于院校研究办公室能够在年度报告中采用通用的格式报告学校各个部门的研究发现。除此以外,2009年宾夕法尼亚州立大学建立的采访过程树立了一个分配教职工离职采访任务的良好范式。

　　无论院校研究采取哪种办法来收集离职教职工的反馈信息,工作人员都应当清楚地认识到,收集到的信息并不能反映出被留用的职工的态度。因此,高校定期通过开展满意度调查来测量教职工状况和离职倾向是非常重要的,对于其他员工群体也是如此。

　　除了招募模式,影响校园里女性教职员工表现的一个重要因素就是终身制女职工的维持问题。高校的人力资源数据库可以被用来确定在过去至少三到五年时间里，男性和女性正副教授离职案例的数量。通常情况下，在很多科系特别是科学与工程领域，女性正教授的数量太少而不能在科系层面上提供具有统计学意义的分析。维持分析应当对退休离职和非退休离职有所区分，因为美国国家高等院校教职工研究（NSOPF）最新的数据显示，在全美高校中大约有35%的全职教职工的年龄在55岁及以上。在接下来的十年里，退休将带来大面积的教职工流失。而且由于大部分面临退休的教职工都是男性，如果假设新招募的教职工能够反映出全美教职工可用率的话，那么构建能够估计出男女教职工比例的退休预测机制是非常重要的。预测退休情况时较为棘手的部分就是分析"逐步退休"，即一些教职工在退休五到十年以后，还在从事教学工作或研究工作。以下是在设计公平性研究时院校研究需要考虑到的可能导致教职工流失的一系列问题：

（1）高校中的终身制女教职工的离职率是否高于男性教职工？

（2）在收到外部职位邀请以后，男性教职工和女性教职工是否同等希望得到学校的留用邀请？

（3）在考虑到职称和在校供职多年后，女性教职工相比于男性教职工接受外部职位邀请的可能性是不是更低？

（4）年长的男性和女性教职工预计是否会有同样的退休率？在未来五年中，教职工老龄化会对男女教职工比例产生什么样的影响？

在解读留任分析的结果时，我们必须明白一定数量的教职工流转对任何一所高校都是必要和有益的。退休和其他形式的聘用终止经常能够创造机会，满足高校转变学术计划的焦点或者发展和扩展新课程领域的需要。不过教职工的重置成本很高，所以在超过某一阈值的教职工流转就会给高校带来过高的成本。除此以外，教职工流转率过高，特别是女性教职工和少数族裔教职工的流转率过高，可能预示着高校在整体氛围、工资公平、部门领导力、上下级关系和任期制等方面存在问题。

这一节展示的这些方法并不需要复杂的统计学分析。不过如果时间允许的话，院校研究应当运用逻辑回归法或者生存分析的方法来估算不被留用的概率。哈里根（Harrigan，1999）展示了如何使用生存分析法来模拟留任教职工的行为。对国家层面上的教师留任检视感兴趣的人可以利用美国国家高等院校教职工研究（NSOPF）里面的数据进行研究。周（音译）和沃克温（Zhou & Volkvein，2004）的文章就展示了如何利用NSOPF提供的数据，使用逻辑分析的方法得到能够预测计划离职教职工的指标。

## 升迁和留任决定的分析

院校研究专家常常被教务办公室要求积极参与数据分析和分享的过程，从而使得他们在教职工留任和升迁的过程中能够做出有效、严谨和公正的判断。当然，信息收集工作还是属于教务办公室的责任范围。以下是在分析教职工职业发展时，院校研究可以回答的一些基本问题：

（1）百分之多少的讲师能够取得终身制职位？和同等水平的高校相比，取得终身制职位的比例如何？按学科、性别和少数族裔地位分，终身制职位的取得情况如何？

（2）有百分之多少的副教授能够在五年内晋升为正教授？

（3）按学科、性别和少数民族地位分，教职工在副教授这一层级任职的平均年限有什么不同？

尽管用来计算终身制职位获得率的方法非常简单，但是设计一个能够满足此类分析需求的纵向数据库却要花费很大的精力。这个方法需要在为期七年左右的时间里，监测一个或多个序列新任命的"非升即走"制讲师。一些教职工因为年纪大了或者需要得到护理照顾的原因终止了终身制职位，还有一些教职工由终身制教职转变成了非终身制教职，所以院校研究的监测系统需要根据这些情况不断调整它的研究序列。这样的监测是具有挑战性的，因为很多学校并不具备支持教职工序列纵向分析的条件。在没有人力资源数据库的情况下，院校研究必须首创性地利用职工档案来建立过去每一年的序列档案，以便于逐年确定教职工的职称情况。

另一个潜在的挑战就是，很多高校无法在部门或者学校的层面上收集到关于决策是否影响了教职工升迁和终身留用的数据。很多高校的数据仅仅反映了教务办公室提供的那部分档案的信息。然而，一项关于"非升即走"制度的准确评估需要所有案例的信息，包括在常规情况下不交给教务办公室的那些档案的信息里。在教务办公室的协助下，院校研究专家应当和各个院长一起建立起一个系统的、部门和学校层面上的数据收集系统。表10.3展示了一种可行的数据收集模板。

表10.3　监测不予终身留用或升迁的简单模板

| 职工姓名 | 学院 | 科系 | 层级 | 审查类型（用X标识） | | | 审查日期 | 不予升迁或者终身留用的决定者：（用X标识） | |
|---|---|---|---|---|---|---|---|---|---|
| | | | | 升迁 | 终身留用 | 第三年或者准终身制审查 | | 部门 | 院长 |
| 约翰·斯马特 | 科学与艺术 | 社会学 | 讲师 | | X | | 2011.09.15 | X | |
| | | | | | | | | | |
| | | | | | | | | | |

院校研究也可以采用多变量分析的方法来确定哪些指标可用在各个时间节点，从横向和纵向两方面预测新讲师是否能够取得终身制职位，副教授是否能够晋升成为教授。奈特和张（音译）(Knight & Zhang, 2005)在博林格林州立大学示范

了如何利用这些技术来测算高校的教职工留任、任期和晋升率,他们是将性别、种族和学院隶属关系作为自变量。哈里根(Harrigan,1999)运用了生存分析法分别对男性教职工和女性教职工的晋升概率做出估算。贝克和陶特库世安(Becker & Toutkoushian,2003)设计了一个概率模型来解释是否大多数教职工都是副教授职称,他们设计了一系列的自变量,包括经验、最高学历的三个变量(学士学位、硕士学位和博士学位)、工龄、引文出版、请假天数、高校隶属关系和性别。此外,珀纳(Perna,2001)运用逻辑回归的方法和 NSOPF 提供的信息,探索了为什么女性教职工和少数族裔教职工更多地被聘用为"非升即走"制教职工而不是终身制教职工?为什么女性和少数族裔教职工更多地被聘用为低层级教师而不是正教授?多变量分析法最常见的用法是用来分析升迁和终身留用的决策是否公平。但如果在无法衡量教职工生产力的情况下,高校研究人员应避免开展有关高校升迁和终身留用决策公平性的研究。候选人在教学、研究和服务上的生产力对同事们的投票决定影响最大,而不是他们的性别、学历和工龄,忽视这些现实可能会导致不合理的政策制定,甚至是诉讼的发生。正如杜丽斯和吉多(Dooris & Guidos,2006)所指出的那样,有关终身留用成功率和层级任职时间的数据的缺乏使得高校之间的比较非常稀少。在没有一个标准的跨高校调查的情况下,院校研究专家会通过直接接触每所高校教职员工的方式来寻找对比数据。同时院校研究专家应当清楚各个学科的终身留用率是不同的,所以他们应当避免将在学科划分方面有显著区别的各个院校进行比较。哈里根(Harrigan,1999)注意到在威斯康星大学麦迪逊分校,在社会科学领域只有大概 50% 的讲师取得了终身制留用,而在物理科学领域大概有 70% 的讲师取得了终身制留用。

## 退休预测

随着近年来"教职工老龄化"的出现,教职工退休的数量和比例问题已经成为很多高等院校日益关注的领域。在全美各类院校中,有 36% 的全职和兼职教职工的年龄已经达到 55 岁及以上了。如表 10.4 所示,在四年制高校中,有一半的终身制教职工的年龄已经达到 55 岁及以上了。

表 10.4  2003 年四年制高校全职教职工的年龄分布

| 年龄 | 非不升即离职/非终身制 | 非升即走制 | 终身制 |
| --- | --- | --- | --- |
| <35 岁 | 15.6% | 18.3% | 0.3% |
| 35~44 岁 | 29.1% | 47.0% | 13.3% |
| 45~54 岁 | 31.4% | 23.9% | 35.9% |

(续表)

| 年龄 | 非不升即离职/非终身制 | 非升即走制 | 终身制 |
|---|---|---|---|
| 55~64 岁 | 20.1% | 9.6% | 39.6% |
| 65~69 岁 | 2.7% | 1.1% | 7.9% |
| 70 岁及以上 | 1.2% | 0.2% | 3.0% |

数据来源：美国教育部，美国国家教育数据中心，2004 年。

尽管大多数教职工会选择在 65 岁左右退休，但越是健康的、学术成就大的、薪酬高的教职工越倾向于选择在 70 岁的时候退休。表 10.4 的数据显示，为了对未来十年内会发生的退休大浪潮做好准备，高校需要在它们的招募计划中做好教职工退休预测工作。

在最低限度上，关于教职工退休的预测应当建立在过去退休模式和当前教师的年龄和其他资格条件的基础上（参考 Huhn 的分析报告，2003）。更为可取的是，这些测算应当在每一位员工、每一个学校和每一个部门中完成。分析的第一步是确定之前五年的平均退休率。在表 10.5 的例子中，在过去五年里，具有退休资格的教职工中只有 8.3% 的人选择了退休。然后将平均退休率乘以在每一年中有退休资格教师序列的大小。

表 10.5　退休教职工和具有退休资格教职工的预测比例

| 年份 | 退休教职工数量（人） | 平均年龄 | 具有退休资格教职工数量（人） | 退休教职工占具有退休资格教职工比例 |
|---|---|---|---|---|
| 2006 | 21 | 63.2 | 245 | 8.6% |
| 2007 | 25 | 63.4 | 296 | 8.4% |
| 2008 | 26 | 68.1 | 312 | 8.3% |
| 2009 | 28 | 66.3 | 340 | 8.2% |
| 2010 | 30 | 66.5 | 376 | 8.0% |
| 平均 | **26** | **65.5** | **314** | **8.3%** |

表 10.5 中的数据预测只是描述性的，如果想要了解究竟是什么因素在影响退休决策就需要更为复杂的估算和逻辑更严密的回归模型。哈里根为研究威斯康星大学退休问题设计的模型（Harrigan，1997）包括了以下几个变量：年龄、工龄、是否在聘用前就在威斯康星大学任职、与分区委员会的隶属关系、学校或者学院、种族、职称、部门规模、是否具有博士学位、个人工资与教职工平均工资的比例。或许一些反映教学工作量、研究活动和学术产量的补充数据能够帮助建立一个更有力的模型。

除了对未来退休情况做出预测，院校研究专家还应当测算一下教职对提前退休的激励制度或者逐步退休程序的兴趣度和参与情况。就这些问题对教职工展开调查能够提供更有价值的信息，帮助建立准确的退休预测，同时估算出参与这种程序所能节省的成本。

尽管到目前为止讨论的所有预测或者分析退休决策的方法都采用了高校的数据，但是还有一些在国家层面上的检视这些问题的研究运用的是 NSOPF 提供的数据。康利（Conley，2004）展示了如何在两年制学院中利用 NSOPF 提供的数据来研究教职工的退休问题。

## 预测招募数量、工资支出和教师结构

未来十年内即将发生的大规模教职工退休将给各个高校的新职工招募带来挑战和机遇。一个主要的挑战就是高校必须开始为未来市场做好准备，因为其他高校也会参与为填补退休教职工留下的职位空缺而展开的招募竞争。这是一个复杂的问题，因为各个高校必须同时面对来自其他向博士毕业生们敞开大门的专业职业领域的竞争，特别是工业部门，甚至是政府部门。有证据表明，特别在是生物医药、生命科学、健康科学和工程领域，近几年毕业生们从事学术生涯的热情相比以前有所下降。此外，美国联邦、州政府，甚至地方政府也不断地增加对环境科学家、社会科学家、调查研究者、人口统计学专家的聘用，用来研究政府的各种政策和方案。

如果高校没有提前仔细计划好进行必要的教职工补充招募活动，那么与日俱增的招募竞争和职工流失的背后就是对高校的毁灭性打击，例如短时期内的大规模退休浪潮会产生过多的费用。除了实际招募产生的费用以外，在招募到正式教职工之前临时聘用替代人员也会产生费用。在一所研究型高校，聘用一名科学家的费用将超过 50 万美元，主要用于购买实验室设备，支付场地费用和支付作为启动包一部分的助教工资。

如果短期内大多数高级教师都退休了，那么比资金预算受损更为严重的是高校学术研究的实力和声誉会急剧下降。所以很显然学院院长和部门领导都应当被告知退休预测结果和资金预算的含义，以便于他们能有针对性地计划课程设置、场地和薪酬。

在对新招募人员数进行估算时，高校在预测中不仅要考虑到填补退休岗位所需要的教职工人数，还应当考虑到满足招生需求所需要的教职工人数。这些预测结果对招募委员会也会有所启示，招募委员会可以在以往招募成功率和预期招募人数的基础上确定实际所需招募的教职工人数。

在估计新员工招募、自愿辞职和退休工资支出的影响时，院校研究专家可以选用凯利(Kelly,1998)使用过的教师流动模型。这个基础模型运用了微软 EXCEL 表格中的模拟数据,提供了每年教职工数量的预测、预期的教职工流失情况和弥补流失所需要招募的新职工数量等信息。凯利制作的这个成本估算模型能够通过不同的参数设置,例如从 55 岁到 70 岁不同年龄教职工的退休率、不同工龄教职工的聘用终止率、新招募教职工的年龄分布、平均的起步工资和升迁率来测试一些不同的场景。比如可以将 55 岁到 64 岁教职工的退休率设置得很高,模拟出这能给高校节约多少成本,从而达到检测提前退休计划的效果的目的。

尽管凯利的模型旨在对未来的工资结构做出评估,但是教师流动模型也能对各种职称、任职状况、性别、种族和年龄的教师构成的政策成效做出评估。在运用教师流动模型时,可以探究以下这些问题:

(1) 即将到来的退休浪潮会对教职工的人口统计指标(例如性别比、年龄、种族和职称)的构成产生什么样的影响?

(2) 如果非终身制职位招募的数量每年增加 5%,那么 10 年后终身制职位和非终身制职位的比例将会如何?

(3) 不同升迁率对教职工流失有何影响?或者说部门升迁率和教职工流失之间是否存在统计学上的联系?

(4) 高校要花多少年才能取得在终身制下和非升即走制下女性教职工的性别平等?

## 教师工作满意度测评

在许多高校中,除非一名教授为了谋求专业和个人的更好发展而选择离职,不然高校往往很难得知教职工的满意度。教职工的满意度和他们选择留下或者离开的隐性决定常常受一系列因素的影响。如果不对现有教职工的满意度展开定期调查,高校的领导层就不可能知道教职员工损耗的原因是什么。

尽管离职面谈或者对以往教职工的调查能够揭示出离开的人感到不满的原因,但通常情况下并不能透露出太多留下了的教职工的满意度。然而,以往教职工的观点并不能代表现有教职工的观点,以往教职工的观点可能会受到怀旧感、懊悔感,或者想要证明他们的决定是对的观念影响,所以评估当前的教职工状况对组织情报而言更有价值。

院校研究可以自行设计调查或者选择参与一个全美性的教职工调查,例如美国高等教育研究机构(HERI)教职工调查或者有关准终身制教职工调查的高等院校学术生涯合作(COACHE)。NSOPF 也收集有关满意度的数据,但它们被设计成只具有全美代表性的而且仅从每所院校借鉴很小一部分的教职工样本。但是这些很小的教职工样本并不能代表所有高校的全部情况,所以参与全美性的调

第 10 章　教职员工的招募、留任、晋升和退休

查使得院校研究能够将高校的工作满意度和全美的基准水平做比较。如果院校研究决定自行设计调查问卷,就应当设计得尽可能全面,涵盖可能与工作满意度相关的各种因素。研究表明,教职工工作满意度会受到如表 10.6 所列出的等因素的影响。

表 10.6　工作满意度的相关因素

- 来自高校管理部门的互动和支持
- 部门的整体氛围(例如和同事的积极互动、团队合作和团体感知意识)
- 工资和福利
- 工作认可度
- 自主性和认为对个人职业生涯的控制力
- 个人工作和专业成长的成就感
- 工作量和时间约束
- 充分、公平地获得校园资源

关于表 10.6 中的最后一个因素,过去的许多研究已经包含了对校园资源的研究,例如来自秘书和办公室支持、技术支持、图书馆设备、教学支持、助教的质量、整体上对学术活动的支持,以及对专业发展的支持。典型的教师满意度调查问卷往往会问一个关于对任职高校的整体满意度的问题,然后就会影响整体满意度的各个因素分别问几个问题。一些高校也会针对工作量(每周工作总时长)和压力来源提出一些问题。在 2004—2005 年的 HERI 教职工调查(Lindholm, Szelenyi, Hurtado & Korn, 2005)中,教职工们认为主要的工作压力来源有:缺乏个人时间(73.8%)、管理家庭责任(73.5%)、高校的程序和红头文件(68.5%)、终身留用和升迁的审查程序(44.4%)、身体健康问题(51.4%)、照料老人(32.9%)和照顾孩子(29.5%)。一旦院校研究通过本地的或者全美国家层面的调查研究收集到有关教职工满意度的数据以后,除了要制作一个简单的答案频率分布以外,还需要考虑几种有用的信息报告方式。

## 优势和劣势

高级管理者发现这类信息报告方式非常有效,因为它能够确定亟须介入的领域。假设都用李克特五分量表来分析和满意度相关问题的话,院校研究就能够将研究发现分为以下三种类型:

(1) 可发展的优势:是指绝大多数教职工都报告自己对工作非常满意的领域(即 60% 及以上或者评分为 4 或 5);

(2) 需要注意的问题:是指大多数受访者认为自己对工作满意或者较为满意,但有显著少数的一些受访者报告自己对工作并不满意的情况(即 25%～39% 或者评分为 1 或 2);

(3) 需要改进的地方:教职工中有一大部分人对工作感到不满意(即超过 40%或者评分为 1 或 2)。

## 不同人群间的满意度差异

女性教职工和少数族裔教职工在工作中的某些方面表现出的满意度往往要比白人男性教职工低。通过分析 HERI 的数据,林霍尔姆等发现相比男性职工而言,女性教职工对她们的教学工作量、工资和福利、晋升机会以及学术研究机会满意度较低。高校研究者应当检视自己学校的数据是否也反映出了相同的满意度差异。如果高校参与了 COACHE 或者 HERI 的教职工调查,就会收到一份分别呈现了男性教职工和女性教职工研究结果的报告。

## 满意度的相关因素

为了确定哪些因素对高校里的工作满意度影响最大,院校研究专家需要做一个多元回归分析。教职工的整体满意度和工作环境的特定方面的强相关性表明,这些领域尤其需特别关注。对男性教职工和女性教职工都采用独立的回归方程,来确定不同性别的教职工的满意度是否有所不同。对构建教职工满意度模型感兴趣的人将会发现周(音译)和沃克温(Zhou & Volkvein,2004)的发现是非常有价值的,第 29 章会详细讨论如何对观点和行为进行衡量。

## 参考文献

Becker, W. E., & Toutkoushian, R. K. (2003). Measuring gender bias in the salaries of tenured faculty members. In R. K. Toutkoushian (Ed.), *Unresolved issues in conducting gender equity studies* (pp. 5 - 20). New Directions for Institutional Research, no. 117. San Francisco: Jossey-Bass.

California State University. (2006). Report on faculty recruitment survey. Retrieved from http://www.calstate.edu/HR/FacRecSurvRep05.pdf

Conley, V. M. (2004, May 30 - June 2). Exploring faculty retirement issues in public 2-year institutions. Presented at the annual meeting of the Association for Institutional Research, Boston, MA.

Dooris, M. J., & Guidos, M. (2006, May). Tenure achievement rates at research universities. Presentation at the Annual Forum of the Association for Institutional Research Chicago, IL.

Harrigan, M. (1997). Faculty retirement issues at UW-Madison. Retrieved from http://apa.wisc.edu/facultyretirements.htm

Harrigan, M. (1999, May 30 - June 2). An analysis of faculty turnover at the University of Wisconsin-Madison. Paper presented at the 39th Annual AIR Forum, Seattle, WA.

Hearn, J. C., Jensen, S. K., & Gustafson, K. L. (2001, December). Leaving the University of Minnesota: Results of an exploratory survey of departed faculty, 1997-2000. Retrieved from http://www1.umn.edu/usenate/scfa/exitsurveyreport.html

Huhn, C. (2003). UW-Madison faculty retirement patterns and projections: Faculty retirements from October 1990 through September 2002. Retrieved from http://apa.wisc.edu/Faculty Retirement/FacultyRetirementProjections_2003.pdf

Kelly, W. (1998). Studying faculty flows using an interactive spreadsheet model. *AIR Professional File* (69). Retrieved from http://www.airweb.org/page.asp?page=73&apppage=85&id=69

Knight, W. E., & Zhang, R. W. (2005). Developing and using a faculty flow model. Presented at the Association for Institutional Research Forum, San Diego, CA. Retrieved from http://www.bgsu.edu/downloads/finance/file31713.pdf

Lindholm, J. A., Szelenyi, K., Hurtado, S., & Korn, W. S. (2005). *The American college teacher: National norms for the 2004 - 05 HERI faculty survey*. Los Angeles: Higher Education Research Institute, UCLA. Retrieved from http://www.gseis.ucla.edu/heri/PDFs/ACT-Research%20Brief.pdf

Penn State University. (2009). Faculty exit survey and exit interviews for department faculty members. Retrieved from http://www.psu.edu/vpaa/exitinterview.htm

Perna, L. W. (2001). Sex and race differences in faculty tenure and promotion. *Research in Higher Education*, 42(5), 541-567.

University of Wisconsin-Madison. (2009). Faculty hiring and retention. Retrieved from http://apa.wisc.edu/faculty_hire.html

U. S. Department of Education. National Center for Education Statistics. (2004). National Study of Postsecondary Faculty, 2004 Data Analysis System. Washington, DC: National Center for Education Statistics. Retrieved from http://www.nces.ed.gov/DAS/

Zhou, Y., & Volkwein, F. (2004). Examining the influences on faculty departure intentions: A comparison of tenured and nontenured faculty at research universities using NSOPF-99. *Research in Higher Education*, 45(2), 139-176.

# 第 11 章

# 院校规划和资源管理

迈克尔·J.多丽斯(Michael J. Dooris)
杰罗姆·拉科夫(Jerome S. Rackoff)


本章阐述了一个很重要的观点:各大高校都希望院校研究能够与其他一些关键性的组织流程相关联起来,比如评价、项目评估、质量改进和水平鉴定等。为此,院校研究就有理由能够并且也应该与规划和预算相联系起来。

## 院校研究、院校规划和院校预算

在《院校研究的新方向》期刊 1999 年出版的某卷中,帕特里克·特伦齐尼(Patrick Terenzini)写过一篇名为《论院校研究的本质与其需要的技能》(*On the Nature of Institutional Research and the Skills It Requires*)的文章。他提出将院校研究看作"组织智能",并且构造出院校研究一词来指"搜集到的关于一个院校的数据、这些数据解释和翻译后成为信息,以及一个有能力的院校研究者在信息翻译中对组织的洞察力和知晓感"。

本书的第 2 章介绍了特伦齐尼所提出的组织智能和院校研究的三个层面。第一层是技术和分析智能,包含了具有定义、计算和测量等基本功能的事实信息和方法。这一层涉及一些计算机技能,例如数据库管理、对数据编码结构和规则的精通以及应用软件的使用等。第二层是问题智能,包含了许多关于实质性问题的知识(如发展预算或者项目评估等),第一层的信息就能够用在这里。第三层是情境智能,就是基本的高等教育知识和有关院校研究从业者所在高校的知识。

第三层面加上第一和第二层面被特伦齐尼称作"组织悟性"的技能,确保了技术知识能够被严谨明智地运用到更多一般性问题和发展,例如外部经济的、政治的和人口学的变化。这第三层的技能与本章的联系最为直接,它能使院校研究者对院校有效性产生显著影响。

当然,特伦齐尼提出的这三层概念之所以能够发挥作用,是因为信息的情境使用保证了数据的准确性和可获得性。问题在于,尽管院校研究者对于院校预算问题通常没有具体的责任或是权力,但是院校研究仍与周全的计划和决策密不可分。由于企业信息系统和商业智能工具的不断强大,现在院校研究的第三层面已经比特伦齐尼 1999 年时提出的那个概念更加恰当了。

## 战略管理的概念

高校通过雇用教职工、招生、建造更新设备、增减项目和服务、设置学费、建立薪资水平和升级改造信息技术基础来不断完善自身。

在互为竞争的需求中,大多数的这些决定都涉及稀缺资源的分配,例如时间、金钱、设备和人力等。我们仔细地或是随意地、谨慎地或是漠不关心地、必然地或是偶然地选择替代品,但是不管怎样,我们必须做出决定。经济领域研究在互为竞争的需求中稀缺资源的分配问题,而我们发现概念就是有效帮助理解规划和预算的一种方法。

1995 年,约翰•布赖森(John Bryson)将战略计划定义为:一种为做出重要决策和采取行动所付出的纪律性的努力,塑造并引导着形成一个什么样的组织、组织是做什么的以及为什么这么做。这是一个很有用的定义。

在企业文化中,战略规划和战略管理之间存在着一定的区别。战略管理不仅仅包含计划,它还关系着战略的形成、实施和评估、纠正和目标的实现。这种定义上的区分在公益界和高等教育领域区别甚小(因为规划和预算是高校中普遍存在的术语),因此在这一章中我们基本可以进行替换使用,不做区分。深究两个概念的本质,我们认为意向性是战略规划和战略管理共有的核心。

战略管理既可能实施得很成功,也可能完成得很失败。在高等教育中,近代的乔治•凯勒(George Keller)被大家非正式地称为"计划之父",《纽约时代》报纸和杂志《改变》都把凯勒于 1983 年出版的著作《学院战略》(Academic Strategy: The Management Revolution in American Higher Education)视为美国高等教育界的管理大革命,该书最终经历了七次印刷,成为那十年对高等教育最具影响力的书籍。据一篇典型且全面的文献记载,凯勒在 1997 年向那些高校界自认为是战略规划者的人提出了含蓄的挑战。凯勒注意到,那些公认的管理大师提出的如何进行有效改变的观点实际上是为了创造公众的购买率,由此来确保改变的舆论能够魔法般的出现。凯勒认为,尽管在任何一个校园中都未曾也未能出现如此促发巨大变革的过程,但却阻挡不了支持者们不断自信地宣扬这个理论(Keller, 1997)。

正如凯勒在他后续的文章中阐明的一样,他认为,不是说院校规划无用,而是应该明智地对待它,因为不同的院校有不同的情况,甚至特定院校的不同部分的情况也是不一样的。简言之,世界上没有一个万能公式能够成功地适用于所有院校规划和资源管理,但是从经验中得来的教训却能帮助高校领导者主动且系统地做出决定,促进使命的实现。

## 多样的院校,多样的情况

在过去的30年中,高等教育界思考院校规划和资源管理的方式明显渐趋复杂。其中一方面是因为认识到了千篇一律的方法论的局限性,只有从计划本身找到管理方法才能促成创新和重要决策(Rowley & Sherman, 2001; Keller, 1999—2000)。高等教育规划需要的是挑战假设,促成对现有结构、过程的彻底改变,而要真正产生价值,就必须付诸行动。

本章的作者们本身就具有不同的高等教育背景,并且还在两个相当不同的院校任职,比如,宾州州立大学是一个大型多校区的公立研究型大学,而巴克内尔大学却是一个私立精英文理学院。受不同观点的启发,我们在这一章介绍了两种公认的假设:①每一个高校都是独一无二的;②使命、历史、文化和院校框架都会产生一定影响。

了解、鉴别其他高校经验和不同管理方式的优势、劣势、成功以及失败都是非常有益的。在战略规划这一维度,2004年的著作《院校研究的新方向》就向我们展示了不同背景的洛杉矶城市大学、维拉诺瓦大学、卡罗尔社区学院、威斯康星大学和西北大学医药学院的规划经验(Dooris, Kelley & Trainer, 2004)。在资源分配维度,《学术项目和服务目标优选》(*Prioritizing Academic Programs and Services*)一书介绍了圣弗朗西斯大学、德雷克大学和西雅图中央社区学院的院校案例,以及来自美国大学治理董事会联盟、卡耐基教学促进基金会和美国国家教育统计中心的横向信息(Dickeson, 2010)。本章总结了我们对所有这些院校的理解和在巴克内尔大学与宾州州立大学数十年的个人经验。

考虑到院校类型和文化的多样性,我们不仅惊讶于它们的差异,而且还有它们所面临的问题在本质方面的一些相似性,以及解决这些问题使用的方法。

## 设置优先级并做出决策

2011年,在撰写本章时,高等教育面临着严峻且具有高度挑战的环境。当支付高等教育费用的压力从社会转向学生和家庭时,所面对的却是大范围的经济混乱以及动荡的人口、营业成本的增加、不断变化的竞争局势、各州提供运营支持的意愿和能力的侵蚀、责任压力,以及国家和各州对于增加学院完工率和教育普及程度的艰难努力。

这可能会令学术领域的一些人难以接受,但是现今院校的一些决策的确可能激化外部压力和竞争。在2008年的大萧条之前,各院校因承担了许多风险投资而蒙受损失，原因在于过分依赖捐献收入、贪图廉价贷款的可用性而过多地建造设施、错误地处理社会政治优先等级（例如卫生保健、中小学教育和就业）、以核心竞争力为代价地允许项目恶性增长、过分乐观地投资基本工程项目和增大运营成本，以及未能优化员工的工作量。

重点是，院校能够掌控自己部分的命运。在繁荣时期和萧条时期，规划、评估，以及资源分配都应该集中在目标、使命和价值上。如果规划和预算构思执行得不好的话，就会激化问题，如果完成得很好，就能协调院校与外部现实环境，帮助其发展和改善，从而变得更加高效、有效和具有高响应度。事实上，鲁梅尔特（Rumelt，2011）认为，战略就是困境中的出路、克服阻碍的方法和对挑战的回应。

院校能够运用数据来进行决策。数据能使预算和规划相匹配、智慧地运用科技，以及集中做好小部分事情，而不是铺张且无效地做很多事情。能够帮助建立组织智能的院校研究对于战略管理工作起着关键性作用。相比于以往，我们现在更加趋向于把战略管理看成是基于重要性进行设置优先等级、做出正确决策和选择性分配资源等工作。

## 从计划到行动

人们需要智者来谱写崇高的使命、进行愿景陈述或是提出一系列令人印象深刻的目标。以我们的经验，无效与有效之间关键性的区别就在于计划是否付诸执行。当计划将高一层次的目标分解为具体的行动步骤、描述个人工作职责，以及清晰地定义时间线和绩效指标时，改变就出现了。

"行动战略和工作职责。"如果配以明晰的定义和具体的行动计划与工作职责的话，任何目标都会变得更加贴合实际。例如，一个学院告诉学生："结果评估才是我们所重视的。每一个学术项目都需要在规定的时间、恰当的地点得出特定的学术成就，且此成就会在一年之后得到评定。学术事件的负责人肩负着基本的领导职能以及报告责任。"通过这种方式，该学院就能实现诸如"提高学生成功率"的抽象目标。报告工作可能需要建立在年度或是半年度的基准上。又或者，通过强调"线上服务将会增加，为的就是要实现在线招生、提供大量课程和在接下来的每五年中颁发大量学位等特定目标。继续教育的副校长肩负着基本的领导职能和报告责任，而院办和教授承担着支持的角色"来使诸如"使用科技增加访问量和机会"的目标更加具体化。

## 学术项目的战略评估

为了阐述战略计划如何应用于实践，我们做了一个与许多高校相关的假设。

一个标准的高等教育战略计划可能会包含五到十个目标。我们认为，任一目标都应该包含许多行动战略，可能是三到五个。因此，一个责任矩阵就可能包含30个或更多个行动战略。而此就需要至少副校长级别的个人来负责领导每一项行动。责任矩阵也会明确各自的时间线，以及一或两个高水平的绩效指标（例如取决于行动战略本质的财务影响、招生数量或者其他恰当的指标）。责任矩阵有权在规定的时间内对每一项行动的过程进行报告（通常是向校长办公室）。

为了例证说明，我们将重点放在学术质量目标上，不管是什么样的院校类型，都会将这个目标囊括在他们的战略计划中。

宾州州立大学是一所公立的、政府赠地的研究型大学，招收学生数量为96 000人，并且有超过40亿美元的活动预算经费。巴克内尔大学是一所私立精英文理学院，招生数量为3 600人，有1 800万美元的活动经费。尽管两所学校存在如此巨大的不同，但是宾州州立大学七大战略目标之一的"提高学术研究的卓越性"却与巴克内尔大学五大战略目标之一的"强化学术核心体系"很相似。

这还不能进一步推断出我们所假设的院校具有同样的目标，即"提高学术的卓越性"。接着就让我们来说明贴合实际、精心策划的战略计划和资源管理是如何帮助促进实现目标的。

正如前文阐述的那样，有效的计划和资源管理必须有助于基于重要性来设置优先等级、做出正确的决策和选择性分配资源等。这样说的原因是，如果我们假设的院校想要提高学术卓越性，就必须智能地将资源重新从弱势项目和多余的或是不太有用的活动中转移出来，转向潜力强的和与院校使命、愿景和目标更加贴近的学术项目。

### 行动战略、职责及其影响

加快实现"提高学术卓越性"目标的行动战略之一可以被理解为"对所有学术项目进行高效和集中地评估。目的在于最大化发挥学术潜能、减少冗余以及释放资源以获得更大的学术卓越性，并且确保新的战略投资"。为了此项行动，院校学术专员很可能就要承担一些主要责任。我们需要制订一个18个月左右的、可实现的时间线和一些绩效指标。这项指标可能会根据院校情况进行较大的变动，但是必须包含一些最终评价所需的具体、恒定的预算总额。

当然，任何行动战略领导者所肩负的职责中的一个重要部分便是创建一种机制和一个组织调动关键人员。对于这项特殊的行动战略，主要学术专员多少会借助一个小型委员会，可能是一个现存的计划委员会，也可能是一个专门为这项任务召集的、特设的、高水准的学术评论协会。

### 院校研究的首要过程

按要求,所有的活动都应该是公开的。因此,所有学术项目都要经历初始阶段,即数据筛选,有助于识别出那些需要进一步深入分析的数据。显然,不会有仅仅建立在筛选数据上的决策。但是,当每一个项目都基于相同角度,并且参照相同评估标准的话,那么很有可能会出现一些吸引人的甚至惊人的见解。

编纂和解读此类数据将需要加大利用院校研究的专业知识和能力。因为大多数高校从未开展过这样综合性的学术项目评估,一项严格的、基于数据的评估非常需要对项目高效性和有效性进行全新分析。

组织这样一个数据方面的评估最实用的方法就是借助于学术单位(学院或系部)和学术项目(不同专业的)。显而易见,不同的院校会有不同的情况,但是在某种程度上,院校研究者可能或多或少会这样编纂数据:

系部筛选出的数据:教师数量、每个教职工承担的学时、每个学时的费用、每个教职工所组织的研究经费。

学术项目筛选出的数据:招生数(每五年)、学位授予数(每五年)、招收学生的测试分数(SAT 分数、GRE 分数等)、学生数未满的课程的百分比、课程章节的大小、系部的运营预算、恰当性排名(例如 NRC)和/或者基准(例如大小、结构和竞争项目的趋势)。

### 评估和建议过程

首席学术专员及其评估委员会能够检测数据,初步判定可能需要重组或合并的对象。当然,院校研究者将在这个评估阶段起到重要的作用。此时不可避免地要增加定义和解释数据的需求,以及其他一些额外的数据型问题。在理想情况下,院校研究方将会向评估委员会提供人员上的支持。

初步筛选的结果将会告知院长和其他高层管理者。建议给出需要经历一个不断反复的过程,这个过程中需要知识渊博的利益相关者加入,并且进一步决定对于该项目院校是进行选择性地增资还是减资。

上文介绍的假设模型大部分是从宾州州立大学的经验中总结出来的,有着大量对 2010 年和 2011 年间所开展的学术项目进行的变化型评估。更多详情可以在网上获得(Penn State,2011)。

## 院校预算

预算是计划的现实实现过程部分。或含蓄、或清晰,根据预算制定了战略,战略又使预算有了生命力。

我们很容易鹦鹉学舌般地指出不要在重复的事情上白费力气,要平衡集权和分权管理,避免做自相矛盾的事情以及消除重复。一般情况下确实如此,除非有确凿的证据,不然会显得很空洞。如果院校研究者能够打破陈规,那么他们就会有更强的能力来进行规划和资源分配。院校研究者应该充分了解预算的概念和原则,知道怎样对相关的项目和绩效信息进行解释说明,以及真实地鉴别他们所在院校预算工作的方式。

我们比较倾向两本高等教育预算方面的书,并且希望把它们推荐给各位同仁。一本是戈德斯坦的《院校预算》(College & University Budgeting,2005),介绍了预算过程的详细信息、专业术语和定义。另一本是 Dickeson 的《学术项目和服务项目优选》(2010),介绍了设置优先级和重新分配预算的方法。我们还知道一篇未出版的手稿,它很可能成为另一本优秀的初级预算读本,主要介绍了一些有关院校规划方面的社会规划专家。

任何一个负责任的、与战略管理有关的院校研究者都应该懂得一些基本概念,诸如什么是基金预算以及与商业预算的区别,营业预算和资本预算之间的区别,普通基金、限定用途基金、附属企业、应急储备基金和捐赠基金的定义和用途,以及通过这些不同种类的预算进行规划、整合的方法。

由于篇幅有限,本章对于这些话题的探究就不再深入,但是我们依旧强调有必要将规划与其他一些不同的方面联系起来,比如学术项目、学生事务、招生、信息技术、跨学科研究、多样性和设施等。虽然资本预算与营业预算存在一定区别,但是战略管理应该能将两者联系起来。此外(为了抛出一个明显的假设难题),学校可以进行一些现有基础设施和员工能力范围以外的项目创建工作和招生工作。

"规划预算是一项平衡工作"。从概念上讲,当资源有限又必须做出决策的时候就需要将战略规划与预算规划结合起来。从实用角度出发,这有助于通过书面清晰地说明在建立预算时主要的权衡之处。这在为主要行政领导层提供有用参考的同时,也能明白地告知教师、员工和其他一些利益相关者预算中涉及的艰难决策。这种平衡工作的简明表现形式就是抓住一些关键点(附加正确的货币和百分比数据),比如:①使学费增长保持在最低的可行水平;②维持教职工薪资的竞争力;③支付卫生保健、燃料和水电费以及其他生活费用方面不可避免增长的开支;④为目标战略创新储备资金。

## 规划与资源分配:经验教训

在 16 世纪,尼古拉·马基雅维利(Niccolo Machiavelli,约 1513—1564)曾经说过:"没有什么事情会比引入一个新的系统更加难以执行、更加难以成功、更加难于操控。因为引进者面临着固有的敌人,那就是一直受益于旧系统的人们,以及那些有可能受益于新系统但是却很冷淡的捍卫者。"

## 这依然是一个关于人的问题

自从马基雅维利那个时代开始就已经有大量关于处理组织变革问题方面的书籍、视频、文章、网站和咨询顾问。许多文献综述表明,一些关于如何开展战略变革和战略改进的主张都是未经过实验研究的,并且也没有通过最后的验证。组织行为学者波曼和迪尔(Bolman & Deal,2003)早已提出:"领导力这个单词已经超越了我们平常使用时的意义,并且已经成为一种咒语",他们还提醒大家不要去揣测是否存在万能公式或唯一答案。过分简单地思考战略管理可能会造成低估。战略管理具有很大的挑战性,但是我们仍然能从以往的经验中取得有用的规律和教训。

没有什么能够取代判断力、对情境和文化的注意力、领导力以及坚持不懈的努力和关注。不仅每一个院校或部门都是独一无二的,在很多方面,高等教育本身就是极具挑战性的文化。关注集体和联合领导固然重要,但是我们依然不能忽视这样一个事实,即各院校都是人员密集型的企事业单位。在宾州州立大学和巴克内尔大学,大约70%的教育资源和一般预算都分配给了薪资和福利。因此,那些改变项目的决策实际上就是改变人们生活的决策。一些没有认识到这个现实的不成熟的方案都不可能达到长期的、令众人满意的结果。所以,我们很有必要合理地安排规划工作的力度、尽早地识别意见领袖并且使其加入进程中去、规划关键信息和想法以及将这些信息以一种能够使院校内人员理解和支持的方式进行简明陈述。

## 院校不可能对于所有人来说都是万能的

没有哪一个院校能够有充足的资源来做好每一件事。显而易见,试着将每一件事情都做到最好既无益于院校本身,也无益于高等教育。根据院校研究办公室在巴克内尔大学引进的规划章程,院校应该致力于变得"卓越且与众不同"。院校应该发掘能使自身在市场上脱颖而出的能力,并且努力寻找能使之成为领头羊的战略。简言之,教育院校必须在市场战略和为特定学生群体提供优质服务方面做出至关重要的决策。

## 全面削减会导致碌碌无为

不利的经济状况要求院校做出郑重的决定以及艰难的选择来实现预算平衡。这个问题最简单的解决方式就是进行全面的预算削减,这很有可能会同时从突出的和一般的项目、收益丰厚的和不营利的项目中都拿走一部分资金。这么做可能导致的长期结果便是碌碌无为。

重新战略性地分配资金或许是一项艰难的工作,但是这能使院校加快实现关键目标,甚至在重重限制和挑战下取得成就。从根本上讲,这需要优先考虑那些能够促进院校战略目标实现的关键性预算。在院校整个的发展过程中,某些特定预算的增长率应该比总体预算增长率高。

## 提前创造出强大的资源分配工具

完善的资源分配依赖完美构思的财政方针,而这种方针在受到广泛追捧之前就应该得到最好的发展和更新。战略规划应该提前预料到能够影响院校财政的事件,并且在领导者清醒的情况下帮助制订出周全的解决措施和指导意见。这种老生常谈的做法被广泛应用于组织面临挑战和机遇的情况下。

在第一种情况,也即面临挑战时,在预料到事态严峻的情况下制订出清晰的财政削减指导计划是非常有帮助的。那么,站在员工的立场上,院校的观点是什么?战略性预算如何才能得到保护?在制定战略决策的过程中会遵循什么样的原则?在债权融资方面是否存在院校政策?在什么样的情况和限制下会遭受额外债务?在穆迪评级下降之前,对额外债务的承受能力有多大?在面临危机的时候,回答这些问题往往会比通过正规管理渠道慎重地解决问题更有压力。

在第二种情况下,也即当面临机遇时,设想一下,如果持续下降的房地产市场为购买毗邻学校的房产提供了有利的机会,那么,面对此种购买情况,董事会会给出怎样的指导意见,以及在决策如何明智地购买时会遵循怎样的原则?不寻常的高价非现金馈赠也给高等教育机构提出了挑战性的难题。应该接受送的赛马吗?那游艇呢?或是一份以前的工业财产?在这些资产能够被出售之前,院校持有的话要付出怎样的代价呢?负债额是多少?这份工业财产里会有以昂贵的环境修复费用为代价的隐藏油田吗?这些都是风险管理面临的基本问题,也是一个共同的、需要董事会和管理层持续理解和密切关注的问题。

## 规划计划

院校需要做大量的背景工作来为战略规划过程做准备。而形成对基本规划问题强有力的共识、提高集体参与度是一项巨大的挑战。2005年1月,在巴克内尔大学开展的最后一项计划过程的初始阶段,准备工作以计划指导书的形式出现。这份指导书是规划与院校研究办公室颁发的,并且被派发到了全校,其内容包括:

(1) 规划方面的常见词汇。规划的术语和用途很多样,通常被叫做目标、对象、战略、结果等,这就需要一个清晰的定义体系,从外部正确引导公众谈论。

(2) 环境扫描。对现存的外部环境因素的分析会严重影响一个院校战略目标的实现。个别的环境因素可能会成为威胁,也可能成为机遇,有时可能既是威胁又是机遇。此类的分析通常被划分到宏观环境因素中,比如政府/规章、经济/财政、人口(学生、教师和职工)、科技、社会等。院校的外部环境中最为突出的一个方面就是与其为了学生、教师、金融资源和市场地位进行竞争的其他院校。

(3) 识别并修正官方的同类院校群体,并且保持规划过程中该群体的稳定性。因为,如果同类院校群体持续处于变化中的话,我们就无法衡量目标的实现程度了。

(4) 提醒院校所面对的最强劲的竞争对手。虽然竞争对手可能会与同类院校群体重叠,但是竞争对手事实上不由院校自己决定。它由市场的现实环境决定,因为对于像巴克内尔大学这样的院校来说,关键的竞争者是那些与它们有着重叠的申请学生和录取学生的院校、那些新生想要拿来与之进行详细对比的院校以及那些在录取率方面有着很大胜算的院校。不像同类院校群体那样,这些竞争对手在规划过程中会发生改变,而取胜率便是衡量战略计划进程最合适的标准。

(5) 观察并分析同类院校的战略计划。这些信息主要可以从院校网站上获得,同类院校的计划是评估目前和未来将要出现的威胁和机遇的重要资源。竞争对手的目标是什么?哪些方面和程度上的计划方向是与自身相同的?哪些事情是竞争对手做不到但却在自己能力范围之内的?哪些市场是竞争对手的目标,哪些人群是它们的服务对象?

(6) 借鉴其他院校在战略计划实施过程中好的做法。纵观同类院校群体和竞争对手的计划,鉴别哪些院校的计划指导书是代表目前发展状况的。这些计划的特点是什么?设立了几个目标?这些目标的主要类别有哪些?这些计划是如何命名、构思以及策划的?哪些计划是能够发挥读者想象力的,为什么?

(7) 最后,评估每一个先前的和正在进行中的规划过程。提出的新计划是基于什么基础?哪些目标已经被大家所接受?哪些未实现的目标和未满足的需求是放在最后的规划过程中实施的?哪些最近完成的规划工作是能够被囊括到整体院校战略规划进程中去的?计划是建立在未雨绸缪的基础上的。综合院校规划历史的这些方面能够帮助院校在集中精力发展未来的同时尊重并且吸取历史教训。

## 输入-输出模型:环境的定向作用

在生物学中,大家普遍将细胞核比作高等生物的大脑。但是,细胞学家布鲁斯·立顿(Bruce Lipton)却提出了一个具有争议性的观点:不是细胞核(或者基因等细胞内的物质),而是细胞膜才是细胞真正的"大脑"(Lipton, 2008)。正是细胞膜才能感觉到细胞外部环境,调节细胞内外部信息和物质的交换,使细胞能够对积极和消极的刺激做出适应性的反应。

我们想象一下,也有这样一种相似的边界将教育院校与外部环境隔离开来。在边界外,存在着一个被海量信息和各类资源(学生、金钱、科技等)与过程填充的世界,这些既可能对院校起到帮助作用,也可能会成为阻碍。就像细胞一样,一个教育院校的生存和繁荣依赖已经建立起来的系统的有效性，这个系统能辨别和输入有用物质并且避免有害物质。就像细胞一样，这些信息使得组织能够适应环境。

正如图11.1所示，教育机构不仅仅是简单地适应环境，它们也能作用并改变环境来为它们所用。它们通过决定院校边界向外部世界输出什么来实现这样的功能。普遍来说，输出的一般都是信息。这些信息可能是高度结构化的、客观的，甚至可能是经过教育综合数据系统和高等教育法授权的；另一方面，这些信息也可能是主观的、微妙的，甚至是故意设计出来将院校与特定的图像、价值和情感联系起来的。在这种情况下，我们可能就要考虑公共关系材料、招生信息和院校网站等。当然，也可能是两种情况的综合，正如我们所说的客观净收入计算工具一样，尽管是强制性的，但是能按我们的意愿将院校置于最有力的环境下。这种信息输出的目的是影响教育环境来吸引更多资源注入院校（更多更好的学生、有才能的教师、院校声誉、更高的补助性收入等）。我们必须谨记，教育机构最重要的输出之一便是每年的学生毕业率。这种日益增长知名度会通过吸引更多的捐赠收入、义工支持、招生推荐人，以及因毕业生事业和个人成功而改善的院校声誉对组织外部环境产生改变。

教育院校的外边界通常是多孔的，是开放的数据和物质的双向通道。这一特征对促进教育机构进行意见交换和发散思维都必不可少。然而，有时防止内部信息的泄露也很重要，有时也必须防止外部信息的进入。对不同类别院校信息的敏感度进行排序能够鉴别出哪些信息属于外网（对公众公开）、哪些信息是只能对内网的学术成员可见，以及哪些信息是限制（合法地或其他）在须知层面上的。对于输入也有相似的限制，院校运用科技和学院政策从邮件系统内清理垃圾邮件，以及禁止律师进入校园。

重点是，这个边界应该由那些对"输入"和"输出"功能负有主要责任的政府机关，以一种有计划的、综合的、合作的方式进行管理。其中的"输入""输出"功能包括院校研究、招生、公共关系和交流（包括院校网站）、发展和校友关系、资助的研究，以及其他像是游说的功能。正如所有其他的院校研究过程一样，这些输入和输出计划都应该致力于院校战略目标的实现。

## 不要浪费任何一个危机

正如本章所述，高等教育在早些年都面临一段艰难的岁月。很明显，对于教师、员工、学生和其他利益相关人而言，仅仅经历并熬过一次艰难但短暂的危机是不够的。外部挑战能够使我们清晰地知道和资源分配有关的、以行动为导向的、精心策划的计划需要什么，艰难的决策需要什么，以及强有力的领导需要什么。

# 第 11 章 院校规划和资源管理

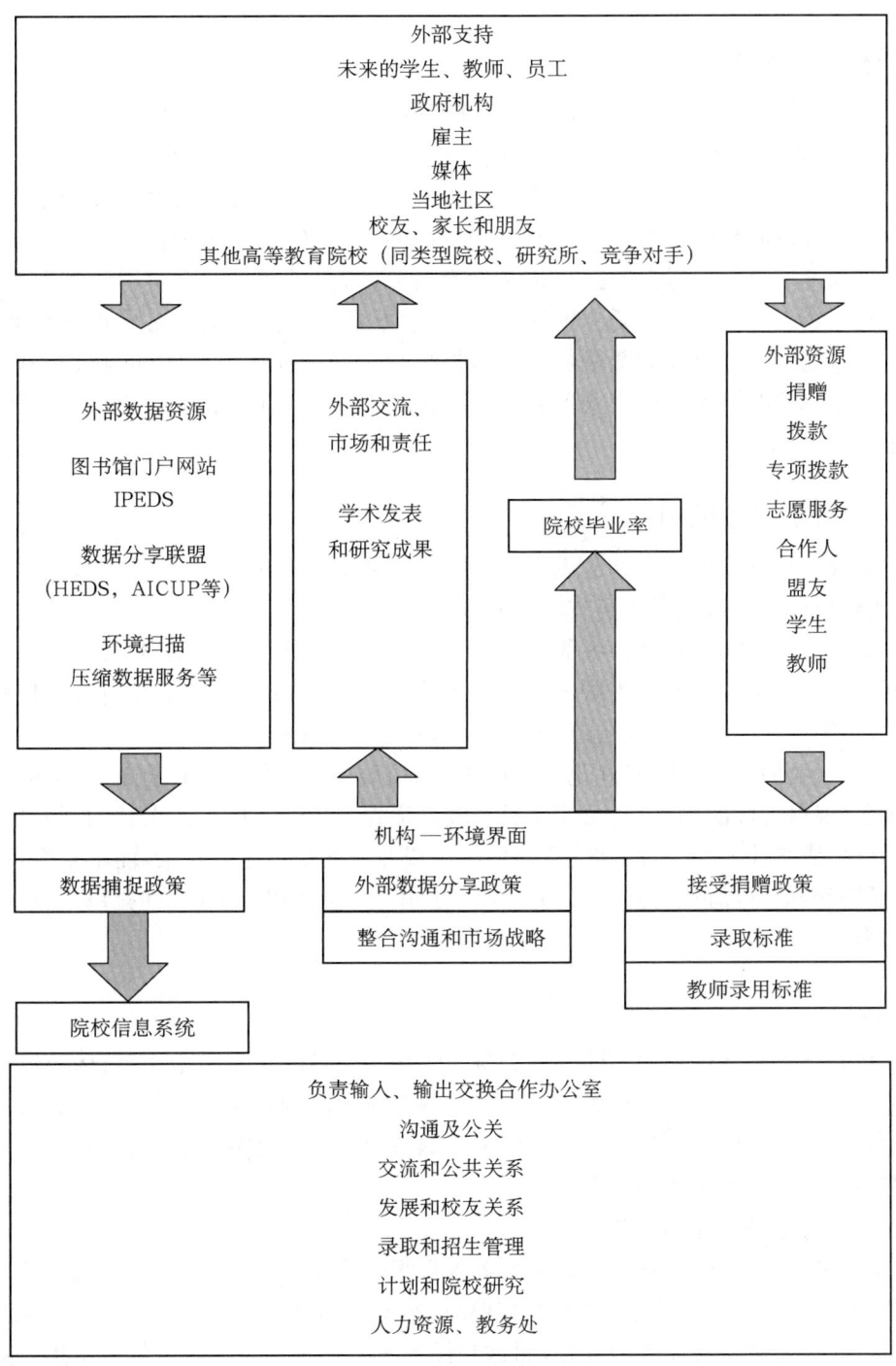

图 11.1 输入-输出模型：环境的定向作用

## 预算分配的标杆管理

本书的第 36 章将详细介绍标杆管理和同类院校群体，这里就不再赘述。但是，标杆管理有一个方面经常被人忽视，但却与本章联系紧密，直接关系到预算。

甚至在有效率的院校内，所有党派也都希望各部分（例如学术事件与学生事件）金融资源的分配与同类院校相比能够确保在正常的变化范围内。对一个精心挑选出来的同类院校进行数据分析是大有益处的，但是如果数据解释出现问题的话就比较令人担忧了。单凭 IPEDS 的金融数据是不能为精确的对比提供足够详细的信息。经过审计的金融数据则能够更加全面地描述院校实践，特别是如果仔细观察脚注的话。院校实践可能会尤其地多变、特殊，比如在体育支出方面和处理子公司方面。

## 专注于有限数量的目标

有效的战略管理要求组织具有专注力，就是集中精力在一些（通常是六个左右）战略目标上。这么做主要有两个原因。

第一，在有效的组织内，各部门、各层级的个体必须谨记并理解共有的目标，并且明白自己在实现目标过程中的角色。大多数人一次最多能记住五到六个目标，所以，集中型计划有助于全校范围内的参与和计划的执行力度。

第二，我们不可能同时优化大量的院校目标。如果政策拟出了 30 个目标，院校还会（根据目标的构成）选出那些具有较高优先等级的目标吗？大量的目标也会与制订的战略计划相违背：这些目标使院校资源分配变得更加复杂，而不是变得简化。尽管少量目标也会使设置优先等级变得困难，但是相比于过多的目标，至少会显得容易和灵活。

## 综合规划

我们有必要将计划的不同部分和资源管理相联系起来。学术项目、体育运动、设施、信息科学、招生和差异等方面的变化都明显地影响着彼此。综合规划会以不同的形式出现，贯穿许多部分。在此，基于现实实践，我们提出了一些能够采纳或具有适应性或两者兼备的方法。

### 1. 目标的综合垂直层次

院校层次的目标能够且应该被映射到组织较低层次的目的和目标（如学院、部门、系或者项目）上去，这主要通过制订单位行动计划来实现。这里的单位行动计划是指那些定义主要任务的计划，而这些任务又由每一个小小的单位来承担，他们能够帮助实现组织具体的战略目标。巴克内尔大学同时制订了两组粗略目标。一个是关于教育成果的，另一个涉及行政管理目标。两者都来源于并且统一于巴克

## 第 11 章 院校规划和资源管理

内尔大学的使命和战略方向。

当涉及行动计划的时候，院校目标的阐述应该是基于广义上的。因此，策略选择就成为院校规划的关键步骤，这需要一个严格的评估过程。在巴克内尔大学，行动战略提议必须附有完整的商业计划，包括资金来源的识别、清晰的结果和成功的衡量标准，以及评估成果有用度大小的计划。

新的战略工作或战略的资金工作包含以下一系列支撑点：

（1）目前的运营资金；
（2）目前运营资金的重新分配；
（3）通过聚集校友资金或者大型提议筹措的新资金；
（4）有恰当项目结构的私有资金；
（5）其他实质性合作关系，如政府合作或当地社区合作等；
（6）外包（如由外部投资者所建的学生宿舍）；
（7）债权融资。

清晰的资金战略有助于战略评估与其获批过程，也有助于协调预算和发展过程。

**2. 综合财务模型**

仅为第二年制定平衡预算是远远不够的。为了实现远大的院校目标，战略管理需要经历一个漫长的过程。进行多年财务预测是必不可少的，将有助于决策者尽全力区分不同的决策环境。具体而言，这需要从不同办公室的多种模型里获得输入数据，这些模型包括招生模型、经济援助模型、捐助模型、学生宿舍模型等。其中一些模型可能可以从院校的企业软件系统中运行出来，但是其他一些，特别是在一些小型的院校中，可能只存在于高校财务室以外的一些特定员工的硬盘上。在对不同的资源分配情况进行分析后，要想使这些多样的模型共同协作起来依旧是麻烦和耗费人力的。在巴克内尔大学，综合财务建模软件（来自 PFM 团队的 FuturePerfect 软件）作为一种强大的工具，能够使这些财务计划的不同部分协作起来，并且对复杂的财务建模情况都能做出即时的反应。

## 有用的技术

院校研究者经常会被召集起来加入或者协助战略计划活动的开展。下面是一些我们发现的尤其有用的工具，包括：

（1）SWOT 分析（优势、劣势、机遇和威胁）；
（2）名义小组法和亲和图（两种头脑风暴技术）；
（3）SMART 原则（代表"具体的、可衡量的、可达到的、以目标为中心的和具有时间限制的"，能够帮助制定战略目标）；
（4）责任矩阵（是一种记录每个人负责了什么、什么时候做什么的工具）；

(5) 实现团队目标(诺拉维瓦大学等院校成功地运用这项工具使利益相关者加入塑造和实现愿景的过程中去)。

特雷纳(Trainer,2004)已经对上述这些技术以及其他一些有用的技术、资源进行了简明地概括。

## 探讨与结论

我们以"意向性"的概念开始了本章,现在我们重新回到这个观点上。特别是在复杂的院校中,关键组织活动应该互相协调,才能使直觉和创新与信息和严格的决策相结合起来,才能使组织有效地向目标前进。正如十年前明茨伯格写到的那样:战略思考的结果是企业的一种综合性观点(Mintzberg,1994)。到现在这依旧是战略管理界划时代的杰作之一。

### 将规划、评估、改进和资源分配相结合起来

一个院校(学院、系或行政管理单位)的价值、使命、愿景和目标应该与规划和预算结合起来,因为规划和预算通常不是终结而是能够支撑和实现使命的催化剂。因此,规划和资源分配应该不断地相互结合,并且与其他一些主要的管理过程相结合起来,比如职业发展、雇佣和晋升决定、市场营销、IT 和设施计划,以及任务委派。

### 参与过程和战略管理的柔性方面

"无权威影响力"[出自 Cohen 和 Bradford 于 2005 年出版的著作《无权威影响力》(Influence without authority)]这个词充分体现了对高等教育中领导力和联合政府的挑战。一个虽不是独属于各院校,但却值得注意的组织特点就是领导者常常试图控制那些他们不能控制的人与情形。这是一种重视联合领导、联合统治、学术自由、纪律规范、专业自主权和想法的市场地位的文化。一致性往往必须建立在大量的院校交流基础上,并且领导者必须能够将目标转化为一个让整个集体觉得合法的、能响应的以及激动人心的(至少也要是能接受的)愿景。变革过程应该尊重组织历史,体现院校价值,并且明确什么是集体需求和共同目标。对于所有的支持者来说,愿景陈述应该能够帮助人们回答"我能从中得到什么"以及"能够代表组织的什么最大利益"。

对于那些在企业计划中很有经验的人来说,高等教育中战略计划的联合统治道路可能会很崎岖。但是,如果加以合适的构思和执行,可能会削弱那些本可以挖掘和发挥集体智慧、控制思想、心灵以及整个集体能力的过程所具有的强大力量。强化支持的需要不会因为战略计划的形成而终结。当一项计划转变为行动时,决策

必须透明并且在众人看来基本合法、恰当。沟通计划应该使整个学校和外部相关人员对关于实现共同目标过程以及维持现有支持和努力所利用的方法有所了解。

## 计划的执行

房地产界成功的真理是地段、地段、地段，相似地，在规划中就是：执行、执行、执行。成功的规划是一个过程，而不是一份文件。即便在计划完成之后，也依然要保证继续投入精力，甚至投入得更多，因为信息会继续对整个组织内一系列单位计划过程和为实现院校目标而采取的行动产生后续影响。随着计划的发展，跟踪和控制许多行动是否成功开展以及评估在哪种程度上整体目标算是已经实现的挑战也会变得越来越多。

因为战略管理中最主要的挑战之一就是对整体计划执行程度进行跟踪的直线责任分配工作，所以在 2006 年巴克内尔大学最后的一项战略计划通过之后，该大学创造了一个新的职位：战略执行负责人。该负责人的首要任务之一就是建立数据库，来记录和跟踪巴克内尔大学内成员提出的数以百计的战略计划。这个数据库公开放在校内网上。战略评估委员会根据学校社区制定出的标准对这些提议进行评估和分类。

## 战略管理和变革

本章尽可能简洁明了地介绍了各院校研究者或高校领导者进行有效规划和资源管理的一些实际想法。根据上文所示的材料和从以往经验中吸取的教训，我们可以总结出：如果战略规划和资源管理能够完成得很好的话，可以帮助一个高校、一个学院、一个系或者一个行政管理单位对自己进行定义以及更加有效和高效地完成使命。

在某种意义上，一方面，这可能意味着保护和维持现有优势；另一方面，也可能需要积极地进行变革。不管是哪一方面，这种结果都恰如施瓦茨（Schwartz, 1996）描述的"生活在一个永久性的战略对话中"那样，成为一种文化。在这种假设下，人类那种详尽地定义目标、费心地且贴合实际地考虑备选方案、挑战自我、努力创新、解决困难、向明确的目标行动以及不断进行创造的能力和追求组成了院校规划和资源管理的核心。

## 参考文献

Bolman, L. G., & Deal, T. E. (2003). *Reframing organizations: Artistry, choice, and leadership*. San Francisco: Jossey-Bass.

Bryson, J. (1995). *Strategic planning for public and nonprofit organizations*. San Francisco:

Jossey-Bass.

Cohen, A., & Bradford, D. (2005). *Influence without authority* (2nd ed.). Hoboken, NJ: Wiley.

Dickeson, R. C. (2010). *Prioritizing academic programs and services*. San Franciso: John Wiley & Sons.

Dooris, M. J., Kelley, J. M., & Trainer, J. E. (Eds.). (2004, Fall). *Successful strategic planning*. New Directions for Institutional Research, no. 123. San Francisco: Jossey-Bass.

Goldstein, L. (2005). *College & university budgeting*. Washington, DC: National Association of College and University Business Officers.

Keller, G. (1983). *Academic strategy: The management revolution in American higher education*. Baltimore: Johns Hopkins University Press.

Keller, G. (1997). Planning, decisions, and human nature. *Planning for Higher Education*, 26(2), 18–23.

Keller, G. (1999–2000). The emerging third stage in higher education planning. *Planning for Higher Education*, 28(2), 1–7.

Lipton, B. (2008). *The biology of belief*. Carlsbad, CA: Hay House.

Machiavelli, N. (1964). *The prince* (M. Musa, Trans.). New York: St. Martin's Press. (Original work published ca. 1513)

Mintzberg, H. (1994). The fall and rise of strategic planning. *Harvard Business Review*, 72(1), 107–114.

Penn State. (2011). Academic and administrative services review core council. Retrieved from http://www.psu.edu/president/cqi/strategic_planning/corecouncil/index.html

Rowley, D. J., & Sherman, H. (2001). *From strategy to change: Implementing the plan in higher education*. San Francisco: Jossey-Bass.

Rumelt, R. (2011). The perils of bad strategy. *McKinsey Quarterly*. Retrieved from http://www.mckinseyquarterly.com/article_print.aspx?L2=21&L3=37&ar=2826

Rylee, C. (Ed.). (In press). *Integrated resource and budget planning at colleges and universities*. Ann Arbor, MI: Society for College and University Planning.

Schwartz, P. (1996). *The art of the long view*. New York: Doubleday Division, Bantam Doubleday Dell Publishing Group.

Terenzini, P. T. (1999). *On the nature of institutional research and the knowledge it requires*. New Directions for Institutional Research, no. 104. San Francisco: Jossey-Bass.

Trainer, J. F. (2004, Fall). Models and tools for strategic planning. In M. J. Dooris, J. M. Kelley, & J. E. Trainer (Eds.), *Successful strategic planning* (pp. 129–138). New Directions for Institutional Research, no. 123. San Francisco: Jossey-Bass.

# 第 12 章

# 建立支出模型

约翰·米拉姆(John Milam)
保罗·布林克曼(Paul Brinkman)

人们普遍认为,只要问题明确、数据齐全可信,任何人都可以建立支出模型。虽然理论如此,但是人们建模的过程可比想象的更复杂。然而幸运的是,处理支出模型,尤其是处理教学支出的那些模型,已经有了深入的知识基础。本章主要介绍建立支出模型的文献、研究、方法和数据结构。教育支出模型是院校研究人员关注的重点,因此下文将会进行具体分析。

为什么要建立支出模型? 主要有以下五点理由。第一,支出分析可以作为一个院校申请资金的依据。典型的例子是,A-21 协商都是鉴于美国许多州的拨款模式和支出分析,而 A-21 协商决定了研究型大学的间接支出回收率。第二,院校管理者可能会使用支出分析作为分配资源的基础,比如当某一工程与另一工程竞争的时候就会使用到。第三,一所院校或者投资者(主要是政府)可能会对获得更大的收益感兴趣,然而只有了解了支出的结果或者过程,才能制定策略降低费用。第四,公众能够通过关注高等教育机构收取的支出,监督学校的运行成本情况。第五,当经济学家在测试一个理论模型的时候,有些人可能只是单纯地想了解院校过去、现在以及将来的支出情况。

支出研究由谁来做? 院校支出研究主要是由预算办公室、院校研究、数据和信息技术系统、学术事务或者规划和政策、财务危机和资助研究部门来实施。研究的主题包括:教学支出、管理研究的间接支出、学术项目支出、项目交付支出和不同的管理活动支出。其他的咨询者可能会关注设备、信息技术、收益计划、分校区、财务危机、实体、学生数变更、债券融资或者债务服务等方面问题。例如,当决定费用应该是增加还是降低的时候,经济学家一般会帮他们检测支出,而不是替他们做出决策。

2008 年约翰·米拉姆(John Milam)等和辛普森(Simpson)在州处理支出能力的研究中得出,只有一半的州会管理他们的费用。那些做支出分析州的研究主题主要包括:基本工程项目、新建工程、整修工程,创建新的学位项目或者专业;空间利用、增加或减少学生数、财政补助规划、开发新软件、医院。不管州会不会自己管理支出研究，许多州的资源分配模式的构建还是基于已有的院校层面的支出数据。2009年由美国州国家高等教育执行办公室（SHEEO）的康格、贝尔、斯坦利做了四个州的费用分析研究，从国家的角度反映了部分有影响力的机构对支出和支出内容极感兴趣。

美国对高等教育支出非常感兴趣，体现在国会主导下，由美国国家教育统计中心和未来高等教育委员会教育秘书处实施的为期三年的"大学成本与价格研究"。同样，非联邦机构的学院和大学业务委员会也对大学成本进行研究，形成"NACUBO本科教育成本评估方法"。

最近，在"大学消费趋势会议"中三角洲项目做了"高等教育支出、生产力和责任性"的报告，报告中使用生均收入和消费指标进行分类（Wellman, Desrochers, Lenthan, Kirshstein, Hurlburt & Honegger, 2009）。补贴模式反映了学校任务的差异性和帮助解决一些诸如"谁支付，并且谁将受益于高等教育？也就是学生、学校和州之间经济责任之间的权衡"等问题。

虽然这些国家研究的支出模式包含了影响支出的因素及驱动力，但是很少有研究涉及支出模式本身，2000年，雷拓（Reindl, 2000）对这些研究做了一个总体概况和评价研究。麦克弗森和舒伦伯格（McPherson & Shulenburger, 2010）以及韦尔曼（Wellman, 2010）总结了这些研究的研究假设及研究发现。学费的上涨以及价格与成本之间的模糊不清，使得国家持续关注高等教育成本问题。典型的案例是，为发展成本控制策略，2008年《高等教育机会法案》要求高校大幅度增加学费收入。

## 理论基础：支出消费模式及支出的类型

"支出"一词在常用语上使用广泛，一般不太区分其内部偏重统计内容的细微差别。然而实际运用中，支出具有多种含义，又或者说有许多种支出类型。特别是当一个支出研究是需要决定问题和解决问题的时候，认识到支出的多样性尤其重要。引用新千年项目的"高等教育支出、价格和生产力"报告中的话就是："支出是个复杂的概念，它具有深层次的内部结构，涉及许多测量、消费者和文化等重要议题，使得院校不能单纯地只研究支出本身。"（Institute for Higher Education Policy, 2007）

一旦研究的问题和结论被肯定，分析者就可以选择某一种合适的支出模型。林克曼和艾伦（Brinkman & Allen, 1986）在卡尔森的基础上统计出五种研究模型。第一种模型仅仅是运用一些统计公式进行支出计算，但是没有"控制相关变量"。其中一个例子就是计算每个学分的支出研究。大多数的研究都是属于这一种。

第二种支出模式研究是用统计回归分析原理，在两个或三个相关变量中估算平均值。大部分此类研究试图解释"平均边际支出是如何对学生数或者学分变化产生影响"(Brinkman & Allen, 1986),也就是规模经济。部分研究提出本科生、研究生教育或者研究生教育与研究的联合培养是否比分开培养更节省经费,也就是范畴经济。科恩等人(Cohn, Rhine & Santos, 1989)和邓达尔等人(Dundar & Lewis, 1995)都使用规模与范畴经济概念。陶特库世安(Toutkoushian, 1999)和布林克曼(Brinkman, 1990、2000、2006)论证和分析了这些概念,主要证明一个广为人知的经济消费模型:"费用功能",这一论证非常有利于院校研究。当学校在招生学生数量或者任务发生严重变化,需要寻找可能行为成本的建议时,这个研究就变得非常有意义。

第三种类型的研究不太被业界认可,其关注有效行为。在这个方法中,数据发展分析、线性规划、约束残差回归等技术都是被用来计算数学包络,也就是围绕几个稀疏点拟合出一条直线或一个平面。有人会认为努力定位"有效边界"更可能会出现在资源日益稀缺的时代里并且更加注重效率。一个可能的阻碍就是难以充分定义和测量输出以及在生产单位中控制定性差异。

与其他三种以会计或者成本估算的统计方法不同,第四种类型借鉴工程方法,"通过把过程分解成一个基本水平形成生产过程模型,然后重新组合代码的替代方式实现替代目的。"这些模拟建模研究,也被称为"构造"成本模型,这方面最著名的是鲍恩和道格拉斯(Bowen & Douglass, 1971)的文理教育分析,研究班级人数、教学模式和其他因素之间的生产关系是如何影响费用的。比较两种不同情况的生均成本差异的常见例子:一种是一位教授在数百名学生的大班教学,由助教协助,助教则负责课程讨论部分;另一种是聘请一批教授使用相同的教材,每个班级的班容量是30名学生。戈尼亚(Gonyea, 1978)的医学教育成本研究是另外一个例子,就像梅西和维尔格(Massy & Wilger, 1998)相对早期的技术可以影响教学成本的各种研究方法一样,现在已经成为几乎所有学院和大学都关心的问题。

第五种模型集合会计和工程模型研究方法,致力于研究成本动因的三类方法:"活动容量、活动开展的环境、可能影响活动成本的决定"(Brinkman & Allen, 1986)。当活动容量发生变化,成本会受到输入输出比例的变化影响。影响成本的环境因素是输入的物价上涨和关于有害物质使用的法规。在许多影响成本决策中,兼职教员而非全职教员的聘用是一个典型的例子。另外一个例子是鲁滨逊等人(Robinson, Ray & Turk, 1977)对这一方法的进一步细化。

基于亚当斯等人(Adams, 1978)和布林克曼、艾伦(Brinkman & Allen, 1986)的研究,总结了七种定义成本的方法:①目标成本(输入、输出、活动、组织单位);②成本基础(历史、预算、水平、估算、替换);③成本的可转让性(直接的、间接的、全部);④成本的变动性(固定的、可变的、半变动的);⑤成本—活动的关系(全部、平均、边际成本);⑥成本决策方法(具体分服务、持续的服务);⑦成本—时间的关系

(时间段、全责发生原则或者收付实现制原则)。成本模型中经常会出现以上一些方法的组合。一个典型的组合是计算历史活动的全部成本,特别是教学活动成本通常专注研究每一学年的生均成本。(更多预算与成本的研究见第 11 章)

## 聚焦成本会计程序来确定教学成本

这部分重点是通过多种成本会计程序确定教育成本。追溯到几十年前,虽然那时是由个别学者促成知识基础,但是还有两个组织发挥了重要作用,它们的研究成果为后来学者提供了研究框架。即美国高等学校管理者协会(NACUBO)和美国高等教育管理系统中心(NCHEMS)。

**1. 美国高等学校管理者协会**

梅森格(Meisinger,1994)和珍妮(Jenny,1996)详述了协会成本会计的计算方法,由于 NACUBO 主要关注决定所有支出的学术项目和学科,所以采用了多种方案来分配教学等目标成本,并形成一个三层组合方法。第一层包括所有影响某一消费中心或者目标成本利益的直接因素。第二层在第一层基础上增加了影响同一消费中心或者目标成本的间接因素,涉及管理部门等的支持性服务和其他形式的费用。第三层为设施和资本设备计算了折旧费或者使用费。这种方法建立模型时包含五步:①确定目标或者消费中心;②信息分类;③确定第一层的费用;④确定第二和第三层费用;⑤计算输出或者单位成本。

NACUBO 的一个目标就是为学院支出建立一个简单的方法。"这种方法的原则是:使用基本的平均值技术、研究本科生费用、使用公认的分配方法和简单化处理。处理价格定义、计算学生的 FTE、研究生教育的比重、部门研究、社区和社会成本、财政援助、设施和专门成本等各种数据问题。进一步的复杂情况将会被认为是会计实践和治理结构的结果。数据收集模板包括三种支出类型:教学和学生服务、机构和社区支出、本科生奖助学金支出。每一类型下,每一本科生的支出成本将会记录到各种成本类目中,然后进行小结……"(National Association of College and University Buiness Officers,2002)。

**2. 美国高等教育管理系统中心**

MCHEMS 的支出结构模型是结合 NACUBO 的模型发展而来,并且形成 NCHEMS-NACUBO 模型被后来学者研究讨论。NCHEMS 模型"收集大量的资料、评价,同时在许多州接受最有效的成本计算系统以最小化方法上的差异"(California Postsecondary Education Commimission,1980)。

NCHEMS 的支出结构模型是基于假定所有的管理信息系统本质上是相同的数据结构(Hample,1980)。支出结构模型的典型数据通常包括学生人数、课程数、教职工数、空间利用或者空间分配、财政资助和资产。这些数据结构源于 1971

年的《美国高等教育管理系统中心数据元字典》(NCHEMS Data Element Dictionary)和 1996 年修订、2004 年美国高等教育软件服务联盟发行(CHESS),美国高等教育管理系统中心出版的《学院与大学数据定义》(Data Definitions for Colleges and Universities)(Thomas,2004)。

美国高等教育管理系统中心资源预测模型是建立在能处理复杂仿真资源的大型计算机的基础上,旨在帮助规划者根据在校学生数得出预算和制定出政策的影响模型。受到利里基金会的财政支持,教育财政规划模型于 1987 年完成,并且仍在持续完善中。教育财政规划模型"在不要求用户精通电脑的情况下,通过问答的形式建立和操作预算模型",截至 1981 年,有超过 120 个机构使用此模型(U. S. Office of Technology Assessment,1982)。

约翰逊在《增量成本项目白皮书》(A Delta Cost Project White Paper)中提出:"一个大学学位需要花费多少钱?"并且概述了五种计算方法:①成本目录;②记录成本;③全部费用归属;④回归成本估算;⑤学生的学位成本(Johnson,2009)。这些数据来源于教育综合数据系统对金融类别和根据学生的学时分配,基于教学水平和两位数学科专业目录代码。按照教学水平和学科计算每一学时的费用。所有的支出计算都是试图对专业数和学位授予数生产率平衡保持敏感度,深刻理解成本消耗和转换行为。使用净学杂费、开销、食宿和预期工资,计算学生"付现成本"和"净收益成本"。这些方法避免使用其他模型中复杂的分配方案、教师工作量数据、学科水平支出、设施使用或机会成本、专业和部门的消费与贡献的关系;相反,它们提倡使用教育综合信息系统中随机变量,把财政提高到更高的制度层面进行比较。

高等教育中基于活动的支出(activity-based costing,ABC)是从活动层面而非单位层面确定活动和支出,然后对流程再造,从而形成更有效率的规划和基金管理(NCHEMS,2004;Cox,Smith & Downey,2000)。基于活动的支出和其他支出计算方法都是基于传统计算结构,通常在特定的预算中心计算支出。理解成本过程是获得更高效率的流程再造的基础。

## 支出模型的要素和动因

一般来讲,有两种不同的成本动因分类形式。一种类型包括教学本身的外部因素,例如:人们按照质量确定价格的趋势、大学教育的益处、对高等教育追求与期望的社会习俗、追求声望和改善大学排名等,所有这些影响因素都适用于高等教育、个别机构和个别部门和项目(Bowen,1980)。另一种类型是仅包括教学过程的内部因素,是本章接下来所要介绍的影响类型(Hoenack,1980)。

教学过程本身影响支出的只有三个关键因素:输入、输出、输入和输出之间的关系。例如：生均教育支出深受教师工作量、教师薪酬、后勤人员薪酬和班容量因素影响。就像琼斯（Jones，2000）所说，一些变量更适合解释制度成本，尤其是处理各种员工数量、薪酬水平和人员利用率等与人力资产有关的数据的时候更是如此。

大量关于教师工作量问题的研究，其中包括 NCES 所做的有关国家高等教育教师研究抽样调查数据，提供了教师活动基准（Abraham et al.，2002）。尽管教师工作量完全可以集中在一种活动，但是却通常分布到教学、研究或其他学术活动和服务等多个活动中。在具有多个活动的情况下，把教师的薪酬归于任何一个活动的一部分是很重要的。这个薪酬分配任务（支持性成本有时也如此）尤其是在例如研究生教学和研究工作并在一起等情况下，会让人望而生畏，但是这个工作还是需要做的，否则成本分配的时候就会抬高成本。工作量是基于活动成本支出模型最重要的部分，在一定程度上依赖时间跟踪记录真实的人力资源支出。工作量是美国教育统计中心关于学院支出与定价研究的重要组成部分，使用美国国家调查数据以确定影响教学和学科之间成本的直接因素，并确定某一学科中这些因素与影响教育支出的大小因素之间的关系（Middaugh，Graham & Shahid，2003）。麦克劳林等人（Mclaughlin，Fendley，Winstead，Montgomery & Smith，1983）和赛贝特、罗斯尔（Seybert & Rossol，2010）研究出不同学科的成本差异。1984 年 Simpson 和 Sperber 关注从机会成本的角度看终身职位教师的变化。

教师薪酬制度包括两个组成部分：专职教师的所得和专职教师与兼职教师的比例。两者的工资等级和劳动交换策略对成本影响非常大（Seybert & Rossol，2010）。一些设备的支出可能会被作为影响教育支出的直接原因，但是大多被认为是间接影响因素。

如果影响教育支出的是全部成本，而不仅仅是直接成本，那么分析者运用成本计算时不得不将间接成本考虑在内。间接成本涉及行政费用、图书馆管理费和植物养殖与维护费用等。美国高等学校管理者协会已经提出标准分配程序（Hyayy，1983）。温斯顿提出另一种空间成本分配方法，把它作为一个机会成本，计为未出租同样大小的空间而放弃的收益（Winston，2000）。全部成本的确定是责任管理中心（RCM）工作的关键组成部分。RCM 的惠伦等人（Whalen，Curry & Strauss，2002）对成本分配程序做了有益的探讨。放眼未来，技术成本将会在教学全部成本中占据更大的比重，下面将对它做进一步说明。

另一成本动因是成本与产出数量之间的关系。长久以来，经济学家对这一关系持有浓厚的兴趣，尤其是涉及规模经济的方面，见布林克曼和莱斯利（Brinkman & Leslie，1986）对高等教育中规模经济的研究综述。检查成本—数量关系最直接的方法就是放入边际成本概念之中，也就是说，总成本是随着某一额外单位产出变化而变化的。虽然在特定情况下知道边际成本有助于各种各样的管理决策,但是边际成本并不像平均成本那样容易明确。一般来说,边际成本不能够直接计算,只能估算。艾伦和布林克曼(Allen & Brinkman,1983)对比分析了估计边际成本方法的优缺点。

陶特库世安(Toutkoushian,1999)关于院校研究对成本函数的实用度文章提出了一个很好的例子,他指出了如何运用计量经济学估计边际成本,使用某种形式的多元回归估算成本函数。这与统计技术一样,需要大量的数据。对成本函数形式的选择,会直接影响边际成本的结果,因此需要仔细考量。

虽然研究者会尝试着直接计算输出量中很小的变化和总成本变化之间的关系,但是这种变化在理论上以同一的方式表现出来基本是不可能的(Allen & Brinkman,1983)。例如,在一个项目的微观层面,全部成本并不太会轻易上下波动,但是会与学生数增加等某一个单元的变化有关联。生均成本或者单位学分的成本的短期浮动容易受到收入的变化影响。

检验成本—输出量之间的关系的另一种方法,是当输出量发生变化时,确定全部支出是否发生变化还是有些是固定不变的。如果任何支出都是固定不变的,那么很可能会产生规模经济。布林克曼认为,随着产出量增加,只有总成本的可变部分也增加。这意味着一定范围内的增加输出量会使平均总支出减少。如果所有的支出是固定的,那么边际成本将会是零。当一些成本是变化的时候,平均可变成本可以作为评价边际成本中的输出部分(Brinkman,2006)。然而,无论某一成本是固定的还是可变的,都可以被解释甚至是可以协商的,系主任和职员间关于班级人数限制的协商即是后者说的一个很好的例子。

## 技术成本模型

使用技术研究节约技术成本和潜在的成本的方法中有一些有趣的变量。这往往是因为使用不同的技术会产生不同的成本结构。

许多赞助的研究机构促成了这一成果,包括卡耐基基金会、安德鲁·梅隆基金会、福特基金会和斯隆基金会、皮尤慈善信托基金会、卢米纳教育基金会和安娜伯格/CPB集团。安娜伯格/CPB开发了"Flashlight Toolkit and Flashlight"项目,包括学生与教师的技术调查,技术制度变迁的圆桌会议以及《闪光灯成本分析手册》。斯隆基金会的非同步学习网络推进了在线教育的成本—效益的研究(Bishop,2006)。安德鲁·梅隆基金会建立了25个项目作为教学中使用技术的成本—效益研究的一部分,测量教学效益、教学成本和成本—效益(Ehrmann & Milam,1999;Fisher & Nygren,2006)。这一项目是中学后教育提升基金的成本项目和技术成本测量(TCM)的项目。英国的联合资助委员会和毕马威会计师事务所提出了一个员工成本、折旧、其他营业费用和开销的数据模型。

西部州际高等教育委员会（WICHE）与 NCHEMS 合作发展了技术成本测量的标准，其中包括案例研究、"技术成本测量"电子表格软件和一个简单的"技术成本测量表格"。技术成本测量方法是基于美国高等教育管理系统中心的支出成本的原则(Jones, 2001)。技术成本测量关注的以课程作为分析单元，研究分配给教学的直接支出。成本是以生均和单位学分的形式来计算。出版了诸如奥珀和马修的《教育技术的资金和成本控制：政策转移与实践》(Funding and Cost Containment of Educational Technology: Shifting Policy and Practices)(Opper & Mathew, 2002)等许多白皮书。朱伊特(Jewett)协助 WCET 进一步推动技术成本测量方法，创建了剑桥模式，通过对比传统的分配方式比较教学成本。卢米纳教育基金会为国家理解和控制成本"制定大学可支付倡议"做出了许多努力，比如设立三角洲等项目。

另一种计算课程成本与技术的方法是由皮尤研究课程设计项目建立基础，并由伦斯勒理工学院的学术转移中心开展。课程设计项目的目的是鼓励教学使用技术，以减少支出和提高教学质量。使用课程设计工具或者电子表格来比较课程完成前后的支出情况。

## 建立一种教育支出模型

到目前为止，本章关注点一直是成本的基本概念和提供高等教育成本的框架及主要组成部分。本章总结了处理教育成本基本类型应如何做、推导由梭罗最早提出的课程负荷矩阵(Suslow, 1976)。

课程负荷矩阵是一个由专业和部门组成的二维数组。它可以使管理者理解两种主要类型的招生行为：①消费——不同专业学生学分的数量和类型；②贡献——学生类型和学院专业设置。通过建立不同的消费和贡献模型，管理者可以预测一个专业增加招生人数的主要结果，包括新专业需要设立什么课程和需要增加多少课程教师等。然而，艾伦和布林克曼也指出招生人数变化对成本影响决策的难点(Allen & Brinkman, 1983)。

课程负荷矩阵能够有效地帮助分析招生行为对资源配置的影响，无论资源分配是经费、空间、职工或者基础设施都可以进行分析。建立基础设施成本模型必须要记录课程、学生、经费、教职工、教师工作量和空间等的数据。一个数据库工具需要生成不同类型的报告。按照专业、项目、学位、部门、学校、学院、大学、系统和国家的级别生成有不同检查成本的报告。单位数据模型更新快，可以推进模型发展和满足各类需求。

课程负荷矩阵的数据需要从每学年学生的基础数据档案中整合而出。通常这些档案包含了每学期每门课程每个学生的记录情况。理想的情况下，这些应该是期末的普查档案,为了能够获得尽可能准确和完整的课程活动记录。每一个记录都应该包括学生的编号、学生水平、课程学科、课程水平和编号、学时数、学院、课程设置、学生专业所属的学院、学生专业部门、学生专业、学期和其他有关数据。学生的类型也与检验课程行为变化有密切关系。例如,修课模式可能会因不同大学时代、非传统、兼职和非注册的学生类型而不同。

使用电子表格的图像矩阵,可以有助于写学分数据报告,左轴为每个部门、院系学科,每个专业名称在标题的上面。解读方法是从左向右,这个报告说明了一个部门对每个专业的贡献程度。从上到下解读一个专业从每个部门得到多少消费支出。使用这些消费和贡献比率与支出数据共同计算成本支出(表12.1—表12.4)。

表 12.1　步骤 1:从课程负荷矩阵中计算出学分

|  | 部门 1 | | | | 总计 |
|---|---|---|---|---|---|
|  | 系 1 | | 系 2 | | |
|  | 专业 1 | 专业 2 | 专业 3 | 专业 4 | |
| 部门 1 | 20 | 20 | 7 | 7 | 54 |
| 系 1 | 12 | 6 | 3 | 3 | 24 |
| 学科 A | 6 | 0 | 3 | 0 | 9 |
| 学科 A 100-001 | 3 | 0 | 3 | 0 | 6 |
| 学科 A 100-002 | 3 | 0 | 0 | 0 | 3 |
| 学科 B | 6 | 6 | 0 | 3 | 15 |
| 学科 B 100-001 | 3 | 3 | 0 | 3 | 9 |
| 学科 B 100-002 | 3 | 3 | 0 | 0 | 6 |
| 总和 | 12 | 6 | 3 | 3 | 24 |
| 系 2 | 8 | 14 | 4 | 4 | 30 |
| 学科 C | 0 | 6 | 0 | 0 | 6 |
| 学科 C 100-001 | 0 | 3 | 0 | 0 | 3 |
| 学科 C 100-002 | 0 | 3 | 0 | 0 | 3 |
| 学科 D | 8 | 8 | 4 | 4 | 24 |
| 学科 D 100-001 | 4 | 8 | 4 | 0 | 16 |
| 学科 D 100-002 | 4 | 0 | 0 | 4 | 8 |
| 总和 | 8 | 14 | 4 | 4 | 30 |
| 部门总和 | 20 | 20 | 7 | 7 | 54 |

表 12.2 步骤 2:转换为百分比

| | 部门 1 | | | | 总计 |
| --- | --- | --- | --- | --- | --- |
| | 系 1 | | 系 2 | | |
| | 专业 1 | 专业 2 | 专业 3 | 专业 4 | |
| 部门 1 | | | | | |
| 系 1 | | | | | |
| 学科 A | | | | | |
| 学科 A 100-001 | 12.5% | 0.0% | 12.5% | 0.0% | 25.0% |
| 学科 A 100-002 | 12.5% | 0.0% | 0.0% | 0.0% | 12.5% |
| 学科 B | | | | | |
| 学科 B 100-001 | 12.5% | 12.5% | 0.0% | 12.5% | 37.5% |
| 学科 B 100-002 | 12.5% | 12.5% | 0.0% | 0.0% | 25.0% |
| 总和 | | | | | |
| 系 2 | | | | | |
| 学科 C | | | | | |
| 学科 C 100-001 | 0.0% | 10.0% | 0.0% | 0.0% | 10.0% |
| 学科 C 100-002 | 0.0% | 10.0% | 0.0% | 0.0% | 10.0% |
| 学科 D | | | | | |
| 学科 D 100-001 | 13.3% | 26.7% | 13.3% | 0.0% | 53.3% |
| 学科 D 100-002 | 13.3% | 0.0% | 0.0% | 13.3% | 26.7% |
| 总和 | | | | | |
| 部门总和 | | | | | |
| 总计 | | | | | |

考虑到成本数据的可用性,预算报告是一个有用的数据源。这些报告用部门或者单元和消费类型来展现支出。教育支出用数据形成会计图表的形式,使其明显区别于研究和公共服务等其他支出类型,虽然支出产生于事务处理层面,但是他们累积或者整合的报告是属于目标代码或者班级层面来代表类目或者支出类型。目标代码可能会是由行政教师工资、分类薪水、研究工作、附加福利、全职教师薪水、研究生助理、服务、兼职教师工资和其他工资等组织而成。然后部门的支出由目标代码排列得出。

为了把课程负荷矩阵用于支出数据,部门或者单位的学生和课程体系、财政和人力资源管理信息系统必须是可比较的。由于受到很多限制,一般情况下无法达到这一点,所以要求模型构建者开发一个适当的横坐标。

表 12.3　步骤 3:基于学分分配预算数据

|  | 部门 1 | | | | 总计 |
|---|---|---|---|---|---|
|  | 系 1 | | 系 2 | | |
|  | 专业 1 | 专业 2 | 专业 3 | 专业 4 | |
| 部门 1 | | | | | |
| 系 1 | | | | | |
| 学科 A | | | | | |
| 学科 A 100-001 | 7 375.00 | 0.00 | 7 375.00 | 0.00 | 14 750.00 |
| 学科 A 100-002 | 7 375.00 | 0.00 | 0.00 | 0.00 | 7 375.00 |
| 学科 B | | | | | |
| 学科 B 100-001 | 7 375.00 | 7 375.00 | 0.00 | 7 375.00 | 22 125.00 |
| 学科 B 100-002 | 7 375.00 | 7 375.00 | 0.00 | 0.00 | 14 750.00 |
| 总和 | | | | | |
| 系 2 | | | | | |
| 学科 C | | | | | |
| 学科 C 100-001 | 0.00 | 7 000.00 | 0.00 | 0.00 | 7 000.00 |
| 学科 C 100-002 | 0.00 | 7 000.00 | 0.00 | 0.00 | 7 000.00 |
| 学科 D | | | | | |
| 学科 D 100-001 | 9 333.33 | 18 666.67 | 9 333.33 | 0.00 | 37 333.33 |
| 学科 D 100-002 | 9 333.33 | 0.00 | 0.00 | 9 333.33 | 18 666.67 |
| 总和 | | | | | |
| 部门总和 | | | | | |
| 总计 | | | | | |

　　操作的单位本质上主要不是教学的人,需要检查他们对教学成本的潜在影响。如果他们支持教学,并且如果确定全部成本为研究目标,那么他们的相关费用必须分配给整个教学部门。标准配置的方法有很多。例如,图书馆费用可能会根据本科生和研究生学生人数进行分配。另一种方法是根据建筑面积分配,例如公共事业的成本费用分配是基于空间使用量决定的。其他与项目支出有关的因素包括空间利用率、设备和其他不记录为直接成本的教学支出。

　　有时只能从部门或者学校层面,而不是从系或者单位层面计算支出。如果这些支出采取的是直接成本模式,就需要根据不同水平按比例分配。如果他们还包括间接成本,那么分配方法将取决于决策制定是否与某一项目活动有关或者间接成本是否更分散。

模型的结果允许用户检查与某一专业相关的支出,体现在各种各样的学科课程中。现有专业招生人数的增加或者创立一个新专业或新项目可能会对所属部门而不是所属专业产生重大影响。可以对每个专业和项目的生均学时成本进行排序,确定最昂贵的项目,这是根据不同项目和其他利益比较而费用不同的。研究结果可能会从多个方面确定某一类型资源的消费者,以及对资源重新配置的可能影响进行研究。重要的是要意识到,虽然构建教学成本模型的初步结果是有益的,但是模型的真正潜力在于能够调整决策的影响因素和单位来检验不同的方案。

表 12.4 步骤 4:对数据求和

| | 部门 1 | | | | 总计 |
| --- | --- | --- | --- | --- | --- |
| | 系 1 | | 系 2 | | |
| | 专业 1 | 专业 2 | 专业 3 | 专业 4 | |
| 部门 1 | 48 166.67 | 47 416.67 | 16 708.33 | 16 708.33 | 129 000.00 |
| 系 1 | 29 500.00 | 14 750.00 | 7 375.00 | 7 375.00 | 59 000.00 |
| 学科 A | 14 750.00 | 0.00 | 7 375.00 | 0.00 | 22 125.00 |
| 学科 A 100-001 | 7 375.00 | 0.00 | 7 375.00 | 0.00 | 14 750.00 |
| 学科 A 100-002 | 7 375.00 | 0.00 | 0.00 | 0.00 | 7 375.00 |
| 学科 B | 14 750.00 | 14 750.00 | 0.00 | 7 375.00 | 36 875.00 |
| 学科 B 100-001 | 7 375.00 | 7 375.00 | 0.00 | 7 375.00 | 22 125.00 |
| 学科 B 100-002 | 7 375.00 | 7 375.00 | 0.00 | 0.00 | 14 750.00 |
| 总和 | 29 500.00 | 14 750.00 | 7 375.00 | 7 375.00 | 59 000.00 |
| 系 2 | 18 666.67 | 32 666.67 | 9 333.33 | 9 333.33 | 70 000.00 |
| 学科 C | 0.00 | 14 000.00 | 0.00 | 0.00 | 14 000.00 |
| 学科 C 100-001 | 0.00 | 7 000.00 | 0.00 | 0.00 | 7 000.00 |
| 学科 C 100-002 | 0.00 | 7 000.00 | 0.00 | 0.00 | 7 000.00 |
| 学科 D | 18 666.67 | 18 666.67 | 9 333.33 | 9 333.33 | 56 000.00 |
| 学科 D 100-001 | 9 333.33 | 18 666.67 | 9 333.33 | 0.00 | 37 333.33 |
| 学科 D 100-002 | 9 333.33 | 0.00 | 0.00 | 9 333.33 | 18 666.67 |
| 总和 | 18 666.67 | 32 666.67 | 9 333.33 | 9 333.33 | 70 000.00 |
| 部门总和 | 48 166.67 | 47 416.67 | 16 708.33 | 16 708.33 | 129 000.00 |

# 第 12 章 建立支出模型

一旦有大量的无学分的课程活动,且学生学时又被作为测量单位,难以统计,就需要进行额外的工作。约翰·米拉姆发现大学社区或者赠地机构中的无学分活动和员工活动是很重要的,这就使其他生产力测量结果受到怀疑(Milam,2005)。

在电子表格的矩阵中,一个基本的教学成本模型用以说明学科和专业的课程负荷矩阵数据是如何排列,且与预算数据结合,来计算消费和贡献比率、平均每个项目的成本和评价每个专业的成本。空间利用和行政费用等其他层面的成本也必须计算在内。这就要看院校研究者需要多么精细或者多复杂的模型。然而,其发展是在满足用户的需求和院校已知信息情况下,保持数据准确性和可用性之间的平衡。

如果一个模型不够复杂,不能根据教师薪酬增加或招生人数增多等因素变化灵活调整,数据将无法恰当地拆分。如果一个模型太复杂,无法被充分理解,会陷入极力重组和更新数据的困扰。克服竞争需求和期望矛盾问题的方法是使模型的建立成为院校研究一项不可或缺的和常规功能,并且唯一的方法是确保研究结果能被使用。如果是这样的话,组织结构就会发生变革,这就超出了本章的研究范围。以上研究,无论有没有成功地使机构人员使用成本模型,希望读者在此都能够获得有趣的和有价值的研究文献。

## 参考文献

Abraham, S. Y., et al. (2002). *1999 national study of postsecondary faculty* (*NSOPF: 99*) *Methodology Report*. U. S. Department of Education, National Center for Education Statistics. Washington, DC: U. S. Government Printing Office.

Adams, C. R., et al. (1978). A study of cost analysis in higher education. *The literature of cost and cost analysis in higher education*. Washington, DC: American Council on Education.

Allen, R., & Brinkman, P. (1983). Marginal costing techniques for higher education. Boulder, CO: National Center for Higher Education Management Systems.

Bishop, T. (2006). Research highlights: Cost effectiveness of online education. The Sloan Consortium. Retrieved from http://www.sloan-c.org/publications/books/pdf/ce_summary.pdf

Bowen, H. R. (1980). The costs of higher education: How much do colleges and universities spend per student and how much should they spend? San Francisco: Jossey-Bass.

Bowen, H. R., & Douglass, G. K. (1971). Efficiency in liberal education. New York: McGraw-Hill.

Brinkman, P. T. (1990). Higher education cost functions. In S. A. Hoenack and E. L. Collins (Eds.), *The economics of American universities: Management, operations, and fiscal environment* (pp. 107-128). Albany, NY: State University of New York Press.

Brinkman, P. T. (2000). The economics of higher education: Focus on cost. In M. F. Middaugh

(Ed.), Analyzing costs in higher education: What institutional researchers need to know (pp. 5-18). New Directions for Institutional Research, no. 106. San Francisco: Jossey-Bass.

Brinkman, P. T. (2006). Using economic concepts in IR on higher education costs. In Toutkoushian, R. (Ed.), Applying economics to institutional research (pp. 43-58). New Directions for Institutional Research, no. 132. San Francisco: Jossey-Bass.

Brinkman, P. T., & Allen, R. H. (1986). Concepts of cost and cost analysis for higher education. AIR Professional File, no. 23. Tallahassee, FL: Association for Institutional Research.

Brinkman, P. T., & Leslie, L. L. (1986). Economies of scale in higher education: Sixty years of research. *Review of Higher Education*, 10, 1-28.

California Postsecondary Education Commission. (1980). Determining the cost of instruction in Sacramento: California Postsecondary Education Commission.

Carlson, D. (1975). Examining efficient joint production processes. In R. A. Wallhaus (Ed.), *Measuring and increasing academic productivity* (pp. 39-59). New Directions for Institutional Research, no. 9. San Francisco: Jossey-Bass.

Carlson, D. (1976). A review of production function estimation for higher education institutions. Cambridge, MA: Harvard Graduate School of Education.

Cohn, E., Rhine, S. L. W., & Santos, M. C. (1989). Institutions of higher education as multi-product firms: Economies of scale and scope. *Review of Economics and Statistics*, 71, 284-90.

Conger, S., Bell, A., & Stanley, J. (2009, November). *Four-state cost study*. Boulder, CO: State Higher Education Executive Officers.

Coopers & Lybrand & Barbara S. Shafer & Associates. (1995). Benchmarking for process improvement in higher education: Process costing workbook FY 1994. Washington, DC: National Association of College and University Business Officers.

Cox, K. S., Smith, L. G., & Downey, R. G. (2000). ABCs of higher education—Getting back to the basics: An activity-based costing approach to planning and financial decision making. *AIR Professional File*, no. 77. Tallahassee, FL: Association for Institutional Research.

Curry, J. R., & Strauss, J. C. (2002). Responsibility center management: Lessons from 25 years of decentralized management. Washington, DC: National Association of College and University Business Officers.

Delta Project on Postsecondary Education Costs, Productivity, and Accountability. (2009). Issue brief #2: Metrics for improving cost accountability. Washington, DC: Delta Project. Retrieved from http://www.deltacostproject.org/resources/pdf/issuebrief_02.pdf

Dickeson, R. C. (2006). Frequently asked questions about college costs. Issue paper released by the Secretary of Education's Commission on the Future of Higher Education. Washington, DC: U. S. Department of Education. Retrieved from http://www.ed.gov/about/bdscomm/list/hiedfuture/reports/dickeson2.pdf

Dundar, H., & Lewis, D. R. (1995). Departmental productivity in American universities:

Economies of scale and scope. *Economics of Education Review*, 14(2), 119-44.

Ehrmann, S. C., & Milam, J. H. (1999). *Flashlight cost analysis handbook: Modeling resource use in teaching and learning with technology*. Washington, DC: The TLT Group.

Fisher, S., & Nygren, T. I. (2006). Experiments in the cost-effective uses of technology in teaching: Lessons from the Mellon Program so far. New York: Andrew W. Mellon Foundation. Retrieved from http://www.immagic.com/eLibrary/UNPROCESSED/Unprocessed%20eLibrary/COMPLETE/ICLT-CEUTT.pdf

Gamso, G. (1977). The RRPM guide: A primer for using the NCHEMS Resource Requirements Prediction Model (RRPM 1.6). National Center for Higher Education Management Systems Technical Report 104. Boulder, CO: National Center for Higher Education Management Systems.

Gonyea, M. A. (Ed.). (1978). *Analyzing and constructing cost*. New Directions for Institutional Research, no. 17. San Francisco: Jossey-Bass.

Graves, W. H. (2004). Academic redesign: Accomplishing more with less. *Journal of Asynchronous Learning*, 8(1), 27-38.

Hample, S. R. (1980). Cost studies in higher education. *AIR Professional File* #7. Tallahassee, FL: Association for Institutional Research.

Heterick, R. C. (1998). Educom: A retrospective. *Educom Review*, 33(5), 42-47. Retrieved from http://net.educause.edu/ir/library/html/erm/erm98/erm9853.html

Hoenack, S. A. (1990). An economist's perspective on costs within higher education institutions. In S. A. Hoenack & E. L. Collins (Eds.), *The economics of American universities: Management, operations, and fiscal environment*. Albany, NY: State University of New York Press.

Hyatt, J. A. (1983). *A cost accounting handbook for colleges and universities*. Washington, DC: National Association of College and University Business Officers.

Institute for Higher Education Policy. (2000). Higher education cost assessment: Public policy issues, options, and strategies. The New Millennium Project on Higher Education Costs, Pricing, and Productivity. Washington, DC: Institute for Higher Education Policy.

Jenny, H. H. (1996). *Cost accounting in higher education: Simplified macro-and micro-costing techniques*. Washington, DC: National Association of College and University Business Officers.

Jewett, F. (2002). *TCM/BRIDGE Project: Applications of the Mini-BRIDGE model to TCM cost data*. Boulder, CO: Western Interstate Commission for Higher Education/ WICHE Cooperative for Educational Telecommunications.

Johnson, N. (2009). What does a college degree cost? Comparing approaches to measuring cost per degree. Washington, DC: Delta Project. Available at http://www.deltacostproject.org/resources/pdf/johnson3-09_WP.pdf

Joint Funding Councils of Great Britain & KPMG. (1997). Management information for decisionmaking: Costing guidelines for higher education institutions. Scottish Higher Education Funding Council, Higher Education Funding Council for England, Higher Education Funding Council for Wales. Produced by KPMG. Retrieved from http://www.shefc.ac.uk/shefc/publicat/others/costing/contents.htm

Jones, D. P. (2000). An alternative look at the cost question. In *Higher education cost measurement: Public policy issues, options, and strategies*. Washington, DC: Institute for Higher Education Policy.

Jones, D. P. (2001). *Technology costing methodology handbook—Version 1.0*. Boulder, CO: Western Cooperative for Educational Telecommunications.

Massy, W. K., & Wilger, A. K. (1998). Technology's contribution to higher education productivity. In H. M. Levin and W. S. Koski (Ed.), *Enhancing productivity: Administrative, instructional, and technological strategies* (pp. 49-60). New Directions for Higher Education, no. 103. San Francisco: Jossey-Bass.

McLaughlin, G. W., Fendley, W. R., Winstead, W. H., Montgomery, J. R., & Smith, A. W. (1983). Evaluating the reliability of indices from IEP. Paper presented at the Annual Forum of the Association for Institutional Research, Toronto, ON.

McPherson, P., & Shulenburger, D. (2010). Understanding the cost of public higher education. *Planning for Higher Education Planning*, 38(3), 15-24.

Meisinger, R. J., Jr. (1994). *College and university budgeting: An introduction for faculty and academic administrators* (2nd ed.). Washington, DC: National Association of College and University Business Officers.

Middaugh, M. F., Graham, R., and Shahid, A. (2003). *A study of higher education instructional expenditures: The Delaware study of instructional costs and productivity: Research and development report*. NCES 2003-161. U. S. Department of Education, National Center for Education Statistics. Washington, DC: U. S. Government Printing Office.

Milam, J. (2005). The role of noncredit courses in serving nontraditional learners. In Brian Pusser (Ed.), *Arenas of entrepreneurship: Where nonprofit and for-profit institutions compete* (pp. 55-68). New Directions for Higher Education, no 129. San Francisco: Jossey-Bass.

Milam, J. Coutts, C., Bosacco, E., Golliday, A., & Simpson, A. (2008). The cost of not knowing: State capacity for postsecondary cost studies. Stephens City, VA: HigherEd.org.

National Association of College and University Business Officers. (2002). Explaining college costs: NACUBO's methodology for identifying the costs of delivering undergraduate education. Washington, DC: National Association of College and University Business Officers. Retrieved from http://www.nacubo.org/public_policy/cost_of_college/final_report.pdf

National Association of College and University Business Officers. (2004). Managerial analysis and decision support: A guidebook and case studies. Washington, DC: National Association of College and University Business Officers.

National Center for Education Statistics. (2001). Study of college costs and prices, 1988-89 to 1997-98. Washington, DC: National Center for Education Statistics. NCES 2002-157. Retrieved from http://www.nacubo.org/public_policy/cost_of_college/final_report.pdf

National Center for Higher Education Management Systems. (1977). *Procedures for determining historical full costs: The costing component of the information exchange procedures* (2nd ed.). Technical Report #65. Boulder, CO: National Center for Higher Education Management Systems.

National Center for Higher Education Management Systems-National Association of College and University Business Officers. (1980). Costing for policy analysis. Boulder, CO: National Center for Higher Education Management Systems.

Opper, J., & Mathews, J. B. (2002). Funding and cost containment of educational technology: Shifting policy and practices. *Technology Costing Methodology*, White Paper #2. Boulder, CO: WICHE Cooperative for Educational Technologies (WCET).

Reindl, T. (2000). To lift the veil: New college cost studies and the quest for the perfect formula. In M. F. Middaugh (Ed.), *Analyzing costs in higher education: What institutional researchers need to know* (pp. 89-101). New Directions for Institutional Research, no. 106. San Francisco: Jossey-Bass.

Robinson, D., Ray, H., & Turk, F. (1977). Cost behavioral analysis for planning in higher education. NACUBO Professional File, 9, 1-51.

Seybert, J. A., & Rossol, P. M. (2010). What drives instructional costs in two-year colleges: Data from the Kansas study of community college instructional costs and productivity. *Planning for Higher Education*, 38(3), 38-44.

Simpson, W. A., & Sperber, W. E. (1984). A new type of cost analysis for planners in academic departments. *Planning for Higher Education*, 12, 13-17.

Sperry, R. J. (1995). The use of data envelopment analysis to study the economic efficiency of academic anesthesiology departments. (Unpublished doctoral dissertation). Department of Educational Administration, University of Utah.

Suslow, S. (1976). Induced course load matrix: Conception and use. In T. R. Mason (Ed.), *Assessing computer-based systems models* (pp. 35-51). New Directions for Institutional Research, no. 9. San Francisco: Jossey-Bass.

Thomas, C. R. (2004). CHESS data definitions for colleges and universities. Boulder, CO: National Center for Higher Education Management Systems.

Toutkoushian, R. K. (1999). The value of cost functions for policy making and institutional research. *Research in Higher Education*, 40(1), 1-15.

Twigg, C. (2003). *Improving learning and reducing costs: Lessons learned from round I of the Pew Grant Program in Course Redesign*. Troy, NY: Center for Academic Transformation, Rensselaer Polytechnic Institute. Pew Learning and Technology Program. Retrieved from http://www.thencat.org/PCR/Rd1Lessons.pdf

U. S. Office of Technology Assessment. (1982). *Information technology and its impact on*

*American education* (p. 234). U. S. Office of Technology Assessment, Congress. Washington, DC: U. S. Government Printing Office.

Wellman, J. V. (2010). Improving data to tackle the higher education "cost disease." *Planning for Higher Education*, *38*(3), 25-37.

Wellman, J. V., Desrochers, D., Lenthan, C., Kirshstein, R., Hurlburt, S., & Honegger, S. (2009, January). *Trends in college spending: Where does the money come from? Where does it go?* Washington, DC: Delta Cost Project.

Whalen, E. L. (1991). *Responsibility center budgeting: An approach to decentralized management for institutions of higher education*. Bloomington, IN: Indiana University Press.

Winston, G. C., (2000). A guide to measuring college costs. In M. F. Middaugh (Ed.), *Analyzing costs in higher education: What institutional researchers need to know* (pp. 31-46). New Directions for Institutional Research, no. 106. San Francisco: Jossey-Bass.

Witmer, D. R. (1972). Cost studies in higher education. *Review of Educational Research*, *42*(1), 99-127.

# 第 13 章

# 本科生招生管理

约翰·切斯洛克(John Cheslock)
里克·克罗克(Rick Kroc)

本章对招生管理的定义是作为一个院校研究和规划的功能,来检查和管理大学学生的流动性。考虑到关键的院校研究需要与学生的流动相联系,即从学生身份到有前途的校友和劳动力的身份流动,我们认为企业使用的是"教育通道"的观点。除了通道的观点之外,我们讨论的是学校类型、学生类型和教育形式的不同,招生管理是如何不同的。我们也考虑到招生管理领域的一些核心问题。最终,我们会贯穿院校研究始终思考未来招生管理问题。

## 一个共同的主题

院校领导人希望能够同时招收一些处于弱势和经济困难的学生、高分数学生和可以支付大量学费的学生。然而大部分招生管理政策并不能达到三个目标,反而是一部分的学生增加会导致其他部分学生的减少(Humphrey, 2006; Schulz, 2008)。因此,学生录取、学术准备和收入的目标同时实现是招生管理追求的"圣杯"。

招生管理变得更加重要也更加明显,是因为三个目标的重要性在现在及未来还会持续提高。政府资助并没有跟上教育成本增加的步伐,因此高等教育越来越依靠学生的学费。大学排名越来越重要,导致大学声誉越来越取决于学生择校的水平和学生进校费用。招收有学术能力的学生这个动机也随问责压力不断上升,这就导致增加学生学术能力水平测试。同时,由于招收鲜有少数族裔或者低收入的学生,因此越来越关注低水平学生的多样性。

招生管理研究的困难性和重要性与日俱增,为院校研究者提供了更多研究机会。学校可以使用质量数据分析大幅提升招生管理政策,并且院校研究办公室可以得出有价值的研究。虽然许多研究者不能帮助他们的学校获得"圣杯",即同时达到学生录取、学术准备和收入的目标,但是他们可以帮助学校尽可能地平衡这些目标相互之间的矛盾。

## 教育通道的研究

"教育通道"这个词通常用于阐述教育系统中学生的流动情况。从不同的观点来看,学生将会进入或者离开这个通道,为研究和分析提供多种机会。以下八个部分将从本科生入学到获得学位,再到更远的情况来描述研究的问题。

### 招生

院校研究者经常会被要求解答关于招生的三大问题。
(1) 谁会被录取?
(2) 我们愿意录取谁?
(3) 学生会如何择校?

解答这些问题,理解教育通道至关重要。这个通道根据学校类型和学生水平划分。以社区学校为例,通道的定义取决于广义年龄上的当地人口数量,然而研究型大学的研究生院将取决于已经获得本科学位的学生的国际人口标准。对于许多州立大学而言,学生录取是基本目标,并且拉美裔人口正在迅速增加,理解他们的通道是至关重要的。图13.1演示了一个西南州拉美裔学生的通道。如果招生、保持和毕业更多的拉美裔学生,那么全面了解谁在通道里和了解学生从通道里"遗漏"原因至关重要。如果增加学费收入只是其中一个目标,那么关键性目标就是,招生管理者需要分析人口统计上能够支付全额学费的学生是如何区别于录取的学生。

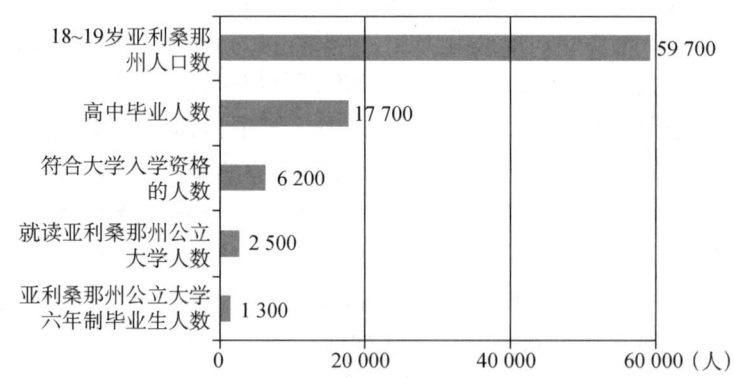

来源:美国亚利桑那州人口普查局高中调查报告。

图13.1 亚利桑那州的拉美裔人口通道:2008年拉美裔人口总数(1 880 000人)

有效的招生计划需要理解学生是如何择校的。霍斯勒等人(Hossler, Schmitz & Verpar, 1999)和麦克多诺(McDonough, 1997)为学生如何择校问题提供了一个有用的，基于实证的研究。招生活动的效率和效果很大程度上依赖这个过程以及它对入学通道的影响。市场研究、高中扩招、前景识别、学生群体分析和预测模型都可以帮助实现招生目标。私立高中文件也是有用的。一些学校开发自己的系统和分配员工来做这些分析，另外，也有很多外部工具、服务和供应商是可用的。院校研究者能够与招生办工作人员密切合作，在这方面做出实质性的贡献，用适当的工具、数据库和服务满足学校需求（见第27章）。

## 招收学生

有很多学校几乎接收所有的申请者，所以学生入学是一个相对较小的活动，几乎没有准入分析的需要。但是对于一些挑选生源的大学，它们招生管理过程会大大改变学校学生的组成结构。院校研究办公室可以帮助招生人员设置招生目标、制定满足所选目标的政策，并且有效地测量这些目标的进度。

院校研究办公室经常被要求帮助开发一个学术成就指数，用来选择一些容易成功的"高质量"学生。标准化考试成绩和高中学业成绩等变量通常用于回归模型，用以计算每位申请者的成就指数，因变量通常是大学一年级的学业成绩。使用更详细的修读AP课程数量和最高级别的数学课程数等高中成绩水平的数据，能够提供更好的预测（Adelman，1999）。一些研究者还探索得出"认知"数据的有效性（Sedlacek，1993）。

在招生领域，入学标准对少数民族和低收入家庭学生的影响是一个极具争议的问题。院校研究办公室可能会被要求预测入学群体水平是如何因招生条件不同而发生变化的。特定群体的研究通常会考虑样本的多样性问题。例如，一个特定的学术成就指数的预测能力可能会因申请者的人种、种族或者社会经济特征不同而不同。如果研究者确保了这些真实性，那么就需要开发多种学术成就指数。

一些学校会选择考虑招生的财政需求问题，这样它们最终录取的学生会产生一定程度的学费净收入。这些学校需要用复杂的规划来评价各种招生决策。以下两部分将会进一步证明招生管理研究越来越可以用来检验收入影响政策。

## 获得财政资助

学校资助分配潜在的紧张关系证明了为什么招收学生、学术准备和获得收入的目标是很难同时达成的。如果学校获得了实质性的援助来增加和提高它们在校学生的学术水平，那么净学费收入将会下降。学校可以专注于更高的社会经济地位的高中达到学术水平最大化，但是这个策略将会导致低收入学生和少数族裔学生人数的减少。

从历史角度来看，学校财政支持的目的是促进招生，这些考虑因素现在虽然不是占主导地位，但仍然是资助分配的重要部分。当财政需要的时候，财政资助能够促进招生,使实际学费和家庭预期费用之间的差距最小化。学费水平或者其他资助来源的重大变化可以大幅度改变学生的需求,并且院校研究者可以帮助学校决策者意识到这些变化对学校资助预算和学生多样性的影响。政府拨款、国家援助、机构援助、学费和特定人群的入学水平的复杂性使得没有通过研究就做出的决策几乎不可能(Kurz & Scannell, 2004)。然而,也是因为这种复杂性,分析研究变得尤其困难。院校研究办公室也许还被要求把学生的债务问题进行研究,例如,债务水平是如何与学费、资助和其他大学费用相联系。

高等教育机构经常通过提供绩效为基础的财政资助来吸取学术水平较强的学生。为了支持这一活动,院校研究者可能还会被要求创立一些学术成就指数等方法,用来确定绩效为基础的分配标准。方法实施后,项目需要不断地调整,而最简单的方法就是在研究的支持下,检验绩效为基础的项目的水平和分布是如何因目标学生而发生改变。

随着学校越来越依赖学生的学费,学校资助的经济影响也更加重要。切斯洛克(Cheslock, 2006)解释了经济因素是如何改变资助措施的。学校所有的资助曾经是主要指标,预算和资助曾是不允许超过预算金额的。随着时间的推移,净学费收入成为择校标准,并且目标是生成一个特定的学费收入水平。这一方法是将总学费减去学校资助费用,提醒院校领导学生给院系带来的收益数量。

净学费收入在私立教育一直是至关重要的,但是在公共高等教育还是比较新的追求(McPherson & Shapiro, 1998)。公共教育机构越来越多地通过增加生源(尤其是州以外的生源)、减少资助,来增加经学费收入。在使用这些政策的时候,它们经常要求院校研究办公室回答以下问题:"我们需要提供给学生的最少的奖学金是多少?他怎样才能入学并支付足够的学费使得学校收益?"因为这往往涉及很复杂的分析,许多第三方供应商提供这项服务,并为其他领域提供财政资助和招生管理的分析。财政资助数据和分析的复杂性有助于联合供应商一起帮助建立初步的分析和过程,这样得出的数据和分析可进行本土化管理。

## 预测招生和学费收入

理解招生预测的需求和环境至关重要。越来越多的学校的财政预算需要预测,增加的净学费收入为一个重要的测量维度。其他需求包括确定讲师和课程数、评估和计划招生工作、战略和资本规划。这些需求可能会需要不同的数据、方法和时间范围。课程计划往往是短期和细微的,按照学生水平、专业划分,制成两到三年的课程招生模式。相反,战略和资本规划需要放眼长远,并且数据凝聚成较大的群组。学费收入的预测更加复杂,需要了解学费和学校资助的支出模式。

确定了需求之后,院校研究者需要确定研究的变量和水平。可能的变量包括研究生/本科生、住宿费(这对预算很重要)、种族、阶层、应届生/往届生、学术水平等。经过仔细考量的变量可以减少预测的误差。因为每个预测中的变量都会有统计变化和测量误差,模型中许多变量有相当大的不确定性,特别是预测年限较长的时候。虽然很难做到或者被决策接受,但是提供一系列的估计也是好的。

有许多定量方法可以用于预测招生数。布林克曼和麦金·泰尔(Brinkman & McIntyre, 1997)采用对比研究,分析了各种方法的优缺点。在一些情况下,特别是对于长期规划,更适合采用定性的研究方法。罗杰·考德威尔(Roger Caldwell)与作者交流时提出,"这描述了一种未来常见的情况,不是预测,而是整合很多不同的想法和可能性的方法"。

## 分配学生

以入学水平课程尤其是入门课程适当地分配学生,是课程学习极其重要的第一步,作用于保留学生并使其毕业。学术水平的指标曾被用来选择学生,也许还可用于将学生分配到与之水平相匹配的大学课程当中,但是也应意识到选择和分配是非常不同的。与学术水平相联系的方法可以帮助我们合理地分配学生,可以使用以下三个评估指标。第一,我们希望有多少学生通过课程?第二,一门课程有多少学生被判定为不及格?第三,有多少学生在没有学习预修课程的情况下,能够成功地完成较困难的课程?院校研究办公室通常可以协助研究这些分析的类型。

此外,需要从全面标准化的考试分数中得出各领域的优缺点的更详细的诊断信息。社区大学尤其如此,课程的扩展或者补救通常是一个重要的任务。除了使用标准的招生指标,其他分配工具的数组也适用(见第 30 章)。一些学校开发自己的工具,以确保制成适合它们的课程。不过,从编制出能反映课程必要的期望的好的测试问题,到保证问题容易和困难的题目搭配得当,到设置分配的分数线,是一项极具挑战性的任务。

## 招生测量

招生的测量方法有多种维度。对于公共和媒体消费测量来说,简单的人数统计是最有效的,因为它是最明显和可理解的测量标准。然而,对于国家拨款资助,许多公立学院和大学依赖全日制学生数。这通常是从更直接的教学活动的学生学分中得出计算公式。研究生和专业人员的学分加权最大,然而低年级本科生的学分加权最小,反映了教育在不同水平课程的相对成本。

学校采用责任中心管理的预算模型,测量招生已经成为内部资金分配的关键。如果净学费收入是由学生通过学术学位课程或者入学课程,或者兼而有之来决定的,那么它是测量净学费收入的关键,并且它通过学时和专业如何直接追踪责任中心。

## 学生的培养与毕业

学生的培养和毕业率不仅是测量学生成功的直接内部措施，也可能是数据报告和国家排名最常用的方法。此外，招生和毕业率之间的关系是复杂的。回到我们的主题，如果坚持认为扩招会导致招收更多学术水平较低的学生，那么虽然学校做出教学努力，毕业率也可能会减少。反而言之，即使没有做任何努力，只要招收了高质量的学生就很可能会提高毕业率。

输入特点造成学生的保留率，但是学生入学之后的经历也是如此。对于一位院校研究者，利用数据和方法数组来帮助学校实现提高毕业率的期望非常重要。多少差异是由预科特点导致的？多少是受学校控制的？有多少是未知的？在招生管理的培养研究中（Hossler, Bean & Associates, 1990），约翰·比恩（John Bean）用描述和比较的方法研究学生培养，对使用各种方法和得出研究结果提出许多建议。

以下是一些高校当下面临的重要问题：
(1) 通过提高培养和毕业率来提高生产水平；
(2) 提高输送率和社区学院学士学位数；
(3) 减少毕业年限；
(4) 结束弱势群体和其他学生之间毕业率的差距；
(5) 提高学术水平——招生与培养之间的关系；
(6) 培养项目的完成度和评估其效果；
(7) 提高课程质量，使其能促进学习和学生成功。

院校研究者首先需要从真实的描述性数据开始，那样就可以分成性别、专业、学科、新生或转校生、住校或走读和学术水平等多方面。除了简单的描述性数据，分析学生随课程流动情况至关重要。这种情况比如是，入门课程分数较低，转专业，高水平需求和受换专业冲击影响等都是重要的研究领域。同时，院校研究办公室优势会被要求协助项目协调员一起做项目评估，通过为评估设计或者为评估提供学校基础数据。在某些情况下，院校研究办公室有主要负责项目评估的工作人员。

研究者除了要了解当地问题，还要结合国家大环境。有许多学生培养数据交换联盟和 IPED 等国家毕业率数据来源。同时，国家学生交流中心为已经离校学生提供了一个确定录取和完成学业的服务。

## 毕业之后

招生管理不应该止于学生毕业，还可以使用调查数据从校友及毕业生的雇主获得有价值的反馈。这些反馈意见可以帮助学校更好地招生和培养学生，并且能丰富学生的大学生活。学生评估和招生管理之间有着很强的一致性。学生毕业评估激励了研究者收集学生毕业后的信息，这也可能会有益于招生管理。院校研究能够完成通过理解成果开启学生前途，到通过知识提高能力，再到吸引新学生的整个循环过程，从而完成所有反馈。

在美国一些州，工资和收入的数据可以用于作为与学生相联系的数据。这些数据有利于证明大学学位的经济影响，检查随时间薪酬和就业的变化，和按照地区、工作类型、专业以及其他因素划分的就业模式。拓展其他教育形式非常有用。

## 招生管理的类型

教育通道的基础结构基本相同，但是，招生管理的许多其他方面却相差很大。本节我们将讨论按照特定学校类型、学生类型和教育形式划分的招生管理类型。

### 按学校类型分

根据作者的经验，本章主要关注的是四年制的公立教育的问题和案例。其他形式教育所关心的问题仅简要地讨论一下。

社区学院通常有多个任务和有开放的招生政策，学生的"入学"可能会更像市场研究那样旨在开发各种有效的广告和其他宣传活动。院校研究可能会帮助识别目标市场和协助做市场调查设计。正如前文所述，院校研究还可以帮助识别学生并分析发展性教育的有效性。在另一个招生管理领域，社区学院在增加学位数、大学四年学分转换体制、详细分析转换通道的有效性等方面起着越来越重要的作用。以专业、课程和课程成绩为单位记录数据，需要提供足够的详细分析。

招生管理的概念首先是从私立学校而来（Coomes，2000；Duffy & Goldberg，1998）。除了小部分拥有大量捐赠的学校，大多数私立学校收入还是依靠学生。对于那些人数较少的学校，招生管理预测就变得非常重要。招生预测或者净学费收入出现相对较小的误差就会导致一个学校的财政困难。在生源选择性学校，招生扮演着重要的角色，因为招生的需求远大于招生能力。在一些非选择性的私立学校，财政资助分配往往相当复杂，因为学费折扣必须满足招生目标，同时还应达到净学费收入水平。

私立学校招收高中毕业生的人数不断增长。这些学校的收入严重依赖联邦财政资助计划，同时学生还使用佩尔助学金和联邦贷款来支付大部分学费。这些学校的招生管理往往非常注重营销和招生工作。

### 按学生类型分

定义本科生"类型"变得越来越困难。例如，一位新生可能会在一学期内同时就读于社区学院和普通大学。当学生可以更自由地在大学间转换，理解"学生漩涡"就变得极其重要。现在大多数州都有记录全州纵向数据系统，能够在州内做数据分析。全美学生资料中心提供查询高中毕业学校、大学毕业学校和其他州毕业等信息。随着越来越多的学校成为资料中心的客户，这些服务变得越来越全面和有用。

研究生教育是招生管理的另一新型领域。直到最近，研究生教育领域对成本和收入都没有细致分析。除了 MBA 课程，研究生教育没有考虑过收入问题。然而，在当前的经济环境下，越来越多的院校在研究各种方法从研究生项目中产生收入，尤其是在硕士水平领域。学校创建责任管理中心预测模型，为责任中心提供详细的数据，用以检验研究生项目的收入和成本。院校研究办公室与研究生院密切合作，经常协做分析检测招生模式、财政资助和学费流动等领域问题。

### 教育输送新形式

随着在线和远程教育课程和项目的增加，招生管理也必须扩展以适应这种类型学生的输送和招生。在许多情况下，与输送和学生学习成果质量有关的问题成为研究的核心，院校研究亦参与其中。在线教育需要一套新的招生管理工具和方法。这种形式的教育与普通教育不一样，并不受物理空间限制，可能需要面临更分散的市场营销和招生工作。

## 招生管理的组织

凯梅勒（Kemerer）和鲍德里奇（Baldridge）在《有效的招生管理策略》(*Strategies for Effective Enrollment Management*, 1982) 一书中，为理解管理大学招生的结构提供了有益的框架。他们描述了四种模式：招生管理委员会、招生管理协调员、招生管理矩阵、招生管理部门。一些拥有招生管理部门的学校，可能是独立于院校研究办公室的研究单位。理解了学校的组织结构能够从院校研究办公室得到有效的指导。根据 Terenzini 所描述的，院校研究者在特定的校园环境下工作是至关重要的。即使最好院校研究者也没有注意到，应该理解学校的组织结构、人员和政治背景。

## 目标资源利用最大化

招生管理的资讯与文本主要来源于一个微观经济学理论：学生的目标基金大部分受到额外资源影响。图 13.2 阐释了这一财政资助的原则。X 轴衡量学生加入 Z 学校的兴趣；垂直的 Y 轴测量学校财政资助对学生入学决定的影响程度。即使Z学校提供资助计划,A学生对Z学校也没有兴趣,然而C学生即使没有资助也对Z学校有浓厚的兴趣。在两者之间,B学生在入学和资助两者间权衡,资助可以大幅提高入学的可能性。像B学生那种情况,一个学校注重提供资助就会实现高入学率。其他许多情况也会发生类似的结果,例如,继续就学率的提高主要是通过努力培养有辍学危险的目标学生。

虽然理论上比较简单,但是这一原则的应用却非常困难,因为它需要确定哪些学生是保持中立态度。如果院校研究者能够成功地识别保持中立态度的那部分学生,将对高等教育机构具有相当大的价值。这种识别需要良好的统计分析,并且能有效地预测哪些学生会受到资助、额外学术支持或其他资源的影响。

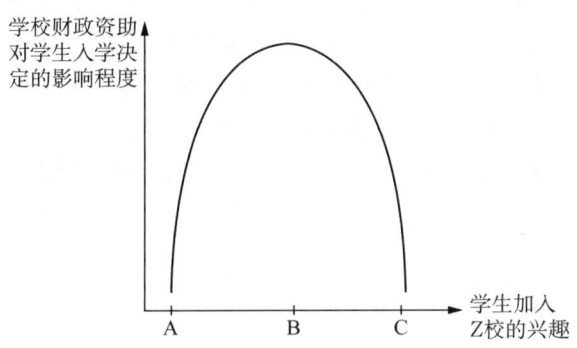

图 13.2　资助价格与学生的入学兴趣

## 数据无所不在

在对瓦里纳最近一次采访中,他提道:"未来十年最迷人的职业是统计学家。"他得出这个结论的逻辑与院校研究者支持招生管理高度相关:"具有数据获得的能力,包括理解数据、处理数据、从中提取价值、使数据可视化、与数据交流的能力,这将是未来十年非常重要的技能。因为现在真的是拥有免费的无处不在的数据资源,所以需要的是理解数据并能从数据中提取价值的能力。"(Varian, 2009)

高等教育充斥着招生管理数据。地理信息系统的崛起让学校能仅从学生的家庭住址就可以预测到学生的许多特征。复杂的软件允许招生管理人员跟踪与学生的每一个联系活动。一旦学生入学,会收集大量的关于他们学习进展等的教育经历的信息。所以现在可以有每一位学生的大量信息,但是,正如瓦里纳指出的,除非可以从中提取有用信息,否则毫无用处。能有效浏览大量数据的院校研究者将来必定会极具价值。

## 伦理问题

院校研究者将越来越被要求使用大量数据来识别最受资源影响的那部分学生。这样就会产生许多伦理问题。许多人认为高等教育研究者不应该像汽车代理商和航空公司那样,以价格来区分学生。院校研究者并不太会受这些问题的影响,但是他们许多技术决策将会涉及道德方面的困境。

一个典型的例子就是潜在的学生访问校园的数量信息。使用校园访问变量,就能够有效地预测一个学生的入学偏好,但是我们真的希望对那些每次都来参观校园的潜在学生减少资助吗?如果院校研究人员只关注他们统计模型的预测能力,那么他们将会帮助招生政策产生更好的招生"数字"。然而院校领导人可能会放弃这些益处,因为提升数字的方法会在核心机构产生矛盾。院校研究者也许是唯一在统计分析过程中具有伦理关怀的专业知识人员,并且招生数字提升时他们还必须能有效地沟通权衡。如果数据被采用,院校研究人员需要保证预测中使用的变量是合理的。

## 大学排名和问责指标

伦理问题必须要仔细考量,因为学校政策制定者会面临来自学校核心部门任务冲突等诸多压力。例如,政府财政资助成本的提升或者下降或者停滞,都会导致政策制定者关注净学费收入问题,它通常与其他目标相冲突。然而最大的是来自大学排名的竞争压力,比如美国《新闻与世界报道》的大学排名,很大程度是来源于学生和招生数据(Ehrenberg, 2002)。当给校长提供一些刺激性奖励以提升大学的排名,赌注就很高了,所以提供"准确的"数据是关键。一般情况下,尤其是数据定义明确,数据的有效性和正确性很明显,那么他们就应该提供正确的数据。但是,当数据定义不够明确,院校研究者就会有许多的选择。这种情况下,最好是提供多个视图数据,每个视图数据都应列出影响评价结果的优缺点。排名和责任指标任务越来越成为院校研究工作职责的一部分。

## 招生管理的未来

与招生管理有关的许多趋势对院校研究者具有重要意义。

(1)招生管理将会成为学院和大学的核心使命。随着学校在资金不安全的环境下竞争,招生管理将会变得越来越重要。一些学校在20世纪80年代或许更早就已经有这一趋势。

（2）院校研究人员将会在招生管理中变得更加重要。随着学校政策制定者需要管理招生，他们将会需要研究支持他们的决策。同时，计算机的革新使数据收集变得更加容易，将会拥有未来、现在和过去学生的大量数据。院校研究者将会有更大的机会提升院校决策制定，和把大量数据变得有实际价值。

（3）战略规划和预算程序将会更加一体化。扩招将成为许多学校保证收入来源和获得更多基金的重要手段。由于政府预算缩减，公立学校会持续增加学费，这将会形成预算和规划程序之间更紧密的联系。了解经济基本原则的招生研究者，他们怎样与招生管理相联系将变得更加关键。德贾斯丁和贝尔（DesJardins & Bell，2006）对这些观点做了详细的阐述。

（4）招生管理与学生评估的关系更紧密。就如本章所述，评估和招生管理有许多共通之处。评估研究和数据将会帮助大学理解学生通过课程是怎样活动的，同时也帮助我们更加了解学生以设计更好的招生策略。

（5）与其他部门和学校之间的联系会逐渐加强。高等教育的界限将变得模糊，教育的信息化、开发高等教育新模式、部门间学生交换，将会不断促进部门间和学校间的合作。

## 参考文献

Adelman, C. (1999). *Answers in the toolbox: Academic intensity, attendance patterns, and bachelor's degree attainment*. Washington, DC: U. S. Department of Education, Office of Educational Research and Improvement.

Arizona Board of Regents (2010). *AZ High School Report Card*. Retrieved from https://azregents.asu.edu/ABOR%20Reports/2009-10%20High%20School%20Report%20Card.pdf

Brinkman, P., & McIntyre, C. (1997). Methods and techniques of enrollment forecasting. *New Directions for Institutional Research*, 24(1), 67–80.

Cheslock, J. (2006). Applying economics to institutional research on higher education revenues. In R. Toutksoushian & M. Paulsen (Eds.), *Applying economics to institutional research* (pp. 25–41). New Directions for Institutional Research, no. 132. San Francisco: Jossey-Bass.

Coomes, M. (2000). The historical roots of enrollment management. In M. Coomes (Ed.), *The role student aid plays in enrollmeng management* (pp. 5–18). New Directions for Student Services, no. 89. San Francisco: Jossey-Bass.

DesJardins, S. (2002). An analytic strategy to assist institutional recruitment and marketing efforts. *Research in Higher Education*, 43(5), 531–553.

DesJardins, S., & Bell, A. (2006). Using economic concepts to inform enrollment management. In R. Toutksoushian & M. Paulsen (Eds.), *Applying economics to institutional research* (pp. 59–74). New Directions for Institutional Research, no. 132. San Francisco: Jossey-Bass.

Duffy, E. A., & Goldberg, I. (1998). *Crafting a class: College admissions and financial aid, 1955-1994*. Princeton, NJ: Princeton University Press.

Ehrenberg, R. (2002). Reaching for the brass ring: The U. S. News & World Report rankings and competition. *Review of Higher Education*, 26(2), 145-162.

Hossler, D. (1999). Effective admissions recruitment. In G. Gaither (Ed.), *Promising practices in recruitment, remediation, and retention* (pp. 15-30). New Directions for Higher Education, no. 108. San Francisco: Jossey-Bass.

Hossler, D., Bean, J., & Associates. (1990). *The strategic management of college enrollments*. San Francisco: Jossey-Bass.

Hossler, D., Schmitz, J., & Vespar, N. (1999). *Going to college: How social, economic, and educational factors influence the decisions students make*. Baltimore: Johns Hopkins University Press.

Humphrey, K. (2006). At the crossroads of access and financial stability: The push and pull on the enrollment manager. *College and University Journal*, 82(1), 11-16.

Kemerer, F., Baldridge, V., & Green, K. (1982). *Strategies for effective enrollment management*. Washington, D. C.: American Association of State Colleges and Universities.

Kroc, R., & Hanson, G. (2001). Enrollment management and student affairs. In R. Howard (Ed.), *Institutional research: Decision support in higher education*. Tallahassee, FL: Association for Institutional Research.

Kurz, K., & Scannell, J. (2004). Aid-award pitfalls: Why intuition is not enough. *Chronicle of Higher Education*, 50(34), B18.

McDonough, P. (1997). *Choosing colleges: How social class and schools structure opportunity*. Albany: State University of New York Press.

McPherson, M., & Shapiro, M. (1998). *The student aid game: Meeting need and rewarding talent in American higher education*. Princeton, NJ: Princeton University Press.

Schulz, S. (2008). Mastering the art of balance: An analysis of how private master's institutions pursue institutional quality, access, and financial stability through their enrollment practices. *Enrollment Management Journal*, 2(1), 65-100.

Sedlacek, W. (1993). Employing noncognitive variables in admissions and retention in higher education. In National Association of College Admissions Counselors (Eds.), *Achieving diversity: Issues in the recruitment and retention of underrepresented racial/ethnic students in higher education* (pp. 33-39). Alexandria, VA: National Association of College Admission Counselors.

Terenzini, P. (1993). On the nature of institutional research and the knowledge and skills it requires. *Research in Higher Education*, 34(1), 1-10.

Varian, H. (2009). Hal Varian on how the Web challenges managers. *McKinsey Quarterly*. Retrieved from http://www.mckinseyquarterly.com/Hal_Varian_on_how_the_Web_challenges_managers_2286

第 14 章

# 再聚焦"学生成功"——综合模型的角度

加里·A.赖斯(Gary A. Rice)
艾琳·拜瑟·罗塞尔(Alene Bycer Russell)

自从 1990 年联邦学生的知情权法案通过以来,学生的毕业率作为学生成功的指标已经占据中心舞台,同时,也成为很多争论和辩驳的主题。由于缺乏能被广泛接受的对高等教育成果的测量方法,美国各州和联邦的政策制定者们将学生的学习时长和毕业成绩作为主要的可测量指标。同时,批评者们谴责用单纯的毕业率进行评价的方式,他们认为这种方式既不充分而且还有误导性。但是尽管这些测量方式有各种各样的缺陷,毕业率这种方式还是获得了极大的关注并且广泛的影响着媒体、大学排名系统以及大学生雇主们。许多高等教育管理者认为这种窄化了的关于学生成功的概念没有充分地反映出学生们的努力和付出,同时还使广大社会机构的关注和社会资源的投入发生了偏斜。

为什么会出现这些困扰?非常简单的一个原因就是,大学毕业率确实很重要,但是它并不是最重要的。从社会的角度来看,美国在培养大学毕业生方面正在落后于其他国家,但是为了保持在全球市场中的竞争力,我们需要越来越多的拥有大专以上学历的工作者。然而,我们还需要工作者获得高级的职业训练以及与其工作相关的各种能力。这些与他们是否正在追求学位关系不大。从这个角度看,个体是否能在他们所进入的第一所教育机构中达到他们受教育的目标并不那么重要,他们在其中受教育的时长同样也没那么重要。再者,联邦以及各州的高等教育投入也没有增长,同时,低毕业率还可能会被看作是对公共资源的浪费。然而,个体从他们完成的高等教育课程中获得了价值,雇主们也从其雇员通过高等教育(非高等教育学位)获得的知识和能力中获得价值。从个体角度来看,很显然,每个学生在进入大学时有着非常不同的生活背景和千差万别的大学目标。这种差异性需要更大更广泛的概念来定义"学生成功",需要更好的指标去评价教育机构的作用。

本书认为,关于学生进步的数据可以而且必须被用于提升制度问责的现状、改善消费者信息渠道,以及提升制度绩效,但是,一种方式不能适合所有的情况。现在,是时候改变窄化的评价方式,从制度上关注"学生成功"的测量,以及再聚焦到一个更具有广泛适应性的以学生为中心的模式上了。

本章的第一部分探索联邦在塑造我们当今社会方面发挥的作用、目前评价方式的局限，以及已经取得的一些前沿进展。接下来将描述一个在阿拉斯加安克雷奇已经实施了的综合评价模型，这个模型包括所有的学生以及多样的关于"学生成功"的测量方式。

## 联邦国家在塑造新的"学生成功"标准上发挥的作用

联邦《学生知情权法案（1990）》，将所有加入第四项目的教育机构必须每年上报其毕业率的要求用法律形式规定了下来，需要上报包括临时、全日制、获学位或者证书的学生在1.5倍正常时间的毕业率。为了实行这项规定，全美教育数据中心（NCES）设计了毕业率调查（GRS）作为其整体高等教育数据系统的一部分（全美教育数据中心）。毕业率调查与高等教育数据系统的其他部分不同，因为它需要追踪每个学生一段时期以来的学习，它将挑战许多现存的数据系统。

1998年颁布的高等教育法案修正案使其得到了更进一步发展，它要求全美教育数据中心（NCES）上报特定消费者信息，包括毕业率，并且这些信息可以在网上获得。

数据中心所发布的第一个毕业率调查数据是意义非常的，因为关于全美毕业率的调查之前都是从未有过的。正如在毕业率调查（GRS）中定义的那样，进一步巩固的主导地位，使毕业率成为"学生成功"的指针。

在2008年通过的《高等教育机会法案》包括了一些关于毕业率的部分，但是它并没有显著地改变关于"学生成功"测量方法的现状。

在新的必须在大学导航网站上公开的消费者信息中，第一次对在200%的两倍正常时间内（是对目前毕业率调查中1.5倍正常时间的扩大）毕业的全日制学生的毕业率进行了要求。同时，法案第四部分（第488条）要求教育机构每年按照资助类别公开毕业率，一共分为三类：联邦佩尔助学金的接受者、没有接受佩尔助学金的联邦补贴贷款获得者，以及既没有获得佩尔助学金也没有获得联邦补贴贷款的学生。

尽管这项举动的目的在于确认学生的社会经济地位会影响其毕业的可能性，但是它对于信息公开的要求并没有向全美教育数据中心（NCES）提供可以放在大学导航网站上的信息，而只是部分减少了提供这些信息的潜在影响。总而言之，没有什么大的改变。

### 传统的毕业率测量方式在当前的局限

传统的测量是以一些窄化了的定义概念为基础的。毕业率调查（GRS）尤其突出，它只包括在秋季入学的临时学生、全日制学生，获求学位或者毕业证书的学生。

然而,这个范围排除了当今比例日益扩大的本科生,包括:

(1) 部分时制学生;

(2) 从其他高等教育机构转入的学生;

(3) 在早期获得过高等教育认证的成年人;

(4) 春季入学的学生;

(5) 为了其他目的而非为了获得学位或者证书而进入大学的人们。

这些窄化定义的结果就是,传统的毕业率测量并不能检验一大批不同的在许多非重点大学(非精英教育机构)的本科生的学习情况,尤其是那些在社区大学的学生们。根据那些定义,传统测量只能说明那些大学所做的一小部分。

传统的测量方式以窄化的"学生成功"定义和人为设定的时间框架为基础。毕业率调查(GRS)关于"学生成功"的定义尤其是这样,GRS 的定义只包括那些获得学位和证书的学生,以及那些在 1.5 倍规定时间完成这些的学生。根据这种定义,下列情况都视为未通过学业(即使在学生本人看来他们的目的已经达到):

(1) 四年制学生到六年半毕业。

(2) 转学或者在四年中在其他大学获得学士学位的学生。

(3) 以全日制学生身份入学,后来转成部分时制的社区大学学生以及在五年中获得副学士学位的学生。

(4) 已经获得了成功的学习经历,包括高等教育知识以及高级技能和高级资格能力但没有获得学业证书的学生。

(5) 所有的毕业生以及专业学生。事实上,这些学生通常被排除在关于大学作用的讨论之外,以及关于"学生成功"的讨论中(也不是基数的一部分),尽管他们代表了许多大学显著的工作成果的一部分。

传统的测量方式没有考虑大学使命的多样性也没有考虑入学学生的不同特点。它迫使大学为学生的生活环境和个人目标负责,然而,这些是超越高等教育可以控制的范围的,这使得它无法证实高等教育对学生成长的贡献。这是个问题,因为它可能导致政策制定者、媒体、学生及其家庭对大学所发挥的作用做出不正确的评价。

尤其是,目前的这种测量方式实际上指责了那些更以"学生成功"导向为使命的大学,和那些更低门槛准入的普通大学。

研究多次显示,有某些"危险因素"的学生比普通学生在规定时间内毕业的可能性更低(Horn & Premo, 1995)。比如全美教育数据中心(NCES)的纵向研究调查了开始高等教育生涯的学生,发现了七个导致可能放弃学位而毕业的特点:延迟入学,部分时制,每周工作超过 35 小时,经济独立,有孩子的单亲父母,没有高中文凭。

在某种程度上,这些有或多或少"风险学生"的高校毕业率通常比较低。国家教育数据中心(NCES)报告称,那些有不到20％贫困学生的大学,平均六年的毕业率是70％,而那些有超过40％贫困学生的大学平均六年的毕业率是42％。

传统的评价测量方式将大学的成功极度简化和扭曲为一个简单的数字。在快节奏、高压、多任务的世界,一个共同的期待是每个问题的答案都是在寻找一个单纯的数字。

这样的例子有很多:学分、累计GPA、美新周刊世界排名、生活消费指数等。不幸的是,关于"学生成功"的评价也是这样的,而且如今对整个大学成功的评价也非常狭隘和简单地用毕业率进行评价。

总而言之,现行的毕业率标准是以一个已经过时的学生表现模型为参照的,它只关心学生在一所大学线性的,适时的进步。这个模型不能识别普遍日益复杂的学生表现,它包括交替的全日和部分时制的学习,在不同大学学习、交换、辍学。因为没有将学生真正的入学表现考虑进去,也没有考虑很多大学所做的努力,现行的毕业率数据使得我们对于大学的作用做出了错误的评价。

### 数据系统开发进展促进毕业率测量的改革

在SPTK通过两年后,许多大学还不知道他们那些没有能够再登记入学的学生们会出现这种情况。这些学生被认为是"失败的案例"无非是因为没有足够好的数据来说明他们之后的表现。从那时起,高等教育开始有跨越学校甚至跨州的数据系统方面的提升,这为更好的测量方式的出现创造了机会。

全美的、跨系统范围的高等教育董事会数量的增加使得跨学校追踪学生的情况成为可能。这些机构几十年来,采集、报告以及使用大学的数据,但是SPTK的通过刺激了国家学生记录数据库的发展。从那时起,这样的数据库开始在数量上增加,在数据收集方式、所包含的大学数量以及跨校联系等当面都有进步。

现在,全美20个州已经建设了47个"学生单元记录数据库",至少能覆盖它们所属州的公立大学(Ewell & Boeke, 2007)。这些州中有7个州与其他不同的高等教育系统相一致,还另外设有这样的一个数据库,在大多数情况下,它们可以跨数据库共享数据。有17个州至少可获得一些来源于独立大学机构的信息,有6个州至少可获得一些来自私立大学机构的信息。

这些数据库最常见的用处就是计算毕业率(Ewell & Boeke, 2007)。所有的数据库都使用了与GRS一致的方法,但是一些州还有其他的功能,比如追踪学生更长的时间、跟踪部分学时学生,以及测量转入其他大学的学生。这些特点在提高毕业率的意义方面是非常有价值的。

关注已经从是否有建立一个"联邦单元记录数据库"的可能性转移开了,现在,越来越多的兴趣转移到了"是否可以在现有数据库基础上建立一个全国系统"的问题上了。

埃韦尔和伯克(Ewell & Boeke，2007)将注意力放到了这个问题上，由此人们对能否建立基于州数据库的全国性数据库的兴趣日渐浓郁。通过分析33个关键数据元素，他们发现国家接近于拥有一个关于数据元素一致的"共同核心"。这份报告建议"应该使国家尽快地、确定地有能力联系全国单元记录数据"，并且指出，通过第三方，或者非政府组织进行推进，会更有效。

由卢米纳基金会资助，"全美高等教育管理系统中心"在2003—2004年进行了一项研究，测试了跨州进行数据联系的可行性(National Center for Higher Education Management System，2008)。该系统目前之和两个州进行合作——分别是俄亥俄州和肯塔西州，但是这项努力确实有一定的价值。2004—2007年，一项扩大的项目发现，涉及数据交换的有四个州：肯塔西、俄亥俄、田纳西以及西弗吉尼亚。研究者总结道："为了获得更精确的评估群体保留或完成数据，在多个州之间的SUR(学生单元记录)进行数据交换是可行的，"但是"这其中的政治问题会超过数据问题，并且会使整个行动的速度减慢。"各州是否在未来的州际数据交换努力中有兴趣还有待考察(National Center for Higher Education Management System，2008)。

全美学生数据交换所(The National Student Clearinghouse，NSC)成立于1993年，它是学生登记注册的证明信息库，代表着一个迄今为止还没有被充分认识到的不同种类的数据系统。这个系统以大学的自愿参与为基础，目前已经覆盖超过90%的大学学生。通过这个系统，记录可以在大学之间进行匹配，同时大学可以知道那些没有再登记的学生发生了什么——是否在其他大学登记或毕业。

尽管不是因为这个目的建立的，数据交换所还是为研究跨洲转学的研究者们提供了有效的信息。简单地描述为，阿拉斯加模型每年使用NCS跟踪所有学生群体的转入(在他们初次入学之后)超过10年。

## 有望扩展或改进现有的毕业率测量方式的倡议

最近一些倡议说明了毕业率标准的创造性的、更有意义的用法，这些用法与学生的成功相关，包括如下：

（1）通过使用来自"合作院校研究计划"(CIRP)的数据以及新生调查的数据，位于洛杉矶的加利福尼亚大学的高等教育研究机构开发了一套"实际的与预期的"毕业率模型，可以用于比较大学之间新生特点的(Astin，2004)。

（2）以20世纪90年代中期的联合委员会问责报告(JCAR)为基础，自发的问责系统已经建立了大学形象网站，这个网站呈现关于学生成长的更为全面的画面（美国州立大学和公共大学、赠地大学联合会）。这里的大学形象包括两方面的数据——GRS定义的临时学生、全日制学生，以及额外的转学生。它可以代表关于"学生成功"的多元测量：毕业于这所大学，毕业于其他大学，仍然注册登记在这所大学,仍然注册登记在其他大学。通过使用 GRS 的数据,教育信托机构开发了一套基于网络的大学结果在线工具,它可以进行与同级大学的比较,以及种族、民族、性别间的毕业率比较,超时毕业率的比较。

(3) 利用 GRS 数据,教育信托机构开发了一个网站工具"学院成果在线",可用于同行比较,或是以种族、民族、性别分组比较毕业率(The Education Trust, n.d.)。

(4) 许多州对学生的追踪内容要比 SPTK 要求的宽泛,而且州在如何使用他们的数据去实现与"学生成功"相关的政治目标时可以更有创新性。2009 年,NGA 中心关于最好的实践政策简要阐述了州领导人应该如何通过设计关于学生成就的测量,去实现他们的特殊政治需要。这需要政府追踪四个关键要素:成功地完成核心课程以及补救措施,从补救课程到学分制课程的进步,从一个两年制大学转入一个四年制大学,以及获得证书。这还需要各州根据团体成功率(依据学生人口分组)将措施进一步分类;这些中包括:部分学时学生和全日制学生,转学生,佩尔奖学金获得者,未被充分代表的少数族裔学生,以及入学时超过 21 周岁的初次入学者。

这些以及其他例子给我们带来了希望,但是它们并不能取代占主导地位的、在联邦层面被 SPTK 和 GRS 所定义的思维方式。

### 新兴的改进数据系统的应用和"学生成功"度量标准

由于使用了上述提到的一些进步做法,许多的机构以及研究者们正在其研究中不断进步和突破。因为他们的努力是基于数据的,而且关注特定的体制问题,他们增强了改变发生的可能性。

高等教育组织公司(HigherEd.org, Inc)的研究使用了之前所描述的解决非传统学生问题的 NCHEMS 州际间的数据交换。这项工程十分有意义,因为 GRS 数据对于检查与这些学生相关的政策性问题是不适用的。这项工程以已经建立的四个州数据库以及两个额外的用于六个州分析的数据库(弗吉尼亚和纽约州立大学)为基础。这项研究可以识别那些与提高非传统学生学习成果相关的因素。

受教育信托机构的支持,全美系统领导协会(NASH)与 24 个公共高等教育系统的领导者们一起发起了 A2S(通向成功的倡议/access to success initiative)。这个精心设计的倡议致力于在增加他们所在州的大学毕业生人数同时减少入学生和毕业生们在种族和社会经济上的差距。倡议不仅包括了部分时制学生,也包括转学生,是为了更好地证明学生在大学期间进步的时候,不同的学生群体之间发生了什么;它尤其追踪那些低收入学生们的进步过程。

### 扩展和再聚焦"是什么构成学生的成功"

既定的与毕业率报告相关的惯例在可以预见的未来是不太可能消失的,并且在未来还将是一个有争议的问题，这是一个可以基本得出的结论。挑战在于，找到方法去扩大以及再聚焦这些标准使其有用性最大化，并且使其潜在的不利和无法预料的结果最小化。一方面，需要扩大对于多元、可选择的"学生成功"测量的认知，包括关于保留的多种概念、学生学习的档案；另一方面，取得学位时间的问题必须得到解决，传统的时间结构需要进行扩展。同时，在分类毕业率的发展和有效利用的问题上要继续努力，它可以提供更多有意义对比。

在接下来的部分，我们将通过呈现阿拉斯加·安克雷奇大学（University of Alaska Anchorage；CUAA）已经完成的工作去解释以上描述的许多问题。这个在UAA设计的模型能够从一些不同的视角测量学生的学习，它可以反映学校使命的完成情况以及反映它所服务的人们的现实情况。

## 阿拉斯加·安克雷奇大学模型概观

安克雷奇大学高等教育系统综合了两大块职能：开放获取（两年）职能，以及传统的教学、研究和扩大服务的大学职能。UAA是高等教育系统三所公立大学中最大的一所。它的主要服务区域是阿拉斯加中南部，那里有该州大约三分之二的人口。UAA是由安克雷奇主校区（颁发从准学位到博士的毕业证书和学位）、四所社区大学（颁发证书以及提供准学位项目，向主校区报告）组成。在撰写本文时，这所大学的总注册人数已经接近21 500，总预算接近3亿美元。[更全面的UAA资料，其注册人数、财政、人力资源情况参考UAA官网（http://www.uaa.alaska.edu/ir/publications/factbook/index.cfm）]。

## 为何要建立该模型？

两个相互关联的，为了发展一个测量以及评估"学生成功"（学习进展）模型的基本驱动力是：第一，现有的标准（正如在IPEDS报告中定义的那样）有许多非常明显的局限，而这个模型试图去弥补这些局限。这已经在本章的第一部分进行过详细地说明。第二个驱动力是意识到需要扩展关于"学生成功"组成要素的认知和定义（这个定义反映为当今全球高等教育领域所有学生服务的责任）。下列关于"学生成功"的信念指导了这一模型的发展并且规定了其实用背后的哲学：

（1）"学生成功"需要从学习者角度来评价，而非大学机构的角度。
（2）没有单一的，同类的学生群体。
（3）为所有的学生服务，而非只是为全日制、应届的、以获得大学学位为目标的学生服务。
（4）学生的学习是不断发展的，不能只用成功或失败进行评价。
（5）获得知识是所有入校学生入学的共同目标。
（6）大学机构有责任在其能力和资源范围内优化这一程序。

从制度上讲，这一模型通过解决与"学生成功"相关的最基本问题来提供计划、项目评估以及决策制定。这些基本问题包括：我们应该把资源分配到何人何处，去有效地帮我们所服务的所有学生实现最有效的"学生成功"？这一模型将关于"学生成功"的定义建立在所有大学各自任务的共同点上（即：是否很好地帮助多样的学生亚群体，获得最基本的和他们最想获得的知识、能力、技术？）而传统的毕业率标准无法回答这些问题。

### 模型的设计、假设、思路原则

这一模型在两个层面上运行。第一是简单表层面，通过设计，在高等教育和其所服务的多重对象之间架构一座可以沟通的桥梁。这其中的关键是要能够有效地与其多重服务对象进行沟通，以使学生在入学时就能够获得有效的学习。其次，该模型为分析其中两个基本的系统间的相互作用提供数据和结构，这两个系统是学生和大学机构，这两个系统间的相互作用是固有的和复杂的。这一潜在模型发展的假设是，不考虑公开的和未公开的目的，每个学生都追求获得知识以及提高自己的能力去实现自己的个人目标。每个学生通过预先被定义的，由教师评估的与学习成果相关的标准来证明自己有效的学习收获及学习进步。

### 数据设计以及方法的实施

UAA模型通过大学现有工作人员利用一个现有学生数据库来实施。基本的用于模型运转的数据库常规地收集每位学生每一学期的情况，包括暑假，在本学校或者国内的其他学校。数据提取于现有人口普查冻结点的数据源。这一模型不需要很高的维护费用，并且可以通过院校研究办公室利用有限资源进行控制。尽管需要将近2.5年的时间去实现最初的设计和操作，UAA模型可以让一所大学通过有一个技术分析师的院校研究办公室用，在2个月中的8～10天维持原有院校研究运转的同时，执行这个模型。每次操作，识别每个新群体需要2～4小时，每年需要2～3天更新现有的每位学生在10个群体中的位置。最初的启用不需要额外的资源（比如，人力、财力或者设备）。

下面的步骤代表构建UAA模型的基本核心活动。

（1）这个过程开始于确定大量初次入学学生的"生命周期"。在UAA模型中，这一周期被确定为10年。在10年中，95%的学生要么达到过他们想要的目标（通过获得学位或者证书获得大学的入学资格），转入其他的大学，要么就要离开大学，并且无法进入其他大学，最后再也无法回到UAA系统中。"不以追求学位为目的的学生"的生命周期也适合这一时间框架，因为目前的两倍时间框架是可以使"追求学位的学生"在传统的毕业率定义下完成学位的。

（2）下一步，这个程序挑选那些通过电子手段捕获的，对于分析和评估"学生

## 第14章 再聚焦"学生成功"——综合模型的角度

经常性成功"有重要作用的"学生特点"。新捕获的学生特点将被添加进去。这些特点可以被用来定义不同的学生群体和学生团体。这些特点可能包括：人口分布情况、理论准备情况、转学情况，等等。需要注意的是：在决定要追踪什么，包括什么的时候必须要认真考虑，必须关注到"需要知道的"与"高兴知道的"之间的对抗。后者就是决策制定者应发挥的作用，需要调和二者一致。模型的运行是基于学生眼中的"学生成功"，而非大学视角下的"学生成功"。并且，选择那些会导致学生小亚群体的特点，将会产生仅仅关于一小部分学生的信息。而这可能会导致结果的不可信，和做出糟糕的决定。有人说，有意思的学生亚群体是用来计算毕业率的那些初次入学的"全日制新生"。用该模型的结果比较和描绘与这些学生亚群体的毕业率，可能会挑战关于他们成功的传统观念。另外一个对于许多大学非常重要的亚群体是"未充分准备的学生"。

（3）群体选择。这一步是至关重要的，因为它是这个模型的基础：挑选那些在每年特定时间初次入学的学生进行追踪。UAA决定将秋季学期作为唯一的年度群体选择节点。其他的群体选择节点可以涵盖所有的或者任何部分的学术学期，一个季度，或者是有大量初次入学学生的学术学期。对于全部的学生群体，这里只有一种选择追踪群体的标准："是否是初次入学？"学习了大学课程的高中生是不被追踪的，除非他们已经从高中毕业或者在入学时已经至少19岁，但还没有毕业。对某一特定的一年，只有初次入学的学生会被追踪，而不是全体学生。一旦学生被选入了一个特定的群体，他会被进一步分类到某些亚群体中，比如：本科生—研究生、学位学生—非学位学生、主校区学生（对于多校区大学，传统度量标准学生等等）。然而，学生还是会在相同的主要群体中被追踪，这种追踪从他们入学开始，每学期都进行，一直持续10年。在UAA，每年秋季就会有一个主要追踪群体产生。最终，10个主要的群体在10年内，在给定的时间里被同时追踪。在这10个主要群体中，每位被大学服务过的学生将被纳入一个特殊的主要群体，并会被持续追踪10年之久。传统标准下的"临时学生""全日制学位学生"会继续被追踪，但是他们现在成为一个亚群体，而不是代表全体大学学生的代表群体。

（4）学生情况追踪。在UAA，每年秋季，每位学生在10个主要群体中的学术身份将会与他们之前每年秋季的学术身份进行比较。一共有六种学术身份的分类。每个学生在给定的学术时间范围内只能被归入其中一类，但是在10年中可以有不同的身份。在这一点上，这一模型实际上追踪亚群体中每一位学生身份的改变情况。在每个学期的规定时间点，有六种主要的决定每个学生学术身份转变的条件：登记入学（保留），间断学习（辍学），临时奖励，毕业、转学或者辍学。还有两种关于学生进步的测量：课程成绩以及目标进步水平。（图14.1）

（5）建立一个学生流动地图。科学家们从来没有见过离子，但是他们通过将其放在云室中并且观察它们留下的踪迹来研究它们。相似地，学生流动地图

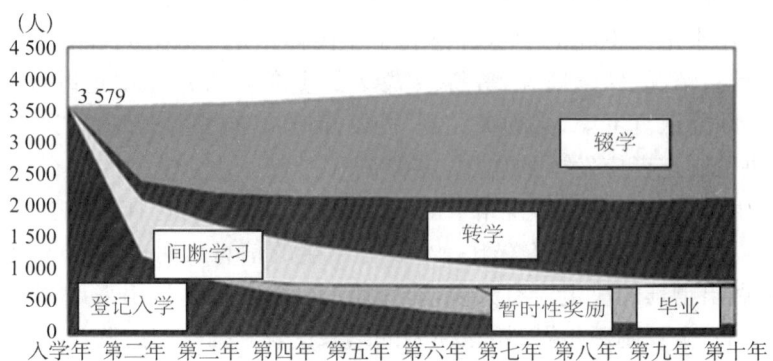

**图 14.1　1998 年秋季首批入学的本科群体 10 年变化示意图**

（图 14.1），来自学生身份追踪表，它就像学生身份的"云室"，因为学生们在 10 年中会在不同的大学机构之间流动。

图 14.1 讲述了 1998 年秋季初次入学学生 10 年内每个学期的情况。那些没有重复的类别可能包括已经达成目标的非学位学生；然而当观察学生每一学期的情况时，那些非学位追求者只入学一学期之后再未返回。那些注册了的，间断学习，以及没有返校的学生是没有按学期累积的。现在这幅图上明显的学生增长，产生于在每个时期被分在不同种类中的学生。注意六年后学生数的继续增长。有三类特别值得注意：一是在第一年后有大量学生辍学；二是六年后的毕业学生数继续增加；三是我们的学生持续转出。

这幅图鼓励研究者们关注正在不断改变的模式而非数量，因为每个身份讲述了一种情况。这张地图的格式塔揭示了一些比其各部分总和更重要的东西。某个单一亚群体过去稳定的地图模式揭示了其运动的存在，以及随后该团体潜在的学习进步（可以用来与其他亚群体的学习模式进行比较）。每一个亚群体有一个独特的模式，将不同学生团体的"搅动"情况放在一起，其研究的结果也会很有揭示性。

（6）描绘 10 年来的最终追踪身份轮廓。在 10 年的最终点，一个对于每个群体的最终的形象将被描绘出来并归入档案；同时，一个新的群体也将开启它的旅程。表 14.1 表现了"学位学生"与"非学位学生"之间 10 年后成功学习总人数的差别。它还分别报告了因为某些原因在过去 10 年里没有获得 UAA 奖励但进步的"学位学生"学习进步的水平。

（7）确定每个学生亚群体每年的，以及 10 年最终的成功学习率。这个被描述的模型在追踪过程中深刻揭示了重要的观点，但是其真正的力量在于确定了多种学生亚群体成功的学习进步。尽管课程成绩是这一模型的基础，被追踪的不是成绩本身，而是成绩所代表的东西（图 14.1）。这一模型定义和接受为课程获得的学习成果有关的 SLR 进步，并且继续使用其直至学院和普通大众之间的大多数人能达成一种共识:就创建一种更好地去定义和评估学生学习进步的方法达成共识。某一群体内或者跨多种亚群体的成功学习水平的合计是通过确定 SLR 完成的;也就是在这 10 年中,相对于所尝试的全部课程,所成功通过的课程比率。为了说明这个问题,一个学生成功通过其所选 5 门课程中的 3 门(60%),其学习上的进步与一个成功通过其所选 10 门中 6 门课程的学生的成就是一样的。从大学的角度来看,他们获得了与其努力相关的同等的学习进步。因此,部分学时学生与不以追求学位为目的的学生,被那些原本用于评估全日制学生进步的标准进行了评价。

(8) 可选择性。被某个特定人口特点定义的群体在初次进入大学时可以被该模型捕捉到,这使我们能够进行学习进步分析以及跨不同子组进行比较。这提供了根据时间推移而改变的初次入学群体构成,以及这些改变如何与学术表现联系的相关信息。

它同样也可以为大学评估那些为某类学生设计项目的有效性以及识别那些表现不佳的学生团体服务。

表 14.1　10 年后的学习目标:UAA 1998 年秋季首批入学的本科生群体

| 学习目标完成情况 | 学位追求者 | | 非学位追求者 | | 总计 | |
| --- | --- | --- | --- | --- | --- | --- |
| | N(人) | Total | N(人) | Total | N(人) | Total |
| 6 年内毕业 | 100 | 6.7% | | | 100 | 2.8% |
| 10 年内毕业 | 258 | 17.2% | 167 | 8.0% | 425 | 11.9% |
| 非学位:以优异成绩进步 | | | 552 | 26.5% | 552 | 15.4% |
| 非学位:实际进步 | | | 108 | 5.2% | 108 | 3.0% |
| 目标实现总和 | 358 | 23.9% | 827 | 39.7% | 1 185 | 33.1% |
| 进步 | | | | | | |
| 不停顿入学 | 1 | 0.1% | | | 1 | 0.0 |
| 获得暂时奖励 | 26 | 1.7% | | | 26 | 0.7% |
| 间歇的 | 349 | 23.3% | | | 349 | 9.8% |
| 毕业前转学 | 402 | 26.8% | 719 | 34.6% | 1 121 | 31.3% |
| 非学位:中等进步 | | | 272 | 13.1% | 272 | 7.6% |
| 非学位:最小进步 | | | 43 | 2.1% | 43 | 1.2% |
| 进步总和 | 778 | 51.9% | 1 034 | 49.7% | 1 812 | 50.6% |
| 学习目标未达到 | | | | | | |
| 1 年后未返校 | 362 | 24.2% | | | 362 | 10.1% |

(续表)

| 学习目标完成情况 | 学位追求者 | | 非学位追求者 | | 总计 | |
|---|---|---|---|---|---|---|
| | N(人) | Total | N(人) | Total | N(人) | Total |
| 非学位:无进步 | | | 220 | 10.6% | 220 | 6.1% |
| 未实现目标总和 | 362 | 24.2% | 2 081 | 10.6% | 582 | 16.3% |
| 总计 | 1 498 | 100% | 2 081 | 100% | 3 579 | 100.0% |

以获得学位为目标的学生们学习进步的程度

| 进步情况 | 出色的 | | 实质进步 | | 中等的 | | 少数的 | | 没进步的 | | 总数 | |
|---|---|---|---|---|---|---|---|---|---|---|---|---|
| | N | % | N | % | N | % | N | % | N | % | N | % |
| 不间断招生 | | | | | | | | | | | | |
| 临时奖励记录 | | | | | | | | | | | | |
| 间歇的 | | | | | | | | | | | | |
| 转学 | | | | | | | | | | | | |
| 以学位目标的学生 | | | | | | | | | | | | |
| 以获得进步为目标的学生 | | | | | | | | | | | | |

注意:学习进步的程度由已选课程的通过比例和所得成绩决定。
出色进步:90%～100%;
实质进步:75%～89%;
中等进步:31%～74%;
小进步:11%～30%;
未获得进步:0%～10%;
6年内毕业仅包括传统标准,全职,四年学位学制的学生。

(9)选择性。一些重要的学生亚群体不能在一开始的时候就被识别,但是在10年情况的最后节点可以被发现和记录。这些学生包括转学生、间断学习的学生,以及未再返回的学生。他们可以被从主要的群体中挖掘出来,也可以作为寻求新见解的新群体再次进入该模型。

需要注意的是,所有被用于该模型的数据,目前实际上在所有大学机构的学生数据库中都可以获取到。同样地,大学机构们可以创建数据库去支持该模型的使用,而不用等满10年。在UAA,历史的数据可以用来在一开始建立一个10年的趋势。

## 模型设计或实现过程中面临的挑战

在UAA,有无数的大或小的问题出现在模型设计及初次使用期间。意识到每个大学有自己的独特性并且要解决自己所面临的一系列挑战,我们列举如下五项最具挑战性的问题。

(1) 要解释关于"构成学生的成功要素"范例的转变,需要全体教员以及行政人员思考并且接纳这样的观点——"学生成功"是全体学生的成功学习,而非仅仅是部分优秀学生获得学位。尽管,学位授予是这一模型的组成部分,实际被记录的是官方学位或证书所代表的潜在的成功学习。这需要将关注点从"学生成功"转向学生的学习表现,而不是从大学的角度审视成功:也就是毕业率。这需要将追踪时间从6年延长到10年。使大学间在关于八项基础性的身份确定规则方面达成一致是非常有挑战性的,但是它对用于大学领导者规划和制定决策的模型结果是必需的。

(2) UAA研究者需要鉴别以及处理一些对于课程成绩使用主动或者被动的阻力(尤其是成绩D)去表示成功学习的水平。人们需要认识到,获得"D"意味着"刚刚通过"而不是不及格。他们还必须接受用成绩(正如在这个模型中的运用的那样)作为目前唯一被接受的相对于不成功学习的(F),成功学习(A、B、C、D、P)的替代品。

(3) 学生流动地图本身确实是一个挑战,因为人们不习惯见到也不理解运动中的学生群体及其随着时间不断变化的特点。模式本身比绝对数字要重要得多。一旦人们理解了这幅地图所揭示的与学生"搅动"和潜在成功学习相关的信息,他们就会发现,随着时间的移动,在视觉上比较一些学生亚群体,可以揭示用其他方式很难发现的洞见和关联。

(4) 新兴的对于UAA模型的了解引发了大量的信息需求,这使院校研究员工措手不及。院校研究员工以及教务长都认识到"优先顺序设定"的指导方针需要被发展到可以辨别"需要知道的"与"愿意知道的"。很显然,这一区别可能被视为决策制定者的职责,目前,这套指导原则还在讨论中。每年都会生成标准报告,以描绘整个学校学生学习进步的情况。由于这些信息的开发和自动化,更多的关注可以放到与某个具体的制度问题相关的学生学习进步的问题上来。

(5) 一旦模型充分地运行,如何建立策略,使模型的结果被纳入大学的决策制定和制度文化是非常具有挑战性的。建立一个模型合并计划(包含有形的目标、小幅增加但却协调的步骤,以及个人的职责和能力)是成功的关键。

## 模型的发现

在UAA,这个模型已经开发出来三年了,但是还在努力完善中。标准化的报告已经形成并进行了分析。由于篇幅限制,无法再一一呈现其他生成的图表,感兴趣的读者可以参考UAA OIR的网站(http://www.uaa.alaska.edu/ir/reports/success),这里有更多的例子和关于UAA所挑选的亚群体的主题分析。

### 模型情况的追踪

这个模型还处在开发和应用于大学计划与决策制定程序的初级阶段。但是，由于一些有重要意义的迹象已经出现，很多大学高层领导已经接受了这一模型；这其中：

（1）一个大学范围内的模型综合计划正在被执行。

（2）UAA 的校长和管理者们已经单独地实施了一些内部或外部的行动去充分地了解、交流模型，以及运用模型对大学进行治理，并且将它的潜力告诉给了同行和其他领域的人们，以扩大它的影响。

（3）模型的结果已经被引入目前对于"自学"过程的重新认可。

（4）UAA 的教师代表会主动通过了一个官方模型，也与 OIR 一同建立了一个正在进行的联合小组委员会去监测模型的结果、影响或者问题。

（5）学位项目协调者们正在研究将模型结果纳入要求的审查文档程序的方法。

（6）申请用于促进"学生成功"的内部研究经费，必须将模型结果作为项目产出文件的一部分。

（7）UAA 员工们为了帮助学生学习，正在试图了解更多关于他们投入的影响。

（8）OIR 收到了大量对于与多种学生亚群体相关的模型结果的需求，这导致了他们的工作量超过了可以承受的范围。这个模型的整体计划（包括决定"需要知道的"以及优先选择的指导原则）为目标优选信息和数据需求提供了可接受的指导方针。

（9）一系列关于"学生成功"的基本问题，正在被重新定义为一个可以进一步分析和进一步在大学间使用该模型的前后联系的框架。

（10）对于学位学生和非学位学生的 SLR 和学习进步标准正在发展中，并且被考虑纳入国家性能指标。

## 超越 UAA 的未来展望

未来会怎样？毫无疑问，高等教育及其服务的广大学生在过去的 50 年已经获得了一定的发展，但是，在这不断变化着的世界里，学院及其利益相关者还未适应如何切题的评估和讨论"学生成功"。下面有一些预期刚起步的，短期及长期的，旨在解决这些问题的策略。其他的情况将会因为这些策略影响的显著而出现。

扩展对于模型性能的测试，扩展可能的范围到全美，包括所有类型和层次的高等教育。

扩展全美以及世界对于模型的产生,在国家及地区中可以发挥的作用,以及模型的特邀报告方面的了解。这包括州和联邦的立法者、美国教育部、州高等教育系统、职业的高等教育联合会,以及私营企业领导。

吸引和招揽可以使该模型在整个美国乃至世界范围内变得实际可操作所需要的外部资金支持。发起和促进学院与普通大众之间的对话,可以扩大思维范式在"什么构成学生成功"这个问题上的转变,这是与当今的学生,国家高等教育优先权以及每个大学的教学使命相一致的。

## 参考文献

American Association of State Colleges and Universities & the Association of Public and Land-Grant Universities. (n.d.). College portrait of undergraduate education website. Retrieved from http://www.collegeportraits.org/

Astin, A. (2004, October 22). To use graduation rates to measure excellence, you have to do your homework. *Chronicle of Higher Education*. Retrieved from http://chronicle.com/article/To-Use-Graduation-Rates-to/27636/

Ewell, P., & Boeke, M. (2007). *Critical connections: Linking states' unit record systems to track student progress*. Indianapolis, IN: Lumina Foundation for Education.

Horn, L. (2006). *Placing college graduation rates in context: How 4-year college graduation rates vary with selectivity and the size of low-income enrollment* (NCES 2007-161). Washington, DC: U.S. Department of Education, National Center for Education Statistics.

Horn, L. J., & Premo, M. D. (1995). *Profile of undergraduates in U.S. postsecondary education institutions: 1992-93, with an essay on undergraduates at risk* (NCES 96-237). Washington, DC: U.S. Department of Education, National Center for Education Statistics.

Milam, J. (2009). Nontraditional students in public higher education: A multi-state, student unit record study. Retrieved from http://highered.org/docs/NontraditionalStudentsinPublicInstitutions.pdf

National Association of System Heads & The Education Trust. (2009). *Charting a necessary path: The baseline report of public higher education systems in the Access to Success initiative*. Washington, DC: Authors.

National Center for Education Statistics. (n.d.). College navigator website. Retrieved from http://nces.ed.gov/collegenavigator/

National Center for Higher Education Management Systems. (2008). Tracking postsecondary students across state lines: Results of a pilot multi-state data exchange initiative. Retrieved from http://www.nchems.org/c2sp/documents/ResultsofMulti-StateDataExchange.pdf

National Student Clearinghouse. (n.d.). National Student Clearinghouse website. Retrieved from http://www.studentclearinghouse.org/

NGA Center for Best Practices. (2009, November). *Measuring student achievement at postsecondary institutions*. Washington, DC: National Governors Association.

The Education Trust. (n.d.). College results online. Retrieved from http://www.collegeresults.org/

## 附录14.1：UAA学生身份划分规则

群体选择标准：将一名学生放入一个主要群体或者亚群体，并从这一时间点开始追踪10年。UGRAD：每个秋季学期入学考试成绩是学生作为本科生第一次进入UAA的成绩。GRAD：最初的群体选择标准基于学生第一次（学期和年份）参加UAA 600+级课程的成绩。每位学生在每个学期都会根据其学术身份的改变而确定所在的不同群体。不论在主要群体还是亚群体当中，成为研究生的本科生将会被单独跟踪10年。

规则1：课程完成：任何成功的成绩（UGRAD=A、B、C、D或P；GRAD=A、B、C或P）都代表了大学的目标学习进度和某种程度的"增值"。本科非学位学生也包括旁听生（AU）。——目标进展

规则2：毕业——UGRAD & GRAD：对于所有寻求学位的学生，如果获得的奖励（学位或证书）达到或超过了原先设置的学习水平，则视为达到了他们的学习目标。非学位寻求者如果改变主意并获得证书，也认为达到了他们的学习目标。——达到目标

规则3：临时奖励——UGRAD & GRAD：获得的奖励（学位或证书）低于初始目标的学位寻求者得到了UAA协助下的进步。——目标进展

规则4：转学——UGRAD & GRAD：所有在获得UAA奖励（学位或证书）之前转出并被另一所学院或大学录取和注册的学生，都被认为已经获得了UAA的帮助，获得了较好的成绩。——目标进展

规则5：追踪学生行为或表现——UGRAD & GRAD：假定学生的行为和学术表现直接归因于学生的潜在意图。此类行为反映了目标的进展或实现。——目标进展

规则6：间断学习（中途退学）——UGRAD & GRAD：在整个十年中，所有参加看完一个学期以上但未完成所有学期（不包括暑假）学习的学生被视为"间断学习"。注意：到了10年节点，处于"间断"状态的学位寻求者仍然保留学位，但不再每年跟踪。同时，根据课程完成标准，所有的NDS间断学习的学生进行"目标进展水平"分类。（见规则8）——目标进展

规则7：未复学（辍学）——UGRAD & GRAD：在第一学期注册入学但之后十年内未复学且未转学至其他学校学习的学生均被视为未达到目标。注意：只在第一学期注册学习的非学位寻求者会在十年最终状态报告中被定义为"目标进展水平"。——目标进展

# 第14章 再聚焦"学生成功"——综合模型的角度

规则8：目标进展水平：所有学生朝着在课程中取得"成功等级"的目标，努力提高学习进展水平。此外，颁发的成绩标志着学生掌握预期学术学习成果的程度。教师评估学生在整个学期的表现，确认每个学生的成绩。

该模型根据"成功等级"（0～10%表示无进展；1%～30%表示最低进展；31%～74%表示中等进展；75%～89%表示实质性进展；大于90%表示优异的进展）的课程数量来区分成功学习进展的等级。——目标进展

# 第 15 章
# 学术空间管理及制度研究的作用

凯瑟琳·瓦特(Catherine Watt)

大学及学院的学术环境及其内部空间的重要性是一个不能忽视的因素。2009 年的数据指出,一栋科学或工程研究目的的建筑需花费 300 美元每平方米(Abramson,2010)。同时,学院的第二大投入是设备,仅次于对教职工的投入。尽管学校员工有义务说明他们每一层面的工作,但是多数领导并没有说明这些设备是如何使用的。

多数信息表明学院可获益于设备数据的优化。原因有:

(1) 因为组织的松散性和耦合性,信息需求非常复杂。

(2) 学院文化经常促进学院的独立性和决策的分散性,这些性质促进"空间服务于一个学院或个人"的想法。

(3) 学术计划目标的量化需要准确及可量化的信息来控制这一进程。

(4) 租用空间、多校区、共用设施都从另一层面说明了管理和计划的复杂性。

本章的目的是用一种称为"学术空间管理"的概念来探索学院的科研人员在分析和使用空间时的角色。这一概念不用来替换典型的一所学院物理使用空间上的得来的数据,而是拓宽物理使用数据对于高级管理人员的重要性。"学术空间管理"是一种全新的概念,用于发展学术空间分配、定义相关项目需求基准、使用这些基准并用于管理决策的评价标准。它包含了网络数据库的使用,这些网络数据库的使用作为一项授权将空间精确地分配给各学院和部门。"学术空间管理"同时建议使用更细节的、基于文字的空间描述方法,和更加细节的人员分配方式。为了未来的需求这些更加细节的信息可以进一步用于关于学术活动和计划的生产报告,然后贡献到决策的制定层面。"学术空间管理"说明了空间需求是复杂和多从的。它包含了定义相关项目需求基准用于管理决策的评价标准。基于"学术空间管理",学院科研彰显了很好的作用,因为"学术空间管理"是单一的学院资源,可用于整合多学院及转化单一数据提供给高级领导的数据库。

# 为什么空间很重要？

空间已经被认为是一种有限的资源且需要精细的管理。各类学院的管理人员已经关注这种需求 20 年之久（Castaldi，1987；Kaiser，1989；Ehrenberg，2000）。不幸的是，传统的信息渠道——典型物理算法——很少能展现有效性在管理方面。这种算法的关注点在于房间的分配、修理的功能。一种算法的使用对于那些外在的管理是很有局限的。缺乏有效的功能细节来分配员工使得此算法很少用于学院对于及时管理决策的制定和长期的规划。

正因为有限的资源制约，学院领导和管理委员会正逐渐关注管理方法的重要性和难度。20 世纪 60 年代，使用和维护学院设施仅仅占用 3％的使用经费，但是这一比例在 1985 年提升到了 20％到 30％（Montgomery，1989）。美国国家科研基金（National Science Foundation，2007）表明，当学院机构面对正到来的长期的维护费用，科研空间将变得越发重要。对于学院机构的领导来说财务需求是一项很重的挑战。在 2006 年，大学机构花费了 151 亿美元用于新建楼宇。例如，用于建造特殊科研建筑每平方米花费的中位数在 2006 年是 290 美元（Abramson，2007）。

更进一步的信息是高等院校每一个部门的关注点。所有的学院都面临不断增加的财务压力和必要设施的更新换旧。尽管教室或者实验室的使用百分比是公开的，但是用于科研、管理和其他项目的空间使用率却是不可知的。为了有关信息技术、新兴医学专长，甚至新的规章的问题，当物理空间变得更加特殊化，我们必须建设新的数据库来迎合这些特殊的管理需求。

一个学术空间的管理系统涉及追踪学术空间占有和使用的基于网络的可访问系统的使用。再次重申，如果用于新建成重大翻建的设备增加很多，这时院校的领导必须提前向他们的委员会或立法机构请求资助。能用图表或财务方法详细描述现存设施如何超出了其能力范围是一种有效的武器，但是多数学院并不具备这种武器。相似地，用联邦基金来改造设施的提案必须非常有说服力，同时"学术空间管理"的概念允许用事实而不仅仅是一些虚无缥缈的故事来说明这些提案。这种系统提供了一种新的方法给需要最细节的空间使用信息的高级行政人员。

# 从传统系统到数据库的转变

大多数学院的传统设施的维护手册是为了大学年鉴、为了列出维护和更新顺序、为了追踪每一个教室。一个手册从其定义出发仅仅是一种列表，并不是为了管理或决策来设计的，而是为了向联邦政府或其他机构来报告有关保险、空间使用数据等的数据。对于科研机构，这种手册经常包含的房间数量超过 15 000 个房间（即使排除了住宿空间）。作者发现，当学院设备有外来访问者来使用时，设施手册是一种单一的系统，仅仅关注维护和修理而不是总体使用。技术系统如 ARCHIBUS 或 Bricsnet 能让信息更直接地传递给物理空间，甚至把设计图联系到房间上去。但是，根据本文作者访问的那些学院机构来看，这些数据库的主要用途还停留在维护和保养层面。

| 建筑 | 房间 | 部门 | 部门功能 | 房间功用 | 站点 | ID | 雇员 | 指定区域 |
| --- | --- | --- | --- | --- | --- | --- | --- | --- |
| 000023-earle 大楼 | 100 | 化学工程 | 11-教学 | 111 智能教室 | 76 | | | 1 468 |
| 000023-earle 大楼 | 103 | 化学工程 | 11-教学 | 110 教室 | 28 | | | 577 |
| 000023-earle 大楼 | 207 | 化学工程 | 11-教学 | 110 教室 | 30 | | | 568 |
| 000023-earle 大楼 | G023 | 化学工程 | 11-教学 | 310 办公室 | | | | 392 |
| 000023-earle 大楼 | 209 | 化学工程 | 11-教学 | 311-教师办公室 | | 002780 | Gooding charlesH | 181 |
| 000023-earle 大楼 | G016 | 化学工程 | 11-教学 | 311-教师办公室 | | 000359 | Hirt Douglas E | 186 |

图 15.1 空数据库所用代码举例

例如，传统的财产清单只有一个代码来表示教室，例如"110"，但是如今教室更加多样了。

如何勾画出那些装备了先进技术的"智能"教室呢？也许有一种对特殊教室的需要呢？当学科把不同的教学技术融入他们的教学方式时，对于决策者来说，传统的代码 110 似乎越来越没有参考价值了。"学术空间管理"的基础是假设打破传统代码，进而变得更加细致，并在数据库中使用文本，以便于该电机设备外部人员的使用。这样做是可能的，实际上也是更可取的。在此基础上，学术科研人员能成为带头人，去融合传统的财产清单与包含更多信息的数据库元素。由图 15.1 可知空间管理数据库内所有的可能性，学术机构内外的研究人员能利用不同的数据来分析和计划设施的需求。

在发展空间管理系统最初的挑战中会出现空间"所有权"的问题，设计空间数据库的优势之一就是可以更好地讨论这些问题。对我们大多数人来讲，在一个特殊空间里待的时间越久归属感越强。如果空间投资不属于学校管理投资组合的一部分，个人（教授，主席，院长）可能开始觉得所有的空间都如希望中的一样被他们掌控。设计一个对机构领导开放、定期询问的系统会减少学校空间属于个人的想法。本章后面会更加详细地讨论计算所有权的任务。

# 第 15 章  学术空间管理及制度研究的作用

　　复杂企业的领导者需要整合数据为有效信息的工具。如今,信息获取迅速,诸如人事、金融和注册的所有信息都跟其他机构的数据库相联系。优秀数据库的设计原则要求在与其他数据资源混用时产生一定的规范区域,这些规范区域必须要有数据库使用者看得懂的内容。一个满足机构要求的数据库的设计最好由那些需要信息的人来完成。另外,提倡物理设备之外的专业人员使用的设备数据库可以增加数据的准确性和缜密性。

　　考虑到科技挑战几乎每天都关系到丰富的安全问题且费用逐年增加,发展和运营一个机构信息系统对今天的机构领导者来讲成了格外的挑战。支持一个复杂院校人事、学生和金融运行的数据库需要数以百万美元的购买费用以及不可估算的管理费和年费。机构需要大量的详细信息来管理他们复杂的任务,而且这些需要会随着承诺需求、金融问责制和潜在利益冲突增加。

　　正在发展空间数据库的机构可以考虑怎样合并机构系统中的各种信息。本章以下部分将会给机构研究者演示为适应 21 世纪的需求实施空间管理系统而在机构内部建立合并的过程,总体过程如图 15.2 所示。图 15.2 阐明了大多数机构建立空间管理的过程,即开始于传统库存,发展为可以联系多机构数据库的知识体系。

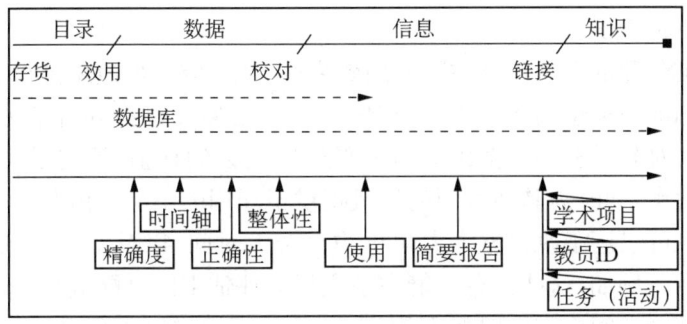

图 15.2　机构知识阶段

　　在空间数据中获取信息常常意味着采取变化,在机构文化中整合创新数据技术和哲学。技术方法和组织文化差别混合产生了综合 ASM。ASM 的技术部分定义相对明确,而影响其融入组织的因素更难评估和分类。为了吸引和留下高产的研究者们,有必要为那些对于研究者的支持建立问责标准。尽管有两种机构类型——学术医疗中心和研究型大学,也许看起来有不同的非研究使命,但他们都承认好的空间管理实践的重要性。以社区大学为例,由于在校学生数量的增加而缺少教学空间和办公空间。对于其他情况而言,因为学校们重新评估自己的空间资源,认为可能需要将传统的教室空间改造为计算机教室或者新的学生社交空间,学校需要做一件被称为"空间审计"的事情。

## 学术空间管理的度量标准

ASM 背后的方法涉及建立给教员、学术团体分配空间以及评定已分配空间的标准。多门科学以及工程学领域之间少有的几个共同点之一就是对于专业实验室空间的使用。使用这一类空间的开销通常不被算在内，而是与个人上交公共设施费用一样的形式直接向研究者收取。

如果没有关于花费的日常提醒，这大量的资源很容易被看作理所应当。对于专门空间的需要和使用，以及研究所得的赠款，在各个学科之间的差别很大。然而，所有在工程以及科学领域的研究人员都对实验室空间以及外部资金支持有共同的需求。

因此，整合大学机构研究空间分配的数据和受资助研究的数据，将会成为一个评估这一昂贵的专门空间如何被有效利用的一般利益措施。

定量评估可以通过整合每个单位研究专用空间产生或花费的研究经费的数据进行。结果通常按美元/平方英尺的可分配净空间来表示。通常，$/NASF 开始是以个人研究者为基准评估的，但是其总结性的信息对于评估部门、大学、中心以及大学机构的价值是非常有用的。这一措施是测量教学员工是否有效地使用其被分配空间的一种尝试。

对于已被分配的专门研究空间使用效率的评定，应至少使用同行评价的方式，或者在内部标准与期望的水平上进行评价，也许是通过趋势分析来考虑其随时间发生的变动。对教员在一定范围获得外部奖励能力的评估，评定了每位教员使用有限资源的效率，同时为其他方面的比较提供了通用的定义。由此产生的"效益标准"$/NASF 可以用于改善整个大学机构在个人时间，以及实际节约资金方面的资源分配情况。例如，这些信息可能在系主任们评估空间分配效益的时候有用，在院长们审批部分空间需求的时候有用，在大学长官们说服董事会成员们改善大学设施的时候有用，在为那些产生了最大间接成本的实验室分配工作优先顺序的时候有用。

南卡罗来纳医科大学的管理者在 20 世纪 90 年代早期创建了这一效益标准，那时候医药学院院长还有他的系主任们需要详细的空间利用方面的信息，去争取联邦政府的资金支持和证明对于研究空间还有后续需要。通过一个公开的原始资源项目，该大学建立了一个涵盖所有学术空间和行政空间的数据库。后来，这个系统也将空间的管理分散开来，以便指定的雇员现在可以在维护数据库的时候保证更新和准确性（Watt, Higerd & Chrestman, 2004）。尽管只被医药学院使用过一次，但这一程序现在已经普及到了全校。这个效益标准以及当前的研究奖励信息，至少每年产生一次，可用于系主任们向他们的院长证明他们的系科与学院及学校标准相比做得多么好。提供给系主任们的报告详述了个人空间分配情况以及个人所得奖励的情况，提供给院长的报告总结了每个系的空间分配情况和获奖情况。

图 15.3 展示了教员个人的空间分配情况，总计在最底部。需要注意，这里并没有包括技术人员和研究生，而这些人员也可能占用这些空间。这是因为，教员们对在此空间进行的研究负责，而他们可能会根据研究的需要调动研究生及其他员工。另外，教员们的办公空间没有包括在研究空间中。对于在南卡罗来纳采用 ASM 的大学机构而言，理由是，所有教员有权使用办公空间，但是实验室空间是未被授权的。

| 教学员工 | | | | | | | |
|---|---|---|---|---|---|---|---|
| Name on Award Data<br>NORRIS, JAMES S. | | | | Name on Space Data<br>Norris, James S. (PhD) | | | |
| **分配的房间** | | | | | | | |
| 建筑 | 房间 | 中心或共享 | 库房 | 描述 | | 地区 | 研究地区 |
| 基础科学 | BS203A | | 微生物学 | 办公室 | 教员 | 190 | |
| | BS206C | | | | | 945 | 945 |
| | BS206C1 | | | | | 119 | 119 |
| | BS206C2 | | | 实验室 | 研究台 | 110 | 110 |
| | BS206D | | | | | 879 | 879 |
| | BS206D1 | | | | | 119 | 119 |
| | BS206D2 | | | | | 110 | 110 |
| | | | | | 总计 | 3,567 | 2,674 |

图 15.3 教员个人空间数据库中的分配

图 15.4 展示了与一些和图 15.3 相同的教员们的一些研究奖励，同样的，总计在最底部。这些奖励金额已被年度化，同时被分解为直接奖励、间接奖励、总奖励。这是因为一些大学机构认为获得间接的资金支持是一件重要的事，而且持有这样的观点——直接的资金支持只是"通过"，仅仅是要到与研究项目相关的特定成本。在表格的底部，研究资金的合计除以图 15.3 中的研究空间，从而产生了"效益度量标准"——每平方英尺的分配研究空间获得的美元。

| 受资助项目的总资金 | | | | | | | |
|---|---|---|---|---|---|---|---|
| | | | | | Awarded ($1 Budget j.r) | | |
| Sponsorer | Award No. | Budget j.r<br>Start/End | Project<br>Start/End | Title | Direct | Indirect | Total |
| HEXAL | | 10/1/1997<br>3/31/2000 | 10/1/1997<br>3/31/2000 | RIBOZYME GENE THERAPY | 247, 301 | 0 | 247, 301 |
| HEXAL | | 10/1/1999<br>9/30/2000 | 10/1/1997<br>9/30/2000 | RIBOZYME GENE THERAPY | 773, 046 | 359,558 | 1,132,604 |
| NIH/NCI | 2RO1<br>CA49949-0 | 4/1/1999<br>2/29/2000 | 9/1/1998<br>9/28/2002 | STEROID MODULATION OF TUMOR CELL GROWTH | 196, 689 | 83.363 | 280,052 |
| NIH/NCI | 5RO1<br>CA49949-1 | 4/1/1999<br>2/29/2000 | 9/1/1988<br>9/28/2002 | STEROID MODULATION OF TUMOR CELL GROWTH | 194, 802 | 85,713 | 280,515 |
| NIH/NCI | 5RO1<br>CA69598-0 | 7/1/1999<br>6/30/2000 | 9/1/1997<br>9/30/2002 | INDUCTION AND ANALYSIS OF PROSTATE CANCER | 166,289 | 72,776 | 239,065 |
| | | | | Totals: | 1,578,127 | 601,410 | 2,179,537 |
| **所分配空间的总资金** | | | | | | | |
| | | | | | Direct $/NSF<br>$590 | Indirect $/NSF<br>$225 | Total $/NSF<br>$815 |

图 15.4 教员个人研究所得，包括每平方英尺的资助

图 15.5 说明了可以总结给系科水平层次上的分析，而且，也许可以提供给院长或者教务长去评估一个系科的研究需要。这种类型的总结在院长和教务长们估计来年的研究需要，预估大学的重点研究领域的时候可能会很有用。鉴于在系科内部进行空间的重新分配会更容易，而在其他系科进行空间分配难度较大，这种类型的总结还可以使管理人员们评估一个系科随时间而发生的内部改变。

| 生物化学以及分子生物学，基础医学院 | | | | | | | |
|---|---|---|---|---|---|---|---|
| | 直接 | 间接 | 总计 | | | | |
| Total Awards: | 4,620,847 | 1,558,535 | 6,179,382 | Research-dedicated Dept NSF: 24,889 | | | |
| Lab-requiring Awards: | 4,595,587 | 1,557,757 | 6,153,344 | Direct | Indirect | Rate | Total |
| | | Award $/Research NSF: | | $184.64 | $62.59 | 25.3% | $247.23 |
| 生物测量以及流行病学，基础医学院 | | | | | | | |
| | 直接 | 间接 | 总计 | | | | |
| Total Awards: | 4,410,514 | 1,035,782 | 5,446,296 | Research-dedicated Dept NSF: 4,027 | | | |
| Lab-requiring Awards: | 3,147,193 | 993,039 | 4,140,232 | Direct | Indirect | Rate | Total |
| | | Award $/Research NSF: | | $781.52 | $246.60 | 24.0% | $1,028.12 |
| 细胞生物学以及解剖学，基础医学院 | | | | | | | |
| | 直接 | 间接 | 总计 | | | | |
| Total Awards: | 7,034,476 | 2,229,128 | 9,263,604 | Research-dedicated Dept NSF: 18,380 | | | |
| Lab-requiring Awards: | 6,899,681 | 2,229,128 | 9,128,809 | Direct | Indirect | Rate | Total |
| | | Award $/Research NSF: | | $375.39 | $121.28 | 24.4% | $496.67 |

图 15.5 部门空间利用小结

尽管这些图表中的形式最好用于研究型大学中，还是期望它们可以成为其他的大学类型新想法的跳板。例如，社区大学可以使用参与项目的专业数量，例如，护理或者制图。注意，这些项目需要高开销的设施，如基于学生的学费，可能要花更长的时间去支付。类似地，大学可能想以教员和学生专业为基础评估使用空间。院校研究者的底线是评价其所在大学机构的策略性目标，同时在决策制定中决定如何使用空间。

## 院校研究在空间治理中发挥的作用

一旦院校研究办公室着手建立一个空间治理系统，就会面临一系列挑战。让院校研究人员继续前行是很重要的，这里要解决几个特定问题：这一系统的目的是什么？它的首要用户是谁？作者尤其强烈推荐与系科主任们密切合作，因为他们是与这些空间关系最密切的人，而且他们负责空间的运作。全美以及全世界范围内的院校研究办公室的优势之一在于它们与整个大学系科之间的连通性以及它们所具有的大量机构数据。

表 15.1 展示了一系列有关何时建立空间数据库的问题。关于这个系统的其他方面，这将取决于个体机构的需要和目标。尤其是，这些讨论不是任意的。将其他官员和领导力纳入进来对于项目的成功是至关重要的。

**表 15.1　关于空间管理实现的问题**

| 谁来使用你的数据库,他们的问题将会是什么? |
|---|
| • 系科主任以及教员任务委员会<br>• 学院院长<br>• 行政支持,例如院校研究,受资助项目<br>• 高级行政官员,例如 BOT、校长、教务长、CEO |
| 你希望你的数据库具备哪些数据元素和特性? |
| • 所有的建筑 vs 只有学术建筑<br>• 研究集约化设施的预期审计<br>• 特殊使用空间,例如智能教室<br>• 个人信息 |
| 你需实现什么? |
| • 列出高优先级信息需求<br>• 识别优胜者以促进和协调信息<br>• 构建方法来更新和评估信息的准确性<br>• 确保成员可以获得这些信息和数据 |

与之前提到的一样,大学机构们可以购买一套空间治理软件——一个依靠一些特定的性能,大约花费 300 万~500 万美元的系统。利用一个使用 MySQL,Perl 以及微软标准访问数据库组件的"公开来源"数据库系统去建立一个可以管理巨型研究型大学设施的系统也是有可能的。根据于一个系的研究办公室的能力,与信息技术人员、物理设施主管以及系科主任进行合作,建立一个空间数据库是有可能的。公开来源系统可以是一个很好的选择,因为很少有大学机构在艰难时期还可以承担百万美元的投入,而且,如果前期投入少,同时回报高,高级行政机构也更愿意推进一个空间数据库。

推荐的数据库元素可以应大学机构的需要变得简单或者复杂,这是院校研究者采取新举措的另一个原因。在建立基于网络的系统时,记住某些特定的建议是十分重要的。

(1) 确保对于所有元素使用经过验证的数据源,同时确保活跃的联系和定期更新。

(2) 除了评论外,不允许在网络系统中使用"自由文本",这里建议在所有地方使用下拉框。

(3) 不是所有的内容都应该被机构人员公开编辑。要决定哪些内容是可编辑的;其他的改变可以被建议在评论栏。

(4) 根据你的机构规模,在每个学院任命一名指定的空间管理人员。院校研究办公室应该与这些指派的人员密切合作,共同管理和从这个新的空间系统中提取数据。

（5）总的来说，这些报告能越快生成并且与多个当事人共享（从主任到校长），这一系统将会越好融入机构文化。

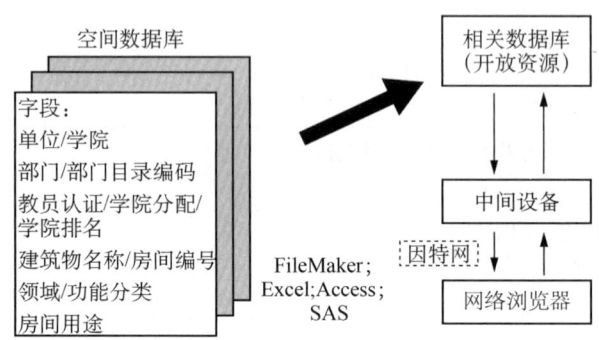

**图 15.6　一个基础的网络空间数据库的基本原素**

感兴趣的读者，想要了解更多关于目前空间管理系统地可以浏览 clemson 网站（http://academicdepartments.musc.edu/oipa/planning/space%20inventory/space.htm）。

院校研究办公室在进行管理空间信息时做些准备工作，可以使过程更加顺利。
（1）作为改变的开始，为系科主任们以及中心主任提供简单的空间总结。
（2）寻找最大的批评者，并给他们向系统输入的通道。
（3）当其完成大约 80% 的时候，开放新的空间系统。
（4）明白建立一个空间管理系统将要花费大量的时间，而且这也与通常的院校研究努力不同。
（5）与其他大学机构建立联系，以便建立可以比较的信息系统以及加强空间之间的联系。

总的来说，院校研究的官员们可以通过合并多个数据库以及同级比较，将空间信息的效用最大化。大学机构中没有其他的办公室可以发挥这样的功能。

空间管理对于巨型大学和小规模大学而言，都是一个日益令人担忧的问题。一方面，对州或地方预算而言只有少量的钱可以用在新建设上，同时延迟的维护发案还在逐步增强。由于在线授课以及课程被安排在过去所认为的课余时间里，空间的利用成为一个不断发展的问题。最终，由于大学建筑被 LEED 认证或者要进行环保建设，大学要寻找评估能源成本和使用的另一个方面（见 16 章有更详细的关于这一主题的讨论）。只有院校研究办公室为 ASM 要求的用于其大学，并为其决策制定过程添加重要信息的数据库做了准备。

# 参考文献

Abramson, P. (2007). *College construction report*. *College Planning & Management 10*, C2(7).

Retrieved from *Info Trac one File* via Thomson Gale, http://find.galegroup.com/itx/infomark.do? &contentSet=IAC-Documents&type=retrieve&tabID=T003&prodId=ITOF&docId=A160590810&source=gale&userGroupName=clemson_itweb&version=1.0

Abramson, P. (2010). College Construction Report. *College Planning & Management 10*, C2 (7). Retrieved from Google Scholar, www.peterli.com/cpm/pdfs/CPM-Construction-Report.pdf

Castaldi, B. (1987). *Educational facilities: Planning, modernization, and management.* Boston: Allyn and Bacon.

Ehrenberg, R. G. (2000). *Tuition rising: Why college costs so much.* Cambridge, MA: Harvard University Press.

Kaiser, H. H. (Ed.). (1989, Spring). *Planning and managing higher education facilities.* New Directions for Institutional Research, no. 61. San Francisco: Jossey-Bass.

Montgomery, D. A. (1989). Organizing for space management. In H. H. Kaiser (Ed.), *Planning and managing higher education facilities* (pp. 21–36). New Directions for Institutional Research, no. 61. San Francisco: Jossey-Bass.

National Science Foundation. (2007). *Scientific and engineering research facilities at colleges and universities, 2005.* NSF 01-301. Arlington, VA: Division of Science Resources Studies.

Watt, C. E., Higerd, T. B., & Chrestman, R. E. (2004, May). *Academic space management: An initial report from the SPACE Consortium.* Association for Institutional Research national conference, Boston, MA.

第 16 章

# 可持续性管理

乔塞塔·S.麦克劳林(Josetta S. McLaughlin)
丽萨·M.阿莫鲁索(Lisa M. Amoroso)

可持续发展最常用的定义是布伦特兰委员会在其题为《我们共同的未来》报告中所述:"发展既要满足当下需求,又不损害后代人满足其需求的能力"(1987)。可持续发展的倡导者们寄希望于高校通过塑造学生、教师、工作人员和其他人有关联的组织的态度,发挥关键作用,把这个定义付诸实践。此外,关于高等教育在可持续发展中的作用的讨论正在全球社会的各地区各部门进行,这表明,高校应努力使社会态度与布伦特兰委员会提出的定义更加一致,这已经成为一种全球的期望。将这种期望付诸实践能有直接的积极影响,因为大学校园过去一直以来是不可持续实践的主要贡献者。仅就设施方面而言,大学校园就留下了一个重要的生态和碳排放方面的污点(The Princeton Review's Guide,2010)。降低该污点需要重新设计空间,开发课程,与社区建立合作伙伴关系并开展研究。所有这一切都与可持续发展的价值观相一致。

在创建可持续发展的社会意识中,对高等教育发挥作用的期望并不是幻想。他们很可能会在"学生应该学什么,高校应如何运营"等问题上产生新的观点。这些期望既有哲学性又有操作性。在哲学层面,在达成可持续发展目标的过程中,教育能够帮助个人克服认知性和规范性的障碍(Edwards,2005)。因此,教育工作者可以在现有社会结构下建立可持续发展的价值观,在支持系统性全球性问题的解决方案等方面起着决定性的作用(United Nations Decade of Education for Sustainable Development,2002,第 57/254 号决议)。在操作层面,高等教育工作者能按指挥行动,包括设施的改造、废弃物和排放的管理,以及大学课程的修正。当前操作层面的讨论往往聚焦在环保或"绿色"倡议或者可持续发展制度化的应用。这些聚焦正在扩大到可持续发展的另外两个支柱——经济可持续发展和社会公平。将高校和大学生活,从学生合作课程到课堂管理到研究活动到运作层面,纳入可持续发展的三大支柱,提升了教育在创造更加可持续未来的作用。

那些认识到在创造可持续发展的未来中,对高等教育所发挥的作用的社会期

# 第 16 章　可持续性管理

望在不断演变的院校研究者们,在支持他们高校的可持续发展的举措中发挥着关键作用。例如,他们可以开展审计和报告的框架体系来监管可持续发展的结果。此外,他们可以在战略上定位自己,以确保在院校运作的各个方面的透明度以及问责程序的执行。

本章重点介绍的内容可以在支持可持续发展的举措方面帮助院校研究人员,介绍了"推动高等教育可持续发展的主要催化剂"和"支持可持续发展进行审计与报告的框架体系"等方面的大量案例。我们首先要确定在大学推动可持续发展规划的催化剂,包括阐明高等教育在创造更加可持续发展的世界中的作用。其次是举措的描述,重点是明确可持续发展的框架和用于可持续发展成果的评估、报告和排名的各项指标。最后,"讨论院校研究者可以如何从战略上做准备,以支持大学的可持续发展。"

## 理解背景

关于高等教育在可持续发展中的作用的展望已经有超过 30 年的发展历程。两个最初的"可持续发展教育"(尤指,环境的可持续性)来自于高等教育不相关的资料——1972 年的《斯德哥尔摩宣言》(*Stockhome Declaration*)和 1977 年的《第比利斯宣言》(*Tbilisi Declaration*)。斯德哥尔摩宣言法令 19,强调了实现环境可持续发展需要"既教育年轻一代,也要教育成年人"。这种观点在 1977 年第一次联合国教科文组织和联合国环境规划署发起的政府间关于环境教育的会议中得到重复。宣言提倡通过正式和非正式的教育体系来进行环境教育。随后的宣言进一步明确了高等教育的可持续发展,包括可持续经济、社会和环境的三大支柱。

自 1972 年以来通过的主要政府间声明,是专业协会和非政府组织代表高等教育部门采取行动的主要驱动力。它们还为新的和已经存在的协会在"如何制定和实施可持续发展计划"方面提供路线图(专栏 16.1)。大多数的声明有一个专门的网站;重大声明的附加信息可以通过互联网获得。

**专栏 16.1　高等院校使用的和可持续发展相关的内容**

| |
|---|
| 《关于人类环境的斯德哥尔摩宣言》(1972) |
| 《第比利斯宣言》(1977) |
| 《塔乐礼宣言》(1990) |
| 《哈利法克斯宣言》(1991) |
| 《关于环境和发展的里约宣言》,第 36 章,决议 21(1992) |
| 《斯温西宣言》(1993) |

(续表)

| |
|---|
| 《CRE 哥白尼宪章》(1993) |
| 《京都宣言》(1993) |
| 《绿色校园蓝图》(1994) |
| 《艾塞克斯报告》(1995) |
| 《塞萨洛尼基宣言》(1997) |
| 《21 世纪高等教育世界宣言》(1998) |
| 《关于职业培训可持续发展的荷兰宣言》(1999) |
| 《地球宪章》(2000) |
| 《吕内保宣言》(2001) |
| 《乌班图宣言》(2002,9) |
| 《关于可持续发展研究的开普敦宣言》(2002) |
| 《巴塞罗那宣言》(2004) |
| 《格拉茨宣言》(2005) |
| 《关于高等教育民主文化责任的宣言》——公民权、人权和可持续发展(2006) |
| 《关于可持续发展地理教育的卢塞恩宣言》(2007) |
| 《培养可持续发展的法国大学联盟宪章》(2008) |
| 《HOPE 东京宣言》(2009) |

来源：各类网站。

推动高等教育院校采取可持续发展的举措既是内部发展的需要，也是从"高校保持住高级行政管理职位"发展演变而来的。两个举措，一个是由高校可持续未来发展领导协会（University Leaders For A Sustainable Future，ULSF）制定，另一个是由美国高校校长气候承诺（American College and University Presidents Climate Commitment，ACUPCC）制定——这对理解"高等教育承诺可持续发展"尤其重要。这些举措展示了在高等教育领域，国家层面和国际层面最有影响力的领导团体的承诺。这发出了一个信号，表明与可持续发展活动有关的价值观和理念在被逐渐接受与认可。它们在下面的章节中有更详细的描述。

## 理解基调

高校的校长和许多院校的领导者都做出过公开承诺：要朝着可持续发展的未来

努力;讨论最多、最具影响力的承诺是《塔乐礼宣言》(Talloires Declaration,1990)。该宣言在法国的塔乐礼由塔夫茨大学的校长 John Mayer 组织的 22 所大学会议上得以阐明。这次会议的目的是确定高等教育在实现可持续发展的未来的作用。最终的成果是一个修订教学、科研和延伸服务的十点行动计划。该计划——《塔乐礼宣言》,列于专栏 16.1。高校可持续未来发展领导协会(ULSF)是该宣言的秘书处。目前已有超过 400 位的高校领导者和校长签署该宣言,同意按照行动计划来促进教育、研究、政策制定、信息交换等,以提高公众对可持续发展未来的意识。

作为其全球拓展计划的一部分,ULSF 通过使用定性调查问卷——可持续发展评估问卷(Sustainability Assessment Questionnaire,SAQ)来帮助高校评估其对可持续发展的绩效。SAQ 中的数据给院校研究者提供了他们校园可持续发展现状的快照,以及以此为基础的下一阶段步骤。调查包含的八个类别是:①课程;②学术研究和奖学金;③操作运营;④教师和工作人员的发展和回报;⑤拓展服务;⑥学生机会;⑦院校任务;⑧结构和规划。

ULSF 与众多的可持续发展活动开展了合作,包括全球高等教育可持续发展合作协会(Global Higher Education For Sustainability Partnership,GHESP)(UNESCO,n.d.)。该协会的形成是为了支持可持续发展,响应 1992 年在里约热内卢举行的地球峰会上提出的第 21 项议程第 36 章(议程 21,1992)。第 36.1 章是建立在 1977 第比利斯政府间会议关于环境教育的基本原则上的。

第二个是美国高校校长气候承诺(ACUPCC),代表了高等教育的最高领导层在可持续发展中一个相对局限的承诺。和高校可持续未来发展领导协会(ULSF)一样,美国高校校长气候承诺(ACUPCC)也是由高等教育领导层组成的;和 ULSF 不同的是,它更局限地侧重与气候变化相关的问题,尤其是排放量。与会的校长公开支持需要减少温室气体的全球排放。(参见第 8 章的讨论)

ACUPCC 通过提供资源,最重要的是,准备了实施联络手册,来支持签约院校。该手册提供了信息,以协助院校履行校长气候承诺的条款。ACUPCC 采用了基于网络的报告机制来提供关于签约院校绩效的相关信息。它面向公众开放,提供总排放量、平均总排放量、实际行动,以及利益相关者群体等方面的统计数据。ACUPCC 所提供的其他资源信息还包括各种信息间的关联,从气候行动计划案例,到能源、绿色建筑、气体排放清单、运输、采购、回收利用和废物管理等的统计数据(Resources & Events,n.d.)。

USLF 和 ACUPCC 是众多支持高等教育可持续发展计划组织中的两个。然而,由于其成员是由顶尖大学的领导团队组成的,因此它们特别有影响力。非政府组织的一个重要小组也成立了来支持 USLF 和 ACUPCC 的活动以及支持那些为促进可持续发展的其他高等教育实体。全球性和全美性团体包括(但不限于):国际可持续发展研究协会、全球高等教育可持续发展合作协会(GHESP)、SECOND

NATURE、eco-America、环境社会法律国家协会（NAELS）、克林顿气候组织、阿斯本研究所、菲律宾环境保护与管理教育机构协会（PATLEPAM）和高等教育可持续发展推进协会（AASHE）等。每个组织都设立一个专门的网站，包含了一些支持高等教育可持续发展的合作信息和架构。本章后面会详细讨论高等教育可持续发展促进协会（Association for the Advancement of Sustainability in Higher Education，AASHE）。

## 审核和跟踪相关内容

高校有责任和义务回答由关键利益相关者和公众广泛提出的代表可持续发展三大支柱的问题。首先，我们的活动是否促进了大学、当地社区和国际社会的经济可持续健康发展？其次，我们进行的管理是否有助于提升我们的员工、学生和全世界公民的幸福？第三，我们进行运营管理的方式是否是保护环境的？（Blackburn，2007）为了准确地解决这些问题，院校研究人员需要捕捉高校各个职能机构的可持续发展的进展和成果。院校的研究人员面临着战略性的艰巨挑战，即明确如何通过数据管理来保证数据的可用性的。这包括目前可获得数据的识别，未来需要数据的预测，数据编码的一致性，可持续发展数据库的设计和开发：收集和整合数据，和可持续发展绩效成果报告等（2004）。可以使用专门引导高校可持续发展的框架，来了解上述工作活动。

## 广泛关注的审计框架

广泛关注可持续发展的审计框架，被应用于各个工业部门和各类型的组织。在全球层面，最广泛使用的框架是由全球报告倡议组织（Global Reporting Initiative，GRI）设计的"报告框架"。任何规模、类型或地区的组织都可以在网上免费使用。GRI 的 G3 指南是该框架的基础，确定了完整的报告原则和三重底线（经济、社会和环境）的绩效指标。GRI 目前正在开发后补部门，以提供独特的行业指标和明确国家级信息的国家附件。截至 2010 年 5 月，高校还尚未开发出后补部门。

GRI 用经济、社会和环境绩效类别来构成其三重底线的绩效指标。由于与社会绩效相关的内容具有复杂性，这一类又被细分为四个子类，劳动实践和体面工作、人权、社会、产品责任——由此共产生了六个指标类别。类别和指标代码如表 16.1 所示。指标又细化到"各方面指标"，更具体地反映了要衡量的问题。例如，绩效指标 EN8（排水）落在环境类水方面的范畴下。指标 EN11 保护区也落在环境范畴，但其属于生物多样性方面。一个或多个指标可以被分配到细化的指标方面。

## 第 16 章 可持续性管理

表 16.1 GRI 指标

| 指标代码 | 绩效指标类别 | 数量 | 指标名称 |
| --- | --- | --- | --- |
| EC | 经济 | 3 | 经济绩效；市场形象；间接经济影响 |
| EN | 环境 | 9 | 材料；能源；水；生物多样性；气体排放、污水和废物；产品和服务；承诺；运输；工作服 |
| LA | 社会：劳动实践和体面工作 | 5 | 就业；劳动和管理的关系；职业健康和安全；培训和教育；机会多样性和平等性 |
| HR | 社会：人权 | 8 | 投入和产出；实践；不歧视；谈判自由；童工；强制性劳工；安全保障；民族权 |
| SO | 社会：社会 | 5 | 社区；腐败；公共政策；反竞争行为；承诺 |
| PR | 社会：产品责任 | 5 | 消费者健康和安全；产品和服务标识；交流；顾客隐私；承诺 |

来源：The Global Reporting Initiative(GRI)，2011，Sustainability Reporting Guidelines，P28-39.

## 高等教育审计框架

在 1990 年《塔乐礼宣言》的带动下，专业协会正在开发可持续发展审计框架来对高等教育可持续发展活动的绩效结果进行评估。非政府组织和高等教育院校之间的合作是广泛的、全球性的，但非必要的：高校需要众多专家的专业支持，以在可持续发展成果上确定指标和收集数据。鉴于高校复杂的运营机制就和管理一座小城市一样，审计高校需要多样的知识、技能和能力。一个高等院校的价值链的每一个方面（例如，采购、循环利用、能源利用、住房、课程、市场营销、财务福祉等）必须作为可持续发展审计的一部分。

学者、非政府组织和其他利益相关者紧密协作，在审计可持续发展中确定了相关大学活动的不同职能部门（Blackburn，2007；Litten & Terkla，2007）。例如，在《可持续性研究手册》(*The Sustainability Handbook*)中，布莱克本（Blackburn）提出了三大审计部分——校园运营部、大学课程和研究部分。里坦和特克拉（Litten & Terkla，2007）则提出了四类——环境、财政、社会和学术。他们确定了一个广泛的指标清单，单单环境类别就有超过 100 多个指标。非政府组织和政府开发的可持续审计包括了"环保局提给高校校长的 20 个问题，科罗拉多大学生态足迹分析、校园生态环境审计、C2E2 环境管理体系自我评价清单、英国 HEPS 高等教育机构可持续发展指导报告、英国生态校园、荷兰审计工具在高等教育可持续发展中的应用、校园可持续发展评估项目、NJHEPS 校园可持续发展：选取的指标快照和指南、好公司的可持续发展路径工具包和 USCB 校园可持续性评估协议"(Blackburn，2007)。

美国和加拿大追踪高校的可持续发展举措的最好方法是由促进高等教育可持

续发展协会（AASHE）制定的审计框架。该协会是由高等教育院校和组织组成的，提供一系列资源来支持高校在管理、运营、课程开发和研究方面推进可持续发展。该协会 2005 年建立时只有不到二百个组织成员，截至 2010 年 5 月 1 日，成员数量已经达到一千多个。

促进高等教育可持续发展协会（AASHE）是高等教育可持续发展联合会（HEASC）的成员，是一个致力于在高等教育方面推进可持续发展的非正式网络协会。为响应 HEASC 的号召，AASHE 开发了自我报告框架，使高校能衡量可持续发展的相关进展。该框架的可持续发展的跟踪、评估和评级系统（STARS）于 2010 年发布。该框架的开发是具有创新性的，它可以：

（1）从教育和研究到运营和管理，为高等教育的各部门推进可持续发展提供一个指导；

（2）通过建立一个高等教育可持续发展的共同衡量标准，使得跨时间、跨机构的比较有意义；

（3）建立可持续发展持续推进的激励机制；

（4）促进高等教育可持续发展实践成果和绩效的信息共享；

（5）建设一个更强大、更多样化的校园可持续发展群体（STARS Technical Manual，2012）。

STARS 的开发，旨在支持整个高等教育范围内，从社区大学到研究型大学的可持续发展战略。它既服务于那些在可持续发展活动中已经取得了高成就的院校，也适用于那些在可持续发展进程中正迈出第一步的院校。甄别采用的是基于最低评分的排名形式，如表 16.2 所示。分数显示了在特定的可持续发展成果中取得了相应进展。想要参与到 STARS 但又不希望自己的信息被发布的院校可以作为 STARS 报告者参加，因为 STARS 的设计贡献者们相信，"参与本身的行为代表了对可持续发展的承诺，也应该被鼓励。"因此 STARS 的评级是真实的，每个级别都代表了显著的成绩。参与 STARS 已不需要拥有 AASHE 成员的身份。

表 16.2 STARS 评级和识别体系

| 层级 | 最低分 |
| --- | --- |
| STARS 铜级 | 25 |
| STARS 银级 | 45 |
| STARS 金级 | 65 |
| STARS 铂金级 | 85 |
| STARS 报告人 | 无分数对外公布 |

来源：STARS 技术手册，2012，P11

## 第16章　可持续性管理

STARS分数既包括基于客观的、可衡量的、可操作的标准的定量指标，也包括很难界定的、衡量的定性指标。分数的审查是由以下问题确定的。①行动是否提高改善了环境、社会和经济方面的影响（例如，加速向可再生能源过渡）；②不同院校分数的相关性和是否有意义（例如，对大多数的不同类型院校要适用）；③分数和绩效挂钩的合理性（例如跨校园运营的问题）。关于STARS的措施、衡量标准、指标、分数和评级系统的相关信息可以在它的在线技术手册中找到（STARS Technical Manual, 2012）。

STARS框架采用双轨制体系。如表16.3所示，一级分数是在一个类别下（如教育和科研）分入子类别下（如课程）的分数，值1分或更高。二级分数，值0.25点，虽然重要，但往往要么比一级分数有较小的影响——比如自行车共享项目，要么代表的效果已经被一级分数所用——比如堆肥，占用了一级分数废物转移的分数。分配给子类别的一级分数是不同的，较高的分数代表了在改善经济、社会和环境影响或教育效益方面有更大的贡献（STARS Technical Manual, 2012）。

表16.3　STARS 1.2版分数表

| 分数代码 | 分数标题 | 点数 | 分数代码 | 分数标题 | 点数 |
|---|---|---|---|---|---|
| 类别1：教育和研究（ER） | | | | | |
| 辅修课程教育 | | | | | |
| ER1 | 学生可持续发展教育项目 | 5 | ER3 | 新学生的可持续发展* | 2 |
| ER2 | 学生可持续发展拓展活动 | 5 | ER4 | 可持续发展材料和出版物 | 4 |
| 二级分数 | | 2 | | | |
| 课程 | | | | | |
| ER5 | 可持续发展课程识别 | 3 | ER10 | 本科生可持续发展项目* | 4 |
| ER6 | 聚焦可持续发展的课程 | 10 | ER11 | 研究生可持续发展项目* | 4 |
| ER7 | 和可持续发展相关的课程 | 10 | ER12 | 可持续发展沉浸式体验* | 2 |
| ER8 | 可持续发展深入课程* | 7 | ER13 | 可持续性素质评估 | 2 |
| ER9 | 可持续发展学习结果* | 10 | ER14 | 开发 | 3 |
| 研究 | | | | | |
| ER15 | 可持续发展研究识别* | 3 | ER18 | 可持续发展的研究动机 | 6 |
| ER16 | 参与可持续发展研究的教师* | 10 | ER19 | 各学科间的研究* | 2 |
| ER17 | 参与可持续发展研究的部门* | 6 | | | |
| 总计 | | | | | 100 |

(续表)

| 分数代码 | 分数标题 | 点数 | 分数代码 | 分数标题 | 点数 |
|---|---|---|---|---|---|
| 类别2:运营(OP) | | | | | |
| 建筑 | | | | | |
| OP1 | 建筑施工和维护 | 7 | OP3 | 室内空气质量 | 2 |
| OP2 | 建筑设计和建造* | 4 | | | |
| 气候 | | | | | |
| OP4 | 温室气体排放清单 | 2 | OP5 | 温室气体减排 | 14 |
| 二级分数 | | 0.5 | | | |
| 餐饮服务 | | | | | |
| OP6 | 食物采购* | 6 | | | |
| 二级分数 | | 2.5 | | | |
| 能源 | | | | | |
| OP7 | 建筑能源消耗 | 8 | OP8 | 可再生能源 | 7 |
| 二级分数 | | 1.5 | | | |
| 土地 | | | | | |
| OP9 | 虫害综合治理* | 2 | | | |
| 二级分数 | | 1.25 | | | |
| 购买 | | | | | |
| OP10 | 电脑购买 | 2 | OP12 | 办公用纸购买 | 2 |
| OP11 | 清洁产品购买 | 2 | OP13 | 产品供应商代码 | 1 |
| 二级分数 | | 0.5 | | | |
| 交通运输 | | | | | |
| OP14 | 校园车队 | 2 | OP16 | 员工交换模式分离 | 3 |
| OP15 | 学生交换模式分离* | 4 | | | |
| 二级分数 | | 3 | | | |
| 废物 | | | | | |
| OP17 | 废物减少 | 5 | OP20 | 电子产品废物回收利用项目 | 1 |
| OP18 | 废物转移 | 3 | OP21 | 危险废物管理 | 1 |
| OP19 | 废物转移的建设和拆除* | 1 | | | |
| 二级分数 | | 1.5 | | | |
| 水 | | | | | |
| OP22 | 水消耗 | 7 | OP23 | 雨水管理 | 2 |

## 第 16 章 可持续性管理

(续表)

| 分数代码 | 分数标题 | 点数 | 分数代码 | 分数标题 | 点数 |
| --- | --- | --- | --- | --- | --- |
| 二级分数 | | 1.25 | | | |
| 总计 | | | | | 100 |
| 类别 3：规划、管理和参与（PAE） | | | | | |
| 协调和规划 | | | | | |
| PAE1 | 可持续发展协调 | 3 | PAE4 | 可持续发展计划 | 3 |
| PAE2 | 战略规划 | 6 | PAE5 | 气候计划 | 2 |
| PAE3 | 物理校区计划 | 4 | | | |
| 多样性和负担能力 | | | | | |
| PAE6 | 多样性和平等性的协调 | 2 | PAE9 | 未来科系的支持项目 | 4 |
| PAE7 | 衡量校园多样性文化 | 2 | PAE10 | 负担能力和评估项目 | 3 |
| PAE8 | 支持项目 | 2 | | | |
| 二级分数 | | 0.75 | | | |
| 人力资源 | | | | | |
| PAE11 | 持续的补偿 | 8 | PAE14 | 新员工的可持续发展 | 2 |
| PAE12 | 员工满意度评价 | 2 | PAE15 | 员工可持续发展教育项目 | 5 |
| PAE13 | 员工可持续性专业素养的发展 | 2 | | | |
| 二级分数 | | 0.75 | | | |
| 投入 | | | | | |
| PAE16 | 负责的社会投入* | 2 | PAE18 | 正面的可持续发展投入* | 9 |
| PAE17 | 股东拥护* | 5 | | | |
| 二级分数 | | 0.75 | | | |
| 公共参与 | | | | | |
| PAE19 | 社区可持续发展合作 | 2 | PAE23 | 社区服务小时数 | 6 |
| PAE20 | 校园内可持续发展合作 | 2 | PAE24 | 可持续发展政策主张 | 4 |
| PAE21 | 继续教育中的可持续发展* | 7 | PAE25 | 商标许可* | 4 |
| PAE22 | 社区服务参与 | 6 | | | |
| 二级分数 | | 0.75 | | | |
| 总计 | | | | | 100 |

带 * 的标题表示不用于所有机构。
来源：STARS Technical Manual 1.2(2012)，P17-19.

用 STARS 1.2 版计算 STARS 分数的相关信息详见专栏 16.2。总分的计算是基于表 16.3 指出的三类分数：①教育与研究；②规划、管理和参与；③运作。每个类别代表了 100 分。分数本身就是在这三个类别的平均百分数，再加上新实践产生的创新分数。STARS 2.0 版在 2013 年发布，但院校仍可以选择继续使用 STARS 1.2 版。

框架和跟踪体系使高校能够识别数据需求，跟踪内部绩效，与其他院校比较可持续发展的进展，并向利益相关者报告。鉴于 STARS 中的指标都是由行业专家专为高校设置的，因此该报告工具对院校研究人员尤其有用。然而，对使用跟踪系统的美国和加拿大高校来说，STARS 有一定的局限性，因此必须使用其他的广泛关注的可持续发展的审计框架和认证措施，以弥补这一缺陷。

## 认证措施

除了 STARS 和 GRI 类型的报告系统，认证程序可以用来审计可持续发展绩效的成果。例如，美国绿色建筑协会负责监督"能源与环境设计领导协会"（Leadership in Energy and Environmental Design，LEED）的认证程序，来核实和验证绿色建筑的设计和建造标准。该认证是目前国际上公认的绿色建筑认证体系，提供第三方认证。同样，多年来，国际标准化组织（ISO）对不同的主题都制定了国际管理认证标准，包括环境管理等。ISO 14001 和 ISO 26000 是高校可持续发展工作特别感兴趣的两大体系。

设计和建设的 LEED 认证体系是自愿参加的。它作为一种方式，可以应用于新建建筑、室内设计、重大改造或其他生命周期阶段的工程验证可持续发展原则在关键绩效领域的使用情况。LEED 分数在表 16.4 中的九大类别中显示：建筑性能的每一个方面都有涉及，从二氧化碳的减排量，到提高室内环境质量，到敏感的潜在影响等。

LEED 的分数是 100 分制，并有额外的 10 分附加分。如表 16.4 所示，LEED 商业室内设计赋予能源和大气这类的权重最高，有 37% 左右，用水效率的权重最少，为 11%；在设计创新和区域重点项目上的创新属于奖励类别。在 LEED 评级系统 2009 版下，项目可以获得四个级别的认证。例如，对于商用室内设计 LEED 认证，合格需要 40 分以上；银级，50 分以上；金级，60 分以上；铂金级，80 分以上。要查找认证类型的最新详细要求，可以查阅最新的 LEED 手册。相关信息可以浏览网站 http://www.usgbc.org/。（更多的讨论参见第 15 章的管理高等教育设施。）

表 16.4　LEED 商业指标分数体系样例

| 类别 | 点数 |
| --- | --- |
| 可持续的选址 | 21 |
| 用水效率 | 11 |
| 能源和大气 | 37 |
| 材料和资源 | 14 |
| 室内环境质量 | 17 |
| 附加分（10 分） | |
| 设计创新 | 6 |
| 区域重点项目 | 4 |

ISO 14001 的重点是环境管理体系（Environmental Management Systems，EMS），其汇集人力和物力来管理环境问题。ISO 14001 确定了环境管理体系对显著环境问题的要求。除其他事项外，组织必须证明它们的体系使它们"能制定和实施政策，能符合法律要求，并能认识到重要的环境因素"。环境标准的确定是基于组织的控制和/或影响。ISO 没有规定具体的执行标准。然而，它提供了方式，使组织能够通过自我声明来进行展示。它需要由外部组织借助利益相关方或第三方来确认和证明其环境管理体系的结果和成果。（更多信息可从网站上下载。）

ISO 26000，也特指 ISO—SR（ISO—Social Responsibility），发布于 2010 年。它的重点是社会责任，但是因为它不包括相关要求，ISO 已表示其将不像 ISO 14001 和其他知名的制造标准一样，将"不是一个认证标准"。ISO 26000 的目的是指定七个目标，以协助组织履行其社会责任并提供相应指导。这些目标普遍认识到遵守可持续发展原则的重要性，同时尊重法律的差异，调节利益相关者，并报告结果以提高可信度。它要求组织用一种与"现有的文件，国际条约和公约，现有的 ISO 标准"相一致的，并且不干涉政府"处理组织社会责任的权威"的方式，来直面社会责任。

## 可持续发展数据的外部用途

虽然审计体系主要用于内部使用，但由高校收集和报告的应对 STARS 举措的关于可持续发展成果的相关数据也被外部各方公开披露。根据这些成果来排名高校的做法是相对较新的，但它很可能成为高等教育中的一个永久固定的实践。由于媒体和潜在因素会对院校的信誉和品牌效益产生影响，因此，公开的数据，特别是那些用于排名院校的数据，必须检查和复查来确保其准确性。院校研究者则要很好地定位于监控排名的准确性，详细检查方法，并确保用于排名的数据的完整性。

一些主要组织已经基于高校可持续发展的绩效发布了排名。例如，由《普林斯顿评论》(The Princeton Review)发布的《普林斯顿286所绿色大学评论指南》(*The Princeton Review's Guide to 286 Green Colleges*, 2010)。其与美国绿色建筑委员会合作，为那些"具有环保意识"的学校的绩效表现提供了兼具定性和定量的指南。排名涉及的三个标准是：①学生是否有一个既健康又可持续的校园质量；②院校在"学生在21世纪绿色能源经济方面的就业"方面的准备情况；③一个院校的政策对环境的负责程度。(《普林斯顿评论》中的关于可持续发展调查的问题见附录16.3。)

高校可持续发展报告卡是可持续发展基金协会公布的一种被广泛引用的排名方式。该协会成立于2005年，作为洛克菲勒慈善项目，其是非营利性的，重点聚焦加强高校运营的可持续发展。收集的数据来自公开的可获得资源和发往300多所高校的四项调查。调查涵盖了校园运营、餐饮服务、投资实践，以及学生活动。院校的总成绩是基于九项具有相同权重的项目：行政管理，气候变化和能源，食品和回收，绿色建筑，学生参与度，交通，捐赠的透明度，投资优先事项，股东参与。(相关方法、指标结果和附加信息可以在 http://www.greenreportcard.org/ 上获得。)

《彭博商业周刊》的"商学院：社会和环境排名"，是一个大学层面排名的例子。它利用阿斯彭研究所一年两次的研究调查的数据，借鉴了大约六百个公认的全日制MBA项目，将社会和环境的管理问题整合纳入课程方案(2009)。其在课程工作、教师研究和制度支持等方面收集有关数据。分配分数时用到了四个"原始分数"的测量指标①是否有相关的课程(即，所提供的包含社会、环境和道德内容的课程的数量)；②学生参与(即，涵盖上述内容的课程中学生参与的教学时数)；③相关课程影响(即，体现出社会和环境问题的相关性和交叉点的课程的数量)；④教师研究(即，在同行评审的商业期刊发表的包含环境和道德内容的学术文章的数量)。原始得分的指标进行统计调整后，产生了一个数值，代表一所高校相较于其他学校做得如何。

高校对可持续发展绩效的排名引起了越来越多的人对高等教育在可持续发展中作用的关注，但这并不是没有争议的问题。自从2001年美国野生动物保护联盟(NWF)发布了第一份高等教育可持续发展的评估，由非政府组织，如塞拉俱乐部(一个美国环保组织)以及一些杂志，如《福布斯》和《新闻周刊》进行的排名和评估开始兴起。(2008年，NWF发布了1 068所院校关于学校示范项目的第二份研究报告。)关于评估和排名的后续回馈一直都有正面的和负面的，其中就有批评者质疑报告结果的有效性和可靠性。其质疑的关注在于，缺乏统一的标准和衡量指标，缺乏透明度和问责制以及缺乏第三方审核来支持结果的可信性(Moltz, 2010)。

与私营部门不同的是,政府一般不进行排名。相反,它们聚焦基础法律法规的实施,以直接或间接地反映政府在支持社会不断发掘可持续发展价值观,如清洁饮水、工作场所权利和金融系统的完整性。例如,欧盟环境委员会发起并定义了新的环境立法,以确保成员国正确应用环境任务和指令。同样,美国环境保护署(Environmental Protection Agency,EPA)肩负着保护人类健康和保护自然环境的责任。大多数国家的大学必须遵守这些环境和社会任务,包括要求在工作场所的公平性和其他各种方面进行报告。因为院校的研究人员经常为相关活动提供支持,所以他们对合规报告所需要的数据非常了解。这使他们能在可持续发展审计和报告需要时,与其他部门合作来整合信息。

高校可持续发展的举措,也可以通过"立法授权中可持续发展的清晰表述"来支持。例如,2008年的美国高等教育机会法案(Higher Education Opportunity Act,HEOA)包含了提供可持续发展领域新机会的语言表述。除此之外,HEOA授权教育部长和环境保护署拨款给高校和非营利性组织,以在高校建立可持续发展项目(HEOA,2008)。该表述提供了资金,基于试验、示范和分析的可持续发展原则,来发展高等教育的行政管理和运营管理,以建立多学科教育、科研和外延项目。高校应该提倡解决可持续发展的环境、社会和经济维度方面的问题,支持学生、教师和行政工作人员研究和评价可持续发展的实践。院校研究人员可以通过监控新的立法,通过交流新机会的实用性,通过收集、分析和报告数据及相关信息,来支持和响应政府的倡议。然而,这需要实施行动计划来筹备这项任务。

## 为参与做准备

在院校层面,院校研究人员在支持可持续发展的审计和报告中的作用仍在不断演变进化。院校研究人员们一直在(有时不知不觉中)为支持这些活动做准备。除了政府强制要求的数据,一些高校自愿为"新的Carnegie基金会分类:社区参与"提供数据。这种分类描述了"高等教育院校和社区之间的合作:在合作和互惠的环境中,交流知识和交换资源,从而达到互利共赢"的状态。和可持续发展的报告一样,所需的信息包括了在高校层面代表负责的公民形象的课程和合作活动中的数据。

虽然院校的研究是"提供关于可持续发展绩效结果的可靠数据的"一个重要的、合乎逻辑的和集中的途径,但关于衡量可持续发展绩效结果的指标的相关知识往往分散在研究院校的各个功能领域。"收集"和"管理"可持续性数据这两个不同功能将继续被分散,在某些情况下,相对于它们的行动和任务,是严重地"孤立"。因此,所面临的挑战是,如何通过与其他各方的合作,将院校贯穿,把功能进行整合,形成一个审计伞。在整个审计伞框架下来收集、分析和报告可持续发展被认为是一种常规可行方案。

院校研究人员应如何构建和组织任务来支持他们高校的可持续发展,是个不容易回答的问题。应该考虑以下四类活动。

**1. 当前数据管理作用的战略拓展**

院校研究人员可以拓展目前的数据管理的作用,用以支持可持续发展的相关举措。这包括开发能进行搜索的可持续发展数据库,识别合适的可持续发展指标,以及记录支持可持续发展举措的过程(Litten & Terkla,2007)。这将需要确定一个可持续发展的框架,以确定哪些相关数据是可获得的,哪些数据是需要的,以及谁有权访问数据等。

**2. 行动计划的制定和利益相关者参与**

起草一项行动计划需要确定责任主体、资源需求(人员、技术、资金)和时间表。鉴于可持续发展活动特点的演变,计划的更新应该是不间断的。最重要的是,整个院校的利益相关者应该通过组建专门的工作组来参与这一过程。工作组的参加人员应该充分了解有用的可持续发展的资源和框架,应该学会如何组织数以百计的潜在的可持续性指标和衡量标准,来创造对他们所在高校有用的知识。

**3. 对新出现的可持续性问题进行环境调查**

虽然院校研究人员可以就有关的当前现状、绩效指标和实践报告方面的问题对自己进行培训,但对高等教育内部和外部的各类组织和机构来说,如何衡量可持续发展指标的问题一直处于不稳定的状态。幸运的是,有广泛的可用资源来支持对可持续发展举措和成果的环境调查。除了杂志和报纸上出版的文章,专业门户网站上公众能看到数以千计的由营利性和非营利性组织发布的关于可持续发展、企业法人社会责任和公民权利的相关报告。这些报告,可提供下载,并可以用作为对衡量标准的范例和报告的最佳做法。例如,corporateRegister.com,这是一个独立的、个人运营的,并自筹资金的平台,为可持续发展和企业社会责任报告和资源提供了全球性的参考点。该平台通过其奖励计划,明确了责任报告的最佳实践模式。尽管大多数的报告组织代表了企业部门,但截至 2010 年 5 月,来自多个国家的 45 所大学已经通过网站(http://www.corporateregister.com)提交了报告。

**4. 为支持行政管理做战略准备**

院校研究人员可以通过实施可持续发展报告管理,在战略上为支持管理和报告流程做准备。在"如何报告"的指南中,世界商业可持续发展委员会提出了一个包含管理流程循环和报告流程循环的可持续发展报告程序,其都需要制定目标和规划(图 16.1)。管理过程也需要识别相关活动,建立跟踪反馈和评估机制,以及回顾以反馈学习结果。报告管理过程有助于报告的建设和分配、数据的分析,以及反馈结果的收集和分析。围绕这些流程的制度化活动,可以让院校研究人员更迅速地对其他高校职能部门的援助请求做出反应。

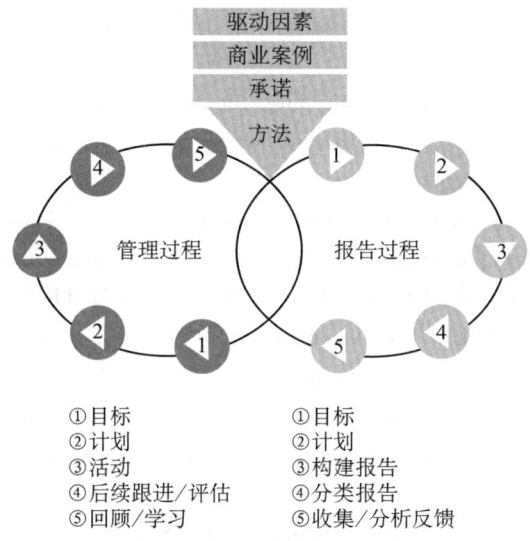

图 16.1　可持续发展报告过程

来源：World Business Council for Sustainable Development, Sustainable Development Reporting: Striking the Balance, 2002, P33.

刚刚提到的这些活动具有的潜在效益已超出了活动本身。里坦和特克拉 (Litten & Terkla, 2007) 指出,"参与院校可持续发展进程的管理,可把信息检索提升到一种复杂的新水平。"他们认为院校研究通过"前所未有的院校内部的合作水平和类型",在支持高等教育可持续发展中发挥着关键作用,并指出,院校研究人员在建立合作需要上有着得天独厚的地位。

不可否认,实施可持续发展审计和报告的管理模式,将是许多高校面临的挑战。尽管做出这些努力是自愿的,但越来越多的证据表明,公众希望教育机构/高等院校能在"为我们自己和子孙后代创造一个更加可持续的社会"上提供领导力。那些了解新出现的可持续发展问题并已做好准备的院校研究人员可以在这一高等教育新举措的成功实施上发挥关键作用。

# 参考文献

About AASHE. (n.d.). Association for the Advancement of Sustainability in Higher Education. Retrieved from http://www.aashe.org/about

About EPA. (n.d.). Environmental Protection Agency. Retrieved from http://www.epa.gov/

aboutepa/index.html

About GRI. (n.d.). Global Reporting Initiative. Retrieved from http://www.globalreporting.org/AboutGRI/

About ULSF. (n.d.). University Leaders for a Sustainable Future. Retrieved from http://www.ulsf.org/about.html/

About the standard. (n.d.). Social responsibility. International Organization for Standardization. Retrieved from http://isotc.iso.org/livelink/livelink/fetch/2000/2122/830949/3934883/3935096/07_gen_info/aboutStd.html

Agenda 21. Chapter 36. (1992). Earth Summit. Rio de Janeiro, Brazil. United Nations Educational, Scientific and Cultural Organization. Retrieved from http://portal.unesco.org/education/en/ev.php-URL_ID=34701&URL_DO=DO_TOPIC&URL_SECTION=201.html

Beyond Grey Pinstripes. (n.d.). The Aspen Institute Center for Business Education. Retrieved from http://www.beyondgreypinstripes.org/about/faq.cfm#1

Blackburn, W. R. (2007). *The sustainability handbook: The complete management guide to achieving social, economic and environmental responsibility*. Washington, DC: Environmental Law Institute, 751-764.

Brundtland Commission. (1987). *Our common future*. Report of The World Commission on Environment and Development. Oxford University Press, 43. Retrieved from http://www.un-documents.net/wced-ocf.htm

Carnegie Foundation. (n.d.). Classification description: Community engagement elective classification. The Carnegie Foundation for the Advancement of Teaching. Retrieved from http://classifications.carnegiefoundation.org/descriptions/community_engagement.php

*The college sustainability report card*. (n.d.). Sustainable Endowments Institute. Retrieved from http://www.greenreportcard.org

Edwards, A. R. (2005). *The sustainability revolution: Portrait of a paradigm shift*. Gabriola Island, BC, Canada: New Society Publishers.

European Commission—Environment. (n.d.). Retrieved from http://ec.europa.eu/dgs/environment/index_en.htm

G3 guidelines. (n.d.). Global Reporting Initiative. Retrieved from http://www.globalreporting.org/ReportingFramework/G3Guidelines/

HEASC. (n.d.). Higher Education Associations Sustainability Consortium. Retrieved from http://www2.aashe.org/heasc/

HEOA. (2008, August 14). Higher Education Opportunity Act of 2008. Part U—University Sustainability Programs. HEOA section 801, HEA section 881(a). Retrieved from http://www.nacua.org/documents/heoa.pdf

How to achieve certification. (n.d.). U.S. Green Building Council. Retrieved from http://www.usgbc.org/DisplayPage.aspx?CMSPageID=1991

Intro—What LEED is. (n.d.). U.S. Green Building Council. Retrieved from http://www.usgbc.

org/DisplayPage.aspx?CMSPageID=1988

Intro—What LEED measures. (n.d.). U. S. Green Building Council. Retrieved from http://www.usgbc.org/DisplayPage.aspx?CMSPageID=1989

ISO 14000 essentials. (n. d.). International Organization for Standardization. Retrieved from http://www.iso.org/iso/iso_14000_essentials

ISO 14001:2004. (n.d.). International Organization for Standardization. Retrieved from http://www.iso.org/iso/iso_catalogue/catalogue_ics/catalogue_detail_ics.htm?csnumber531807

ISO standards. (n.d.). International Organization for Standardization. Retrieved from http://www.iso.org/iso/iso_catalogue.htm

Litten, L. H., & Terkla, D. G. (Eds.). (2007, Summer). Models and resources for advancing sustainable institutional and societal progress. In L. H. Litten & D. G. Terkla (Eds.), *Advancing sustainability in higher education* (pp. 107–115). New Directions for Institutional Research, no. 134. San Francisco: Jossey-Bass.

McIntosh, M., Gaalswyk, K., Keniry, L. J., & Eagan, D. J. (2008). Campus environment 2008: A national report card on sustainability in higher education. National Wildlife Federation.

McLaughlin, G. W., & Howard, R. D. (2004). *People, processes, and managing data* (2nd ed.). Tallahassee, FL: Association for Institutional Research.

Merkel, J., & Litten, L. H. (2007, Summer). The sustainability challenge. In L. H. Litten & D. G. Terkla (Eds.), *Advancing sustainability in higher education* (pp. 7–26). New Directions for Institutional Research, no. 134. San Francisco: Jossey-Bass.

Mission and History. (n.d.). American College and University Presidents' Climate Commitment. Retrieved from http://www.presidentsclimatecommitment.org/about/mission-history

Moltz, D. (2008). It's not easy being green. *Inside Higher Ed*. Retrieved from http://www.insidehighered.com/news/2008/09/04/green

Moltz, D. (2010). Call for better sustainability assessment. *Inside Higher Education*. Retrieved from http://www.insidehighered.com/news/2010/07/20/green

*The Princeton Review's guide to 286 green colleges 2010–2011.* (2010). Princeton Review, Inc. (in partnership with the U. S. Green Building Council).

Program Overview. (n.d.). *Sustainability Tracking, Assessment & Rating System* (STARS). Association for the Advancement of Sustainability in Higher Education. Retrieved from http://stars.aashe.org/pages/faqs/4101/?root_category=about

Ratings and Credits. (n.d) *Sustainability Tracking, Assessment & Rating System* (STARS). Association for the Advancement of Sustainability in Higher Education. Retrieved from http://stars.aashe.org/pages/faqs/4105/?root_category=about

Reporting Framework. (n.d.). Global Reporting Initiative. Retrieved from http://www.globalreporting.org/ReportingFramework/G3Guidelines/

Reporting System. (n. d.). American College and University Presidents' Climate Commitment. Retrieved from http://acupcc.aashe.org/data-views.php

Resources & Events. (n.d.). American College and University Presidents' Climate Commitment. Retrieved from http://www.presidentsclimatecommitment.org/resources

STARS Technical Manual (2012). Version 1.2. Association for the Advancement of Sustainability in Higher Education. Retrieved from http://www.aashe.org/files/documents/STARS/stars_1.2_technical_manual_final.pdf

Stockholm Declaration. (1972, June). Declaration of the United Nations Conference on the Human Environment. Stockholm, Sweden. United Nations Environment Programme. Retrieved from http://www.unep.org/Documents.Multilingual/Default.asp?documentid=97&articleid=1503

Sustainability Assessment Questionnaire. (n.d.). Association of University Leaders for a Sustainable Future. Retrieved from http://www.ulsf.org/programs_saq.html

Sustainable Endowments Institute. (n.d.). Retrieved from http://www.greenreportcard.org/about/sustainable-endowments-institute

*The Sustainable MBA: The 2010-2011 guide to business schools that are making a difference*. (2009, October 1). Business and Society Program. The Aspen Institute Center for Business Education. Retrieved from http://www.aspeninstitute.org/publications/sustainable-mba-making-difference

Talloires Declaration. (1990). Association of University Leaders for a Sustainable Future. Retrieved from http://www.ulsf.org/programs_talloires.html

Tbilisi Declaration. (1978, April). Final report. The Tbilisi Declaration. (1977). Intergovernmental Conference on Environmental Education. United Nations Educational, Scientific and Cultural Organization/United Nations Environment Programme. Retrieved from http://unesdoc.unesco.org/images/0003/000327/032763eo.pdf

The Global Reporting Initiative (GRI). (2011). Sustainability Reporting Guidelines. Retrieved from https://www.globalreporting.org/resourcelibrary/G3.1-Sustainability-Reporting-Guidelines.pdf (pp. 28-39).

UNDESD. (2002, December 20). UN Resolution 57/254. 57th session. Agenda Item 87 a. 78th Plenary Meeting. United Nations Decade of Education for Sustainable Development. Retrieved from http://www.un-documents.net/a57r254.htm

UNESCO. (n.d.) GHESP—Global Higher Education for Sustainability Partnership. UN Educational, Scientific and Cultural Organization. Retrieved from http://portal.unesco.org/education/en/ev.php-URL_ID=34701&URL_DO=DO_TOPIC&URL_SECTION=201.html

Why Sign the Commitment? (n.d.). American College and University Presidents' Climate Commitment. Retrieved from http://www.presidentsclimatecommitment.org/about/commitment/why-sign

## 附录16.1:《塔乐礼宣言》

我们来自世界各地区高校的校长、院长、教授等都深切关注着前所未有的环境污染和退化以及自然资源枯竭的规模和速度。本地的、区域的和全球的空气污染，有毒废物的积累和分散，森林、土壤和水的破坏及消耗，臭氧层的破坏，以及温室气体的排放都威胁着人类和其他成千上万生物物种的生存，威胁着地球的完整性及生物多样性，威胁着国家的安全和未来几代人的资源。这些环境变化是由不公平和不可持续的生产和消费模式导致的，加剧了世界许多地区的贫困。

我们认为，迫切需要采取紧急行动来解决这些基本问题，并扭转这一趋势。人口的稳定，采用环境无害的工业和农业技术，植树造林和生态恢复等都是为全人类与自然和谐相处创造一个公平和可持续的未来的关键要素。为使这些目标成为可能，大学在教育、研究、政策制定和信息交流方面发挥着重要作用。

高校领导层必须提供负责人和相关支持，以调动内部和外部资源，使他们的院校能应对这一紧迫的挑战。因此，我们同意采取以下行动：

（1）利用一切机会，通过公开方式解决迫切需要，提高公众、政府、各行业、组织和大学的意识，以走向一个环境可持续发展的未来。

（2）鼓励所有的大学参与人口、环境与发展方面的教育研究、政策制定，以及信息交流，以走向一个可持续发展的未来。

（3）建立项目，来传播在环境管理、可持续经济发展、人口和其他相关领域方面的专业知识，以确保所有的大学毕业生都是环境保护和负责任的公民。

（4）创建项目，来培养大学教师教所有本科生、研究生和职业学校学生关于环境知识的能力。

（5）通过在高校建立资源保护、循环利用和减少浪费的规划项目，树立环境责任的一个范例。

（6）鼓励(各级)政府、基金会以及各行业参与到支持大学在环境可持续发展方面的研究、教育、政策制定和信息交流。扩大与非政府组织的合作以协助寻找解决环境问题的方法。

（7）召集学院院长和环保工作者开展合作，支持环境可持续发展的未来，开发"科学研究、政策制定、信息交流"的项目和课程。

（8）与中小学建立合作伙伴关系，以帮助提高它们教师关于"人口、环境和可持续发展问题"的能力。

（9）与联合国环境发展规划署、联合国环境项目委员会以及其他各国家和国际组织合作，推动全球大学向可持续发展的未来努力。

（10）建立指导委员会和秘书处并继续保持这一势头，通过宣言告知来支持彼此的努力。

## 附录16.2：计算STARS分数

STARS（可持续发展跟踪、评估及评级体系）的总分是基于以下三类的分数：①教育与研究；②规划、管理和参与；③运营。最后的得分是三个类别按百分比例的平均值。例如，如果一个机构在教育与研究类别下获得了20%的分，在规划、管理和参与类别下获得30%，在运营类别下获得40%，则该机构的总得分为30（三个值的平均值）。

除了以上这三个类别的分数，如果院校有创新性的实践和突破性的绩效成果，可以获得不包括在STARS评分体系或者超过目前评分体系最高标准的四个创新分数。创新分不需要特定归于任何类别之下，是分开计算的。每个创新分将增加院校的整体得分1分。例如，在先前的例子中，一个院校取得了30分的总成绩，如果其还获得了2个创新分，将使最后得分变为32分。

## 附录16.3：《普林斯顿评论》中高校绿色排名的调查问题

1. 选用本地的、有机的或其他利于环境的食品支出所占百分比。
2. 学校是否为学生提供包括免费巴士通行，普通交通通行，公共自行车租赁、汽车租赁，拼车停车位，上下班拼车、客运汽车等来鼓励单个出行者做出选择。
3. 学校是否有一个学生参与的，致力于推进校园可持续发展的正式委员会。
4. 新建建筑是否都获得LEED银级认证。
5. 学校的整体废物转移率。
6. 学校是否有环境研究的专业、辅修或社团。
7. 学校是否具有"环境素养"的相关要求。
8. 学校是否已经列出了一个公开可获得的温室气体排放清单，以及是否采取了与"到2050年温室气体减排80%"的目标相一致的气候行动计划。
9. 学校的能源消耗，包括加热/冷却和电力，来自可再生能源（不包括核能或大规模水力发电）的百分比。
10. 学校是否雇用了专职（或全职）可持续发展相关人员。（Princeton Review Guide to 286 Green Colleges 2010—2011，2010）

# 第三篇
# 为院校研究建立内部和外部标准

第三篇内容涉及有关院校外部和内部数据资源的建立和管理。这些数据资源通常是院校在应对联邦和州的机构、认证机构、富有声誉的出版物、比较研究和内部分析的问责需求时作答的依据。院校研究专业相关数据资源的发展、管理和运用已经对我们在基于数据的高等教育理解和管理上产生了重要影响。本部分，我们首先从联邦政府和全美及区域性认证机构的报告要求角度出发来处理问责问题。接着，讨论在全美范围、州的层面、院校合作层面，以及院校内部如何发展和运用收集储存到的数据来支持报告任务以及校园管理和规划。

在全美范围内，中学后教育综合数据系统（IPEDS）就是一种问责机制，通过这个系统联邦政府可以收集高等院校的数据信息并了解他们的生产力。在第17章，卡罗尔·富勒（Carol Fuller），凯茜·利博（Cathy Lebo）和约翰·马弗（John Muffo）介绍了对由政府投资通过IPEDS和其他政府机构委托搜集到的数据的开发和使用背景，以及院校领导和决策者在面对资源支出和相应后果时日益增长的内部问责压力。

近期，来自区域性和专业性认证机构的要求已经开始并将持续影响院校研究专业人员的工作。在第18章，葆拉·克里斯特（Paula Krist），伊丽莎白·琼斯（Elizabeth Jones）和金伯利·汤普森（Kimberly Thompson）列出了不同认证机构对院校及其项目的主要要求，以及由此产生的那些院校研究所要面对的信息膨胀现状。

接下来的两章所谈论的问题涉及院校研究中必须承认的法律问题。在第19章，雷切尔·D.布恩（Rachel Dykstra）会探讨有关法律的、专业的以及技术性问题，而这些问题是1974年联邦教育记录隐私法案（FERPA）和院校审查委员会（IRB）条例中强调在进行有关学生、教职工等方面的研究时需要解决的。在第20章，Andrew Luna探究了社会科学研究和法律体系定义的"证据"一词的概念。在第一种情况下，研究并不证明什么，因为所有的结论都是有条件的并且基于概率。在法律背景下，论据基于同行判断和先例。如何使这两种方法相互协调将是这一章要讨论的。

在第21章，盖尔·芬克（Gayle Fink）和查德·芒茨（Chad Muntz）向我们介绍了由国家教育统计中心（NCES）建立和管理的IPEDS数据库。同时，还介绍了支持院校和公众使用这些数据的工具。此外,他们还介绍了由 NCES 实施的全美调查,以及美国国家科学基金会(NSF)为追踪研究经费和支出而收集的年度数据。

在第 22 章,克里斯汀·凯勒(Christine Keller)探讨了高等教育组织开发的四种国家层面的问责体系。这些自发的数据搜集工作和最终的数据资源会被用来回答美国国内关于院校成本透明度及其生产力的问题。同时,这样也使得公众易于获取院校层面的数据信息。

第 23 章中,玛莎·克罗森(Marsha Krotseng)描述了支持州层面高等教育治理和协调的院校研究,呈现了州层面的主要院校研究使用者及使用情况,提供了可以网页参阅的许多州院校研究办公室、政策研究以及数据收集战略。在第 24 章中,玛丽安·拉多克(Maryann Ruddock)讨论了近期投入精力到全州范围的 K-20 数据库的建设情况。这个数据库被用作追踪学生在各阶段教育进程中所取得的进步,从而也为评估各阶段教育的有效性以及为它们是如何相互影响的问题提供数据支持。

在第 25 章,朱莉·卡朋特-休宾(Julie Carpenter-Hubin)、丽贝卡·卡尔(Rebecca Carr)以及罗斯玛丽·海斯(Rosemary Hayes)一起探讨了数据交换问题以及院校为支持对特定类型的院校进行分析而建立的联盟。作者们提供了许多组织的例子,这些组织允许院校和参与院校做比较研究。此外,他们还呈现了逐步勾勒出创建和管理有用数据交换的一种模式。

在第 26 章,也就是这部分的最后一章,约翰·米拉姆(John Milam)、约翰·波特(John Porter)和约翰·罗默(John Rome)讨论了院校数据和数据结构的发展情况,以对院校问责需求、规划以及决策支持提供帮助。在"商业智能"和"学术分析"两个范畴内,他们勾勒出院校研究职责或者办公室与院校其他部分需要的协作,包括信息技术管理部门以及负责院校数据初期搜集的操作单位,以期建立有效的数据系统来支持规划、决策和报告。

总之,通过本篇内容读者可以大致了解院校研究专业者使用主要数据资源的情况。这些数据资源通常被用于回应问责要求并在院校、州,以及国家层面创建规划和决策信息支持系统。在第四部分,主要呈现和讨论在规划和决策支持背景下院校研究中使用的工具和技术。

# 第 17 章

# 问责方面存在的挑战

卡罗尔·富勒(Carol Fuller)
凯茜·利博(Cathy Lebo)
约翰·穆夫(John Muffo)

在美国,无论是联邦、州、地方政府,还是慈善机构,一直以来都有为高等教育提供资金支持的传统。这种持续的资金支持是基于人们对高等院校的社会贡献的一种广泛的共同理解,例如高等教育在为社会培养受过良好教育的公民、促进经济的增长、增强社会凝聚力、推动科技的发展、加快改革以及保护文化遗产方面做的贡献,当然还包括为当地的社区和很多区域提供一些直接的服务(Carnegie Commission,1973;Institute for Higher Education Policy,1998;Baum,Ma & Payea,2010)。到 1992 年,在全球经济的背景下,高等教育在提高国际竞争力方面的作用已经被认为是对国家经济安全做的一项重要的贡献(National Commission on Responsibilities for Financing Postsecondary Education,1993)。

对于高等教育是否能够持续而有效地在以上方面发挥积极的作用,社会各方已经产生了担心,这也直接导致在高校绩效评估方面的公众监督日益增多。伯克等人(Burke & Associates,2005)指出:"自从 1970 年,高等教育的问责就已经成为一个议题,但是各方日益强烈的问责呼吁则是从 1990 年开始的。"在最近几年,高等教育界出现的各种各样的问题已经引起公众对问责需求的不断增加。本章列举了高等院校在承担责任方面存在的挑战以及相对应责任产生的不同来源和类型。

高等院校可以料想在今后的一段日子里社会对其问责的需求将会不断持续,可能是来自应对外部机构所做的报告,也可能是应对学生、员工、公众或者其他各界的揭露信息的回应,这类信息需求的范围会扩展到更多的信息新领域并且细致度会要求得越来越高(例如,2010 年 10 月高等教育法中标题五下大纲条例的一部分中指出的学历证书就业率)。院校可能需要在短时间内提供及时的信息回复并且有时还可能被追溯。

院校研究者需要关注一些发展中潜在的问题,这样他们才可以应对未来的一些挑战,如报告和信息揭露问题,并且这样他们才能比较好地利用机会去应对新的需求，例如，在教育综合数据系统（IPEDS）发生改变的调查上，技术审查小组提出的关于议案的回顾与述评。院校研究者需要做好准备去应对相关冲突和一些令人困惑的报告要求。他们将要花费更多的时间去监控、去解释（无论是来自外部的还是内部的），去解决数据和信息冲突。院校研究者可以提醒监管者、立法者以及政策分析者一些现有的信息源、信息收集的普遍标准以及一些体制环境因素。他们需要去了解在问责信息需求的背后所包括历史的、经济的，以及社会的力量，还有这些请求所服务的多样受众。作为大部分基于数据的外部报告的中介，院校研究专家发挥着其特有的作用，这样的作用需要他们在高等教育是如何发挥公共作用的这方面能够引发并影响一些公共讨论，从而发挥他们应有的主导作用。

## 日益增长的问责需求

由于在高等教育内部以及外部社会所产生的一系列的问题、发生的事件和发展需求，使得院校在未来将要承担持续性的责任。

尽管许多组织和个人已经解决了高等教育未来委员会[2005年，前教育部长玛格丽特·斯佩林斯（Margaret Spellings）组建]所提出的一些问题，但是斯佩林斯委员会所做的工作似乎已经引起了最多的关注。一项由国际院校事务人员委员会出版的分析报告把从2005年9月5号到2007年9月7号出版的所有在线的或者纸质的文章总共1 363篇编成目录（Ruben, Lewis, Sandmeyer, Russ, Smulowitz & Immordino, 2008）。（请见第18章有关应对斯佩林斯委员会所做努力的讨论）。

这个委员会被特许为"考虑如何能够以最好的方式改善高等教育系统从而确保毕业生以充足的准备来应对未来的工作需要，并且能够充分参与到新的经济全球化中……"（http://www2.ed.gov/about/bdscomm/list/hiedfuture/about.html）。此委员会的最终报告《领导能力的考验：绘制美国高等教育的未来图景》（U.S. Department of Education, 2006）强调了以下一些问题：

（1）高等教育能够为经济安全和个人的社会流动，以及国家未来的经济增长提供比较显著的帮助。

（2）没有做好充足的准备、对上大学的机会缺少信息了解、经济问题以及与院校之间缺少良好的定位匹配都是导致无法进入高等教育阶段的原因。

（3）高等院校需要改善它们的效率和生产力，从而提高自己的可承受能力。

（4）经济救助系统是"混乱的、复杂的、低效率的、重复的，并且经常不能向真正需要帮助的学生提供直接帮助。"

（5）学生的学习质量是"不够充分的合格的，而且在有些时候，是下降的。"人们对于学生的毕业率、学位学习时间、核心知识技能、工作能力以及终身学习情况都存在着不少的担心。

（6）需要在学生们的学习中运用新教学法、课程以及技术从而改善他们的学习情况。

（7）学校的花销及学生的学习成果方面缺少足够的透明度和必要的责任质询。

除了斯佩林斯委员会所提到的以上一些问题，由于现在高发的暴力和疾病问题已经对学生、教职工、当地社区产生了很大的威胁隐患，公众对于院校内学生、教职工的健康和安全问题也产生了很大的担忧。另外，公众还对教职工（例如，研究中的利益纷争和学生救助计划）和学生（如版权侵犯问题）的行为产生担忧。高等教育相关营利部门的飞速成长也使得公众对高等院校的注意力更多地集中在经济和教育方面的表现。

学院外部因素的发展凸显了以下这些问题：

（1）人口的变动使得公众更加注意高等院校是否很好地满足大龄学生、移民人口以及被忽视的民族和少数地区的需求。

（2）经济的上下波动使得人们对院校的入学机会、可支付性、花费，以及生产力产生了更多的担忧。成人参与高等教育的数量将会出现比较显著的增长，一般是因为个体需要为了新工作训练技能或者是更新提高自己的技能。有越来越多的学生需要经济救助。州经费可能会减少，联邦和州的政策制定者可能会考虑高等教育投资回报率问题。

（3）公众对于美国各类院校信任和信心的减少使得透明度需求以及消费者保护方面的呼吁更多了。

（4）科技的发展，尤其是交流技术的发展，使得信息的收集和获得变得更加容易了，也就使得人们对随时获得信息的期待和需求更大了。

## 问责制的来源和类型

"问责"这个术语经常在高等领域使用，但是却很少被真正定义。至少，它指的是对院校是否符合标准的实际情况的一种评估。这些标准可能只是定性的，所以并不能清晰直接地表达出来（例如，关于"质量"的判断）。这些信息可能需要院校提供或者通过其他途径获得。问责质询可能意味着证明，即通过报告或者外部的审查获得其在程序或者结果方面是否与规定的要求相符合的信息。通过相关衡量，对不能让人满意的院校的表现进行明确界定，尽管一些院校会因此而被降级（例如，在毕业率方面）。一些评估内容，例如班级规模大小问题，可能会因为院校的目标是教学质量的提高（效力）还是用有限的资源来服务尽可能多的学生（效率）而有不同的标准。如果一所院校没能遵守规定的要求，或者是没有达到应该达到的某种标准，就可能会被罚款。相反地，如果一所院校能够达到甚至是超过标准，抑或是取得了目标上的进步，那么它可能就会被奖励。

关于高等教育院校问责制的本质，伯克等人（Burke & Associates，2005）提出了五个不同方面的问题：是谁来负责？目的是什么？为了谁的利益？通过何种方式？会产生什么样的结果？

这些问题的答案并不总是明确清晰的，还可能会随着时间发生改变。

## 为了谁？

高等院校机构需要对许多外部的和内部的支持者负责：

外部的支持者包括：地区、州和联邦政府，地区委员会，大众，商业协会，高等教育市场——潜在的学生和他们的家庭，计划性的院校认证机构、纪律委员会，制定相关标准的高等教育组织（如 NCAA，AAUP），基金会和慈善捐赠。

院校/内部的支持者包括：董事会和信仰团体，校友，学生，教职工。

## 通过何种方式？

不同的问责模式强调不同的问责方式：

（1）服从相关程序和结果的规定和条例（有时候称作"行政控制"）；

（2）经费（直接控制或者以激励的方式）；

（3）获取院校表现情况的相关信息，一般用作院校内部的改进工作——认证、标记；

（4）院校表现情况的公众信息（如 IPEDS）。

## 会得到什么结果？

伯克等人（Burke & Associates，2005）认为内部根据信息进行改进是一种"温和的"结果，而获得或者失去财力物力则属于"严重的"后果。名声变坏的影响则介于两者之间。对积极的或者消极的名声的期待以及实现会产生重要的影响，因为院校都在努力去维护或者提升自己的声誉。声誉会影响学生和教职工的市场，内部上它会影响教职工、学生和董事会，它还会影响捐赠者、地区委员会和政府机构的捐赠资源。

公众对于院校表现情况的信息有以下几个来源：

（1）院校主动发布的信息；

（2）为了服从规章标准要求或者应对公共压力，院校自己发布的消息；

（3）相关组织或者政府机构发布的消息；

（4）独立研究者和政策分析者发布的信息；

（5）媒体——包括手册、排行榜、新闻以及相关分析。

院校研究室面对着许多内部的和外部的需求，要求它们直接提供公共信息。此外，它们必须应对公共提出的许多信息需求，这些需求可能是相关组织提出的也

# 第 17 章 问责方面存在的挑战

可能是个人提出的。它们还必须关注其他实体为了准确性和公平而出版的各类发表物。

## 为了什么？

院校需要对它们的教育、研究和服务职能负责。它们也还需要为了那些可能要与其他合作实体共同分享的职能负责，例如作为使用者，基于维护公共设施、保护环境以及健康和安全的考虑，需要在设立和维护设备方面承担责任。

## 内部质询

关于问责质询的讨论点通常集中在院校和外部实体的关系上（例如，州或者联邦政府实体）。内部质询主要集中在院校行政部门以及董事会在管理和监督时使用的信息上。很多时候，内部和外部质询是相互重叠的——外部质询所做的报告也可能被用来内部质询需要。内部质询中一个比较主要的问题就是经济方面的质询——院校是如何使用它的资金的？评估程序会评估一个程序是否以它想要的方式达到了它想要的目标。院校研究者一般会将经济情况和项目计划相结合，来进行各种类型的效率评估。这种类型的调查可以算出诸如每个学分或者是每个课程的花费（见第 31 章）；除了直接的花销之外，一份完整而全面的分析还要包括一些间接的日常花费情况；还有其他的成本测量方式，例如每个学生学分、每个项目所占用的空间大小，教职工人员总人数（HCs）、全职等效员工（FTEs），还有程序的 HC/FTE 比率，等等。这些方式在内部和外部测评上都得到比较广泛的使用。它们的说明和使用中，相关数据是复杂的，因为它们一般会具有各自特异的特点。例如，一座小的公寓可能看起来很贵，仅仅是因为里面比较资深的教职工占了很大比例，而它又在一年之内看起来不那么贵了，仅仅是因为有人离开了却没有付钱。这就是当这些数据直接的呈现给公众或者是院校研究之外的某些学术团体时，却经常让人产生误解的原因之一。

评估内部和外部绩效的方式有很多种。一种就是通过比较——与同类院校之间的比较是怎么样的呢？这种方式有助于和一些发展比较好的院校进行某些特定的比较，如果只是院校内部的比较的话（见第 36 章）。当然，如果有一个同类院校小组在内部和外部都被广泛地认可的话那就更好了，就像运动联盟。在没被外部组织授权的情况下，院校之间良好的网络交流和信任对于获得必要的信息以及对院校进行比较还是比较有必要的。信息分享与合作为院校提供了获得比较信息的机会（见第 25 章）。国家教育统计中心为了方便从 IPEDS 获得相关比较数据提供了一些方式和工具（http://nces.ed.gov/ipeds/datacenter/）（详见第 21 章）。

绩效评估的另一种方式就是通过趋势分析——与过去几年相比现在做的情况如何？申请数量是降了还是升了？完成第一个发展课程学生比例是高还是低？有

时候三年间的平均水平要比一年的平均水平作为指标要更加好一些,因为仅一年的数据存在着很大的不稳定因素。还有质询的另一个方式就是评估达到目标的程度。举个例子,我们假定要在一年之类减少这门课花销的 5%,那么我们到底最后有没有实现这个目标呢?

## 州层面上的院校绩效问责

人们谈到州层面的问责质询一般会集中在州相关的机构和公立院校的关系之间。在全美范围内,州的监督程度和本质对于私立的营利性和非营利性高等教育部门是十分不同的(Zumeta, 2005)。州管理私立的院校的形式是依照其公司实体的基本角色进行的,遵照包括消费者保护政策以及本区或者公共安全条例。院校对于使用州资金向私立院校的学生提供经济救助是负有责任的,可以直接向私立院校提供帮助或者与私立院校相互合作,形成联系。

公共院校方面,伯克等人(Burke & Associates, 2005)指出:"(20 世纪 90 年代)一个问责质询概念的一个戏剧性转变,就是从服从规定向产生效果转变。"同时,关注的中心也从学术问题向各州优先转变。伯克介绍了 20 世纪 90 年代期间各州使用的三种用于院校质询的主要方法:

(1) 绩效预算——绩效是资源分配的因素之一;
(2) 绩效拨款——资金的分配是与绩效指标紧密相连的;
(3) 绩效报告——依靠公众以改善院校的绩效表现。

到 2003 年,绩效报告占据了很大的比例。院校的绩效表现可能以这些数据来评估:一段时间内的改善情况、与同类院校之间的比较以及与目标水平或者标准的对比情况。评估可能以统一的方式进行,也可能特定院校有其特定的方式,抑或是二者都有。

各州使用的特定指标差异很大,因为这反映了每个州不同的目标、需求以及背景情况。2002 年的高等教育论坛上的西部州际委员会做的报告《问责质询的变化实质》,列举出了人口统计、治理机构、立法议程、院校和系统发起以及经济状况都是导致各州不问责方式不同的因素(Western Interstate Commission For Higher Education, 2002)(关于州的高等教育计划以及院校研究的讨论,见第 23 章)。

## 联邦层面的问责质询

高等教育院校被好几个联邦机构管理着,管理主要体现在教育计划、研究、招聘、学生和教职工、环境保护、治理以及院校运营,例如广播电台和邮件许可等方面(详见 http://counsel.cua.edu/ 上院校法律信息中心)。联邦层面的院校质询一般呈现以下几种方式：
  (1) 州的许可和认可为院校教学质量的可信度和可接受性提供保证；
  (2) 遵循资助和合同条款进行；
  (3) 服从联邦法律；
  (4) 遵照联邦活动计划资格和参与要求，包括审计、报告和信息报告。

　　获得资助和合同条款抑或是参与联邦计划的条件直接与资助、合同或者计划相关的一些条文要求相联系。但是，联邦资助也可能被用来控制完全无关的地区的院校绩效表现。例如，1965年的《高等教育法》（HEA）第四条关于学生的经济救助计划包括关于确定院校的诚信度、财政稳定情况、教育质量以及控制院校财政救助计划的实施等条款。HEA中的要求也包括一些与学生救助计划无关的条款，包括院校报告和信息公开的要求（如选民登记表的分配、版权侵犯政策的信息公开以及处罚、比赛公正和校园安全问题）。

　　尽管美国宪法将教育当成州的责任，让它自由发展，不过联邦政府仍一直承担着资助高等教育的责任，其主要体现在两个方面：联邦学生经济救助和研究项目资助。关于研究项目资助，产生的影响主要局限在排名前一百的研究型院校。根据最近一年的可得数据，2009年，它们获得的资助占了可支配资金的81%。这个数量可不小了，在那一年排名最高的院校收到了大约16亿美元的资助，而第100名院校则收到了超过一亿美元的资助（Chronicle of Higher Education，2011a）。在学生所获得的各种不同种类的补助金中，联邦所资助的比例占了最大一部分，同时，其增长速度也是最快的（Chronicle of Higher Education，2011b）。联邦资助的快速增长也导致了一个现象，那就是联邦对于院校绩效表现的监督也加强了。

## 联邦政府机构的信息披露和报告要求

　　所有参与《高等教育法》下第四条学生经济救助计划的院校都需要服从美国教育部规定的第五条款的相关规定。根据《高等教育法》，院校必须向当前和未来预申请的学生、教职工、公众以及其他机构进行相关信息披露。［见（National Postsecondary Education Cooperative，2009）；如想获得更多的信息，请见2008年的美国高等教育机会法案（HEOA）对《高等教育法》做的很多修正］。院校信息公开要求的数量上的增长，总共达到了40个——是之前需求量的两倍。此外，高等教育机会法案（HEOA）还对之前存在的信息揭露需求做了很多补充和修改［如想获得更多信息，详见文献（The Association For Institutional Research，2010）］。除了院校信息公开的增加，高等教育机会法案（HEOA）还增加了教育部应该出版的关于院校的内容——这也间接的为政府机构提供了许多院校报告方面的要求。

　　对于院校来说，遵从新的或是修改后的信息揭露要求是具有挑战的，因为这些要求不仅数量多、种类多样、期限不同，而且这些责任还分布在院校不同的部门。

要求中的一些是要可追溯复核的——需要从一些不是相关的记录获得数据。在高等教育机会法案（HEOA）颁布的当天许多要求就开始生效了。在最终的条例没有出来之前，院校需要付出"真挚"的努力来遵从这些要求（2009 年 10 月）。这也导致了一个结果，即，被用来应对信息公开要求的数据没有官方标准的指导，并且可能在院校间不那么具有可比性，又或者是与正式官方条例推出后产生的数据不能相比。

除了院校信息公开在数量上的极大增长以及在种类上的多样之外，高等教育机会法案（HEOA）还向国家教育统计中心（NCES）提出了一个要求，那就是要在大学导航（College Navigator）网站上面列出"消费者信息"的清单，还要提供大学费用和经济帮助的几种不同信息。NCES 信息公开要求间接地让院校提供一种新的报告，来应对 NCES 的信息公开要求。由于 NCES 上的规定期限，在很多情况下，不少条目需要利用历史数据，并以简短的形式进行报告（Association for Institutional Research, 2008）。

**联邦信息公开披露和报告要求**

根据《高等教育法》第四条的精神，教育类的项目如果想要符合资金资助要求，那么这个项目必须能够使学生获得学位或者能够使学生"在一个公认的行业得到有利可图的工作"。最终条例包括院校的信息披露和报告要求，还有第四条下规定的学生报名参加一些没有学位授予的课程大纲但是能够在公认的行业获得有利可图的工作（GE 项目）（U. S. Department of Education, 2010）。

每一个 GE 项目，院校都必须向预申请学生公开相关信息，包括将学生参加的职业的标准职业分类（SOC）代码信息、毕业率、学杂费、书本费、物品费、房间以及住宿问题（如果合适的话）、就业率，还有完成项目的学生引起的平均贷款债务情况。院校需要在加入一个新的 GE 项目的时候向教育部进行报备，在每一个年度奖的时候，它们还需要向教育部报告参加每个 GE 项目的学生情况。

# 结语

伯克等人（Burke & Associates, 2005）认为，高等教育界不需要承担过多的责任，但是需要联合所有问责机制的一个综合方法。这将需要对优先级和目标有一个广泛的认同。在众多新有的或者是突出的关注点中，HEOA 代表着院校报告要求里一种不同的方式。日益增长的公众期待、对公开信息的需求以及公众信息依赖度在不断增长，带来无数的报告和信息披露请求，还有其他一些指令要求，这些都使得院校面临着很大的压力，从而迫使它们在某些方面做出改变。

对信息需求的回应可以对院校支出成本进行指引监督，还可以从其他地方转移资源。而为未来和现在的学生提供越来越多的信息，会导致学生经济救助、学生服务还有教育项目可用资金的减少，尤其是当院校不断地应对新要求的时候。因此对院校信息的产生和宣传进行有效的管理就显得尤为重要：①将满足质询要求和进行中计划、决策支持活动的中断的损失最小化；②将组织学习的内部收获最大化，应该从请求信息的产生和分析中获得的组织内学习。

## 参考文献

Association for Institutional Research. (2008, August). AIR Alert # 36, New disclosure and IPEDS reporting requirements in the Higher Education Opportunity Act. Tallahassee, FL: Association for Institution Research. Retrieved from http://www.airweb.org/page.asp?page51601

Association for Institutional Research. (2010, March). Alert # 36, Update 2, Effective dates of disclosure requirements in the Higher Education Opportunity Act of 2008. Tallahassee, FL: Association for Institutional Research. Retrieved from http://www.airweb.org/page.asp?page52115

Baum, S., Ma, J., & Payea, K. (2010). Education pays 2010: The benefits of higher education for individuals and society. New York: College Board. Retrieved from http://trends.collegeboard.org

Burke, J. C., & Associates. (2005). *Achieving accountability in higher education: Balancing public, academic, and market demands*. San Francisco: Jossey-Bass.

Carnegie Commission on Higher Education. (1973). *Who pays? Who benefits? Who should pay?* Hightstown, NJ: McGraw-Hill.

Chronicle of Higher Education. (2011a). A key research yardstick: The top 100 institutions in federal dollars for science, 2009. *Almanac of Higher Education* 2011. Retrieved from http://chronicle.com/article/The-Top-100-Colleges-in-Total/128216/

Chronicle of Higher Education. (2011b). Most aid to undergraduates has grown over time. *Almanac of Higher Education 2011*. Retrieved from http://chronicle.com/article/Most-Aid-to-Undergraduates-Has/128350

Higher Education Opportunity Act of 2008 (P. L. 110-315). (2008). Retrieved from http://frwebgate.access.gpo.gov/cgi-bin/getdoc.cgi?dbname=110_cong_public_laws&docid=f:publ315.110.pdf

Institute for Higher Education Policy. (1998, March). *Reaping the benefits: Defining the public and private value of going to college*. Washington, DC: Institute for Higher Education Policy.

National Commission on Responsibilities for Financing Postsecondary Education. (1993). *Making college affordable again*. Washington, DC: National Commission on Responsibilities for Financing Postsecondary Education.

National Postsecondary Education Cooperative. (2009, November). *Information required to be disclosed under the Higher Education Act of 1965: Suggestions for dissemination.* Washington, DC: National Postsecondary Education Cooperative. Retrieved from http://nces.ed.gov/pubsearch/pubsinfo.asp?pubid=2010831rev

Ruben, B. D., Lewis, L., Sandmeyer, L., Russ, T., Smulowitz, S., & Immordino, K. (2008). *Assessing the impact of the Spellings Commission.* Washington, DC: National Association of College and University Business Officers.

U. S. Department of Education. (2006). *A test of leadership: Charting the future of U. S. higher education.* Washington, DC: U. S. Department of Education. Retrieved from http://www2.ed.gov/about/bdscomm/list/hiedfuture/index.html

U. S. Department of Education. (2010, October 29). Retrieved from http://edocket.access.gpo.gov/2010/pdf/2010-26531.pdf

Western Interstate Commission for Higher Education. (2002). "The Changing Nature of Accountability." *Western Policy Exchanges.* Boulder, CO: Western Interstate Commission for Higher Education.

Zumeta, W. M. (2005). Accountability and the private sector: State and federal perspectives. In Burke, J. C., & Associates. *Achieving accountability in higher education: Balancing public, academic, and market demands.* San Francisco: Jossey-Bass.

# 第 18 章

# 院校认证与院校研究者角色的转变

葆拉·S.克里斯特(Paula S. Krist)
伊丽莎白·A.琼斯(Elizabeth A. Jones)
金伯利·汤普森(Kimberly Thompson)

院校认证是什么？为什么它成为院校所关注的一个主要问题？从院校的层面来看，认证意味着被一个设有评判标准的外部机构认可，以确保成员院校有资格、政治立场和实践能力去提供高质量的学术项目。在项目层面，论证是相似的，但是比起地区认证者的期待，其标准通常是多角度的，同时又需要更多的证明来体现特定学术项目的质量。在美国，高等教育认证委员会(CHEA)就是用来认可和指导认证组织的联合会。现在，CHEA 负责报告大约 3 000 所学位授予院校(Council for Higher Education Accreditation，2006b)。院校认证的目的就是保证高等教育院校提供的教育能够达到质量水平的合适水准。如今，院校认证是自发性的——也是公众所期许的。

## 院校认证的简史

大学院校认证始于 19 世纪后半期，其目的是将一些对高等教育办学工作"严肃认真的院校"能够与其他所谓"学院"区别开来(Leef & Burris, 2002)。既有的高等院校认为志愿地使自己符合规定的质量标准(认证)可以证明他们是良好办学质量的代表。1952 年的《高等教育法》规定联邦经济救助只对经过认证的学校的学生提供(Leef & Burris, 2002)。事实上，这样的立法规定使得院校认证变成强迫性质的了。院校质量与整合国家咨询委员会(NACIQI)为教育部长监控着认证过程中的不同标准的使用情况。

如今，实际上每个高等教育院校都接受了认证。一些院校由国家机构认证，但更多的是当地比较大型的认证机构认证。地区性认证和国家性认证的主要区别就在于认证的范围和目的不同，国家认证组在美国国内以共同的目的来保证院校质量(例如双语院校)，而地区性认证在全美范围内一个特定的地区以不同的目的来要求院校。

## 高等教育认证委员会

高等教育认证委员会将它们自己的目标定位成倡议、服务和认证。认证实体需要满足特定的认证标准。在很多方面，CHEA 对它认可的认证实体是否符合要求的相关证明的预期与认证实体对它认证院校或项目的预期是相似的。它必须定期进行评估，包括对资源的评估以及对其自主研究所指示出的变化的实现情况的评估。它还要对它的成员负责，包括成员院校。它还需采用"合适以及公平的体系来进行决策"（Council for Higher Education Accreditation, 2006）。此外，它还需要证明它有定期地复审认证，并能够根据显示出的问题进行修正。

高等教育院校大都希望被 CHEA 名单上的认证机构认可。CHEA 目前为高教院校认可了 23 个院校级别的认证机构，包括六个地区性认证机构。另外，还有大约 50 个项目级别的认证实体得到了认可。

也有一些院校得到了没有被 CHEA 认可的认证实体的认证。CHEA 是唯一的非政府的高等教育组织，它负责调查以及证明地区性的、以信仰为基础的、私人职业性的、专业性认证组织（Council for Higher Education Accreditation, 2006）。由于 CHEA 以它组织的连续性和彻底性而出名，所以院校如果能够寻求并得以维持那些得到 CHEA 认可的认证机构的认证，那么它们将会因此受益。

## 院校研究和认证

院校研究者对于该院校是否能够认证成功起着至关重要的作用，因为他们负责院校官方数据的维护和报告。对任何一个认证过程来说，拥有精确而及时的数据都是很有必要的，同时还要证明那些被转化成信息的数据是被组成人员用来做决定的。这些决定可能会影响学术规划、行政区域以及学生支持小组。

不同院校的组织结构大有不同，以及院校内负责为认证收集、报告数据的工作人员的数量和类型也各有差异。根据组织结构，院校研究者可能会在评估实践的设计和发展中发挥直接作用，或者他们会在院校以教职工为导向驱动的方式发挥有限的作用。无论如何，院校研究者都在做着与认证有关的工作，那就是创造、分析和报告一系列会被用于实施和撰写自我研究报告的数据要素。

本章对高等教育院校寻求的最常见的认证级别进行了概述，并对院校研究者可能会用何种方式进行支持做出分析。

## 地区性院校认证

20 世纪下半叶至 21 世纪初，六所地区性认证机构被认为是高等教育院校办学质量保证的金招牌。这六所机构分别是：中部各州高教委员会（MSCHE）、新英格兰高等教育协会（MSCHE）、北部中心认证和学校改进委员会（NCA）、西北高校委员会（NWCCU）、南部高校委员会（SACS）以及西部高校委员会（WASC）。如今，美国大部分高等教育院校都是被这六所地区性认证机构认证。一些国际性院校也得到了美国地区性认证机构的认证，它们为学生而竞争着，要不然学生就会远渡美国其他洲或者欧洲去攻读学位。例如，MSCHE就负责认证很多在国外办的美国大学（比如办在开罗、贝鲁特、巴黎、波多黎各、罗马和沙迦的院校。）

## 院校绩效和地区性认证机构对院校的预期

地区性认证机构对院校有着特定的预期，包括它的管理、学术项目，还有学生辅导服务情况。为了确保院校在资源和项目方面保持符合标准的要求，地区性认证机构提出的公共需求需要达到让人满意的水平。多年以来，如果达到了要求，院校就可以得到并一直维持这个认证。认证实体对于院校可以表明自己达到办学质量的预期在应对成员和联邦法律的关注中随着时间不断演进。评论家们认为若不是人们太关注教育投入而对教育产出关注太少了，就是在初次认证之后，对那些没有达到认证标准的院校，并没有提出其应该承担的真正后果（Wiley & Zaid，1968；Leef & Burris，2002）。在过去的几十年，认证组织一直采用一种截然不同的方式来进行认证，那就是认可每个院校不同的自我特性和任务，并将重心集中在学生的学习上。SACS总结认为，院校的绩效情况是由地区认证机构决定的："院校参与到正在进行中的、综合的、院校范围内的、基于研究的计划和评估过程：①可以将院校的任务、目标和效果进行合并整合以形成一个系统化的回顾；②可以持续不断地改善院校的办学质量；③可以证明院校有效率地完成了自己的任务"（Southern Association of Colleges and Schools Commission on Colleges，2009）。院校需要了解效果情况并对它进行评估，从而证明自己院校专业（包括学生学习）、行政服务支持、学术服务支持，以及研究和社区服务的有效性，当然，前提是后两者属于院校任务的一部分。2002年，中部各州高教委员会（MSCHE）修改了自己的标准要求，新增加了一个预期，那就是院校需要通过进行一个评估来证明自己达到了每个应该达到的标准（Middle States Commission on Higher Education，2005）。

院校为了完成自我调查与学习来寻求认证或者是重新认证，这包括对院校进行测评，从而来了解院校在公认的标准下，其拥有的能够支持学生学习的办学能力的基本要素情况。院校的自我调查与学习中，体现院校绩效的三大因素分别是：办学能力、教师资质以及学生学习的评估结果。通过自我调查与学习，可以理清院校的任务与每个项目的任务、目标和学生学习效果之间清晰的关系。每个专业以及学生支持领域需要发展、评估学生的学习效果，以期望能够改善学生成绩和相关专业。外部的同行评议人员对院校自学呈现的证明进行虚拟或亲自评议,当院校寻求初始认证或者续认证的时候,这些团队向认证机构提交的相关推荐就会被予以考虑。

下一部分主要介绍在六个地区性认证实体要求院校绩效拥有的共同要素的大背景下,院校研究者所扮演的角色。

## 院校研究和地区性认证

### 1. 办学能力

WASC将办学能力定义为一所院校的"资源、组织结构和专业"以及"能够支持学生学业的评估和项目评议的基础设施"(Western Association of Schools and Colleges,2008)。办学能力强调院校能够用来支持教育绩效的基础设施,包括足够的教职工人员和其他人事人员,也包括教室、实验室、学生经济救助、设备和技术。为了体现总体上拥有足够的资源,院校需要做财务记录。院校研究者经常对院校的空间和设备清单进行管理和协作。他们会经常获得有关技术基础设施的信息,因为这需要对外部机构做报告。一些院校研究者负责处理财政报告,也处理关于认证院校办学能力方面的问题。由于院校研究人员通常需要负责IPEDS的报告,所以他们更有可能获得特定类型教职员最为精确的纵向统计数据。

### 2. 教师资质

院校里负责学术项目的教师必须拥有学位证明,这样才可以在合适的领域、适当的级别对学生进行教学。院校研究人员需要加入教职员数据的收集和维护。院校研究负责办公室向联邦、州和私人组织,报告许多教职人员的数据元素,通过利用数据管理系统,院校研究可以扩大现有的数据库来增加相关信息,例如教职员学位信息、研究和出版信息。院校研究者可以为院校里的所有项目提供一种集中整合和一致化的教师资源信息。

### 3. 学生学业成果评估

对所有学术项目的学生进行学业成果评估是院校认证复审过程中的关键一步,院校研究人员也在其中发挥着很多不同的作用。在有关院校确保设立并评估学生学业成果的方面,美国院校联合会(AACB & U)和高等教育认证委员会(CHEA)在其新的领导位置上发挥着强有力的作用(Association of American Colleges and Universities & Council for Higher Education Accreditation,2008)。应地区性认证机构的要求,为了院校的自我提高与学习,院校研究者经常要提供官方的数据,并且要获得相应的数据的趋向资料来支持专业成果评估。在很多院校中,院校研究人员负责整合院校层面的评估,包括国家标准化测验和调查,如大学学术能力测评(CAPP)、学术能力和过程测量(MAPP)、院校研究项目和新生合作调查(CIRP)、学生参与的国家调查(NSSE)。这种整合包括与教职工、管理者和学生支持人员一起管理、分析和传播关键性结果信息。有时院校研究处也是评估处,院校研究人员和专业人员以及负责学生事务的人员一起工作,发展和评估学生学业成果并对学生成绩进行收集、分析和证明。由于地区性评定机构希望为学生学业成果评估设立一个院校范围内的系统,院校研究者就需要对项目水平上的学生学业成果信息的收集、管理和报告进行过程和技术上的审查与监督。院校研究者可以在教职员工和学生事务人员之中建立有效的联系,因为他们负责帮助他们的同事建立和实施学生学业成果评估计划。他们还帮助其他人理解院校层面认证中学生学业成果评估的重要性。

已经有不止一所高等院校提供线上学位授予课程。它们必须保证那些课程在自学范围内,还要证明线上课程与传统教学或者主校区的教学之间具有可比性。当院校设立新的课程、对现有课程做出重大改变或者改变授课方式时,所有的地区性认证实体机构都需要院校对这些实质性改变提供一个比较细致的陈述文件。院校研究人员就需要成为负责完成这些实质性改变文件陈述的小组的成员。

## 在线及营利性院校和地区性认证

地区性认证机构对于大学院校来说是一种重要的认可和承认。那些专门提供在线网络课程并提供可选择的课程实施方式的院校发现,地区性认证是很有用的,在非必要的情况下,其认证会被很多预申请学生纳入考虑范围。所有的地区性认证实体都会认证一些完全式在线学位授予院校。这些院校同时也要符合与传统院校一样的绩效要求标准。对于营利性学位授予院校也一样。一些大型的营利性院校已经寻求并获得了地区性认证,如凯佩拉大学、亚特兰大艺术学院、匹兹堡艺术学院、菲尼克斯大学、德瑞大学、斯特也大学、迈阿密国际艺术与设计大学、凯普兰大学、瓦尔登大学以及美国洲际大学。除了地区性认证,还有四个为在线院校提供的认证的认证组织,它们认证的范围涉及所有学位等级、各科类别,并在整个校园内进行。它们是:在线院校认证委员会(BOUA)、在线教育认证统一委员会(UCOEA)、在线院校国际认证机构(IAAOU)以及世界在线教育认证委员会(WOEAC)(见附录18.1中的认证机构的网站)。

院校研究人员对院校的地区性认证提供很多支持,而且通常他们还在其中起着重要的领导作用。但是,对于很多在线及营利性院校来说,院校研究办公室还是相对比较新的一个概念,很多院校都还没有设立。对于那些寻求或想要得到地区性认证的在线院校来说,这一情况有可能发生改变,因为地区性认证属于数据密集型的工作,需要大量数据支持。

## 州立认证

除了公认的地区性和国家认证机构,美国教育部也承认一些州级的机构来批准公共职业教育项目和护理教育。州立机构已经达到的认证要求,就是需要包含由教育部长认可的地区性和国家性认证机构一致的标准。例如,每一个认证都必须包含院校请求认证的自我分析、巡查组进行的现场参观、院校或是已获认可的专业的定期考评。

有四个州立机构负责认证公共职业教育专业:纽约州评议委员会、俄克拉荷马州职业技术教育委员会、宾夕法尼亚州立职业教育委员会和波多黎各州立委员会,它们负责认证公共职业教育、技术院校和相关项目。有六个教育部认可的州立机构负责护理学校的教育:堪萨斯州护理委员会、马里兰护士委员会、密苏里州护理委员会、蒙大拿州护理委员会、纽约州评议委员会,州教育部,职业办公室(护理教育)以及北达科他州护理委员会。1964年的护理培训法为护理课程的认证提供了权限,经修订后(42 U.S.C.298b[6]),联邦公报上出版了比较细致的认证标准。接受认证的护理院校需要向认证机构提交一份综合的年度报告,包括招生和毕业生当前的数据和过去五年内学生参加州立委员会考试的结果情况。护理院校还需要提交他们在护理教学中对于其宣传的教学目标的达标情况,以及相关成果的数据。

州立机构认证的院校中,院校研究者所扮演的角色与教育部负责认证的地区性或国家认证机构的人员角色是相似的。所有被认可的认证机构大都关心的主要问题就是,确保教育质量。院校必须通过使用各种方式来证明其办学质量,因为这与学生的学业成果紧密联系。

各州可以保证各院校在自己的权限范围内有授予学位的权利。学位授权和院校认证是不同的,因为学位授权指的是授予的合法性(就是指的毕业证书),而认证主要关注教育质量的问题。各州通常需要院校能够获得并一直保持经美国教育部认可的认证机构对其的认证。这样的话,各州就可以假定这样的教育质量可以让学生获得学位或赢得正式奖项。

院校研究人员在州的权利范围之内发挥的作用有些局限,因为对于维护州的认同到学位授予都只有很少的特定数据要求。办学质量通过国家或地区性认证机构已经得到了证明,正常情况下,在州的层面,很少有其他的数据或者是报告要求。有一种例外,那就是当一个院校向某个特定的州提交办学的最初申请的时候,院校研究者需要确认自己知道的各州对于数据要求或是报告要求的具体情况,因为这与他们在这个州的办学以及学位授予有关。

也有一些州负责认证一些特定的职业专业,例如护理和教育专业。这些证明各州都有自己的不同具体情况，院校研究者就需要确认自己能够熟悉州在院校立址方面的特别的要求。一般的报告要求包括入学登记和学位授予的方面数据，学生的毕业时证书考试的通过率或失败率，并且它们经常包括在特定的专业中。院校研究者通常可以在州的高等教育部的网站上找到有关州立认证、权限、证明或是职业项目的同意书。

## 专业认证

专门的、专业的认证是一种为独立院校、部门、专业、学校或者是大学里的学院而设的一种特别的认证。这种认证的正式评估主要集中在部门、专业和学校特定方面的质量问题，或者是院校为学生学业所做的特别专业化的准备方面的问题。例如，专业化项目认证就是指的认证特定领域的学术项目情况，如教育、健康专业、医药、商业、法律、建筑以及其他学习的专业领域。有一些专业还受到相关的管理规定，要根据国际证书委员会的相关要求进行。可能需要大学毕业生通过某种标准化的测验，并完成教育类的项目，而这些全部是由相关的专业认证组织负责认证的。

进行专业项目评估有很多益处。认证可以向不少利益相关者提供此专业达到或者超过教育类专业要求的公共标准的证明。认证也可以保证强有力的教育实践和标准要求在预期方面具有一致性。认证还可以为学生识别专业的质量提供一个具体的方式，并且雇主通常会对经过认证项目的学生给予优先雇用。此外，研究者还发现认证可以帮助保证更大的专业竞争力，"对大学资源利用的日益增长的讨价还价的能力，和教师聘任的优势"（Roller, Andrewa & Bovee, 2003）。这样的认证过程本身可以帮助专业人员更好地了解他们的专业该如何发展，也可以帮助他们在专业准备中"更加致力于素质教育的合适资源和传授要求"（Alstete, 2004）。

专业准备认证最初主要集中在一小部分大型的研究型大学内进行。比如商科类大学，而1916年建立的美国商科大学协会（AACSB）就被学者和雇者认为是商科类大学办学质量的主要保证（Hardin & Stocks, 1995）。多年以来，AACSB 标准仅仅在研究型大学中的一些高水平的商科专业中实行（Tullis & Camey, 2007）。20世纪90年代上半期，AACSB 改变了它们自己的定位，采用了一种使它们的认证变成任务驱动型的方式。2003年，它们进一步修改了它们的标准，将重点集中在对学业成功的评估上，就像商科专业中定义的那样。1988年，第二个认证组织，商科专业认证委员会（ACBSP）成立了，它开始认证一些商业专业和商科学院。这个组织的定位是目标驱动式，并且对于地区性的州和一些小的私立附属院校也更加开放，准入进入，而这些地方也是比较可能将主要关注重点放在教学上的地方（Tullis & Camey, 2007）。此外，这个组织还对社区大学的商科专业进行认证。

不少专业认证的标准都已经从注重投入到向注重评估成果转变,而且对于不少寻求认证的那些需要为其专业进行准备的人员,认证也能为他们提供不少建设性的帮助。为了变得具有公信力,大部分的专业认证机构人员列出了希望那些寻求认证的专业能够达到的一系列特定的标准(包括学士学位、硕士学位和博士学位专业)。认证机构列出了许多标准,在这部分我们考察课程的主要三个方面,学生学习、教师资格和资源。

## 考察课程并提供学生学习的证明

认证机构希望某些专业可以证明他们的毕业生达到了入门级的专业水平,例如获得专业相关的知识、技能和能力,而不考虑此专业的教学模式(Council for Higher Education Accreditation,2002)。专业认证组织一般通过认证体现学生的知识类型、技能和能力,这些也是那些专业毕业生进入所选职业的所需要素,而这也是与地区性认证主要的不同点。大量的专业准备方面的教职人员,已经设计出了以能力为基本的课程和能力标准,并以此来作为确保教学质量的主要机制。这就能使得这些专业将相同的标准运用到网络和远距离学习中(Council for Higher Education Accreditation,2002)。AACSB(2012)提出来经认证的商科专业需要求他们的学生要达到的一般知识和技能的核心学习目标,包括交流能力、道德理解力、推理能力、信息技术的使用能力、了解全球经济能力、多元文化和多样性的理解能力以及反思性思维能力(American Association of Collegiate Schools of Business,2012)。他们不需要特定的课程,但是对于AACSB和其他专业认证组织来说,它们希望学生能够参与一些能够帮助他们学习与通识教育有关的特殊、重要的技能和相关能力的经验的学习中。尽管这些课程通常是通识课程的一部分,专业认证机构仍然希望此专业的课程能够继续帮助学生发展这方面的技能和能力。绝大多数的专业认证机构希望老师可以在通识教育学习领域的学习中向学生明确其学习目的。此外,大部分专业认证机构希望学生学习的特殊的专业知识和技能能够与这个专业相直接联系。例如,AACSB还要求课程强调一些特殊的管理技巧,这样商科的学生可以通过执行"学位要求中商科要求的管理任务"从而学有所获。(American Association of Collegiate Schools of Business,2012)。商科的学生一般通过学习会计学、管理学、市场营销、人力资源和运营管理这样的学科来学习知识。不管院校的类型是怎么的不一样,一般课程的上课时长、内容和商科专业的结构都是一致的(Tullis & Camey,2007)。这是由于商科认证组织的认证标准要求都是相似的,所以在专业上的差异性就比较小。

院校研究者可以帮助专业领域的教师设计和实施合适的评估。那样的话,认证组织就可以得到有关学生已经达到相关必要标准的有用信息。教师也要为了他们自己的内部目的来获得相关信息。院校研究者也可以和专业教师人员一起合作，清晰地表达出学习目标或能力要求，并帮助教师来确认一系列直接和间接的评估方式，从而来估测学生的学习情况。例如，通常情况下，教职人员在专业准备项目中想要进行一个校友调查时，当毕业生将他们的学习结果运用到他们的全职专业职位中时，可以更好地评估他们的学习情况。校友调查通常想要估测出学生从自己的专业学习中所获得的技巧和能力。院校研究者可以帮助设计一份质量调查——通常是一种在线分析系统——并辅以说明、分析和报告结果。院校研究者的专业知识对于帮助别人理解结果起着重要的作用，也就是因为这样专业教职人员才可以利用这些结果来发现改进的地方，从而让自己的专业项目得以强化，变得更好。AACSB把评估当作"学习的保证"，特别是当教职人员提供具体的学生学业的成果的时候，认证人员就已经充满自信地知道了学生已经达到了特定的学习目标。

认证组织希望考查学生工作的真实例子，尤其当它们在院校里实施在线考察，并进行一些课程嵌入式评价的时候。专业教职人员通常有大量关于学生工作的例子，可以作为了解学生测验表现或是课程工作中项目完成情况的依据。不过，实施多元化评估以及对其结果的管理现在正面临着一个很大的挑战。院校研究者可以帮助教职人员建立数据库来组织评估，被需要的时候就可以及时地被检索到。这样的一种综合性的系统可以帮助专业教职人员更好地应对专业认证机构所提出的评估预期。而一些小型的专业项目在面对有限资源的时候，可能会觉得想要建立一个综合的系统是不可能的。如贝尔维尤大学的教职人员希望有一个基于网络的数据系统，但是在自己设计时发现面临着诸多的挑战，所以他们买了一个商业的网络系统，这使得他们的评估变得简单一些，并且也更加利于管理了（Banta，Jones & Black，2009）。

## 教师资格评估

专业认证机构也对教职人员的资格问题进行仔细的评估。举个例子，商科认证的两个组织（AACSB 和 ACBSP）中几乎所有的全职人员在各自的教学领域中都必须要拥有博士学位。一个教授"市场营销"的老师需要有一个市场营销专业的博士学位而不是社会学或高等教育管理学博士学位。认证机构希望教职人员在自己的教学领域都是经过专业训练的，而在出版方面最好都是多产的学者。AACSB需要教职人员提供专业"学术贡献"的文件证明。院校研究人员可以帮助院校确认和实施相关系统来追踪这些贡献，像同行评议的期刊数量、专题研究数量、专著数、专著章节数或者同行评议的论文报告量。

## 各类资源的评估

另外一个项目评估的主要领域是资源的配置。例如，AACSB希望能通过对支出和资源配置的全面分析来支持具体项目。专业认证审查的另一个主要方面就是院校的资源分配情况。例如，AACSB需要全面分析了解院校花费，以及用来支持特定工作的资源分配情况。院校研究者可以协助决定是否实际的金融资源已经就位以及是否应该计划用来维持和改进特定的活动。在支持学生学习经验方面，相关资源如教室、办公室、实验室和电脑的配备情况都需要被评估，以此来保证他们足以"支持高质量的教学运行"（American Association of Collegiate Schools of Business，2012）。在线学习或者课堂模拟的技术支持也被纳入考察。最后，研究者考察学生就业与指导来了解对学生的支持情况，并从专业发展和专业会议的出勤率了解教师活动情况。院校研究者可以帮助教职人员评估他们咨询程序和学生支持服务的质量情况，从而来确定这些操作是否足以支持学生的需要。他们还评估已有的教学技术。

高等院校的专业认证是一个要求严格的过程，要依据外部专业认证组织所指定的具体标准来实施。理想情况下，院校研究者可以和专业准备教职人员形成亲密的合作伙伴关系，一起共同来应对这些外部标准。院校研究者可以通过设计高质量的评估来帮助教职人员更好地理解好的工作状态是什么样的，也告诉他们需要做哪些针对性的改进。

## 认证、问责和教育图景

尽管有CHEA和HEAC对国家、地区以及专业性认证的监督，但仍然有一些联邦政府机构成员对它们不太信任，并且已经提出要建立一个国际级的院校认证机构。自斯佩林斯委员会报告以来（U.S Department of Education，2006），外部机构一直将需求关注点集中在对高等院校透明度和问责质询的问题上。美国州立院校协会（AASCU）和公共赠地学院协会（APLU）建立了自愿问责体系（VSA），通过运用一些标准化的量度来对高等院校进行描述，例如ACT的大学学术能力评量（CAAP）、美国教育考试服务中心（EST）的学术水平和进步测量（MAPP）以及美国教育援助委员会的大学学习评价（CLA）（Banta，2008）。成员院校都需要完成各自的"院校侧写"，这些信息来源主要是通用能力的标准化测验、调查以及院校数据。（Banta，2007）。这类一般的测量使得预申请以及现在的学生、他们的家长和一般公众能够对特定的院校进行比较（Banta，2008）。

为了进一步扩大标准化测验提供的数据之外的可以用来院校间进行比较的数

据量,AAC & U 的通识教育和美国允诺(LEAP)自主发起的本科教育学习情况的有效评估(VALUE)计划,通过运用严格的方法来建立一套评分规则,对 15 所基本院校的学生学习成果做评估(Rhodes,2010)。这些规则是用来从真实的、基于课程的任务中以及学生处那里来收集标准化的评估数据的,以期望这些数据能够带来对院校本科教育情况的一个深入观察。

国家要求的院校问责正在影响着院校研究者的角色。各院校正在对其组织结构以及参加院校认证数据收集、分析和报告的人员数量进行审查。由于评估已经成为所有认证实体所共有的突出特点,院校研究者可能会在评估实践的设计和发展过程中发挥一个直接的作用,或是在一个更多地由教职工驱动的过程中发挥支持性作用。无论是什么情况,院校研究者都要参与创建、分析和报告各种各样的数据元素,而这些元素就是要被用在与认证有关的自我研究和书面说明中。

院校之内,院校研究者可以将单独认证研究的所有情况加以整合,还可以在院校被多个认证机构认证时,将所有进行的认证活动整合起来。这样的整合服务可以减少数据冗余,并且有助于促进多个认证目的的完成。无论在高等教育院校的哪个层次中,院校研究者永远都会是负责整合认证的领导小组中的成员之一。

## 参考文献

Alstete, J. W. (2004). Accreditation matters: Achieving academic recognition and renewal. ASHE Higher Education Report, 30(4). San Francisco: Jossey-Bass.

American Association of Collegiate Schools of Business. (2012). Eligibility procedures and accreditation standards for business accreditation. Tampa, FL: American Association of Collegiate Schools of Business.

Association of American Colleges and Universities & Council for Higher Education Accreditation. (2008). *New leadership for student learning and accountability: A statement of principles, commitments to action*. Washington, DC: Association of American Colleges and Universities & Council for Higher Education Accreditation.

Banta, T. W. (2007). The search for the perfect test continues. *Assessment Update*, 19(6), 3-5.

Banta, T. W. (2008). Trying to clothe the emperor. *Assessment Update*, 20(2), 3-4, 15.

Banta, T. W., Jones, E. A., & Black, K. E. (2009). *Designing effective assessment: Principles and profiles of good practice*. San Francisco: Jossey-Bass.

Council for Higher Education Accreditation. (2002). *Specialized accreditation and assuring quality in distance learning*. Washington, DC: Council for Higher Education Accreditation.

Council for Higher Education Accreditation. (2006a). *CHEA at a glance*. Retrieved from http://www.chea.org

Council for Higher Education Accreditation. (2006b). *Recognition of accrediting organizations:

*Policies and procedures*. Washington, DC: Council for Higher Education Accreditation.

Hardin, J. R., & Stocks, M. H. (1995). The effect of AACSB accreditation on the recruitment of entry-level accountants. *Issues in Accounting Education*, 10(1), 83-90.

Leef, G. C., & Burris, R. D. (2002). *Can college accreditation live up to its promise?* Washington, DC: American Council of Trustees and Alumni.

Middle States Commission on Higher Education. (2005). *Assessing student learning and institutional effectiveness: Understanding Middle States expectations*. Philadelphia, PA: Middle States Commission on Higher Education.

Rhodes, T. L. (2010). *Assessing outcomes and improving achievement: Tips and tools for using rubrics*. Washington, DC: Association of American Colleges and Universities.

Roller, R. H., Andrews, B. K., & Bovee, S. L. (2003). Specialized accreditation of business schools: A comparison of alternative costs, benefits, and motivations. *Journal of Education for Business*, 78(4), 197-204.

Southern Association of Colleges and Schools Commission on Colleges. (2009). *The principles of accreditation: Foundations for quality enhancement*. Atlanta, GA: Southern Association of Colleges and Schools Commission on Colleges.

Tullis, K. J., & Camey, J. P. (2007). Strategic implications of specialized business school accreditation: End of the line for some business education programs? *Journal of Education for Business*, 83(1), 45-51.

U. S. Department of Education. (2006). A test of leadership: Charting the future of U. S. higher education: A report of the commission appointed by Secretary of Education Margaret Spellings. Jessup, MD: ED Pubs, Education Publications Center, U. S. Department of Education.

Western Association of Schools and Colleges. (2008). *Handbook of accreditation*. Alameda, CA: Western Association of Schools and Colleges.

Wiley, M. G., & Zaid, M. N. (1968). The growth and transformation of educational accrediting agencies: An exploratory study in social control of institutions. *Sociology of Education*, 41(1), 36-56.

## 附录18.1：认证机构的网址

美国院校协会(AAC & U)：http://www.aacu.org

在线大学认证委员会(BOUA)：http://boua.org

高等教育认证委员会(HEAC)：http://www.heac.org

国际在线院校认证机构(IAAOU)：http://www.iaaou.org

中部诸州高等教育委员会(MSCHE)：http://msche.org

新英格兰院校委员会(NEASC)：http://neasc.org

北部中心认证和院校改进委员会(NCA)：http://northcentralassociation.org

西北院校委员会(NWCCU):http://www.nwccu.org

南部院校委员会(SACA):http://sacscoc.org

州立高等教育行政主管协会(SHEEO):http://sheeo.org

美国高等教育部认证的高等教育院校和项目数据库:http://ope.ed.gov/accreditation.

全球在线教育认证委员会(UCOEA):http://www.ucoea.org

西部院校委员会(WASC):http://www.wasc.org

世界在线教育认证委员会(WOEAC):http://woeac.org

# 第 19 章

## 规范伦理学:院校研究对 IRBs 和 FERPA 的服从

雷切尔·戴克斯特拉·布恩(Rachel Dykstra Boon)

> 伦理行为应该表现在一个人承诺参与伦理实践,并且能够努力地一直保持正直行为的习惯上。所有院校研究协会的成员都应该用承诺来保持他们自己的能力,即通过不断对研究进行评估来维持科学的准确性,通过按照与这部法典要求的道德标准相一致的要求来做好自己,以及记住他们的终极目标是对高等教育界做出积极的贡献。
>
> 院校研究协会道德法的前言,2001

院校研究协会最初在 1992 年为它的成员颁布了一部道德法案,并在 2001 年进行了更新。正如法案前言所说,颁布这部法案的目的是为了对"道德不确定"的事件给予指引,也是为了给那些新近进入这个行业的人准备的培训指南。院校研究者也可以从联邦条例的两个主要领域获得不少有关道德行为的指引:人类研究和学生教育记录隐私法。每一个领域都有各自独立的观点,看起来就像是无组织的,而且在遵守时还有着过多让人感到麻烦的地方。但是,与院校研究协会道德法的相一致又表明这些条例中还是呈现出了与该行业相一致的基本的道德行为水平。遵守人权问题和家庭教育权利和隐私法(通常叫 FERPA)的相关条例最好被看为不仅仅是忍受层层联邦的繁文缛节,还可以看是给这个行业中的院校研究者的最好的道德实践。

联邦政府负责监管人类研究,在这过程中有一个简单的目标那就是:保证参加研究调查的相关人员都得到应有的伦理上的善待。在大多数的院校中,人类研究的监管是由院校审查委员会(IRB)负责的。由于 IRB 对凡是涉及人类研究的道德和正义问题都是以一种评判性和极其细致的视角对待,所以使得它们在院校内是备受争议的,或者说有些恶名昭著了,尤其在那些社会和行为研究者看来,他们认为自己研究内容带来的风险(例如引起人们对不美好经历的回忆)远远小于那些生物医学研究所带来的身体上潜在的风险(如死亡、受伤或者是已有治疗的延期)。

对于联邦政府干涉研究来进行审查主要有来自以下几方面的批评声：①尽管想要保护研究参与者的初衷是好的，但是由一个政府实体来实施也许并不是最好的方式（Hamilton, 2005; Ribeiro, 2006）；②联邦提供的审查有时候不够明确还有些复杂，显得很不合适，随后就会导致一些延迟和不稳定的情况（Ashcraft & Krause, 2007; Infections Society of American, 2009）。

想要更好地理解为什么大部分社会和行为学的院校研究，时常在 IRBs 审查中得不到很好的结果，那么就不妨想想学生和院校之间的关系吧。"院校"中包括教师，他们负责学生的教学和评估，给学生的课程作业打分，并且学生有可能会向教师请求推荐信或者希望得到其他教授的指导。"院校"中还包括一些做决定的行政管理人员，特别是当学生的行为正在接受检查以及毕业时需要发放毕业证书的时候。学生的脆弱，或者是学生感觉到的脆弱的感觉，当院校进行相关调查时，在这一点上是相当明显的。院校研究当然也包括一些课题的教职工人员，而这些人员所面对的风险也是同样相关的，因为院校对于他们来说相当于扮演了雇者的角色，并意味着他们所有生计的来源。

撇开研究不说，院校需要收集大量有关学生、教职工人员所有有利于调查目的的数据。从这点上说，学生的脆弱性是受到 FERPA 的保护的。所涉及的信息从学生的住址到成绩和课程表，甚至是面对面谈话时指导老师做的笔记。由于调查的需要，一般情况下院校研究者是可以自由利用这些学生信息来研究趋势、分析结果或者是用于其他供内部使用的某些特定调查。凡是超过这些内部所用的调查范围的必须要在 FERPA 的指示下经过反复确定才可以实行。类似这样的扩展包括向合同第三方提供学生个人的记录信息、向校园里项目组成的其他人员分享可识别的学生信息以及向其他团体，而不是学生自己揭露任何可识别信息。

FERPA 和人类研究指南内容上有一些重叠的地方，他们都保护学生私人信息的使用。而 IRB 将此内容进一步扩展到考查学生在受到任何干预或是影响时的应对情况（包括老师、职工、校友、预申请学生、社区成员）。本章将会对 IRB 和 FEPRA 的背景情况做一个详细的介绍，从而帮助大家更好地理解为什么他们会是院校研究的重要元素之一。同时，还会提供为了保持院校对相关条例的遵从并能够进行最好的道德实践，各院校应该如何在这些条例的规定下有效工作的相关指导说明和事例陈述。

## 院校审查委员会

早在 20 世纪 30 年代早期，美国就有了有关人类研究的标准和相关道德指南，不过直到 20 世纪 70 年代，国会才开始相关立法工作。自 1974 年《美国研究法》颁布以来，联邦机构就为以人类为对象的研究设立了 IRB 审查。另外，《美国研究法案》还授权建立了全美生物医学和行为研究受试者保护委员会。这个委员会在1979年的贝尔蒙特报告中发布出一套有关人类研究的指南，这也为IRB奠定了人类研究要求的基础。如今在美国健康和人类服务部的赞助下，IRB和人类研究都由人类研究保护办公室（OHRP）负责监管。HHS为高等教育部的研究提供广泛的资金支持，并且它还会为那些独立的研究员或是无力承担的院校提供IRB调查审查。

为了维持IRB对那些受资助研究的审查，院校层面里的组织可以获得OHRP提供的联邦范围内的保证（FWA）。这个保证的一部分表明院校内研究者所实施的所有以人类为对象的研究都必须接受审查，哪怕它并不是由联邦资助的。这就是为什么院校研究专业者需要形成提交审查研究习惯的一个重要原因。对于那些经常得到联邦资助研究或者是经常与其他院校的同行合作的研究者，FWA会让他们受益，而如果由于不服从而失去FWA的保证，则会对一所院校整体研究及其声誉产生不利的影响。

## 审查标准

生物医学和社会行为研究的审查都是遵照人们心中的一套准则进行的，这也是一些社会和行为研究的专家所感到沮丧的地方（Hamilton，2005；Ashcroft & Krause，2007；Ribeiro，2007）。《贝尔蒙特报告》（U.S. Department of Health, Education & Welfare, 1979）的准则对于任何涉及以人为对象的研究来说，它们有着重要的应用价值。它们分别是：尊重他人、仁慈、公平。

原则第一条"尊重他人"，特别适用于将所有的人当作自主代理对待，以及那条给缺少自主的人们一些特别地保护的条款。换句话说，就是任何有能力的人都应该被赋予自主决定是否要参与研究的权利，他们应该获得一些相应量的信息，从而做出自己的决定。而对于那些还没有能力做出自己决定的群体（如孩子、心理障碍的成人以及犯人）必须要被授予额外的保护来确保他们缺少的自主决定权没有被滥用。在大部分情况下，院校研究不会参与有这些受保护群体的研究，但是也会有例外，就是当犯人或是有心理疾病的人参与一项教育类项目，需要被研究时。或者更有可能的是，一项对预申请学生的调查中，那些学生的年纪可能还不到18岁。还有一些模糊的情况存在着，那就是除了这些，是否其他的群体也很脆弱，也需要特别地保护呢。在《贝尔蒙特报告》和其他圈子里都有支持把某些个体当作"经济上"或"社交上"比较脆弱的对象来对待（U.S. Department of Health, Education, and Welfare, 1979；Grady, 2009）。尽管有时会有点难以实行，不过我们仍然有理由去考虑对于那些研究对象是特殊民族或是少数民族、非法移民、低收入群体参与的调查，在"尊重他人"和个人自主的前提下，给予他们额外的关注和敏感度。

在此对院校研究协会道德法做一个简单的回顾将会具有不少教育性。第三部分(d)的关注点集中在"数据收集的特殊考虑"和相关说明,即"院校研究者需要确保所有的对象都知道自己拥有的拒绝权,以及对他们提供的信息的保密度,这些都会得到保证。包括适当的情况下,任何有关信息自由的法令指示。任何限定信息保密的因素都需要被公开说明"(Association for Institutional Research,2001)。

本段主要关注的内容是告知被试者的拒绝权以及信息保密度,这也是保证尊重他人权利的体现。法案中清晰强调的道德立场是由联邦政府负责监管的。遵从研究指南作为一项基本的准则,一般以知情同意书的形式来进行,大部分在参与者参与研究之前就以文件形式呈现。很多知情同意书文件可以在 IRB 网站上找到。

将"尊重人权"运用到院校研究计划中的另一个例子就是对于那些尽管还没有与学生有一个具体的互动,但是却需要用到学生的个人可识别信息的项目。举个例子,在进行一项有关分数膨胀的调查时,需要得到学生的成绩以及一系列的人口统计信息。如果学生的身份标识(如身份证号、SSN 和姓名)是所需信息的一部分的话,那么就是需要加以保护的以人为对象的研究。这些情况下最好的实践方式就是让那些得到允许来获取可识别数据的人不参与到数据分析中。这样的话有关信息安全的担忧就可以减轻一些,且这个调查就可以被准许受保护免除因为已经无法将信息与个人相对应。

"仁慈"是准则二中所要求的,包含了两条要求:"①不伤害;②利益最大化和可能伤害最小化。"(U.S. Department of Health, Education & Welfare, 1979)所谓的利益最大化一般是通过一项研究的调查结果使得院校的办学各方面取得进步,或者通过研究能够对研究实体抑或是政策分析做出一般的贡献。而可能伤害最小化则是通过对研究进行仔细地设计,对所收集数据的保密和安全的注意来实现。道德法前言的第三部分又再一次强调了这一点:"在研究的初步设计阶段,院校研究者就应该全面地估计一下这个研究隐私侵犯程度和违反保密约定的风险,将这些与潜在效益相衡量并从中做一个是否这个研究项目应该实行的建议(Association for Institutional Research,2001)。"

需要注意的是,虽然有了道德指南,但并不是说隐私侵犯就一定会避免,也不是说就没有违反保密的风险,这些性质的风险大部分情况下是无法完全避免的,除非根本不参与研究。然而,这些风险需要被最小化。在审查中,IRB 也会评估通过哪一种方式这些风险可以达到最小,之后让研究者在衡量潜在效益的前提下,证明那些仍然存在的风险是可以存在的。

就上面提到的有关分数膨胀的研究来说,将数据中识别身份的内容删除就是一种减小风险的方法。另一个不同的研究:院校研究办公室提供的有关教师或职工在性别和部门上的不同与之相对应的工资差异分析,就必须要对结果的可识别身份负责。比较小型的部门可能只有一名男性或是女性员工,这种情况下减小可能伤害的最好方式大概就是寻找方法去组合学科或者是保留某部分的数据。不过考虑到这样性质的研究也可能会揭示出需要的显著地差异，因此一项好的研究也要包括传播研究结果的计划，使得这些结果能够传播给适当的决策者以及有关这方面问题的大型知识实体。

最后一项准则是"公平"，研究的是效益和负担的分配与分担的基准。这通常是研究调查中选择对象的一切忧心的源头：是不是因为是随机选择，所以可能会惠及所有人？这是不是一个特定的群体（比如运动员）学习了一个与另一组主题相关的知识（也许是比赛中获得的领导能力）？这是不是一个特定群体（如运动员）来学习一个可以让所有学生都受益的课题（也许是某种教育在通识教育学习成果方面的有效性）？因此院校研究者就必须对研究的广度有所了解，从而来确保参与者选择和负担都能够得到恰当的分配。

## 为什么院校研究项目要提交给IRB审查呢？

想要了解决定院校研究调查是否必须要提交给IRB审查的第一项要做的事就是回答这个问题，这是一项研究吗？在45 CFR 46.102(d)中，联邦政府将研究定义为一种"系统化的调查，包括发展、测验和评估，用以发展或形成可概括的知识。符合这个定义的相关活动构成与政策目的相符合的研究，不管他们是否受到因与其他目的相符合而被称为研究的项目的支持。"有时，院校研究仅仅只想要做一个院校范围之外的，通过利用参与者所做的相关调查来进行内部的项目评估；这些调查的目的并不是对这类在该院校范围以外的项目的做相关评论（也就是说，不形成可概括的知识），而是通过数据为院校主管们的运营决策提供相关提醒。哪怕项目中有与学生、教师或职工有互动，也未必符合IRB的审查要求。这并不是说人文学科规划和院校研究协会道德法中的道德标准不适用。相反地，正如道德法陈述的那样，院校研究的道德实践标准是用来指导每一天的道德活动，而不是像人文学科规划那样具有专用性，其他任何的专业法案都是也都是如此。

在回答"这是一项研究吗？"这个问题之前，我们还要再问一个问题：如果这个调查不是为了获得"可概括的知识"，而是为了经过科学的设计和运行，那怎么样解决那些格外值得注意的结果呢？在回答这类的假设性问题中，我们可能会发现调查的目的完全是指向内部的，集中于评估某个院校的相关项目，因此，这类活动就不叫研究。另一方面，如果这个值得注意的问题能够引起人们向某期刊投稿的想法或是想要在某个学术会议上陈述这个发现，从而对这类项目的知识体系做出一些贡献，那么IRB提交就是一个不错的主意。IRB认可不会影响既有的事实，而且在这项研究进程中，想要从大众那里收集数据的潜在愿望，可能就足以成为从一开始就将它作为一项研究项目的理由。

回到最初的问题（这是一项研究吗？）：如果回答是的，那么接着就必须考虑这项调查是否聘用人文参与者。"人文"的称号可能像是一个容易使用的标签。根据适用于 IRB 的美国联邦法规(CFR),一门人文学科被定义为"研究者(无论是专业人士还是学生)对生命个体进行研究得到的:(1)数据是通过干预或与个体的互动得来的数据;(2)可识别的个人信息(45 CFR46.102(f)(1),(2))。"

院校研究者一般通过调查来收集数据。有时调查是通过与外部组织建立合约来进行的,并且有一些调查是被设计出来并进行管理的,结果也是完全的内部分析。一项调查符合包括有"与人互动得到的信息……"就满足了 IRB 审查的一项关键限定。其他常规的与人互动的院校研究方法包括焦点团体座谈会和访谈。

一些院校研究项目虽然过程中不涉及与人的互动,但是会使用一些可识别身份的私人信息。正如前面所说,当调查时为了操作性目的而进行,那么就 IRBs 看来,这样的调查就不被称作研究。但是,当研究中涉及可识别的个人信息时,哪怕只有很小的风险,项目就需要做出让步,需要 IRB 来审查。回顾一下"仁慈"准则,其中就包括了将可能的伤害降到最低的义务。IRB 审查者会对一些除了使用可识别私人信息之外,而没有与人交互的项目进行审查,主要审查数据安全的注意情况、在调查报告中对被试身份的保密情况、凭证以及任何可接触调查数据的人的身份情况。大体而言,IRB 要求将提案以文档信息提交的院校研究专业人员能够与院校研究协会道德法中"III(2)"陈述的数据收集要求相一致:在合适的情况下,院校研究者要遵照除了常规指南外,任何院校办公室范围内的任何特定步骤,这在一个特定任务期间是十分有必要的,从而可以确保可能存在特定风险的隐私和保密工作得到保证(Association for Institutional Research,2001)。

## 豁免型、简易型的还是一般性审查——由谁来决定?

在准备一项 IRB 提议之前,最后一个要回答的问题就是提交的类型——是豁免型、简易型还是一般型。豁免型就表明项目负责人或者是调查提交人相信这个调查不需要 IRB 的审查或批准。在这三种中,这一种是最有可能要在每个院校规范实践的基础上进行区别对待的了。一般情况下,豁免不应该由研究者来决定,因为利益冲突和重要 IRB 问题上训练的潜在缺乏也许会导致错误的决定。符合豁免型的调查案例,仍需要提交以下信息:
(1) 匿名受访者的调查情况;
(2) 标识有使用学生信息的调查;
(3) 没有任何声音或视频记录的访谈或者是团体座谈;
(4) 没有任何标识符的现场笔记或报告。

简易审查是没有豁免的院校研究调查中最常使用的一种。在简易调查中,十分有必要让伤害(包括身体的、心理的、个人身份或其他)的风险保持在最小值以下,并且那些受保护的群体没有参与调查。有时,当审查者认为这项调查的伤害或可识别程度比较高,比提交提案的人认为的要高时,那么原来判定属于豁免型的也可能被重新被 IRB 判定为简易型。一次简易审查时间通常控制在一个合理而快速的周期内,尽管没有官方的标准,不过一般情况下是 5 天到 3 周,且院校间各不相同。

第三种类型就是一般审查。在高等教育院校研究中,这类调查是比较不常见的,因为通常它们的调查对象涉及那些受保护群体,与一般的院校设置的不一样。不过,也有一些院校确实为附近的居民提供教育机会,或者为社会成员提供扫盲计划,而这也是很多弱势群体会参加的项目。当在这种情况下,或者是对于那些参与者参加一些风险大于最小值的项目时,那么一次全面的一般审查就是必要的。为了一般审查所做的提交准备材料并不比简易审查要多,不过是一般审查本身让这个过程变得更长了,因为它需要达到 IRB 成员开会的法定人数。IRB 必须至少有五名成员,需要包括一位非科学家、一位社会成员以及一位科学家。公众希望 IRB 成员能够代表这个组织在纪律、种族以及性别上的多样性。依据制度要求,成员可能需要每周、每月或者甚至在更短时间内会面,因此对这类调查来说,做好提前准备就显得至关重要了。

在任何的类型 IRB 审查提交的材料中,审查者要求对调查程序或材料做适当修改的要求是十分正常的。新手和有经验的研究者都会遇到这些,所以首先不要让修改的要求成为提交审查的障碍,这是很重要的。IRB 审查者要接受训练去关注那些很容易被研究者忽略但却有助于保护研究对象的事情,这也是需要达到的最重要的目的。

## 与外部实体签订的项目

为了应对责任承担和院校竞争力方面的问题,如今院校研究已经越来越依赖能够进行同行、地区性和全美对比的数据和相关手段。一般来说,他们会通过与第三方签订合同或协议来管理和分析数据,并在经过处理之后,向合作院校提供分析结果和原始数据。其中一些比较有名的类似组织包括印第安纳大学高等教育研究中心(NSSE,CSEQ,CSXQ,BCSSE,LSSSE 和 FSSE)以及加州大学洛杉矶分校高等教育研究中心(CIRP 新生调查,YFCY,HERI 教师调查,大四学生调查)。本书的其他章将会对这些组织提供的工具的效果和重要方面做比较充分的讨论,不过由于它们与研究的道德行为和 IRB 指南有关,所以现在将会对三个关键方面做出说明。

第一,那些负责收集数据并分析结果的组织一般都是出于自己想要寻求一个积极地研究议程的考虑。尽管它们也是很乐意在院校层面上提供帮助,以来为高等教育做贡献,不过它们也想为国家做出贡献,而且有时候国家知识库要根据它们的专业领域来进行。由于它们的不少人员确实是这些项目的主要研究者,所以它们通常会获得院校内部的 IRB 或是获得相应的附属组织认可。大部分这样的研究会进行简易审查，因为它们含有参与者的个人信息。由于 IRB 负责监管，所以 IRB 批准很有可能会影响整个数据收集过程。不过，它们也会提建议，或是在一些情况下提出要求，需要每一个院校都要获得 IRB 的校内认可，因为学校内的学生、老师以及教职工都在其中。如果是这样的话，那么就需要第三组织提供提交的相关材料，以供使用。

第二，一旦 IRB 的认可得到了主办者或者所在院校的批准，那么就需要严格遵守管理规定，这一点很重要。因为科技的发展让我们可以每天对回复率进行追踪，而对参与者进行调整以招募更多的人来参加是很有诱惑力的，不过除非这种调整已经得到了初始认可，不然就应该避免出现。有时候研究协议应该具有一些灵活性，这样才能使得此类的适时调整可以被接受，不过关键是要熟悉 IRB 的认可过程并遵照相关规定来进行。

最后，当与第三方研究提供者进行以人类为对象的研究时，院校研究需要确保院校在这过程中使用其所得的数据。任何人体试验中都需要考虑的一项重要因素就是必要事物的程度情况。只要任意研究的过程中有与人类交互或互动的情况，那么就会存在风险（哪怕是很低），因此任何不必要的风险敞口都应该避免。另外，如果一所院校已经让他的学生参与到其他调查或是数据收集计划中，那么院校研究办公处的人就应该衡量一下这所院校过度调查的风险了。为了进行问责质询和评估来收集数据是很重要的，不过当说到交互式数据收集工作，只要集中收集将要使用的数据就行。

## 评估

在过去的十年间，大众对院校教育成果评估的关注经历了一个明显的转变。尽管院校研究和评估之间还存在很多功能和结构上的差异，不过不少院校还是依靠院校研究办公室来为评估活动提供支持。有时，确定活动是否属于研究会难以分辨，不过有一条好的经验，那就是将大部分的活动与其他的院校研究项目一样看待。

要确定一项评估活动是否属于研究，我们需要再回顾一下联邦法 46 编中第 45 部分关于研究的定义，尤其注意第二个句子的描述。在此回顾一下，其中指出研究是"一种系统化的调查，包括发展、检测和评估，用以发展并形成一般性知识。符合这个定义的活动就构成符合这个方针目的的研究，而不管它们是不是得到被认为是其他研究目的的项目的支持。"（45 编 46.102[d]）（重点另加）一项评估如果符合联邦关于研究的定义，哪怕实施的个人不把它当作一项研究，它还是需要 IRB 的审查。很多定期进行的评估活动例子可以证明这一点。

**1. 基于课堂的教育评估**

要对教与学的学术研究做调整的教师和院校经常会进行一些个人或院校教学

方式的相关测试。我所在的院校中,这类的测试有时会使一个学期到另一个学期的教育方式产生变化,并对两个学期同一教室的学生测验表现做审查。无论是什么级别的好老师都会不断地评估自己的表现,从而更好地改善自己。本质上来说,参与这类型的评估活动中并不意味着符合联邦关于研究的定义。计划这类教育试验的教师人员,大都是为了确定不同教学方式的有效性,而且可能还想要将测试所得的结果转化为论文或是在他们学科领域做相关的陈述报告,这样的教师就会进行一些比较系统化的调查。尽管按照一些定义可能不把这种看作是研究,不过它确实符合联邦关于研究的定义,因此也就需要 IRB 审查。

**2. 基于课堂的学习成果评估**

其他的一些评估活动主要集中于收集学生特定学习成果的有关数据。当为了让学生参与课程而将这些评估嵌入到课堂中时,好像就没有那么必要提交 IRB 审查了。当院校做了一个有关如何收集信息来进行评估的系统性规划时,也就是一种结果记录,那么院校就会受益于一定程度的审查。一些电子档案系统是允许在院校范围内使用一些评估准则来收集用于记录任务的相关数据。因此可识别的学生数据就成为因要评估学习而做的系统化努力的一部分。简易审查中,这可能就意味着这个项目需要得到学生的知情同意,尽管这有利于评估过程,不过可能会比较复杂。有一些类似的项目会要求不要做知情同意书,IRB 也有可能会批准,不过无论是什么情况,提交审查还是一个比较恰当的做法。

**3. 课堂外部评估**

正如前文提到的那样,院校研究中外部实体对评估工具的使用是很常见的。大学学习评价(ClA)、MAPP,以及 CAPP 都是。就像提到的那样,IRB 认可可能会由主体机构获得,或者是来自自己院校的相关院校研究人员的要求。在这些情况下,最好的方法就是和外部组织紧密合作。

假若院校的学习成果评估是内部自主设计的,而打算让它出现在课堂之外,那么一般情况下它最好弄清楚是否有任何理由可以不提交 IRB 审查。由于公众是可以对这些数据进行使用和审查的,而且这些年以来,这种情况好像还在逐渐增长中,所以得到 IRB 认可就意味着可以使院校研究和评估人员得到一份安心和保证。

## 《家庭教育隐私法》

1974 年颁布的《家庭教育隐私法》(FERPA)由一个教育机构支持,控制着学生教育信息的发布和获取。这个条例将信息地址目录与学生私人数据相区别,目录型信息受的保护相比来说较少。可接受的信息地址录被定义如下:

(1) 姓名;

(2) 身份证号;

(3) 地址;

（4）电话号码；
（5）邮箱；
（6）照片；
（7）出生日期和时间；
（8）年级；
（9）注册状态（大学生还是毕业生，全日制还是半全日制的）；
（10）官方活动或运动参加情况；
（11）运动队队员的体重和身高；
（12）学历；
（13）获奖情况；
（14）最近就读学校。

学生可以通过合适的渠道，比如学校办公处，来阻止所有这类信息的公开披露。当然也有一些情况是院校在披露信息前并没有得到学生的书面同意，下面将对这类的院校研究例子进行说明。

FERPA 中的相关条例（见 34 编 99 部分）应用于任何由教育部负责管理的接受联邦项目资金支持的教育类院校，因此几乎美国的每一所院校都必须遵照条例标准。此外，条例中对学生的定义是任何现在或过去在院校里注册过的，包括那些从来没有进入过校园的参加远程教育的学习者。

和 IRB 以及人类被试规范一样，FERPA 中条例也和院校研究协会道德法第三部分 C，保密信息的公布中陈述的要点相一致："院校研究者不应允许任何向院校内部或外部人员发布那些被确认为是个人保密的信息，除非是如果不这样做的话，会对机密信息主体或是他人产生直接的风险，抑或是受到与法令相一致的主管部门的指导要求才可以。"（Association for Institutional Research, 2001）

## 每年向学生披露 FERPA 相关权利

所有的教育类院校都有责任向注册学生做关于 FERPA 相关权利的年度信息披露。这种披露一般来源于登记处或类似的办公室。要求披露的信息元素包括发布的目录信息公告，除非是学生正式要求这类信息不公布，那么当然其中也要包括不公布这类信息的具体过程是怎么样的。

## 学校行政人员

一般来说，正式的学生记录是由办事处共同负责获得和保留的，而不是由院校研究的某一个办公室负责。注册办公室、经济援助办公室、招生处、学生生活办公室负责一些，学校单元负责其他一些，最后校友及发展办公室负责剩下的其他的记录。院校研究专业人员通常依据 FERPA 条文来收集数据，规定可以接触"由院校决定的内部其他人员,从而获得合法的教育权益。"(Hicks et al.,2006)院校研究办公人员对于院校的作用在于,有助于获得合法性教育利益,因此这些人员,包括那些办公室工作的学生,是有理由在他们的工作中获得大部分的学生个人信息的。不过,正如院校研究协会道德法中所陈述的,哪怕是在院校内部,对任何人发布一些不必要的保密资料,都是不符合道德实践要求的,并且院校研究应该细心地保护好这些数据。

## 州级和地方报道

尽管反对创建国家个人单元数据记录的呼声一直没有停止,不过许多州仍然一直在收集单元记录数据,而且已经持续好多年了。院校研究办公室是应该负责向州或当地实体提供数据的,而且也是可行的。根据 2008 年更新的 FERPA,教育部指示,当目的是为了"审计、评估、遵从条例或是执法行动时"(Federal Register, 2008),且在法律允许的范围下,才可以未经学生同意时就向州或是地方政府进行个人可识别信息的披露。说明指出这包括向高等教育的州委员会进行信息披露,从而为院校发挥了监督功能,并为此而实施评估和研究调查(34 编 99.35)。为了这个目的而对个人信息进行报告并不需要书面协议,并且这个揭露也不需要在学生记录里记下。

## 第三方实体

除了一些法令规定的州级或是地方政府实体,有时也有一些院校外部的其他实体想要学生数据。当这些数据是整体的,那么就没有 FERPA 顾虑了。如果要求的数据是学生个人可识别的私人信息,需要用来进行调查或代表院校进行服务,那么 FERPA 是允许在未经学生同意的情况下进行数据的发布的,进行这项研究的实体是被看作是院校的授权代表。前面提到的组织和调查在 IRB 影响方面是相关的,举个例子,加入 CLA 的院校必须提供一些参加 CLA 的学生的目录信息,在入学时还要知道他们的 ACT 和 SAT 分数,显然大都是一些私人的信息。这种披露是允许的,因为院校可以很有理地说他们是付费让 CLA 办公人员来做他们本要自己做的事情。

这种情况下来自 FERPA 的主要限制就是这些第三方实体不能再次披露学生的个人可识别信息,而且"当项目不再需要时,那些受保护的信息需要被销毁"(Hicks et al., 2006)。美国大学注册和录取管理者协会建议通过与获得学生数据的第三方以签订书面协议的形式来获得这项保证。在与因研究目的而来获取数据的第三方的协议中还要包括其他几项内容。见附录 19.1 获取在分享个人可识别数据的协议中包含更加综合的信息。

## 结语

联邦条例通过 IRB 来保护人类受众权利以及通过 FERPA 来保护学生信息记录,这其中最有趣的地方就在于他们对于道德标准的编纂与院校研究专业人员为他们自己在院校研究协会道德法中设定的内容相一致。(Association for Institutional Research,2001)(见第 3 章)。在服从这些规定的道德时唯一特别需要的措施就是确保适当的文书和文件能够到位。联邦政府对于如何维持服从的指导是定期更新的,并且法律本身也要接受审查工作,要定期进行修改。事实上,正如本章所写,随着 2012 年预期中的改变,IRB 条例也在经受审查和公众评论。院校研究中所做的这类工作的意义可能是很重大的,且每个院校层面的 IRB 是很有可能追随联邦条例来修改自己的相关政策。院校研究专业人员应该和院校内适当的办公室合作,从而应对在这些法律要求时要面对的严格审查。

## 参考文献

Ashcroft, M. H., & Krause, J. A. (2007). Social and behavioral researchers' experiences with their IRBs. *Ethics and Behaviors*, 17(7), 1-17.

Association for Institutional Research. (2001). Code of ethics for institutional research. Tallahassee, FL: Association for Institutional Research.

Federal Register. (2008, December 9). Department of Education, Family Educational Rights and Privacy, Final Rule, 73(237).

Grady, C. (2009, Spring). Vulnerability in research: Individuals with limited financial and/or social resources. *Journal of Law, Medicine and Ethics*, 19-27.

Hamilton, A. (2005). The development and operation of IRBs: Medical regulations and social science. *Journal of Applied Communication Research*, 33(3), 189-203.

Hicks, D. J., et al. (Eds.). (2006). FERPA Guide. Washington, DC: American Association of Collegiate Registrars and Admissions Officers.

Infectious Diseases Society of America. (2009). Grinding to a halt: The effects of the increasing regulatory burden on research and quality improvement efforts. *Clinical Infectious Diseases*, 49, 328-325.

Kennedy, J. M. (2005). Institutional researchers and institutional review boards. In P. D. Umbach (Ed.), *Survey research emerging issues* (pp. 17-31). New Directions for Institutional Research, no. 127. San Francisco: Jossey-Bass.

Ribeiro, G. L. (2007). IRBs are the tip of the iceberg: State regulation, academic freedom, and methodological issues. *American Ethnologist*, 33(4), 529-531.

U. S. Department of Health, Education, and Welfare. (1979, April 18). The Belmont report: Ethical principles and guidelines for the conduct of human subjects of research. Washington,

DC：The National Commission for the Protection of Human Subjects in Biomedical and Behavioral Research.

## 附录 19.1：在与第三方签订的关于用于教育类研究的个人数据披露协议中，需要解决的 FERPA 关注的问题

1. 法令 34 编 99.31(a)(ii)(C) 要求与第三方签订的有关学生个人的信息记录。

2. 协议中需要包括以下内容：
   a. 研究的目的；
   b. 研究的范围；
   c. 研究持续时间；
   d. 将被披露的信息内容。

3. 法令 34 编 99.31(a)(6) 指出当不再需要做这项研究时，接收数据的组织必须销毁或是将所有的可识别数据返还给教育院校。进行这项操作的持续时间必须在书面协议中具体说明。

4. 法令 34 编 99.31(a)(6)(ii)(A) 中要求研究实施时不允许家长或学生的个人信息被除了拥有信息有合法权益的组织代表人之外的任何人获得（换句话说，如果计数过小导致个人被那些没有接触数据的人识别出，那么这项研究就不可以报告出来）。这项条例并不一定要在协议中，不过建议包含。

5. 法令 34 编 99.31(a)(6) 也要求个人信息的揭露必须被限制在获得合法信息权益的组织内部人员。同样的，这一条不是一定要写在协议中，不过建议写入。

6. 对于那些已经正确消除可识别信息的机构，FERPA 不阻止他们对其他独立研究者再次披露相关数据，因此当与第三方签订协议时，建议在协议中说明这一点。

7. FERPA 让院校负责确保这份协议有效，也就是要求进行这项研究的组织在对那些提供给他们的个人可识别信息进行保护方面能够进行良好的控制。

# 第 20 章

# 数据、种族歧视和法律

安德鲁·L.卢纳(Andrew L. Luna)

院校研究的功能时常表现为作为院校官方数据资源的来源。许多院校研究办公室所拥有的主数据库当中,存在一种主要涉及教职工及其相关活动的数据。这些数据被用在各个章节中,讨论有关教师工作量测量和评估的诸多方面(第 31 章)以及教师薪酬的公平性问题(第 32 章)。这两个方面对所有的高等院校都是十分重要的,也一直是院校研究和案例法会涉及的内容。一旦院校卷入种族歧视的诉讼,那么很多事情就会发生——不仅仅是法院和院校研究功能有了不同的参考框架,而且更常见的是语言不同的问题。那些被看作是"正确的"事情,也许并不被认为是合法的,或是全美可信的数据佐证、同行评议出版物却无法在法庭上得到承认和通过。

本章强调的是,当运用科学数据和法律实践一起来解决社会和法律问题(如种族歧视问题)时,这两者之间的主要不同的地方。本章主要关注种族歧视,不过其中谈论的大部分内容也适用于其他的法律问题,像残疾问题、注册问题、竞技问题,还有与其他的高等教育院校相关的一些规则、条例和法律。

## 我们的环境和文化

伴随着院校研究和高等教育界必须回应许多的法律问题,涉及种族歧视、骚扰和合理设施问题,美国已经俨然成了一个诉讼社会。自 1972 年以来,当 1964 年《民权法案》第七章内容扩展到公共和私人教育类院校时,学术殿堂已经开始产生大量的诉讼案件。尽管这些法院判决可以帮助院校更加有效地在法律范围内调整院校政策,从而让诉讼量达到最少,不过实际上诉讼仍频繁地出现在高等教育界。

此外,因为已经出现越来越多处理种族歧视的案例,所以法院也日益面临着两个突出的问题。第一,由于学术型高等教育的主观性,对于教职员和学生而言,提供证明以行使种族歧视索赔变得更加复杂,这种情况对院校的预防来说亦是如此。第二,对数据的使用,尤其是回归分析,对审判者和陪审员来说都是困难的,因为他们都要努力地对他们手中案件的数据结果做价值证明(也就是证明的影响)(Lempert,1985)。

有很多文学作品是涉及高等教育的种族歧视和其他法律问题的。正如人们所希望的那样，大部分的文学作品是基于分析方法学。卢纳(Luna，2006)对分析讨论做了延伸，包括列入案例法的审查以及法院判决是如何定义统计方法的方面已经被公认为是这些案例的重要部分。当有人支持运用数据分析进行法律探讨时，那么他能够对相关的法律案件有一个了解，并且能够领会案例法对政策的影响是十分重要的。报告院校研究分析结果和数据的讨论要包括相关的法律判决结果。大部分的种族歧视案件是以联邦法律为基础的。当然，也有不少种族歧视问题是根据州的法律处理的，包含一些诉讼案例的判决。从某种程度上来说，法院是如何理解法律管制人的，那么院校就要根据这个行事(Simpson & Rosenthal，1982)。

## 统计所起的作用

对于那些不熟悉数据的法律人来说，要想让他们去理解数据以及数据对形成和驳斥人们对种族问题的初步印象的作用是困难的。举个例子，数据分析已经成为各种情况下进行证明或反驳种族歧视的主要方式。不过，经典统计推论既不能证明不公平的原因也不能说明引起不公平的所有因素是什么(Paetzold & Willborn，2001)，数据只是提供特别结果的可能信息。

让院校研究去研究某些特定法律问题的本质和内容已经变得日益重要，例如教职工薪水歧视、薪资压缩、雇佣政策以及可访问性等问题，并且院校研究还能够运用这些研究来为管理者和政策制定者提供信息，以便调整某些可能的问题或是当发生种族歧视要上法庭时提供强有力的法律证据(Lee & Liu，1999)。再重申一下，第31章和第32章提供了大量更加详细的分析信息，主要是关于数据如何能够告知我们教职工活动和薪水讨论。不过，一项经过精心制定的研究，如果通过复制知名杂志中的常见方法来进行，那么它可能无法满足证据的基本要求，也可能不是法院所想要的。

为了澄清这一点，本章将会列出院校研究统计和法律之间的本质区别，强调在涉及高等教育问题时将二者结合使用的难度，并且之后会提出这两者将如何以及该怎样相互支持。当这两种类别的领域必须要一起出现，并且当引入统计时，法学家和统计学家之间通常就会出现观点的分歧。弥补统计和法律之间障碍的关键点之一就是在合规部门、院校法律部门，以及院校研究办公室之间建立定期的谈话。传统意义上来说，院校研究办公室一般负责处理数据、统计运用和政策问题——通常在一个无缝的环境中。一个发展良好的院校研究办公室要能够及时地知道新的或最近更新的法律、最近法庭判决和最新的统计测验和研究。而要及时知道这些情况，则需要常规和法律部门人员及时得到可获得数据以及知道如何分析和解析这些数据。接下来要讨论的就是种族歧视的相关法律、最近的法院判决以及得到法院认可的数据测试,这些将有助于帮助院校研究办公室了解有关统计和法律之间的不同点与相同点。

## 种族歧视的相关法律

了解案例法,并清楚统计证据是如何运用到这上面的大概是防止校园薪酬歧视诉讼的重要一步(Simon & Rosenthal, 1982)。获得有关案例法的知识也许会让管理者、院校研究人员和教职工更为有效地制订计划,并能够在校园内进行性别薪酬公平性研究,然后用所得结果来解释原因不明的薪资变化,这样也可以让院校在当前的法律判决背景下对一些可能的薪酬不公现象进行修正。当因工资纠纷需要上诉法院时,对案例法的了解也可以帮助准备形成一个法律更加健全的统计模式。

### 背景

大部分有关院校的诉讼案在某种程度上都与种族歧视有关,有两种基本的种族歧视模式:一种将关注点集中在决策者身上,另一种则是集中在决策者的决策标准上(Paetzold & Willborn, 2001)。尽管困扰和合理的调整与那两种模式有细微差别,不过都是来源于这两种模式的。由于本章主要关注种族歧视的法律,所以我们有必要去了解一下相关法律以及它们是如何对高等教育产生影响的。

颁布的现有两部有关就业歧视索赔的条例:《工资公平法》和《1964年民权法案》第七章。目前高等教育界大部分的教职工都同时运用这两部法令来处理薪酬不公平问题。我们有必要知道,联邦法律仅仅只有两种变化的途径:以立法的形式或者法院在处理某个案件中遇到特定法律问题时给出的解释。立法机关已经出台了《工资公平法》和《1964年民权法案》。不过,多年以来法院已经通过他们的解释功能使得法律发生了不少的变化(Wren & Wren, 1986)。

### 同酬法

当女性与男性职工拥有大致相等的工作能力但却获得不同的薪水时,那么这时候就需要同酬法来确定这其中是否存在歧视。这部法律用以防止雇主向那些在相同工作条件下进行"需要相同工作能力、努力和责任的人支付不平等的工资,除非这些薪水是依照①某种年资制度;②某种绩效制;③某种根据产品的数量和质量来付薪水的机制;④因为其他原因而导致的差别而不是因为性别导致的。(29 U.S.C. 206(d)(1))"

美国最高法院已经确定了评估同酬法索赔的两个步骤。首先,申诉者必须证明存在违反的行为，也就是要证明这份工作所需要的技术、努力以及需要承担的责任是大致相同的。一旦申诉者提供一个初步的事实，那么雇者就有机会说明他们支付不同的薪水，是根据以上列出的四种积极抗辩之一来进行的(County of Washington v. Gunter，1981)。

## 《1964年民权法案》第七章

当一个公司或是院校的工作结构因为性别、种族或民族而存在不同时，并且那些弱势群体工作者(因民族、国家、外侨或宗教背景的不同而使得个体得到区别对待，一种在法令、条例、规范或政策中的违宪区别)得到与他们做了相似可比价值的人要少的报酬，那么那些较低收入的工作者就会根据法案第七章提出索赔。这个条例是最综合的，所以在联邦就业歧视法中得到了最频繁地使用。1972年，这个条例被延伸扩展至适用于公立的和私立的教育院校，如今，它是高等教育界使用最广泛的种族歧视法。

法案第七章包括两部分。第一部分规定当雇佣者做出以下行为将是违法的："因为个体的种族、肤色、宗教、性别或者其他国家问题，而未能或拒绝雇用他，或者解雇他，抑或是在报酬、地位、身份、特权或是雇用方面存在对这个人的歧视的。"下一部分则将雇主的这些行为视为违法的："由于个体的种族、肤色、宗教、性别或其他国家原因，导致雇主对其进行限制、分离或分类，通过剥夺或企图剥夺雇用机会，或者就是对雇员的地位产生不好的影响"(42 U.S.C. sec. 2000e-2[h])。这个条例存在的一个重大例外就是对于一个公司或企业正常运营十分必要的一个实际职业资格(BFOQ)。举个例子，在全是男性的学生宿舍里性别就是实际职业资格，而在宗教附属的学院，宗教就是一个实际职业资格，一般用两种法律模式来定义和建立法案第七章的案例。

**1. 差别效果**

差别效果模式与雇用惯例有关，就是"形式上是公平的但是实际中却是带有歧视的。"(Griggs v. Duke Power Co.，1971)雇主并不需要有什么歧视的意图，而是雇主的一些貌似中立的政策已经对提出要求者或是他们所代表的一类人产生了差别的影响(Kaplin & Lee，1995)。在格里格斯一致的意见就是，美国最高法院是在差别效果模式下，通过两个步骤来形成初步事实的。法院禁止以下雇用操作：①以种族、肤色、宗教、性别或国家为理由来拒绝或歧视雇员或未来雇员；②雇佣操作不与工作表现相联系或不根据业务需要合理安排。在此模式之下，在不违反第7章的前提下，两条都必须符合要求。

**2. 差别对待**

差别对待模式涉及带有歧视动机的歧视，并且以集体进行诉讼的证明必须建立一个有关歧视的模式、实践或常规(Barnett v. Grant，1975)。美国最高法院为差别对待索赔确立了三个步骤。第一，根据占有优势证据原则，起诉人负责形成一个初步事实（Affaors v. Burdine，1981）。第二，一旦他们这样做了，那么负担就转移到被告那里，他们需要对受到质疑的雇用惯例做出合法的、非歧视的解释（McDonnell Douglas Corp. v. Green，1973）。在一些案例中，如果起诉人依靠统计证据来建立初步的歧视事实，那么被告也会通过攻击统计证据的有效性来破坏起诉者的表面证据，或是拿出他们自己的分析证据来说明受质疑的做法并不会导致差别对待（Berger v. Iron Workers Reinforced Rodmen Local 201，1988；International Brotherhood of Teamsters v. U.S.，1977）。第三，如果被告给出了相关证据，那么起诉者就需要证明被告的统计证明并不够充分，或者被告对于受质疑做法的解释仅仅是为歧视寻找的一个借口（Zahorik v. Cornell University，1984）。

## 法院结构

在美国的司法系统里，法院有若干个层级，每层都有自己特定的功能。联邦法院是大部分薪酬公平案发生的地方，包括三个层级：区审判法庭、中级上诉法院或巡回法院、最终上诉法院或美国最高法院。全美共有 84 个区审判法庭和 13 个巡回上诉法院。区审判法庭在特定州的特定地方，其建立是根据地区人口决定的。除了哥伦比亚特区和联邦巡回法院（唯一一个司法权完全是根据内容来定而不是根据地理位置来定的法院），每一个巡回法院上诉都包括好几个州。前两级的司法层级中，法院彼此间都是独立审判的。换句话说，举个例子来说也就是美国第四巡回法院对某个案件的法庭上诉判决和解释可能与第二巡回法庭对此案件的判决和解释相互矛盾。

审判或者低层级的法院的职责是从两方面收集证据，决定那些证据是如何与法律相联系的，并根据法院对有关法律的证明和解释的结论来做出判决。上诉法庭的职责就是确保审判法庭能将和其中的法律相关的观点运用到提供的证据中。很少出现上诉法庭对审判的发现事实做出再评估和再确定的情况（Wren & Wren，1986）。

## 案件判例

在这点上，区别案件先例属于强制性的还是说服性的是很重要的。强制性案件判例指的是来自最高法院的特定审判，因为许多歧视案例都涉及联邦法律，而美国最高法院是联邦管辖中的最高法院。说服性的案件主要来自较低层级的联邦法院，并且被用作其他案件的指导（Wren & Wren，1986）。举个例子，区法院的决定，或者是其他上诉法庭的决定，仅仅对另一个上诉法院具有说服力。然而，上诉法庭的决定在他们的所属区域是具有强制性的，并且最高法院决定的案件是强制性的判例，每一个区和上诉法院都必须按照先例来。不过，如果联邦上诉法院存在不一致的决定,那么美国最高法院就不得不做一个决定,这样才能形成强制性的判例。因此,上诉法院的决定是属于其管辖范围内的当地法律,而美国最高法院的决定则是属于整个国家的法律。

## 什么是公平与什么是法律

歧视案件出了学校来到法庭之前,如果明显的话,行政部门去调查所有的指控并纠正任何的不公平是一种明智的决定,无论院校负有多么重大的财政负担(Boudreau & others, 1997)。此外,布拉斯坎普等人(Braskamp, Muffo & Langston, 1978)在谈论到任何歧视问题时认为,公平审查都需要对院校政策进行一个清晰地定义,以及了解这些政策是如何与工作经历、学术成就、教学效果以及服务相联系的。不过,在这类分析中,应用人类基本判断以辨别什么是公平或不公平的问题经常会给行政人员和教职工带来很大的压力(Moore, 1993)。

### 院校观点

人类方程式进程的一边是历史和已经有很多研究提供的很多有说服力证据的论证,法院也认同在某些特定的阶层是存在种族歧视的(Barbezat, 2002)。而方程式的另一边则是有关判断是否存在不公的问题应该由法律、经济和统计分析这些不同领域来回答的争论(Moore, 1993)。

在某些情况下,有关种族歧视的法律判决可能并不与教师或管理人员根据院校使命和文化、人力资本理论抑或是统计研究得到的合理论据相对应。有时,法院判决甚至重新定义已经完善的统计方法和实践。此外,一些法律学者认为通过统计分析模式来证明种族歧视的方式是基于教师统计和事实假设,以及对统计论据的错误理解来达到的(Browne, 1993)。法律学者和统计与经济科学家之间这种强烈的二分推理就是一种有关为什么种族歧视争论要在院校之内解决而不是非要上法庭进行激烈争论。从本质上来说,当法院对种族歧视问题进行量化证据审查时,并不是要形成有关人类行为的一般理论,而是决定哪一个证据更加合法一些,从而来解决争议(Simpson & Rosenthal, 1982)。

当法院宣布了判决,就会出现很多类似于它们是否公平或者就那样而已的质疑,而种族歧视案件是不受这类质询影响的。尽管院校可能会被迫去遵照法院对于种族歧视的判决结果,不过不应该让这类判决自动地阻碍管理人员进一步调查他们雇佣结构是否公平,或是在他们寻求一个更加公平的结构的过程中越过法律。不过同样应该值得注意的是,统计资料是法院分析案件时的唯一部分。法律、法学家的经验以及直觉都是为案件的解决而服务的(Baldus & Cole, 1980)。

## 统计和法院

尽管理论上，统计和法律系统是不同的两个系统，不过实际上法院已经承认了统计数据在种族歧视案件中的使用。1973年，在《民权法》第7章中，美国最高法院建立了一个基本分析框架，为故意歧视或差别性对待事件提供一些个案。法院声明，起诉者可以证明出现了非法歧视，而一旦他们做了这个证明，雇主就必须陈述一个合法的、非歧视的理由来规避责任（McDonnell Douglas Corp. v. Green, 1973）。这项决定引导原告和被告使用统计分析资料以作为他们可提供证据的证明。在这项决定之后，法院就有义务认可歧视案件中统计数据证明的增加。在《美国黑泽尔伍德学区》(1977)中，法院在民权法第7章的案例中澄清了统计数据的应用，也就是政府可以通过使用统计资料来建立种族歧视的初步事实。美国最高法院在《美国版的国际公认联合会》(1977)进一步确认了统计资料的使用可以为歧视案例提供证明，特别是当它们与一些事实证明相联系的时候。稍后我们将了解到，当使用的统计模型过于复杂或难懂时，法院就只能且必须仅依靠事实证明来进行判决。

## 《联邦证据法》

除了法院声明中的那些，《联邦证据法》将一些相关证据界定为"那些证据，要能够有助于得到行动决定的结果的事实，而得到的这些事实要比没有这些证据时要更加可信一些。"(Federal Rules of Evidence, 401, 2001)此外，这条法令还说如果统计证明并无统计显著性，那么它们就会被排除在外，并列出两条理由。第一，《联邦证据法》第703条(Federal Rules of Evidence, 703, 2001)规定，证据必须是"在形成特定领域主题的观点和进行参考时可以合情合理的依赖运用。"第二，《联邦证据法》第403条(Federal Rules of Evidence, 403, 2001)规定，所有的相关证据，如果它们浪费时间倾向、混淆问题倾向以及误导陪审团的倾向大大超过了它们的证明价值，那么这样的证据就要被排除在外。正如Toutkoushian和Hoffman所说(2002)的那样，在衡量工资的公平性问题上有很多不同的统计方法，每一种都有不同程度的复杂性和难度。尽管作者强调使用的这种模式部分是基于研究结果的使用方式，不过依旧清晰的是，法院会发现比起多元方程更简单一些的单方程模式更能满足第403条的要求。不过，这个假设还没有得到直接测试证明。

自1977年，美国最高法院变得更易接受使用统计数据后，低层级的联邦法院就一直在为歧视案件中统计数据的重要性和证明价值以及它们总体可容纳性不断斗争着。法学家们理解统计数据分析的斗争结果就是，同时来自不同司法管辖地区的法院对统计分析的理解各有不同。随着最高法院越来越多地审理涉及统计数据方法案件，统计分析作用的定义、解释的范围也变得更加狭窄。

## 统计和法律的逻辑困境

由于大多数情况下统计科学和法律实践存在不一致的观念，所以学者们相信这两者是相互矛盾的，而当在分析中运用这二者时需要谨慎。

### 树立真理观时的差异

在运用统计证据时，由于统计推理和法律推理之间的差异，因此往往会出现一些冲突。这些由于统计学家和法律学家看待角度不同而引起的明显不同，佩佐德和威尔鲍恩(Paetzold & Willborn, 2001)定义如下。

统计语言是不确定的，而法律语言则是确定的。换句话说，经典统计证据仅仅可以排除或不排除一个零假设，而不能证明它。统计语言可以在一组适当的假设中描述事物出现的可能性，统计测验只能够支持一些偶然发生或不发生的事情。相反，法庭中法律的优势就在于可以用在那些不管事实是什么的案件中，以判决某人犯罪或无罪。这种语言会引起混淆，因为法院可能会把他们的判决当作证明，却不管实际上他们并没有被证明犯罪或无罪，而且他们是依据证据的优势和说服力来下定论的，就像传统的假设检验不能证明或反证某些虚无假设一样。

统计方法和统计哲学主要基于演绎推理，而法律实践则主要基于非演绎推理。演绎推理就是某人根据之前已有的事实下结论——如，所有的橘子都是水果，所有的水果都长在树上，所以所有的橘子都长在树上。与演绎推理相反，非演绎推理则是根据一系列的观测结果来得到结论。举个例子，所有的观察者都已经证明他们所遇到的火焰都是热的，所以所有的火焰就都是火热的；十有八九可以将球踢到空中去，那么所有的球就都可以踢到空中。不过，非演绎推理可能并不是一个有效的证明方法，只因为某个人看到事物以某种模式一系列出现的情况，并不意味着这种模式会出现在所有的情况中。

法学家仅仅在他们需要证明一个案例时使用数据，然而在统计实践中，则需要使用所有相关数据，并且所有出现的异常情况都需要得到证明。然而，绝大部分的律师需要遵守他们的职业道德规范，他们仍然（也应该）偏向于他们所代表的顾客。这种偏向是与统计学家的道德规范相对立的，统计学家需要使用任何需要的数据来完成分析。

统计学家可能将证明看作是不确定的，而法学家则有责任将证据看作是确定的。在法律上，被称作是证据的都需要符合根据手边已有的优势证明和事实来制定的标准的要求。在统计学中，事实的本质总是具有概率性的。在法律上，证据的标准是客观的，是根据案件的本质来决定的。律师只对他尽可能可以提交的证据感兴趣，从而来证明或反驳案件。在统计学中，科学家们必须担心一个事实，那就是所有出现的事情都是具有可变性的或会发生错误的，他们就需要根据那样的情况来报告。

统计语言可能会让一些法学家感到困惑，而法律语言则会让统计学专家感到不解。法学家和统计学家都使用术语，并且还不能轻易地转移到对方的学科中这已经不是一个秘密了。统计专业术语让法学家感觉混淆，而法律术语则让统计学家感到困惑。被困在这之间的就是陪审员了，他们对这两种术语都感到同等的困惑和不解。

表面上看起来，律师有他们必须遵守的规则和法律，而且他们对自己顾客的优先很明显地体现在他们呈现的证据中。尽管在法庭案件中使用研究的律师并不会故意对统计数据存在偏见，不过那种对特定统计结果的成见还是可以隐约感觉到(Simpson & Rosenthal, 1982)。举个例子，据亨特(Hunt, 1979)所说："几乎从未见过一个研究者会以自愿证人的身份出现，这是非常公正的。而总是会看到证人会为了联邦商务委员会(Federal Trade Commission, FTC)或为了企业来作证。几乎可以预知那个为FTC作证的证人将会如何总结，也几乎可以预知那个为企业作证的证人会怎么做总结陈词。这说明了这种设定中的研究并不是十分接近真相的，而且实际上也是不公平的。"

关键术语可能会有不同的定义。尽管统计证据是有价值的，它也仍然可能会让人误解，因为法律上有关歧视的定义和潜在的统计推断中的统计解释之间存在差异。据佩佐德和威尔鲍恩(Paetzold & Willborn, 2001)所言，无论统计证据在什么时候被使用，有关推理过程主要涉及三种类型的模式：一是立法模式，就是决定在法庭上如何使用证据；二是情境模式，主要集中在雇佣者的目的或雇佣者在雇用过程中真实使用的雇佣标准，或是两者都有的情况；三是统计模式，由正式规则和方法组成，引领着科学进程。

## 研究的实质

考虑到研究的本质问题，所以统计证据不能证实真正存在的歧视。它仅仅可以通过院校的雇佣标准来显示一种偶发事件之外也许存在的可能性。因此，当统计模式暗示一个潜在的偏离常态的情况时，就取决于法律学家在推理的过程中将进程的目的和结果结合起来，以决定是否比较有可能出现种族歧视(Paetzold & Willborn, 2001)。如果出现了这种情况，那么统计的客观本质就会被证据法规、律师-顾客偏袒或间接证据所掩盖。

为了了解统计推断推理和法律实践之间是如何相互矛盾的，我们不妨想一下身高的测量和弗朗西斯·高尔顿先生。高尔顿是查尔斯·达尔文的堂弟，他是第一个使用退化这个术语来支持其理论的人，理论中说高一点的爸爸倾向生出矮一点的儿子，而矮一点的爸爸则倾向生出高一点的儿子。换句话说，父亲儿子的身高倾向回归均值。通过运用这种方式的回归分析可以根据爸爸或妈妈，或者两个人的身高值对他们的儿子身高进行统计推断。

假设一位女士生了一个宝宝，她身高五英尺四英寸，而她的丈夫是五英尺七英寸高。而在对成千的父母进行一个时间点的回归模型分析后，根据形成的统计表，在可接受的随机变化标准之内，我们就可以进一步假设一下成年的儿子的身高将会在五英尺五英寸和六英尺一英寸之间。如果这个儿子的身高很明显地超过或低于这个范围，这就是一个显著偏离正常的现象。根据统计推断，产生这种变化应该是有某个或某些特别的原因，这可能暗示一种没有明显原因的偏离，也可能这个模型中存在不少的错误使得研究者错误地拒绝了零假设。

如果在法庭上，这种身高变化被提交为一种证据，那么人们就可能会对佩佐德和威尔鲍恩(Paetzold & Willborn, 2001)描述的立法、情境和统计模式进行仔细审视，从而形成一个基本事实来与母亲相争，暗示女子的丈夫不是孩子的爸爸。之后举证责任就会落到妈妈身上，她需要证明毫无疑问她的丈夫实际上是孩子真正的爸爸。在这个案件中，这个妈妈的律师可能就会将一系列的纵向回归分析证据统一起来，来驳斥这一说法。除非她的证据有压倒性的说服力，不然这个女士就可能仅因为滥交而判罪，因为她被迫要在法律上证明她的丈夫是孩子真正的爸爸，而这可能超过了统计推断的能力。这个例子可能听起来非比寻常，不过事实上不一定如此。

## 不同案件在不同法院中结论也不同

许多法院都已经认可排除机会因素与判定不被许可的歧视出现是不同的；不过其他的一些法院并不能明白这个区别，而且也没有那么仔细对待。在帕尔默和乔治·P.舒尔茨(Palmer v. George P. Shultz, 1987)的案例中，法院是这样陈述的："如果机会是一种不太可能的解释，那么是否更有可能的原因是故意歧视或是在选择过程中的合法不歧视因素，统计数据也不能决定。"在马多克斯和克莱特(Maddox v. Claytor, 1985)的案例中，法院一致陈述："强调将一种差异转化成大量的标准差，并且不自动将种族歧视指向为造成差异的原因是很重要的。"

与这些决定不同，在佩恩和迈迪安可口可乐装瓶(Payne v. Meridian Coca-Cola Bottling, 1982)的案例中，法院陈述："缺少解释说明，且标准差大于3就表明存在歧视。"在艾维和迈迪安可口可乐装瓶公司(Ivy v. Meridian Coca-Cola Bottling Co., 1986)，法院在一定程度上决定"标准差在2或3左右的浮动表明这个结果是由故意歧视而不是偶然歧视造成的。"同样的，在里韦拉和威奇托瀑布市(Rivera v. City of Wichita Falls, 1982)的案例中，法院是这样说的："标准差分析为可观察到差异的开始阶段的解释提供了量化。"

### 种族歧视案中对数据的使用

院校研究办公室管理着大部分用于歧视案的数据。尽管这些个人的以及其他管理记录最初不是为了解决真实的或潜在的有关歧视的指控问题，不过它们现在确实被用于调查这些事情。对于院校研究者的一项挑战就是如何以一种方式组织好这些记录，从而可以根据第二章或其他 EEO 法律来解决有关雇员或其他基于种族、性别以及其他受保护群体的申请者所经历的可能不同的特定法律问题（Christenson，Maher & Mueller，2008）。

不过，明智的做法是使用这些手边的数据来进行自我评判的分析，来识别院校在人事实践和劳动方面公平的保持方面存在的风险，而不是等到一个真实的歧视案件发生之后，才去使用这些数据。如果是进行定期分析，那么这个院校就会拥有一个非常高质量的数据库，从而可以在问题变成诉讼危机之前以一种特别及时的方式来勘测潜在问题抑或是修正这些问题。院校还面临着一种风险，那就是在法庭诉讼中，这些管理的信息可能会被当作一种信息泄露。此外，如果院校没能充分地在他们的雇用决定中评估潜在的歧视问题，院校同样也会面临风险。

## 结语

统计假设检验确定是否变量的偏差是在出现概率范围之内还是在出现概率范围之外。尽管这种检验与衡量优势证据裁决的法律标准并不相同，而且相比来说还更经验主义一些，不过使用统计证明作为证据来体现是否存在歧视还是存在很多挑战的。仅仅因为可能出现的某类人得到工作、获得晋升、得到加薪等机会相比其他合格的申请者来说机会比例更多一些，并不一定意味着院校存在种族歧视。

有些情况下统计学家也有可能是为两边服务的，他们得出的结果也会因为他们支持某一方的观点而产生很大的不同。

起诉者的证据被看作是具有统计意义的，以强制减小被告说明不公原因的机会。然后被告就需要排除合理怀疑，要么证明不存在不公平现象，要么证明出现的明显不公平不是由不合法的种族歧视造成的。

尽管这些问题还没有十分清晰的答案，不过清楚的是我们应该寻求统计与法律之间相互更好地了解，而院校研究者实践者则可能是将这些不同哲学融合形成一种更有用和更协调资源的最合适的人。

解决这部分问题的好的开端就是对事实有不同的观点。这就涉及院校层面的院校研究和主要参与者之间的谈话了，如律师和那些管理风险和合规性的人。第二个重要的步骤就是确保在风险最大的地区能够有个有关院校数据的单一官方来源。这些当然包括人口特征和院校成果，例如任职决定、薪水和职工活动。这些数据信息不少也可以在设有肯定性行动计划的院校计划中看到。第三个重要步骤就是让那些做院校研究的人对诉讼案中运用的方法、诉讼结果以及那些运用到院校特定地方的案例有一个深入的了解。最后一步就是确保院校研究能够及时告知高级行政人员每一步骤的进展情况。

## 参考文献

Baldus, D., & Cole, J. (1980). *Statistical proof of discrimination*. New York: McGraw-Hill.

Barbezat, D. (2002). History of pay equity studies. In R. Toutkoushian (Ed.), *Conducting salary-equity studies: Alternative approaches to research* (pp. 9-39). New Directions for Institutional Research, no. 115. San Francisco: Jossey-Bass.

*Barnett v. Grant*, 518 F. 2d 54 (1975).

*Berger v. Iron Workers Reinforced Rodmen Local 201*, 269 U.S. app. D.C. 67 (1988).

Boudreau, N., & others. (1997). Should faculty rank be included as a predictor variable in studies of gender equity in university faculty salaries? *Research in Higher Education*, 38(3), 297-312.

Braskamp, L., Muffo, J., & Langston, I. (1978). Determining salary equity: Politics, procedures, and problems. *Journal of Higher Education*, 49, 231-246.

Browne, K. (1993). Statistical proof of discrimination: Beyond "damned lies." *Washington Law Review*, 68, 477-558.

Christenson, B. A., Maher, K. M., & Mueller, L. M. (2008). Organization and maintenance of data in employment discrimination litigation. In A. L. Luna (Ed.), *Legal applications of data for institutional research* (pp. 47-66). New Directions for Institutional Research, no. 138. San Francisco: Jossey-Bass.

*County of Washington v. Gunter*, 452 U.S. 161 (1981).

Federal Rules of Evidence, 401 (2001).

Federal Rules of Evidence, 403 (2001).

Federal Rules of Evidence, 703 (2001).

*Griggs v. Duke Power Company*, 401 U.S. 424 (1971).

*Hazelwood School District v. U.S.*, 433 U.S. 399 (1977).

Hunt, H. (1979). The ethics of research in the common interest. In N. Ackerman (Ed.), Panel summary. In *Proceedings of the American Council of Consumer Interests Conference*. Milwaukee.

*International Brotherhood of Teamsters v. U.S.*, 431 U.S. 324 (1977).

*Ivy v. Meridian Coca-Cola Bottling Co.*, 641 F. Supp. 157 (1986).

Kaplin, W., & Lee, B. (1995). *Law in higher education*. San Francisco: Jossey-Bass.

Lee, J., & Liu, C. (1999). Measuring discrimination in the workplace: Strategies for lawyers and policymakers. *University of Chicago Law School Roundtable*, 6, 195-234.

Lempert, R. (1985). Symposium on law and economics: Statistics in the courtroom. *Columbia Law Review*, 85, 1098-1116.

Luna, A. L. (2006). Faculty salary equity cases: Combining statistics with the law. *Journal of Higher Education*, 77(2), 193-224.

*Maddox v. Claytor*, 764 F. 2d 1539 (1985).

*McDonnell Douglas Corp. v. Green*, 411 U.S. 792 (1973).

Moore, N. (1993). Faculty salary equity: Issues in model selection. *Research in Higher Education*, 34, 107-125.

Paetzold, R., & Willborn, S. (2001). *The statistics of discrimination: Using statistical evidence in discrimination cases*. Colorado Springs: Shepard's/McGraw-Hill.

*Palmer v. George P. Shultz*, 815 F. 2d 84 (1987).

*Payne v. Travenol Lab., Inc.*, 673 F. 2d 798 (1982).

*Rivera v. City of Wichita Falls*, 655 F. 2d 531 (1982).

Simpson, W., & Rosenthal, W. (1982). The role of the institutional researcher in a sex discrimination suit. *Research in Higher Education*, 16, 3-26.

*Texas Department of Community Affairs v. Burdine*, 450 U.S. 248 (1981).

Toutkoushian, R., & Hoffman, E. (2002). Alternatives for measuring the unexplained wage gap. In R. Toutkoushian (Ed.), *Conducting salary-equity studies: Alternative approaches to research* (pp. 71-90). New Directions for Institutional Research, no. 115. San Francisco: Jossey-Bass.

Wren, C., & Wren, J. (1986). *The legal research manual: A game plan for legal research and analysis* (2nd ed.) Madison, WI: Adams & Ambrose.

*Zahorik v. Cornell University*, 729 F. 2d 85 (1984).

# 第21章

# 联邦高等教育报告中的数据库和工具

盖尔·M.芬克(Gayle M. Fink)
查德·芒茨(Chad Muntz)

自20世纪90年代以来,有三种力量汇聚在一起,使得公众和院校可以有更多的机会得到高等教育界的相关数据。这三种力量分别是:①对高等教育及其公共资金来源的更多的问责质询要求;②对高等教育资金和流程变得更加透明的要求;③科学技术的发展为数据的获得以及复杂的国际数据的使用提供了机会。高等教育界日益增长的花销正使得很多人(包括政府官员、一般大众、学生和家长)来质问参与高等教育是否会获得可行的"投资回报"。来自联邦和州的立法机关、认证实体以及家长已经要求高校具有更高的透明度,从而来证明参加高等教育需要的日益增长的花费以及获得公共资金支持的合理性。

不仅仅是高等院校面对着越来越多的质询要求,联邦和州的相关机构也被要求向他们的选民证明责任和体现透明度。本章主要集中说明美国教育部和美国国家科学基金会是如何利用科学技术来向公众和私人选区传递免费数据和信息的。其中提到的网站都是在2012年2月份可以成功访问的,请注意它们是随着数据访问工具的不同以及分析能力的演变而发生改变的。

## 美国教育部

作为联邦对学生进行经济资助的一个条件,大部分的院校都需要向美国教育部提交大量的报告。这些报告中的大部分是交给了教育科学学院,因为教育科学学院的职责就是为联邦教育政策提供有力证据。该职责是通过评估、研究、统计和特殊教育研究这四个中心的工作来完成。统计中心被命名为全美教育统计中心(NCES),在美国本土和美国领地之内,它是收集和分析教育相关数据的主要联邦实体。

NCES受国会委托,对美国教育状况进行收集、整理、分析以及报告全面的统计情况,实施和出版报告,对国际性教育活动进行审查和报告。NCES内部的高等教育、成人教育和职业教育部门（PACE）负责收集全球的高等院校数据；对学生经济援助、教育机会获得、教育的持久性等完成情况和成果实施抽样调查；收集青年人和需要为工作准备的继续教育和训练情况数据。除此之外，在 NCES 内部的 PACE 还具有回应国会委托的收集和报告高中生、大学生和成年人的职业技术教育数据的责任。由 PACE 出版的最受认可的报告分别是：《教育统计文摘》(*Digest of Education Statistics*)《教育统计前瞻》(*Projections of Education Statistics*)和《教育概况》(*The Condition of Education*)。这三类报告覆盖范围广，涵盖从幼儿园到 12 年级教育情况、高等教育问题以及对国会指示的回应情况。

除了国会，NCES 和 PACE 还向许多选区提供信息，通过使用比较信息向国家、州和地方的决策提供支持。这些组织包括：

（1）联邦机构——调查大学提供的人员训练信息；
（2）州教育机构——为州内部或州之间提供比较数据；
（3）州和地方官员——核查人员问题和公共教育资助；
（4）教育性组织和个人教育机构——游说、计划和研究核查数据；
（5）新闻媒体——通知公众一些事情，如大学注册和花费以及学生成功情况；
（6）商业组织——预测对其产品的需求情况；
（7）一般公众——为院校选择及其费用明细提供信息，并帮助他们做出教育相关问题的明智决定（National Center for Education Stastica，n.d.；Martin Conley & Fink，2009）。

**NCES 数据集**

在谈论高等院校使用的主要数据集——教育综合数据系统（IPEDS）之前，很重要的一点就是要认识到在一段时间内，NCES 也对学生和教师进行了广泛的调查研究。与 IPEDS 形成对比的是，这些抽样调查集中于学生集体和教师经历，而不是院校层面的聚合信息。这些抽样调查提供了关于学生教育期待、学生如何资助院校、高等教育完成情况以及工作的转化情况等丰富信息，会对教师进行有关他们的背景、教学能力、学术活动、工作满意度和报酬等提问（附录 21.1 提供了所有 NCES 抽样调查的简单介绍）。

这些抽样调查对院校研究者是非常有帮助的，因为这些调查提供了许多有关全美学生和教师的信息情况。全美信息可能会为校园问题提供一个前瞻：举个例子，我们院校的低收入学生会倾向比同行院校的学生借更多的钱吗？除此之外，当进行内部院校调查时，这些抽样调查的测量仪器也会很有帮助，可以将问题合并到内部调查中，而且当收集内部分析时，也可以通过将某所特定院校的数据和全美的数据对比，获得更加丰富的信息。PACE 抽样调查通过一个叫数据实验室的工具获得。这个界面能够让使用者通过使用数据概要快速地创建表，或在数据分析系统(DAS)中收集复杂分析信息。也有一个来自联邦报告(例如教育状况)的现有数表图书馆供研究人员使用。

## 教育综合数据系统

IPEDS 调查是高等教育界向联邦政府报告的数据的核心部分。对于任何参与联邦学生经济救助计划的院校来说，都必须完成所有的 IPEDS 调查。IPEDS 支持来自其他联邦的报告要求:《卡尔·D.铂金斯职业教育法案》(职业技术教育),《1964 年民权法》第六章以及之后的修改(有关学生和教师的种族、民族和性别),《学生知情权法案》(完成率),以及 2008 年高等教育机会法(提供高等院校的消费信息)。

每年有超过 670 所院校完成 IPEDS 调查，包括研究型院校、公立院校、私人宗教和文理学院、营利性院校、社区学院和技术学院、非学位授予院校例如职业学校(如美容、卡车驾驶、技术领域等)。

IPEDS 目前由九部分调查组成，收集成百上千的数据元素来反映院校的特点。这九份调查可以被分成三类主题:一般信息(一份调查)、院校资源信息(两份调查)以及学生调查(六份调查)。附录 21.2 对这九部分调查做了完整的介绍。对这九部分调查数据有一个基本的了解，对于了解以下要描述的数据提取工具的有效使用是有必要的。

## IPEDS 数据工具

院校研究者主要使用三种工具来提取 IPEDS 信息——学院导航、执行对等工具和数据中心。下面会介绍这三种工具。除此之外，还有一种虽然很少使用不过却是很好的资源，叫 IPEDS 图表库。这个图表库将在 NCES 报告发表的数据或与其他出现在美国国内、地区性以及部分性层面数据相联系的数据汇总起来。举个例子，图表库是逐段找寻国家毕业率数据的极好来源。这些库中的表可以被下载成 Excel 文件，用以做进一步的分析或是用来做内部报告。这些所有的 IPEDS 工具和图表库都可以在 IPEDS 网站上找到。

**1. 学院导航**

学院导航是由国会授权的一种免费的信息工具，可帮助学生、家长、高教顾问和其他人获得有关美国和其他行政管辖地区的高等院校信息。用来填充工具的主要数据集就是 IPEDS。不过，学院导航包括其他来自美国教育部的有用信息:高等教育办公室(OPE)提供有关校体育队、认证和校园安全方面的数据;联邦学生救助(FSA)提供有关学生贷款违约率方面的数据。这些非 IPEDS 网站每一个都有数据集，可以进行便捷的搜索而且提供数据下载功能。OPE 和 FSA 网站都与学院导航相连。

在学院导航里，院校数据被分成 11 种不同的类别。以下类别的数据来源于 IPEDS:一般信息、学费、其他费用以及学生预估支出、经济救助、注册、录用、保留率和毕业率，以及学术项目。而校体育队、认证资历、校园安全以及联邦贷款的相关信息则来自教育部的其他办公室。

这个搜索引擎以嵌入学院导航为特点，具有一种其他 IPEDS 数据工具中没有的功能——可以搜寻某个邮编 5 到 250 英里内的院校。当进行编译竞争对手的项目营销数据时这种信息是很有用的。一旦使用者选择了一组院校，这个引擎就可以下载基本的目录型信息并形成 Excel 或 CSV 文件。这些下载内容包括院校的 IPEDS ID 号，ID 号可以复制到其他的 IPEDS 工具中作为对等组。

学院导航为院校研究者提供了能够简单了解一系列院校基本信息的快速方式（一次可以将四组院校进行比较）。它也为其他的 DOE 工具提供了可访问点，因为学院导航是作为一个消费者信息工具来使用的，所以它对于院校研究者来说用处是有限的。院校研究专业人员使用的主要工具就是 IPEDS 数据中心，这对于院校比较是有用的，因为它可以提供现今和历史的 IPRDS 数据。

**2. 执行对等工具**

执行对等工具（ExPT）是用来为决策者提供一个与目标院校以及一组同类院校进行比较的简易工具，它通过使用印好的 IPEDS 数据来反馈报告上（DFR）所有可获得的数据，并对其进行简单的描述。ExPT 在 NCES 数据中心——该工具可以让用户轻松检索到自己选定的一组高等院校的相关数据。为了进入 ExPT，用户必须进入数据中心并且从页面的左侧菜单中选择 ExPT 和 DRF。

ExPT 的有用性体现在它是一个为院校研究者准备的潜在的重要工具。每年秋天，NCES 都会向每个 IPEDS 参与院校的首席执行官发送他们院校的 DFR，这个 DFR 向院校解释了为何要核查它们提交给 IPEDS 的数据。NCES 的目标是形成对院校行政人员有用的报告，以及改善 IPEDS 数据的质量和可比性。

DFR 包括最近收集周期中 IPEDS 数据元素中的所选指标。2001 年的 DFR 通过 15 个图表来呈现出多数据元素，这是将一所院校值与对比组的中间值进行比较得到的。呈现的数据内容包括招生情况、注册情况、运行费用、经济救助情况、保留率和毕业率情况、学位授予情况、教职工情况、教师薪水情况和财政情况。DFR 可以通过 ExPT 直接获得。ExPT 和 IPEDS 数据反馈报告一起，它提供的是对有限数量的院校内的 IPEDS 数据和计算值的直接访问。它包括以下功能：

（1）通过使用不同的比较组重建 DFR；

（2）下载院校内部数据；

（3）创建和下载一份统计分析报告，为所选变量呈现统计数字、表格和数据图；

（4）创建和保存一个自定义比较组，该组也许会在 ExPT 或其他的 IPEDS 数据工具中再次得到使用；

（5）下载一所重点院校近几年来的 IPEDS DFRs 数据；

(6) 下载对照组院校的最近的 IPEDS DFRs 数据；

(7) 下载重点院校和对照组院校的 ExPT 变量数据文件。

ExPT 为院校研究人员提供了一个开发院校有效性指标的起点。大部分的地区认证机构都需要院校去证明他们正在实现其使命或愿景和战略目标,证据包括持续的、系统的评估方法,包括内部目标的达成情况和外部比较情况(与其他院校、州之内院校、地区院校、全美内院校)。不过,这仅仅只能得到近几年的数据。想要获得历史数据,用户必须访问 IPEDS 数据中心。

### 3. 数据中心

正如前面提到的那样,数据中心是 IPEDS 工具的主要部分——在一些案例中可以一站式获得 1980 年的 IPEDS 数据。尽管数据中心十分简单,新用户在使用时还是要花许多时间来熟悉。培训者可以通过 NVCES 和院校研究协会的国家性、地方性和附属团体会议来接受训练。此外,也有一些 IPEDS 的培训人员负责帮助那些想要知道怎么使用数据中心的人。在院校研究协会网站上可以找到 IPEDS 的一份培训人员名单和训练项目(http://www.airweb.org/?page=819)。

数据中心允许用户通过主菜单上的功能来检索 IPEDS 数据。其中包括"查阅一所院校""比较各个院校""根据某个变量对院校评级""根据一个变量预测趋势""创建小组分析""生成预定义报告""下载调查数据文件"以及"下载系定义数据文件"。

一般来说,数据中心是用来提取院校或一个院校对比组当前和纵向的数据的。当选择"比较各个院校"时,用户选择一个重点院校,然后就是识别对比院校列表,可以通过名字或 IPES(ID 号)、通过使用预定义变量的对照组、通过用户确定的变量或者通过上传之前保存的比较组。一旦对比组被定义好了,那么用户就要选择变量并将其列入数据文件或报告中。

在这点上,IPEDS 数据元素知识就对数据中心的有效利用起着至关重要的作用。如果用户不了解每项调查中所收集的 IPEDS 变量如何操作,那么用户可以去 IPEDS 网站以及去"数据提供中心"获取当前收集的内容。如果是为了获得历史性调查知识,可以从主页访问"IPEDS 资源中心"并选择"调查工具图书馆。"另一个资源中心的资源工具就是高校学科专业目录(CIP)链接。CIP 是用于 IPEDS"完成调查"中研究项目的分类主题词表,可以进行院校间的项目对比。"完成调查"收集学业的"学位授予"数据,这些数据可以用来决定哪所院校的学术课程在发展市场分析中是有用的。

用户需要记住的是某些数据的收集是每隔一年进行的,而间隔年数据是可选择进行的。此外,变量是随着时间增加、删除或改变的。变量也代表着不同的时间点。举个例子,有秋季快照数据(院校特点、秋季注册情况、人力资源情况),年度数据(完成情况、12 个月的注册情况、经济情况、学生经济救助情况),还有一段时间的数据(毕业率、毕业率前两百名)。经常使用的或获得的变量类别包括来自 ExPt 的数据元素。值得建议的是，在进入数据中心前要花时间标出这些数据元素，并计划好完成任务所需的年数，以及在能够找到变量的地方确认 IPEDS 调查。

一旦用户选择了用于比较的年份和变量，那么院校输出的变量级数据就会出现在屏幕上，或者呈现出下载的模式。一旦院校的对比组设定好了，那么用户就可以从数据中心下载一个 IPEDS 用户标识符或利用标识符文件来进行存储，从而可以在之后的时间重新上传。如果用户每年都更新变量，那么从主变量列表里或 mvl 文件中下载的变量就会有用。这将允许用户在下一次收集周期后上传这些变量，更新每年的数据并可以非常快速地下载新的数据。

除了以上介绍的内容，数据中心还有其他更多的功能。比如，数据中心可以提供根据一个变量进行的排名和进行趋势报告，如价格、入学申请、准许和收益率，注册趋势、毕业率和学生经济救助。用户甚至可以下载完整的调查数据文件或创建自定义文件。新用户或那些对 IPEDS 熟悉的用户最好能参与 NCES/AIR 训练，这样可以更加熟悉这些工具及其使用方法。

## 与院校研究委员会合作

除了要应对美国国会的委托，NCES 也力图能够及时且明确地为用户提供工具。机构与院校研究委员会的连结是通过国际高教合作(NPEC)进行的。NPEC 是 NCES 在 1995 年建立的，当时是作为一个包含所有高教社区的志愿组织，包括联邦机构、高等教育院校、协会以及其他以收集高等教育数据为主要职责的组织。NPEC 的使命是提升高等教育数据的信息质量、可比性和实用性，从而支持联邦、州和院校的政策发展。NPEC 的 IPEDS 研发小组通过为 IPEDS 开发研究以及制定议程来实现这些，为高等教育社区、消费者和政策制定者确定有助于改善 IPEDS 数据的质量、可比性和可用性的主题，以及在 IPEDS 研发相关课题上为 NCES 提供专业知识。在 NPEC 网站上可以找到近期正在进行的项目和成员名单表。

院校研究协会也利用联合成员来与政府和其他机构、媒体进行联系，以跟踪科学和工程研究支出、研究设施、科学家和工程师教育以及科学和工程劳动力市场的趋势。HEDPC 负责①开发和操作项目来确定重要的高等教育数据策略问题，并为院校研究协会董事会提供指导；②经董事会同意，采取行动为运营机构和组织提供院校研究协会和院校研究观点；③通过各种媒体通知成员最近的高等教育事务。委员会也会创建并整合特殊工作组的运营和报告，来为那些对州、美国和国际高等教育问题负责的相关机构和组织提供建议。HEDPC 通过 AIR Alerts 和院校研究协会电子月刊来与 AIR 成员交流(http://www.airweb.org/)。

## 美国国家科学基金会和美国健康研究所数据库

美国国家科学基金会（NSP）和美国健康研究所数据库（NIH）每年都保证百亿美元用以资助院校研究者的研究课题。作为回报，高等教育院校会提供相关的一些数据，以跟踪科学和工程研究支出、研究设施、科学家和工程师教育以及科学和工程劳动力市场的趋势。这些数据由科学资源统计部门（SRS）通过年度、半年度和特别调查收集。而调查中的发现则会之后在各种出版物中报告出来，原始数据可以通过在线工具和下载获得。

### 调查问卷

NSF收集各种调查问卷，有时会在计划或临时的基础上与NIH合作。这些调查主要由个人、院校研究办公室、学术部门或学术商业办公室（如财务主管、会计、科研管理）在一个院校之内完成。此外，其他调查则由非学术利益相关者完成，包括一般公众、公司，还有非营利的州和联邦机构。

NSF通过四项调查从个体中收集数据。第一种就是与高校毕业生有关的全美调查（NSCRCG），每年从那些获得科学和工程学士或硕士学位并且已经作为学生过渡到劳动力市场的人来选择作为样本调查。第二种可能就是最为人们所知的调查了，那就是：博士调查问卷（SED），这是一个面向所有最近获得博士学位的人来进行的年度普查。第三种则是博士学位调查（SDR），每两年博士学位获得者就会被作为样本来进行纵向调查。第四种是高校毕业生全美调查（NSCG），每两年进行一次，对那些获得学士学位或硕士学位的人进行纵向调查。通过这些调查问卷，可以收集那些在科学和工程领域的教育和劳动相关的数据。

研究型院校可能会被要求完成三个NSF/NIH内部调查。年度科学和工程领域的毕业生和博士后调查（GSS，以前被叫作毕业生调查问卷），需要毕业生、博士后和非教师的研究者人数、人口统计以及学术层面的经济支持数据，这一般由院校研究办公室来完成。另一个由学术型院校完成的年度调查就是高校研发支出调查问卷，该问卷追踪学术领域的年度支出费用以及资金来源。第三个就是由美国国会规定的两年一次的科学与工程研究设备调查问卷，这可能需要和各类校园办公室合作以提供有关研究资源的配置、维修/整修、建造、状态和经费来源的相关数据。综合起来，这些调查可以告知NSF/NIH、政府机构、学术界以及高等教育附属机构应该优先对高等教育界哪些项目提供资金支持。

联邦和州政府相关机构、行业和一般公众为另外六项调查提供数据。对大学、学院和非营利机构的联邦科学与工程支持调查是联邦授权的，该调查与研究调查、联邦基金发展支出、发展中心等，由19个联邦政府机构一起完成。30家政府机构负责完成政府对研发资金支持情况的调查问卷。同样，一些州级机构负责完成州对研发基金支持情况的调查问卷。商业研发和创新调查（BRDIS，之前叫"产业研发调查"）由市场化公司完成，并收集有关研发支出、产出和劳动力相关数据。最后，在公众对科学技术的态度和理解调查中，公众会定期提供有关科学技术的态度数据。所有的调查合在一起收集到的数据进一步深化了国民对科学研发的理解，从而可以更好地来进行国际比较，并且出于战略目的通知决策者。

NSF 会在资源可用且对信息的需求明显时临时进行其他的调查。目前，NSF 有三个非活跃的调查。与公司、高等教育和政府机构类似，非营利性组织也需要在非营利性组织的经费与绩效调查中提供有关研发的相关数据。有时，学术型院校会被抽样，为学术研究设备和设备需求调查提供数据。最后，NSF 还有一般的高等教育调查，其调查工具将根据当时的数据需求而变化。附录 21.3 提供了所有 NSF 调查的完整列表，尽管有些过时，不过米拉姆（Milam，2003）提供了额外的参考信息。

## NSF 数据存取

所有的科学和工程的利益相关者都可以获取 NSF 调查数据，以支持自己的计划并做出决策。汇总数据可以在各种形式的出版物、在线数据工具和数据下载中得到。数据在需要许可协议以保护机密性和防止滥用的公共使用预格式化表、公共使用数据文件和限制使用数据文件中可用。

公共在线数据可以通过以下三种网络工具获得。WEBCASPAR（科学和工程资源数据系统）上可以获得一系列 NSF 调查数据，还有其他来源的所选数据，如国际教育统计中心（NCES）。IRIS（工业研发系统）收集了 NSF 工业研发的综合数据。SESTAT（科学家和工程师统计数据系统）涵盖了来自 NSF 调查中有关科学家的雇佣、人口统计和教育情况。这些工具都允许下载各种格式的数据表，并且还提供研究人员教程以方便使用。

限制使用的数据集的获得需要严格遵循用户与 NSF 之间的许可协议。请求访问自定义的一个好处就是，限制使用的数据集能够有机会与其他 NSF 调查和选择的 NCE 数据集进行数据匹配，从而创建一个更具综合性的数据文件。如果许可协议涉及对研究提议或研究结果的回顾，那么用户最好能够为研究课题计划好充足的时间。此外，也有一些外部机构，像全美民意研究中心（NORC；n.d.），也会提供一些有关选择 NSF 调查的自定义数据表——比如博士学位调查。最后，院校研究者可能会与其他的校园业务人员联系，以希望获得购买校园数据的机会——例如，SED 校园数据可供研究生院院长购买。

总之，NSF 与 NIH 合作，积极地对科学和工程领域的学生、资金和公共意见进行大量调查。这些数据不仅是国会授权的问责制所必需的，而且还因为能进行全美数据对比而为院校服务。最近几年的公共综合调查数据可以在网上获得，而且一些院校研究者也可能会需要这些数据来应对内部数据要求，从而通知相关决策者。

## 结语

由国家教育统计中心和国家科学基金会进行的调查和其他数据收集工作产生了大量数据，以满足州和联邦层面的问责制和透明度要求。这些联邦数据库提供了一所院校相对于其他院校在特性和产出方面的关键数据。

例如，如果研究院校对化学领域的主要毕业生的经济资助情况感兴趣，那么研究者就可以在 NSF 科学与工程调查中找到毕业生和博士后的相关对比数据。这些数据应该会对研究生院院长或项目主管人员很有用，因为他们会理解所需资金来源的策略性使用，来形成竞争性的助教奖学金从而吸引学生参与项目。具体来说，如果研究助教奖学金的使用更多，那么教师助教奖学金的竞争力可能会降低。不过，这种支持机制的转变可能需要院校增加联邦资金来源，以创建研究助教助学金和新的院校资源，用于兼职员工取代助教。

通过 NCES 数据中心可以轻松获得竞争者的注册管理信息。比较录取新生的信息并且被研究人员自己的招生办公室接收的院校简介信息（例如录取标准、考试成绩和经济援助）。这不仅可以为您的学生提供竞争者的信息，还为新生援助计划提供了指示。

过去十年开发的工具不仅使这些数据具有可获得性，而且为数据的下载和分析提供了更高的灵活性。熟悉这些国家数据来源和工具能使院校研究人员访问全美数据，并使院校决策者和利益相关者具有将特定问题在全美范围内做比较的能力。

## 参考文献

AIR Higher Education Data Policy Committee. (n.d.). Retrieved from http://www.airweb.org

Integrated Postsecondary Education Data System. (n.d.). Retrieved from http://nces.ed.gov/ipeds

Martin Conley, V., & Fink, G. (2009). Using national datasets for institutional research. Association for Institutional Research Foundations Institute.

Milam, J. H. (2003). Using national datasets in postsecondary education research. In W. E. Knight (Ed.), *The primer for institutional research* (pp. 123–149). Tallahassee, FL: Association for Institutional Research.

National Center for Education Statistics. (n.d.). Retrieved from http://nces.ed.gov

National Opinion Research Center. (n.d.). Retrieved from http://www.norc.org/
National Science Foundation. (n.d.). Retrieved from http://www.nsf.gov/statistics/survey.cfm
National Science Foundation. (n.d.). Retrieved from http://www.nsf.gov/statistics/database.cfm

## 附录 21.1  国家教育统计中心(NCES)抽样调查

| 名称 | 描述 |
| --- | --- |
| 学士学位及以后——B&B | B&B调查对象为一些已经完成学士学位的学生。最初,NPSAS调查中的学生被确定为处于本科学习最后一年的学生。调查中会问学生关于他们未来的就业和教育期望以及他们的本科教育。在后续的追踪调查中,会问学生毕业后的求职活动、教育和就业经历。对成为教师表现出强烈兴趣的个人会被问到关于他们对教学的追求以及他们目前的教学职位(如果是教学人员)等其他问题 |
| 大一新生纵向调查——BPS | BPS调查对象为那些刚开始大学生活的新生。最初,NPSAS调查中的学生是确定为是刚开始进入本科学习的学生。调查中会问学生们大学生活的经历和从学生向参加劳动力之间的转换,当然还有家庭结构的问题。调查中还包括那些学生的转学、坚持上学、辍学/退学和职业完成的学生等数据情况 |
| 职业/技术教育统计——CTES | 2006卡尔·D.铂金斯职业技术教育改进行动要求"作为常规评估的一部分,国家教育统计中心应该对全美代表性样本进行职业技术教育信息的收集和报告。"为了达到这个要求,NCES使用了职业/技术教育统计(CTES)系统依靠现有的具有特定目的的NCES调查问卷来提供来自学生、教师和中学及大专教育院校,以及那些寻求与工作相关的教育和培训的成年人的职业/教育数据 |
| 高中及以后——HS&B | HS&B描述了大四和大二的学生在高中、大学和工作的发展情况。数据从1980年到1992年,除了学生问卷和访谈外,还包括父母、老师、高中成绩单、学生经济救助记录和大学成绩单 |
| 全美高等教育学生助学调查——NPSAS | NPSAS是一项综合性调查,调查学生及家长如何支付高等教育费用。它包括了全美具有代表性的大学生、研究生以及第一专业学生样本,以及就读学制少于两年的公立或私立院校、社区学校、四年制学校和专业院校的学生样本。接受经济救助的和没有接受经济救助的都参与了NPSAS调查。除了经济救助的具体细节外,1986—1987、1989—1990、1992—1993、1995—1996、1999—2000以及2003—2004学年全面的学生访谈信息和管理档案数据均可获得 |
| 全美高等教育教师调查——NSOPF | NSOPF是为了对满足教职工和教学人员有关数据的持续性需求而进行的调查。NSOPF包括了美国公立的、私立非营利的两年和四年院校里全职的、兼职的教师和院校工作人员的全美代表性样本。NSOPF旨在向高等教育研究人员、规划人员和政策制定者提供有关教职员工和教学人员的数据 |

## 附录21.2 教育综合数据系统(IPEDS)调查

| 名称 | 描述 |
|---|---|
| 一般信息 ||
| 院校特点(IC) | 目录信息：名称和地址、院校控制、奖项级别、日历系统、系统集成、体育协会<br>入学信息：申请、受理、登记、标准测验得分、入学注意事项、特殊学习机会<br>价格/学生收费：本科生和研究生报名费、全日制和每学分学费(在区域，在州内，州之外)、食宿费用、第一次全职出勤成本<br>预计秋季员工人数：按级别以及全职或兼职 |
| 院校经济资源(F) | 收支：核算方法、净资产表、经营和非经营收入来源(学费和杂费、政府运营合同、辅助服务、其他服务)、职能范围支出(教学、研究、公共服务、学术支持、学生服务、院校支持、运营和设备维护、奖学金或助学金、附属的或独立运营)、按来源、捐赠资产、债务和资产分类的奖助学金 |
| 人力资源(HR) | 雇员的就业状态、主要职能范围、任期情况、全职教学教师的工资情况和合同期、全职教学教师的福利待遇、全职教学教师的种族和性别排序、主要职能范围内种族和性别的薪资差异、新教师的雇用信息 |
| 学生完成情况(C) | 按级别、教学计划分类(CIP代码、种族和性别、第二学位信息)的奖项数 |
| 12个月的注册情况(E-12) | 按级别、种族/民族和性别划分的12个月期间的不重复学生计数、12个月期间的学时/联系时间、按级别划分的FTE |
| 秋季入学情况(EF) | 秋季招生(包括新生和转学的本科生)、种族或民族和性别；对于选定的课程(偶数年)，按年龄(奇数年)，按第一年第一次的居住地(偶数年)<br>保留率：每年秋季到下一个秋季的保留情况按初次出勤状态决定，首次(攻读)学位或为获取证书的本科生 |
| 毕业率(GRS) | 秋季学期中不同种族和性别首次攻读全日制学位的学生数量，以及不同种族和性别的学生在1.5倍正常时间的完成率，转学到其他院校的学生数 |
| 学生经济救助(SFA) | 为所有本科生提供的经济援助信息，这些信息按来源(联邦政府、州、院校、私人的)、类型(佩尔助学金、助学金或奖学金、贷款)、不同分组的首次全日制本科生分类 |
| GRS 200(GR200) | 在2倍正常时间完成者数量 |

# 第 21 章 联邦高等教育报告中的数据库和工具

## 附录 21.3 美国国家科学基金会（NSF）调查

| 调查 | 类型 | 应答者 | 频率 | 数据 | 数据来源 |
|---|---|---|---|---|---|
| 近期大学毕业生的全美调查（NSCRG） | 抽样 | 近期的学士和硕士学位接受者 | 每年一次 | 一般的人口统计，主要雇佣信息和满意度，职业培训，教育履历，经济支持状况和资款 | SESTAT; http://www.nsf.gov/statistics/sestat/ |
| 博士调查问卷（SED） | 普查 | 近期的博士学位接受者 | 每年一次 | 一般的人口统计信息，首次雇佣和二次雇佣，职业信息和培训，教育履历，博士后调查和研究生经济支持和总计资款 | WEBCASPAR; https://webcaspar.nsf.gov/ |
| 博士学位接受者调查（SDR） | 抽样，纵向的 | 大学毕业生 | 两年一次 | 一般的人口统计信息，教育信息，满意度，博士后状况 | SESTAT; http://www.nsf.gov/statistics/sestat/ |
| 高校毕业生全美调查（NSCG） | 抽样，纵向的 | 博士学位接受者 | 两年一次 | 一般的人口调查，学术雇佣，教育履历，主要雇佣情况和专利，工作相关培训 | SESTAT; http://www.nsf.gov/statistics/sestat/ |
| 科学和工程领域的毕业生和博士后调查（GSS） | 人口 | 学术型研究院校 | 每年一次 | 一般毕业生的人口研究者；入学状况，博士后指定情况，教师研究者，主要支持来源，教育成果，院校的情况 | WEBCASPAR; https://webcaspar.nsf.gov/ |
| 高校研发支出调查问卷（R&D） | 人口 | 学术型研究院校 | 每年一次 | 研发支出来源，研发支出的工作性质，研发支出传递给子基金，研发支出被作为子基金获得，科学和工程领域联邦资助的资金，非科学和工程领域的联邦资助总支出，科学和工程领域的联邦资助的设备总支出，以及联邦机构和科学院校,FFRDC,院校特性,FFRDC特性 | WEBCASPAR; https://webcaspar.nsf.gov/ |
| 科学与工程研究设备调查问卷 | 人口 | 学术型研究院校 | 两年一次 | 科学和工程研究领域的设备状况，当前建造和维修/翻新研究设施项目的状况，研究设施，信息技术，宽带和网络，IT基础设施 | http://www.nsf.gov/statistics/facilities |

(续表)

| 调查 | 类型 | 应答者 | 频率 | 数据 | 数据来源 |
|---|---|---|---|---|---|
| 联邦对高校、学院和非营利性院校的科学与工程支持调查 | 人口 | 联邦机构 | 每年一次 | 研究和发展、助学金（FTTGs）、研习计划。科学和工程设施与设备补助兴建，对科学和工程的一般支持，与科学和工程有关的其他活动，学术院校、联邦研究计划、院校特征 | WEBCASPAR; http://webcaspar.nsf.gov/ |
| 联邦政府资助研发支出心的研发支出调查 | 人口 | 联邦机构 | 每年一次 | 研发支出的资金来源，研发支出的工作性质（基础研究、应用研究或开发） | www.nsf.gov/statistics/ffrdc/ |
| 商业研发和创新调查（TBD） | 待定 | 公众公司 | 待定 | 取代了之前的产业研发调查。调查强调①一家公司的国内和全球研发关系，包括研发协定、一家公司的全球研发活动战略以及他们的技术运用；③专利、许可和技术转让活动。公司的创新活动 | IPIS; http://www.nsf.gov/statistics/iris |
| 公众对于科学技术的态度和理解的调查 | 抽样 | 公众观点 | 每年一次 | 如何获得科学和工程的信息，与科学有关的兴趣问题，对非正式科学院校的访问，科学和工程知识，对科学相关问题的观点 | http://nsf.gov/statistics/seind10/ |
| 非营利性组织的经费与绩效调查 | 人口 | 非营利性 | 不活跃的 | 非营利性工程领域，资金来源，非营利性研发者工作性质，科学和工程和非医学医学研发资金和资本，为接受者提供的研发资金 | http://www.nsf.gov/statistics/question.cfm |
| 学术型院校的仪器和测试设备需求调查 | 人口 | 学术型研究院校 | 不活跃的 | 研究设备的充足性、仪器需求、学术研究设备的维护/修缮支出，供应和购买价格，学术研究设备的类型和使用 | Piblications only;http://www.nsf.gov/statistics/nsf96324/ |
| 一般的高等教育调查 | 多样 | 学术型研究院校 | 特别专设的 | 主题相关内容 | WEBCASPAR; https://webcaspar.nsf.gov/ |

# 第 22 章

# 新纪元对高等教育问责的共同回应

克里斯汀·M.凯勒(Christine M. Keller)

21世纪初,高等教育机构的所有部门——公共的和私立的、两年制的和四年制的,对问责和透明度的要求都显著提升。学院和大学在与日俱增的压力下,需要提供更多基于结果的证据来证明其教育产品的价值。对于问责和透明度的呼吁来自不同的方面——联邦和州层面上的立法者、政策制定者、认证者、学生、家庭、公众和高等教育领导者自身。

要求更明确地展示院校和学生的表现是一系列复杂且相互关联的因素的结果,包括国家贷款模式的转变、经济约束、人口统计变革、劳动力市场预期,以及公众对于高等教育必要性和价值的认可。随着时任美国教育部部长玛格丽特·斯佩林斯(Margaret Spellings)所促成的"高等教育的未来委员会"于2005年9月成立,对于责任和透明度的呼吁在乔治·布什执政期间变得愈发目标明确且掷地有声。于2006年发出的关于委员会(一般指斯佩林斯委员会)的最后报道对高等教育机构的政策和执行做出了尖锐批判,坚持认为"缺乏有效数据及问责妨碍了政策制定者和公众做出明智决策,并且使高等教育无法解释它们对公共物品的贡献"(U.S. Department of Education, 2006)。报道的结论伴随着一种推理,即高等教育不能自发地创建一种更全面的责任报告模式,而这会导致联邦政府将它自身的问责衡量标准强加于院校。

针对这些担忧,高等教育院校开始制定共同的、自愿的问责机制并公开标准。本章聚焦于四种由相似院校团体对问责需求的共同回应。需要注意的是,一些院校选择不加入社区,而是就自己在州系统内或作为联盟的一部分作出回应。本章所讨论的责任回应机制包括以下四项(本章末列出了出现在资源列表中的网站):

(1) 高校问责网络(U-CAN)由独立院校全美协会(NAICU)赞助。截至2011年夏天,U-CAN包括了800多所独立院校和大学。

(2) 自愿问责体系(VSA)/院校侧写由公立和赠地大学协会(APLU)以及美国州立大学与大学协会(AASCU)共同赞助。截至2011年夏,VSA共覆盖了320所公立院校。

(3) 设计的透明性组织(TbD)由一个在线成人服务机构团体以及一个西方高

等教育州际组织共同赞助。截至 2011 年的夏天，TbD 包含了 18 个机构。

（4）自愿问责框架（VFA）由美国社区学院组织（AACC）、社区学院受托人协会（ACCT），以及学院组委会共同赞助。2011 年夏，40 个试验区测试了拟议的问责措施，以确定技术定义的清晰度和每个指标的可用性。试验区的测试结果更新了 VFA 的第一阶段专业指南的最终版本，作为这个倡议即将完成的第二阶段，发布于 2011 年的早秋。

## 机制综观

这个部分描述了四项责任机制，包括发展过程、数据元素、当前状况和未来计划。现在按四项计划创建的顺序进行回顾。

## 高校问责网络

高校问责网络（U-CAN）旨在用通用格式提供以网络为基础的用户友好型独立高校信息，以此来协助潜在的学生和家庭进行院校搜索。U-CAN 由全美独立学院与大学协会（NAICU）赞助。U-CAN 计划的主要目标是帮助用户筛选和识别最能反映潜在学生个人优先事项、目标和目标的学院和大学，然后将用户引导到相应院校的网站。在 U-CAN 法案中的院校参与是自发的且仅限于独立院校（私立，非营利）；不过，这些院校都不必成为 NAICU 中的一员。

U-CAN 倡议于 2007 年的春天生效，当时 NAICU 委员会的主席批准了报告模板以及网站的发展，以满足受众、院校以及政策制定者的需求。个体数据元素是基于学生和家庭的焦点小组结果而选择出来的，他们被要求在搜寻学院的时候去鉴别出对他们重要的信息。其他关键的用户考量因素包括使信息切题且精确的需求，通过可视的介绍易于理解，并且适于院校间进行对比的要求。

从院校的角度出发，重要的是该举措不会通过添加新数据元素增加院校数据收集的负担，并且这还允许院校通过条条块块和院校网页链接来强调其独特性。政策制定者需要 U-CAN 模板来响应对可比和透明信息的呼吁，并包含斯佩林斯委员会认为重要的数据元素以及围绕重新授权高等教育法案的讨论。在收集了用户、院校成员和政策制定者的意见后，NAICU 在 2007 年的秋天启动了 U-CAN 网站，有接近 600 所独立高校参加。

**1. 数据元素**

每一份 U-CAN 文件都提供了关键性的统计数据，辅以叙述性的描述以及与相关大学网页的特定主题链接。信息被分为六个部分：院校、学生、毕业生、经济情况、教职员工和大学生活。这六个部分的每项数据元素都包括行政、注册、学术、学生人数统计、毕业率、最普遍的学习领域、学分转换政策、资质认证、教职员信息、课堂规模、学杂费政策、出勤奖励、经济援助、大学住宿、学生生活、校园安全、毕业生平均贷款、本科生班级规模和网课学费。参与院校可以决定在其简介中发布哪些数据元素。

除了数据元素之外，每一份U-CAN文档还显示了指向院校网站的25个不同链接以及院校的简短描述。网络链接分为以下几类：什么使我们与众不同；离开学校的日子；学术生涯；转换学分；资质认证；学生住宿；校园环境；学生生活和校园安全。这些信息通过一系列诸如横条图表及文本描述的形式展现。帮助文本说明了例如网络价格、毕业率和退学的内容，并且标明了信息列出的日期。同时，定量和定性的信息意在使受众有机会弄清楚把每一所高校分成使命、学术、规划、支出成本和学生生活这些部分的因素。

U-CAN文件可以通过一个中央网站进行编译与访问，这个网站包含了17种不同的搜索条目，例如院校位置、院校规模、学生注册、毕业率及退学率和学杂费收取范围。此外，单个U-CAN文件可以下载及打印。

**2. 计划目前的运行状况及未来计划**

该计划有来自45个州的超过800所的独立高校的参与，U-CAN法案帮助用户构筑了对于未来学生可获取的院校选项范围的认识。U-CAN报告模块和网站为用户提供了几项优势：

（1）中央网站使用户可以获取有意义的、可以比对的信息，这些信息将增强他们的教育决策能力并解决他们最紧迫的问题和顾虑。

（2）可视化的数据展示使信息不那么令人生畏而更加易于获取和理解。

（3）NAICU将大量时间和精力集中在网站的延伸功能上，通过广播媒体、社交软件（维基百科、脸书、YouTube、谷歌关键字广告）、传统新闻媒体以及维护与国家级组织等关键团体的伙伴关系等途径推广U-CAN网站。U-CAN网站的公众接受度是积极的，国家和地区媒体的报道以及院校顾问专栏和博客的认可都证明了这一点。U-CAN还被CBSMoneywatch.com评为十大大学搜索网站之一。自2007年秋天以来，U-CAN网站已经有130万的访问量和210万的网页浏览数。

从院校的角度来看，U-CAN网站有助于招生工作，接触国际受众，并推动用户访问院校网站。U-CAN文件还包括了政策制定者认为对院校问责制重要的信息，因为国会和美国教育部呼吁提供可比较、简洁、相关且易于访问的信息，以帮助公众更好地评估和选择院校。

NAICU在没有外部赞助或资金的情况下支持U-CAN网站，以尽量减少对其内容的不当影响；该网站是专门为满足准学生及其家人在大学搜索过程中的信息需求而创建的。NAICU继续通过一系列的机制，包括一项正在进行的关于U-CAN网站的用户调查——邀请用户提供反馈和批评，以此从U-CAN用户那里征求反馈。还可通过与高中辅导员和学生的联系来收集反馈信息。NAICU通过每年对网站进行更新来回应反馈。例如,增加了搜索功能,因此可以生成更简洁的院校列表,以满足更多用户的院校标准。NAICU计划继续鼓励院校参与并且通过传统媒体和社交媒体进行宣传,以提高消费者的认知度和使用率。

## 自愿问责机制

自愿问责制(VSA)是公立四年制大学的一项举措,旨在通过共用的网络报告——院校画像,向重要的利益相关者(特别是学生和家庭)提供有关本科生经历的可理解和可比较的信息。自愿问责机制和院校画像,作为用户大学搜索的工具和高校的问责报告,有三个主要目标:

(1)为准学生、家庭和高中辅导员提供一种简单化的院校搜索工具;

(2)为公共院校提供一种展示透明度和问责制的机制;

(3)支持院校通过原始的研究和创建合作交流论坛来对学生的学习成果进行衡量和报告。

VSA的院校画像由公立和赠地大学协会(APLU)和美国州立大学和大学协会(AASCU)于2007年与其成员合作创建。VSA的开发和启动资金由卢米纳基金会提供,APLU、AASCU和直接参与其开发的公立大学也提供实物捐赠。

来自70所公立高校的80名高等教育领导者——校长,院长,学生事务官,研究员和专业评估人员,他们组成的7个组挑选出了数据元素并且开发了院校画像。工作组成员遵循三篇讨论文件中概述的框架、学生和家庭焦点小组的投入、高等教育研究和高等教育社区以及州和联邦政策制定者的反馈。VSA院校画像模块在2007年11月得到APLU和AASCU董事会的批准和推荐,并且超过200名早期采用者在2008年中期展示了他们的院校画像。

就像U-CAN一样,参与到VSA中是自愿的。然而,不同于U-CAN院校,VSA院校承诺发布从初始注册起三个月到四年不等的时间线内所有必需的数据元素。VSA的参与者仅限APLU或AASCU成员中的公立院校。

### 1. 数据元素

VSA院校画像展示了许多数据元素,大概分为三个部分——学生/家庭(消费者)信息,学生体验/参与数据和学生学习成果。单个数据元素是从共同数据库(CDS)中获取的;综合高等教育数据系统(IPEDS);国家学生数据交换所;四项学生调查之一(全美学生参与调查——NSSE,高级学院调查——CSS,高校学生体验问卷调查——CSEQ,或者加利福尼亚大学本科生体验调查——UCUES),以及三项学习成果评估之一(大学学术能力评估——CAAP,大学学习评估——CLA,或者ETS能力简介)。通过使用既定来源、定义和实践,VSA开发人员力求使"院校画像"中显示的信息更具透明和具有可比性,并最大限度地减少参与院校的工作量。

为了补充标准数据元素，VSA 的参与者拥有多种机会通过文本框、链接以及图表来全面表述他们院校的特性。院校画像经过精心构建，以平衡对公共信息的渴望与准确描绘美国公立大学多样性的渴望。

除了常见的用户信息（如学生特征、学位项目、出勤成本）外，院校画像为准学生、家庭和政策制定者们展示了若干独特的价值元素：成功率和成长率，学校负荷能力的估计量，学生校园经历和学生学习成果。

（1）成功率和成长率。VSA 中一个关键的数据元素是成功率和成长率——一个学生进步的指标用从全美学生信息交换所（NSC）中获取的数据来展示，这个数据系统代表了 92% 的高等教育入学人数和接近 80% 在美国授予的学位。NSC 数据的综合特性使访问者可以追踪到在最初的院校保留注册或毕业的学生，以及转学到另一所院校并且在所转院校注册或毕业的学生，可以追踪新生、全日制学生和全日制转学生的入学和结业情况。成功率和成长率提供了一个更加全面的高等教育给学生带来成长的情况，因为大多数的学生在他们毕业之前不止上了一所学校（Adelman，2006）。

（2）VSA 学校负荷能力的估计量。院校画像中另一个重要的因素是一个净价估计量，允许准学生输入一个家庭和收入信息的子集，并且得到其在某个特定院校的净花费是多少的估算。该工具旨在提供自付费用估算值，以便于学生，特别是经济困难的学生，不会因为误信费用远超实际费用而放弃入学。VSA 学校负荷能力的估计量还满足了高等教育机会法案（HEOA）的要求，即所有高等教育院校均可使用净价估计量。

（3）学生校园经历。VSA 院校通过从四项学生参与调查里的一项中抽取的调查回复来为准学生提供校园生活概况。分为六类与学生学习和学生成功正相关的体验：和学生的学习及成就正相关：小组学习、积极学习、不同组的人和思想的交流体验、学生满意度、院校对学生学习和成就的贡献和学生与教职员工的互动。通用类别还允许院校画像用户比较不同调查和院校的答复。

（4）学生学习成果。核心学习成果的衡量和报告是院校画像的关键组成部分，并响应了联邦委员会、国会议员、雇主和院校本身的呼吁，以更好地评估大学对学生取得学士学位进行核心学习的贡献。使用可比较的方法和报告，将三项测试之一的结果报告为学习收获。院校画像还报告了院校如何评估学生学习情况，包括指向特定机构成果数据的链接，例如课程评估和专业执照考试。

**2. 目前的运行状况及未来计划**

VSA 院校画像拥有 320 名公立学院和大学的参与者，代表了美国一半以上的四年制公立大学和 65% 的学生入学人数——接近四百五十万的学生。随着公立大学广泛采用 VSA，准学生、家庭、政府官员、政策制定者及全部公众能够轻松地获取一系列可以理解和比较的公立大学相关信息。

院校画像网站因其直接的数据呈现、缺乏商业赞助、提供种类繁多的信息以及对学生免费这一简单事实而获得了辅导员的积极评价。每个月都有超过四千位的独特访客访问院校画像网站。院校画像不是静态报告，而是动态信息集合。为此，创建了一个 VSA 监督委员会，以帮助指导 VSA 项目的未来方向，并考虑根据院校和公众用户的反馈采取行动，以增加或调整院校画像的内容和显示。

除了提供一个院校搜索工具之外，VSA 计划还充当了一种对学生学习成果领域进行深入研究的催化剂。在 2007 年的秋天，APLU 和 AASCU 与美国高校联合会 (AAC&U) 合作，获得了 240 万美元的美国教育部促进中学后教育资金，用以研究三种衡量学生学习成果的补充方法：①一项对作为 VSA 大学选择的三种成果测量方法的有效性检测研究；②从学生档案、大学经历产生的认知成果中开发用于识别的量表；③一种用于测量发展和场所测试的工具，用于衡量学生为在工作场所取得成功和在公民参与方面取得成功所做的准备方面的变化。这项研究在 2009 年底结束。

和 VSA 有高度相关性的是有效性检测研究的结果。这项研究说明了这三项学习成果测试作为 VSA 的一部分提供了高度相关的结果。这些发现能使 VSA 院校挑选出最适合他们特定院校环境的工具，从而增强对三种选择的技术和测量能力的信心。

为了帮助院校应对评估和报道学生学习成果的挑战，VSA 在 2009 年夏季开设了一系列关于有效考试管理实践的免费研讨会，在 2010 年夏天开设了测验结果应用在院校决策和发展中的研讨会。参与者能够学习到更多关于测验工具以及它们的管理和应用的内容，检验国内关于学生学习和发展的研究，并且了解大学评估策略的案例。研讨会还设有论坛，可以交流想法、建立 VSA 院校之间的联系。研讨会均由卢米纳基金会提供资助，吸引了来自 200 所院校的 400 多名参与者。网络研讨会系列始于 2011 年夏，作为 VSA 参与院校的一项资源。

尽管各种各样的国内出版物和网站编译了高等教育院校的信息，但是院校画像提供了简单的人口统计特征和院校描述之外的信息，即更多关于学生经验和学习成果的复杂信息，这些利益相关者们渴求但院校不愿公开的信息。VSA 的开发者相信此法案开启了一场关于美国高等教育的崭新对话，在公立高校为它们的支持者们所提供的福利这个问题上，可以引发更好的用户决策和更有针对性的政策讨论。

## 透明设计

透明设计倡议 (TbD) 的使命是增加高等教育 (例如资质证书、专科学位、学士学位和研究生学位) 的成年求学者数量。TbD 致力于通过它的成人大学选择网站来实现这个目标，该网站向学生提供学术课程学习成果、学生和校友对学术成果的满意度以及其他关于远程高等教育的用户信息数据。

TbD 始于 2006 年,作为校长论坛的一个行动项目——来自地区认可的成人服务院校的校长与通过远程教育提供的项目的合作。作为第一步,校长们制定了一套共同原则,这些原则以远程高等教育的最佳实践为基础,并满足成人学习者的独特需求。所有的 TbD 院校成员都承诺支持一系列的高等教育机构远程服务成人的优秀实践准则,包括以下八个领域的措施和基准:①院校任务,目标和目的;②相关利益者的问责;③响应能力;④课程开发、修订和传授;⑤互动和学生参与;⑥教职员工资质,培训,和评估;⑦学生评价和学习成果评估;⑧制度的完整性和公开度。校长们还制定了报告预期,并与试点院校合作梳理了公共数据定义。

2008 年,TbD 院校和 WCET——一个专注于研究技术在高等教育中的作用的网站进行合作,为数据提供第三方的质量保证。该计划还获得了卢米纳基金会的多年资助,用于建立初始网站并管理该计划。成人大学选择网站于 2009 年启动,拥有十二家院校和超过三十门课程。

不同于其他的问责机制,TbD 的参与者不限于某一个特定的部门或某一类型的院校。任何经地区认可的、至少提供一些远程或在线课程的成人服务机构都可以加入——包括公立的,私立非营利的,私立盈利的,两年制的,或四年制的院校。U-CAN 和 VSA 报告的主要是院校层面的数据,但 TbD 机构却提供了院校以及至少两门远程/在线课程所需要的数据。

**1. 数据元素**

站在院校的角度,成人大学选择网站包括每个院校的使命、认证、学位或证书课程、招生、学生人口统计、学生参与度和满意度以及不同学位等级的毕业生成果的信息。为了减轻参与院校的负担,TbD 使用 IPEDS 定义来梳理院校信息并进行学生人口统计。学生参与的结果由高年级学生报告并且能从全美学生参与调查(NSSE),社区大学学生参与调查(CCSSE),或者在线学习者的优先调查(PSOL)中获取。TbD 参与者在他们当前的毕业生调查中嵌入了一组常见的四个问题,报告了毕业生的信息。

为了在成人大学选择网站上显示其信息,院校必须包含至少两门有一些远程元素(例如,全在线,混合形式,或一些其他形式的远程教育)的课程的信息。选择展示哪些课程由各个院校来决定;但是,院校必须报告至少三项数据点:①课程学习成果;②如何评估学习成果;③学生学习的评估结果。每个院校会设置自己的课程学习成果并规定如何评估这些成果。TbD 不要求参与院校从一份标准化成果或测量工具列表中进行选择。不过,院校必须报告对学生学习的直接评估结果——使用内部发展指标,例如电子作品集评分标准,或外部考试或评估,例如执照考试或标准化商业考试。本部分不能使用诸如满意度调查之类的间接评估。TbD 参与者每年四月更新其院校数据。课程数据的更新周期通常为一到两年。

**2. 目前的运行状况及未来计划**

设计透明倡议提供了成人远程教育的机构之间前所未有的合作，涉及所有高等教育部门和各类型院校。开发人员认为这种合作和共同报告有助于进一步明晰远程教育课程学习成果以及选择适当的测量学生成功的指标——特别是需要一个基于证据的形成性评估系统。该倡议还促进了对远程教育项目不同评估方法的试验，并强调了参与院校需要许多额外的评估资源和基础设施。

TbD 法案当前包括 18 个院校以及一个联合成员。为了保证法案的成效和连续性，一个执行委员会监督并指导着 TbD 未来的方向，包括新数据元素的潜在包含项、扩展报告选项以及招募更多院校成员。

## 自愿问责框架(VFA)

自愿问责框架(VFA)是一个评估社区大学成果和过程以及阐释更宏大的公共责任而发展起来的系统。VFA 将为社区大学提供机会，以将他们的学生成长和结果数据与同龄人进行对比，并向利益相关者提供关键信息。VFA 由美国社区学院协会(AACC)、社区学院受托人协会(ACCT)、大学理事会联合资助。

和其他高等教育部门一样，政策制定者、立法者、研究者、委员会和公众正在强调社区大学需要关注院校问责制，尤其是应该提高所有学生的学业完成率。由于学生进入社区大学的原因有多种——其中包括提升工作技能、完成低年级课程以转入四年制大学以及个人充实——VFA 响应了针对社区大学部门采取适当措施的需要。当前缺乏普遍接受的行为测量标准通常限制了社区大学领导者测评行为和改善成果、满足外部问责要求以及展示机构对他们所服务社区的教育需求的贡献能力。

VFA 的主要目标是给予院校一套有用的措施来对比他们和同行的数据并且提供利益相关者院校行为的关键信息。相比于其他责任机制法案，VFA 较少关注开发大学搜索工具或提供用户信息来源，因为社区大学准学生通常会在他们当地上学。

VFA 计划分多阶段执行。第一阶段于 2009 年完成，包括对十个州样本中社区大学已在使用的问责措施的背景研究，以及对当前问责框架研究的回顾，以评估对通用问责框架的需求。卢米纳基金会支持这些努力并且在两份报道中概括出了该计划的后续步骤（附录 22.1 有单独报道的链接）。

VFA 开发的第二阶段于 2009 年秋季开始，计划于 2011 年秋季完成。在第二阶段，由 37 名社区大学领导组成的四个工作组制定措施与参与总体框架的战略计划。VFA 指导委员会将会评价小组工作并且协助 VFA 组成和推广的最终决策。第二阶段的目标是：

（1）分析当前大学和州在数据收集方面所做的工作；

（2）定义问责制指标以及成长的衡量标准；
（3）制定劳动力、经济和社区发展的方法；
（4）创建数据收集、分析和传播的蓝图；
（5）在试行地点实施和测试 VFA 方法。
（6）制订计划促进社区大学的参与和承诺，以广泛接受并使用 VFA 方法。

VFA 开发的第三阶段将会在全美范围内使用第二阶段所形成的方法。

**1. 数据元素**

VFA 开发过程第二阶段的一个关键方面是识别、开发和试点测试潜在措施，这些措施可为内部和外部利益相关者提供透明的结果，并使社区大学领导能够将其表现与适当的同行群体进行对比。更具体地说，VFA 旨在制定问责机制，以此来显示院校在以下几方面的效率：①学生学习成果；②学生的持续性、过渡能力和结业率；③满足准备不足的新生的发展性教育需求的情况；④对满足当地劳动力、经济和社区发展需求做出的贡献。从试点中，VFA 工作小组能够确定每种方法的效用和负担。试点还将评估该指标作为基准工具的有用性。

与其他问责机制一样，VFA 开发人员打算尽可能评估和采用现有方法。考虑到社会大学在课程、学生、资源、和操作系统方面的多样性，以及在数据收集和分析能力和聚焦点方面的不同，VFA 可能会考虑特定领域的一系列可能措施。例如，为了评估社区大学为学生做的就业准备方面时的表现，可能有一些潜在的衡量标准，如州工资数据记录、应届毕业生雇主调查、技术证书奖励和通过的许可证考试。

**2. 目前的运行状况及未来计划**

VFA 计划旨在确定如何对这些院校的使命以适当和敏感的方式来最好地衡量社区大学的有效性，同时在解决对社区大学表现感兴趣的利益相关者的合法关注方面也具有相关性和严谨性。VFA 计划还将为大学领导者进行任何额外分析以改善机构成果提供基础。

# 结语

在斯佩林斯委员会成立之时，对高等教育机构的需求是本章所述问责举措发展的催化剂，因为一些原因，问责范围和强度不断增加。近期的焦点集中到了有益于个人、社会以及美国的全球竞争力的受教育人才的需求上。与此同时，美国受过高等教育的年轻在职成人的比例相对于其他国家有所下降（Organization for Economic Cooperation and Development，2009）。这些因素促使巴拉克奥巴马总统（Obama，2009）及其政府制定了一个目标，即到 2020 年美国在高等教育学位方面"领先世界"。其他组织和基金会赞同并建立了奥巴马总统的目标，包括卢米纳基金会、大门基金会、州立高等教育执行办公室和大学委员会。

始于2008学年中期的经济衰退导致国家预算出现缺口,国家对公共院校的资金支持急剧减少,私立院校的投资收益也有所下降。根据一些估计,高等教育的收入基础可能会永久减少约10%(Desrochers, Lenihan & Wellman, 2010),在很大程度上,由于外部来源的收入减少,已公布的大学价格持续上涨,比其他商品和服务的价格涨得更快,特别是公立四年制院校(Trends in College Pricing, 2009)。当费用升高的时候,对准学生和他们的家庭来说,选择"最适合"高校的风险就会增加——特别是对第一代学生或者低收入或者来自对于高等教育语言和行为并不熟悉的弱势群体的学生来说。因此,对于高等教育日益上升的需求,加上愈发增加的学生承担的成本份额,引发了一种可以理解的怀疑论和一种对于更多的私人和公共投资价值和成果证明的需求。

考虑到当前的经济,社会和政治环境,本章中描述的问责制和透明度举措仍然具有相关性,并提供了高等教育院校愿意响应其内部和外部受众需求的切实证据。

# 参考文献

Adelman, C. (2006). *The toolbox revisited: Paths to degree completion from high school through college*. Washington, DC: U.S. Department of Education.

Astin, A. W. (1992). *What matters in college? Four critical years revisited*. San Francisco: Jossey-Bass.

Desrochers, D. M., Lenihan, C. M., & Wellman, J. V. (2010). Trends in college spending: 1998-2008. A report of the Delta Cost Project.

Obama, B. (2009, February 24). *Making College More Affordable*. Retrieved from http://www.whitehouse.gov/issues/education/higher-education

Organization for Economic Cooperation and Development. (2009). Education at a glance 2009: OECD indicators. Retrieved from www.oecd.org/edu/eag2009

Pascarella, E. T., & Terenzini, P. T. (2005). *How college affects students* (vol. 2): *A third decade of research*. San Francisco: Jossey-Bass.

Trends in College Pricing. (2009). College board trends in higher education series. Retrieved from http://www.collegeboard.com/trends

U.S. Department of Education. (2006). *A test of leadership: Charting the future of U.S. higher education*. Washington, DC: U.S. Department of Education.

## 附录22.1:各机制的网站,资源和报告

**TbD**

透明设计

Transparency by Design(TbD): http://www.wcet.info/2.0/index.php?q=

# 第22章 新纪元对高等教育问责的共同回应

TransparencybyDesign

成人的学院选择

College Choices for Adults：http://www.collegechoicesforadults.org/

校长论坛

President's Forum：http://presidentsforum.excelsior.edu/

## U-CAN

高校责任网络

University and College Accountability(U-CAN)：http://ucan-network.org/

## VFA

自愿问责框架

Voluntary Framework of Accountability(VFA)：http://www.aacc.nche.edu/Resources/aaccprograms/vfa/Pages/default.aspx

对于社区学院问责系统的性能：10个州的经验教训

Performance Accountability Systems for Community College：Lessons from 10 states(CCRC)：http://ccrc.tc.columbia.edu/Collection.asp?cid=9

原则和计划：对于社区学院的自愿问责机制架构(美国社区学院组织)

Principles and Plans：A Voluntary Framework of Accountability(VFA) for Community College(AACC)：http://www.aacc.nche.edu/About/Governance/Documents/vfa_1208.pdf

## VSA

自愿问责机制

Voluntary System of Accounntability(VSA)：http://voluntarysystem.org/

College Portrait：http://www.collegeportrait.org/

2006年4月NASULGC的讨论稿：通过更完备的问责制度/责任体系和评估提高学生高等教育学业

Improving Student Learning in Higher Education Through Better Accountability and Assessment，NASULGC discussion paper，April 2006：http://voluntarysystem.org/docs/background/DiscussionPaper1_April06.pdf

2006年7月NASULGC的讨论稿：对于公立大学和学院(高校)来说问责制度/责任体系的元素

Elements of Accountability for Public Universities and Colleges，NASULGC Discussion Paper，July 2006：http://voluntarysystem.org/docs/background/DiscussionPaper2_July06.pdf

2006年8月NASULGC的讨论稿：对于公立大学和学院（高校）来说自愿问责机制（VSA）的发展/趋势

Toward a Voluntary System of Accounntability Program(VSA) for Public Universities and Colleges, NASULGC Discussion Paper, August 2006：http://voluntarysystem.org/docs/background/DiscussionPaper3_Aug06.pdf

# 第 23 章

# 联邦和州层面数据收集的议题和实践

玛莎·V.克罗森(Marsha V. Krotseng)

在高等教育中充当关键信息管理角色的个人必须能够提供"对院校及其环境,最重要的议题与决策以及决策者关于信息展示的偏好有着充分理解力"的信息(Keller,1993,p.15)。决策者和信息专家之间的密切合作是很重要的。信息管理人员必须反应灵敏、灵活且知识渊博。

高效的院校研究人员相关的属性——对高等教育内外部环境敏锐的洞察力,对最重要的议题和决策的理解力,以及对决策者接收信息偏好的鉴别力——对那种隶属于多个院校的联邦和州层面的协调院校中更高层次的人也适用。在联邦和州层面上,依赖准确、一致和及时信息的主要决策者包括联邦或院校负责人(或兼而有之)、联邦管理委员会、某一州协调委员会(如果联邦管理委员会不起作用的话)、大学校长、管理者和立法者。环境和议题通常是复杂的,需要目标分析和及时、准确、相关的报告,告知联邦或整个州高等教育政策内容,有时也会进入州立法。

## 联邦和州环境

管理协调委员会的决策环境由政策制定者为本州高等教育持有的预期和目标所塑造。委员会基于这些预期来执行政策和采取行动,因为它要履行其法定角色和使命。相应地,院校研究办公室将数据转化为信息,以指导委员会的政策制定和战略举措。这些交叉的角色塑造了多维度的环境,规定了联邦和州层面上的院校研究人员的工作内容。

## 展示数据

和以往相比,现在的州政治领导人对公立高等教育院校实行问责机制有更高的要求。在其 2006 年的报告《高等教育转型:全美势在必行——州的责任机制》(*Transforming Higher Education: National Imperative — State Responsibility*)中,州立法机构的蓝带委员会敦促立法者为高等教育制定清晰的目标,并且"让院校为他们的表现及结果负责。确保你所在州拥有一个收集评估表现所需数据的系统"。报告还建议立法者："如果你缺乏现在和未来学生的可靠信息，那么你就无法为你所在州的高等教育系统提出明确有力且有意义的目标。定位并研究人口统计数据来分析你的州以及你的学生正在如何变化。"2010年，全美管理者协会（NGA）的主席 Chris Gregoire 通过"完全竞争法案"将大学成就和生产力置于大众关注的视野下。此项工作的一个成果《从信息到行动：改进高等教育问责机制体系》（*From Information to Action: Revamping Higher Education Accountability System*）（Reindl & Reyna, 2001），传达了各州的一种需求"在评估我们高等教育系统表现方面更上一层楼。州长需要知道如何做好，如果我们要用有限的资金进行明智的投资并衡量这些投资的回报，我们的学院和大学正在努力让学生获得证书和学位。

听到这种持续不断的"展示数据"的声音，高等教育系统和协调院校的负责人正在努力提高报告的透明度。在这种情况下，州和联邦院校研究人员在确保决策者获得有效、有意义、一致和及时的信息方面发挥着至关重要的作用，这作为关键政策建议的坚实基础，并向公众展示问责制和管理权。本章对高等教育管理协调委员会的角色和功能做了一个大致描述，解释了在这个环境下院校研究的预期，引用现有报告和文件来阐明州高等教育和政治领导者们最感兴趣的特定话题和关注点，并讨论了报告呈现形式是影响决策者如何评价和使用他们收到的分析信息的主要因素。

## 管理协调委员会的角色

美国26个州拥有一个或多个多院校管理委员会。这样的委员会制定政策和程序来管理所有机构的行为，以掌握他们的情况。这些机构的使命、构成和权力为州的准则，以及在一些情况下，为州宪法所规定。除了政策设定功能以外，他们对代表所有联邦机构来发展联邦预算和提交预算要求负有责任。一个管理委员会通常要履行的其他职责包括学术课程回顾，任命及评价联邦和大学的老板们，管理全体人员统一的分类系统，制定策略，设备管理计划以及支持资金计划。在夏威夷、蒙大拿、内华达、北达科他，以及罗德岛，有单独的州委员会管理着本州所有的公立高等教育大学，包括科研大学、地区综合院校以及社区大学。各州均有两家或更多的多院校管理委员会，例如加利福尼亚州（加利福尼亚联邦大学，加州州立大学系统，和加州社会大学系统）、缅因州（缅因大学系统和缅因社会大学系统）、纽约州（纽约州立大学和纽约城市大学），以及得克萨斯州（得克萨斯大学系统，德州农工大学系统，德州州立大学系统，休斯敦大学系统，北得克萨斯大学，以及德州科技大学系统）。（州教育委员会提供了管理委员会在其网站上陈述高等教育管理结构的综合性数据库的深度分析案例。）

缅因大学系统的使命陈述清楚地说明了州立系统的目的和期望：

缅因大学委员会，在与校长协商后，是大学系统的管理和规划机构，负责发展并维持缅因州公立高等教育紧密的结构。因此，委员会对其管辖范围内的所有事项拥有最终决定权，包括所有的教育、公共服务和研究政策以及所有的人事和财务政策。委员会在联邦和州范围内领导高等教育政策，致力于加强每所大学使命的独特性，并积极倡导提供足够的资源来支持体系及其大学。(University of Maine System，n.d.)

在许多拥有多个高等教育治理结构的州，有协调委员会来制定统一的全州高等教育议程或计划，并向州长和立法机构提供高等教育公共政策建议。在一些情况下，这些责任涉及公共的或独立的高等教育。拥有高等教育协调机构的州的29个州包括亚拉巴马州、科罗拉多州、康涅狄克州、印第安纳州、肯塔基州、密苏里州、俄亥俄州、弗吉尼亚州和华盛顿州。(其他拥有协调委员会构造的州也得到了州教育委员会数据库的认证。需要注意的是，在一些州高等教育协调委员会和多院校管理委员会是共存的)。

例如，弗吉尼亚州准则(n.d.，S23-9.3)规定，其协调委员会弗吉尼亚州高等教育委员会的目的是"促进教育和经济健全地发展和运作，弗吉尼亚联邦有活力、进步和协调的高等教育体系。"

纳入更多细节，西弗吉尼亚州准则(n.d.，& 18B-1-1a)要求其两个洲级协调委员会(社区及技术学院教育委员会和高等教育政策委员会)，并在以下方面为州服务：

(1) 通过为高等教育的各个方面制定与州目标以及每个协调委员会的作用和职责相一致的公共政策议程；

(2) 通过确保院校的使命和目标同公共政策议程的相关部分保持一致，并确保院校最大限度地利用可以获取的资源来完成他们的使命，并且在实现既定的州目标方面取得合理进展；

(3) 通过评估和报道执行公共政策议程的进展；

(4) 通过院校间的通力合作以及聚焦院校使命来提升体系效率；

(5) 通过从事研究，收集数据和提出客观建议来帮助州政府官员做出政策决策。

## 管理协调委员会的机构研究

联邦和州层面的院校研究办公室提供信息和分析，以协助管理协调委员会及其首席执行官(总裁、校长、委员或执行董事)履行其规定的职责，并为系统和州高等教育的发展提供信息。对院校研究办公室在此环境下的主要角色和预期的深刻理解可以在他们的使命陈述中找到。例如，马萨诸塞大学系统的院校研究团队被寄予希望成为"校长办公室，大学董事会，马萨诸塞大学以及校外支持者们的信息资源。院校研究和大学的五所分校紧密配合，致力于收集、分析和分配数据，这些数据支持系统的规划和决策，政策制定以及评估"。

类似的，得克萨斯大学系统的院校研究和政策分析使命是："提供管理信息和分析以支持德州大学系统的战略目标和制度改进工作。该办公室的职责包括提供制度研究采用综合方法，即能进行政策分析，维护管理信息库，并传播信息以供决策者使用。"

至于康奈狄克州社区大学负责规划、研究和评估的行政办公室，期望"在评估、战略规划、政策分析以及发展、研究、立法和监管分析，与课程管理方面展现大学管理全方位的领导力和方向指引"。

正如这些声明所表明的那样，为系统管理委员会服务的院校研究人员负责从大学收集数据并分析数据；生成供系统负责人、董事会和院校用于规划、决策、评估或改进的管理信息；向内外支持者发布系统信息；告知州高等教育政策制定者，包括州长和立法机构的发展报告。此外，缅因大学系统规划及政策分析办公室的使命陈述强调了此机构的重要衔接性"……与州和联邦政府机构、专家协会以及其他外部组织"。这个角色在联邦政府高度重视取得高等教育证书或学位以强调截至 2020 年美国作为大学毕业生比例最高的国家的地位时发挥着特殊的重要作用（Hebel & Selingo，2009）。

至于协调机构，密苏里州高等教育部（MDHE）的研究和数据入口强调将数据的收集和分析作为"密苏里州高等教育部改善密苏里州高等教育状况的持续努力的重要组成部分。使用各种调查工具在学生和总体水平上进行调查，收集的数据在该部门发布的许多报告中有所体现。在阿肯色州高等教育部内，研究规划办公室负责向州高等教育决策者提供"……州高校中学生行为和院校活动的信息"。

以下部分说明联邦/州级院校研究人员如何通过战略规划和决策、问责制、有效性以及政策分析和制定的背景，为来自多个校区的数据带来意义和价值。NGA 的出版物《从信息到行动》(*From Information to Action*)清晰地指出，这些预期的成果需要联邦或州委员会拥有充足的资金展开数据的收集与分析（Reindl & Reyna，2011）。虽然不同的环境可能会优先考虑某些功能，但是最高效服务于管理协调委员会的院校研究办公室展示出在数据收集、整合、储存、提取或挖掘、分析、解释和呈现方面的扎实的技术专长，调查研究的设计和管理（国内的以及当地发达的工具诸如全美学生参与调查），研究方法论以及统计方法，对全美及地区的数据来源的使用、规划、政策，交流以及简易会议。

## 重要的议题和决定

院校研究人员通过提供战略规划方面的数据和专业知识、制作问责报告以及进行与特定主题相关的特别研究或政策研究，帮助其管理协调委员会了解必须解决的重要问题和决策。以下的例子强调了这些有区别却又相互联系的角色在一些州是如何转变为良好实践的。

### 战略规划

就像康涅狄克州社区大学使命研究办公室清晰定义的那样，联邦或者州层面的委员会的核心责任之一就是为联邦采纳一项战略规划或者为州采纳一项战略性高等教育政策议程，或者两者兼而有之。根据公立高校系统的动态领导力，预测一项战略规划的发展情况是委员会和联邦首脑的主要职责之一（National Association of System Heads, American Association of State College and Universities & Association of Governing Boards of Universities and Colleges, 2009）。这包括创设完成联邦范围内的目标以及建立进步评估标准的一套执行计划。自 2005 年以来，随着董事会成员和各州开始坚持明确的问责制和确定可衡量的目标，委员会和州级战略规划工作获得了更广泛的关注。

战略计划的要求可能在州法规中规定，并在董事会政策中进一步得到深入解读。例如，《北达科他世纪准则》包括以下管理委员会条例："州高等教育委员会需要采纳战略规划过程并且制定战略规划来规定并优先实现高校体系的目标和愿景。委员会每年需要提交一份表现和问责报告，该报告关于大学系统战略计划和问责措施中概述的目标的表现和进步表现。"

在西弗吉尼亚州，立法机关在州的准则中为公立高等教育列举了十项目标，并且期望其州层面上协调的高等教育机构，即四年制的院校和公共大学发展"一项高等教育的多方面公共政策议程，与州的目标和愿景以及每个协调委员会的角色及责任相匹配"。

如果一项周全的战略规划或公共政策议程要详细记录公立高等教育的未来进程，必须在准确、一致和及时的数据上有理有据。好的数据和分析是规划过程的完整组成要素并且代表了院校研究者能做出的重要贡献。近几年数据趋势以及未来的计划说明了有意义的战略目标和可衡量的愿景。因为目标和相关愿景是围绕特定议题发展的（例如，在本州完成一个更高水平的教育成就），它们会被聚焦于下述问题的数据说明：我们可以预见联邦或州的高等教育未来是怎样的？（我们希求什么水平的教育成就？）我们和目标相关的现实处境是什么？（基于美国人口普查数据的当前州教育成果水平是什么样的？）要实现目标必须开设什么课程？（基于数据和良好实践,什么样的策略将会提升教育成就?)成功需要什么资源?(达到那样的成就需要什么人力和资金资源?)以及我们将如何获知我们是否在实现目标的轨道上?(如何最合理地评估进步,以及我们渴望什么样的中间层级?)

肯塔基州高等教育委员会在2005年研发出了一项高等教育和成人教育的五年制公共议程。这项议程强调了问责、学位完成情况以及支付能力并且围绕一系列关键问题组织而成:①是否有更多的肯塔基州人准备好接受高等教育?②肯塔基州高等教育是否是其公民负担得起的?③是否有更多的肯塔基州人拥有证书和学位?④大学毕业生对肯塔基州的生活和工作是否有准备?⑤肯塔基州的民众、社会和经济获益了吗?每个反映战略目标的问题都与许多用于评估进展的关键指标相关联。例如,和第一个问题相联系的关键指标包括:肯塔基州高中毕业生的ACT平均得分,在高级人员配置考试中得分三分以上的学生,需要在大学中接受发展型教育的肯塔基州高中毕业生的比例以及肯塔基州GED毕业生的数量。涵盖多年的趋势数据以易于解释的图表或表格的形式显示在理事会网站上,其中包括一个箭头,表明该措施的进展情况。

囊括内外利益相关者对于战略规划的发展来说是很重要的。就像联邦网站上纽约州立大学校长南希·津弗(Nancy Zimpher)向普通大众所做的声明中所断定的那样:"'纽约州立大学的力量'这项计划最激动人心的地方在于没有你就无法完成它。从布法罗到长岛……甚至是线上,参与这项复杂进程中的纽约人民为计划带来了生命力。"这样一项进程为联邦或州层面上的院校研究人员展示出了一个特别的机会,去和大量的高等教育内外部的选民组织接洽,努力理解他们的立场并且将他们的评议编进最终的文件里。北达科他州以其"高等教育圆桌"而著名,它使来自私立部门、K-12教育,以及其他州立机构的高等教育州立委员会,州立法者,连同领导者们一起达成公立高等教育议程的共识(Lane,2008)。北达科他州大学系统的战略规划于2009年12月通过,反映了内外利益相关者一系列会议的共同主题的融合,包括"圆桌会议"、高等教育州立委员会、立法委员会、商业和行业领袖、大学代表,以及由及其高级官员组成的校长内阁。

这项复杂的战略规划进程体现的目标代表了联邦和州面临的最关键的高等教育议题:如果实施得当,这些将为决策提供信息,包括预算和资源分配。州和系统层面的战略目标通常解决质量、成本和途径等广泛议题——通常被称为高等教育的"铁三角"(Immerwahr,Johnson & Gasbarra,2008)。这些与很多联邦和州的当代高等教育规划文件的目标交织,反复出现:学生成就,更多的毕业生,满足不断变化的学生的需要,为大学准备,维持支付能力,州经济的发展,学术成就,科学技术领导力,创新或企业家思维,满足州对受教育劳动力的需要,全球竞争力,有效且高效地管理工作以及问责机制。

## 管理工作和问责机制

虽然战略计划引导系统朝着更长期的愿景发展,但系统官员需要持续的内部报告,以便深入了解每个组成大学对整体愿景的当前贡献,并确保各所大学和系统作为一个整体在轨道上运行。系统负责人和管理委员会所需要的典型信息包括关于学生、教员和员工的各种报告:学费比较,薪酬比较以及研究活动。总的来说,数据通常由系统邦,在许多情况下也由大学提供。这种报告提供五或十年的趋势并且展示随时间发展的百分比变化。学生分析聚焦入学情况(总人数、FTE、居民/非居民、县/大城市地区的居民、全职/兼职、性别、种族/民族划分、年龄、专业、新生特征,以及转学情况),学分登记,学位授予,接受资金援助的人,转学的学生,以及退学率和毕业率。此外,满意度调查的结果或来自全国学生参与度调查/社区大学学生参与度调查的数据通常会汇总以供董事会作信息使用。教职员工的报告通常以级别、最高学历、任期状态、全职/兼职状态以及人口统计特征来表示。其他分析按职业类别、全职/兼职状态以及人口统计特征来描绘。

诸如此类的文件应可应用于所有系统。例子包括德州大学综合系统事实和趋势报告,华盛顿州社区和技术学院委员会当前注册量和年度学术报告,以及佐治亚州大学系统(USG)的学生及教职员工报告,包括通向"用数量表示的佐治亚州大学系统"入口的途径。佐治亚州大学系统网站另一个著名的特征是包含大学院校研究者所推荐的文档结构、数据字典以及文件。这是系统工作的一个关键部分,保证在多所不同院校之间传播的数据的准确性和一致性。北加州大学系统公布了一份年度统计摘要,并且其网站允许访客搜索关于学术、注册、学位授予、设备目录、学费和杂费以及研究情况的现状和数据。

州协调委员会院校研究人员准备了相似的报告,就像田纳西州高等教育委员会政策、规划和研究组织的使命所阐释的那样,包括"收集和分析院校数据"和充当"一个数据交换所……田纳西州教育相关的人口普查数据"。该部门的职责包括编制田纳西州高等教育状况报告。弗吉尼亚州公立高校的招生和录取数据、授予的学位、资金援助以及退学率和毕业率由弗吉尼亚州高等教育委员会编译并发布在网站上;南卡罗来纳州高等教育委员会报告了入学情况、结业、课程和学分数据、设施、教员和 SAT 分数;俄亥俄州机构每年的统计概况提供了入学情况、学生准备和学业进步、授予学位、获得学位的时间和学分、毕业后就业成果、学费、经济援助以及每位学生的成本和支出相关的趋势数据。独立机构包含在一些州的报告中。公立的、独立的以及营利或职业学校在内布拉斯加州高等教育现实概况中都有存档,它在一定程度上满足内布拉斯加州高等教育协调委员会每年所报告数据的法定条件,这些数据经系统高校提交给高等教育综合数据系统(IPEDS)。这份文件提供了全州范围内的分析,用十年趋势图表总结数据。

除了这些基本分析之外，联邦和州层面上的院校研究者在准备对内外利益相关者都很重要的表现或问责评估报告的过程中发挥了不可或缺的作用。州际高等教育报告卡片最早出现于20世纪80年代和90年代早期，因为州的立法者们要在其公立高等教育系统及院校中寻找更好的问责机制。科罗拉多州、新墨西哥州、南卡罗来纳州、田纳西州以及北弗吉尼亚州是最早要求向州立法机构准备一份年度"报告单"的州(Mercer，1993)。从那时起，制定高等教育问责制(在一些情况下，甚至设立了特定的措施)的州法案变得常见。一个很好的例子是北达科他州世纪准则，它要求联邦管理委员会"提供一份年度表现和问责报告"，并在立法中详细说明强制性问责措施。北达科他州的问责措施是根据五个关键主题而成：经济发展，教育成就，灵活反响系统，可获得性和资金情况，每一个主题都和一系列问责措施相关联。例如教育成就，由毕业率和退学率，国家考试成绩，许可证考试中的首次通过率、学生和校友满意度来说明。所有衡量标准都以系统整体或在适当情况下的汇总形式显示，向不同的院校部门(研究型大学、四年制地区大学、社区大学)展示。和独立机构相关的数据没有包含在这份报告中；相反，它们被编译和分享给了每一位校长用于内部管理。文件以硬拷贝的形式生产制作以提交给州高等教育委员会和州立法机构，也可以在系统网站上获得(North Dakota University，2011)。

由马萨诸塞州大学系统制作的年度指标报告也提供了很好的说明。这份文件强调了在学术质量、学生成功和满意度、获得性及支付力、对系统的服务以及财务健康这五个主要领域内的衡量指标。这些领域包括大学的九个战略优先事项：丰富学生学习体验，加强研究和发展，更新教职员工，继续关注多样性及良好气氛，维持和改善获得性和支付力，在公共服务中发挥领导作用，提高捐赠支持，完善行政和信息技术服务，发展一流的基础设施。一些指标(特别是那些和获得性及支付力，对系统的服务，财务健康)以汇总形式向整体系统展示。报告还包含每一所院校的数据并且可以在系统网站上获得。

这两份文件与其他州的对应文件一样，使用图表、数据表和简短叙述的组合来显示数据，以便为读者提供清晰、简洁、有意义且易于理解的信息。趋势通过反映过去五至十年变化的纵向数据来传达。代表国家、地区或同行平均值的比较数据为系统数据提供了有价值的信息。

明尼苏达州立大学(MnSCU)系统公布了一项为委员会受托人、政策制定者和网站上的其他利益相关者们设计的问责制仪表盘。仪表盘主页上面的转盘展示了颜色编码("超过预期""满足预期"或者"需要注意")经委员会鉴定有十个种类，代表了对实现其战略规划指示最关键的成果。这些措施包括：入学百分比的变化、净学杂费占收入中位数的比例、执照考试通过率、坚持结业比例、完成率、学生参与、伙伴合作、毕业生相应就业情况、创新、设施状况指数。表现类别被分给整个系统，所有的学院作为一组，所有的大学作为一组，独立院校作为一组。详细的数据和图表支持相对于既定阈值显示的等级水平。

尽管州立协调委员会不负责对院校的直接管理，但政策制定者仍期望他们能够阐明州内不同院校和系统的问责制。问责制是弗吉尼亚州高等教育委员会（SCHEV）的法定职责之一，"应不时制定和修正……教育相关的行为和院校行为准则的衡量基准"。弗吉尼亚州高等教育委员会的院校行为评估为定义过的行为标准例如州内入学人数，代表性不足的入学人数，学位奖励，退学率、总的转学人数提供了特定院校的数据，展现了院校相对于既定目标的实际表现。绿色（"完成目标"），黄色（"进入门槛"）或红色（"未入门"）指标标志着每一所院校的进展程度。

印第安纳州高等教育委员会根据一项广泛研究的建议，即印第安纳州高等教育战略指示（Indiana Commission for Higher Education，2007），采纳了一系列战略举措。文件总结道，"单个公共投资部门比其高等教育系统在塑造印第安纳州未来方面发挥更重要的作用……计划意在确保州的高等教育投资最大可能地放大"。向州目标的迈进情况通过大学结业、支付能力、准备情况、社会大学、研究以及问责制等的关键指标来衡量。在两个层面上监测表现：与其他州和系统相比的州级基准以及院校层面。印第安纳州高等教育仪表盘用数据、图表以及箭头指示进度来展示指标的情况。

除了前面引用的指标外，密苏里州大学系统的一套综合性问责指标"评估成功"，包括外部资助的研究、外展计划、继续教育、知识商业化和反映了其政府土地赠款和研究任务的技术转让。在最初的三年报告期后，绿色（"实现或超越目标"），黄色（"取得进步"），以及红色（"没有进展"）"红绿灯"被纳入文件中，作为快速视觉参考。

内布拉斯加州高等教育进展报告（Nebraska Coordinating Commission for Postsecondary Education，2010）向内布拉斯加州立法机构提供了可比较的统计方法，以监测和评估实现内布拉斯加州高等教育系统三个关键优先事项的进展：增加内布拉斯加州参加高等教育的学生人数；提高入学注册并成功取得学位的学生百分比；减少、消除和扭转内布拉斯加州高教育水平的净移民数。图表趋势数据和叙述用于突出所有高等教育部门（包括独立和营利院校）的各种指标表现。

无论是服务于单一系统内的多所大学，还是服务于一个州的多个院校和系统，院校研究者面临着相似的责任和挑战。和不同大学所形成的组织一起工作是一个令人兴奋的机会，每一所大学都有自己的重点、文化以及环境。所有院校研究人员除了需要的强大的技术分析能力以外，在系统或州层面上工作的个人还必须拥有广泛的高等教育视野，包括针对不同院校类型的独特议题的敏感程度，以及出色的沟通能力、人际交往能力和政治素养。系统和州级机构研究人员必须与众多校园的代表进行协调，他们有时可能会就关键数据定义或报告问题提出不同意见。达成共识并使大学代表保持专注并协同前进的能力对于管理协调委员会的使命至关重要。

服务于管理协调委员会的院校研究者们也必须不断地努力建立和保持与其院校的积极关系。董事会和立法委员会经常向中央办公室做出有时效的请求，相应地，中央委员会要与大学通过交流来收集或核实数据。精明的系统/州的院校研究者将会理解他或她的请求是向现有的大学优先事项中插入了一项新的义务而且将会和高校人员一起努力去尽快完成任务，而不是要求立即的承诺。反过来，校园研究人员应该理解并尊重他们的系统/州同行正在努力响应重要组成部分并及时提供所需的信息。重要的是，期待快速周转的做法是为真正紧急的情况保留的，而不是成为常规操作程序。两方共同的尊重和合作是很关键的，因为多院校系统的成功是各自院校取得成功的双赢过程。

## 专项研究和政策学习

前面提到的报告至少每年生成一次，在学期入学人注册时生成的频率更高。然而，管理协调委员会的人员也被要求进行一种大范围的专项研究和政策学习，为委员会、州长以及立法机构的决策提供信息。例如，例如，俄勒冈大学系统和华盛顿州社区和技术学院委员会等已经开展了双学分入学研究。华盛顿州高等教育协调委员会和弗吉尼亚州高等教育委员会都已经公布了详细的成本研究，后者关注非城市学生的平均学费以及强制性教育和公费教育占教育平均花销的比重。系统和州也依赖于招生计划来协助战略规划如俄勒冈州和弗吉尼亚州的预算编制。其他特殊的话题包括转学和衔接，学生安置和在发展或学习支持性课程中的成果，远程或在线指令，员工薪酬和多样性。

许多州的共同点是高中反馈报告，它"由大学生成，通过描述毕业生在大学的表现（通常是他们的第一年表现）来告知高中学生的大学准备情况"（Walsh，2009）。沃尔什关于州高等教育执行委员们的调查发现一些州向所有的学校公布高中反馈报告，然而在其他的州中，高等教育院校提供了关于"从特定高中升入的大一入校生"的反馈报告。佐治亚州大学系统、印第安纳州高等教育委员会、肯塔基州高等教育委员会以及俄亥俄州州立大学董事会都在系统和州层面上的院校之列，他们为学校（也为地区和州）编写反馈报告，说明学生从高中升到大学的过渡情况，特别关注准备及大学成功措施，如在补习和发展中的课程方面取得的成就，退学情况，进步和毕业状况。

为了鼓励开展学生升大学备考的会话，明尼苏达州立法机构要求明尼苏达大学以及明尼苏达州立高校去记录近来公立高中毕业生注册过发展性课程的数据。这份准备报告包括州和高中关于在大学至少参加一门发展课程的毕业生人数和百分比的汇总数据，并传送给明尼苏达州教育部和所有明尼苏达州学区负责人。每位负责人也会收到一份来自本地区的注册过发展性课程的毕业生的个人总结报告，以便于学校可以访问数据以进行改进。

《州发展性教育报告:结果分析》(State Reporting on Developmental Education: Analysis of Finding)(Fulton,2010)提供了50多份关于发展教育的州和高等教育系统报告的出色总结。附录向研究者提供了丰富的资源,列出了三十个州的报告内容以及他们的网站地址。分析确定了公布在这些报告中的三个主要的数据类别:发展性教育的学生参与情况,发展性教育学生成就以及发展性教育开销。这些系统和州的研究大部分聚焦于最近的高中毕业生(尽管有些是基于总入学人数或第一次参与的学生)以及发展性课程的通过率。尽管该研究得出了结论"州和高等教育系统对收集和公布补救性的发展性教育数据的重视,"但它也显示出,"数据需要更加的一致、可比较和可消费"在州际和州内。这表明在理想情况下,高等教育系统和各州应该收集并报告发展性课程通过率,退学/留存比例(第二年),大学等级课程的通过率(一般是和发展性课程相关的),毕业率(证书或学位)以及转学率(去一所四年制院校)。

北达科他州大学系统制作了一份关于其十一所院校毕业生的后续报告,表明了毕业一年后在该州就业、在该州接受额外教育或两者兼而有之的人数和百分比。州立法者为这些数据做了特殊的标记因为他们有兴趣留住公立高校毕业生使其能满足州的劳动力市场需求。这份文件在硬拷贝和系统网站上都可以获得(North Dakata Univeristy System,2012)。

2005年,华盛顿州社区和技术学院委员会发布了"为低技能成年学生的成功开辟道路:从纵向学生跟踪研究中吸取社区大学政策和实践的教训"(Washington State Board for Community and Technical Colleges,2005)。这项研究追踪了一群最高学历为高中的25岁以上的联邦学生五年内的进步情况。它总结道,"进入大学至少一年并且要取得证书使得高中文凭以下的成人通过社会大学进入高等教育的情形保持持续激增的态势"。哥伦比亚大学师范学院社区学院研究中心(CCRC)遵循这种方法,开发了一个易于遵循的模板和数据元素列表,用于复制模型并确定需要学习的学生人数。达到这个阈值或至少两个学期的"临界点"和证书。CCRC的"社区大学学生劳动力市场结果的'临界点'分析的简短指南"(Jenkins,2008年)是一个有价值的研究工具。数据证明了实现某些里程碑的重要性,并且可以使系统工作人员能够实施旨在增加成功达到临界点的学生人数的流程或计划。

## 决策者的偏好

无论多么彻底和详细,如果没有为特定决策者清楚地概述结论,那么最严格的分析或有见地的信息可能仍未得到充分利用或被低估。目标受众是最重要的。董事长和董事会或者委员会成员们是系统或州层面上的院校研究专业知识的最初受益者。他们不仅将研究和分析用于内部决策而且必须向州长、立法者、媒体以及公众传递一种对于信息的深刻理解。由于处理单个议题是时间和精力有限,联邦头脑和其他的政策制定者倾向于简明的数据总结，用尖锐的观点强调最重要的发现、解释和政策含义。在制作此类陈述时，重要的是要考虑并敏感阅读这份报告的高等教育和政治领导人的不同观点。精心设计的图表或仪表板也是强大的交流工具。关键是要以一种简洁的、准确的和可以理解的形式去呈现完整的信息，不会使接收者困于细节。

虽然它最初提及了高等教育领导力，但是Mortimer(1992)提出的下述建议同样适用于所有的政策制定者，"为管理者准备的文件和报告不应该被过多的处理方法所占据。考虑到从来没有足够的时间去完成所有需要去做的事情这样一个管理实际，就会认识到管理者将会阅读梗概并且是读到，而不会挖掘，分析工作的拓展数量"。框架、方法论和其他背景可以作为补充材料，供那些有兴趣深入了解该问题的人使用。

## 结语

管理协调委员会的成员"需要院校或系统可理解的，综合的信息以使他们能够履行他们的受托责任。但是他们也需要这种信息来帮助将他们的注意力引向……战略决策。在没有适当信息的情况下要保持对更宽泛管理议题的关注是很困难的，况且去试图聚焦于吹毛求疵的细节之处，如果这就是所有你被告知的内容"(Winston，1994——引自Krotseng，2000)。因此，联邦和州层面上的院校研究者必须一直在脑海中铭记这个大环境，即使完全融入数据之中。人员必须熟练倾听，密切关注所提的问题。严谨而客观的研究方法必须和公开的、清晰的且真诚的交流以及去解释特别敏感或有争议的话题的技巧相结合。最有效的人培养对相关内外部环境、国家和系统面临的关键问题以及关键决策者首选报告方式的深入了解。

鉴于在高等教育管理协调委员会的决策过程中有多个利益相关者——董事会成员自己、系统或委员会首席执行官、校园人员以及行政和立法部门——能够查看和解决来自不同角度的信息是必不可少的。系统和州级院校研究者肩负重要的责任因为他们的分析有可能影响全州的高等教育政策。然而，与此责任相结合的是通过基于数据的决策做出切实改变的绝佳机会。

## 参考文献

Arkansas Department of Higher Education. (n.d.). Retrieved from http://www.adhe.edu/divisions/researchandplanning/Pages/researchandplanning.aspx

*Code of Virginia*. (n.d.). Retrieved from http://leg1.state.va.us/cgi-bin/legp504.exe?000＋cod＋TOC

Connecticut Community Colleges. (n.d.). Retrieved from http://www.commnet.edu/planning/

Education Commission of the States Postsecondary Governance Structures Database. (n.d.). Retrieved from http://www.ecs.org/html/educationIssues/Governance/GovPSDB_intro.asp

Fulton, M. (2010). *State reporting on developmental education: Analysis of findings*. Denver: Education Commission of the States. Retrieved from http://www.ecs.org/clearinghouse/85/27/8527.pdf

Hebel, S., & Selingo, J. J. (2009, March 6). Obama's higher-education goal is ambitious but achievable, leaders say. *Chronicle of Higher Education*, 55(26), A21.

Immerwahr, J., Johnson, J., & Gasbarra, P. (2008). *The iron triangle: College presidents talk about costs, access, and quality*. San Jose, CA: National Center for Public Policy in Higher Education.

Indiana Commission for Higher Education. (2007). *Reaching higher: Strategic directions for higher education in Indiana*. Indianapolis: Indiana Commission for Higher Education.

Jenkins, D. (2008). A short guide to "tipping point" analyses of community college student labor market outcomes (CCRC Research Tools No. 3). New York: Community College Research Center, Teachers College, Columbia University. Retrieved from http://ccrc.tc.columbia.edu/Publication.asp?UID=600

Keller, G. T. (1993). Strategic planning and management in a competitive environment. In R H. Glover & M. V. Krotseng (Eds.), *Developing executive information systems for higher education* (pp. 9-16). New Directions for Institutional Research, no. 77. San Francisco: Jossey-Bass.

Kentucky Council on Postsecondary Education. (n.d.). Retrieved from http://cpe.ky.gov/planning/strategic/

Krotseng, M. V. (2000, May). *Meeting the information needs of governing boards and legislators*. Paper presented at the annual SHEEO/NCES Network Conference, Washington, DC.

Lane, J. E. (2008). *Sustaining a public agenda for higher education: A case study of the North Dakota Higher Education Roundtable*. Boulder, CO: Western Interstate Commission for Higher Education.

Mercer, J. (1993, September 1). States' practice of grading public colleges' performance gets an F from critics. *Chronicle of Higher Education*, 40(2), A39.

Minnesota State Colleges and Universities System. (n.d.). Retrieved from http://www.mnscu.edu/board/accountability/index.html

Minnesota State Colleges and Universities and University of Minnesota. (n.d.). *Getting prepared*. Retrieved from http://www.mnscu.edu/media/publications

Missouri Department of Higher Education. (n.d.). *Measuring success*. Retrieved from http://www.dhe.mo.gov/data

Mortimer, K. P. (1992). Confessions of a researcher turned policymaker. In J. I. Gill & L. Saunders (Eds.), *Developing effective policy analysis in higher education* (pp. 75-84). New

Directions for Institutional Research, no. 76. San Francisco: Jossey-Bass.

National Association of System Heads, American Association of State Colleges and Universities, & Association of Governing Boards of Universities and Colleges. (2009). *The leadership dynamic in public college and university systems*. Washington, DC: AGB Press.

National Conference of State Legislatures. (2006). *Transforming higher education: National imperative—state responsibility*. Denver: National Conference of State Legislatures.

Nebraska Coordinating Commission for Postsecondary Education. (2010). *Nebraska higher education progress report*. Lincoln: Coordinating Commission for Postsecondary Education. Retrieved from http://www.ccpe.state.ne.us/publicdoc/ccpe/Reports/progressReport/2010/default.asp

Nebraska Coordinating Commission for Postsecondary Education. (n.d.). Retrieved from http://www.ccpe.state.ne.us/publicdoc/ccpe/Reports/FactLook/default.asp

North Dakota Century Code. (n.d.). Retrieved from http://www.legis.nd.gov/information/statutes/cent-code.html

North Dakota University System. (2011). *2011 Accountability Measures Report*. Retrieved from http://www.ndus.edu/information

North Dakota University System (2012). *Follow-up report*. Retrieved from http://www.ndus.edu/information

Ohio Board of Regents. (n.d.). Retrieved from http://regents.ohio.gov/perfrpt/statistical_profiles.php

Oregon University System. (n.d.). Retrieved from http://www.ous.edu/

Oregon University System Enrollment Projections. (n.d.). Retrieved from http://www.ous.edu/dept/ir/enroll/future

Reindl, T., & Reyna, R. (2011). *From information to action: Revamping higher education accountability systems*. Washington, DC: NGA Center for Best Practices.

South Carolina Commission on Higher Education. (n.d.). Retrieved from http://www.che.sc.gov/New_Web/Rep&Pubs/DataRepts.htm

State Council of Higher Education for Virginia. (2008, July 7-8). Full cost report. In *Agenda book*, 67-73. Retrieved from http://docs.google.com/viewer?a=v&q=cache:_2BnIUW8POAJ:www.schev.edu/SCHEV/AgendaBooks/2008July/AgendaBook0708.pdf+agenda+book+july+2008&hl=en&gl=us&pid=bl&srcid=ADGEESiZ2QI5N_aZFvCHNXazl_wpMisPnbUdbfAJQRrppQEOjkzlLucRa0F3U R5EGJrxLWtDtIVSKv1YKWmtL5FdrHjTSR 8Omu_9pC6gFGHiCVe73wDTUvyoqCMXrf62tvIVzGP1iH8M&sig=AHIEtbRRYrnQJiM46 uFh9aQMyhFiCzSRTQ

State Council of Higher Education for Virginia. (n.d.). Retrieved from http://research.schev.edu/

State Council of Higher Education for Virginia *Assessment of Institutional Performance*. (n.d.). Retrieved from http://research.schev.edu/topicpages.asp?t=7

State Council of Higher Education for Virginia Enrollment Projections. (n.d.). Retrieved from http://research.schev.edu/topicpages.asp?t=8

State University of New York. (n.d.). Retrieved from http://www.suny.edu/powerOfSuny

Tennessee Higher Education Commission. (n.d.). Retrieved from http://www.tn.gov/thec/Divisions/PPR/PPR.html

University of Maine System. (n.d.). Retrieved from http://www.maine.edu/system/policy_manual/policy_section301.1.php

University of Maine System Office of Planning and Policy Analysis. (n.d.). Retrieved from http://www.maine.edu/system/ppa/ppa.phpPsection=10

University of Massachusetts System. (n.d.). Retrieved from http://www.massachusetts.edu/aasair/irindex.html

University of Massachusetts System. (n.d.). *Annual Indicators Report*. Retrieved from http://www.massachusetts.edu/ir/irannualpublications.html

University of Missouri System, Measuring Success. (n.d.). Retrieved from http://www.umsystem.edu/ums/about/accountabilitymeasures

University of North Carolina System. (n.d.). Retrieved from http://www.northcarolina.edu/web/facts.php

University System of Georgia. (n.d.). Retrieved from http://www.usg.edu/research/

University of Texas System. (n.d.). Retrieved from http://www.utsystem.edu/isp/

University of Texas System. (n.d.). *Facts & Trends*. Retrieved from http://www.utsystem.edu/isp/factstrends.htm

Walsh, E. J. (2009). P-16 Policy alignment in the states: Findings from a 50-state survey. In *States, schools, and colleges: Policies to improve student readiness for college and strengthen coordination between schools and colleges*. San Jose, CA: National Center for Public Policy in Higher Education. Retrieved from http://www.highereducation.org/reports/ssc/index.shtml

Washington Higher Education Coordinating Board. (n.d.). Retrieved from http://www.hecb.wa.gov/PublicationsLibrary/PolicyResearch

Washington State Board for Community and Technical Colleges. (2005). *Building pathways to success for low-skill adult students: Lessons for community college policy and practice from a longitudinal student tracking study*. (Research Report No. 06-2). Retrieved from http://www.sbctc.ctc.edu/docs/education/ford_bridges/bldg_pathways_to_success_for_low-skilled_adult_stdts.pdf

Washington State Board for Community and Technical Colleges. (n.d.). Retrieved from http://www.sbctc.ctc.edu/college/d_index.aspx

*West Virginia State Code*. (n.d.). Retrieved from http://www.legis.state.wv.us/WVCODE/Code.cfm?chap=18b&art=1

第 24 章

# 发展中的 K-20＋州数据库

玛丽安·S.拉多克(Maryann S. Ruddock)

为了做出和教育管理及资助相关的良好决策,院校研究人员和其他人员正在研究通过学生的整个教育经历来追踪他们的方法。对这些州范围内的学生纵向经历数据库的研究,反映了围绕如何设计和使用这些系统的标准和协议的流动性。本章讨论了州范围内的纵向经历数据库是什么样的,以及围绕在写作之时他们的设计、执行和使用情况的话题。联邦和州的决策将会影响州范围内的纵向统计数据库的未来。院校研究人员如何促进学生纵向统计数据库的发展和使用也会得到讨论。

教导公民去过一种富有成效的生活于国家有益——经济方面、政治方面以及社会方面。教育的进程跨越了 K-12 教育、高等教育和劳动力培训,通过观察学生在这些纵向教育层面上的进步,我们可以决定将资源放在哪里以提高学生成为一个成功公民的可能性。K-20＋学生纵向统计数据库为立法者、管理者、研究者、教师、学生和父母做出与教育管理及资助相关的良好决策提供了一种收集、运用和报告所需要数据和信息的结构。这些数据库也给院校研究人员为所在机构制定规划和决策支撑提供获取重要数据来源的途径。

## K-20＋教育在美国的演进

为了适应在过去 100 年里生活和工作领域发生的变化,美国及全球的教育已经发生了改变。K-20＋教育的概念是这些地方最新提出来的。20 世纪 90 年代,统一公共教育仅仅经历了基本的阶段(1～6),因为大多数劳动力在不要求很高学历的农场或者其他劳动力密集型职位上工作。当制造业从农业那里接管下占据主要劳动力的位置时,高中教育(K-12)对满足这些职位需求来说是必需的。在当前从工业时代向信息时代的转变下,劳动力现在要求至少两年大学经历(K-14),而且在很多情况下,要求学士学位(K-16)。历史总是惊人的相似,高校现在扮演着高中 20 世纪三四十年代在教育劳动力主力军方面所扮演的角色。

## K-20＋数据系统

这个部分描述了一个 K-20＋学生纵向统计数据库可以回答的问题类型，以及关于包含在这些数据库中的利益相关者的讨论。数据库的设计和功能取决于数据使用人员以及使用用途。

一个健康的 K-20＋纵向统计数据库可以支持很多重要的项目，以及所有层级的教育的过程评估。对于 K-12 教育来说，一项正确的纵向统计数据使以下几项成为可能：①评估学校和课程在提升学生成就方面的效果；②连续鉴定表现良好的学校以便于教育者能够学习好的践行；③及时涉入来帮助奋斗中的学生；④判定学校在学生完成高中学业以及登记高等教育（MPR Associates/National Center for Educational Achievement，2005）方面的准备。对于高等教育来说，纵向统计数据库允许我们追踪学生的注册形式（常常称为"漩涡"），通过课程决定学位的时间，并且发表何处放置资源的见解。对劳动力来说，纵向统计数据库允许我们去决定哪些课程准备了最好的工人，应该如何去进行最好的培训，以及当前潜在的可以满足各种各样工作需求的劳动力供给。

K-20＋纵向统计数据库允许研究者和实践者去聚焦学生的转变：从中等教育到高等教育，从劳动力到高等教育，以及从所有的教育层级到职业生涯。有了合适的数据，我们可以开展研究去回答一些问题。例如，关于学生所修课程的影响、所获学分和证书、高等教育的持续性，以及校内外实习。这些系统在回答关于行为和朝向持续提升方向的进步，以及最终关于学生在学术和工作领域取得成就的关键问题上很有帮助。

有很多利益相关者将会获取这些 K-20＋数据库或者基于这些数据的研究成果。越来越多的数据获取和使用也将引起数据质量的上升（Data Quality Campaign，2009a）。当数据仅仅为了服从功能而使用时，不会有从一所高等教育机构返回到高中或者关于一所特定高中学生行为的反馈环节。在一个适当的 K-20＋数据库系统中，数据可以在两条路径上流动，很多利益相关者能够密切检测它们，并且从一个见多识广的视角做政策决策。最终，这将引致数据品质和使用的提升。

K-20＋学生纵向统计数据库的发展和使用中的利益相关者帮助决定了他们的发展，数据收集和储存，以及获取协议的历程。数据质量运动（Data Quality Campaign，2009a）为 K-20＋纵向统计数据库列出了下述的关键利益相关者：领导者、州立法者、州学校首席长官、学校委员会成员、地区及学校管理者、提前学习管理者、高等教育及K-12教育者、州高等教育执行者、父母、学生，以及倡导/提升/科研组织。

这些数据库的建设者们一定意识到谁将使用它以及他们将如何使用它。不同的利益相关者需要以不同的方式观察数据。州范围内的K-20+数据库的设计应该允许不同的利益相关者(父母、老师、政策制定者等)使用一个单一的数据库来解答所有的问题。然而,一位家长如何获取并使用数据将会和政策制定者或研究者如何获取使用数据大不相同。这蕴藏着收集、储存和获取协议的含义。设计并运行一个包含着集合数据而且将会满足学生、家长,以及政策制定者的大多数需求的数据库是高效且节约的。然而,大多数研究者将会要求在学生单位层面上的数据。为了满足这些使用者的需求,数据库将不得不被精心设计,以使使用人员可以提取不同类型的数据和报告。

## K-20+数据库的组成元素综述

在以既节约又高效的方式去聚集和报告决策数据的动力推动下,州范围内的学生纵向统计数据库受到了全美范围的关注。K-20+数据系统是综合性的纵向统计数据系统。综合性是指行政学生资料组和不同教育实体及商业焦点的连接。纵向统计是指个体学生随时间变化的连接数据,贯穿教育经历和他们的工作。我们现在拥有的学生数据的主体是跨部门的,或者"快照"数据记录,指在时间中的一个给定时点,每一位学生的情况(人口统计变量、年级、GPA、测试分数等)。跨部门数据对判定学生群体在那个时点上表现如何是有好处的,并且能被用来判断学生群体之间的成绩差距。跨部门数据没有给我们提供的是有关特定学生的表现随时间变化而变化的记录。纵向数据可以评估个体学生和群体的进步。很多院校研究者不得不为还不存在的和跨部门数据并联组成的纵向数据创造"变通"。这方面的一个示例涉及学生流,其中快照数据全年被分阶段地抽出,并且被用于创造一个追踪体系。一个州范围内的学生纵向统计数据库可以提供便捷的获取纵向数据的方式。

下面将讨论三个方面的措施,用以比较和对照思考什么数据应该进入州范围内的学生纵向统计数据库。表24.1确定了这三项努力的组成元素。

数据品质运动(DQC)是一个全美范围的、合作性的努力,用于鼓励和支持州政策制定者去改善高品质教育数据的获得性和使用以提升学生的成就。他们的目标是:①建立纵向统计数据库系统,充分考虑终端用户;②为教育利益相关者创造工具箱说明纵向数据的力量;③倡议对州数据系统的持续投资;④为州制造相互学习的机会(DQC,2006)。

在DQC 14位管理伙伴的通力合作下(包括成就公司、相信教育、NCKEMS,以及国家教育责任中心),确定了十个在纵向数据系统中很重要的元素。这些元素(和SHEEO的种类相匹配,由Ewell和L'Orange鉴定,2009)是:

(1) 学生数据——州内的学生认证者,学生层面的注册数据,未经测试的学生信息;

（2）课程/考试数据——学生 SAT、ACT、高级配置考试数据、学生测试数据、学生课程结课（成绩单）数据、学生毕业和辍学数据；

（3）运行特征——有学生—教师配对的州内教师认证者、匹配学生 P-12 和高等教育数据的能力；

（4）管理数据——州审计系统。

表 24.1 州纵向统计数据库元素的全美观点

| 一个州纵向数据系统中的数据品质运动的十项重要元素，K-12 | 2007 年美国为积极提升技术、教育和科学成就而创造机遇(COMPETES)的法案 | SHEEO 高等教育理想数据系统：15 项重要特征和所需功能 |
|---|---|---|
| 州范围内的学生认证者 | 每位学生的唯一验证人，不允许学生独自确认（除非受到联邦和州的法律认可） | 唯一的州内学生认证者对所有个体认证学生记录的隐私保护 |
|  |  | 面向所有公共机构的一个州层面上的以学生为单位的单独记录（SUR）系统 |
| 学生层面上的注册数据 | 学校注册历史、人口统计特征，以及每位学生的参与记录程序 | 面向所有公立高校的学生注册、完成学位，以及人口统计数据学生经济援助数据 |
| 学生层面上的测验数据 | 初级和中级教育法案所要求的学生考试成绩 | 学生在经评估的学术成就方面的数据 |
| 未经测试的学生信息 | 没有经过成绩和学术领域测试的学生信息 |  |
| 拥有教师—学生配对的州内教师认证者 | 确认教师以及向他们的学生配置教师的途径 |  |
| 学生结课（成绩单）数据 | 学生成绩单所反映的信息，特别是所修课程和所获成绩 | 学生的课程/成绩单数据 |
| 学生的 SAT、ACT，以及高级配置考试数据 | 衡量学生是否能够上大学的考试分数 |  |
| 学生的毕业和辍学数据 | 记录学生何时从学校注册、转学、辍学，或毕业的信息 | 学生的留存和毕业数据学生转学数据 |
| 将学生的 P-12 和高等教育数据匹配的能力 |  | 用 K-12 教育活动的数据来配置学生记录的能力 |
|  | 学生大学成就的数据，包括他们是否注册补习课程 | 学生层面上的补习数据和发展性教育参与及成就数据 |
|  | K-12 学生是否准备在大学里取得成功的数据 |  |

(续表)

| 一个州纵向数据系统中的数据品质运动的十项重要元素，K-12 | 2007年美国为积极提升技术、教育和科学成就而创造机遇(COMPETES)的法案 | SHEEO高等教育理想数据系统：15项重要特征和所需功能 |
| --- | --- | --- |
|  |  | 将就业数据和学生记录相匹配的能力<br>包含高等教育独立营利机构 |
| 州数据审计系统 | 一个审计数据的质量，有效性，和可靠性的系统 | 一个评估数据质量，有效性，和可靠性的数据审计系统<br>更广泛的州目标，经说明的可用性，以及持续性的结合 |

在年度报告中，DCQ关注各州是在如何使用这些关键要素来提高学生成绩的。数据被州和数据元素所呈现(Data Quality Campaign，2010a)。

2007年，美国国会通过了美国为积极提升技术、教育和科学成就而创造机遇(COMPETES)的法案。这项法案旨在通过改进数学和科学教育以及坚决践行研究来保障民族在世界的竞争地位。法案的标题五/部分三/副标题D/6401小节(将中级学校毕业条件和21世纪高等教育开拓者的要求以及P-16教育数据系统支撑相结合)展示了P-16教育数据系统基金所要求的12种元素。

这些元素(为了和Ewell & L'Orange所确定的州高等教育执行办公室SHEEO种类相匹配而组织形成，2009)是：

学生数据——每位学生的唯一认证者不允许学生被单独鉴定(除了联邦和州的法律所批准的)；学校注册历史，人口统计特征，以及每位学生的课程参与记录；未经测试的学生信息，不同的年级和课程领域；学生何时注册、转学、辍学或者从学校毕业的信息；

课程/考试数据——初级和中级教育法案所要求的学生考试分数；关于学生成绩单的信息，特别是所修课程和所获成绩；学生的考试分数衡量了他们是否做好了进入大学的准备；学生在大学里取得成就的数据，包括他们是否注册了补习课程；K-12学生是否准备好在大学里取得成就的数据；

运行特征——鉴定教师并将他们和自己的学生匹配起来的方法；

管理数据——审查数据的质量、有效性，以及可靠性的系统。

联邦政府从经济上支持在教育纵向经历数据库上所做的工作。各州可能收到的支持(或利用)高效使用纵向数据来改进学生成果的基金会每年公布一次。DCQ(2011)会公布对这些机遇的一个总结。

州高等教育执行办公室(SHEEO)组织制定了一个关于理想中的州高等教育数据系统的描述(Ewell & L'Orange, 2009)。虽然是针对高等教育机构,但这些特征包括K-12以及就业数据链接。15项重要特征是:

学生数据——唯一的州内学生认证者;学生注册、完成学位,以及所有公立高校的人口统计数据;学生经济援助数据;学生留存及毕业数据;学生转学数据;

课程/考试数据——评估学生学术成就的数据;学生课程/成绩单数据;学生补习数据;以及发展性教育参与和成功的数据;

运行特征——所有单独鉴定的学生记录的隐私保护,一个单独的面向所有公立机构的州层面学生单位记录(SUR)系统,将学生记录和雇佣数据匹配起来的能力,包含独立且营利的高等教育机构;

管理数据——一个评估数据质量、有效性,和可靠性的数据审计系统;结合更广阔的州目标;说明可用性和持续性。

SHEEO对州数据库以及保证学生成绩方面有一种持续的兴趣。除了一般合作,这个组织和州内学校首席办公室委员会合作为K-12以及高等教育(State Higher Education Executive Officers, 2010)发展数据标准模型,并且召集一个规定联盟和实现大学意愿的会议(State Higher Education Executive Officers, 2011)。

这些是仅有的三个关于在全美各州建立学生纵向统计数据库的广阔工作领域的例子。这些努力不仅充当了一个设计K-20+数据库的指引,而且告诉院校研究者们他们如何提供设计和应用K-20+数据库的支持。院校研究者还能够帮助鉴别潜在的陷阱,不同的数据定义、数据时序以及如何在操作上定义回答关于高等教育数据的问题所需的措施。

## 设计和执行:数据输入

在任何数据库中,都需要以这种方式收集和储存数据,便于获取,用以回答一系列问题。从很基础的层面上来说,我们正在把数据放进一个数据库系统中,然后再把数据拿出来。这个部分我们会讨论数据库的设计或者是"数据输入"方面的内容;之后才会讨论取回或者"数据输出"方面。

一个州范围内的K-20+纵向经历数据库能够帮助回答:"州应该关注哪个着力点来提升学生成就,以及和平过渡从早期学习到K-12再到高等教育"的问题。它也能回答诸如"什么会带来大学数学的更高成就,代数是在八年级上还是九年级上?"的问题。但是为帮助用户回答这些,数据库必须经过深思熟虑的精心设计和运用。纵向统计数据系统的成功设计确保了主要参与者和利益相关者买进过程的存在,数据定义是清晰无异议的,以及数据安全和个人隐私是有保障的。基于州学生纵向统计数据库的数据完整性将会决定数据库的效用和使用情况。

## 以学生为单位的数据记录

以学生单位记录水平所报告的数据组成了记录在每个学生身上的相同信息,即学生是分析的单元。在考虑到现在学生的高度流动性的情况下,这要求收集详细的数据以形成机构之间以及机构内部的比较。现在各主要的州都拥有一些形式跨越所有教育层级的单元-记录报告(DQC,2009—2010)。联邦政府为 IPEDS 系统报告发起了关于报道单位记录数据的可行性研究。然而,在本章写作之时还没有出现单位记录报告在国家层面上被制作出来去支持 IPEDS 的情况。

然而,联邦政府(U.S.Department of Education,2010)确实收集了经济援助受益人的单位记录数据。从私人部门来看,国家学生数据交换所(n.d.)也使用学生单位记录来核实院校注册和每位学生的学位获取。这是仅有的两个从国家层面上收集学生数据的学生数据采集。

## 唯一的认证者

建立学生纵向经历档案最大的障碍之一就是不能跨越教育及劳动部门而追踪到个体学生。你使用的唯一认证方是谁?社会保障号码?大学身份号?一个独特的学生认证形式(USI)是实现追踪目标的必备。一定存在一种从众多数据库中连接到个体学生信息的方法。学生的隐私和 FERPA 议题开始和使用什么认证方的决定相互作用(详见第 19 章关于 FERPA 和 IRB 的说明)。

USI 和学生认证之间的联系是关键因素。根据福特汉姆法律信息政策中心(Fordham Center on Law and Information Policy,2009)的说法,"当一个机构成功地建立起一个非私营认证的专门用于将当地教育机构的信息报告给州的 USI 的时候,那份数据报告有资格成为一个合法的'匿名化'数据披露;所有其他的个人认证信息都有所保留。"奥特和德士贾丁斯(Ott & Desjardins,2009)描述了围绕数据安全和机密的最佳行为以及整个的 SUR 数据的管理。他们总结到,政策制定者、管理者以及选民能够领会州单位记录数据的首要目的是通过 20 门课程提升一个州理解和管理他们院校的能力,而非满足联邦报告的需求。

USI 是把双刃剑。它需要追踪单个学生,要有更好的数据以及做出更好决策的能力。数据本身不会改善行为,而好的数据系统是一项改善政策制定的有价值的工具(L'Orange,2008)。USI 的下降是对认证盗窃可能性(如果 SSN 被使用的话)的忧虑以及出于 FERPA 考虑的数据分享限制。然而,底线是必须有一种从众多数据库中连接学生信息的方式。

## 数据定义

K-12 和高等教育历来被当作分开的系统。这种分离引起了两个实体之间数据收集和报告机制的独立发展。将这些系统结合起来，或者甚至再创造一个新的系统通常是很困难的，因为虽然他们可能使用相同的词(已注册学生、员工、毕业时间、学生认证者等)，但是他们经常说两种不同的语言。

数据定义的工作当前由高等教育电子标准委员会(PESC)执行，为 K-12 的一个关键集合(即人口统计学、项目参与以及课程信息)以及 K-12 高等教育的过渡变量采取共同的数据标准(Postsecondary Electronic Standards Council，2010)。PESC 正在为数据定义和准则设定科技专项，以及存在于数据元素之间的关系研发标准。

## 数据库设计

本章并不是要手动设计纵向经历数据库，相反，它讨论了一个院校研究者在执行和使用纵向经历数据库时会遇到的议题，花在数据库结构上的只有一小部分时间。站在一个非常基础的层面上，结构可以用于思考关于数据是如何连接的问题。在州、联邦和机构代表的一系列会议中，SHEEO 座谈小组(State Higher Education Executive Officers，2009)讨论了州层面上的高等教育数据系统。他们总结道，他们能够成为单一管理数据库或者仓库，即大多数利益相关者都会拥有的州纵向统计数据库模型的代替。一个现存数据库之间的功能性联盟可能会更好地服务于州，而不是只用单一数据库。他们总结认为，各州应该关注系统之间的相互操作性(州内和州际)，允许系统之间的合作并使数据更加有用。

关于储存学生认证者，数据库结构可以被概念化为双重的或者是统一的(Fordham Center on Law and Information Policy，2009)。在一个双重数据库系统中，学生认证者信息被储存在一个文档里，而另一个分开的数据库储存了详细的学生纵向经历数据。统一的数据库系统在一个单独的数据库中包含了认证者和纵向数据。学生认证者在哪里以及如何被存放对 FERPA 的执行是有意义的(详见福特汉姆法律和信息政策中心，pp. 31-43 有一个对这些议题的完整讨论)。

## 设计和执行：数据输出

数据一旦被收集和核实，下一个问题就是如何获取。数据获取取决于数据如何储存。大多数数据存储在一个"仓库"里，学生、家长、院校以及其他人都可以获取。这是用户在纵向统计数据系统中"触摸"数据和信息的地方。共享的数据系统的设计，一个单一的数据仓库，一个为原始数据提供渠道的分配系统，或者一些结合的方法是科技议题并且超出了本章的范围；然而，它的操作是一个关于数据提供者、计划指导者，以及关键利益相关者的话题。

因为"仓库"将会成为一个各种利益相关者所使用的数据中心储藏室，要获取数据和信息取决于用户需求的复杂性。这个方法可以根据层次讨论，从一般使用所预先确定的报告到为最富有经验的研究者提供的学生层面的数据。不同的利益相关者拥有获取不同层次数据的方法——需要确定方法的层级。数据使用者也决定着对获取数据的掌控。数据品质运动（DQC，2010b）公布了入口和报告的例子，表 24.2 说明了不同类型方法以及不同利益相关者的控制水平的例子。

表 24.2 利益相关者作为数据使用决策者的角色和教养

| 利益相关者 | 使用(控制)类型 | | |
|---|---|---|---|
| | 无 | 受控制的使用 | 检查委员会 |
| 学生 | 标准报告 | | |
| 父母 | 标准报告 | | |
| 老师 | 标准报告 | 集合数据 | 学生层次的数据 |
| 管理者 | 标准报告 | 集合数据 | 学生层次的数据 |
| 研究人员 | | 集合数据 | 学生层次的数据 |

## 标准报告

预先确定的报告包含了需求最高的信息集合，以时间阶段为基础而产生。院校研究人员在帮助定义这些类型的报告方面是很重要的。一个在这些报告中管理数据的方法是围绕主题组织。MPR 和得克萨斯州协会（MPR Associates，2010）所建议的主题是为大学和生涯做准备，高中之后的过渡、成人转变、结业情况以及就业成果。

所描述的其他关于报告的例子包括："如果你的孩子 SAT 分数介于 X 和 Y 之间，那么他在一个两年制的院校里面如何可能取得成功？"以及"获得免费或减免午餐的孩子如何可能去上大学？"这些类型的标准化报告没有使用限制，他们组成了公共信息并且不需要特别的使用许可。

## 集合数据

以集合的形式报告数据是一个描述特定的学生人口的有效方式。高中统计的总结性或集合性数据——例如高中毕业到大学注册，在第一个秋天注册的毕业生以及他们中间坚持接受高等教育到第二个秋天的人数——帮助院校理解他们所登记的学生。这些是集合数据，但是它们还讲了一个学生继续就学的故事。其他帮助院校研究者理解学生的集合数据的类型是,例如,不同类型学生的测试分数,不同种族和性别的人通过不同层级的教育发起的运动,以及从小学升入中学的学生数量。人口变化以及不同人口的需求数据可能是管理者所感兴趣的。研究者使用集合数据是为了在州和院校层面做政策或管理研究。这里有一些数据的使用限制,例如限制数据只能用于学校地区以及被报道的大学,但是在大多数情况下集合数据是公开的数据。

## 学生层面上的数据

最有经验的使用者希望直接使用数据库,以便回答特定的研究问题。但是直接使用数据就必须说明数据隐私问题。使用需要受到控制,最有可能通过一个在数据库中对所有使用单位记录信息进行监督的咨询委员会来达成。阶段性的正式报告需要被用于记录使用数据库的所有要求以及咨询委员会的决定。数据库开发者也需要为所有的包含个体验证数据的数据资源采取风险评估/审计程序,这个模型包括得克萨斯州教育资源中心(University of Texas at Austin,2010)和佛罗里达教育数据仓库(Florida Department of Education,2010)。

学生层面上的数据可能被用于个体学生的识别报告,例如:①提供个体学生是否有风险以及需要额外帮助的信息的提前预警系统报告;②鉴别每所小学、初中和高中学生是否以及受到何种程度的高中毕业后大学和职业准备情况的追踪的准备性报告;③通过分析个体学生过去的行为来预见学生是否可能达到行为目标的预见性报告(DQC,2009a)。

# 当前的背景

当前对各州的激励政策是一个完整的允许各利益相关者使用学生层面的学生教育生涯方面的所有数据和信息的K-20+数据库,时间跨越上学前到从学校毕业再到劳动力市场。现实是各州仍然在努力实现这个目标。一般来说,各州总有一天都可能成为一个州范围内的综合K-20+数据库的零散数据,但是考虑到目前要求提供更多更好的决策数据和信息,利用好现在拥有的东西是很重要的。

SHEEO已经发表了《稳定的根基:州高等教育数据系统的情况》(Strong Foundation:The State of State Postsecondary Data System)(Garcia & L'Orange,2010),其中他们发现(在其他的发现中):

(1)人口统计的、高等教育注册以及结业数据在SUR系统中是最常见的数据类型;

(2)社会安全数字是首要的鉴别号码,被用于高等教育的内部基本核心以及和其他机构或实体的匹配过程中;

（3）高比例的州都用收集来的 SUR 数据制作退学、转学以及补习报告；

（4）课程类型、课程题目、课程成绩，以及高中的 GPA 提供了更多关于进入大学的学生人口信息而不是仅仅管理以及/或者设置考试分数；

（5）工作小时、工资收入，以及美国人口普查或者美国劳动雇佣部门准则/标题都服务于强调高等教育的投资回报。

《一个到达无缝州内教育数据系统的路线：说明五项跨领域关系》(En Route to Seamless Statewide Education Data System: Addressing Five Cross-Cutting Concerns) (Conger, 2008)报道了一个受 SHEEO 资助的各州参与同辈之间学习论坛的研讨会。研讨会鉴定了以下五个对于成功执行纵向数据法案很关键的核心过程：

（1）鉴定作为一个部门之间合力工作基础的共享利益；

（2）调解独立创造数据系统之间的技术差距；

（3）在为培育进步而分享数据的时候确保学生的隐私；

（4）设计一个数据系统以使关键支持者能够高效使用；

（5）为州纵向统计数据系统的长期可持续性进行规划。

关于这些过程的讨论充当了一个帮助各州起步以及说明普遍都会遇到的特定议题的框架。

即使一个特别的州可能不会拥有一个完全发达的 K-20＋数据库系统，但院校研究人员可以使目前已有数据效用最大化，以及促进一个 K-20＋数据库的发展。现在可以采取的两个步骤是了解什么是当前可以获得的信息以及和学校发展合作性协议。

许多州的高等教育办公室都努力收集追踪学生在州内各高等教育机构之间，以及从公共 K-12 学校中迁动的数据。例如，得克萨斯州高等教育协调委员会(THECB)举办了来自 K-12、社区大学，以及四年制城市院校的数据用户汇集在一起的数据会员研讨会，以了解关于他们学生的数据哪些是当前可以获得的。包含在高中和大学链接中的话题（例如大学申请提交，联邦学生援助免费申请"FAFSA"的提交率，高中毕业生注册的双学分课程以及按学位证书类型、地区与地域）和高中毕业生在高等教育以及其他领域（例如在两年制和四年制院校中的大学留存情况，按大学学位类型及工作地点，经济帮助和贷款债务来说的收入）的成就。研究者们遇见来自其他地区的教育同僚，分配 THECB 所收集的数据，并且数据会员将有机会用当前正在使用的、鲜活的数据设计研究的问题。这需要州机构的支持（和大量的经费），但这是一个关于数据存在于不同水平教育社区的学习模型。

法伊弗等(Pfeiffer, Klein & Levesque, 2009)发布了一个简短的描述，美国恢复和再投资法案(ARRA)学生纵向统计数据系统(SLDS)宏大项目(SLDS Grant

Program，2010)现在能做些什么。简单的描述机会能够帮助各州设计、发展和执行州范围内的教育纵向统计数据系统。这个简介的相关方面是它对基于当前实践和数据基础上建立的 ARRA 资助项目可行性行为的描述。

院校研究者在构建 K-12 和高等教育之间连接方面能够有所帮助。从基础层面上来讲，一个 K-12 学校行政区想要知道他们的学生在大学和劳动力市场中做得如何，而且一所大学想要知道它所接收的学生准备得如何。通过高中行政区和大学之间链接的备忘录的信息，可以完成交换。为了使操作具有合法性，备忘录必须包括以下几点：①认证缔约组织；②确定协议的课题事项以及它的目标；③总结协议的重要方面；④缔约组织要签字(Business Dictionary, 2010)。这些议题的一个例证能在马里兰州教育部门和一些其他的马里兰州机构的备忘录中找到(DQC, 2009b)。

## 促进 K-20＋数据库的发展和使用

院校研究人员能为促进 K-20＋数据库的发展和使用做些什么呢？可能输入 K-20＋数据库的发展和使用的最有效渠道就是通过当地或州的院校研究协会。这些组织被建构为代表所有等级的高等教育数据使用者和生产者的利益。例如，得克萨斯州院校研究数据咨询委员协会的主席要关注得克萨斯州特殊委员会关于数据驱动的教育政策，它开启了关于一个德州 K-20＋数据库的设计和发展的原始讨论(MPR Associates, 2010)。

许多院校研究人员惯例在大学层面上演说的问题和所有教育层次都是相关的。学生的准备情况是一个关于大学的话题(对现存的毕业生应遵循的标准的管理)，能够在部门之间扩散，就像有关转学的学生流一样。所有层面上的教育者都关心发挥作用的东西。院校研究人员经常被要求去研究诸如教学风格差异的影响此类议题，以及其他和学生学习相关的课题。进行这些类型的研究中获得的经验赋予了院校研究人员对全州数据的设计和执行更具洞察力。

## 结语

全美对于 K-20＋州内纵向统计数据系统的兴趣在过去的几年里有所上升。在 ARRA、基金会概况、数据品质运动、SHEEO 和其他项目对这些计划的推动下，笔者相信未来的十年内这些系统将会遍布美国所有州。这个想法是建立在一大批人对这个领域有着既定的兴趣，以及联邦政府和各种基金会对这些系统的发展所提供的资金数额是可得的基础之上的。因此，这个领域是变化发展的，所以本章仅仅反映了写作之时我们所处的位置。经济议题将会影响谁将会在各种州 K-20 数据库的发展中成为主角。

在基金会提供主要资金的情况下，非政府机构将可能会成为这个领域有影响力的驱动者。因为在所有相对新的措施处于变化发展状态下，只有时间会说明最终的结果；但是好的数据总是会被有效率和有效力的决策所需要，这就是最终的目标。当前的设计和执行议题需要被分解，包括唯一鉴定者的使用，数据定义和数据库设计的技术方面，拟定管理数据方法，以及每个州内不同的教育阶层之间的合作。大学院校研究者理应参与其中，因为这些数据库的创设无疑将会对我们回答关于我们高校的效益，以及我们如何向各个州、IPEDS 和其他联邦机构报告数据这样的问题的能力产生影响。

## 参考文献

American Recovery and Reinvestment Act (ARRA) State Longitudinal Data Systems (SLDS) Grant Program. (2010). Retrieved from http://nces.ed.gov/programs/slds/

Business Dictionary. (2010). Retrieved from http://www.businessdictionary.com/definition/memorandum-of-understanding-MOU.html

Conger, S. B. (2008). *En route to seamless statewide education data systems: Addressing five cross cutting concerns*. State Higher Education Executive Officers. Retrieved from http://www.sheeo.org/Seamless_Data.pdf

Cunningham, A. F., & Milam, J. (2005). *Feasibility of a student unit record system within the Integrates Postsecondary Education Data System* (NCES 2005-160). U.S. Department of Education, National Center for Education Statistics, Washington, DC: U.S. Government Printing Office. Retrieved from http://www.sheeo.org/Seamless_Data.pdf

Data Quality Campaign. (2006). *Creating a longitudinal data system: Using data to improve student success*. Retrieved from www.DataQualityCampaign.org

Data Quality Campaign. (2009a). *The next step: Using longitudinal data systems to improve student success*. Retrieved from www.DataQualityCampaign.org

Data Quality Campaign. (2009b). *Memorandum of understanding on data sharing by and among the Governor's Office for Children, the Department of Health and Mental Hygiene, the Department of Human Resources, the Department of Juvenile Services, and the Maryland State Department of Education*. Retrieved from http://www.dataqualitycampaign.org/files/Dashboard_MOU_draft_08-21-09_clean_.pdf

Data Quality Campaign. (2009-2010). *2009-2010 National Survey Results: Essential elements*. Retrieved from http://www.dataqualitycampaign.org/survey

Data Quality Campaign. (2010a). *Data for action 2010: DQC's state analysis*. Retrieved from http://www.dataqualitycampaign.org/

Data Quality Campaign. (2010b). *What does role-based access look like? Examples from states*. Retrieved from http://www.dataqualitycampaign.org/files/portals_examples.pdf

Data Quality Campaign. (2011). *Federal funding opportunities for supporting the use of longitudinal data: Fiscal year 2011*. Retrieved from http://www.dataqualitycampaign.org/files/FY%202011%20analysis.pdf

Ewell, P., & L'Orange, H. (2009). *State postsecondary data system: 15 essential characteristics and required functionality*. State Higher Education Executive Officers. Retrieved from http://www.sheeo.org/datamgmt/unit%20record/ideal_data_system.pdf

Florida Department of Education. (2010). *Florida education data warehouse*. Retrieved from http://www.fldoehub.org/Research/Pages/default.aspx

Fordham Center on Law and Information Policy. (2009). *Children's educational records and privacy: A study of elementary and secondary school state reporting systems*. Retrieved from http://law.fordham.edu/center-on-law-and-information-policy/14769.htm

Garcia, T. I., & L'Orange, H. (2010). *Strong foundations: The state of state postsecondary data systems*. State Higher Education Executive Officers. Retrieved from http://www.sheeo.org/pcn/Uploads/StrongFoundations_Full.pdf

L'Orange, H. (2008). *Unit record data systems: A state perspective*. State Higher Education Executive Officers. Retrieved from http://www.sheeo.org/datamgmt/unit%20record/Unit%20Record%20Data%20Systems%20-%20A%20State%20Persepctive.pdf

MPR Associates. (2010). *Texas data-driven policy-making study: Enhancing Texas data to support college and career success: Summary report*. Unpublished manuscript.

MPR Associates/National Center for Educational Achievement. (2005). *Judging student achievement: Why getting the right data matters*. Retrieved from http://www.dataqualitycampaign.org/files/Tools-Judging_Student_Achievement.pdf

National Student Clearinghouse. (n.d.). Retrieved from http://www.studentclearinghouse.org/

Ott, M., & DesJardins, S. (2009). *Protection and accessibility of state student unit record data systems at the postsecondary level*. State Higher Education Executive Officers. Retrieved from http://www.sheeo.org/pubs/SUR_Final_Report-20091118.pdf

Pfeiffer, J., Klein, S., & Levesque, K. (2009). *Leveraging ARRA funding for developing comprehensive state longitudinal data systems*. MPR Associates. Retrieved from http://www.mprinc.com/products/pdf/SLDS_ARRA_Vision_Paper.pdf

Postsecondary Electronic Standards Council. (2010). *Common data standards initiative*. Retrieved from http://www.commondatastandards.org/aboutcds.html

State Higher Education Executive Officers. (2009). *Recommendations for state postsecondary data systems: A report from state experts*. Retrieved from http://www.sheeo.org/network/State%20Data%20System%20Advisory%20Panel%20Report%20-%2011-23-09.pdf

State Higher Education Executive Officers. (2010). *Common education data standards*. Retrieved from http://www.sheeo.org/pcn/PCN/Topic.aspx?id=1030

State Higher Education Executive Officers. (2011). Defining alignment and achieving college readiness: The roles of higher education organizations and leaders in common core state standards and assessment. Meeting held May 9-10, 2011. Retrieved from http://www.sheeo.org/pcn/Topic.aspx?Pid=1040

United States Congress. (2007). *America Creating Opportunities to Meaningfully Promote Excellence in Technology, Education, and Science (COMPETES) Act*. Retrieved from http://www.govtrack.us/congress/bill.xpd?bill=h110-2272

U. S. Department of Education. (2010). *Federal student aid*. Retrieved from http://studentaid.ed.gov/PORTALSWebApp/students/english/index.jsp

University of Texas at Austin. (2010). *Texas Education Research Center*. Retrieved from http://www.utaustinerc.org/

Van de Water, G., & Krueger, C. (2002, June). *P-16 Education*. ERIC Digest 159, June 2002. Retrieved from http://eric.uoregon.edu/publications/digests/digest159.html

# 第 25 章

## 数据交换联盟：特征、案例和发展新的交换模式

朱莉·卡朋特-休宾(Julie Carpenter-Hubin)
丽贝卡·卡尔(Rebecca Carr)
罗斯玛丽·海斯(Rosemary Hayes)

在过去的几十年里，高校发展了成熟的数据系统，并且开始熟练使用数据来支持和通知决策。高等教育是一种基础性的合作事业，并且随着科技的发展制作各种格式的数据用于院校间的分析也更容易，院校就发展出了作为分享信息和生产可比较数据的一种手段的数据交换模式。高等教育数据交换模式为相似组织之间的数据自愿分享提供了机会。为了更好地理解他们自身的行为表现，这些可比较的数据允许院校在代际转换、经济气候和美国国内及国际政治环境这样更广阔的背景下去思考自身行为。

所有规模和类型的高等教育院校都通过很多数据交换定义之外的方式分享数据。所有参与联邦经济援助项目中的院校都要向联邦政府提供数据，通过全美教育统计整合至高等教育数据系统(IPEDS)。这些数据对公众来说是可以获得的，而且是高等教育院校的一个重要信息来源。很多院校都为州管理委员会供给数据，使数据以完整或概括的形式，并且对捐助者来说是可以获得的。发布者从院校以及一些关于院校质量的行为选项调查中收集数据，再创造新数据。这个信息通过出版物分享于院校之间，通常是免费提供的或者面向数据捐赠者降低价格。近几年，商业咨询团体将他们的注意力转向高等教育以及一些高校之间的数据分享的推动，高校中的各部门向他们的协会提供数据；例如，人类资源部向高校教职工协会(CUPA)提供数据以及图书馆通过图书馆研究协会(ARL)分享数据。

## 数据交换特征

进行数据分享的例子说明了许多有价值的高等教育信息对于学院和大学的使用来说是易获得的。同一系统中院校组织之间的直接数据交换是另一种非常重要的数据分享手段。苏珊·沙曼(Susan Shaman)和丹尼尔·夏皮罗(Daniel

Shapiro)在其 1996 年的文章《数据分享模型》(Date-Sharing Models)中,描述了使用 11 种不同的过程属性或维度的数据分享范例。这些维度的四个方面能被用来从其他类型的数据分享活动中清晰辨别出数据交换联盟。

## 首要用途:基础 vs 附带

这一维度检测了促进数据分享的组织的主要活动或用途。对于很多为高校采集和分享数据的组织来说,这项功能不是他们的全部。举例来说,出版者有一个销售杂志的首要目标,顾问的目标是销售他们的专长。诸如 ARL 和 CUPA 这样的协会在它们的专业中展现领导力,并且大力支持数据收集和告知使命。数据交换联盟,另一方面来说,首要和最重要的是为促进成员之间的数据分享而存在的。

## 过程控制:内部 vs 外部

所要收集数据的决策、采集计划以及数据定义要么是数据分享小组成员内部决定,要么交由一个外部实体组织。过程控制维度是和首要用途高度相关的。因为数据交换模式是为了传达机构之间的数据分享用途而创立的,所以联盟的成员保持对过程的控制。他们可以将过程决策权委派给组织的一个管理机构或者他们所保留的职员,但是控制要保持在组织自身内部。这个内部控制将数据交换联盟和联邦、州以及系统数据分享区别开来,参与其中的院校可以对过程提出建议,但却不是决策者。

## 会员准则:邀请 vs 强制

数据交换联盟的会员是自愿而不是强制的,这也将数据交换联盟和联邦、州以及系统数据分享区别开来。联盟的会员可以是受邀而来,对那些满足某些条件的机构开放,或者对所有拥有共同兴趣的机构开放。按照这种方式,会员准则不仅区分数据分享联盟和其他数据分享模式,而且也辨别不同联盟。

## 伙伴数量:双边 vs 多边

鉴于一个组织中的个体可以双向分享信息,数据交换联盟是多方参与的。如此整合的与多方伙伴进行的交换模式为参与者提供了更丰富的资料和更好的可比较信息。

除了将数据交换模式区分为一个独特构造的特征之外,一系列特征还更加深入地区分了不同的数据交换模式。沙曼和夏皮罗(Shaman & Shapiro, 1996)类型学的五个维度可同等地应用于数据交换联盟和其他类型的数据分享组织之中:安排程序(正式对非正式),活动的规则性(常规对随意),信息的范围(多方对特定聚焦),参与者的不均匀性(异质对同质),以及开放性(匿名对公开认证)。这些内容的每一条对于理解不同组织间的差别来说都很有用。

随着科技的进步,对这些维度的一个适当升级的描述分析条款(经分析的数据对简单表格)将会成为数据条款(直接方法对分析报告)。数据条款涵盖那些交换模式,使数据对于那些在电子数据表上总结从多方机构那里获取的数据的人来说,可以从一个数据仓库中直接获得,并且使联盟成员可以获得那些数据当作 PDF 文档。

考虑到沙曼和夏皮罗在1996年设计了他们的类型学,那么他们的媒介维度区分了纸质和电子交换模式就不足为奇了。令人高兴的是,对比不再是相关的了。从纸质的转移扩大了所分享数据的数量而且赋予了数据更大的效用。

数据交换联盟将分享数据作为它们的首要用途,定义并控制他们自己的流程,以及拥有非强制性的会员。除了这些共享的特征,数据交换联盟用适合他们会员的独特需求的方式开展活动。会员在一个数据交换模式中的主要福利之一是可以得到所有在高等教育数据相关事务方面的建议和指导的同事网络。

## 数据交换联盟的例子

要理解各种各样的数据交换属性组合没有比密切观察各种各样的数据交换联盟及其分享数据方式更好的方法。以下部分就对一系列高等教育数据交换联盟进行描述。

### 美国大学数据交换协会

美国大学数据交换协会(AAUDE)的核心功能是数据或共同爱好的信息的交换,包括:①如会员所定义的已计划的交换项目的集合;②广告问询和特殊研究结果的分享;③促进会员间的交流和共同管理。

AAUDE 在1973年的院校研究协会论坛上开始有些意外收获,当时五位院校研究管理者正式会面讨论创设一个教职工工作量和薪水研究论坛。自从它以一个如此明确的非正式目标开始以来,AAUDE——其会员仅限于美国大学协会(AAU)的成员院校——在会员制和交换的数据范围内成长起来。

AAUDE 交换了超过三十套的数据,既有公共数据(例如 IPEDS, NSF)也有 AAUDE 指定的议题。一份邮件讨论列表提供了非正式广告数据集合的能力。数据是在共同的机密和荣誉体系基础上进行交换的,那些不提供数据的人将不能使用它们。成员院校用数据进行一系列课题的可比对分析,例如职工和管理者的工资、学杂费以及博士学位攻读时间。广告问询帮助院校研究者进行特定的高等教育任何方面的可比较研究。

尽管组织拥有一位指导者和数据仓库分析师——用平均会费资助——部分用 FTEs,但大部分工作都是靠志愿者的努力来完成的。每一个交换的项目都有一个监督指令的修正、数据的收集、审核以及编辑的照看人。数据被储存在一个严格使用的仓库里。更多的信息可以在 http://www.aaude.org 网站上获得。

## 学生保留数据交换模式联盟

学生保留数据交换模式联盟（CSRDE）于1994年成立，并且坐落于俄克拉荷马州大学。联盟致力于帮助院校通过分享数据、知识和创新来完成学生成就。CSRDE已经成长为可以服务超过660家会员机构的组织，两年及四年制院校有权去申请其第三等级会员。

CSRDE常见的活动之一就是对广泛的保持率和毕业率数据的收集。成员院校用电子表格提交数据，联盟办公室掌握着数据的收集、审核、内部一致性检查以及分析、格式化和向成员院校报告。

作为提供数据的回报，成员们会收到一份有保持和毕业标准的综合性报告，以及一份自定义的同行报告。这些数据不能从其他任何地方获得，包括IPEDS。

除了在数据收集方面的努力之外，联盟也通过每年的学生保持全美研讨会和每月的CSRDE网络系列会议促进了和学生保持与成就相关的最好践行的网络化及分享。

## 高等教育数据分享联盟

高等教育数据分享联盟（HEDS）创立于1983年，最初是受到教育网站授权资助，聚焦科技。1990年以前，重点转移到了数据分享上。

HEDS是一个超过125所私立高校的联盟。会员需要经过批准并且限制于非营利的、经过认证的满足已有标准的院校。会员费用取决于院校注册，学校越大缴费越多。

成员院校在一些话题方面分享数据，包括行政管理、早期申请和保证金、捐赠、资金、经济帮助、毕业率，以及学杂费等其他种种。资料组既有公开的（例如，IPEDS，NSF）也有由其他机构收集（比如，AAUP，HERI，NACUBO，NSSE），以及高等教育数据分享联盟所发展的话题。

作为五所成员院校的职员，需要对数据收集、审核、分析，以及提供给成员院校的准备或分配报告负责任。数据可以从一系列标准报告以及一个数据仓库中获得，获得一套特定数据的方法仅对提供数据的院校可得。

除了标准报告和数据方法，联盟每年为它们的参与成员团体召开一次会议并且主持电子讨论目录。

## 全美社区大学标准计划

作为对责任和同行比较压力的回应，约翰逊州堪萨斯社区大学和其他十所美国大学合作创立了全美社区大学标准计划(NCCBP)。组织声明的目标是"提供一个全美数据收集和报告的程序,使社会大学能够对比那些同行院校的学生成果和行为指标"(Juhnke,2006)。

报告过程以及标准措施的集合于 2004 年实施。标准涵盖了诸如学生行为、满意度和承诺、生涯准备情况、方法和参与、人力资源,以及组织行为这样的话题。

任何美国社区大学都有合法的参与权。2009 年有超过 200 所来自美国各地的社区大学参与其中。对于固定收费率来说,订阅者会收到一份对比他们的院校和那些其他所有的调查对象的标准报告以及订阅年限数据的不设限使用方法。信息的使用要服从于保密和数据使用限制。更多的信息可以在 http://www.nccbp.org 网站上获得。

## 全美教育成本和生产力研究

最初由 FIPSE 的授权所资助,特拉华州大学教育研究办公室在 1992 年开始了全美教育成本和生产力研究(the Delaware Study)。此项研究已成为比较和分析学科水平教师教学负荷、直接教学成本和单独预算的学术活动的工具。

四年制学位授予院校可以参与特拉华州研究。接近 200 所 2010 年参与的院校运用交换模式,超过 500 所院校从开始就是研究的一部分。像 CSRDE,特拉华州研究像一项契约性服务一样运行,提供着从其他渠道无法获得的数据。很多方法都能提供对比,例如每位学生的学时花销、学生和职工的比例、职工安置模式以及职工教学成果。更多的信息可以在 http://www.udel.edu/IR/特拉华州研究花费网站以及 http://www.udel.edu/IR/职工活动研究聚焦网站上获得(第 31 章对这些数据收集有一个详细的描述)。

## 全美社区大学教育成本和生产力研究

全美社区大学教育成本和生产力研究(堪萨斯研究)在特拉华州进行之后成为模式来满足社区大学的需求。就像他们四年制的竞争对手一样,堪萨斯研究提供了在学科层面比较教育成本的数据。

此项研究对参与者免费。参与其中要求提交至少十个学科的数据,以及一份关于机密和数据使用的签署协议。70 所社区大学参与了 2009 年的数据收集。更多的信息可以在 http://www.kansasstudy.org 网站上获得(详见 31 章栏目)。

## 高等教育研究理工数据分享

高等教育研究理工数据分享(PolyDASHER)是威斯康星大学于 2008 年创立的,以满足对认证和决策方面的基准和比对数据的不断上涨的需求。

PolyDASHER 对任何理工院校来说都可以免费获得，如果他们每年提交数据并且同意交换模式的隐私和安全限制的话。目前，有八所院校参加了这个交换模式。

PolyDASHER 收集了一系列话题的数据，包括注册、毕业和保持率、入校的大一新生、职工特征、学费率、学位授予、安置以及资金援助。运用他们的共同数据项以及院校情况手册，使用者们直接将数据元素键入到一个在线集合工具中。此外，院校可以上传电子文件以便于文档分享和专门挑选全美调查结果（例如，NSSE，HERI，学生选项调查）。这些文档之后可以供其他院校下载和查看。

为了获取数据，使用者们登录到 PolyDASHER 网站，在那里他们可以定制他们同行的网络，并且从完全可定制的在线查询工具中下载数据。数据可以下载、查看或邮寄，所有上传的文档都可以被其他成员获取。

## 南方大学团体数据交换模式

南方大学团体数据交换模式（SUG）成立于 20 世纪 60 年代，为一流的公共研究和政府赠予地的位于南部教育委员会地区的大学提供一种数据交换模式和信息网络，只有相关院校可以参加。

SUG 基本的交换项目是一个秋季总结表，包含注册人数和全职人力工时（FIE），依人种/种族划分的注册信息，职工工资上涨数据，描述重要事件或情形的，以及同行组织院校的一个叙述性部分。信息以表格的形式每年收集一次并且可以在组织的网站上获取 PDF 文件。

其他的数据收集工作被成员院校以特定的话题协调，例如部门头领和主席的薪资、行政工资以及图书馆人员的工资。此外，组织也通过其他机构利用交换模式（例如，CSRDE，特拉华州研究，以及俄克拉荷马州职工薪水调查）并且有一个广告查询的邮件讨论列表。

组织每年碰两次面并结合其他会议，成员交流和交换一年中感兴趣话题的信息。参加不收费用，而且所有的工作都是在成员自愿的基础上完成的。网站的内容（http://www.sugweb.org）仅对会员可见。

## 15 所高校数据交换模式

15 所高校数据交换模式（U15DE；之前以 13 数据交换团体或 G13DE 著称）是一个成立于 2000 年的联盟，为十五高校决策支持提供可比较分析和基准数据。后者组织的目标，一般指的是"U15"，是在全美研究和学术政策发展的过程中推进 15 所研究密集型加拿大大学的事业。U15DE 成立的时候模仿 AAUDE 模式，因为两所院校是 U15 和 AAU 的成员。

交换模式从公共数据来源（例如加拿大统计，AUTM），由 U15DE 特别发展的资料组（例如部门文档，毕业生资金支持），经过支付或缔约的资料组，以及由个体院校启动的广告计划这些地方提取信息。

数据交换模式包含院校研究指导者(或者联合/协助指导者)作为主要的代表，每个院校附加至少一轮交替。U15DE 被一份章程和协议规范化并且受到全职协调者的引导。

这个组织也充当一个高等教育相关事务的对话社区，它的工作依赖各种各样的方式，包括一个年度会议。

## 创造一个数据交换模式

就像任何组织的创造一样，创造一个数据交换模式的过程需要计划和深思熟虑。本章接下来将讨论数据交换生命循环的五个阶段：问题鉴定、利益相关者认证、发展、实施和检查。

图 25.1 所展示的数据交换生命循环意在模拟构建一个数据交换产生、成长的循环发展过程，并且对它的成员可以保持反应力所需的框架。一个组织只要满足了其成员的需求就可以高效运转(Trainer, 1996)。因此一个新的数据交换模式的组织者应该开始努力理解，阶段性地去检查和提升交换模式的目标和过程，如果新组织持久地处于任一阶段，必须对其进行改进。

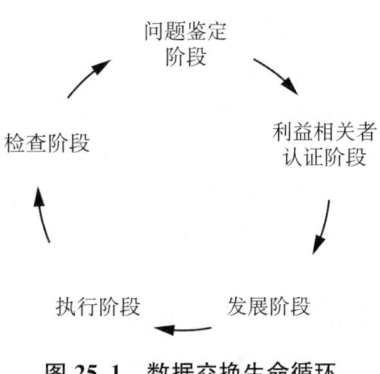

图 25.1　数据交换生命循环

### 问题鉴定阶段

一个新的数据交换模式组织者最关键的任务就是问题鉴定阶段，在此期间塑造数据交换模式的理由是明确具体的。哈克特(Hackett, 1996)将此过程看作机遇的代名词。问题鉴定阶段有三个组成部分：信息差距鉴定、揭示差距的潜在原因以及估计未来的数据交换模式，成员通过数据分享成功说明问题的能力。数据交换模式常常是对一种已察觉信息差距的反应而发展起来的。这些数据可能需要在诸如学生保持率这样的议题上衡量院校行为或者去鉴定提升差距及监测为了说明那些差距而使用的介入手段的进步(Sapp, 1996)。随着院校开始意识到没有充分信息的含义和代价，使数据变得更加强大显得十分必要(Trainer, 1996)。虽然辨识到信息鸿沟可能是以无法满足高校执行层的信息要求开始的，但最终问题的范围可以通过和其他同行会话来理解。专业的会议为测评共同意愿说明信息差距提供了一个上佳的机会。

和同行的互动对于回答另外两个重要问题也很关键。第一，所出现的数据不可获性的潜在原因是什么？第二，能否通过合作的数据共享解释差距？信息差距可能是由于缺乏容量、数据可获性或者是包含在收集数据过程中的逻辑困难所造成的。很显然，如果数据可以获取但由于缺乏一个机制而没有共享，将会增加建设一个成功的数据交换模式的可能性。在一些情况下数据可能可得，但也可能有政策或法律限制阻止其分享。

新数据交换模式的支持者需要考虑是否可以移除分享数据的阻碍。在院校对话题感兴趣的情况下，一份概括出规则的精心制作的参与协定对于获取他们的参与或许是充分的。由于预算削减和工作量限定而产生的限制可能会暂时地限制一个机构的参与能力；然而，如有利益，就应努力寻找院校保持参与和投入的方式直至预算危机过去。如果支持者发现主要的障碍阻止了大多数目标参与者提供数据的话，计划会被搁置；或者他们可以适当缩减预算并且和一小拨有数据能力的院校同行们一起，推导概念研究的证明过程以及在专业会议上展示结果。花时间向同行们灌输议题和构建一个数据交换模式的益处可能会在将来得到回报。

问题鉴定阶段会帮助澄清新数据交换模式的最重要的用途，虽然随着更多的院校参与进来将极有可能发生转变。然而，要想最有效，新的数据交换模式应该有一个相当紧密的关注点和使命（Achtemeier & Simpson, 2005）。如果初步的调查表明，仲裁信息差距所需数据的收集没有大的障碍的话，支持者可以开始发掘扩大利益相关者的网络。

## 利益相关者认证阶段

数据交换模式是通过同行们的协作而成。在推进之前思考问题对于其他院校的同行们的重要性是很关键的。同行，有着一样的问题，以及一样的能力和意愿去通过数据交换模式说明问题，那么就会是同伴利益相关者。

然而通常的建议都是，在一个既定的同行群体中由目标院校小范围开始并且建立一个坚实的参与核心（Trainer, 1996; Sapp, 1996），即使长期目标是将交换模式中的参与过程拓展到一个更加多样的院校团体中，新数据交换模式的支持者能够将努力集中到议题讨论上。此外，使同行比较应用交换数据的能力对会员是一个重要的拉动（Hayes, 2003）。一个建立在已经成立的院校团体上的新的数据交换模式比初始会员对一个多样性的院校团体都开放的交换模式更具明显优势。同行院校通常都被认为是具有一系列共同特征的院校，虽然在一些情况下管理者还会将同行院校这个术语用在拥有他们所鼓励具有的特征的院校身上（Sapp, 1996）。学生保持率数据交换模式联盟（CSRDE）就是一个以同行院校为核心而起步之后成长的数据分享组织的例子。CSRDE通过在一个地区组织和院校同行中分享和保留毕业数据而开始，并且逐渐扩展到涵盖超过650所的具有非同寻常特征的高校。

交换模式的支持者应该企图鉴定正在从事相同议题研究或者已经发展出了一个相关的数据收集工具的其他组织或团体。如果可能,和这些院校和组织合作能够节省时间并且扩大兴趣院校的根基。在会议上和同行院校展开讨论并且在专业会议上进行展示有助于为其他院校共享问题和对计划解决方案的感兴趣程度提供观点和远见(Hackett,1996)。

## 发展阶段

在数据交换模式的发展阶段有三个需要发展的重要领域:①数据元素和收集工具;②数据收集和报告过程;③会员协定。关键调查工具的标准,会员协定管理和统治政策,以及应该测试并被创立机构检查的预算和费用。这包含两方面重要内容。首先,它帮助加强买进和在新的数据交换模式中的所有权。其次,通过曝光调查工具、会员协定以及其他对同行重要的仔细审查的项目,那些发展中的交换模式能够及早捕捉到设计瑕疵。在过程中及早鉴定并说明设计瑕疵,将会节省缺乏经验的数据交换模式的时间和金钱,并且保障了健全的会员注册制度。

为了使经过数据交换模式筛选出来的数据效用最大化,我们必须将会员参与和数据品质做到极致。在问题鉴定阶段,需要验证说明信息差距的数据。不能假定所有的参与者都理解或者都认同需要在数据收集过程中报告的东西。在发展阶段过程中,数据元素和数据收集过程必须被鉴定,并且需精心定义以确保数据有效性,特别是用于可比较标准的时候(Sapp,1996;Achtemeier & Simpson,2005)。除了收集特定议题的数据之外,还应考虑囊括对院校和学生实体特征的收集,这可能会协助筛选同行院校的可比较标准。

一旦可能,开发者应当建构定义以及在其他联邦、州或机构调查中所收集的数据元素(Trainer,1996)。例如,如果全日制等价(FTE)和利益相关,开发者就会知道IPEDS定义是否可以使用。这个方法有许多好处。首先,参与者将能够使用他们已经熟悉的定义和概念。其次,他们将很有可能已经在适当的地方报告了方法论,以帮助新的数据交换模式调查改换意图。最后,那些有数据定义任务的人将会有充足的时间储备。

一个有用的数据收集工具的口号是一致、简便和有效。所以,在设计调查工具的时候,要尽力达成在方便完成调查和高效提取数据之间的平衡,以便能够分析和编译数据。一旦可能,给予参与者提供调查数据的意见以选择格式,比如一个电子表格或者一个逗号限定的格式。然而,需要明白的是,尤其是随着联盟的成长,数据提交方法数量会上升,也包括协调机构编译会员使用的数据所需时间的增加。

在定义了数据元素并为使用调查工具者提供了清晰的指导之后,下一步是清理和编辑数据以及记录数据状态,识别一旦审查通过,即为常规过程。这样做的程度将取决于会员的需求,特别是关于如何被使用数据。我们应当检查数据提交的完整性。如果可能，开发者应当在电子调查工具中建立这样的机制，以探测出逻辑错误、内部一致性问题，以及数据输入错误并且给予参与者可视性提示，以警示他们潜在的问题。给予参与者一个机会来指正普遍的错误并且在数据离开他们办公室之前记录下异常的现象，将会提升数据质量并且提高协调办公室的效率。如果需要额外的质量检查，我们可以开发检测程序，使用计算机来检测提交的数据。只要关于数据完整性、一致性或可能的错误的问题一出现，就需要后续与同僚们的交流和记录。

与开发调查工具方式相似，必须考虑提交会员的数据报告形式。数据交换模式成员的主要优势之一就是及时获取数据（Hayes, 2003）。开发者应当在数据反馈给参与者之前决定分析的总量和所需的总结。一些人会重视在线制作报告的能力；另一些人可能偏爱高度格式化印刷的报告。会员的需要和可获取的资源应该是制作数据报告决策的指导。

虽然是自愿的，但数据交换模式依赖他们成员对合作分享数据的贡献。为了效率，数据交换模式需要一套明晰的基本准则（Trainer, 1996）或会员组织纪律。会员协定使得交换模式和会员责任的合作属性变得清楚了。会员协定的形式取决于组织会员的需求。然而，建议协定应该用手写，即以书面笔记的形式记录由创始成员发展并批准的会员条件。

数据交换模式中一个具有时代意义的规律就是一所院校要想获得数据就必须贡献数据（Hackett, 1996; Sapp, 1996; Trainer, 1996）。这有时被称为"不予，不取。"Hackett将一个成员院校为了编译和提交数据而完成的工作称作"血汗产权"。限制访问对那些贡献数据的院校而言是一种识别成员贡献价值的方法，并且还充当一种院校贡献数据的有力激励。

信任使数据交换黏合在一起。为何会因学生和资金相互竞争的院校乐意共享数据，甚至在一些情况下，用一种不利的角度描绘他们？有效率的数据交换模式能够打消这个顾虑，因为关于数据合理使用的预期会明确具体。会员协定通常要求成员院校接受经过数据交换模式收到的数据仅仅只用于内部规划的用途，无适当的书面许可前不能被发表。在会员协定中规定清楚数据合理使用的构成将有助于在参与者之间构建信任与合作。

每一所成员院校应该正式地提交其院校联络人信息，并必须要确保他们的大学会遵守会员条件。这一项就将数据贡献于交换模式以及对关于他们数据的问题做出回应落到了实处。在一些情形下，主要联络人可指定其他在数据收集过程中能够回答特定问题的职员。

最后，作为发展阶段的一部分，开发者必须考虑操作交换活动所需的行政支持水平。最终，答案将取决于交换模式的目标以及其成员的需求。在意愿成员院校中协调数据分享计划的轮流责任时，有些交换模式是可行的。那些目标是为了拥有全美数据收集过程的交换模式,有着广泛的数据审核、主要的数据仓库,以及各种各样的自动化报告选项,显然会更加的资源密集。这些交换模式的类型极有可能会包括支付会员会费和根据会员条件分发数据。哈克特(Hackett,1996)强调,院校常常推诿参与数据分享交换模式所需支付的会员费。他们可能没有考虑到的——据哈克特所说——是在缺乏良好信息的情况下所做的糟糕决策的固有成本。通过集中的数据收集和一个数据交换模式的分发过程而实现的效率对于一个单独院校来说是难以复制的。更经常的是,交换模式会在对其会员变化需求的反应中成长和进化。

## 执行阶段

有了这些基础性的元素,开发者们就能邀请目标院校的同僚们共同努力。除了分享新的数据交换模式的用途和过程之外,开发者们应该详细记录调查分配和收集的时间,以及编译数据可获得的日期的生产日历。将关于新的数据交换模式的内容通过当面展示、会议以及要求有电子邮件讨论列表的同僚们发送一个关于交换模式的通知的方式表达出来。通过使新的参与者知道这将是数据收集的第一个主要的应用以及寻求输入以在第一轮最后改善进程的方式管理预期。

通过在新的交换模式早期看到他们的工作转化为有用的信息,新成员们能够领会到参与交换模式的价值对于数据交换模式的发展至关重要(Hackett,1996)。

## 检查阶段

就像特雷纳(Trainer,1996)指出的那样,像其他的组织一样,数据交换模式,只有在满足了其消费者的需求时才能继续。采集、讨论以及考虑来自参与者的反馈对于数据交换模式的成长很关键,这样才能有一种所有权意识以及一种他们的关心会被听到的期望。即使在数据交换循环中的最初参与是微小的,但是从参与者那里收到的反馈将会极其重要。改善的机会可以通过应用最新发展的工具和过程鉴定出来。应该建立任务检查的进程、会员制以及数据交换的方法。回顾数据交换工作并且执行改进的惯常过程将会加强其成员的组织和承诺。

一个兴盛的、运行良好的组织不会偶然产生。数据交换模式可能会将为了学生、教职员工和资源而竞争的院校整合在一起形成一个同盟。数据交换模式通过用合作扩展知识挖掘出了高等教育的真实精神(Proulx,2007)。参与院校在这项合力中通过一个精心制作的框架受到支持,这个框架确保了被分享数据的品质并且明确了以良好身份成为一员的要求。数据交换的生命循环模拟了用于建立这个框架以及支持正在进行的数据交换演进的过程。

# 参考文献

Achtemeier, S., & Simpson, R. (2005). Practical consideration when using benchmarking for accountability in higher education. *Innovative Higher Education*, 30(2). doi:10.10007/s10700-005-5014-3

Hackett, E. R. (1996, Spring). Creating a cost-effective data exchange. In Trainer, J. (Ed.), *Inter-institutional data exchange: When to do it, what to look for, and how to make it work*. New Directions in Institutional Research, no. 89. San Francisco: Jossey-Bass.

Hayes, R. (2003, May). *Shaping policy and informing practice through data sharing*. Paper presented at Association for Institutional Research, 43rd Forum in Tampa, Florida.

Juhnke, R. (2006). The National Community College Benchmark Project. In J. A. Seybert (Ed.), *Benchmarking: An essential tool for assessment, accountability, and improvement* (pp 67-72). New Directions for Community Colleges, no. 134. San Francisco: Jossey-Bass.

Proulx, R. (2007). Higher education ranking and league tables: Lessons learned from benchmarking. *Higher Education in Europe*, 32(1). doi:10.1080/03797720701618898

Sapp, M. (1996, Spring). Benefits and potential problems associated with effective data-sharing consortia. In Trainer, J. (Ed.), *Inter-institutional data exchange: When to do it, what to look for, and how to make it work*. New Directions in Institutional Research, no. 89. San Francisco: Jossey-Bass.

Shaman, S., & Shapiro, D. (1996, Spring). Data-sharing models. In Trainer, J. (Ed.), *Inter-institutional data exchange: When to do it, what to look for, and how to make it work*. New Directions in Institutional Research, no. 89. San Francisco: Jossey-Bass.

Trainer, J. (1996, Spring). To share and share alike: The basic ground rules for inter-institutional data sharing. In Trainer, J. (Ed.), *Inter-institutional data exchange: When to do it, what to look for, and how to make it work*. New Directions in Institutional Research, no. 89. San Francisco: Jossey-Bass.

# 第 26 章

# 商业智能与分析：院校研究视角中的数据管理、报告、数据集市和数据储仓

约翰·米拉姆(John Milam)
约翰·波特(John Porter)
约翰·罗梅(John Rome)

在这个专栏里展现的很多话题、工具和院校研究技术通常都包含数据使用。不同类型的数据按照收集、分析及报告的方式呈现。这就需要获取、储存、分析和分享数据。

这个从事数据工作的过程经常是基于知情、专业发展和指导的需要而获得的。过去,由于巨大的努力和良好的意愿,这个方法运用得相当好,但由于正在向我们走来的数据"溢出",这个方法不再管用。在接下来的十年,数据量每两年就将翻一番(Fishman, 2010; Gilder & Swanson, 2008)。这个现象已经"远远超过了我们改革或者代替了在数据过剩之前的时代定义我们和信息之间关系的商业、法律以及文化习俗的能力"(Yanosky, 2009)。

记录、存储和使用数据的新策略要求大力地执行和发展像数据储仓这样的技术,并且应该鼓励像商业智能(BI)与分析这样的知识管理(KM)行为(Milam, 2001)。这些策略需要清晰、准确和富有意义的数据,只有在拥有高效的数据管理的情况下才可能实现。因此,院校研究专家们必须活跃并且了解数据管理的原则和标准,还要理解分析概念。

随着商业智能和学术分析答案各就各位,通常最博学的是院校研究专家准备去解决存在的数据遗留和影子系统。院校拥有院校研究技能的好处是至关重要的。为了证明这点,院校研究工作人员必须成为数据解答的共同促进者和共同创造者。笔者设计本章来帮助展示这样一种战略。

首先我们来回顾一下创造了管理数据的诸多要求的商业智能和分析的状态。本章之后提供了一个数据管理、数据安排和管理数据使用话题的导论。稳固的数据管理对于确保质量数据来说至关重要。理解和记录数据的复杂性需要不同的角色、功能和过程都能到位,这些下一步会讨论。管理数据的工作包括评估不同的数据模型

和设计的优点和局限,例如维度的使用,从操作、交易系统和报告需求的视角出发。数据安排也说明了安全、使用、提取、改变和装载数据的过程,以及数据完整性的议题。在使用管理数据的时代,问询和报告工具的一个扩展范围、数据应用、数据集市和数据储仓提供了商业智能与分析的系统和技术。最后,笔者展望了在院校研究背景下商业智能与分析,并给出了一些笔者在院校和联邦及州机构经历的例子。

## 商业智能与分析

虽然和院校研究工作有着很多相似之处,但是商业智能与分析的概念为数据的分析和呈现提供了新兴科技和新的观念。商业智能视角包含了大量利用不同且复杂数据的工具和方法,均有潜力改变关于管理高等教育的对话。院校研究专家们要理解这些变化将会如何影响对他们工作的感知和预期是必要的。

### 商业智能

远早于数据库和数据管理,商业智能的想法就被卢恩(Luhn,1958)在《IBM研究及发展期刊》(*IBM Journal of Research and Development*)中提出。卢恩认为,数据处理机将会被用于自动摘要和编码文件之中,并且将它们捆绑于组织"行动点"感兴趣的文件之中。当时没有那么受重视,商业智能在大家对于数据库技术和发展的共同关注下变得黯然失色。

更经常的是,商业智能包括了对分析技术的使用,以及"通过将算法分析应用于所获信息中所发现的推论和知识"(March & Hevner,2007)。笔者引用了Drucker关于组织的四个类型信息——建立、生产力、竞争力和资源分配。诸如数据储仓的工具使这个信息有理解性和适应力,并且他们吸收了"以经验为基础的组织知识"。商业智能包括"一个组织用于获取更多的对于运行、市场和竞争的理解的工具"(Bhatnagar,2009)。

在线分析过程(OLAP)功能在商业智能工具中是提供"快速的、相互作用的,且易于进行的数据探索和分析,以及一个多维的用户界面"(Bedard,Merrett & Han,2001)。在线分析过程首先于1993年由科德命名(Inmon,2003),包括在采用立方数据聚集体的不同层面的上下钻取,以及对数据过滤、切片、切块和旋转的能力。在线分析过程使自定义报告在一个单独应用中变为可能,赋予了与传统印刷报告不同的无限可能。

虽然商业智能是院校研究的一个关键工具,但它比传统支持包含了更多,拥有诸如数码表盘和可视性内容的新兴科技,以及特定的例如消费者关系管理(CRM)等的软件应用[详见(Fayerman,2002)(Luan & Serban,2002)关于高等教育的CRM讨论]。商业智能包括在线数据应用、数据集市和数据储仓的发展,提供了远超过联邦和州授权报告所要求的能力（Phillips，2010；Swoyer，2010）。商业智能使用户意识到提取自操作系统的交易数据的设计并不能满足许多管理者的决策需求。商业智能还包括对于环境浏览、标准、合作以及其他策略工具，例如KPIs和仪表盘的支持。（详见第35章关于策略工具的更多KPIs和仪表盘使用的讨论。）

## 分析

商业智能是"使用数据来理解和分析商业行为的一套技术和过程"（Davenport & Harris，2007）。商业智能包括三个方面——评估、报告和分析数据。分析是"数据使用的延伸，统计和数量分析，扩展和预测模型，以及以事实为基础的管理来驱动决策和行动"。从标准的角度出发，报告定义了一个问题并解释发生了什么，商业智能融入了分析语言，它发掘了例如"为什么它会发生？""接下来将会发生什么？"以及"最好的情况能发生什么？"这样的问题。

分析的力量是在诸如谷歌、易趣和亚马逊这样的互联网公司的成功中被证实的。这些".com"网站"承认通过不断地分析电子内容，他们可以获得关于消费者的体验和参与、产品、收集管理、渠道、伙伴、目标市场、竞争者以及更多的情报"（Bhatnagar，2009）。使用分析在理解登记行为、生产力和成本上有很大的潜能，特别是用最近获取的关于例如黑板和学习目标这样的学习管理系统（LMSs）的数据。很多这种类型的分析已经在院校研究领域得到发展。（分析和数据挖掘的更多信息，请参考第27和28章。关于支持高等院校行政人员的更多信息，见第8章。）《分析的竞争》（*Competing on Analytics*）中有关于分析在合作中的角色的更完整讨论（Davenport & Harris，2007）。

分析为院校研究者导入了很多挑战，因为在技术上有局限并且在供应商解决方案方面存在特殊差异。在一些层面的分析中，大多数的技术缺乏复制院校的政策和行为的灵活性，这个在纵向检视数据的时候尤其明显。例如，很多院校研究者在计算官方FTE的时候会应用独特的算法，在一个商业智能答案中复制所有的计算是不可能的，或者可能需要对院校研究者以及IT专家部分做仔细的规划，以确保有一个准确的结果所需的数据结构。甚至后来，技术局限将会对客户可获得的向下钻取的深度进行限制，并且随着时间的变迁，为维持独特的数据结构，院校研究者将会被要求付出额外的努力。努力一直增加，院校研究者们很快会认识到商业智能答案不会减少工作负荷，而是改变其关注点。

## 数据管理

操作的、管理的信息系统是相当复杂的，它们有多重过程模块，成千的表中每个里面都有成百的数据元素，成百万的交易以及每一项交易的措施。在1971年的全美高等教育管理系统中心（NCHEMS）数据元素字典中有对这些数据结构的复杂性的一个简介。后续版本由高等教育软件服务联盟（CHESS）及其高校的数据定义组织提供（Thomas，2004a），改变了图表的复杂性、实体和属性的关系、上传协议以及我们当前的企业资源规划（ERP）系统的商业规则。

对数据溢出采取的准备的第一步就是理解数据元素所要求的标准以及每个系统所需的报告结构。这些数据和报告要求包括但不局限于总课程、学生、课堂、人力资源（HR）、房间清单、空间、金融、研究、装备、劳动力、无学分、事件管理、校友以及LMS。还可以看这个手册中关于联邦数据库的章节（第21章）以及数据交换模式的章节（第25章）。

制造数据所需要的过程和技术完整的结合常常是指数据管理。这里有几个古典的数据管理描述。索普解释说："数据管理是个试图确保从数据操纵系统中捕获的数据是有意义的功能。"（Saupe，1990）

根据伯尔鲍恩（Bernborn，1999）所说，数据管理的焦点在信息质量上，努力确保数据是真实的、权威的、准确的、共享的、智能的以及安全的。数据管理者的院校视角跨越了不同的以交易为基础的管理信息系统来审视大学的行为和政策。伯尔鲍恩还为评估数据管理行为提出了一份列表，列出了有关于标准、政策以及例如减少或根除数据冗余的目标过程、数据条目的一般定义和质量议题、使用及安全性的问题。

最近的一项EDUCAUSE研究验证了有关数据质量的操作，包括是否每一项主要数据元素都有：①一个记录系统；②一个单独的定义；③不同系统间一致的编码和储存；④有任何价值变化就会在所有官方系统间传播；⑤将这些改变也记录在任何影子系统中。需要注意的是，数据质量的验证应该被放置在捕获点或原点上，自动去证实系统间的数据，以及记录和检查所有的验证质量议题（Yanosky，2009）。

数据管理是一个信息支持功能连续统一体的一部分，附带信息规划、标准管理、操作系统管理支持、行政服务、终极用户支持和技术发展（McLaughlin，Howard，Balkan，& Blythe，1998）。如果这些角色和过程没有规范化并归位，院校研究终极用户"实质上就被迫接受了他们可以获得的数据，"伴随着"决策者在那些数据'正确'的人中间争论而花费了大量的时间"（Levy，2008）。院校研究之后遇到了无数的"两个数据系统之间的不一致情况"以及调解报告上的困难（Saupe，1990）。

这些角色和功能在很大程度上反映了任何类型的数据分析中面临的问题（McLaughlin & Howard，2001）。数据是如何被定义、编码和储存的？规则是如何随着时间变化的？数据如何被提取、整理、标准化或规范化以用于报告的？它们可能如何被用于不同的用途？数据完整性的水平如何？它们回答了什么问题？

很多数据质量任务落在了管理人角色的身上，他需要去：①"鉴定重要且关键的大学元素和准则"；②"定义和记录数据元素和相关准则"；③"测量和核定数据及准则的质量和完整性"（McLaughlin，Howard，Balkan & Blythe，1998）。

Yanosky解释说:"数据应该被那些最了解它并且有最佳动机保护它和保证它安全的人'拥有'"(2009)。"拥有"意味着管理人要感受到对数据质量所肩负的责任——他们实际上并不"拥有"数据,就像审计员不拥有学费一样。这些高级个体通常要管理执行处理数据日常任务的数据管家。

信息中介经常斡旋于数据管理者和数据用户之间。数据管理者或院校研究专家"从各种各样的数据来源获取数据并将它们转化为信息"(McLaughlin,1998)。Milam(2005)形容院校研究中的这个知识管理角色为"信息中介"。这个信息中介"创造或管理系统,将雇员和他们需要的知识连接起来"并且保留一根"手指按在组织周围的知识流脉搏上"(Costello,2000)。

数据管理的关键过程之一是关于数据,或元数据的数据记录。三种类型的元数据包括:①过程——伴随关于报告和系统使用的统计方法;②技术——伴随数据元素名称、描述、安全,和源头信息;③商业——用于随时间建立数据项目的规则,报告记录和训练材料(Phillips,2010)。现在有关于学生信息系统的国际数据互用性标准的运动,阐明了对全球学生流动性的担心。伴随着高等教育电子标准委员会(PESC)和全美教育统计中心(NCES)的普通教育数据标准(CEDS)法案的运行,院校研究必须为了他们"对招募学生能力的影响"和维持竞争优势去帮助院校吸收这些标准上的变化(Lowendahl,2010)。

在应用领域,鉴于院校研究专家对数据的企业视角,院校研究者在数据管理上面临着一些挑战。和数据管家的协调需要相当数量的外交手段,并且确保各种各样的数据例证要保存在商业智能环境中是很重要的。例如,"全职"通常意味着报告或评估学费收益时要考虑的与学术不同的事物。数据管理必须一直保持这两种观点,以及支持任何需要的向下钻取数据。其他的数据管理挑战经常由于院校研究者必须处理商业规则的影响而被忽略,其中一些可能不会被完全反映到数据仓库中。有时候商业规则会改变不变的数据,除非所有的数据例证都不变了,这通常是不实际的。院校研究者不能解决所有议题,但是商业智能中必须要有所了解和记录,并在数据管理中予以考虑。

在考虑过提供商业智能和分析的需求之后,我们检查了数据管理的角色。现在我们来看一些管理数据的特殊情况。这包括设计数据流、平衡安全与访问,以及创设数据仓库或仓储。

## 管理数据

管理数据始于平衡效益与效率的设计概念。设计概念的执行需要访问与安全的平衡。一旦考虑这些特性,查看数据是如何导入存储中、以及存储将会如何发展和管理是适当的。这必须在确保充分的数据完整性的过程中完成。

## 设计和效率

数据过程的设计取决于它的用途。交易系统记录了关于学生、教职员工、支出或某时刻课堂的信息,并且在一个相关数据模型中储存数据,其设计可以将冗余最小化。它们报告过程的状态和任何给定的个体在过程中的状态。这些系统是非常严格且规范化的,有着进入和加工数据的程序(Saunders, 1979)。这些操作系统的大多数现在都是基于一个图表类型的,用相关数据模型代替之前基于一个多层次的、指数化的、连续使用的数据模型的连续数据系统。相关数据模型是基于一个标准化的形式和两种不同信息图表之间的关系,已经存在超过 40 年了。数据模型是以不同目标或类型数据之间的依赖性的一种可视化为基础的,为的是避免不一致性和不必要关联(Boehnlein & Ende, 1999)。虽然存储的效率提高了,但用这个模型恢复大量的数据是非常无效的(Phillips, 2010; Bedard et al., 2001)。当数据是非规范化的并且分类变量的数值标签存储于连续的或数字型数据中时,数据初学用户做报告更容易。然而,当数据从图表到图表时会产生问题,标签和编码系统将会变化。

因此,数据仓储已经向空间数据模型使用的方向移动了,这是金博尔(Kimball, 2008)的数据仓储生命周期工具箱的核心。空间数据模型是一个"以数据存储方法为导向的修复过程"(Phillips, 2010)。它是"以衡量过程,而不是收集过程数据"为方向的。事实根据不同的属性或空间衡量,事实和空间的结合被誉为"星星",是以埃德尔斯坦的繁星参与模型为基础的。"每个一致性维度可以被用到和任何给定的功能区域相联系的需要的星星中,例如学生记录和课程记录。一致性空间减少了冗余性,减轻了模糊性并且允许多星数据结合'参与'和报道在一起"。集合数据可能拥有多重层次的维度,晶粒是最低层级。使用立方体,就可以向上或向下挖掘不同维度的数据(Gray et al., 1997)。一致性维度可以在应用间重复使用。其他的多维空间模型是雪花模式和事实星座(Bedard, 2001; Boehnlein & Ende, 1999)。

在金博尔工作的基础上,在建立一个数据模型时,维度模型的九个决策点应当予以考虑:①模拟什么样的过程? ②每一个事实图表的晶粒;③维度,将如何分析事实;④事实,事先计算并派生;⑤空间的属性,在商业术语中做出描述;⑥追踪变化;⑦集合和其他模型;⑧历史过程;⑨数据装载紧急情况(Fish & Stark, 2009)。

功能表是另一个对终端用户来说更简单的方法。单个数据表可当作一个答案传达,不需要用户的融合或参与,而是将不同系统中的数据以类似一个视图的方式整合在一起。功能表可以比作一个电子表格中的一个工作单表,然而它们背后的技术考虑到了更新潜在的维度、属性和基于数据快照的数值。详见布鲁克斯(Brooks, 2005)和哈蒙斯(Hammons, 2006)在密苏里大学罗拉分校中的研究成果。

幸运的是，伴随着对高等教育一致性维度的描述，已经有了应用于每个话题领域的数据仓储模型。需要的时候，新的结构通过认证得到发展①商业措施；②空间和多层空间；③和多层次一起的完整性约束（Boehnlein & Ende, 1999）。

每一个数据模型和设计都有它自己的位置，和传统的以交易为基础的系统使用以及数据储存和仓储的发展有关。对于一个小小的院校研究办公室而言，仍然在做着最基础的商业智能工作——例如出版书籍，准备联邦和州的报告，以及对需求做出反应——功能表可能是一个合理且适当的解答，虽然更谙于世故的政府机关可能会厌倦。没有一个所有类型的组织都需要的设计。相反，共享数据科技的发展必须服务于管理风格、IT 行业的复杂性、资源以及学术基础。

## 使用/安全

院校研究可能充当信息技术（IT）功能和登记员的职能，要保证服从联邦和州的法律例如 FERPA、FOIA，2002 年教育服务改革法案（ESRA），信息机密保护和统计效率法案（CIPSEA），健康保险便携及责任法案（HIPAA），以及 1987 年计算机安全法案。院校研究工作者敏锐地察觉到涉及收集和分享个体认证数据中的问题。然而，如果用于税收（第 4 章援助）和移民报告，性侵犯者记录，以及州警卫追踪中的话，以交易为基础的为行政、注册、金融帮助、经济及工资单而设立的系统仍必须包括社会安全数字和其他内部的识别符。

复杂的技术、协议和程序都就位，为的是防止认证盗窃，并且保护这些个体认证数据的使用。数据仓储的提取通常使用一个指定的内部识别符或者是一个被加密的识别符。内部识别符在系统间发布，并且为了商业智能的使用必须维持它们的完整性，可以查阅随时间而有变化的图表。就像获取数据的要求通过全美学生信息收集所所阐释的那样，在没有直接使用 SSN 的情况下，匹配和融合记录还有很多可以做的（Romanno & Wisniewski, 2005）。

人们一向害怕数据丢失或被盗，也有一些人会认为破坏是鲜见的。就像在数据仓储机构的《最好的商业智能 2009》（*Best of BI 2009*）中所解释的那样，"数据安全是另一项约束，但也是一个极大的错觉。"（Eckerson & Russom, 2010）安全的几个组分包括"单独签署"——以个体用户的角色为基础的使用，使用虚拟私人网络（VPN）去加密所有的交流，以及多层级的安全（数据库、文件、排/记录水平、网络和私人计算机）（Rome, 2003）。这个讨论，能够很快变得非常具有技术性和复杂性，已经超出了本手册的范围。每一个数据结构都需要有人对数据安全负责，每一所院校应该有安全政策并且要负责任地使用数据。复杂的社会工程体系已经对渗透安全准备就绪，而且这些需要对意识和预防持续的培训。

根据商业需求，报告关系和账户等级权力赋予了用户不同访问及安全许可的等级。弗雷斯特等人（Frest, Wang & Dalrymple; 1999）描述了一个安全的一般观点,没有包括私人的认证数据,还有一个复杂的观点,可以访问系统中的所有数据。临时用户和权力用户有不同的使用需求。不同的数据有不同的敏感级。虽然目标是为那些有数据的合法商业需求的人提供使用。如果他们要提供报告并且使用商业智能和分析去支持决策的话,大多数院校研究功能大概需要接近他们院校的主要数据库。

在商业智能中,院校研究者提出的院校报告常常在院校的安全系统中开放获取。这意味着院校研究专家需要根据一个整体计划同时为内外部使用提出报告,因为报告倾向于以小组而不是个体的形式传递。否则,商业智能中传递报告整体来说变得复杂且难以维持。

## 提取、转换、装载

随着平衡效率和效益的设计以及一个平衡使用和安全的程序的创造,接下来的一步是积累数据。这经常是院校研究在从不同的来源获取数据方面的一个关键任务。获取这些数据需要遵守元数据"整理、提升、重塑、整合和集聚"的规则(Guan, Nunez & Welsh, 2002)。

这需要有一个基础的"信息资源字典"和一个支持结构化查询语言(SQL)的"消费者驱动的数据体系架构";交易系统兼容并且可以成为数据仓库的端口;认证不同系统间共同且频繁使用的变量;记录元数据,包括每一项数据元素的一个描述及其存储的位置,加上它如何在报告中被引用、有效化、储存及使用(McLaughlin, 1998)。数据字典现在被在线工具如维基百科(Thomas, 2004b)和谷歌所记录。数据仓库需要:①流入——"从遗留系统合并数据";②向上流动——"结合、汇总和集合数据到主题领域";③向下流动——"数据归档过程";④外流——"在哪里消费者可以获取数据"(McLaughlin, 1998)。

实体和它们的属性是如何相互联系的定义了相关模型中的数据结构。不同系统中的实体关系(ERs)用图表工具记录并且提供了数据定义的内容(Porter & Rome, 1995)。数据的提取和融合也十分依赖时间。院校研究能够用静态数值与实时操作数据来理解人口普查数据的概念是至关重要的;对该概念的解释见克拉格特和亨廷顿(Clagett & Huntington, 1990以及博登等人(Borden, Bruton, Keucher & Vossburg-Conaway, 1996)的研究。从管理信息系统中捕获或提取数据的过程被正式界定为提取、转换和装载(ETL)。ETL 的困难经常被低估(Inmon, 2003)。

识别为支持操作而使用的数据和为制定决策使用的数据之间的差别是很重要的。戴维斯等人(Davis, Imhoff & White, 2009)讨论了"可操作性的智能院校"的概念,在支持特定商业过程方面被更加直接地使用——像注册一样,帮助使他们更快速,并且创造一个"闭环的决策环境"。操作系统有很多报告,可被用于不同层级的内部讨论中,例如监视和使用等待列表。虽然院校研究工作人员可能被带入一天天的操作中,但他们还有一个不同的功能,而且他们将会被耐心劝说,以能够理解所需的操作报告数据和每个例证中的数据管理条件。官方报道的人口普查文件通常会受到极度仔细的检查、数据整理和数据完整性检查。预期数据将会如何被使用并且在关键报告被提交到监管部门之前知道它们的结果是很重要的。

## 数据完整性

根据戈斯(Gose,1989)所言,数据完整性"是关于无错(未崩溃)的或易错(崩溃)的数据完整性。"有时这是相对直接的。例如,桑德斯(Saunders,1979)描述了一个人力资源摘录的典型应用,由分析职工工资的薪资办公室准备。数据管理人会从系统功能的视角观察它们:让人们得到报酬。内置的审计检查保证了工资数据是正确的。然而,从其他相关的图表中,例如最终学位的生平资料,载入的数据可能没有这种检查。不幸的是,当它没有直接影响到人们的工作进程的时候(Valcik & Stigdon,2008),一个人没有什么动力去保持一个数据元素的完整性。菲什伯图表是一项记录数据完整性方面所取得突破的有效技术,使用于有关过程管理的全品质管理文献中。(详见第37章有更多关于支持过程品质的方法的讨论。)

数据完整性问题有很多来源。就像戈斯(Gose,1989)所言,这些包括"院校政策的变化,和一个数据相联系的新意义,用户的系统试验,清除/巩固受损数据,指示的完整性,软件的不充分分析和测试,运行程序的废弃版本,重建一个数据库中的整套关系,以及编订和行为之间的交换"。当一张数值查阅表的变化不能完全通过系统得到传播时,就会出现参照完整性的问题,导致编码无效或过时。要理解用于记录的是主键,而外键是用来联结记录以及其他表格是很必要的。已由纳卡博-塞瓦尼亚纳(Nakabo-Ssewanyana)对"猖狂的数据复制"和数据元素连续性的缺乏做出了讨论(1999)。当不同数据结构的摘录结合起来的时候也会遇到问题(Levy,2008;Valcik & Stigdon,2008)。

有可能介于两个系统或两个数据仓库之间的组织性报告的水平不是相同的,所以或许需要不同水平的集聚。院校研究用户需要为了不同的目的创造对照表或映射;详见约翰·米拉姆(John Milam,2006)关于分类法的一个讨论。有时必须用不同水平的集聚作为数据的非完美聚焦。

## 托管数据

在对使用商业智能和分析的可能性进行讨论过后,我们认识到数据管理就是一个支持方式。效率和效果以及使用和安全的平衡,对报告与管理决策二者的充分的完整性来说,都是需要的。下面我们讨论如何使用这些数据。

## 报告、专题数据应用和数据集市

院校研究报告的设计已被桑德斯和菲尔金斯（Sanders & Filkins，2009）就目标、受众、结构、格式和传播技术的使用等方面做出了讨论。这个讨论详见第33章。

发布报告的很多过程随着1993年万维网的出现而改变了。就像马萨所解释的那样，"从一个单页结果，如一个综合摘要，一直到源数据本身，信息可以被发布并且自身相互联系，允许读者按需在不同集聚水平的数据之间上下挖掘。"（Massa，2003）这个"展示组分"经常被叫作商业智能，代表"不同的服务水平，从简单报告到上下挖掘功能到即席查询能力。"（Guan，2002）院校研究的传播数据的任务包含"匹配格式应对分析复杂情况和了解接收者的偏好"的需求（Clagett & Huntington，1990）。院校研究中以网站为基础的报告的演化由马萨（Massa，2003）、米拉姆（Milam，1999）和其他人描述过。

随着互联网出现的是一个静态的超文本链接HTML的时代，然后，动态的数据驱动的报告满足了增长的用户化需求。在线数据应用继续演进——用不同的数据库包、脚本和程序语言，以及两者间交流的中间设备产品——还有网站服务器及操作系统的约束。用户通常只需要一个浏览器，还有设计成"尽可能凭直觉，以至于将不会需要任何培训"的报告（Maxwell，2008）。数不清的工具都是开放的。在挑选工具的时候，易使用性很重要，要支持与数据库和正在使用中的中间设备的连接，可跨越不同的数据库和平台，以多种形式输出结果，支持统计查询，可以上网，且经济上可承受得起（Rome，2003）。

数据集市是为一个特定的问题或应用而建立的独立数据结构（Rome，2003）。它们通常是为商业智能分配数据的"最初的努力"。数据集市能够被更快速并且以更低的成本建立，也可作为数据储仓使用。数据集市中一些提取和整理数据的责任和数据储仓是一样的，虽然有时其涉及的特定的更多数据类型及知会管理层的功能更强大（Borden, Massa & Milam，2001）。数据集市通常是"独立于其他数据仓库，并且服务于特定的本土需求，例如为一个特殊的应用或商业单位提供数据。"（Ariyachandra & Watson，2008）数据以最支持它们如何使用的方式保存。

## 数据存储

因为数据的使用经常涉及从很多功能区域的集成，单独的数据集市已不能满足进化院校的需求。因此，下一步就是将不同功能数据区域的数据整合到一个储仓中。英蒙（Inmon，1996）对数据仓库的描述标准化为"一个用于支持管理决策的主题导向的、整合的、非易失性的，且时变的数据集合"。它被不同系统的数据所整合；主题导向可以回答各种各样被话题所组织的问题；时变，表示基于周期性抽取的不同时点,不与当前事务挂钩;非易失性,数据绝不会被删除,但会扩展(Guan,2002;Rome,2009)。

金博尔(Kimball,1996)解释数据仓库是"为查询和分析而专门结构化的交易数据的复制",凯利(Kelly,1996)解释为"企业是数据的单一、集成储存,为企业中的信息化应用提供了基础。"罗梅的定义则扩展为"产生于企业的,部门获取的,外部需要的用于促进数据访问、报告,以及战术或战略决策的集成数据知识库"(Rome,2003)。

遗留系统是为处理当前详细的数据的最初来源的业务而建立的,使用的是规范结构。对比来看,储仓是为了分析和决策支持而建立的,使用当前的和历史的只读数据,数据被集合成汇总表,具有非标准化的结构(Bedard et al.,2001)。核心挑战是储仓需要成为"为改变而设计",用新的数据,定义和工具发展而来(March & Hevner,2007)。各种各样的专门化工具对一个储仓来说是必要的,包括数据模型、ETL、数据库和报告/商业智能。各种各样的角色作为一个数据仓库团队的组成部分也是必要的,包括管理者、赞助者、技术架构师、数据库管理员、商业分析师、数据转换分析师或程序员、商业智能分析师和培训师(Rome,2003)。

汤姆斯等人(Thomas, Lorenz, Schaefer, Sullivan & Wright, 2009)提供了一个关于数据仓库预期的院校研究视角,通过展示"我希望我能够从储仓中获得什么:院校研究的观点。"认为数据仓库仓应该为院校研究提供:

(1)快照数据;

(2)干净数据:经历编辑规则和过程并且用解释问题记录的规则精心构建的数据;

(3)细心构建的数据,执行报告需要的增值变量;

(4)仔细记录和传播数据,数据设计可减少用户困惑,特别是当有多重定义的时候,并且要有一个商业智能前端以将用户导向最有用的数据;

(5)减轻工作负担,用户可自助生成简单的报告;

(6)获取数据,不仅仅获取有分析统计的报告;

(7)支持一系列报告和分析的结构数据;

(8)用剩余仓储整合的数据来支持报告的合法性,并且回答沟通功能区域的问题;

(9)和院校研究在定义、测试、优先级、数据建模,以及成型报告方面的有效合作;

(10)院校研究在商业智能和储仓发展和管理上扮演的一个合适角色。

金博尔(Kimball)关于建设和部署数据储仓的方法论给出了以下步骤:①计划定义;②确定需求;③系统设计,数据模型,执行,和应用发展;④报告系统部署;⑤报告系统维护、评估和改进(Phillips,2010)。在运用于高等教育时,这个过程面临特殊的挑战,因为一些标准是很难实施的。联邦、州和认证监督的力度更大,强制报告的负担随之增加。决策涉及教职员工、工作人员和其他利益相关者的一致认可。像院校与大学一样,其复杂性令人生畏,要面对大量的客户定额和工资单,以及其他的收入来源,很多账户和固定资产。

维尔舍姆等人(Wierschem, McBroom & McMillen; 2003)为发展一个建立在分析、设计和执行的生命循环发展系统(SDLC)上的数据存储而提出了一个方法论。这个分析方法包含理解现已存在的要求和条件,需求和可行性。设计检验了最佳的软件和硬件科技以及储仓在不受法律系统限制的情况下将如何突破。关于操作的讨论——例如更新、服务器、报告工具、查询工具和界面——都是设计的一部分,执行使分析和设计成为一个工作系统。

一个数据储仓的发展可以理解为使用了数据存储机构的成熟模型,它有六个阶段:胎儿(生产报告)、婴儿(电子表格数据集市)、儿童(数据集市)、青少年(数据储仓)、成人(企业DW)以及智者(分析服务)。2009年4月,康纳尔和亚利桑那州大学将它们自己划分为青少年阶段,伴随着它们18岁生日上的ASU;伦斯勒理工学院将它自己看成一个成年,以及印第安纳大学将自己看成一个"中间状态"(Wilhelm, Rome, Singleton & Start, 2009)。

另一种分类由一个EDUCAUSE研究提出:①仅有交易系统;②操作数据储存或者单个集市,没有ETL;③操作数据储存或单个集市,有ETL和报告工具;④数据储仓或多重集市,没有ETL,OLAP或数据表;⑤数据储仓或多重集市,有ETL,没有OLAP或数据表;⑥企业范围的数据储仓或集市,有ETL,报告工具,数据表,和/或警示设备(Goldstein, 2005)。

波特(Porter)和罗梅(Rome, 1995)描述了亚利桑那州大学从一个成功的数据储仓执行中收获的经验,包括:①发展一个企业战略;②确定一个项目领导;③保证费用合理化;④为技术短缺做好准备;⑤使用户意识到预付的费用;⑥寻找捕捉元数据的方法;⑦建立完整性和集成性;⑧让储仓填补操作的鸿沟;⑨投资培训;以及⑩确保支持结构到位。约十年之后,罗梅(Rome, 2003)阐释了所学到的更多经验,包括:①保证有一个预算;②有一个历史数据计划;③建设完整性和集成性;④记住数据质量并没有你想象得那么好;⑤捕捉有用的元数据;⑥明白消费者将会想要更多的粒状数据,下载更加频繁;⑦支持所有的工具但统一标准;⑧使消费者愉悦;⑨投资终端用户支持。

## 在院校研究背景下的商业智能和分析

商业智能和分析对院校研究来说并不新鲜。然而,随着这些工具越来越多地被其他机构和功能应用于说明数据溢出,新手确实没有时间或兴趣去理解院校研究角色和知识库的贡献。很重要的一点是利用院校研究的工作,便于建立在现有能力上的组织可以明智地使用资源并且满足关键的信息需求。即对商业智能和分析的新手来说很重要的,关于采用商业智能和分析,在那么多年里院校研究学到了什么?

首先,这里有用于监测进展和目标的关键报告结构和内容,并且不需要从头开始创造,因为在工具和视角方面已经发生变化。它们是否是用于同业比较或者是以一排或一栏分组展示的扁平数据列表的简单行为测量,这里有应该被使用的人口普查和操作数据的高效展示的标准。这里有很多动态、静态和印刷的出版物,数据手册、仪表板,以及适合不同观众、院校使命和科技的数据应用的模型。通过归类收集、分析和呈现数据或者通过能够定位不同来源数据确定问题都是不可替代的理解的关键。

拥有数据集市、数据储仓、互动智能和仪表盘产品的商业智能供应商通常会提供一个可以从操作系统中提取和下载的图表列表,用于说明它们怎样建立含富有意义表格的底层数据结构并为每个数据仓将建立报告维度,并且之后会提供标准化报告和图表的样本展示。图表、变量、维度、报告结构、图形展示和专题仪表盘的列表在每个交易系统中都有更新。你可以找到管理者感兴趣的关于集聚水平的广泛指导,以及向下挖掘数据有意义细节的途径。在规划商业智能和分析的过程中,这些特征的可获性和成熟度水平需要被评估。

如果从头开始,对院校研究的可比较报告和仪表盘的不成功且不受重视的想法的历史是十分有用的。举例来说,我们在日常注册监测报告和新生及转学生对目标和计划的关键措施比照方面下了很多功夫。此前对项目负责人,团队伙伴的有效使用以及阻止范围蔓延的途径的理解也是很重要的。如果在一段时间内付诸努力,路障和里程碑是什么呢?图表结构是否太复杂了,报告是勉强的?不同类型的用户如何使用报告?用户群体如何成长及改变?许多资料展示和普通报告被建立以预先满足特殊的请求。过了一段时间它们变得日常且不再那么有趣,但它们仍是必需。是否存在一个具有顾客满意度的 BI 主动性的评估,关于过程问题的评论,以及一个改变管理的计划?

在回顾作者关于商业智能和分析的经历的过程中,我们看到了从亚利桑那州大学(ASU)的研究中所学到的经验,纽约州立大学(SUNY)系统,乔治梅森大学(GMU),以及美国教育部的 NCES。

ASU 是一个早期采纳者,在 1992—1993 年间制作了一个学生数据储仓。院校研究在它自身的发展、接纳和使用过程中已经完整。一项最近的 ERP 执行导致了本土数据储仓被一个由新的 ERP 整合的付费解决方案所替代。从这个升级中得到的一个教训是,打包的储仓是真正的"起始工具箱",安装之后它需要重大的扩展和丰富。

如今,ASU 的 ERP 数据储仓对院校来说是很关键的任务:操作层面、战术上和战略角度。ASU 不再有信息仓。然而，虽然商业智能和分析是成功的必备工具，但复制报告和查询仍是趋势，而且数据结构、空间模型和 ETL 的复杂性展现了一个高效使用这些工具的挑战。

商业智能和分析在州和联邦层面，院校研究获利的可能性非常大。纽约州立大学系统将数据储仓、商业智能和分析用于学生纵向经历系统中。科技帮助促进了信息的发展，随着它们被接收、存储和转移到数据储仓中。

像其他的州单元记录系统一样，纽约州立大学系统通过网站收集数据文档，加强各种各样的商业规则。错误的数据记录必须在提交动作已经锁定之前纠正。商业智能和分析由系统职工使用，以在它们被接受转移到中央数据仓库之前检查数据的合理性和完整性。在验证新的记录和分配唯一的学生身份号时有一个匹配过程。一旦转移到了纽约州立大学储仓中，数据就被下载到了数据储仓星球。在下载储仓星球的时候，应用各种各样的衍生物发挥其作用。数据表用于在提交过程中交流信息，衡量关键行为标准，以及帮助大学逐渐改进来源数据。（关于州机构中的数据管理的进一步讨论，详见第 23 章。）

一个美国产的数据储仓由乔治梅森大学的院校研究办公室于 1995 年投入使用了其采用冷聚态和 SQL 服务器，还有对学生注册、课程、人力资源、金融、空间和诱导过程负荷矩阵（ICLM）数据的立方体和维度进行上下钻取能力的集合报告。一些应用今天仍然在使用。管理者可以查看标准化且可定制的数据、他们责任范围内的报告、使用人口普查快照、每日和每月的摘录，以及趋势内容。虽然更多的官方数据存储法案使这个努力黯然失色，但是目标是不同的而且原始报告结构的使用并没有改变，有两方面原因：①它们的建立对于个人在进行的典型工作及其特定角色来说是相关的、适时的，提供的数据在别处不能得到；②数据来自院校研究办公室，因此更加明晰、可靠，和其他官方报告更加一致。

在为 NCES 发展在线商业智能应用的十年轨迹中，工具通常设计用来以适应各种精密水平的综合数据系统（IPEDS）和处理数据的复杂性。考虑到高水平的可定制化，一些应用会自动产生图表和 PDF 文档。其他应用则处理复杂的融合、重新编码以及对多年的在后台的多记录数据和合格变量的转化，以便于简单的数据表、语法程序和记录可以供用户分析。

从一个交易系统中提取复杂图表并建立有意义的维度，这类似于 ETL 过程，看似简单且直观地陈列一个盘表给用户。因为应用随着时间进化而且被归在其他发展的努力之下，所以应注意它们在特征和用途方面的改变，以及伴随着连续的改善和积极地对待顾客的需求和利益而来的成功。

这些院校的、州系统的以及联邦案例仅仅是对商业智能和分析的一瞥，它们也预示着当 IT 和院校研究工作来创造应用并作为可靠的数据管家所面临的竞争情形和限制。

## 额外的资源

考虑到篇幅有限,我们建议读者阅读这个主题的综合类图书,例如金博尔(Kimball)和罗斯(Ross)在 2010 年出版的《Kimball 组织读者》(*The Kimball Group Reader*)。那些对数据管理和数据储仓感兴趣的人可能可以参与高等教育数据储仓论坛(HWDW)(http://www.hedw.org)和 EDUCAUSE(http://www.educause.edu)。AIR 协会和高校规划社会(SCUP)在全美和地区的大会上有相关的跟踪和会议记录。在每一位供应商的正式和非正式用户团体的组织下,有无数的商业智能和分析资源。

## 参考文献

Ariyachandra, T., & Watson, H. J. (2008). Which data warehouse architecture is best? *Communications of the ACM*, 51(10), 146–147.

Bedard, Y., Merrett, T., & Han, J. (2001). Fundamentals of spatial data warehousing for geographic knowledge discovery. In H. J. Miller and J. Han (Eds.), *Geographic data mining and knowledge discovery* (pp. 53–73). London: Taylor and Francis.

Bernbom, G. (1999). Institution-wide information management and its assessment. In J. Pettit and L. Litten (Eds.), *A new era of alumni research: Improving institutional performance and better serving alumni* (pp. 72–83). New Directions for Institutional Research, no. 109. San Francisco: Jossey-Bass.

Bhatnagar, A. (2009, November/December). Web analytics for business intelligence. *Online*, pp. 32–35.

Boehnlein, M., & Ende, A. U. (1999). Deriving initial data warehouse structure from the conceptual data models of the underlying operational information systems. Paper presented at DOLAP 1999 conference in Kansas City, MO.

Borden, V.M.H., Burton, K. L., Keucher, S. L., & Vossburg-Conaway, F. (1996). Setting a census date to optimize enrollment, retention, and tuition revenue projects. *AIR Professional File*, no. 62.

Borden, V. M. H., Massa, T., & Milam, J. (2001). Technology and tools for institutional research. In R. D. Howard (Ed.), *Institutional research: Decision support in higher education* (pp. 195–222). Resources for Institutional Research. Tallahassee, FL: Association for Institutional Research.

Brooks, A. (2005). The data warehouse: A transitional bridge between Legacy and PeopleSoft. PowerPoint presentation at CUMREC 2005 Conference in Keystone, CO.

Clagett, C. A., & Huntington, R. B. (1990). *The institutional research practitioner: A guidebook to effective performance*. Silver Spring, MD: Red Inc. Publications.

Costello, D. (2000). For knowledge, look within: Businesses are discovering the value of internal infomediaries. *Knowledge Management*, *3*(9), 33, 39-41.

Davenport, T. H., & Harris, J. G. (2007). *Competing on analytics: The new science of winning*. Cambridge: Harvard Business School Press.

Davis, J. R., Imhoff, C., & White, C. (2009). Operational business intelligence: The state of the art. *Business Intelligence Research*. Retrieved from http://www.b-eye-network.com/files/Operational%20BI%20Research%20Report.pdf

Eckerson, W., & Russom, P. (2010). Can BI and DW teams find benefits in recession? Or, the data mart and the pendulum. *TDWI's Best of BI*, *7*.

Fayerman, M. (2002). Customer relationship management. In A. M. Serban and J. Laun (Eds.), *Knowledge management: Building a competitive advantage in higher education* (pp. 57-67). New Directions for Institutional Research, no. 113. San Francisco: Jossey-Bass.

Fish, O., & Stark, J. (2009, April). Dimensional modeling workshop. PowerPoint presentation at Higher Education Data Warehousing Forum conference in Bloomington, IN.

Fishman, J. (2010, February 24). Professors find ways to keep heads above "exaflood" of data. *Chronicle of Higher Education*, Wired Campus.

Frost, J., Wang, M., & Dalrymple, M. (1999). A new focus for institutional researchers: Developing and using a student decision support system. *AIR Professional File*, no. 73.

Gilder, G., & Swanson, B. (2008). *The impact of video and rich media on the Internet: A "zettabyte" by 2015?* Seattle: Discovery Institute.

Goldstein, P. J. (2005). Academic analytics: The uses of management information and technology in higher education. EDUCAUSE Center for Applied Research.

Gose, F. J. (1989). Data integrity: Why aren't the data accurate? *AIR Professional File*, no. 33.

Gray, J., et al. (1997). Data cube: A relational aggregation operator generalizing group-by, cross-tab, and sub-totals. *Data Mining and Knowledge Discovery*, *1*, 29-53.

Guan, J., Nunez, W., & Welsh, J. F. (2002). Institutional strategy and information support: The role of data warehousing in higher education. *Campus-Wide Information Systems*, *19*(5), 168-174.

Hammons, J. (2006). Data warehousing: A proven solution to sustaining a vibrant business. PowerPoint presentation at EDUCAUSE 2006 conference in Dallas, TX. Retrieved from http://www.educause.edu/Resources/DataWarehousingAProvenSolution/156192

Inmon, W. H. (1996). *Building the data warehouse* (2nd ed.). New York: Wiley.

Inmon, W. H. (2003). The story so far. *Computerworld*, *37*(15), 26.

Kelly, S. (1996). *Data warehousing*. New York: Wiley.

Kimball, R. (1996). *The data warehouse toolkit: Practical techniques for building dimensional data warehouses*. New York: Wiley.

Kimball, R., et al. (2008). *Data warehouse lifecycle toolkit*. Indianapolis: Wiley.

Kimball, R., & Ross, M. (2010). *The Kimball Group Reader: Relentlessly practical tools for data warehousing and business intelligence*. Indianapolis: Wiley.

Levy, G. D. (2008). A beginner's guide to integrating human resources faculty data and cost data. In N. A. Valcik (Ed.), *Using financial and personnel data in a changing world for institutional research* (pp. 25-47). New Directions for Institutional Research, no. 140. San Francisco: Jossey-Bass.

Lowendahl, J.-M. (2010). *Hype cycle for education*, *2010*. Stamford, CT: Gartner.

Luan, J., & Serban, A. (2002). Technologies, products, and models supporting knowledge management. In A. M. Serban and J. Laun (Eds.), *Knowledge management: Building a competitive advantage in higher education* (pp. 85-104). New Directions for Institutional Research, no. 113. San Francisco: Jossey-Bass.

Luhn, H. P. (1958). A business intelligence system. *IBM Journal of Research and Development*, *2*(4), 314-319.

March, S. T., & Hevner, A. R. (2007). Integrated decision support systems: A data warehousing perspective. *Decision Support Systems*, *43*, 1031-1043.

Massa, T. (2003). Using the Web for institutional research. In William E. Knight (Ed.), *The primer for institutional research*. Resources for Institutional Research, no. 14. Tallahassee, FL: Association for Institutional Research.

Maxwell, C. J. (2008). Building and operating a web-based reporting system: A case study. In T. T. Ishitani (Ed.), *Alternative perspectives in institutional planning* (pp. 41-56). New Directions for Institutional Research, no. 137. San Francisco: Jossey-Bass.

McLaughlin, G. W., & Howard, R. D. (2001). Theory, practice, and ethics of institutional research. In R. D. Howard (Ed.), *Institutional research: Decision support in higher education* (pp. 163-194). Resources for Institutional Research. Tallahassee, FL: Association for Institutional Research.

McLaughlin, G. W., Howard, R. D., Balkan, L. A., & Blythe, E. W. (1998). *People, processes, and managing data*. Resources for Institutional Research, no. 11. Tallahassee, FL: Association for Institutional Research.

Milam, J. (1999). Using the Internet for institutional research and planning. ASHE Reader on Institutional Research, Association for the Study of Higher Education.

Milam, J. (2001). Knowledge management for higher education. In ERIC Digest. ED 464 520. Washington, DC: ERIC Clearinghouse on Higher Education. Retrieved from http://www.ericdigests.org/2003-1/higher.htm

Milam, J. (2005). Organizational learning through knowledge workers and infomediaries. In A. Kezar, *Higher education as a learning organization: Promising concepts and approaches* (pp. 61-73). New Directions for Higher Education, no. 131. San Francisco: Jossey-Bass.

Milam, J. (2006). Ontologies in higher education.. In A. S. Metcalfe (Ed.), *Knowledge management and higher education: A critical analysis* (pp. 34-61). Hershey, PA: Information Science Publishing.

Nakabo-Ssewanyana, Sarah. (1999). Statistical data: The underestimated tool for higher education management. *Higher Education*, 37, 259-279.

Phillips, J. (2010). Reporting solutions. Higher Education User Group Product Advisory Group—Reporting Solutions. White paper. Retrieved from http://www.heug.org/p/do/sd/sid=10238&type=0 (login required)

Porter, J. D., & Rome, J. J. (1995, Winter). Lessons from a successful data warehouse implementation. *CAUSE/EFFECT*, pp. 43-50.

Romano, R. M., & Wisniewski, M. (2005). Tracking community college transfers using National Student Clearinghouse data. *AIR Professional File*, no. 94. Tallahassee, FL: Association for Institutional Research.

Rome, J. (2003). *Development of data warehouse*. Washington, DC: NACUBO.

Rome, J. (2009). Designing dashboards to die for. PowerPoint presentation at Higher Education Data Warehousing Forum, Bloomington, IN.

Sanders, L., & Filkins, J. (2009). *Effective reporting* (2nd ed.). Tallahassee, FL: Association for Institutional Research.

Saunders, L. E. (1979). Dealing with information systems: The institutional researcher's problems and prospects. *AIR Professional File*, no. 2. Tallahassee, FL: Association for Institutional Research.

Saupe, J. L. (1990). *The functions of institutional research* (2nd ed.). Tallahassee, FL: Association for Institutional Research.

Swoyer, S. (2010). BI's value put to the test. *TDWI's Best of BI*, 7, 5-9.

Thomas, C. R. (2004a). *CHESS data definitions for colleges and universities*. Boulder, CO: National Center for Higher Education Management Systems.

Thomas, C. R. (2004b). Data warehouse efforts and metadata foundations. EDUCAUSE. Retrieved from http://www.educause.edu/Resources/DataWarehouseEffortsand Metadat/159178

Thomas, E., Lorenz, L., Schaefer, E., Sullivan, L., & Wright, D. (2009, April). What I get/wish I could get from the warehouse: The view from institutional research. PowerPoint presentation at Higher Education Data Warehousing Forum conference in Bloomington, IN.

Valcik, N. A., & Stigdon, A. D. (2008). Using personnel and financial data for reporting purposes: What are the challenges to using such data accurately? In N. A. Valcik (Ed.), *Using financial and personnel data in a changing world for institutional research*, (pp. 13-24). New Directions for Institutional Research, no. 140. San Francisco: Jossey-Bass.

Wierschem, D., McBroom, R., & McMillen, J. (2003). Methodology for developing an institutional data warehouse. *AIR Professional File*, no. 88.

Wilhelm, J., Rome, J., Singleton, J., & Start, J. (2009, April). Building for analytics: Critical success factors. PowerPoint presentation at Higher Education Data Warehousing Forum conference in Bloomington, IN.

Yanosky, R. (2009). Institutional data management in higher education. EDUCAUSE Center for Applied Research, p. 12. Retrieved from http://net.educause.edu/ir/library/pdf/ers0908/rs/ers0908w.pdf

# 第四篇
# 院校研究工具和技术

兼具行政职能和学术研究功能的院校研究已然发展壮大。其功能的核心来自在实践中使用广泛工具和技术的能力。第四部分的第一节由七章组成，涵盖了构成我们传统研究技能基础的社会科学研究技术。社会科学研究技术包含分析技术以及分析研究结果报告，其中分析技术主要用于研究院校的两个关键组成部分——学生和教师。

第四部分的第二节介绍了院校管理和院校研究办公室。其中前三章（第34章、35章和36章）涉及传统管理工具；后两章涉及提高各院校和各院校研究办公室的效率。

第27章和第28章讨论数据分析。在第27章中，杰拉尔德·麦劳林（Gerald McLaughlin）、理查德·霍华德（Richard Howard）和丹尼尔·琼斯-怀特（Daniel Jones-White）提供了分析研究技术的基本概述。它包括基本假设检验、描述性统计、单变量和多变量分析以及结果建模。述评的定性技术包括六种收集和分析数据的方法，还有一种混合方法。

在第28章中，栾晶（Jing Luan）、图拉西·库马尔（Thulasi Kumar）、苏蒂·苏吉特帕拉皮塔亚（Sutee Sujitparapitaya）和汤姆·博安农（Tom Bohannon）首先介绍了数据挖掘技术的背景。随后，他们以案例的形式展示了三种先进技术的使用：聚类分析、决策树和人工神经网络。虽然这些技术相对较新，但随着科学技术和数据库技术的发展，数据挖掘技术与院校研究之间的关系越来越密切。最后，作者给出了使用数据挖掘技术的建议。

接下来的两章聚焦于我们如何收集研究中所需要的大量的与学生、教师和员工相关的数据。在第29章中，肖恩·西莫内（Sean Simone）、科尔宾·坎贝尔（Corbin Campbell）和丹尼尔·纽哈特（Daniel Newhart）介绍了研究调查的基本方面。调查的关键步骤包括：确定研究问题、拟定调查问题、创建和测试工具以及解释结果。他们还介绍了进行焦点小组访谈以及其他调研方法。

在第30章中，朱莉·诺贝尔（Julie Noble）和理查德·索耶（Richard Sawyer）探讨了目前可用于支持学生决策的工具，以及使用这些工具的关键问题。这包括传统的学业成绩测试和非认知测试。他们介绍了院校用以支持学生转学决策的工具,还制定了一张包含大量既有工具的网站列表,并介绍了它们的使用。

接下来的两章聚焦于衡量教师的活动和工资的方法。在第31章中,希瑟·凯丽(Heather Kelly)、杰弗里·塞贝特(Jeffrey Seybert)、帕特里克·罗斯尔(Patrick Rossol)和阿利森·沃尔特斯(Allison Walters)讨论了可用于研究教师活动的主要资料来源,包括联邦调查、国家调查和数据共享联盟。他们还介绍了四年制院校和社区学院的数据库,并举例说明如何使用这些数据。

工资是奖励教师的主要手段之一。在第32章中,罗伯特·陶特库世安(Robert Toutkoushian)和丹尼斯·克雷默(Dennis Kramer)回顾了"教师公平"研究的目的和方法。他们描述了内外部研究以及教师工资水平的现状,还讨论了一些尚未解决的问题,例如将使用等级作为解释变量、如何度量生产率等等。

本节关于传统研究的最后一章涉及结果报告。在第33章,莉兹·桑德斯(Liz Sanders)和乔·菲尔金斯(Joe Filkins)认为有效的报告是传达信息的关键。他们回顾了表格及其替代品,仪表板等可视化显示的使用,并介绍了如何报告质性数据。最后,他们讨论了如何高效地报告以及结果报告中应当规避的一系列问题。

如前所述,第四部分最后五章的作者论述了院校研究可以用来支持院校管理的手段,即专业制度方面的工具和技术。这些技术涵盖了第二和第三部分中讨论的各种院校职能。作者还讨论了一些决策,这些决策是通过第四部分第一节中介绍的工具所创建的数据和信息而形成的。

在第34章和第35章中,简·莱顿(Jan Lyddon)、布鲁斯·麦库姆(Bruce McComb)和帕特里克·米扎克(Patrick Mizak)展示了战略决策制定的路线图。第34章包含评估院校现状的工具以及在此背景下取得成功的发展战略工具。知识必须与院校的使命及其资源相结合。本章还列出了基准测试和设置基准的步骤。

战略的成功取决于实施和监测。在第35章中,作者论述了战略执行的度量,这些度量构成关键绩效指标(KPI)。这些指标需要代表对院校战略问题的一种平衡性看法。通过这些工具如何与战略地图协同工作的例子,显示了KPI在记分卡和仪表板中的使用。

为KPI设置目标和对象通常需要选择一组其他院校进行质量和生产力的恰当比较。在第36章中,格伦·詹姆斯(Glenn James)描述了这个过程中的步骤。包括确定一所学院或大学可能认为有用的不同类型的院校组,并探索比较组的运用。他还介绍了形成这些比较组的方法。

最后两章,第37章和第38章讨论了组织改进的具体方法。因此,他们回溯到了第一部分关于组织学习中的院校研究实践(第6章)和变革管理(第7章)的章节。

在第37章中,乔纳森·菲夫(Jonathan Fife)和斯蒂芬·斯潘吉尔(Stephen

Spangehl)论述了加强院校效率和质量的概念。他们阐释了可以在封闭的组织系统中改进质量的特定过程。他们还描述了可用于确定从何处开始并证明正在取得进展的工具。他们强调有适当的组织文化来实现质量改进的重要性。

最后一章的重点是运用院校研究工具提高院校效率。在第38章中,莎伦·朗科(Sharron Ronco)、桑德拉·阿彻(Sandra Archer)和帕特里夏·莱恩(Patricia Ryan)反思了院校研究如何提高自身的有效性和效率,并问道:院校研究的作用是什么?我们正在做正确的事吗?我们做得对吗?他们研究了院校研究办公室的工作人员评价自己和工作的方式——包括自我学习、获得客户反馈以及获得外部反馈。

第38章被特别选为这本手册的最后一章,以强调我们必须将持续的评估和改进应用于我们自身、我们的职责以及院校和高等教育环境中的其他活动之中。在本书的第一章中,我们首先讨论了院校研究的发展和演变历史。在最后一章中,我们总结并提醒大家,有必要运用我们的专业知识和分析技能,不断提高院校研究的能力和效率。

# 第 27 章

# 为计划和决策提供支撑信息的分析方法

杰拉尔德·麦克劳林(Gerald McLaughlin)
理查德·霍华德(Richard Howard)
丹尼尔·琼斯·怀特(Daniel Jones-White)

贝斯特和卡恩(Best & Kahn,1988)将研究描述为"对控制性的观察对象进行的系统的、客观的分析与记录,它能够促进概论、原理或理论的发展,达到对事件的预测,甚至对事件的完全掌控"。这一研究的经典定义反映了发展定量方法挖掘信息的目的。

在过去的20年中,对于传统实证研究是否能有效帮助理解人类感受和行为这一观点始终存在着争议。这些争议指出,实验设计创造了人为的情境或环境,导致了研究主体虚假的反应或行为受人为因素的影响。争议者表示,定性方法是理解真相的唯一途径:针对研究个体进行全面的研究,而不仅仅使用控制变量的方法针对某一种现象进行研究。

实证主义和建构主义(或自然主义)这两种创造知识的路径由两种不同的范式主导。全面地讨论和比较这两种范式及其对研究的影响超出了本章的讨论范围,建议读者参考古巴(Guba,1991)、格林纳和摩根(Gliner & Morgan,2000)对两种范式的描述和比较。然而,对一些哲学问题的回答能反映出二者在影响个体对现实的思考以及对知识创造的尝试上存在的重要得多的差异。这些区别如表27.1所示。

表27.1 关键问题:建构主义与实证主义

| 问题 | 建构主义者 | 实证主义者 |
| --- | --- | --- |
| 什么是事实? | 事实与一个时间点、观测点和研究者的主观认知有关 | 事实是有序合理及可预测的,它包含一种因果关系,使得我们可以预测人的行为 |
| 研究什么? | 研究在自然系统中的人类作为完整个体的存在 | 研究清晰的变量和经过选择的个体,使得研究者能将其一般化至群体 |
| 研究者的角色是什么? | 研究者是研究中所有步骤的基本媒介,通常会影响到被观察者 | 研究者以中立立场设计研究并客观地解释数据 |

(续表)

| 问题 | 建构主义者 | 实证主义者 |
|---|---|---|
| 能获得什么研究成果？ | 描述性结果是可能达成的，并能在提供关键细节上提供充分的信息，使之一般化，能够普遍适用于其他情况 | 统计意义上可信的解释是可能达成的，但具有一定的错误风险 |

这两种视角倾向于不同的方法论：实证主义偏好定量方法，而建构主义倾向于定性方法。两种路径都有着对院校研究富有价值的分析性方法。接下来，我们将讨论定量和定性方法的一些主要技术，并对混合方法做简要探讨。混合方法即是一种把定量和定性工具联合起来使用的策略。

## 定量方式与方法

定量分析意味着有意地使用数字来传递意义，它具有明确的步骤和特性，还涉及对变量的测量。

### 测量类型

测量层次对于研究者选择合适的分析方法有巨大的影响。四种测量层次包括：

定类：根据对象特性，对象被指定为某一类别，或一系列类别中的某一个；

定序：根据对象顺序，对象被指定为序列中的某一个；

定距：基于等距的测量单位，对象被指定为某一数值；

定比：基于等距的测量单位和一个真正的、绝对的零点，对象被指定为某一数值。

测量水平通常根据上述顺序排列，因为统计上能够应用于某一测量水平的方法，也适用于比它更高的测量水平。换言之，如果一种统计方法能够用于定序数据，那么它也可以用于定距和定比数据。定距和定比数据能够被排序并适用于定序统计方法。反之则不行，要求定距数据的统计方法无法适用于测量水平为定类和定序的数据(Stevens，1946)。

非参数型统计方法适用于定类和定序测量水平，也适用于定距和定比测量水平。非参数型统计方法没有关于其计算基础，即观察对象的分布情况的假定。一般而言，由于参数型统计方法通常假定其测量服从正态分布，所以不适用于定类和定序数据。

### 运用分析方法

在分析过程中有一些基本的步骤。首先，要确定研究的大概目的：是描述某事物，还是对某事物做出推断？如果目的是描述某一事物或一系列事物、某些特性或某一样本,那么应当使用描述性方法。典型的例子是描述集中和离散趋势。描述集中趋势的基本统计方法包括平均数、中位数和众数。平均数要求定距水平,中位数要求定序水平的测量和排序顺序,而众数要求定类水平。描述性数据统计也包括对离散趋势的测量。统计方法的使用同样也基于数据测量水平。定距水平将允许我们进行多种离散趋势的测量,比如计算标准差和四分位差。在定序水平的数据中,可以讨论两对象的顺序差异。定类数据中的离散趋势可以用各类别所占的百分比表示。描述性统计方法也包括对相关的描述,比如各种相关性与交叉表或列联表分析。

试图对群体进行描述性统计时,首先应当推断某一统计事件是偶然发生的概率。有两种基本类型的推断:实验差异和个体差异。在试验情况下,一个人试图对偶然性做出推断,这通常要求特定的方法,比如对于随机对象进行随机实验。这也包括类实验的方法,即随机任务并未发生,但仍希望基于分析做出因果推断(Shadish, Cook & Leviton, 1991)。当从不同特定群体中抽取了多组或群体中潜在特定联系时,可以基于统计的分布做出推断。如果对于分布没有假设,那么正如在定序和定类水平上常常发生的那样,这将涉及非参数统计。如果对分布有所假设,而且是在定距和定比的水平上,那么这通常需要使用多种参数统计,包括贝叶斯统计,即能够基于某些关于多种事件发生之可能性的先在假设做出估计。

当一般方法旨在研究个体差异时,可以基于特定特性比较不同群体,或探究变量间关系。此处适用统计的普遍方法,比如对总体做出统计推断的相关分析或多元回归。但这并不能获取对因果关系的推断。如果变量在不同的时间点发生,那么相关方法将允许我们对未来事件做出推断。

## 特定方法与技术

院校研究办公室在数据分析中通常会采用几种分析策略。其中,既有描述性方法也有推断性方法,包括发生概率、比较、相关和一些模型,下面将做详细介绍。

**1. 发生概率**

许多分析都基于某一事件发生的可能性。一个学生毕业的可能性是多少?在此例中,如果没有其他已知条件,那么其可能性将由历史上相似学生的毕业率决定。一个学生毕业并找到工作的可能性是多少?这将是一个更复杂的问题,因为它涉及两个事件的发生。如果这些事件是相互独立的,那么其可能性为两事件可能性相乘之积。如果这些事件不是相互独立的——可以预料,刚刚这个问题正是如此——那么我们应当使用条件概率。概率也可以用于推断结果所反映的可能性:回应了调查的学生所占比例是否能够反映学生总体比例?对于概率的这种应用能够帮助我们进行推断。

事件发生频率的概率计算包括了排列与组合。排列是指事件按不同顺序发生的方式,在这种情况下,顺序非常重要。组合是指对象被组合在一起,而其组合顺序并不重要的情况。

当事件并不相互独立时,定量方法主要涉及条件概率。同时,由于先验知识的存在,且这些先验知识极大地提高了估计的准确率,因此贝叶斯定理也适用。贝叶斯统计方法主要基于对先验知识的应用发展起来,并随后促成了一些对经典统计方法的不同运用,这些运用并不要求经验知识(Congdon,2001)。

**2. 比较**

院校研究经常使用检验的统计方法来比较某一样本与某些潜在特点的吻合程度,或比较两个及以上样本是否不同(Coughlin,2005)。一些变量作为比较样本的基础称为"自变量"。而用于比较的变量称为"因变量",它通常在定距或定比的尺度上测量而且有 20 个或以上的观测量。这样的检验一般可以使用 t 检验或方差分析(ANOVA)等参数检验处理。如果不符合上述条件,也可以使用比如克鲁斯卡尔-沃利斯(kruskal-wallis)单因素方差分析秩和检验等非参数检验(其他的非参数检验方法在 Howard,McLaughlin 和 McLaughlin 2005 年的文章中有所表述)。

在单样本均值和双样本均值的假设检验中,研究者必须选择使用单侧检验或双侧检验。单侧检验也称为"定向假设",当统计临界值落在分布单侧时,拒绝原假设。在双侧检验中,可以从两个不同的方向拒绝原假设。在给定的概率下,定向假设要求更低的统计值,因为拒绝域仅仅在分布的一侧。如果已知标准差则可以使用 Z 检验。这等同于观测值无限的 t 检验。另一个确定置信区间的方法,其中,研究者可以以一定的把握申明类似的样本将在上限和下限之间包含总体参数。

方差分析可以用于两组或多组样本的因变量。除此以外,方差分析还适用于多个自变量。比如,如果想要对大一和大二学生在调查中的一项回答进行比较,可以使用 t 检验。然而,如果想要在比较大一大二学生的同时,考虑他们的专业是科学类还是非科学类,则需要使用方差分析。方差分析考虑了因变量自身以及它们交互作用的重要性。主效应和交互效应与自由度和方差成分相联系,它们将透过误差项和自由度而受到检验,其检验结果将与 F 分布下的概率分布相比较(Lind Marchal & Wathen,2010)。

如果在方差分析中自变量多于两组,且需要对组间均值做出推断,那么就必须采取一定的方法调整偶然发生的概率,因为事实上,有多于一个差异被检验。这个方法一般被称为配对比较。在多于两组的情况下,它将告诉研究者哪里存在组间均值的显著差异[更多关于方差分析在系统研究中应用的讨论,可参见(Ploutz-Snyder,2005)]。

正如在多组数据中有多对比较,并要求在做出统计推断前进行调整的情况下,如果各组有多个变量要对比,且每个都只有一个因变量时,多次使用多元方差分析是不正确的。正确的方法应该是使用多元方差分析(MANOVA)。就像方差分析中只有单变量一样,当需要调整多组数据来比较相关特征时,可以使用多变量协方差分析(MANCOVA)(Dillon & Goldstein,1984)。

### 3. 相关

比较方法有助于讨论差异是偶然发生的可能性。也有一些统计方法可呈现不同变量之间的关联强度,其中主要是很多种相关分析,最传统的是皮尔逊相关系数。区别于比较,相关分析中不存在自变量或因变量,而且相关关系是双向的而非单向的。

传统的相关分析是对两变量间共变性的测量,并针对个体变异作标准化:协方差除以两变量标准差的乘积。线性相关的平方可以被解读为某一变量对解释另一变量变异的贡献百分比。为了使相关系数真正代表两变量间的相关关系,每一个变量都必须是定距或定比的连续变量,它们之间的关系必须是线性的。如果它们的关系是非线性的,那么应该在计算相关系数和解释结果前做相应变形。

如果变量是定序的,那么在等级相关性上将会出现一些改变。最常见的或许是斯皮尔曼等级相关系数和肯德尔相关系数。等级相关中的一大问题是如何处理多个等级相关联和统计修正可用的情况(Howard, McLaughlin & McLaughlin,2005)。除此以外,还有许多相关方法可以用于多种特殊情况。

### 4. 建模:对于连续性因变量的回归分析

回归模型通过明确某一变量对另一变量估计值的影响拓展了相关分析。回归分析长期被研究者用于分析各种学术热点问题,比如确定影响教职员工薪酬的因素等(Toutkoushian,1998)、评估院系水平(Broder & Dorfman,1994)以及学术诚信(McCabe,Feghali & Abdallah,2008)。多元回归模型更将我们的能力拓展到解释多个变量如何共同解释一个因变量。

对一个回归模型的输入包括一个或多个连续性的自变量以及因变量,输出则包括回归权重,它与关联变量相乘可以用于估计因变量,同时也可以用于在 0 水平上检验统计显著性。输出同时还包括以标准化回归权重或标准化系数来衡量自变量的相对重要性,也包括综合考虑各个自变量及 $R^2$ 来表示模型整体对因变量变异的解释能力。

如果多元回归在某种程度上被理解为对变量间关系的"最佳"描摹,那么变量至少应是定距的,而且变量间关系应当是线性的,并能够为附加项充分解释(Myers,1990)。如果变量间关系不是线性的,那么就应当采用如平方根或取对数等适当的变形方式(Barbezat & Hughes,2005;Umbach,2007)。

如果两个或多个自变量高度相似,那么统计结果将非常不稳定。这被称为"多重共线性"。这种现象的一个基本表现是回归权重的误差变异数或方差膨胀因子大于10。而诸如岭回归等方法则可以减少多重共线性的影响(Myers,1990)。

如果有数量庞杂的自变量,可以采用逐步回归作为解决方法。在逐步回归中,一个变量要么由于其对 $R^2$ 显著的边际贡献而被纳入方程,要么因为无显著贡献而被排除。

在考虑变量和特定观测值时,有两点需要特别注意。首先,要决定如何处理缺省值。可以选择的包括估计缺省值,删除包含缺省项的观测值,或删除观测值中的缺省项。另外要注意的是异常值,即那些明显区别于其他观测值的值。这些异常值将极大地影响回归方程或需要被调整、删除以便分析(Myers,1990)。

两个关于线性模型方面的最近研究进展都提出了自己的方法论:结构方程模型和多层线性模型。当想要估计自变量对因变量的直接和间接影响(通过其他自变量)时,适用结构方程模型(SEM,Kaplan,2000;Coughlin,2005)。多层线性模型适用于一个变量的多个观测值嵌套于另一变量的情况,比如,学生表现嵌套于班级、班级嵌套于学院的情况。多层线性模型旨在更好地拟合教育数据的潜在结构(Bryk & Raudenbush,1992;Raudenbush & bryk,1986;Porter,2005),并用于建模分析学生参与(Hu & Kuh,2002),坚持努力与学位获得(Oseguera & Rhee,2009)以及职业分层(Seifert & Umbach,2008)。

**5. 建模:对于定类因变量的回归分析**

在高等教育研究中,因变量常常是定类变量而非连续型变量。比如,如果一个人尝试建立一个模型以预测某一教职员工能否获得终身教职(Perna,2001),或某一学生是否会回应某一调查(Porter & Umbach,2006a),或某一校友是否愿意提供他的资源(Weerts & Ronca,2008)。这些因变量反映了一种二分类别,要么具有类别成员资格,要么被排除在某类之外。当因变量仅仅只有两个类别的时候,Logistic 回归可以用以预测对数发生比,这可以用于计算一个个体成为二分类中某一类的预测概率。使用普通回归的问题在于概率要么趋于 0,要么趋于 1,而某人毕业的概率预测可能是负的,或大于 1。Logistic 回归的挑战在于解释回归权重,这包括计算对数发生比,而且这很难向他人解释。

当研究兴趣所在的因变量包括多于两个类别且无序时,多元 Logit 回归可以用于估计潜在的数据产生过程。尽管在院校研究中的应用少于二元 Logit 回归,多元 Logit 回归可以用于探究与重复录取、退学、辍学相关的因素(Stratton,O'Toole & Wetzel,2008),读大学的抉择(Engberg & Wolniak,2010),多机构毕业结果(Jones-White,Radcliffe,Huesman & Kellogg,2010),终身教职和升职结果(Perna,2005),以及大学专业选择(Porter & Umbach,2006b)。

Logistic 和多元 Logistic 回归的结果是类别成员资格的概率。除此以外,大致的 $R^2$ 也是可及的,我们可以了解到被正确分类的观测量。这包括区分预测成功和预测失败的概率。尽管大多数人将临界值设置为 0.5,但可以用一种基于滑动临界值的称为 ROC 曲线的方法估计真阳性率和假阳性率(更多信息,参见 http://www.medcalc.be/manual/roc.php)。

### 6. 建模：结构分析和潜变量

院校研究人员面临的一个问题是要对各种议题进行严格的讨论，以推断社群潜在结构或潜在变量。对于社群，可以参见第 28 章对聚类分析的数据挖掘。而对于潜在的、非直观的变量，最基本的方法是因子分析。以一组原始数据为表现的多维数据的某一特定维度适用于一些其他方法，包括多维尺度分析、结构方程模型、聚类分析、区别分析、潜在结构分析和典型关联分析(Coughlin, 2005)。

因子分析是一种对方程进行序列分析方法的数学过程，它可以由一组互相关联的项得来。首先需要决定的包括应用何种技术处理关联表格中对角线上的数据。对于相关，对角线应用 1.0 将引向主成分分析。如果已估计出某项变异量与其他项目相同之处，可以使用公因子。另一个需要决定的是提取多少个因子。在验证性因子分析中，如果尝试建立最佳的理论结构模型，那么因子的数量已经被理论所限定。比如，在韦尔茨等人(Weerts, Cabrera & Sanford, 2010)对慈善捐赠的研究中，他们确定了校友支持的两个明显相异的面向：政治支持和自愿捐助。他们使用验证性因子分析来评估数据是否支持这一论断。验证性因素分析也在许多研究中被采用以研究各类议题，比如学生的学习行为和学习结果(Pike & Killian, 2001)、机制承诺(Nora & Cabrera, 1993)以及教员离职(Rosser, 2004)。

在探索性因子分子中，因子的数量并未确定，其数量取决于判断标准。卡特尔(Cattell)认为，一个合适的判断标准是陡阶检验(scree test)，即使用一系列特征值，首先排除掉较大的一部分，此后是较小的一部分，然后是一组较小的值(Cattell, 1966)。另一种方法是瑟斯顿简单结构方法(Thurstone's simple structure)。这种情况下，每个重要的项都有一个系数，即因素负荷量，但它只在一个因子上显著，而且每个因子都有若干个显著负荷量。通常在将提取因子旋转后才考虑此项。

如前文所说，旋转，通常是因子分析的第二步。提取因子后，第一个因子（或特征值）通常有最高比例的因素负荷量，而这个变异比例将逐渐下降直至所保留的最后一个特征值。这个方法通常难以解读，因此因子要先旋转以进行解释。可以保留各对因子间差异的旋转称为正交旋转，如果因子是关联的，那么就称为斜交旋转。这两种旋转有多种标准。最常见的正交旋转是最大方差旋转，其标准是最大化各因子负荷量的方差。这可以产生各因子最高和最低权重的范围并帮助我们解释数据。而常见的斜交旋转则是最优斜交旋转，即原始负荷量的立方成为目标矩阵而且将迭代直至负荷量汇聚。

回到考虑因子数量的话题，在旋转因子后，如果只有一个显著负荷量，那么也许是有太多因子被提取了。如果重要的项负荷于多个因子上，那么也许是提取了过少的因子。

也可以通过区别分析在逐步减少的空间中定位对象以更好地将个体分类到不同组中，其中，组的分法在分析前已明确。这通常也是分类分析应用的一部分。这代表了一种综合多变量方差分析和因子分析之目标的方法。如果多变量方差分析显示一个群体并没有显著区别,那么将对象分进正确组的概率就更小了(Borden,2005)。

### 7. 建模:事件史分析

院校研究人员有时会对一些与历时性事件相关的研究问题产生兴趣,比如,理解学生需要花多久才能从大学毕业或者花多长时间才能成为正教授。在这种情况下,因变量衡量了一段以小时、天、月或年为单位的时间长度。因变量的半连续性特征使应用最小二乘法回归去研究因变量令人心动,因为"历时性数据必须是正的,常见的情况是,响应变量将体现出相当强的对称性,尤其是在有些观测量具有特别长的历时性时"(Box-Steffensmeier & Jones,2004)。尽管也会使用生存分析和久期模型,但这些模型仅更多用于医学、工程等领域的研究。为了更好地分析数据,研究者转向了一种通常被称为"事件史分析"的方法(Kiefer,1988)。

在应用事件史分析时经常遇到的问题是删截,这一问题在观测事件历史数据不完全时尤为明显。当研究对象的事件史超出了研究期限,或研究对象在事件发生前就退出观测范围时,这一问题也可能发生。因此,在事件史分析中,历时性数据的结构非常重要(Kiefer,1988;Steele,2005)。这说明最低要求包括了记录每个观测值的开始和结束时间,以及事件在记录期终了的状态(Cleves,Gould,Gutierrez & Marchenko,2008)。其他可能遇到的问题包括随时间变化的协变量、互竞风险、过于离散、未观测到的异质性以及多重事件发生(Hutchison,1988)。

由于事件史分析包括了多种方法论技巧,它对区分不同级别的久期模型有所助益。当因变量连续性地测量了持续时间——这意味着该事件可以在任何时候发生——研究者认为使用 Cox 比例风险模型是恰当的(Box-Steffensmeier & Jones,2004)。比如说,探究 42 个国家的政策结果时,赫恩等人(Hearn,McClendon & Mokher,2008)就使用了 Cox 比例风险模型来确定与国家采用学生记录系统年份相关的因素。当一个连续过程的数据能够被离散增长量所表示时,研究者就可以使用事件史分析来分析离散的时间过程(DesJardins,Ahlburg & McCall,1999)。

## 定性方式与方法

随着定性研究被看作是一种创造知识的适用方法而得到认可,也兴起了一些在特定情况下使用的特定方法。克雷斯韦尔(Creswell,1998)确定了进行定性研究的六个传统或一般方法。每一种方法(如下文总结)都旨在回答关乎人类的某一特定类型的问题。

(1)历史研究聚焦理解过去;
(2)传记研究用于研究个人生活;

（3）现象学聚焦某一群体中人类经验的意义，以及某一群体成员所共享的意义的构建；

（4）扎根理论试图在尚未存在模型或理论的领域中发展模型或理论；

（5）民族志研究聚焦向某一文化描述和解释另一文化；

（6）个案研究专注发展一个或多个对单个组织、系统、家庭、事件等的深层分析，考虑所有可能的内在联系与外在联系，在一个宏观图景或系统中描述所有可能的关系。

第七个定性方式或方法是行动研究法，它旨在研究一种"直接的应用，而不是基于理论或概念化的应用"（Best & Kahn, 1998）。尽管行动研究法常常被认为是一种解决班级问题的方法，但它也可以应用于研究组织或大学中的过程和结果。组织研究的实践往往都是行动研究的一种。

通常情况下，组织研究可以用定性方法来创设计划或为决定提供支持信息。这些方法在信息生产中非常有用，能够帮助理解所观测的某一特定行为或情形的发生。

数据收集和分析通常与其他方法一样。贝斯特和卡恩（Best & Kahn, 1998）描述了以下几种定性研究中数据收集的典型方式。

## 数据来源

第一种数据来源是观察。观察可以提供行为、事件及其发生语境的详细意涵。Patton(1990)提出了他认为在观察中应当考虑的五种情况。首先，研究者可以是参与者中的任一人或一个完全的局外人。其次，研究可能以一种隐蔽的方式进行，使得部分或所有对象均未察觉观测的进行。第三，可以对对象进行完全解释、部分解释、不解释或虚假解释。第四是观测的长度。第五是观测焦点的宽度，从极宽（整个学校或系统）到极窄（对某一特定课程干预的反应）。

第二种数据来源是访谈。访谈的目的是收集个体经验和知识、看法、信念、感受，以及人口学信息（Best & Kahn, 1998）。访谈可以采用四种方式：

a. 非正式访谈（访谈形式由讨论发展而来）；

b. 引导式方法（主题和议题已确定，由访谈者来决定进行访谈的顺序和方法）；

c. 标准化开放式（结构化访谈）；

d. 封闭、固定回答（多项选择）。

第三种数据来源是回顾文件，它们通常能够提供大量研究背景，比如历史、多种政策声明、会议记录或其他档案信息。

最后一种数据反映了个人或对象基本的描述性统计信息。这些统计信息将给出一个解释定性结果的语境。

## 分析

如前所述，在定性研究中，研究者不仅设计研究，而且通常也是数据采集和分析的主体。因此，研究者必须认识到，他们可能，或经常会对研究的各个方面产生影响。信任或有风险。因此，研究设计必须包括增强相对真实性和确定性的措施，并减少主观性（"不可信的、有偏见或可能产生偏见的"），增强客观性（"可信的事实，可证实或已被证实的"）(Lincoln & Guba, 1985)。

对定性数据的分析是一个重复的、连续的过程。这个过程从第一份数据收集开始，到所有数据收集完并理解数据代表什么，得出相关结论为止。霍华德(Howard & Borland, 1999)提出了一个说明定性研究流程和具体数据分析过程的模型。这个模型对限制两类错误的方法有所阐述。首先是事实谬误。这种错误来源于研究者错误解读了对象的评论或对问题的回答。针对此的方法是对象复查：简单地询问研究对象去确认记录下来的叙事资料是否如其所说。第二种错误来源是解释谬误。在这种情况下，研究者错误解释了资料，并得出了不准确的结论。为了减少这种错误来源，同行或旁听者从研究者的数据入手，检验其逻辑是否引致研究者的结论。

定性研究非常适合两类信息的发展。它可以用于发展理论或模型。这些理论和模型稍后可以为定量方法所检验，这也是科学方法的第一步。定性方法可以用于探究那些源于定量、并为定量方法检验的结论对于人类的意义，这也是科学方法中的第三步。

然而，定性研究受限于其推断力和推广性。研究者不应当将研究结果推广到全体人群或其他语境。推广定性研究的结果是该研究的使用者们的职责。因此，汇报定性研究的结果应当对研究进行的语境做全面的描述（更多关于汇报定性数据的讨论可参见第33章）。这些研究结果使用者们需要关于研究、研究参与者和研究语境的充分信息，以判断研究发现是否适用于理解他们所处的具体情况。

## 混合方式与方法

基于上述讨论的概念，范式与方法论不应当被混为一谈，对某一世界观或范式的信念也并不总是要求使用特定的方法论。通常情况是，合适的方法和数据采集方式取决于亟待回答的研究问题。如果研究兴趣在于发展一种理论或一个假设，那么应当选取特定的个体作为研究对象，而定量或定性的方法都可以用于发掘想要获取的信息。如果研究兴趣在于发现或描述某一人群中的趋势，或者某一人群的某一特征，那么应当选取具有代表性的样本，并将结果推广至群体。从这一角度而言，关键议题是如何选择研究样本——随机从某一确定的群体中抽取，或有意根据某一特定特征抽取(Howard & Norland, 2007)。

两种范式和相对应的研究方法可以被认为是"研究连续体"的两端，一端是实证主义，而另一端是建构主义。博兰(Borland, 2001)提出，"定性和定量研究之间的关系不应当被认为是对立互斥的，而是一种在系统的科学研究中能互相补充的连续体，可以被用于生产完整或有用的知识"。这一关于研究方式的概念被约翰逊和翁韦格布齐(Johnson & Onwuegbuzie, 2004)称为"混合研究方法"。他们认为，这一创造知识的方法可以被认为是弥合"定性和定量方法之间裂隙"的第三研究范式。克雷斯韦尔(Creswell, 2005)进一步把混合研究方法当作一种世界观或范式进行了讨论，此时，实用主义者相信对特定问题"有用的方法"，并相信研究者应当采取任何必要的方法以理解问题。

对于实践中的院校研究者而言，这看起来是一种特别有吸引力的哲学。原因之一是系统性科学研究的旨趣超越于特定的研究范式和方法论之上，它最终关注的是解释所有可能的"是什么""为什么"以及"怎么办"的问题。在实践层面上，院校研究的专业工作一方面受到了限制，一方面又是无限制的。他们的工作被有限的时间和资金资源所限制，也被组织结构、过程和价值观所决定的特定的系统语境所限制。但院校研究真正的使命是为决策者的问题提供可选方案或回答，而不需要考虑实证主义和建构主义范式可能强加的限制。

克雷斯韦尔(Creswell, 2005)将混合研究设计定义为"收集、分析并在某一研究中'混合'定性与定量资料以理解研究问题"。尽管混合方法的使用在20世纪30年代就提出了，但是在过去的数十年间，它才被认为是一种可接受的研究方法。在这篇文章中，Creswell也描述了过去80年里的混合研究方法的发展，提供了它在近年来成为可接受的研究方法的根本原因。ASHE的读者(Howard, Kennedy-Philips & Watt, 2010)则讨论了采用混合研究方法的理论基础与实施。

## 可用的资源及假设的作用

下文的概述旨在回顾定性和定量数据分析的基本面向。践行过院校研究的任何人都会很快同意，分析不同类型数据的能力在发展研究计划或支撑决策时是至关重要的。然而，本章的讨论范围和旨趣并不在于提供涵盖所有分析技术的教科书式指导。本章讨论的大多数技术(涉及它们的假设、方法和理论基础)在统计课和定性数据分析课程的导论课或中期课程都有详细的介绍。尽管院校研究的实践并不总要求使用最先进的统计理论或研究方法，但在某些情况下，它们的应用虽非必须，但却是恰当的。有许多的教材、手册和系列专著都回顾了计算数据和应用数据分析的技巧。

## 定量分析

对于定量数据分析,圣智出版社出版了一系列讨论在社会科学领域中应用定量分析的各种特定方法的专著。对于那些对最先进方法感兴趣的人来说,有许多和特定学科相关的图书可以参考,比如《SAGE 手册:在社会科学中应用定量方法》(*SAGE Handbook of Quantitative Methodology*)(Kaplan,2004)以及威利出版社关于统计学的系列。《应用回归分析》(*Applied Regression Analysis*)(Draper & Smith,1998)和《经典和现代回归分析及实例》(*Classical and Modern Regression with Applications*)(Myers,1990)都是关于回归分析极佳的基础参考材料。在了解参数和非参数统计中的大量方法及其基础假设方面,《参数和非参数统计过程手册》(*The Handbook of Parametric and Nonparametric Statistical Procedures*)(Sheskin,2011)是一个极佳的起点。

## 定性分析

先前关于定性方法的讨论是对议题和方法的基本回顾,这可以应用于收集和分析定性数据。在过去 20 年中,这一领域有了显著的增长和发展。引用在定性数据应用、方法和理论方面体量庞大的可用文献超出了本章的讨论范围。

关于定性研究基础性的参考资料是由诺曼·K.登津(Norman K. Denzin)和伊冯娜·S.林肯(Yvonna S. Lincoln)编写的《SAGE 手册:定性研究》(*The SAGE Handbook of Qualitative Research*,2005)。这一领域优秀的基础教材包括《定性研究导论》(*An Introduction to Qualitative Research*)(Flick,2006)和《设计定性研究》(*Designing Qualitative Research*)(Marshall & Rossman,2006),而《定性研究实践》(*The Practice of Qualitive Research*)(Hesse-Biber & Leavy,2010)则在研究语境中考察了定性分析。

## 假设

本章讨论的所有分析方法都在假设基础上做了信息简化。我们在此对某些方法的假设进行一个简短讨论。比如说,尽管在线性回归中提及了多重共线性,但回归还假设所有值服从正态分布并有足够的变异,它独立于误差项、误差方差以及线性关系。其中,误差项服从以 0 为均值的正态分布,而误差方差也不是一个关于值的线性相关的函数。这些假设中,比如刚刚提到的线性假设,可以对照原假设证明。其他的假设,比如调查中的响应误差就不那么容易验证了。有些技术,比如非参数技术,具有更少的假设。拔靴法或拟态则具有更低限制性的假设。几乎所有假设都在某种程度上被破坏。许多假设以及满足假设的可能性检验都在本章所引用的文章、书中有所讨论。

还有一个问题：违背假设对结论的破坏性有多大？就像玫瑰是否美丽一样，讨论可以变得非常热烈。在学术层面，这在使用贝叶斯统计、经典皮尔逊统计和那些实证地分析数据的人之间引发了讨论。不同学科特定的研究方法被确定下来，比如生物测量学、心理测量学和经济测量学，等等。即使在技术层面，有许多基于不同假设的派别，比如项目反应理论的两种主要方法。尽管有许多策略能够缓解对假设的违背，但满足许多方法论要求的假设将始终难以解决。面临的挑战是如何选择分析方法，并使其分析的结果可以更好地反映对现实的理解。

## 参考文献

Barbezat, D. A., & Hughes, D. A. (2005). Salary structure effects and gender pay gap in academia. *Research in Higher Education*, 46(6), 621-640.

Best, J. W., & Kahn, J. V. (1998). *Research in education* (8th ed.). Boston, MA: Allyn and Bacon.

Borden, V. M. (2005). Identifying and analyzing group differences. In M. A. Coughlin (Ed.), *Intermediate/advanced statistics in institutional research* (pp. 132 - 168). *Resources in Institutional Research*, 16. Tallahassee, FL: Association for Institutional Research.

Borland, K. W. (2001). Qualitative and quantitative research: A complementary balance. In R. D. Howard & K. W. Borland, Jr. (Eds.), *Balancing qualitative and quantitative information for effective decision support* (pp. 5-13). New Directions for Institutional Research, no. 112. San Francisco: Jossey-Bass.

Box-Steffensmeier, J., & Jones, B. S. (2004). *Event history modeling: A guide for social scientists*. New York: Cambridge University Press.

Broder, J. M., & Dorfman, J. H. (1994). Determinants of teaching quality: What's important to students? *Research in Higher Education*, 35(2), 235-249.

Bryk, A. S., & Raudenbush, S. W. (1992). *Hierarchical linear modeling: Applications and data analysis methods*. Thousand Oaks, CA: SAGE.

Cattell, R. B. (1966). The scree test for the number of factors. *Multivariate Behavioral Research*, 1(2), 245-276.

Cleves, M., Gould, W., Gutierrez, R., & Marchenko, Y. (2008). *An introduction to survival analysis using stata* (2nd ed.). College Station, TX: Stata Press.

Congdon, P. (2001). *Baysian statistical modeling*. New York: Wiley.

Coughlin, M. (Ed.). (2005). Applications of intermediate/advanced statistics in institutional research, *Resources in Institutional Research*, 16. Tallahassee, FL: Association for Institutional Research.

Creswell, J. W. (1998). *Qualitative inquiry and research design: Choosing among five traditions*. Thousand Oaks, CA: SAGE.

Creswell, J. W. (2005). *Educational research: Planning, conducting, and evaluating quantitative and qualitative research* (2nd ed.). Upper Saddle River, NJ: Pearson.

Denzin, N. K., & Lincoln, Y. S. (2005). *The SAGE handbook of qualitative research*. Thousand Oaks, CA: SAGE.

DesJardins, S. L., Ahlburg, D. A., & McCall, B. P. (1999). An event history of model of student departure. *Economics of Education Review*, *18*(3), 375-390.

Dillon, W. R., & Goldstein, M. (1984). *Multivariate analysis methods and applications*. New York: Wiley.

Draper, N. R., & Smith, H. (1998). *Applied regression analysis* (3rd ed.). New York: Wiley Interscience Publications.

Engberg, M. E., & Wolniak, G. C. (2010). Examining the effects of high school contexts on postsecondary enrollment. *Research in Higher Education*, *51*(2), 132-153.

Flick, U. (2006). *An introduction to qualitative research*. Thousand Oaks, CA: SAGE.

Gliner, J. A., & Morgan, G. A. (2000). *Research methods in applied settings: An integrated approach to design and analysis*. Mahwah, NJ: Erlbaum.

Gobo, G., Gubrium, J. F., & Silverman, D. (2007). *Qualitative research practice*. Thousand Oaks, CA: SAGE.

Guba, E. G. (1991). The alternative paradigm dialogue. In E. G. Guba (Ed.), *The paradigm dialog* (pp. 17-30). Thousand Oaks, CA: SAGE.

Hearn, J. C., McClendon, M. K., & Mokher, C. G. (2008). Accounting for student success: An empirical analysis of the origins and spread of state student unit-record systems. *Research in Higher Education*, *49*, 665-683.

Hesse-Biber, S. N., & Leavy, P. (2010). *The practice of qualitative research*. Thousand Oaks, CA: SAGE.

Howard, R. D., & Borland, K W. (1999). Qualitative and quantitative research in institutional research: Complementary or competitive paradigms and methodologies? Paper presented at the Association for Institutional Research Forum, Seattle, WA.

Howard, R. D., & Borland, K W. (2007). The role of mixed method approaches in institutional research. In R. D. Howard (Ed.), *Using mixed methods in institutional research* (pp. 2-8). Tallahassee, FL: Association for Institutional Research.

Howard, R. D., Kennedy-Philips, L., & Watt, C. (Eds.). (2010). *Qualitative & quantitative research: A mixed methods approach in higher education* (3rd ed.). ASHE Reader Series. Boston, MA: Pearson Learning Solutions.

Howard, R. D., McLaughlin, G. W., & McLaughlin, J. S. (2005). Nonparametric statistics: Applications in institutional research. In M. A. Coughlin (Ed.), *Intermediate/advanced statistics in institutional research* (pp. 1-50). *Resources in Institutional Research*, *16*. Tallahassee, FL: Association for Institutional Research.

Hu, S., & Kuh, G. D. (2002). Being (dis)engaged in educationally purposeful activities: The student and institutional characteristics. *Research in Higher Education*, 43(5), 555-575.

Hutchison, D. (1988). Event history and survival analysis in the social sciences, II: Advanced applications and recent developments. *Quality & Quantity*, 22(2), 255-278.

Johnson, R. B., & Onwuegbuzie, A. J. (2004). Mixed methods research: A research paradigm whose time has come. *Educational Researcher*, 33(7), 14-26.

Jones-White, D. R., Radcliffe, P. M., Huesman, R. L., & Kellogg, J. P. (2010). Redefining student success: Applying different multinomial regression techniques for the study of student graduation across institutions of higher education. *Research in Higher Education*, 51(2), 154-174.

Kaplan, D. (2000). Structural equation modeling: Foundations and extensions. *Advanced quantitative techniques in the social sciences series: Vol. 10*. Thousand Oaks, CA: SAGE.

Kaplan, D. (Ed.). (2004). *The SAGE handbook of quantitative methodology for the social sciences*. Thousand Oaks, CA: SAGE.

Kiefer, N. M. (1988). Economic duration data and hazard functions. *Journal of Economic Literature*, 26(2), 646-679.

Lincoln, Y. S., & Guba, E. G. (1985). *Natural inquiry*. Thousand Oaks, CA: SAGE.

Lind, D. A., Marchal, W. G., & Wathen, S. A. (2010). *Basic statistics for business and economics*. New York: McGraw-Hill.

Marshall, C., & Rossman, G. B. (2006). *Designing qualitative research*. Thousand Oaks, CA: SAGE.

McCabe, D., Feghali, T., & Abdallah, H. (2008). Academic dishonesty in the Middle East: Individual and contextual factors. *Research in Higher Education*, 49(3), 451-467.

Myers, R. H. (1990). *Classical and modern regression with applications* (2nd ed.). Boston, MA: PWS-KENT Publishing.

Nora, A., & Cabrera, A. F. (1993). The construct validity of institutional commitment: A confirmatory factor analysis. *Research in Higher Education*, 34(2), 243-262.

Oseguera, L., & Rhee, B. S. (2009). The influence of institutional retention climates on student persistence to degree completion: A multilevel approach. *Research in Higher Education*, 50(6), 546-549.

Patton, M. Q. (1990). *Qualitative evaluation and research methods* (2nd ed.). Thousand Oaks, CA: SAGE.

Perna, L. W. (2001). Sex and race differences in faculty tenure and promotion. *Research in Higher Education*, 42(5), 541-567.

Perna, L. W. (2005). Sex differences in faculty tenure and promotion: The contribution of family ties. *Research in Higher Education*, 46(3), 277-307.

Pike, G. R., & Killian, T. S. (2001). Reported gains in student learning: Do academic disciplines make a difference? *Research in Higher Education*, 42(4), 429-454.

Ploutz-Snyder, R. J. (2005). Analysis of variance applications in institutional research. In

Coughlin, M. (Ed.), *Applications of intermediate/advanced statistics in institutional research*. Resources in Institutional Research, 16. Tallahassee, FL: Association for Institutional Research.

Porter, S. R. (2005). What can multilevel models add to institutional research? In Coughlin, M. A. (Ed.), *Intermediate/advanced statistics in institutional research* (pp. 1110-1131). Resources in Institutional Research 16. Tallahassee, FL: Association for Institutional Research.

Porter, S. R., & Umbach, P. D. (2006a). Student survey response rates across institutions: Why do they vary? *Research in Higher Education*, 47(2), 229-247.

Porter, S. R., & Umbach, P. D. (2006b). College major choice: An analysis of student-environment fit. *Research in Higher Education*, 46(7), 429-449.

Raudenbush, S., & Bryk, A. S. (1986). A hierarchical model for studying school effects. *Sociology of Education*, 59(1), 1-17.

Rosser, V. J. (2004). Faculty members' intentions to leave: A national study on their worklife and satisfaction. *Research in Higher Education*, 45(3), 285-309.

Seifert, T. A., & Umbach, P. D. (2008). The effects of faculty demographic characteristics and disciplinary context on dimensions of job satisfaction. *Research in Higher Education*, 49(4), 357-381.

Shadish, W. R., Cook, T. D., & Leviton, L. C. (Eds.). (1991). *Foundations of program evaluation: Theories of practice*. New York: SAGE.

Sheskin, D. J. (2011). *The handbook of parametric and nonparametric statistical procedures* (5th ed.). New York: Chapman and Hall/CRC.

Steele, F. (2005). Event history analysis: A National Centre for Research Methods briefing paper. *NCRM Methods Review Papers*. Retrieved from http://eprints.ncrm.ac.uk/88/1/MethodsReviewPaperNCRM-004.pdf

Stevens, S. S. (1946). On the theory of scales and measurement. *Science*, 103, 677-680.

Stratton, L. S., O'Toole, D. M., & Wetzel, J. N. (2008). A multinomial logit model of college stopout and dropout behavior. *Economics of Education Review*, 27, 319-331.

Toutkoushian, R. T. (1998). Using regression analysis to determine if faculty salaries overly compressed. *Research in Higher Education*, 39(1), 87-100.

Umbach, P. D. (2007). Gender equity in the academic labor market: An analysis of academic disciplines. *Research in Higher Education*, 48(2), 169-192.

Weerts, D. J., Cabrera, A. F., & Sanford, T. (2010). Beyond giving: Political advocacy and volunteer behaviors of public university alumni. *Research in Higher Education*, 51(4), 346-365.

Weerts, D. J., & Ronca, J. M. (2008). Characteristics of alumni donors who volunteer at their alma mater. *Research in Higher Education*, 49(3), 274-292.

第 28 章

# 探索和挖掘数据

栾晶(Jing Luan)
图拉西·库马尔(Thulasi Kumar)
苏蒂·苏吉特帕拉皮塔亚(Sutee Sujitparapitaya)
汤姆·博安农(Tom Bohannon)

本章将对数据挖掘进行一个简要的介绍：主要概念，以及包括聚类分析、决策图表和神经网络建模在内的三个案例研究。这些案例来自不同机构的院校研究项目，在案例分析中还将举例说明每项方法是如何展示研究结果的。另外，从上述三种情况，并基于数据挖掘在各种院校研究项目中的应用，我们为从业人员在院校研究方面提出了一系列建议，包括如何使用各种模型来验证结果，即算法偏差分析和在确认验证数据集(validation datasets)结果之前，测试运行数据集(training datasets)模型的常用方法。

## 探索性方法的范围和性质

"数据挖掘"实在是名不副实。它应该——也确实有一段时间被称为"数据库中的知识发现(KDD)"。数据挖掘，或者叫它 KDD，旨在在那些传统的工具或方法的用途受限的大型数据库中发现隐藏模式。在高等教育中，一旦数据已经积累了三到五个学期，数据库就是一英里深，一英里宽。如果没有可扩展的工具和多种数据挖掘模型，是不可能充分理解和利用数据库中反映出的所有的模式、趋势和因素的。

数据挖掘常通过两种途径来分析数据：无监督途径(unsupervised)和监督途径(supervised)。要了解一个庞大的数据库中隐藏的模式，研究人员通常从无监督途径开始。在采取无监督途径进行调查时，研究人员要进行多种可视化，关联和聚类操作。如果它是一个小而易于管理的数据集，或是专为报告建立的联机分析处理(OLAP)多维数据集，研究者就只有依靠表格和图表去理解它。这一途径是高度探索性的。无监督途径采取的技术包括 Kohonen 网络、广义规则归纳、K-均值法和序列检测算法。另一方面，要采取监督途径进行数据挖掘，要求使用数据挖掘技术时，研究人员已经具备关于数据库中模式的先验知识，并正在寻找预测结果。研究人员会开发一些预测结果的模型并寻找最佳的一个。寻找最佳的预测模型也是一种探索性的活动。监督途径采用的技术中最流行的有人工神经网络（artificial neural nets），分类和回归技术，C5.0 和规则归纳。

数据挖掘不同于传统的统计方法，这种不同不仅在于接口和查询大型数据库的能力，而且在于一些处理数据的基本方法。首先，它强烈地强调数据可视化的使用。数据基本上是描述一个人的模拟世界的一种抽象的方式，而图形是一种更直接的方式。数据和图形之间存在潜在的并且强有力的关系。可以用来说明这种共生关系的最好的例子应该是查尔斯·约瑟夫米纳德关于拿破仑的军队从莫斯科（Minard，1869/2007）撤退进展的著名的统计图表。人们可以使用公式来研究我们周围的世界，也可以使用统计图形来做这件事。

当仔细考察数据挖掘的监督途径时，人们会注意到，这一方法很少强调有关数据的假设，即高斯分布、变量相互作用（多重），以及建立假说。相反，预测模型主要依靠经验精度来建立，它是通过在一个数据集上运行模型随后再在另一个数据集上运行相同的模型验证得到的。这是数据挖掘一个关键点。

约翰·图基（John Tukey）是首先预见到探索性数据分析的价值的人之一。他的工作奠定了现代数据挖掘的基础，与探索性数据分析有着相似的哲学根源。1962 年，他发表了一篇具有里程碑意义的文章《数据分析的未来》（The Future of Date Analysis）。图基记载了他从统计的角度来思考到从数据分析的角度来思考的转变，即跳出从特殊到一般的固定推论的限制，充分认识到数据本身的特异性，并对泛化研究的兴趣减弱。

## 假设检验和探索性方法之间的差异

在探索新药的临床试验或研究一种新的教学方法的有效性时，研究人员会首先将研究主体分为两个随机分配组来实施自己的研究设计。一组接受药物或新的教学方法；另一组则不接受任何新的东西。无论是研究者还是研究主体都不知道哪个组是对照组和哪个组是实验组。在研究人员能够证明两组结果不同前，两个组的结果将是相同的。这是基于假设的研究的一个典型例子。然而，只有在将群组均值和显著性检验作为测量对象的极少的情况下才会将数据挖掘应用在对照组/实验组研究方法（control/experiment studies）上。数据挖掘，作为探索性的研究，并不需要有假设。

假设往往借"魔法接触"研究调查，因为它提供一种有形的、简单的准则：显著性水平——评估基于样本的假设的防卫性或持续性的阈值水平。这是一个简单方便的经验法则指数（rule-of-thumb index），但通常是作为唯一的看门人，保障从特殊到一般的推理措施的合法性。

栾和赵（Luan & Zhao）在他们合著的文章"行动中的数据挖掘：招生管理的案例研究"（Data Mining in Action: Case Studies of Enrollment Management，2006）中说，因为数据挖掘不从理论或假设开始，所以假设检验对于数据挖掘不具有特殊的意义。由于数据挖掘可以处理大量的数据，往往整个群体范围都是它的研究范畴。因此，在统计学上以估计推断的准确性为目的的显著性水平失去其意义。

此外，是否具有统计学显著特征往往并不直接与调查结果的实际作用或价值相关。在统计学上，显著性水平的选择是任意的，但它将决定假设是否会被否定。即使调查的性质和研究的主体不同，在统计学调查的大多数课题中，人们还是选择用传统的显著性水平（如小于 0.05 或 0.01 的 $p$ 值）去研究调查结果。统计学意义并不直接代表着实际意义，特别是对于案例出现微小变化时很容易影响统计学意义的大型数据集。更进一步，虽然假设检验是统计推理的基本规则并长期受到研究团体的珍视，但在高等教育环境中要维护实验-对照组也存在着实际困难和伦理问题。临床试验类型的分析对于高等教育研究者来说往往是个奢侈品。随机分配通常是无法实现的。严格意义上，假设检验的作用变得极为有限。

由于其对个案特异性的关注，数据挖掘在通过为个体或个案产生参考值（scores）以得出对于个人或个体的发现方面占有优势。这在某些院校研究中是更可取的方法，仅举几例，如了解和预测入学率（enrollment versus yield），保留学籍与辍学比例（persistence versus dropout），校友捐赠和平均成绩。在本章的随后章节中，读者会发现，假设检验并没有在任何案例研究中被使用。

本章下面将介绍三个案例研究：聚类分析、决策树和神经网络。内容的顺序安排是这样的，因为数据挖掘通常开始于无监督途径的建模，如聚类分析等，再发展到监督途径的建模。这些研究是关于高等教育的高度说明性的数据挖掘研究。在每个案例的最后，我们将对院校研究进行诠释。由于章节篇幅的限制，不常用的建模技术将不做讨论。很多技术都在尼斯贝特等人（Nisbet，Elder & Miner；2009）的文章中有讨论。本章最后基于数据挖掘的最佳实践和经验教训为院校研究人员提供了五个建议。

## 聚类分析

聚类分析是将案例（人、事物、事件等）分成组或者集群，从而使同一群组的成员之间关系较强而不同组间的个体之间关系较弱的探索性数据分析工具（Wishart，2010）。聚类分析有助于了解数据间自然分组情况，以及重要变量之间的关系。

在现在的许多院校研究应用中，聚类分析可用于预处理数据以确定哪些变量对于区分学生的群组是重要的。这样一来就可以构造能够区分这些群体、关注更多相关变量的解释和预测模型。聚类分析是基于疏远关系的,变量之间通常有典型的间隔或次序,虽然二分变量可以用来在定类测量中代表分类。此外,使用李克特量表的任何项目都被认为是等距量表的近似值,并广泛用于聚类分析。

由于在描述学生的经验、满意度和参与度时可以使用无数的变量,聚类分析技术在院校研究中得到越来越多的普及。表现出类似特征的学生可以被组合在一起。组内的学生表现出或多或少类似的特征,比其他组或集群内的学生更接近本组的学生。确定自然分组使机构研究人员能够把重点放在特定学生群组以及需要进一步详细分析的重要变量上。在数据挖掘中,聚类往往被视为整个数据挖掘项目中的首要步骤之一。

考虑到在今天的院校研究和调查中搜集到的信息和数据范围之广,聚类分析通常用来确认受访者所在的不同群组(有关调查的更多信息,请参阅关于调查的第29章和关于发布测试的第30章)。然而,作为一项探索性的方法,聚类分析仅提供对于群组(集群)特点理解,但不提供明确的解决方案。由于集群中的学生仍然可能在某些属性上表现出有所不同的行为,在采取一些干预策略前需要先探讨一些解决办法。同时,聚类分析还常常伴随着图形、图表、列联表和描述性分析,它们能帮助我们更好地理解群组行为。

由于计算机能力越来越强大,因此有众多的聚类分析算法可供我们选择。最流行的聚类算法有 K-均值聚类、层次聚类和 Kohonen 自组织特征映射(Kohonen,2001)等。K-均值算法是最简单的,最容易理解和实施的。在一个典型的 K-均值聚类中,研究者选择 K,即集群的初始数量,并形成集群。在发现对于数据集较为合适的集群数量之前需要进行频繁的多次尝试。通常会分为三至七个集群进行研究,以五个集群为最优选择。因为集群是预先选定的,并且与记录的数量关系不大,K-均值算法常常执行起来比其他集群算法要快。

在 K-均值中,字母"K"表示选作分析的集群数目;"均值"代表一个集群的质心或观测结果的平均值。在初始阶段,K-均值算法搜索具有合适间隔的指定数量的观测值(K)。这些观测值被作为初始集群中心,所有观测值都按照到质心的最小距离准则被分配到初始形成的一个集群中。使用最广泛的距离函数是欧几里得距离,代表两个点之间的直线。如果变量被认为是同样重要的,就要放在同样的范围里测量值或以其他方式比较分散体。在完成将观测值分配到每个集群这一步骤之后,研究人员要根据分配到集群中的所有观测值计算出集群的平均值或质心。新得到的平均值或质心要作为重新分配所有观测值的依据,重复上述过程,直到获得最佳的集群解决方案。

下面介绍一个使用 K-均值聚类技术的例子,通过全美大学生参与度调查(NSSE)中的数据来了解学生的参与度。

### 聚类分析的例子:学生参与类型学

自全美大学生参与度调查(NSSE)引入以来,很多高校都用它来了解学生在有教育目的的活动中的参与度。对于学生来说,更高层次的参与度对其学习有积极作用,往往有助于学生的保留(Pike & Kuh,2005)。然而,要从80多个变量中了解学生参与度并发展新战略来提高学生参与度是很困难的。为了简化对于学生参与度的理解,NSSE为每所院校提供一套使用调查中42个重点项目来评估学生参与度的体系,包含五项指标:①学业挑战度(level of academic challenge);②主动合作学习水平(active and collaborative learning);③师生互动(student faculty interaction);④教育经验丰富程度(enriching educational experiences);⑤校园环境支持程度(supportive campus environment)。总的来说,这些代表了活跃的学习环境,合作机会,与教师和工作人员之间的互动,以及超越了传统课堂的学习经验。体系标准中的个体项目是NSSE的研究人员融合了理论与实证分析创建的,能反映各个参与度层次的学生多方面的特征。(http://nsse.iub.edu/2009_Institutional_Report/benchmark_construction.cfm)。此外,在计算每个指标中所有变量的平均值之前,指标体系中使用的每一个变量的值都被标准化到在0到100之间。由于本章所介绍的聚类分析使用的数据来自五项指标,而不是使用这五项指标所包括的42个变量,所以变量没有进一步标准化的必要。

NSSE也认为,学生们在学校内比跨校表现出更多不同层次的参与度(Pike & Kuh,2005)。然而,学生的参与度受学生个体行为和学校制度特征(Luan,Zhao & Hayek,2009)的影响。因此,学生参与类型学是理解学生不同层次的参与度的重要基础。

下面的K-均值聚类分析使用的数据来自2008年在中西部研究型大学对于441名学生在有效教育实践中的五项指标的调查。

### 使用K-均值方法进行聚类研究

采用K-均值进行聚类研究是一个理想状态,特别是当研究人员在数据分析中面临多个重要变量时。聚类分析时需要输入30个或更多变量的情况并不少见。哪些变量应该输入和需要多少条记录完全取决于机构研究员的领域知识。然而,观察或记录的数量应足以捕捉学生参与度的变化。在一个纯粹的探索性分析中,集群只需要几百条记录就能在数据集中执行功能。

K-均值分析根据教育实践中有效的五项指标产生五种不同的学生集群。聚类分析的一个质量标准是用其轮廓(silhouette)来衡量的,轮廓是指测定其凝聚力和分离力的一个指标。一个点的轮廓值代表它相对于其他集群的点,与自己所在集群的点的相似度,取值范围在$-1$到$+1$之间。对于有五个集群的模型,如果其轮廓值是0.3,说明它是合理的。如果轮廓值不好,研究人员可以通过修改K-均值的聚类属性节点来提高集群的质量(Kaufman & Rousseeuw, 1990)。五个集群中每个集群的学生在参与度上都表现出了很大程度的不同,而且与其他集群的学生相比,他们与自己所在集群的学生更为相似。用K-均值分析法将学生分为五个集群,表28.1展示了这五个集群在有效的教育实践中五项指标的均值。

表28.1 学生参与类型学的集群均值

| 集群描述 | 学生数量 | 学业挑战度(ACa) | 主动合作学习水平(ACL) | 师生互动(SFI) | 教育经验丰富程度(EEE) | 校园环境支持程度(SCE) |
|---|---|---|---|---|---|---|
| 孤僻不合群学生 | 100 | 39.1 | 35.2 | 25.6 | 26.5 | 43.2 |
| 高参与度学生 | 71 | 68.4 | 67.3 | 75.7 | 52.2 | 70.1 |
| 学术参与学生 | 101 | 59.1 | 49.8 | 28.4 | 37 | 45.8 |
| 高度同质化学生 | 88 | 55.6 | 52.5 | 57.5 | 51.4 | 52.5 |
| 低参与度的零散学生 | 81 | 54.6 | 49.6 | 41.9 | 37.8 | 67.1 |

图28.1是用滴线法(drop line method)得到的五个集群均值的散点图。相比于给出集群一般性命名(集群1、集群2等)的K-均值法,滴线图能给出一个更具描述性的集群定义及命名方法,比如命名为学术参与组或高度参与组。但是,这一方法确实需要该院校研究人员对研究区域的变量和主要概念以及方法论非常熟悉。

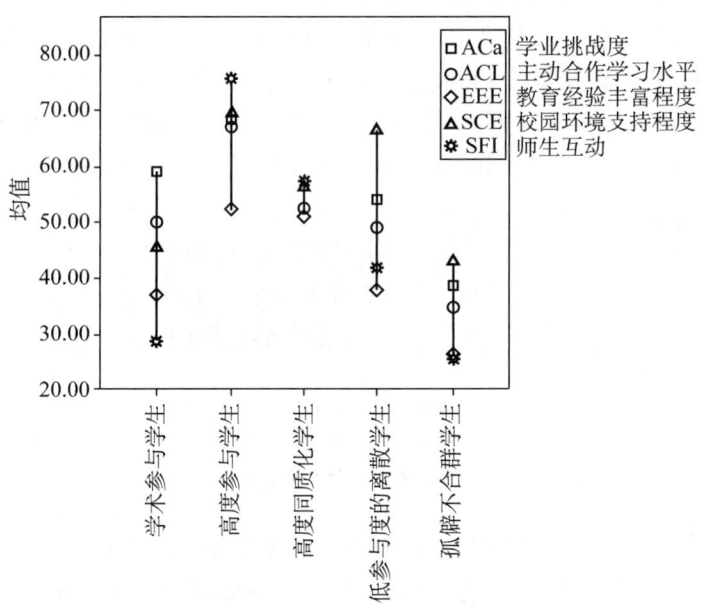

图28.1 集群均值滴线图

下面将阐述一个院校研究员如何向管理人员展示这些研究结果。首先简要描述每个集群中学生的一些主要特征。接下来展示集群在个别感兴趣的项目中如何表现出不同。要注意每个集群中都会有个别学生在一些具体变量上表现出的参与度一直在变化。

学生被分为以下五组：

(1) 孤僻不合群学生(Withdrawn and Alienated)：这一集群的学生表现出低参与度并且倾向远离老师和其他学生。

(2) 高度参与学生(Highly Engaged)：这组学生无论在课堂内还是在课堂外都积极参与学术工作并不断丰富自己的教育经验。

(3) 学术参与学生(Academically Engaged)：这组学生经常参与学业挑战，但很少与其他人进行合作。这些学生往往独自进行学习，与教师互动较少，也很少参加一些不同形式的学习。

(4) 高度同质化学生(Highly Homogeneous)：这组学生活动高度集中并且他们在有效教育实践的五项指标中每项指标都表现出相似的特征。

(5) 低参与度的离散学生(Less Engaged and More Fragmented)：这组学生对学业挑战和合作学习机会表现出低参与度，并对多样化学习机会采取折中选择。虽然他们比孤僻不合群的学生要积极，但与他们的参与度类型很相似。

除了描述群体的一般特征，通过关键项目来观察群组之间的差异也是很有帮助的。下面从 NSSE 系统中选出一些项目来描述群组中学生参与度的一些主要不同之处。这些项目之所以被选出来是因为它们能反映学校的重要问题。

众所周知，学术咨询在保留高危学生并让他们能更好地接受大学教育方面有重要作用。图 28.2 说明高度参与组以及同质化组的学生对他们在学习过程中接受到的学术咨询的评价为"好"到"非常好"。另一方面，孤僻组学生中有 50% 以上的人对课程学习过程中接受到的学术咨询评价为"差"或"一般"。

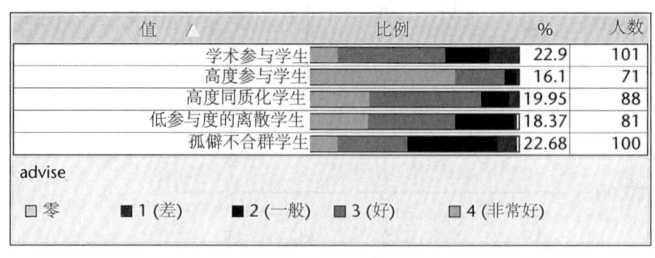

图 28.2　学术咨询

图 28.3 反映了"教育经历"和"回到原来的教育机构"之间的有趣联系。认为自己的教育经历"差"或"一般"的学生，无论是来自孤僻组还是学术参与组，都不打算返回原来的教育机构。

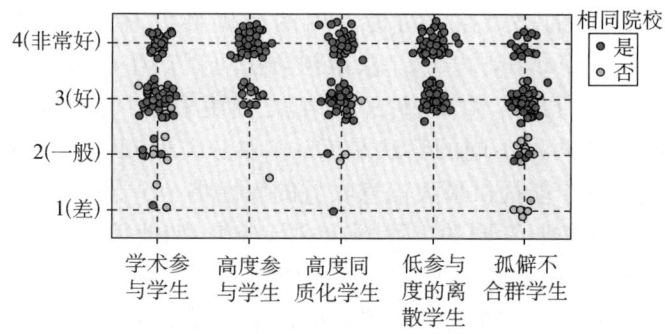

图 28.3　教育经历:对返回同一教育机构的影响

## 院校研究中的应用

在研究涉及大量变量的数据时对类似于 K-均值法的探索性方法的使用清楚地表明院校研究专业人员在进一步使用推理技术之前应该积极地使用这些院校数据分析技术来了解数据特征。如果群组之间在某些具体项目上没有表现出不同,对这些项目的进一步分析就不那么重要了。该分析清楚地指出,即使是在学生学习的最后一年,类似于与老师同学的互动、在联谊会中建立人际关系、留校活动和良好的学术咨询等课堂之外的教育经历对于学生的学习和保留都是很重要的。

# 决策树

院校研究常常涉及一些不适合使用线性假设以及在变量之间建立联系的情况。而且,很多场合不会提供适合正常参数假设的数据。决策树基于能得到因变量最佳描述的自变量选取规则,将较大的群组分割成多个较小的子群组。它们不包含参数假设(parametric assumptions)或线性假设(assumptions of linear)以及添加关系(additive relationships)。群组进行不断地分割直到对因变量的描述达到最优或者群组的规模达到指定的大小。

大部分人对于决策树有着直观的理解,发现它们很容易适用于现实生活中的问题。因为决策树归纳是一种非参数的方法,所以它不需要任何事先假设,而通常这些假设要满足由等级和其他属性决定的概率分布。决策树归纳是对决策树结构的监督性研究,决策树结构能基于一组决策规则预测或分析未来观测值。数据首先被分为两组:运行集(training set)和测试集(testing set)。在运行集中得到的规则会放到测试集中进行验证。建立一个决策树需要几个步骤:①从运行数据集中选出属性的一个子集;②使用算法处理这个子集以建立决策树;③剩下的实例被用来测试构造树的准确性;④持续这一过程直到得到一棵能将测试集的成员进行充分的划分的形成完整的决策树。对提高树的准确性没有帮助的实例将被忽略（Tan，Steinbach & Kumar，2006）。决策树方法可以产生非常有用的数据信息，并可以在运行另一项研究技术（如：神经网络）之前用来减少数据相关字段。

执行规则归纳的两种不同的算法是 C5.0 和分类回归树（C&R tree）。C5.0 算法的工作原理是基于能提供最大信息收益的属性将一个数据集分类。第一次分类得到的子集通常将按照不同的字段再次进行分类，如此循环直至不能再分。最后，最低级别的分割将被重新审视，那些对模型值没有显著影响的数据将被删除，或者说被"修剪"。只有当结果是一个绝对的恒量时模型建立成功。

C5.0 规则归纳法可以给出两种类型的结果：决策树和规则集。决策树是一种简单直接的分类技术。每个终端节点描述了运行集数据的一个特定子群，并且在运行集数据中每一个案例恰好属于树中的一个终端节点。规则集是从决策树推导出来的，在某种程度上，它相当于决策树中信息的简化版本。主要区别在于，如果有一个规则集，则多条规则都可以适用到任何特定实例中，或者任何一条规则都不适用。

与 C5.0 不同，C&R 树既可以容纳具有一定数值范围的输出指标，又能容纳具有一定分类属性的输出指标（Dunham，2003）。另一个区别是，C&R 树总是对数据执行二元分割，无论数据属性是否是分类型的还是数字型的。每种拆分结果的异质性指标（impurity index）是可测的，C&R 树的构建从通过测试异质性指标降低的预测值以找到最好的拆分开始。值得注意的是，异质性指标是用来衡量输入存在的杂质或不均匀性的（Breiman，Friedman，OIshen & Stone，1984；Shmueli，Patel & Bruce，2007）。拆分定义了两个子组，其中每个子组随后又分裂成两个子组，依此类推，直到停止拆分的准则被触发。

## 决策树例子：新生维持（Retention）分析

调查研究表明，在包括具有高度选拔性的高等院校在内的所有高等教育机构中，学生继续就学最脆弱的阶段是其入学后第一年（Learning Slope，1991）。因为离开大学这一想法的种子往往是早期种植的，能在这些学生学术生涯的早期识别出他们，并及时调整院校支持和干预方案来改善学生继续就学情况对学校来说是很重要的。

经历了一年大学学习的新生所做的决定受某种重要预测因子的影响，下面给出的模型介绍了测试这一重要预测因子的办法。这一研究包含三个基础问题：①某些确定的侧面能反映出那些更想留下来的学生的特征吗？②从 CIRP 新生调查系统中搜集的非认知数据能提高预测保留情况的能力吗？③如果旧生注册模式可以被识别且预测模型可以建立，对将来的学生保留情况能多好地进行预测？

## 数据选择和探索

这里使用了 2008 年秋季在一个大型城市大学机械工程研究所(CIRP)完成的新生调查($n=1\,304$)的大一新生的数据。这些新生的记录包括 CIRP 大一调查结果,自我报告中的学生档案信息,以及类似于分班考试成绩和入学率的大学具体信息。这些新生中,共 1 044 人(80%)在接下来的这个秋天进行了旧生注册。这样结果的属性,即新生的决定有两种:在第二年的开始进行旧生注册,或就此离开。表 28.2 列出了在此分析中使用的 26 项预测因子,分为五个类别。

在数据挖掘开始之前,必须对数据的质量进行评估。这既涉及空白或遗漏信息的检查,又涉及对于每个属性范围和价值分配的理解。图 28.4 显示了用来研究数据完整性的类型节点。数据审核输出选项可以用来检查数据流中的缺失值或空白值,以对属性本身和数据的完整性获得更好的理解。这些分析以及接下来的分析使用 SPS Clementine(现在称为 SPSS Modeler)软件并借用软件中的术语。

**表 28.2　研究模型中包含的预测因子**

| 变量 | 描述 |
| --- | --- |
| 为大学学习所作准备 | |
| 1. High School GPA | 高校平均成绩 |
| 2. High School API | 高校学术表现指数(API)得分 |
| 3. Private High School | 如果学生从私立学习毕业,编码为 1 |
| 4. Remedial English | 如果学生没有通过英语分班考试(EPT),编码为 1 |
| 5. Remedial Math | 如果学生没有通过入门级数学考试(ELM),编码为 1 |
| 6. Remedial Math and English | 如果学生英语数学考试均未通过,编码为 1 |
| 7. Admission Basis | 如果学生符合所有正规录取标准,编码为 1 |
| 8. SAT Composite Scores | SAT 复合(转换)分数;仅有可用的 ACT 复合分数时使用 SAT 转换 |
| 9. Eligibility Index | 资格指数(考试成绩和高中 GPA 的组合) |
| 学术成果和招生行为 | |
| 10. Undeclared Major | 如果学生在第一学期就进行无科系录取,编码为 1 |
| 11. STEM Major | 如果学生在第一学期选择主修 STEM(科学,技术,工程,数学)中的一个专业,编码为 1 |
| 12. BUS Major | 如果学生在第一学期选择商务方向的一个专业,编码为 1 |
| 13. Orientation | 如果学生在第一学期就进行无科系录取,编码为 1 |

(续表)

| 变量 | 描述 |
|---|---|
| 学生人口统计 | |
| 14. Age | 入学时年龄(年内) |
| 15. Gender | 如果是女性,编码为 1 |
| 16. CA Residency | 如果基于学费状况属于加利福尼亚居民,编码为 1 |
| 17. Underrepresented Minority | 如果是黑人、拉丁裔或美国本地人,编码为 1(IPEDS) |
| 18. Living on Campus | 如果住在学校里,编码为 1 |
| 经济援助 | |
| 19. Low-Income Family | 如果在贫困线以下(根据家庭规模和家庭年贡献),编码为 1 |
| 20. Parent Income | 父母年收入 |
| 21. Received Financial Aid | 如果学生获得过经济援助,编码为 1 |
| 22. Applied for Financial Aid, No Aid Received | 如果学生申请了经济援助但没有获得援助,编码为 1 |
| 23. Not Applied for Aid | 如果学生没有申请过经济援助,编码为 1 |
| 24. First-Generation Student | 如果双亲(包括父亲和母亲)的最高学历为高中或以下 |
| CIRP 新生调查:构造参数 | |
| 25. Academic Self-Concept | 在学术环境中关于能力和信心的个人认识 |
| 26. Social Self-Concept | 在社会环境中关于能力和信心的个人认识 |

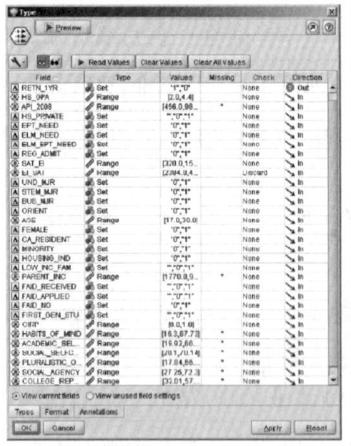

类型节点:缺为列

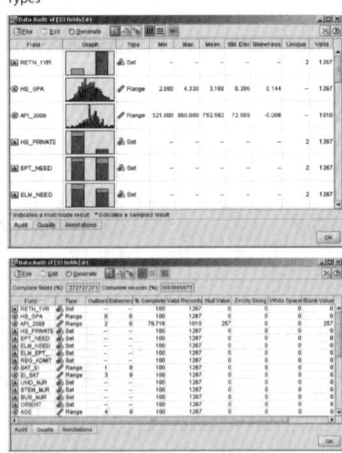

数据审核输出:检查遗漏值类型

图 28.4　类型节点和数据审核输出

分类回归树在处理缺失值方面要优于其他很多技术,它在建立树的过程中使用替代(代理)预测字段来处理一个分组中缺失字段的情况,而替代预测字段的分割是与初始预测值强烈相关的。然而,应该注意的是,很多技术不会对空白值进行明确的处理,而空白值的存在会增加数据和建模过程的复杂度。

在这个研究中,学生记录被随机分为两个组,在建模过程中一组作为运行集,另一组作为测试集。通过使用一个样本(50%)去生成模型并用另一个与之独立的样本对生成的模型进行测试,研究人员可以很好地估计把一个模型推广到一个与当前数据集类似的更大的数据集时成效如何。

## 模型建立

我们选择 C5.0 和 C&R 树来处理这个二分(分类)结果。值得注意的是,这些算法使用非统计测量(nonstatistical measures)来选择一个预测值。C5.0 使用信息(或熵)测量,C&R 树使用异质(或差量)测量。由于决策树大而浓密,最低级的规则并不总是能很好地推广到测试数据集,也可能存在适用于较小的数据组的规则。因此较低级别的分割通常是通过为模型规格设置数值水平以及/或者最小分组大小来对其进行舍弃或者修剪。

为返校和不返校的学生制定规则。图 28.5 显示了 C&R 树定义这一模型的规则。要识别"离校"组(0),应该注意记录值符合以下情况之一的记录:

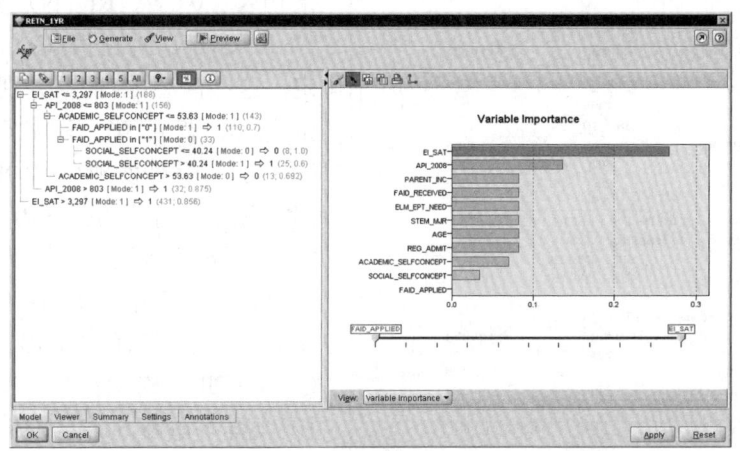

图 28.5 实例规则、信心指数及变量重要性列表

注:左侧窗口为实例规则及信心指数;右侧窗口为变量重要性列表

情况 1:资格指数 Eligibility Index(EI_SAT)≤3 297,高校学术表现指数得分 High School API(API_2008)≤803,在学术环境中关于能力和信心的个人认识 Academic Self-Concept≤53.63,申请了经济援助 Applied for Financial Aid(FAID_

APPLIED)，以及在社会环境中关于能力和信心的个人认识 Social Self-Concept≤40.24

或者

情况 2：资格指数 Eligibility Index(EI_SAT)≤3 297，高校学术表现指数得分 High School API(API_2008)≤803，在学术环境中关于能力和信心的个人认识 Academic Self-Concept>53.63

左侧窗口的第 6 行和第 8 行表明分别有 8 名学生和 13 名学生符合条件 1 和条件 2。这群个体的信心指数为 1.0 和 0.629，代表这群个体的记录的分离是正确的（预计要被分离，并且确实从机构中被分离出来）。在树视图（Tree View）中也可用树替代格式（Tree Alternative format）呈现结果。

值得注意的是，图 28.5 仅展示了筛选出来的与结果属性强烈相关的重要预测因子。但是，C&R 树通常在变量重要性图表中提供其他相关的重要预测因子。因为这些变量值仅是"相关"的，它们并不与模型的准确性有关。在实践中，特别是在处理含有大量预测因子的大型数据集时，这些属性对数据的初步筛选是有用的，对于模型的微调更加有益。

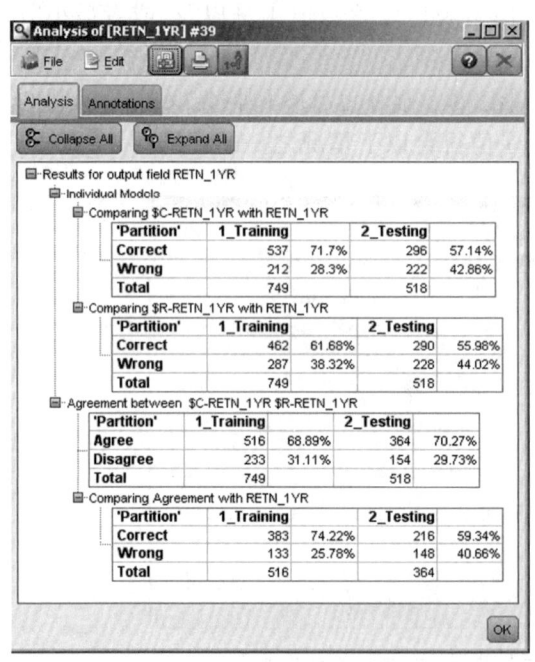

图 28.6 C5.0 和 C&R 树的分析输出

为避免只凭一次测试就妄下定论，理解好规则并从多个模型中提炼出最高预测准确度是很重要的。图 28.6 显示了预测结果，这些预测结果由 C5.0（$C-RETN）与 C&R 树（$R-RETN）预测值正误的概率决定。这些模型中，根据分别对应的测试组结果正确率为 57.14% 和 55.98%。我们发现 C5.0 能正确预测出"离校倾向者"的概率为 71.7%，而 C&R 树正确预测的概率为 61.68%。所以这一研究中 C5.0 模型最优。使用运行数据集样本得出的模型中，C5.0 模型正确预测出 77.3% 的"离校"类样本以及 62.9% 的旧生注册样本。另一方面，C&R 树仅预测出 68.1% 的"离校"类样本以及 57.2% 的旧生注册样本。因此 C5.0 测试样本的结果要更好，这表明它在用于新数据时将有更好的效果。

由这些分析的结果可见，对于前面提到的三个研究问题的答案都是肯定的。首先，第一年继续就学的预测因子可以被用来确认旧生注册的学生们的档案。再者,从 CIRP 新生调查中收集的非认知变量是继续就学的统计学显著预测因子。最后,预测结果正误的概率可以描述从生成的模型中得到的预测值与真实值有多高的契合度。图 28.6 表明 C5.0 达到了 71.7％的预测准确度。

## 院校研究中的应用

这一研究表明数据复杂度水平和预测输出在很大程度上决定了一个具体分析工具的选择。数据挖掘算法在处理涉及很多字段的更大的数据集时显得格外的突出,并且能提供个体层面的合适的预测输出。结果是可行的,并且是实用的。因此,这一研究的作用集中在辨别出处于辍学危险的其他学生以便进一步采取有效的干预措施。比较实际结果和预测结果的表格在解释研究结果以及提高算法的统计学置信度方面是很有用的。

同样重要的是,各院校可考虑使用适当的预测模型与其他干预措施相结合,以改善学生的继续就学和毕业情况。这一研究针对离开的学生构造了一个简单直接的印象,但它还需要与对个别学生的针对性研究相结合。改善继续就学率必须是一个多方面的努力。

## 人工神经网络

有时院校研究者会面临一组具有许多变量的很复杂的数据,有可能是非线性和不可叠加的相互作用,在现有理论下受限制的输入,以及大量的观测数据。在数据分析中,人工神经网络(ANN)是用于监督分类或预测问题的一类灵活的非线性模型。相比于决策树模型运行出的非参数模型,人工神经网络模型运行出的模型是参数化模型。人工神经网络模型的优点是它能对目标变量和预测因子之间的复杂关系进行建模。然而因为它的原理归结于对神经生理学的类比,它们通常被认为比其他的(统计)预测模型更加迷人和复杂。它们也更难以向他人解释。

人工神经网络的基本构建块被称为"隐单元"(hidden units)。隐单元是在神经元之后被构建的。每个隐单元存储输入变量的一个线性组合。其中的系数被称为"权重",而不是参数。使用一个激活函数来转换线性组合,然后将它们输出到另一个可以以它们作为输入变量的单元。

## 多层感知器架构

人工神经网络是能用于指定各模型的灵活框架。在数据分析中最广泛使用的神经网络的类型是多层感知器(MLP):由一个输入层,各隐单元构成的隐藏层,以及一个输出层构成的一个前馈网络。还有很多其他的人工神经网络算法,但由于篇幅所限,我们的讨论将仅限于 MLP。图 28.7 形象地说明一个含有一个输入层、一个隐含层和一个输出层的 MLP。请注意,隐藏层中可能有不同数量的隐单元,还有隐藏层的数量是任意的。对于神经网络的更详细的讨论,读者可参考 Bishop (2006)。

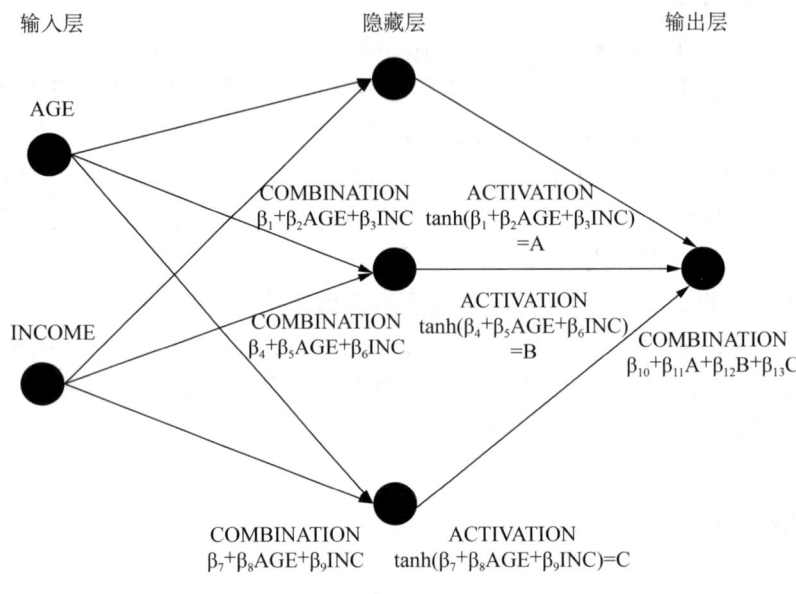

图 28.7 一个 MLP 的例子

隐藏层由隐单元组成。每个隐单元输出其输入的线性组合的非线性函数——激活函数。

输出层具有相应于该目标的单元。因为存在多个目标变量或者多类(>2)目标,所以存在多个输出单元。网络图是一个基本统计模型的表示。未知参数(权值和偏差)对应单元之间的连接。

每个隐单元输出其输入的线性组合的一个非线性变换。线性组合是网络的输入。非线性变换是指激活函数。MLP 中所用的激活函数是 S 形曲线(曲面)。

一个隐藏层可以被认为是一个新的空间,通常是较低维的,是前一层的非线性组合。从隐藏单元得到的输出被线性地组合以形成下一层的输入。对非线性表面的组合为 MLP 的建模带来了极大的灵活性。

输出激活函数用于将目标期望值的输出变换到一个合适的尺度。在统计学中,这种函数被称为"逆联接函数"。对于二进制目标,采用逻辑函数是合适的,因为它将输出限制在 0 和 1(二进制目标的期望值是后验概率)之间。逻辑函数有时也被用来作为隐单元的激活函数。这有时会给人一种假象,让人认为链接功能和激活函数是相关的。对于输出激活函数的选择仅取决于目标的测量尺度。

图 28.7 用了一个很简单的例子来说明这些概念,它只有两个输入:一个有三个隐单元的隐藏层和一个输出层。双曲正切函数被用作本例中的激活函数。这一人工神经网络使得数据挖掘人员能够在目标变量和预测变量之间建立复杂的非线性关系。如果目标变量和预测变量之间的关系是线性的,那么用逻辑回归建立关系模型是一个合理的选择。注意,这里假设目标是明确的。

用于确定隐藏层数量以及一个隐藏层内单元数量的规则和一般准则在尼斯贝特等人(Nisbet,Elder & Miner,2009)的文章中已给出。他们指出,一般来说,因为目标变量和预测变量之间关系的复杂性在增加,隐藏层中的单元数目也应增加。他们还指出,隐单元的数量应为运行案例的五分之一到十分之一。增加隐藏层或隐单元的数量可能会导致模型的过度拟合,因此在选择隐藏层和隐单元数量时必须注意对其数量加以控制。

## 案例:使用神经网络作为整体分析的一部分

如前所述,院校使用预测模型来锁定那些在接下来一学期存在不返校(辍学)风险的学生。我们用神经网络模型构建并运行出一个模型,其能够预测在 2008 年秋季入学并在 2009 年春季进行了旧生注册的学生中,哪些人将不会在 2009 年秋季进行旧生注册。在数据挖掘中,这组学生会被模型进行积分;它通常被称为"积分数据集"。这组学生被称为"新生 2008"。

该模型是以 2007 年秋季入学并在 2008 年春季进行了旧生注册的学生为样本运行或构建出来的。至于目标值,或依赖值,如果学生在 2008 年秋季进行旧生注册,变量编码为"1",如果学生离校,变量编码为"0"。这组学生被称为"新生 2007 (Freshmen 2007)。"我们将运行这一模型来预测新生 2008 数据集中的学生在 2009 年秋季不会进行旧生注册的概率,也就是该学生处于退学风险的概率。用于建立这一模型的变量已在表 28.3 中定义,我们将用 SAS Enterprise Miner 基于新生 2007 数据集运行出模型,并以此处理新生 2008 数据集。

**表 28.3 人工神经网络选出的预测因子**

| Effect | Wald | | |
| --- | --- | --- | --- |
| | DF | Chi-Square | Pr>ChiSq |
| Att_hrs_fall | 1 | 0.6423 | 0.4229 |
| Att_hrs_spr | 1 | 0.4995 | 0.4797 |
| Dorm_rate | 1 | 18.4396 | <0.0001 |
| Extra_curr | 1 | 1.2603 | 0.2616 |
| Fall_GPA | 1 | 37.7362 | <0.0001 |

(续表)

| Effect | Wald | | |
|---|---|---|---|
| | DF | Chi-Square | Pr>ChiSq |
| GENDER | 1 | 1.5609 | 0.2115 |
| IMP_Avg_Income | 1 | 2.0443 | 0.1528 |
| IMP_Distance | 1 | 0.9674 | 0.3253 |
| IMP_HIGH_SCHOOL_PERCENTILE | 1 | 7.0116 | 0.0081 |
| IMP_Hs_rate | 1 | 96.0923 | <0.0001 |
| IMP_Major_rate | 1 | 0.2605 | 0.6098 |
| Instate | 1 | 3.4950 | 0.0616 |
| M_Avg_income | 1 | 1.9436 | 0.1633 |
| M_Distance | 1 | 0.9591 | 0.3274 |
| M_HIGH_SCHOOL_PERCENTILE | 1 | 3.3987 | 0.0652 |
| M_Hs_rate | 1 | 14.4479 | 0.0001 |
| M_Major_rate | 1 | 1.2067 | 0.2720 |
| Need_pct_rete | 1 | 7.8872 | 0.0050 |
| Perc_hrs_comp_fall | 1 | 10.6305 | 0.0011 |
| SAT | 1 | 6.0054 | 0.0143 |
| Transcrip | 1 | 63.3874 | <0.0001 |

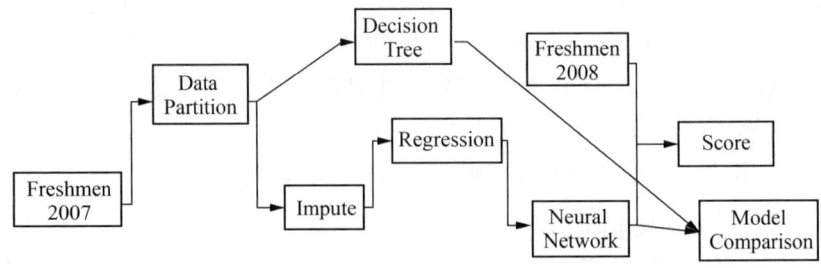

图 28.8 神经网络分析流水作业

正如图 28.8 所显示的，数据分区节点(Data Partition Node)在新生 2007 建模数据集节点(modeling dataset node)之后；将数据划分为两部分，70% 用于运行，30% 用于验证。接下来是估算节点(Impute Node)，其中存在的分类和区间变量的遗漏值用树算法来估算。比较多个模型的预测结果，即进行算法偏差分析，就能把决策树节点连接到数据分区节点，并把一个回归节点(Regression Node)连接到一个估算节点。回归节点用来选出最重要的变量，这些变量将被传递给神经网络节点(Neural Network Node);挑选出来的变量在表28.3中列出。由IMP或M打头的变量是估算节点产生的。这里的神经网络节点由一个隐藏层和三个隐节点运行,这是SAS Enterprise Miner中默认的形式。我们尝试了其他几种组合,但默认设置对验证数据集产生的均方差项是最理想的。我们添加了一个模型比较节点(Model Comparison Node)来比较决策树和回归模型,结果表明神经网络模型效果更好。无论是代表着模型契合度的不匹配率0.08还是均方差0.06,都表明神经网络模型与数据匹配度很高,比决策树模型要高。图28.9通过测试ROC曲线证明了这一模型强大的预测能力,并给出,这一模型在验证数据集上的ROC指数为0.9,而决策树模型ROC指数为0.08。ROC指数是曲线围成的面积;我们认为一个大于0.7的ROC指数代表良好,而一个0.9的指数是非常好的。因此,与决策树模型相比,要优先选择神经网络模型。

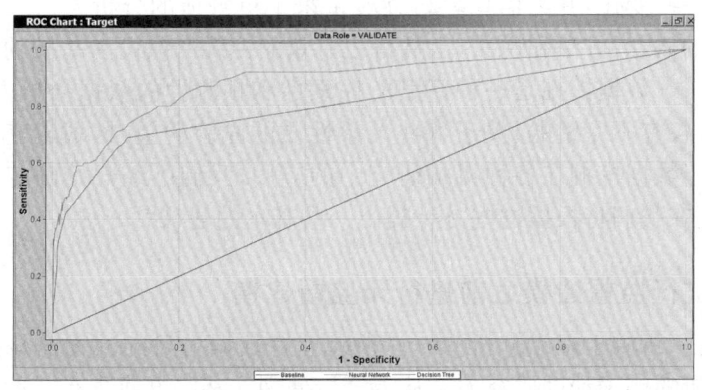

图28.9 决策树模型和神经网络模型的ROC曲线

我们的下一步任务是要标记或预测新生2008数据集中那些最有可能不会在2009年秋季返回校园的学生。在Enterprise Miner中使用积分节点(Scoring Node)并把新生2008数据集连接到积分节点来完成这一过程。Enterprise Miner会根据一名学生的属性,构建一个新的数据集,用以显示该学生在秋季学期不返回的概率。离校可能性大于一个设定的截止值的那些学生会被标记为干预;这一截止值可能基于一些可用资源,也可能基于一些历史数据。这样一来,当使用0.5作为截止值时,3 013名学生中54名学生就会被选为干预;也就是说,由神经网络产生的个体中有54个个体的离校可能性大于或等于0.5。

## 院校研究中的应用

这一案例说明了预测模型的建立在院校研究中的应用,特别是在预测模型的神经网络中的应用。这些技术和建模工具可以应用到机构研究中的其他常见问题上，如确定最有可能进行旧生注册的学生，确定最有可能拖欠学生贷款的学生，以及其他类型的建模问题（请参见第 13 章关于学生成功继续就学和毕业的更多讨论）。正如我们所看到的，神经网络属于更复杂的数据方法论，它们也是最强大的工具，特别是在处理复杂情况时。使用决策树时，用于提供正确的分类频率的双向表是非常有用的。同时，我们有一些用于计算群组成员之间关系概率的规则。这些规则可能是非常复杂的，所以预测结果的最好方法是建立一种分析方法，这一分析方法需要把预测结果和预测概率作为个体的一种属性来提供。

## 结语

作为最近出现的一系列技术创新之一，数据挖掘为我们数据分析技能的整个面貌带来了一些变化，并为信息分析领域带来了更舒适的分析方法。它不仅引入了一系列新的概念、方法和说法，也从行之有效的传统的假设为基础的统计学方法中独立了出来。数据挖掘是一种新型的探索性和预测性的数据分析方法，其目的是在没有（或仅有不完整的）关于这些关系性质的先验期望时，划定变量之间的系统关系。基于数据挖掘在各种机构研究中的应用，我们已经开始确定一些基本的指导方针，现在我们将根据这些方针提出一些基本的建议。

### 建议 1：在进行监督建模之前进行无监督建模

理由：这一章始于聚类分析——一种以理解数据为目的的无监督数据建模活动。聚类分析的例子帮助研究人员从零开始处理在某些方面具有高度相似性的学生群体的子集，从而使他们能在后续工作中不断提高预测模型的预测精度。无监督的数据挖掘还包括可视化和多维数据表。许多潜在的问题，比如不匹配的数据、脏数据、噪声和定义不清的数据，也能在此过程中被识别出来并得到解决。

### 建议 2：通过重复操作验证结果

理由：建议基于测试数据集建立模型并使用保留数据集（holdout dataset）进行重复操作以验证研究发现。如果在一个研究中没有用保留样本进行重复操作，是无法判断其样本的偏颇程度的，也同样无法确认其结果的有效性。古特曼（Guttman，1985）指出，"基于一个样本对零假设进行肯定或否定……是与科学对立的做法"。但尽管基于重复操作的重复性研究是很重要的，它在社会科学研究中却是很少见的做法。

### 建议 3：采用算法偏差分析

理由：建议机构研究人员使用多种算法来对结果进行比较。这也意味着使用一个训练数据集和至少一个验证数据集进行算法分析偏差。我们一直反对一些学者仅基于一个统计检验对结果进行测试和报告的做法。在许多情况下，至少需要进行两个或两个以上的统计测试，以确保结果不受测试本身的限制。事实是，分析结果在一个测试与另一个测试之间可能会变化——并且有时变化很大。仅仅依靠从一个测试（算法）中单独得出结果，去给出将会影响一个机构或更大的组织的决定的结论是不科学的。本章提到的研究结果将对学生的生活产生重大影响，这要求我们对于停止这种做法给予认真考虑。

### 建议 4：探索实时数据积分的作用

理由：建议数据挖掘模型一经敲定，就要基于实时数据仓库进行部署调整，以对实时数据进行积分考虑。大多数数据挖掘活动，正如一些发表的文章中以及本章案例研究报告中所提到的，停留在了最后但最有用的一步：实时积分（live scoring）。这种情况常常发生，因为数据仓库技术本身常常只作为一个单行道来使用，这意味着研究人员能获取数据进行分析但不能把数据写回仓库。如果能够基于实时数据库部署一个数据挖掘模型——大多数使用类似于 Banner，SAP，PeopleSoft，或者 Datatel 应用程序接口的方式——将提供最大的业务优势。"数据库中的知识发现"意在描述为便于决策者可以实时获取结果，通过在数据库中使用数据挖掘模型对数据进行实时积分的这一任务。

### 建议 5：向用户传达结果

理由：建议给数据挖掘用户提供的结果要具有相当直接的数字特征和图像可视化特征。在对技术细节进行适当讨论的部分，我们建议提供技术附录。我们还建议，在使用数据挖掘解释为什么使用旧形式的数据分析不能合理地分析数据，或者数据挖掘如何比旧形式提供更多的值来解释数据时，在通过数据挖掘得出的结论中要给出理由。

# 参考文献

Bishop, C. (2006). *Pattern recognition and machine learning*. New York: Springer Science.

Breiman, L., Friedman, J., Olshen, R., & Stone, C. (1984). *Classification and regression trees*. Belmont, CA: Wadsworth International Group.

Dunham, M. H. (2003). *Data mining: Introductory and advanced topics* (pp. 100-103). Upper Saddle River, NJ: Pearson Education.

Guttman, L. (1985). The illogic of statistical inference for cumulative science. *Applied Stochastic Models and Data Analysis*, 1, 3-10.

Kaufman, L., & Rousseeuw, P. J. (1990). *Finding groups in data: An introduction to cluster analysis*. Hoboken, NJ: Wiley.

Kohonen, T. (2001). *Self-organizing maps*. New York: Springer Series in Information Sciences.

Learning Slope. (1991). *Policy perspectives*. Philadelphia: Institute for Research in Higher Education.

Luan, J., & Zhao, C. M. (Eds.). (2006). *Data mining in action: Cases studies of enrollment management*. New Directions for Institutional Research, no 131. San Francisco: Jossey-Bass.

Luan, J., Zhao, C. M., & Hayek, J. (2009, February). Using a data mining approach to develop a student engagement-based institutional typology. IR Applications. Retrieved from http://www.airweb.org/images/irapps18.pdf

Minard, C. J. (1869/2009). National Survey of Student Engagement. *Assessment for improvement: Tracking student engagement overtime-annual results 2009*. Bloomington: Indiana University Center for Postsecondary Research. Retrieved from http://www.edwardtufte.com/tufte/posters

Nisbet, R., Elder, J., & Miner, G. (2009). *Handbook of statistical analysis and data mining applications*. Burlington, MA: Elsevier.

Pike, G. R., & Kuh, G. D. (2005). A typology of student engagement for American colleges and universities. *Research in Higher Education*, 46(2), 185-209.

SAS Institute. (2010). SAS Enterprise Miner. Cary, NC: SAS Institute.

Shmueli, G., Patel, N. R., & Bruce, P. (2007). *Data mining for business intelligence: Concepts, techniques, and applications in Microsoft Office Excel with XLMiner*. Hoboken, NJ: Wiley-Interscience.

Tan, P., Steinbach, M., & Kumar, V. (2006). *Introduction to data mining*. (pp. 150-172). New York: Addison-Wesley.

Tukey, J. W. (1962). The future of data analysis. *Annals of Mathematical Statistics*, 33, 1-67.

Wishart, D. (2010). What is cluster analysis? Retrieved from http://www.clustan.com/what_is clusteranalysis.html

# 第 29 章

# 观点与行为的测量

肖恩·西莫内(Sean Simone)
科尔宾·M.坎贝尔(Corbin M. Campbell)
丹尼尔·W.纽哈特(Daniel W. Newhart)

本章是针对院校研究者在测量观点与行为时所采用的主要方法进行文献上的梳理。在文章中介绍了研究调查的准备步骤,探讨了三种测量观点与行为的方法:问卷调查法、焦点团体访谈法以及无干扰测量法。

## 研究调查的准备工作

该小节详述了在进行研究调查准备工作时,院校研究者应当思考的四个步骤:选择研究方法、明确研究目的、形成研究问题以及制作日程表。

### 第一步:选择研究方法

本章所探讨的方法适用于研究中出现的诸多问题的研究。当研究的问题经过严密设计,同时研究者有兴趣了解群体中个体的观点与行为时,问卷调查法最为适宜。调查研究者关注研究的广度;他们试图归纳研究发现或者将从小样本研究出的具体观念推广到更广的群体。而如果院校研究者对问题挖掘的深度感兴趣,问卷调查法将不再那么适用,除非是作为质性研究的后续调查(例如焦点团体访谈,接下来会介绍)。此外,如果测量工具的编制没有相关理论作为指导,院校研究者应该考虑采用其他的方法。

另一方面,当测量的目的是"了解学生或者其他在校人员的观念,信仰或者观点"的时候,采用焦点团体访谈最为适宜(Schuh & Upcraft, 2001),且对话题进行深入挖掘也是非常重要的。但如果是为了获取统计数据或者节省支出,则不宜采用此方法(Schuh & Upcraft, 2001)。当研究的问题可能存在争议时,可以考虑采用一对一的方式进行结构式或非结构式的访谈获取定性数据,而不是进行涉及多人的焦点团体访谈。此外,如果研究者想要对某一现象进行深入挖掘,也可以考虑采用这些研究方法。

## 第二步：明确研究目的

在选择适宜的研究方法之后，院校研究者需要明确研究的目的。这时研究者可能已经提出了一些问题，例如："你想研究什么？""谁想要了解？""研究结果使用的动机是什么？"当进入到确定设计研究工具或者拟定焦点团体访谈提纲阶段时，还有很多其他的问题需要考虑。表 29.1 中所列举出的问题可以给院校研究者提供一定的参考。

研究结果应该能为解决政策问题和影响决策方面提供可操作的建议。任何影响决策力或者与研究问题无关的事项都应舍弃。

**表 29.1　院校研究者在研究设计时应考虑的问题**

| 话题领域 | 问题 |
| --- | --- |
| 准备工作 | 研究结果如何使用？<br>研究的目标是什么？<br>要回答的关键问题是什么？<br>回答这一问题需要哪些信息？<br>哪些概念需要界定？<br>该主题其他人还做过哪些研究？<br>确实需要进行调查研究或者焦点团体访谈；还可以通过其他途径获取数据吗？<br>如何进行分析和报告数据？（Suskie，1996） |
| 受众 | 谁将看到这些数据？<br>谁将看到正式的研究结果？<br>谁会想要看到研究结果，但是无法获取？<br>研究结果会对哪些人产生影响？ |
| 样本 | 哪些人将参与这项研究？<br>他们对研究的主题了解多少？<br>他们的假设是什么？<br>该群体的敏感话题可能是什么？<br>他们的成长环境以及如何影响他们看待问题的方式？ |
| 后勤保障 | 调查或者焦点团体访谈何时实行与分析？如何根据被试群体和受众安排日程表？<br>调查或焦点团体访谈开展的地点？<br>环境对研究结果有怎样的影响？<br>研究属于横向研究还是纵向研究？（Creswell，2008） |
| 分析计划 | 你将使用哪些变量或属性来剪切或编码数据？<br>你将进行横向分析还是纵向分析？ |

数据来源：Adapted from Creswell，2008；Fowler，2002，2009；Suskie，1996；Upcraft and Schuh，1996.

## 第三步：形成研究问题

在问题形成之前需要对研究的问题进行相关文献的综述。文献有助于界定概念，明晰理论以及评估变量之间的关系。分析人员需要从文献中抽离出对于所研究的问题哪些是已经知晓的,哪些是未知的,以及哪些已经知晓但是尚未检验的。掌握了这些信息,院校研究者应该形成清晰、具体且具有可操作性的研究问题为最初的内部使用。真正的研究问题的形成取决于研究传统;在接下来的篇章中会有介绍。

## 第四步:制作日程表

研究计划的最后一步就是为研究的每一阶段制作相应的日程表。对于调查研究来说,所有的交流方式(不管是通过电子邮件、信件、或者电话交流)都应事先注明,每一次交流的日期与起止时间都应计划好。对于焦点团体访谈研究,研究者应该计划好访谈主持人的培训,交流与焦点团体访谈的日期。另外,阶段性目标也应在拟定的访谈提纲中规划好。

# 调查与问卷

前面的章节主要对调查研究的一般方法进行了描述。许多的调查研究都涉及调查与问卷的编制和使用。接下来将对此进行详细的讨论。

## 调查研究的设计

设计一项获取观点与行为测量的真实回应的调查研究是一个不小的挑战。这一部分将对如何编制清晰的问卷项目和调查工具进行概述。

**1. 形成研究问题**

一项调查研究的问题一方面需要足够具体,让问题可以用量化的方法进行回答,而另一方面又需要足够广泛,能够反映实际操作中的策略问题。例如:

(1)院校多样性在多大程度上影响着学生的学业成就?

(2)多样化训练在多大程度上影响着学生在某项课程中团队合作中的能力?

(3)(某项入门课程或者多样化干预)在多大程度上影响着学生的耐受力或者接受能力?

第一个问题过于宽泛。因为"多样性"与"学业成就"的概念范围并没有被界定,会生成太多需要操作的问卷项目。第二个问题则过于具体。尽管问题已经具体到可以生成问卷项目,但是无法影响到制度决策也没有任何的意义,除非是关于特定的介入。第三个问题则在两者之间达成了平衡,既可以进行测量,也对院校具有一定的决策启示。如果可以,分析人员应该把打算研究的问题在小组内分享讨论,对关注的焦点进行精炼和具体化。苏斯基(Suskie,1996)指出,如果研究者无法对变化进行控制,仅仅罗列研究问题或者问卷项目是毫无意义的。

**2. 调查主题贴合研究问题**

研究的问题往往具有多面性,吸引着分析者去调查研究。制作一份图谱将研究问题的不同方面(受众,调查的后勤保障,分析计划以及具有潜在价值的额外研究问题)连接起来,这将确保:①话题或者研究问题被界定;②收集的数据与话题紧密联系。例如:

研究问题 1:对于州立大学新生来说,学业经历是种怎样的挑战?

### 3. 形成项目

项目形成的目的在于构建与研究问题息息相关的信效度检验模式。一项研究的问题如果具备以下要素可以说是可信的:

(1) 对于每一个被试来说问题是同一的。

(2) 对于每一个被试来说,可能的回答也是同一的。

(3) 在给定的相同情景下,同一被试会选择出同样的答案(Fowler,2002;2009)。

一项研究问题如果能精确地测量预期的构想,那么可以说是有效的。调查研究的效度通常涉及四个常见的问题:①他们对问题不理解;②他们对答案不了解;③尽管他们了解,但是不能回忆起来;④在访谈的背景下,他们不愿回答(Fowler,2009)。另外,应答者由于错误的自我认知而不能准确地做出回答也会对效度产生影响(例如,自我报告学习成果)。

尽管不可能消除所有的误差,但可以提高研究的信效度。表 29.2 中列举了八项技巧。

表 29.2　编制问卷选项的最佳做法示例

| 技巧 | 示例 | 问题的缺陷 | 参考文献 |
| --- | --- | --- | --- |
| 避免提出具有双重或多重意义的问题 | 你在每周课外阅读或者学习上花多少时间? | 调查的目的是测量阅读情况还是学习情况? | Fowler,2002;Iarossi,2006 |
| 使用意义明确的词汇 | 你每周在通识教育课上花多少时间? | 是否所有的应答者都了解"通识教育课程"的含义?在问题编制过程中经常出现的一个错误就是使用一些对应答者来说陌生的术语。如果编制人员与应答者在年龄结构或者文化上存在差异,则这一问题更为明显。 | Fowler,2002 |
| 避免使用概念模糊的术语。必要时,有两种选择:研究者对模糊概念进行界定或者被试对概念进行界定 | 你是否同意下面的说法:在学校里我努力完成课程作业。 | 该示例让应答者自己根据自身对于"努力"一词的认识来作答。因此该项目测量的是应答者对于努力这一概念的认识。对于模糊术语的界定,更好的改进方法是:"你是否认可下面的说法:在学校里我努力(即,每周花费超过 20 个小时)完成课程作业。" | Fowler,2002;Iarossi,2006 |

第29章 观点与行为的测量　　　439

(续表)

| 技巧 | 示例 | 问题的缺陷 | 参考文献 |
|---|---|---|---|
| 避免问题测量停留在观念层面而缺乏必要的事实。这意味着，答案是可信与有效的，而不是表明现实潜在的意义。 | 你怎样评价自己设计研究问题的能力？ | 在这种情况下，答案表明的是应答者在编制研究问题上的熟练程度、自信程度，或者两者一定程度上的结合。 | — |
| 怎样可以更好地唤起回忆？更有意义或者最近发生的事情更容易被回忆起来。因此，当要求被试回忆过去的信息时，可以考虑一下这种策略：提供一些引言，让应答者回忆当时的情景，细节能够唤起记忆。另外，提问时放慢语速，让应答者有更多的时间去思考。对同一事件进行多方面的提问，以此提高回忆起来的可能性。 | 你怎样评价学术支援中心的指导教师？ | 该提问还不够具体到唤起应答者的回忆。可以调整为：回想一下你最近一次去学术支援中心的情景。你会怎样评价那里与你交流的学术指导老师？ | Fowler, 1998 |
| 采取谨慎措施减少社会期望。社会期望是指应答者回答符合社会规范的行为或态度而非真实情况。社会期望在调查项目涉及隐私或者具有争议性的话题中尤为突出。应答者作出符合社会期望的选择的原因包括三点：①他们想维持良好的形象；②他们自我感觉良好；③问题让他们感觉受到了威胁。 | 你酗酒吗？ | 减少社会期望的建议：<br>• 避免使用表明研究者在进行评判的话语。<br>• 强调准确的重要性。<br>• 可以的话，要做到保密或匿名进行。<br>• 确保问题对于应答者是适宜的。<br>• 在一些常规和不太敏感的问题之后设置这些问题。<br>• 为了解决社会期望问题，可调整为：所有被试的信息都是被保密的。你准确的回答对于这项调查非常重要。你一周里几天会喝8盎司的酒精性饮料？0天/1~2天/3~4天/5~6天/7天 | Fowler, 1998, 2002 |
| 避免使用带有引导性的话语。引导性的问题会使得被试按一定的方式作答。 | 你对回收利用可以改善环境的态度是？ | 该问题会引导被试相信他们应该进行资源的回收利用，从而可能会影响到被试的回答。 | Iarossi, 2006 |

| 技巧 | 示例 | 问题的缺陷 | 参考文献 |
|---|---|---|---|
| 对同一调查主题/话题进行多方面的提问。多方面提问可以测量彼此关联的同一观念,以此提高信效度。 | 你是否同意以下的说法:我对州立大学满意。 | 对同一观念的多个方面制定标准或者影响因素,可以减小测量的误差。(见因子分析章节)附加的问题有助于提高精确度:你同意以下的说法吗？<br>① 我对州立大学满意。我会把州立大学推荐给朋友。<br>② 如果必须再次选择,我仍会到州立大学就读。<br>③ 我对州立大学基本的态度是积极的。 | Fowler, 2002 |

### 4. 选择反应尺度

在决定问卷项目的信效度上举足轻重,反应尺度的类型也决定了数据分析的类型。反应尺度类型的选择取决于答案是封闭式(调查提供了既定的选项)的还是开放式(被试自由回答)的(Saris & Gallhofer, 2007)。如果探讨的话题没有相关的文献作为参考或者对于具体的样本如何回答知之甚少,那么采用开放式问题比较合适。但是,即使满足了上述的情况,在面对大规模调查时,采用开放式问题仍是不切实际的,因为对于答案的编码与分析需要花费大量的时间与物力(编码与分析自由式回答详见第33章)。如果调查需要采用较多的开放式问题,那么院校研究者可考虑采用焦点团体访谈。

理想情况下,在封闭式问答的条目中,选项是应该完全与被试的经验、态度或者行为相匹配的。但在实际操作中,问卷条目的编制人员都会试图在有限的选项中涵盖更为广阔的内容。在封闭式问答中存在四种选项类型(Fowler, 2002, 2009):定类、定序、定距、定比。表29.3中提供了每种反映尺度在问卷条目中如何使用的范例。

表29.3 反应尺度

| 反应尺度 | 说明 | 示例 |
|---|---|---|
| 定名 | 无序的回答类别 | 红色、蓝色、紫色、橙色 |
| 定序 | 不需要每一选项间等间距的有序答案 | 非常同意、同意、不同意、非常不同意 |
| 定距 | 等间距有序答案,但不存在有意义的零点 | 华氏温度 |
| 定比 | 等间距有序答案,存在有意义的零点以及答案之间的比率也存在意义 | 你工作几个小时？答案显示工作的时间 |

来源:Adapted from Fowler, 2002;2009.

为了确保作答的选项中包含所有的最佳答案,院校研究者可以通过查阅相关的文献,了解前人有关调查的结果,形成对于该群体的基本认识。在选择作答选项时,也要考虑到后期的数据分析。通常来说,选项越规整(定比最佳),院校研究者在数据分析时灵活性越强。定比数据可以进行归类,但是归类后的条目不能再反推为比率关系。如果选择采用回答类别,选项的数量应控制在 5~7 个,既保证了分析项目的多样化,又避免对被试造成过重的认知负担。从实际的操作层面上开说,对于多个条目设定相同的反应尺度,可以减少被试所需的空间与时间上所带来压力。

### 5. 调查工具的编制

在问卷条目编制完成之后,需要对每一个问题的涵盖性进行评估,同时放置在调查设计图中合适的地方。以下的问题会有所帮助:

(1) 每一条目中你最想了解到什么?
(2) 每一条目对于你调查的总体目的起到怎样的作用?
(3) 服务的对象是谁?

最后一步是在发放问卷之前,确保每一条目都设计得合理。

表 29.4  调查设计图

| 调查问题/副标题 | 受众考量 | 样本 | 后勤保障的考量 | 分析计划 |
|---|---|---|---|---|
| 量化研究:大一新生在课程作业上花了多少精力? | 教务长与学院院长对该选题感兴趣是由于发现学生没有感受到学业挑战。 | 大一新生对于工作的认知可能与他们高中阶段的在校经历有关。应答者的经验是基于他们具体的课程作业。考虑到大一新生课程加重,这对实践有何启示? | 调查会在第一学期开展 8 周的时间。届时他们已经结束期中考试? | 按学院、种族、性别分割,按是否已经参加过期中考试分割 |
| 质性研究:学生在课程作业中使用怎样的策略? | 教务长与学院院长对该选题感兴趣是由于发现学生没有感受到学业挑战。 | | 在秋季学期开展,应答者会了解他们课程需要何种策略? | 按学院、种族、性别分割,是否已经参加过期中考试分割 |

注:For additional examples of how to map your research objectives, see Fowler, 1998.

### 6. 工具的排列与布局

在分析人员确定问卷条目之后,下一步便是对项目进行排序。总体来说,刚开始的问题条目应该容易且能快速作答,而且不应涉及个人隐私或者有争议的话题。条目应该是一个话题引起另一个话题展开,不应有过于唐突的跳跃。调查中最为重要或者涉及个人隐私的项目应该放在问卷的中段。研究者应该对有争议和涉及个人隐私的条目保持警惕,这些项目可能会引起极端的情绪反应,而且让应答者对接下来的调查有所警觉。

问卷后部的条目也需要特别考虑,尤其是当你的调查问卷比较长时。篇幅较长的调查问卷会给应答者造成较大的负担。通常在长篇幅的调查问卷中,末尾条目的回答率较低(Iarossi,2006)。因此,不建议核心条目放在调查的后段。但是,目前也没有确切证据表明调查问卷的长度会对回答率产生多大的影响(Iarossi,2006)。因此,可以通过预实验来确定问卷长度对应答者来说是否适宜(Iarossi,2002,2009)。亚罗西(Iarossi,2006)提出了一些问卷布局的建议:

(1) 总体来说,越简单越好。

(2) 条目之间留有充足的空间。

(3) 每一项调查在每一页应该含有特定标志符号。

(4) 分枝型问题或对问题进行筛选可以减轻被试的负担;但是,分枝型问题的布局必须简洁明了。

(5) 说明部分应与条目区分开来(例如,加方框或者加大加粗字体)。

### 7. 获取反馈

在形成完整的问卷之前,研究人员应通过获取前期反馈以确保应答者会按预期中那样理解条目。设计较差的问卷获取的数据也是不合格的。获取反馈保证了在分析过程中,某些项目不会因为错误的理解,跳转模式的不合理或者混乱的说明而被舍弃。这一部分介绍四种可以用来提高问卷质量的反馈机制。

(1) 认知访谈——用于帮助分析人员了解应答者是如何对问题进行思考的。这在调查研究中用来辨别错误解读的条目、混乱的说明或者答非所问的情况非常有效。乔贝和明盖(Jobe & Mingay,1989)推荐了一些实行认知访谈的技巧,涵盖但不局限于以下几点:

- 有声思维——应答者描述他们如何得出答案。
- 释义——应答者用自己的话重复问题。
- 焦点访谈——对调查话题的非结构性讨论。
- 引语——后续问题获取关于应答者回答策略的更多信息。

(2) 专家访谈:专家访谈的目的是通过向所研究领域的专家寻求反馈意见,以此提高问卷质量。除了在问题的阐释和说明方面可以提供反馈意见,专家们还可以从理论上或者从其他调查中提供借鉴经验。

(3) 专家评述:专家评述关注的是调查或者市场研究者,而非某一话题领域内经验丰富的专家。院校研究分析人员利用德尔菲法来进一步精炼和提高问卷质量。

(4) 预实验:预实验同样可以提高问卷质量。预实验的规模可大可小,为了解问卷条目与跳转模式的可行性,说明部分的清晰度提供了真实的数据。

基于获取到的反馈,对调查工具进行修改之后,有必要使用信息检索或者学生对问卷进行最终的审核。在完成审查之后,问卷就可以进入实施阶段。

## 抽样程序：总体与抽样

下一步就是确定总体以及选择样本。总体的界定取决于调查的问题。例如，如果一个人对了解新生如何适应多样化的环境这一问题感兴趣，那么总体就是新生。在总体确定之后，分析人员就可以从中选取样本了。表29.5呈现了四种相对简单的抽样方法：简单随机抽样（SRS）、分层抽样、非比例分层抽样，以及方便抽样。其他较为复杂的抽样方法（如整群抽样、二阶段整群抽样、多级抽样等）见格罗夫斯（Groves）等人的文献（2004）。

表 29.5 抽样程序的类型

| 抽样程序 | 说明 | 群体具有代表性？ | 数据调整 |
| --- | --- | --- | --- |
| 简单随机抽样 | 简单随机抽样是调查研究中的最高标准；大部分的基本统计假设检验都假定样本是随机的。简单随机抽样假定群体中的所有个体被抽取到的概率是相等的。但是，当研究者不能完全接触整个群体或者样本中的子群体，并且不参与调查时，获取一个简单随机样本是不现实的。 | 具有 | 如果实施得当不需要进行修正。 |
| 分层抽样 | 为了获取分层样本，分析人员可以将样本划分为多个子群体，称为层（例如种族、年级、年龄组）。然后分析人员采用简单随机抽样从每一层中抽取，直至获得完整样本。与简单随机抽样相比，分层抽样更加精确；从样本中去除了已知的可变性，增加了假设验证的可能性，显示出应答者之间的差异。 | 不具有 | 需要对单位内无作答样本进行加权。假定每层被抽充足，低作答率的层级需要增加权重，反之高作答率的层级降低权重。 |
| 非比例分层抽样 | 有时分层抽样需要进行调整来确保所有的子群体都呈现调查研究中。例如，院校研究者会发现按种族分层，会因为某些种族群体数量较少而出现抽样误差。如果要进行种族群体之间的比较，那么选择非比例分层抽样最为适宜。在该抽样设计中，每一层的被试被抽取到的概率都不相同。 | 不具有 | 需要对各层样本分别加权。高被选率的应答者所在层级的权重应低于其他样本层级。 |
| 方便抽样 | 以上的抽样设计比较费时费力，因为院校研究者没有那么多的精力一次性接触全部潜在的应答者群体。院校研究者可以在院校定期的行政事务中接触学生群体。（例如招生、注册、财政支持等）。 | 不具有 | 如果分析人员采用某一抽样程序通过普查获取到了大量的被试样本，或者作答率高于80%，此时分析人员进行无作答分析，将有助于对样本群体代表性的判断。 |

来源：摘自 Groves et al.，2004 和 Suskie，1996.

样本的大小取决于分析人员所能承受的抽样误差。在对整体进行抽样之前，研究人员需要确定希望达到的置信度以及抽样误差（或者精确度）。抽样误差越低，置信区间就越高，也就需要更大的样本量。在简单随机抽样中估量样本大小的公式使用的参数见图29.1（Cochran，1963）。

$$n' = \frac{z^2 \times p \times (1-p)}{e^2} \quad n = \frac{n'}{1+(n'/N)}$$

$n'$——样本容量
$p$——概率值
$z$——理想中的置信程度
$e$——预期抽样误差
$n$——有限总体修正因子
$N$——总体容量

图 29.1　确定样本容量的公式

## 调查数据的解释

在完成数据的收集、清洗以及编码之后，院校研究者需要有步骤地对调查数据进行合理的解释。首先，研究者需要仔细检查回答率，确定调查的群体是否具有代表性。苏斯基（Suskie，1996）指出，回答率在70%～80%较为适宜。尽管研究人员都希望获取较高的回答率，但是回答的质量比数量更加重要。实际上，随着针对学生群体所使用的网络调查的不断增长，对于院校研究者而言回答率低于35%很常见。美国国家教育数据中心（National Center for Education Statistics 2002）指出，当某一单元或者条目的回答率低于85%时，可以对无应答偏差的大小进行分析。评估无应答偏差，研究者可以采用数据测试，将样本特性与院校数据中学生群体的特性进行对比，或者群体与样本的描述性数据进行对比，以及某一具体问题的答案与问卷中的其他答案进行对比。

信效度评估。对人的行为和态度的测量总会存在误差。正如格罗夫斯（Grovs）等人（2004）指出，误差可能是由于测量的方法或者样本代表性的偏差带来的。对于测量方法，误差来源于结构效度、测量或者数据处理。对于样本的代表性，误差来源于涵盖误差（例如，目标群体不具有代表性）、样本误差，或者无回复误差。但是，正如在调查设计一节中提到的，有减小误差的方法。在调查实施、收集数据之后，有四种方法来确定调查的信效度：

（1）分析数据，观察预期的关系是否成立。
（2）与其他条目对比，用相似的样本测量相似的观念。
（3）将答案与记录比照。

(4) 从时间上对答案的一致性进行测量。

在完成这些步骤之后,调查数据可以进行更加严密的数据分析。(更多内容见第 27 章)

## 院校研究中的焦点团体访谈

焦点团体访谈不仅能够揭示现象背后的原意与表现形式,而且被访者可以根据其他人的回答做出反应。研究者不仅可以获取如何提高质量的建议,而且可以获取在焦点团体访谈中学生听取其他被访者的建议后所做出的反应信息(Trosset,2007)。

### 焦点团体的抽样

在确定焦点团体访谈是否适合此项研究之后,焦点团体的组织者就需要考虑抽样的问题。定性研究方法的目的就是收集关于某一具体现象的全面而深入的信息,而不是对其进行归纳。林肯和古达(Lincoln & Guda, 1986)认为定性研究方法涉及"迁移性",即某项研究的发现适用于其他背景中的研究。但是,这种迁移性是基于研究报告中对研究背景的全面描述。任何一位研究者都不会在没有对研究背景进行大量描述的情况下,就把一所一类研究型大学的研究发现迁移到一所社区学院中去。因此,关键因素之一就是对抽样设计的描述。

梅里亚姆(Merriam,1998)认为,在定性数据收集过程中存在三种抽样方法:目的抽样、最大变异抽样以及网络抽样(有时也被称为"雪球或链式抽样")。当被试群体对研究的焦点非常了解时,研究者可以采用目的抽样的方法。目的抽样应该寻求信息丰富的案例——这些案例对研究大有裨益(Patton, 2002)。此外,研究者也应寻求一些关键案例——这些案例在回答研究问题中至关重要(Munhall, 2001)。目的抽样很多时候依托焦点团体访谈进行数据收集(Miles & Huberman, 1984)。

第二种抽样程序经常在焦点团体访谈中被采用。最大变异抽样,研究者找到一组对研究的主题并不是很了解的被试,由此发现他们对某些现象不知情的原因。例如,研究者通过某项服务使用情况的调查,将那些不曾使用大学服务的学生聚集起来,采用焦点团体访谈法探讨学生对校园服务了解的缺乏。

第三种抽样程序在构建焦点团体时被采用,称为"网络抽样"。除非是一些特别的话题,否则一般不推荐采用此种抽样方法。该类型的抽样对于辨别出研究中已经被忽视但是对研究话题可能了解很多的个体有所帮助(Schuh & Upcraft, 2001)。

对于给定的话题,被访者的数量也需要控制在合理范围。有些学者(Carnaghi, 1992; Morgan, 1998)认为,在理想状态下,一个焦点团体的人数至多

10人。被访者的规模较小,可以探讨一些复杂且有争议的话题,而规模较大的团体可以探讨一些被访者不太了解的话题。

## 焦点团体访谈的设计

焦点团体法设计的下一步就是构建焦点团体访谈的提纲,即在数据收集阶段需要提出的问题。访谈提纲及其格式因研究问题而异,并且应该紧扣研究的话题。焦点团体访谈提纲分为两种:结构式与非结构式(Schuh & Upcraft, 2001)。舒赫(Schuh)和阿普克拉夫特(Upcraft)认为,如果研究者试图从被访者身上获取更多的信息而且有意让被试投入话题,那么结构式焦点团体访谈提纲较为适宜。如果研究者对收集被试不太了解的某一话题的数据感兴趣,那么非结构式访谈提纲可以对话题进行深入探讨。

舒赫和阿普克拉夫特提供了一些结构式与非结构式焦点团体访谈提纲问题的范例。结构式访谈提纲的例子:"你选择的专业是?你为什么选择这个专业?"或者"在学业方面你会对未来的一年级新生说些什么?"非结构式访谈的例子:"当你想到大学里所学的专业,你脑海中浮现的是?"或者"回想你的学业,让你失望的是?"。他们还提供了一些可以用在结构式或非结构式问题中的限定因素:

(1) 问题应该清楚(不能存在缩略词语或者院校研究的术语)。
(2) 问题是开放式的(不仅仅是回答是或否)。
(3) 一次提一个问题,保证提问的顺序合理。
(4) 避免引导性问题,例如:"新的学习大纲对你的学习有多大的帮助?"

## 焦点团体访谈主持人的培养

在研究者关注从焦点团体中收集有用的定性数据的同时,也要考虑聘用一位有能力的访谈主持人。主持人需要接受过有关的训练,在访谈中倾听被访者而不是打断被访者发表自己的观点。主持人应能够倾听来自各方观点的声音,并且在焦点团体访谈结束前不对任何批评性或者缺乏见解的观点做出回应。一个优秀的主持人能够使用多种有效的引语以及强化物(Goldenkoff, 2004)从被访者身上获取丰富的信息。这些引语和强化物应尽可能地态度中立,例如:"山姆,毫无疑问,这是一个出色的见解。"可以视为引导性的对话,甚至可能得到社会期望性的回答。此外,主持人对于焦点团体的被访者来说应是一个中立的角色。例如,监管人员就不能对其员工进行焦点团体访谈。

与主持人同等重要的便是助理主持人或记录员(对焦点团体访谈的情况进行记录)。尽管有些人认为可以使用记录设备替代助理主持人,但推荐两者兼用。一些采用焦点团体访谈的研究者建议用助理主持记录以防设备的失灵,或者进行观察记录。例如,团体的情绪会因某一被访者的言论而改变?助理主持人便可对团体中个人的肢体语言的变化，或者部分被访者在某人发表言论之后不予置评的情况进行记录。

## 焦点团体访谈的实行

在焦点团体访谈的情境中，主持人与助理主持人应该在访谈开始时进行一个自我介绍。在介绍部分，主持人应该说明以下几点：

（1）研究隶属的机构（例如，某所大学的院校研究室）。

（2）志愿性参与的说明，表明被访者在任何时候感到不适都可以选择离开，并不会因此受到处罚。

（3）隐私保护声明，尤其是焦点团体访谈中被记录下来的信息。

（4）数据的用途。

（5）强调一次只能一个人进行发言，由于记录人员难以同时记录许多人的话语信息，或者记录设备无法一次采集到多人说话的声音。

如果一所大学或者学院的科研评价委员会已经对研究进行过审查，也需要对批准情况进行说明。在焦点团体访谈的过程中，助理主持人应该默默地进行访谈记录。在访谈结束时应将时间记录下来，以便讨论一些需要特别澄清的问题。最后，人数清点有助于后面对研究进行校验。

## 焦点团体访谈数据的分析

正如高级的数据来源于定性数据分析，对定性数据的深入分析也需要高级的训练（Harper & Kuh, 2007）。哈珀（Harper）和库赫（Kuh）认为："正如方法论中所写的，好的数据来自系统的、全面的、严密的分析。"但是，大多数的院校研究室并没有从事定性研究方法培训的人员。正如戈登科夫所认为的，对焦点团体访谈获取的质性数据分析的深度，取决于研究者可使用的资源。同时他也认为："当需要做出迅速的抉择或者焦点团体访谈的结果是不证自明的时候，一个简单的概括和分析就足够了。"这种基本的数据分析可以与动态的数据描述相比较。但是，当研究的问题趋于复杂或者研究主题需要付出极大的努力时，研究者就需要对质性数据进行深入、严密地分析。在第 33 章中会有对焦点团体访谈数据分析的讨论。

**1. 有助于数据分析过程的措施**

克鲁格（Krueger）建议焦点团体访谈一结束，研究者就应与主持人和助理主持人进行简短的交谈，包括以下问题：

（1）焦点团体中讨论的最重要的主题或者观点是什么？

（2）这些与我们预期中的有何差别？

（3）哪些观点需要在研究报告中呈现？

(4) 哪些引述应该推荐或者可能出现在报告中？

(5) 在下一次的焦点团体访谈中是否要做调整？[（Krueger，1998），被引用在（Schuh & Upcraft，2001）]

花费一些时间解决这些重要的问题，将会帮助撰写报告的研究人员与经历焦点团体访谈的研究人员对收集到的数据更加明了。这些措施同样有助于确保一定的效度。

**2. 分析与编码**

为了获取待分析的数据，研究人员必须对数据进行改写。而研究人员由于时间上的限制，只能记录一些非常细节的信息或者直接对信息进行改写。正如之前提到的，改写的一个关键因素就是能够听清被试的话语，记录设备的使用可以使声音记录得更加清晰。改写的信息经研究人员检查之后就可以进入对质性数据分析的编码阶段。大部分的研究人员都会对焦点团体访谈进行详细地记录，并且使用内容分析作为分析的工具（Goldenkoff，2004）。尽管内容分析是一个非常复杂的过程，但克里彭多夫对其进行了通俗易懂的解释（Krippendorf，2004）（更多对质性数据分析的讨论见第 27 章）。

**3. 效度**

在对质性数据的收集与研究的过程中，效度一直是一个很重要的问题。高德尔（Caudle，2004）提供了一些具体的建立效度的措施。她认为影响效度的因素包括了数据的不完整，对数据的错误解读，对某些数据的忽视以及没能记录一系列的证据。同时她也给出了一些可操作的措施解决影响效度的因素。例如，高德尔建议对数据进行快速地改写，以解决数据不完整的问题。将研究发现与现有的其他研究进行比较，对数据之间的联系与研究者发现的关联进行关键性分析，采用联系的、全面的编码分析，解决对数据错误解读的问题。另外，如果研究者有条件，可以让不同的编码分析人员对同一数据进行编码，以增强编码的准确性。对于解决某些数据被忽视的问题，她建议可以进行一些相异个案的分析。最后，为了避免记录的证据不足，可以参考一些汇报报告，并且整理数据分析过程的文件材料。这些过程的附加影响，会有助于其他情景中的研究者确定焦点团体访谈的发现是否可以迁移到他们的研究情景中。

## 数据的解读

在编码完成之后就可以对焦点团体访谈的质性数据进行解读。在各种形式的效度检验之后，研究者可以利用初步的汇报报告、改写后的编码数据、新出现的主题形成研究的发现。在研究者撰写过程中要时刻考虑到受众，但数据收集与分析过程中得到的观点会直接反映到最终的报告中。尽管想直接引用，呈现研究发现，但是研究人员还是需要聚焦要点，通过提供充足的背景、证据和细节，来让观点更具有说服力。最后,在任何的定性研究中,研究者都要确保数据收集与分析中的工作人员完成最终的报告,或者至少参与校订的工作。这有利于熟悉数据的人员有机会参与其中,并确保呈现的研究结果没有任何的缺失。正如伯格(Berg,2004)所提醒的,发现不同于结果,发现仅仅是描述性的,而结果是深度分析的产物。

## 无干扰测量

无干扰测量作为一种数据收集策略,能够解决由于被试知晓处于实验之中而做出的行为改变所带来的社会期望偏差(也被称为"测量反应性"或者"霍桑效应")(Marrelli,2007)。韦伯等人(Webb, Campbell, Schwartz & Sechrest,1996)开辟了一种被试不会察觉到处于研究之中的新型数据收集的方法,例如:

(1)通过对比博物馆展品前地板的磨损程度,测量不同的展品相对的受欢迎程度。

(2)回顾报纸与杂志的标题测量社会态度。

(3)使用实地观察技术。

这一部分介绍了院校研究者在测量行为与观点时可采用的无干扰测量的方法。

### 二手资料分析

对于院校研究者而言,第一种可行的方法就是二手资料分析。许多学院和大学都会建立大型的数据系统来跟踪注册、课程作业、账务、用房分配、管理以及教师的工作量。这些数据系统可以跟踪学生的行为且不用担心产生社会期望误差。院校研究者可以采用这些交易数据测量影响学生毅力、学业成绩,以及课程受欢迎程度的因素。数据系统同样也可以容纳大量数据,供院校研究者测量学生的性格与一系列的学业成绩变量之间的联系。学院和大学数据系统同样可以用来测量学校事务的有效性,包括填充课程的效率、食堂的受欢迎程度、图书租赁项目是否成功,以及学校运作中的收支情况。

### 院校现有实践与流程的观察

院校研究者可采用的另外一种无干扰测量就是追踪学生与院校实践与流程的互动。该方法涉及对在校学生的观察与追踪(利用已有的技术),例如:①查阅图书的频率;②网上选课与亲自选课的频率对比;③与学生服务办公室联系的次数;④学生调整课表的次数,评估决策力。

## 内容/档案分析

内容或者档案分析主要使用文件材料评估研究问题,测量观点与行为。学院和大学有很多可供研究的文件资料,院校研究者可以充分利用这些资料,对学校政策或者学生群体过去的一般性社会行为进行历史分析。另外,院校研究者可以充分利用学生的作业来评估课程学习的成果。

## 二次分析的伦理道德问题

尽管无干扰测量可以解决研究中的社会期望偏差,但是这种方法充满着伦理道德问题。显然,研究者没有得到学生或者被试的同意,所以院校研究者在使用无干扰测量方法时要格外谨慎。评估组织过程或者学生群体的行为比某一学生的个体行为要安全得多。但是,无干扰测量可以有效地作为一种对调查或焦点团体研究补充数据的检验方法。

## 结语

这一章介绍了三种测量观点和行为的方法:调查问卷法、焦点团体访谈法,以及无干扰测量法。尽管还有很多其他的方法可以进行观点和行为的测量(例如,结构式访谈、非结构式访谈、轮询),但是这三种方法在院校研究中有着更为广泛的应用。

## 参考文献

Berg, B. L. (2004). *Qualitative research methods for the social sciences*. Boston, MA: Allyn & Bacon.

Carnaghi, J. E. (1992). Focus groups: Teachable and educational moments for all involved. In F. K. Stage & Associates (Eds.), *Diverse methods for research and assessment of college students*. Washington, DC: American College Personnel Association.

Caudle, S. L. (2004). Qualitative data analysis. In J. S. Wholey, H. P. Hatry, & K. E. Newcomer (Eds.), *Handbook of practical program evaluation*. San Francisco: Jossey-Bass.

Cochran, W. G. (1963). *Sampling techniques* (2nd ed.). New York: Wiley.

Creswell, J. W. (2008). *Research design: Qualitative, quantitative, and mixed methods approaches*. Thousand Oaks, CA: SAGE.

Fowler, F. J. (1998). *Improving survey questions: Design and evaluation*. Thousand Oaks, CA: SAGE.

Fowler, F. J. (2002). *Survey research methods* (3rd ed.). Thousand Oaks, CA: SAGE.

Fowler, F. J. (2009). *Survey research methods* (4th ed.). Thousand Oaks, CA: SAGE.

Goldenkoff, R. (2004). Using focus groups. In J. S. Wholey, H. P. Hatry, & K. E. Newcomer (Eds.), *Handbook of practical program evaluation*. San Francisco: Jossey-Bass.

Groves, R. M., Fowler, F. J., Couper, M. P., Lepkowski, J. M., Singer, E., & Tourangeau, R. (2004). *Survey methodology*. Hoboken, NJ: Wiley.

Harper, S. R., & Kuh, G. D. (2007). Myths and misconceptions about using qualitative methods in assessment. In S. R. Harper & S. D. Museus (Eds.), *Using qualitative methods in institutional assessment*. New Directions for Institutional Research. San Francisco: Jossey-Bass.

Iarossi, G. (2006). *The power of survey design: A user's guide for managing surveys, interpreting results, and influencing respondents*. World Bank Publications.

Jobe, J. B., & Mingay, D. J. (1989). News from NCHS: Cognitive research improves questionnaires. *American Journal of Public Health*, 79(8).

Krippendorf, K. (2004). *Content analysis: An introduction to its methodology*. Thousand Oaks, CA: SAGE.

Krueger, R. A. (1998). *Analyzing and reporting focus group results*. Thousand Oaks, CA: SAGE.

Lincoln, Y. S., & Guba, E. G. (1986). But is it rigorous? Trustworthiness and authenticity in naturalistic evaluation. In D. Williams (Ed.), *Naturalistic evaluation*. New Directions for Program Evaluation, no. 30. San Francisco: Jossey-Bass.

Marrelli, A. F. (2007). Unobtrusive measures. *Performance Improvement* 46(9), p. 43-47.

Merriam, S. B. (1998). *Qualitative research and case study applications in education*. San Francisco: Jossey-Bass.

Miles, M. B., & Huberman, A. M. (1984). *Qualitative data analysis: A source book of new methods*. Thousand Oaks, CA: SAGE.

Morgan, D. L. (1998). *The focus group guidebook*. Thousand Oaks, CA: SAGE.

Munhall, P. L. (2001). *Nursing research: A qualitative perspective*. London, UK: Jones and Bartlett.

National Center for Education Statistics (2002). Statistical standards. Retrieved from http://nces.ed.gov/statprog/2002/std4_4.asp

Patton, M. Q. (2002). *Qualitative research and evaluation methods*. Thousand Oaks, CA: SAGE.

Saris, W. E., & Gallhofer, I. N. (2007). *Design, evaluation, and analysis of questionnaires for survey research*. Hoboken, NJ: Wiley-Interscience.

Schuh, J. H., Upcraft, M. L., & Associates (2001). *Assessment practice in student affairs*. San Francisco: Jossey-Bass.

Suskie, L. A. (1996). *Questionnaire survey research: What works* (2nd ed.). Tallahassee, FL: Association for Institutional Research.

Trosset, C. (2007). Qualitative research methods for institutional research. In R. D. Howard (Ed.), *Using mixed methods in institutional research*. Tallahassee, FL: Association for Institutional Research.

Upcraft, M. L., & Schuh, J. H. (1996). *Assessment in student affairs: A guide for practitioners*. San Francisco: Jossey-Bass.

Webb, E. J., Campbell, D. T., Schwartz, R. D., & Sechrest, L. (1966). *Unobtrusive measures: Nonreactive research in the social sciences*. Skokie, IL: Rand McNally.

# 第 30 章

# 用既有工具开展院校研究

朱莉·诺布尔(Julie Noble)
理查德·索耶(Richard Sawyer)

既有工具的数据是开展院校研究的一个重要资源。这些工具提供了学生背景特征、学业计划、职业目标和认知技能的数据。本章会介绍入学测试、课程分级课程分级测试和测量学生心理社会特征的工具(例如动机和社会参与)。首先简单介绍既有工具,并总结如何用得到的数据用于开展院校研究。本章总结了既有工具在院校研究者获得数据和凭借这些数据评估研究结果时的作用。

本章讨论的数据已注册商标,包括 ACT, Inc., 大学委员会(the College Board), ETS, 大学生管理入学协会(the Graduate Management Admissions Council), 法律院校入学协会(the Law School Admissions Council), Noel-Levitz, H & H 出版公司(H & H Publishing Company), multi-Health Systems, Inc., AAMC。其中,介绍的工具信息来自公共文档和这些组织成员的私人回复,而非组织正式反馈。

## 既有工具:认知测试总览

表 30.1 到表 30.5 提供了本章涉及的既有工具总览。网络资源的表格提供了院校研究联盟网站上公布的工具其他细节、高等教育数据资源、专业术语、有效性证据、相关手册介绍。读者也可以参考布洛斯(Buros)的心理测量年报获取既有工具的更多信息。

### 大学生入学测试

表 30.1 介绍了用于大学生入学的四个主要的成套测试,分别是 ACT 测试、SAT 测试、SAT 学科测试和英语第二语言测试 TOFEL/英语写作测试 TWE。ACT 测试、SAT 测试、SAT 学科测试还涵盖了额外的非认知信息,如背景特征、高中修业,课程成绩、绩点和班级排名,计划专业、所需帮助、高中参与活动、大学预计参与活动、大学计划和院校倾向、寄送成绩的学校。ACT 也包括了高中课程的成绩、学生职业兴趣(UNIACT 兴趣清单;ACT, 2009b)和目标学校排名。测试机构在学生的电子测试记录中包含了所有非认知信息。

表 30.1 大学生入学测试

| 测试名称 | 发行人 | 测试的认知能力 | 目的 | 背景信息 | 经历/成就 | 高中修业 | 课程成绩 | 绩点 | 排名 | 职业兴趣 | 计划专业 | 所需帮助 | 大学计划 | 院校倾向 | 寄送成绩的学校 | 备注 |
|---|---|---|---|---|---|---|---|---|---|---|---|---|---|---|---|---|
| ACT | ACT | 英语 | 大学生入学 | | | | | | | | | | | | | 纸质;写作可选;混合英语写作成绩不包括在复合项目内;提供目标院校排序 |
| | | 数学 | 课程分级 | | | | | | | | | | | | | |
| | | 阅读 | | | | | | | | | | | | | | |
| | | 科学 | | | | | | | | | | | | | | |
| | | 写作加英语能力/写作 | | | | | | | | | | | | | | |
| SAT | 大学委员会 | 批判性阅读 | 大学生入学 | | | | | | | | | | | | | 纸质;需要写作测试;不提供目标院校排序 |
| | | 数学 | 课程分级 | | | | | | | | | | | | | |
| | | 写作 | | | | | | | | | | | | | | |
| | | 综合 | | | | | | | | | | | | | | |

其他信息

（续表）

| 测试名称 | 发行人 | 测试的认知能力 | 目的 | 其他信息 | | | | | | | | | | | | 备注 |
|---|---|---|---|---|---|---|---|---|---|---|---|---|---|---|---|---|
| | | | | 背景信息 | 经历/成就 | 高中修业 | 课程成绩 | 绩点 | 排名 | 职业兴趣 | 计划专业 | 所需帮助 | 大学计划 | 院校倾向 | 寄送成绩的学校 | |
| SAT学科测试 | 大学委员会 | 20所大学预备学科中学到的知识 | 大学生入学 | | | | | | | | | | | | | 纸质；学生分别参与各项测试 |
| | | 课程分级 | | | | | | | | | | | | | | |
| TOFEL/TWE | ETS | 阅读能力 | 入学测试 | | | | | | | | | | | | | 网络；可选纸质 |
| | | 听力能力 | | | | | | | | | | | | | | |
| | | 写作能力 | | | | | | | | | | | | | | |
| | | 口语能力 | | | | | | | | | | | | | | |
| | | 综合 | | | | | | | | | | | | | | |

表 30.2 研究生/专业学校入学测试

| 测试名称 | 发行人 | 测试的认知能力 | 目的 | 其他信息 | | | | | | | 备注 |
|---|---|---|---|---|---|---|---|---|---|---|---|
| | | | | 背景信息 | 经历/成就 | 大学修业 | 大学专业 | 大学绩点 | 职业兴趣 | 研究生/博士计划 | 院校倾向 | 寄送成绩的学校 | |
| GRE | ETS | 分析性写作 | 研究生博士入学 | | | | | | | | | | 网络；一些地区可用纸质 |
| | | 文字推理 | | | | | | | | | | | |
| | | 量化推理 | | | | | | | | | | | |
| GRE学科测试 | ETS | 8个大学课程中所学知识 | 研究生博士入学 | | | | | | | | | | |
| MCAT | 美国医科大学联盟 | 物理 | 医学院入学 | | | | | | | | | | 网络 |
| | | 文字推理 | | | | | | | | | | | |
| | | 写作 | | | | | | | | | | | |
| | | 生物 | | | | | | | | | | | |
| GMAT | 管理类研究生入学委员会 | 分析性写作 | 管理学院入学 | | | | | | | | | | 网络；信息通过预约表格收集 |
| | | 评估 | | | | | | | | | | | |
| | | 量化部分 | | | | | | | | | | | |
| | | 文字部分 | | | | | | | | | | | |
| LSAT | 法律类研究生入学委员会 | 阅读综合 | 法学院入学 | | | | | | | | | | 纸质 |
| | | 分析性推理 | | | | | | | | | | | |
| | | 逻辑推理 | | | | | | | | | | | |
| | | 写作 | | | | | | | | | | | |

第30章 用既有工具开展院校研究

表30.3 大学生课程分级测试

| 测试名称 | 发行人 | 测试的认知能力 | 背景信息 | 经历/成就 | 修业 | 课程成绩 | 高中绩点 | 其他信息 ||||||| 备注 |
|---|---|---|---|---|---|---|---|---|---|---|---|---|---|---|
| | | | | | | | | 高中排名 | 职业兴趣 | 计划专业/职业 | 所需帮助 | 大学计划 | 选校理由 | 转学计划 | |
| ACCUPLACER | 大学委员会 | 句子技巧 | 背景要求 | | 背景要求 | | | | | | | | | | 网络;可选纸质 |
| | | 阅读综合 | | | | | | | | | | | | | |
| | | 算术 | | | | | | | | | | | | | |
| | | 基础代数 | | | | | | | | | | | | | |
| | | 大学数学 | | | | | | | | | | | | | |
| | | 论文写作 | | | | | | | | | | | | | |
| | | 操作电脑能力 | | | | | | | | | | | | | |
| ASSET | ACT | 写作能力 | 教育计划表格 | | 教育计划表格 | | 教育计划表格 | | | 教育计划表格 | 需要帮助 | 教育计划表格 | | | 纸质 |
| | | 数字能力 | | | | | | | | | | | | | |
| | | 阅读能力 | | | | | | | | | | | | | |
| | | 基础代数 | | | | | | | | | | | | | |
| | | 中级代数 | | | | | | | | | | | | | |
| | | 大学代数 | | | | | | | | | | | | | |
| | | 几何 | | | | | | | | | | | | | |

(续表)

## 其他信息

| 测试名称 | 发行人 | 测试的认知能力 | 背景信息 | 经历/成就 | 修业 | 课程成绩 | 高中绩点 | 高中排名 | 职业兴趣 | 计划专业/职业 | 所需帮助 | 大学计划 | 选校理由 | 转学计划 | 备注 |
|---|---|---|---|---|---|---|---|---|---|---|---|---|---|---|---|
| COMPASS | ACT | 阅读 | 教育计划表格 | 教育计划表格 | 教育计划表格 | 教育计划表格 | 教育计划表格 | | | 教育计划表格 | | 教育计划表格 | | | 网络;可选当地CBT |
| | | 写作能力 | | | | | | | | | | | | | |
| | | 论文写作(在线) | | | | | | | | | | | | | |
| | | 大学代数 | | | | | | | | | | | | | |
| | | 几何 | | | | | | | | | | | | | |
| | | 三角函数 | | | | | | | | | | | | | |

**表 30.4　大学生面向非英语母语人群的英语课程分级**

| 测试名称 | 发行人 | 测试的认知能力 | 其他信息 | | | | | | | | | | | | 备注 |
|---|---|---|---|---|---|---|---|---|---|---|---|---|---|---|---|
| | | | 背景信息 | 经历/成就 | 高中修业 | 高中课程成绩 | 高中绩点 | 高中排名 | 职业兴趣 | 计划专业/职业 | 所需帮助 | 大学计划 | 选校理由 | 转学计划 | |
| ACCUPLACER/ESL | 大学委员会 | ESL阅读能力 | 背景要求 | | | | | | | | | | | | 网络 |
| | | ESL句子理解 | | | | | | | | | | | | | |
| | | ESL语言使用能力 | | | | | | | | | | | | | |
| | | ESL听力 | | | | | | | | | | | | | |
| | | 写作 | | | | | | | | | | | | | |
| COMPASS/ESL | ACT | 听力 | | 教育计划表格 | 教育计划表格 | 教育计划表格 | 教育计划表格 | | | 教育计划表格 | 教育计划表格 | 教育计划表格 | | | 网络；可选当地CBT |
| | | 阅读 | | | | | | | | | | | | | |
| | | 语法/使用 | | | | | | | | | | | | | |
| | | 论文 | | | | | | | | | | | | | |

表 30.5 大学生荣誉测试和赚取学分的考试

| 测试名称 | 发行人 | 测试的认知能力 | 备注 |
| --- | --- | --- | --- |
| 课程分级(AP) | 大学委员会 | 在 30 个大学水平课程中学到的知识 | ● 与高中所教 AP 课程有关<br>● 5 月书面测试<br>● 在注册时收集背景信息 |
| 大学水平考试（CLEP） | 大学委员会 | 在 35 个大学水平课程中学到的知识：<br>● 作文和文学<br>● 外语<br>● 历史和社会科学<br>● 科学和数学<br>● 商业 | ● 网络测试；可选书面测试<br>● 在注册时收集背景信息 |

**1. 学生成绩记录**

院校会用几种方式储存学生的 ACT、SAT 和 SAT 学科成绩。从院校的立场最理想的方式是学生指定测试机构把成绩和其他信息寄送给特定院校。测试机构再寄送纸质或电子正式结果。一些院校也允许学生在申请时上交非正式的成绩报告(高中成绩单的复印件)，但在从测试机构注册或购买前是要正式报告的。测试机构需要院校获得注册学生的书面许可。另一些院校会给那些没有正式成绩报告但看中的或注册入学的学生本院校的入学考试。

**2. 标准**

测试机构会提供测试标准。ACT 测试、SAT 测试、SAT 学科测试各有针对特定高中毕业班的基准，有适用于全美所有参与考试的学生、各州不同学生群体。对于英语第二语言测试 TOFEL/英语写作测试 TWE，教育考试服务(ETS)提供了在线年度报告，其中包括参与学生中不同群体的参考标准(ETS, 2010d)。（具体可见第 34 章基准线的使用和第 36 章如何形成对比组）

## 研究生/专业学校入学测试

表 30.2 提供了既有大学和专业学校入学测试的信息,包括研究生入学测试(GRE)(ETS, 2010b)、GRE 学科测试(ETS, 2010c)、管理类研究生入学测试(GMAT;管理类研究生入学委员会[GMAC], 2010)、法律类研究生入学测试(LSAT,法律类研究生入学委员会[LSAC], 2010)，和医学类研究生入学测试(MCAT,美国医科大学联盟[AAMC], 2010)。再加上测试单元,这些测试可以收集一定的非认知数据。其中,GRE 测试收集了最多的其他信息,但这些信息不包括学生的测试记录。给 GRE 考生的结果包括了 ETS 个人成长指数(PPI),这是评估者对考生知识水平、创造力、交流沟通能力、团队合作、抗逆力、规划和组织能力、道德正直水平的评估。但是个人成长指数是作为个人文字和图表报告提供给院校

的,不提供标准化的数据文件(ETS,2010a)。

学生成绩记录 正如大学生入学测试,参与 GRE、MCAT、LSAT、GMAT 的学生能标注他们想要寄送成绩的院校、专业申请服务、第三方。测试机构会提供选择寄送纸质、CD 光驱的成绩报告,或网络传送。如果院校被正式许可为 ETS 的成绩使用者,也可以直接从 ETS 获得申请者的电子 GRE 记录。

标准 ETS 基于多年的测试为研究生入学测试(GRE 测试)和 GRE 学科测试提供标准化信息。医学类研究生入学测试(MCAT)的标准是基于学生在一定年限中参与的测试决定的;更多信息可联系美国医科大学联盟(AAMC)。法律类研究生入学测试(LSAT)和管理类研究生入学测试(GMAT)的标准是基于三年的学生考试结果。

## 课程分级测试

院校也会使用既有工具评估第一年的课程分级、发展性课程、第二外语英语(ESL)课程、荣誉课程和高级课程。这些测试可以是单独的,也可以加上其他测试,也可以加上当地发展性测试。

这些测试主要是用于指定课程分级的决策,最常使用的是 ACCUPLACER、ASSET、COMPASS,详见表 30.3。ACT 和 SAT 也可以用于课程分级,并用于入学使用。ACCUPLACER 和 COMPASS 的测试尽可能地消除了学生 ESL 课程中受限的英语水平(表 30.4)。每个测试都包括了背景信息和高中修业情况的小单元,一些测试包括了额外的规划和所需帮助的信息。院校能选择除了 ASSET 外的所有测试中收集到的信息。

学生成绩记录,因为 ACCUPLACER、COMPASS 和第二外语测试都在网上进行,他们的成绩存储在测试机构的中央服务器。院校能在任何时间下载学生的电子记录。ASSET 的结果是在当地储存的(无论是自己计分还是机器计分),所以成绩记录可在测试后马上获得。ASSET/ACT/COMPASS 的一致性索引在 ACT 网站上可以得到(ACT,2010d)。

标准,对于 ASSET、COMPASS、COMPASS 外语测试,全美和每个州的标准化信息都可以在 ACT 得到。ACCUPLACER 则会在测试时提供当地的标准。关于更多全美和每个州的标准化信息可参见注册用户名和密码的网站。

## 大学生荣誉测试和赚取学分的考试

院校可以使用课程分级(AP)成绩作为学分并且/或者免除与课程分级相当的大学课程(大学委员会,2010b)。大学水平考试项目(CLEP)允许学生获得他们已掌握的课程学分(大学委员会,2010d)。这两个测试都收集了考生的背景信息。大学委员会鼓励院校去建立他们自己的使用这些可抵学分考试结果的政策。

## 学生成绩报告和标准

院校能获得电子或纸质的课程分级 AP 和大学水平考试项目 CLEP 成绩报告。大学委员会的网站提供了全美或各州标准化的 AP 成绩比较。CLEP 只提供了当地的院校标准。

## 既有工具:非认知测量方式总览

最近的研究强调了非认知和心理社会因素在学生大学成就的重要性。罗宾斯等人(Robbins, Lauver, Le, Langley, Davis & Carlstrom, 2004)和勒等人(Le, Casillas, Robbins & Langley, 2005)发现在多种测量方式中,有关动机、自我规划和社会参与度的特定心理社会和行为因素可以最大化地预测大学成就。后续研究发现针对这些因素的测量比入学测试成绩对大学第二年保留额的预测力更强。不过测试成绩可以更好地预测第一年的绩点(Robbins, Allen, Casillas, Peterson & Le, 2006)。

院校可以使用非认知信息的模型预估并提醒可能面临学业失败或辍学的学生。基于这个目的,现在有几种全美范围的非认知信息收集工具,本章归纳于表 30.6。非认知问卷(NCQ;Sedlacek, 1991)虽然不是已出版的静态问卷,但也包括在表格中。这一工具经修订,适用于广泛的研究和院校中(Sedlacek, 1991, 1993; Fuertes & Sedlacek, 1994)。院校研究者可以下载,并基于自己的研究目的进行修正。更多工具还在开发中,如 Schmitt 和其他情景决策问卷和生物数据测量(Oswald, Schmitt, Kim, Ramsay 和 Gillespie, 2004;Schmitt 等,2007;Sternberg 和彩虹项目合作者,2005)。

表 30.6 心理社会因素测量工具

| 工具名称 | 发行人 | 测量因素 | 目的 | 备注 |
|---|---|---|---|---|
| BarOn 情商问卷 (EQ-i: HEd) | 多元健康系统有限公司 | ● 自尊心<br>● 自我情感意识<br>● 果断<br>● 独立性<br>● 自我实现<br>● 人际<br>● 同理心<br>● 社会责任心<br>● 人际关系<br>● 压力管理<br>● 忍耐力 | ● 发现学生辍学的可能性 | ● 书面或网络<br>● 在测试后尽可能快地得到学生和顾问的报告<br>● 可以得到学生综合能力和总结、顾问报告<br>● 标准是基于参与问卷的个体;可以联系出版人获取更多信息 |

（续表）

| 工具名称 | 发行人 | 测量因素 | 目的 | 备注 |
|---|---|---|---|---|
| | | ● 冲动控制<br>● 适应性<br>● 现实判断<br>● 灵活性<br>● 问题解决<br>● 一般情绪<br>● 乐观<br>● 幸福感<br>● 有效性<br>● 积极的印象<br>● 不一致性指数 | | |
| 大学学生问卷<br>（长短表格） | Noel-Levitz | ● 学术动机<br>● 社会动机<br>● 应对机制<br>● 对支持服务的接受性<br>● 最初印象 | ● 发现最可能坚持的学生 | ● 书面或网络<br>● 提供合作者、顾问、学生和总结、规划报告<br>● 全部结果是基于全美的标准<br>● 可以联系出版人获取更多关于标准、分数、技术性档案的信息 |
| 学习策略问卷 | H&H 出版公司 | ● 信息处理<br>● 选取主要观点<br>● 测试策略<br>● 态度<br>● 动机<br>● 焦虑<br>● 专注度<br>● 时间规划<br>● 自我测试<br>● 学习帮助 | ● 帮助学生改善学习策略<br>● 发现教育干预的领域；评价干预项目 | ● 书面或网络<br>● 提供全美的标准；可以联系发行人获取更多关于技术性档案的信息 |
| 非认知信息问卷 | William Sedlacek | ● 积极的自我概念或自信<br>● 现实的自我肯定<br>● 对不同种族的态度和行为<br>● 对长期、短期、即刻需求的偏向<br>● 获得贵人相助的可能性<br>● 成功的领导力经历<br>● 可证明的社区服务<br>● 在一个领域的知识面 | ● 大学入学和建议，特别是非传统学生 | ● 可以在网上下载<br>● 可以在 Sedlacek 网站上获取更多信息 |

(续表)

| 工具名称 | 发行人 | 测量因素 | 目的 | 备注 |
|---|---|---|---|---|
| ENGAGE 学院（原学生准备量表，SRI） | ACT | ● 学术自律<br>● 学术自信<br>● 对大学的付出<br>● 沟通能力<br>● 决心<br>● 对目标的奋斗<br>● 社会活动<br>● 社会连接<br>● 稳定性<br>● 学习能力 | ● 发现面临学业风险、辍学的学生 | ● 书面或网络<br>● 提供纸质或电子版的顾问报告，和总院校人口统计报告<br>● 提供全美百分比<br>● 可以在 ENGAGE 网站上获取更多信息 |

很多研究人员认为非认知测量不应用于高风险的决策。其中的主要问题是自我报告方式能容易受训练的影响。其他问题是相对标准化测试或高中绩点，它的可靠性和预测效度更低（Geisinger，2006；Lievens & Sackett，2007；Thomas，Kuncel 和 Grede，2007；Tomsho，2009）。

## 用既有工具开展院校研究

学籍管理包括市场营销、招生、净收入管理、入学、财务帮助、课程分级、广告、鉴别高风险学生和继续就学额。研究正是这些工作的重要组成部分，而既有工具可以实现研究的进行。下面，我们特别关注于与招生、入学、课程分级、对高风险学生鉴别方面的研究。尽管讲的是本科生，但也适用于更高层次的研究生和博士。

### 招生

许多院校通过不同的招生策略维持或增加学籍人数，策略之一就是市场研究。大学生入学测试提供了鉴别学生是否匹配院校办学宗旨、是否希望入学的详细信息，如背景、兴趣、目标、偏好院校等。因为学生可以设定寄送的学校，入学测试的数据也可以作为院校和有潜力学生之间的信息链接。

1. **市场研究**

ACT 和大学委员会提供了大学生市场研究服务，根据学生的地域、学业技能、背景信息、对院校的偏向决定市场分割（ACT，2010f；College Board，2010e）。通过使用测试机构发明的软件，院校可以根据有效的标准制作不同市场的统计总结。统计结果包括测试记录中的学生信息和市场回报率，决定了学生的实际录取。因为市场研究是基于所有测试学生的数据，单个院校必须通过测试机构去获得。

## 2. 向高中的延伸

许多两年制的院校在当地高中设置了课程分级测试(ACT,2010c),给予未来想要申请该院校的学生学业技能的前期指导。准备不足的学生也能在高中提升学业;学业好的学生可以申请双学分课程。此外,院校与学生建立联系也可以增加将来申请的可能性。一个院校可以轻易地通过延伸课程决定招生。

## 3. 成绩寄送院校与潜在学生

参加入学测试的学生要么是把成绩报告寄送到院校的寄送者,要么是不把成绩报告寄送到院校的非寄送者。测试机构研发了专为成绩—寄送者数据的软件来协调查询和报告成绩的服务(ACT,2010b;College Board,2010c)。院校也可以购买符合院校要求的、可能申请入学的非成绩寄送者的联系信息(ACT,2010g;College Board,2010g)。院校会与这些潜在学生联系,告诉他们院校对其的兴趣。

## 4. 学生团体概况

比较入学过程中不同阶段的不同学生团体是一个比较简单的判断哪一个类型的学生会更关注一个院校的方式(通过数据挖掘技术,见第 28 章)。如,院校可以比较成绩寄送者和申请者,申请者和被录取学生,被录取学生和登记学籍的学生。ACT 和大学委员会提供了这类研究的服务(ACT,2010b;College Board,2010c)。测试机构也做了竞争者分析,比较竞争院校的学生质量。

## 5. 预测模型

鉴别有可能入学的学生的更有效的工具是估计个体成绩寄送者被一个院校或一个类型的院校录取的可能性。通过预测模型,院校可以根据成绩—寄送者的预测录取率制订招生策略。然而,策略的有效性取决于入学率相较招生付出的努力所得到的净收益(即有无招生的付出成本的录取率区别)。原则上,院校会将招生的精力主要取得最大净收益的范围内。例如,当一个院校集中他的招生资源在一个有相当高的入学可能性的学生上时,他的净收益更高,潜在假设是高的入学可能性的学生可能根本不需要付出招生成本。更复杂一点,院校会对入学可能性不同的学生采用不同的招生策略。

一些院校会通过已知的预测变量制作他们自己的预测模型。ACT(2010i),Noel-Levitz(2010)和一些其他组织会提供预测模型的服务,通过以往的研究来预测入学率。还可以为非成绩寄送者和一般咨询者(指没有参加上述的入学测试的学生)建立预测模型。院校能通过非成绩寄送者的预测模型决定联系多少和联系哪一个学生。院校能使用对一般咨询者的预测来选择对咨询问题的最好回应方式。(第 13 章的学籍管理可以找到更多相关讨论)

# 入学

传统的、对入学学生精挑细选的院校会考虑申请者的学术知识、技能和其他方面，以此来做出录取决定。为此，一般院校会看高中修业情况、高中课程成绩和入学测试成绩(Breland，Maxey，Gernand，Cumming & Trapani，2002)。高中修业情况看的是学生是否有能力掌握决定大学成就的知识或技能。高中课程成绩是看在课程中学生掌握了多少知识或技能。

院校使用入学测试成绩作为录取参考有以下几项原因。测试成绩首先考量了学生对超越高中课程的大学学习的准备。其次还可作为一项标准化的客观测量方法：不管在哪所高中，学习什么课程，测试对所有人都是一样的。然而，入学测试不只被用作为诊断性测试，也不是像许多州的 K-12 评估一样测量最小能力水平下的熟练度。

**1. 效度研究**

ACT 和大学委员会提供了免费的研究服务以记录他们的测试对不同院校预测的效度(ACT，2010h；College Board，2010a)。这些研究服务测量了大学第一年的绩点与测试成绩、与高中成绩和与两者结合的相关性。研究发现高中成绩与大学第一年成绩的相关高于测试成绩，不过测试成绩预测效度更高(Kobrin，Patterson，Shaw，Mattern & Barbuti，2009；ACT，1999；ACT，2008)。

在第一年大学成绩与测试成绩的研究中，研究者使用了简单线性模型的修正版。修正包括交互作用(Sawyer，2010)和非线性相关(Robbins 等，2006)和对不同单元学生嵌套的随机效应，例如高中或大学(Sawyer，2008，2010)。

**2. 相关性的局限**

院校对申请者做出录不录取的决定，而测试成绩和高中成绩对录取决定的有效性与申请者的数量有关。一个院校无法对所有申请者的数据计算相关性，因为学业结果的数据不适用于不注册学籍或拒绝录取的学生。这样，注册学籍的学生相比申请学生高中成绩和测试成绩的值域更小。我们可以对这种值域效应做出调整(Lord & Novick，1968)。调整的实际效果是增加了预测注册学籍的学生相关性的重要性。

计算大学第一年成绩相关性时的数据缺失也是因为那些没完成第一年学业所以没有第一年成绩的已注册学籍学生。解决这个问题的一个方法是，在学生离开院校时有绩点才采用这个数据。另一个方法是将绩点成绩分为"有"和"无"两类，将没有成绩分为"无"。还有就是为注册学籍前的数据和"有"的关系制作逻辑回归的二分模型(Hosmer & Lemeshow，2000)。

相关性和其他回归统计表现了第一年绩点和预测变量之间线性关系的优势。然而，这些统计并没有直接指出将测试成绩和高中成绩作为入学标准是否起到有效地帮助达到院校目标的作用。两种典型的院校目标是：

(1) 让本校学生的学业成就最大化。

(2) 准确识别会取得学业成就的申请者，尽可能地让他们成为本学校的学生。

两个目标看起来相似，但也不是完全一样的。第一个目标关系注册入学的学生学业有成的比例，即学业成功率。第二个目标关系院校正确识别为学业成功或失败的申请者比例，即准确率。基于以上假设，相关系数只在数字层面与学业成功率和准确率有关，但并不表示两者是与学业成就无关的目标。

对录取学生精挑细选的院校很容易达到第一个目标，因为在学业上满足要求的申请者比他们录取的更多。稍次的学生倾向不申请这些院校或不寄送入学测试成绩单；这些潜在的申请者会自己排除在不适合的院校外（Astin，1991；Hossler & Kalsbeek，2009；Sawyer，2007a）。结果是预测模型的差异被限制在这种对录取学生精挑细选的院校，预测的相关性比不精挑细选的院校低。

所有院校都希望入学的学生能学业成功，然而公立院校、地区院校和那些选择范围不大的院校也会考虑到第二个目标。这些院校的使命是教育广泛大众，而不仅仅是那些学术能力最高的学生。他们招生录取的一个基本目标就是准确识别那些好和坏的申请者。这一目标比第一个目标还要困难，因为他不仅仅需要力求入学的学生中学业有成人数最大化，也要保证那些放弃入学的学生即便入学后也只有很小的可能学业有成。

诺贝尔和索耶（Noble & Sawyer，2004）将入学第一年的绩点水平用来研究学业成功与否的准确率。他们发现当学业成功被操作定义为大学第一年绩点 2.0（C）以上时，高中的成绩可以比 ACT 成绩更有效地正确识别学业成功的学生。当学业成功被操作定义为大学第一年绩点 3.5 以上时，ACT 成绩比高中的成绩更准确。

## 课程分级

课程分级的主要目标是将课程与学生的学业准备和兴趣相匹配。正如录取决策、课程修业也被看作为一个选择的决策，但不同于入学，课程分级适合那些已入学的学生而非申请者。在两年制的学院，课程分级决策包括了学生是否应当参加标准大学水平课程（包含学分）或发展性课程（一般不包含学分）。许多两年制的院校有不止一种层级的发展性课程。四年制的院校也提供发展性课程，即使一些州不允许公立四年制学校这么做。

课程分级也与高级课程有关。使用 CLEP 和 AP 测试在某种程度上也算是一种课程分级，一些学生不需要再学习更低等级的课程了。

同样的，在所有院校和所有寄送模式建立等价课程（高中学生的双学分或双注册项目）是第三种课程分级。院校和制度要想知道转学生或有大学学分的高中生是否准备好在接下来的学习中取得成功，就看他们是否修了相同的课程且掌握同等的知识或技能。即使已有很多人对双学分或双注册项目感兴趣，特别是那些两年制的大学，特别需要研究对学生和院校是否能从这些项目中有所收益。这一系列的研究可参见卡普等人（Karp，Calcagno，Hughes，Jeong & Bailey，2008）的研究,金(Kim,2006)的研究和彼得森(Peterson,2003)的研究。

**1. 分数线**

许多院校通过分数线(课程的最低分数)来规定课程分级决策。ACT 和大学委员会提供了推荐初始分数线、全美的标准、详细的介绍和院校可以用以调整初始分数线适应当地情况的工具。这两个测试机构也提供了当地标准和有效性研究的服务,院校可以通过当地积累的数据修正他们自己的分数线。

使用分数线做出决策易于理解,应用简便,但越复杂的流程一般录取得越准确,资源的利用效率越高。举例来说,当学生的课程分级分数接近分数线时会与学术咨询师沟通,他们知道学生的哪些个人特质对于未来的学术成就很重要,而这些也是不会体现在课程分级测试中的。这些个人特质有个人责任心(在工作中花费的时间、照顾他人等)和社会心理特质(动机、自律,和院校的关系),也是章节前面提到的非认知工具会测量的。

**2. 有效性检验**

对于课程分级来说,两个主要学术目标是最大化学生在高级课程中学业成功的数量,和准确识别可以选修高级或低级课程的学生。第一个目标关系到高级课程的通过率;第二个目标关系到准确率(学生对自己做出准确课程分级选择的估计百分比)。第二个目标相关性更高,因为只要学生能通过高级课程,他们就不会去选低级课程。

ACT 和大学委员会提供了记录当地课程分级测试预测效度的院校研究服务(ACT,2010e;College Board,2010a)。这些研究服务报告了通过课程的条件概率、通过率和/或准确率和相关系数。院校可以使用这些统计建立或调整他们的分数线。

**3. 发展性指导的效果**

有课程分级体系的院校也需要知道发展性课程或补习课程的优势。大多数研究发现上发展性课程的学生在学业上不如不上的学生那样优秀,举例见阿德尔曼(Adelman,1999)。除了学术上的准备不足,还可能是由于其他负面原因影响了参加发展性课程的学生。即使发展性课程增加了学生的知识提高了技能,学生中不免有种种因素(如:需要照顾他人、低收入、其他社会心理因素)让他们退步。

除了研究发展性学生的学业成功率,院校可以研究发展性课程为学生带来的增加价值,就是是否参加了发展性课程的学生比他们没参加前学业更优秀。这个目标相较于研究参加发展性课程的长期好处来说不那么野心勃勃但更现实。

我们能使用参加特定课程学生的纵向观察数据做增值研究。但让学生随机参加课程达到研究此项目最理想的操作方式不得不说实际上是不可能的。佩尔孔科娃等人(Perkhounkova,Noble & Sawyer,2005)发现,参加发展性课程增加的价值取决于学生的成绩:在课程中得 A 或 B 的学生会比没有修这门课程的学生在以后更高等级的课程中成绩更优秀，更少辍学。对比而言，是否参加了发展性课程对B以下成绩的学生来说没有好处。

院校也可以在课程的最后对学生进行后测实验来研究发展性课程的效果。在书面的测试中，院校需要使用等同的二选一表格。其中两个相关统计是平均增加成绩和高级课程辍学百分比。然而通过前后测的研究设计，测量误差的原因很复杂；研究者可以用测量误差比较实际增长作为准线估计预测增长（Sawyer & Schiel，2000）。

## 识别高风险学生

学生会面临学业风险或/和辍学。研究者可以使用上述既有工具的信息去识别这两类学生。认知测试成绩和非认知变量都可以用作上述目的。

**1. 学业风险**

招生前的测量和在大学入学得到的信息对于预测学业风险很重要，因为可以用于预测学生的一开始的修学经历，即大学第一个学期是否有学业失败的风险。此外，既有工具不像高中成绩或排名或大学绩点一样，其中得到的数据是标准化的，不需要在具体学校中进行解读。

识别学生学业风险接受度最大的方法是测量学生对大学学业的准备程度：入学测试成绩、高中绩点或排名、高中修业、课程分级测试成绩等（关系到效度的信息可以见院校研究联盟网站 www.airweb.org/redirects/pages/IRChapter30.aspx）。测量工具大学和专业项目都可得到可用做比较的。心理社会变量也能在预测大学绩点时起到进一步的作用［例子可见（Robbins et al.，2004）；（Robbins et al.，2006）；（Schmitt et al.，2007）；下文"继续就学学生"的内容］。

**2. 继续就学学生**

最早的大学继续就学学生人数模型建立基于高中GPA和/或入学测试成绩的学业测量数据。一些还会使用其他测试记录数据［例子见（Perkhounkova，Noble，& Mclaughlin，2006）］，但大多数并不这么做。更新的方法强调特定院校注册入学的预测和学生不辍学可能性的预测之间的重叠部分。与继续就学学生理论一致的是（Tinto，1993；Bean，1980），研究显示了ACT预测模型服务的拟合指数（特定学校，院校类型，流动性和选择性指数）、职业拟合指数（如兴趣专业一致性，例子见 Tracey & Robbins，2006）和在大学第二年学生不辍学可能性之间的关系。学生的入学选择集合也可以用作预测继续就学学生人数［例子见（Radcliffe，Huesman & Kellogg，2007；Gruce，2008）］。所有的这些指数都基于学生ACT测试记录的变量。

继续就学的学生也会受到行为和心理社会因素的影响，包括对职业目标的认同度、对大学专业的不确定性、学术上面临的挑战、转学问题、对未来的展望、投入度、院校的整合（Johnsom，Priest，Atwell，Wang，Ding & Ehasz，2006）。研究者也发现心理社会变量比入学测试成绩对保留学生人数有更好的预测性，不过入学测试成绩有更高的预测效力（Allen，Robbins，Casillas & Oh，2008；Allen，Robbins & Sawyer，2010；Robbins et al.，2006；Schmitt et al.，2007）。

传统的统计方法，如 $R$，$R^2$，或假 $R^2$，结果因无法识别学业风险学生，或增进识别学业风险学生的程度（Sawyer，2007a）。记录识别学业风险学生的各个变量效果的一种方式见图 30.1。一个有 5 000 名注册学籍学生的院校用从某种既有工具预测出的学生学业风险对学生进行排名（显示在横轴）。纵轴显示了预计学生辍学量，这是干预后的数字。下面的一条虚线表示随机选择会产生的学业不成功的预期学生数量。上面的一条虚线表示理论上精选的学生中学业失败的人数（这个例子假设会有 50 个这样的学生）。实线表示这种既有工具识别的学业不成功的人数。如果工具可以有效识别出高风险的学生，实线应当较下面的虚线来说更贴近上面的虚线（可以进一步看第 13 章节注册学籍管理）。

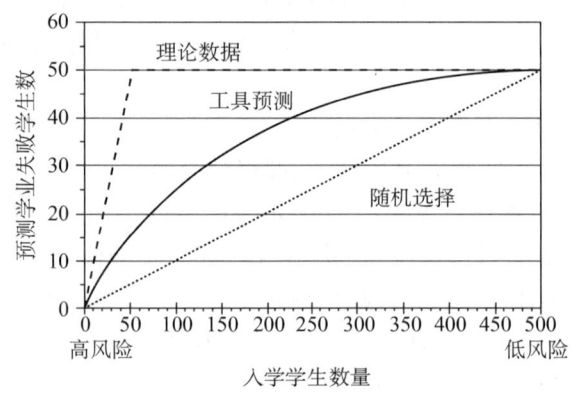

图 30.1　识别高风险学生的工具有效性

## 院校研究中既有工具的其他用途

正如前面在课程分级中所提到的，识别高风险学生只是第一步。一个院校还必须检验对高风险学生的干预是否有效。

## 评估干预项目

使用既有工具评估干预的效果取决于干预的目的和学生是否和如何被挑选。在大多情况中，将先前的学术成就的测量纳入研究是很重要的。因为他们是标准化的测量方式，既有的入学测试成绩或课程分级成绩是有用的共同变量。高中排名或高中绩点也是有用的，不过它们可能由于在高中阶段的变化而不确定。

既有工具通常被用作项目评估研究中公共发行的或当地的问卷的结合（例子见 Miller, Tyree, Riegler & Herreid, 2010）。问卷信息较在既有工具中的信息更贴近于干预方式或项目（更多内容见第 29 章院校研究的问卷使用）。

## 在院校研究中使用既有工具的优点和局限性

下面将继续讨论更多的可以应用于入学管理和学业过程的既有工具。然而，使用这些既有工具各有优缺点。

### 使用既有工具的优点

既有工具搜集信息对院校研究者来说有很多优点。第一，既有工具在内容上是标准化的；测量什么和怎么测量是固定的。此外，他们已证实是可以用作院校研究的目的的；测量什么是直接或间接关系到大学是否成功的。既有工具，特别是认知测试，在管理和积分上也是标准化的。认知测试是在规定时间和环境下完成，禁止学生之间分享任何信息。此外，所有成绩是等价的，用不同方式不同时间解读是一样的。测试机构会记录所有内容和/或格式的变化，他们通常会提供几种方式将老格式的信息转换到新格式，或新格式到老格式。

既有工具的第二个优点是能够在学生入学前或大学刚开始时搜集学生的信息。基础研究表明，大学第一年的成就对预测未来成就很重要。因此学院需要在入学之前或入学后短时间内获取信息预测第一年的成绩。

大学入学和课程分级测试也是合理的：不但相对成本不高，也可以用作许多研究的问题，如招募研究、保留学生研究，去评估项目、预测学业完成人数。

然而既有工具的优点也有局限性。用这些工具收集的信息是一种方式、一种格式的，还是在学生生命中的特定时间段。对于一些研究，这些数据可能是无关或不恰当的。例如，研究入学前的测量和后来在大学的结果之间的关系，比如规定时间内的项目完成度和累计绩点。虽然研究长期的成就很重要，但为了更有效地达到目的，入学期间产生的变量的中介效果也应当考虑在内。中介变量的最主要例子就是第一年绩点；第一年无法在学业上取得成功的学生从长远看更不可能成功，因此它是入学前测量信息反应的最直接的影响。认为长期成功只是基于入学前的测量信息的研究就缺少了其他重要的变量。此外，省略入学后变量会导致对入学前测量信息关系的错误估计。

### 使用既有工具数据时需要考虑的问题

对使用既有工具要关注的是它们有效测量所关心问题的程度，缺失数据的程度，在院校之间比较成绩的恰当性。然而，有几个对使用既有工具数据要特别关注的点。

可以得到完整的大学入学测试结果对于院校研究者很重要。拥有开放的或灵活入学政策的院校,包括大多数两年制大学,不需要 ACT 或 SAT 成绩。一些对学生更精挑细选的院校允许学生用非正式测试成绩(高中成绩单)申请,来加快申请过程。大约 40% 的入学学生是用非正式的成绩单。学生们没有上传官方的入学测试成绩,无论在申请时还是在入学后(ACT,2009a)。一些院校在学生入学后从测试机构获得了测试记录。测试机构需要院校先取得这些没有寄送成绩的入学学生书面的认可。所以,许多院校并没有得到学生的 ACT 和/或 SAT 成绩,大多数在入学时会借助这些测试的院校只能得到学生的考试成绩,无法得到测试中搜集的其他背景信息和非认知数据。因此院校不能用这些数据作院校研究。

对数据获得和使用的另一个更深入考量是关于入学测试成绩的。学生可以选择从特定测试机构向院校寄送成绩或特定的测试部分的成绩。例如,ACT 在研究中就用到了最近测试机构的学生成绩,但 NCAA 允许学生混合不同机构的成绩。研究者需要知道院校对于参加多种测试的学生成绩采取什么政策,在此政策下如何使用解释这些成绩。

课程分级测试中得到的认知数据不及入学测试得到的数据那样具有综合性。大多数院校不需要学生参加课程分级测试,只要他们的大学入学测试或 K-12 状态评估的成绩足够好。此外,一些学生只参加 1~2 门课程分级的学科测试,而非所有学科。最后一点,在一个学科领域(如数学)学生会在里面的 1~2 项测试(如基础代数和中级代数)中获得成绩,而不是参加所有的测试。

除此之外,测试成绩可能并不适合作为有其他修业或培训干扰或在是入学前很多年前参加此测试的学生的入学或课程分级的考量。过时的成绩不能代表现在学生的知识或技能水平。院校应当联系测试机构或在网站找出最好的使用这些数据的方法。

数据的可比性也是院校使用多种工具用于入学和课程分级考量的一个关注点。一致性索引表可以用来在不同测试中转换成绩(例子见,ACT 复合部分转换到 SAT 总分,转换到 SAT 总分或 ACT 复合部分,ASSET/ACT/COMPASS 等;ACT,2010a;2010d;College Board,2010f)。然而,索引表的使用范围限制在相关的测试间。此外,一致性索引表的成绩必须基于测试内容、目的、可靠性的不同进行解释(ACT,2010j)。学生的实际成绩和一致性索引表的成绩会有所不同。这些不同在入学决策上的实际作用对于在接受和拒绝两种情况下的学生来说是最大的。只要有充足的数据,特别是对于预测效度研究来说使用真实成绩的平行分析是优于一致性索引表的成绩的(Sawyer,2007b)。

## 院校研究者的角色

在比较大的学校,院校研究者和评估者会向员工和行政人员提供关于正确使用和解读测试信息的指导。特别是在政治气氛浓的有关于大学入学或课程分级标准或项目或/和院校评价的讨论中,院校研究者会提供自己的和既有的工具的效度和实用性的实证证据,帮助员工和决定制定者理解两者的成本、收益、局限性。

院校研究者的一个重要任务就是提供既有工具解读和使用效度在本地院校使用的有效证据。虽然测试机构提供了全球范围的有效性证据和预分数线,但这些信息对当地学生的有效性取决于当地学生的样本多大程度上全球范围的样本相比。由于两者存在差异的程度,适合进入大学的学生可能面临不录取或进入更低等级的课程,或者准备不足的学生错误地归入了不适合他们的课程。

院校研究办公室也要解决既有工具获得和储存数据的问题,包括获得和使用政策,数据可比性和基线。正如前面提到的,院校不需要学生上传正式的入学测试成绩或用其他方式购买获得这些记录,这些数据的作用有限。类似的,一些院校可能不允许在大学数据系统上储存学生完整的测试记录。院校研究者希望可通过重新访问数据去检查重要的信息最近是否上传到系统上了。

FERPA对数据获得和使用的政策通常被限制在几所大学内部分享数据;院校在他们对FERPA的政策的解读是不同的(Dougherty, 2008)。然而还是有一些大家认可方法可用于分享这些数据。测试机构可以为了研究目的从院校得到数据,院校可以与测试机构合作制定标准或开展研究。为了设置基准线的目的,院校间也会合作并积累总结(例子见,学生保留数据交换联盟[CSRDE])。也鼓励院校研究者进一步开拓提升既有工具数据信息的使用的方法。

## 参考文献

ACT. (1999). *Prediction research summary tables*. Iowa City, IA: ACT.

ACT. (2008). *Updated validity statistics for ACT Prediction Service*. Iowa City, IA: ACT.

ACT. (2009a). *National Class Profile Report*. Iowa City, IA: ACT.

ACT. (2009b). *ACT Interest Inventory technical manual*. Iowa City, IA: ACT.

ACT. (2010a). *ACT-SAT concordance*. Iowa City, IA: ACT. Retrieved from http://www.act.org/aap/concordance/

ACT. (2010b). *AIM: ACT Information Manager*. Iowa City, IA: ACT. Retrieved from http://www.act.org/aim/index.html

ACT. (2010c). *COMPASS guide to successful high school outreach*. Iowa City, IA: ACT. Retrieved from http://www.act.org/compass/pdf/HS_OutreachGuide.pdf

ACT. (2010d). *Concordant ACT, COMPASS, and ASSET scores*. Iowa City, IA: ACT. Retrieved from http://www.act.org/compass/pdf/Concordance.pdf

ACT. (2010e). *Course Placement Service*. Iowa City, IA: ACT. Retrieved from http://www.act.org/research/services/crsplace/index.html

ACT. (2010f). *Enrollment Information Service*. Iowa City, IA: ACT. Retrieved from http://www.act.org/eis/index.html

ACT. (2010g). *Enrollment Opportunity Service*. Iowa City, IA: ACT. Retrieved from http://www.act.org/eos/index.html

ACT. (2010h). *Prediction Service*. Iowa City, IA: ACT. Retrieved from http://www.act.org/research/services/predict/index.html

ACT. (2010i). *Predictive Modeling Service*. Iowa City, IA: ACT. Retrieved from http://www.act.org/predictmodel/index.html

ACT. (2010j). *Understanding concordance*. Iowa City, IA: ACT. Retrieved from http://www.act.org/aap/concordance/understand.html

Adelman, C. (1999). *Answers in the toolbox*. Washington, DC: NCES.

Allen, J., Robbins, S., Casillas, A., & Oh, I.-S. (2008). Third-year college retention and transfer: Effects of academic performance, motivation, and social connectedness. *Research in Higher Education*, 49, 647–664.

Allen, J., Robbins, S., & Sawyer, R. (2010). Can measuring psychosocial factors promote college success? *Applied Measurement in Education*, 23, 1–22.

Association of American Medical Colleges (2010). *Medical College Admission Test (MCAT)*. Retrieved from http://www.aamc.org/students/mcat/start.htm

Astin, A. (1991). *Assessment for excellence*. New York: American Council on Education/MacMillan Series on Higher Education.

Bean, J. (1980). Dropouts and turnover: The synthesis and test of a casual model of student attrition. *Research in Higher Education*, 12, 155–187.

Breland, H., Maxey, J., Gernand, R., Cumming, T. and Trapani, C. (2002). *Trends in college admission 2000: A report of a national survey of undergraduate admission policies, practices, and procedures*. Retrieved from http://airweb.org/trends.html

College Board. (2010a). *Admitted Class Evaluation Service* (ACES). Retrieved from http://professionals.collegeboard.com/higher-ed/validity/aces/study

College Board. (2010b). *Advanced Placement Program* (AP). Retrieved from http://professionals.collegeboard.com/higher-ed/placement/ap

College Board. (2010c). *Basic Profile Service*. Retrieved from http://professionals.collegeboard.com/testing/sat-reasoning/scores/cb-seniors-higher-ed

College Board. (2010d). *CLEP®*. Retrieved from http://professionals.collegeboard.com/higher-ed/placement/clep

College Board. (2010e). *Enrollment Planning Service* (EPS). Retrieved from http://professionals.collegeboard.com/higher-ed/recruitment/eps

College Board, (2010f). *SAT-ACT concordance tables*. Retrieved from http://professionals.collegeboard.com/data-reports-research/sat/sat-act

College Board. (2010g). *Student Search Service* (SSS). Retrieved from http://professionals.

collegeboard.com/higher-ed/recruitment/sss

Cruce, T. M. (2008). *The effects of institutional attributed on the initial choice of college: An analysis of stated and revealed preferences*. Paper presented at the Annual Forum of the Association for Institutional Research in Seattle.

Dougherty, C. (2008). Getting FERPA right: Encouraging data use while protecting student privacy. In M. Kanstoroom & E. C. Osberg (Eds.), *A byte at the apple: Rethinking education data for the post-NCLB era* (pp. 38–68). Washington, DC: Thomas B. Fordham Institute Press.

ETS. (2009). *GRE Guide to the use of scores 2009–2010*. Retrieved from http://www.ets.org/Media/Tests/GRE/pdf/gre_0910_guide.pdf

ETS. (2010a). *About the ETS Personal Potential Index*. Retrieved from http://www.ets.org/ppi/schools/about/

ETS. (2010b). *Graduate Record Exam (GRE) General Test*. Retrieved from http://www.ets.org/gre/general/about/index.html

ETS. (2010c). *Graduate Record Exam (GRE) Subject Tests*. Retrieved from http://www.ets.org/gre/institutions/about/subject/index.html

ETS. (2010d). *TOEFL test and score data summary for TOEFL internet-based and paper-based tests: January-December 2009 test data*. Retrieved from http://www.ets.org/Media/Tests/TOEFL/pdf/test_score_data_summary_2009.pdf

Fuertes, J. N., & Sedlacek, W. E. (1994). *Using noncognitive variables to predict the grades and Tdention of Hispanic students*. Retrieved from http://williamsedlacek.info/publications/articles/using994.html

Geisinger, K F. (2006, August 13). Non-cognitive measures and academic success. In A. E. Schmidt (Chair), *Use of noncognitive measures for guidance and selection*. Symposium conducted at the American Psychological Association Convention, New Orleans.

Graduate Management Admission Council. (2010). *Graduate Management Admission Test (GMAT)*. Retrieved from http://www.mba.com/mba/thegmat

Hossler, D., & Kalsbeek, D. H. (2009). Admissions testing and institutional admissions processes: The search for transparency and fairness. *College & University*, 84(4), 2–11.

Hosmer, D. W., & Lemeshow, S. (2000). *Applied logistic regression* (2nd ed.). New York: Wiley.

Johnson, S. K., Priest, D., Atwell, R. H., Wang, M., Ding, W., & Ehasz, M. (2006). *A winning duo for retention: Data mining and academic advising*. Paper presented at the 2006 National Symposium on Student Retention in Albuquerque.

Karp, M. M., Calcagno, J. C., Hughes, K. L., Jeong, D. W., & Bailey, T. (2008, February). *Dual enrollment students in Florida and New York City: Postsecondary outcomes*. Community College Research Center Brief. Retrieved from http://ccrc.tc.columbia.edu/Publication.asp?UID=578

Kim, J. (2006). *The impact of dual credit and articulated credit on college readiness and total credit hours in four selected community colleges*. Retrieved from http://occrl.ed.uiuc.edu/Publications/graduate_research/index_print.htm

Kobrin, J. L., Patterson, B. F., Shaw, E. J., Mattern, K. D., & Barbuti, S. M. (2008). *Validity of the SAT for predicting first-year college grade point average*. (Research Report #2008-5). New York: College Board.

Law School Admission Council. (2010). *Law School Admission Test*. Retrieved from http://www.lsac.org/LSAT/about-the-lsat.asp

Le, H., Casillas, A., Robbins, S., & Langley, R. (2005). Motivational and skills, social, and self-management predictors of college outcomes: Constructing the Student Readiness Inventory. *Educational and Psychological Measurement*, 65, 482-508.

Lievens, F., & Sackett, P. R. (2007). Situational judgment tests in high stakes settings: Issues and strategies with generating alternate forms. *Journal of Applied Psychology*, 92, 1043-1055.

Lord, F. M., & Novick, M. L. (1968). *Statistical theories of mental test scores*. Reading, MA: Addison-Wesley.

Miller, T. E., Tyree, T., Riegler, K. K., & Herreid, C. (2010). The use of a model that predicts individual student attrition to intervene with those who are most at risk. *College & University*, 84(3), 13-19.

Noble, J., & Sawyer, R. L. (2004). Is high school GPA better than admissions test scores for predicting academic success in college? *College & University*, 79, 4, 17-22.

Noel-Levitz, Inc. (2010). *ForecastPlus for recruitment*. Retrieved from https://www.noellevitz.com/Our+Services/Recruitment/ForecastPlus

Oswald, F., Schmitt, N., Kim, B., Ramsay, L., & Gillespie, M. (2004). Developing a biodata measure and situational judgment inventory as predictors of college student performance. *Journal of Applied Psychology*, 89, 187-207.

Perkhounkova, Y., Noble, J. P., & McLaughlin, G. W. (2006). Factors related to persistence of freshmen, freshman transfers, and nonfreshman transfer students. AIR Professional File No. 99.

Perkhounkova, Y., Noble, J. P., & Sawyer, R. (2005). Modeling the effectiveness of developmental instruction. (ACT Research Report #2005-2). Iowa City, IA: ACT.

Peterson, K. (2003). *Omrcoming senior slump: The community college role*. Los Angeles, CA: ERIC Clearinghouse for Community Colleges. (ERIC Document Reproduction Service No. ED 477 830).

Radcliffe, P. M., Huesman, R. L., & Kellogg, J. P. (2007). *Modeling the incidence and timing of student attrition: A survival analysis approach to retention analysis*. Paper presented at the Annual Forum of the Association for Institutional Research in Kansas City.

Robbins, S., Allen, J., Casillas, A., Peterson, C., & Le, H. (2006). Unraveling the differential effects of motivational and skills, social, and self-management measures from traditional predictors of college outcomes. *Journal of Educational Psychology*, *98*, 598-616.

Robbins, S., Lauver, K., Le, H., Langley, R., Davis, D., & Carlstrom, A. (2004). Do psychosocial and study skill factors predict college outcomes? A meta-analysis. *Psychological Bulletin*, *130*, 261-288.

Sawyer, R. L. (2007a). Indicators of usefulness of test scores. *Applied Measurement in Education*, *20*(*3*), 255-271.

Sawyer, R. L. (2007b). Some further thoughts on concordance. In N. Dorans & P. W. Holland (Eds.), *Linking and aligning scores and scales*. New York: Springer Science + Business Media.

Sawyer, R. L. (2008). *Benefits of additional high school course work and improved course performance in preparing students for college*. (ACT Research Report No. 2008-1). Iowa City, IA: ACT.

Sawyer, R. L. (2010). *Usefulness of high school average and ACT scores in making college admission decisions*. (ACT Research Report No. 2010-2). Iowa City, IA: ACT.

Sawyer, R. L., & Schiel, J. (2000). Posttesting students to assess the effectiveness of remedial instruction in college. (ACT Research Report #2000-7). Iowa City, IA: ACT.

Schmitt, N., Oswald, F. L., Kim, B. H., Imus, A., Drzakowski, S., Friede, A., & Shivpuri, S. (2007). The use of background and ability profiles to predict college student outcomes. *Journal of Applied Psychology*, *92*, 165-178.

Sedlacek, W. E. (1991). *Using noncognitive variables in advising nontraditional students*. Retrieved from http://williamsedlacek.info/publications/articles/using391.html

Sedlacek, W. E. (1993). *Issues in advancing diversity through assessment*. Retrieved from http://williamsedlacek.info/publications/articles/issues593.html

Sternberg, R. J., & the Rainbow Project Collaborators (2005). Augmenting the SAT through assessments of analytical, practical, and creative skills. In W. Camara & E. Kimmel (Eds.), *Choosing students: Higher education admission tools for the 21st century*. Mahwah, NJ: Erlbaum.

Thomas, L. L., Kuncel, N. R., & Crede, M. (2007). Noncognitive variables in college admissions: The case of the Non-Cognitive Questionnaire. *Educational and Psychological Measurement*, *67*, 635-657.

Tinto, V. (1993). *Leaving college: Rethinking the causes and cures of student attrition*. Chicago: University of Chicago Press.

Tomsho, R. (2009, August 20). Adding personality to the college admissions mix. *Wall Street Journal*.

Tracey, T.J.G., & Robbins, S. B. (2006). The interest-major congruence and college success relation: A longitudinal study. *Journal of Vocational Behavior*, *69*, 64-89.

第 31 章

# 教师工作量的测量与评估

希瑟·A.凯丽(Heather A. Kelly)
杰弗里·塞贝特(Jeffrey A. Seybert)
帕特里克·罗斯尔(Patrick M. Rossol)
阿利森·沃尔特斯(Allison M. Walters)

20世纪80年代后期,埃姆斯·博伊尔(Ernest Boyer,1990)曾周游美国各个大学校园并下结论说:无论对于内部还是外部赞助人士而言,本科教育与教员时间安排都将成为他们感兴趣的话题。二十年过去了,一场致力于仔细考察教师生产效率的问责运动使得这一论断成为现实。而当对话围绕教师生产效率展开时,人们首先想到的自然是他们的工作量,"老师们要上多少课?"是他们首先想问的问题之一。然而由于教师行为的产出和成果很难量化测评,事实上很少有文理学院(colleges)和大学(universities)了解他们的时间安排(Middaugh & Isaacs,2003)。需要以一种对高等教育内外部人士均通俗易懂的方式描绘教师工作量。

高等教育受到内外部赞助者要求证明教师生产效率的压力。这些赞助者们想要了解他们在全职、终身及常任教师身上的投资所能取得的回报(Palmer,1998)。美国国会与地方议会关心教学成本,要求各文理学院与大学进行更大幅度地展开问责。在诸如美国教育部的高等教育机会法案(Higher Education Opportunity Act)一类的活动中,这一现象尤为明显。此外,许多州议会强制命令高等教育院校采用教师表现指标的方式(Hebi,1999a;Hebei,1999b;Lovell,2000;Schmidt,1996;Wilson,1997)。

院校研究者的主要角色之一就是为高等教育管理者提供高效管理与计划的资源和工具。有学者提出,"考虑到课堂内外教师及师生互动的核心地位,弄明白教师们的工作效率对评估院校效率是十分重要的。"(Middaugh,Kelly & Walters,2008)极为重要的一点是,院校研究者们理解并表述的是教师工作量的整体情况,包括教学、科研与服务。教师们参与到这三类活动中的多少与院校的办学使命直接挂钩。博伊尔(Boyer,1990)说:"教授们的工作只有在被他人理解的情况下才是重要的。"因此,针对教师工作量开展的可信对话(credible conversations)必须同时测量并估计教师们的投入与产出。文理学院与大学必须具备描述教师工作的工具与资源。本章为研究者描绘教师工作量的全貌提供了资源。

## 现有数据来源

由于个体数据源及其针对特定院校的适用性存在限制，在测量与评估教师工作量时采用多种手段非常重要。也就是说，外部数据源能够为教师工作量的评估提供更多信息。院校研究部门会发现学术数据库与他们的内部数据库同样有用。学术数据库的两个例子是美国科学信息研究所（the Institute for Scientific Information）的"美国大学科学指标"（U.S. University Science Indicators）数据库以及"学界分析"（Academic Analytics）。

美国国家研究委员会（The National Research Council）参照美国大学科学指标数据库核查教师学术产出。该数据库概括了全美众多主流大学的公开与引用记录（Middaugh，2001）。

学界分析则催生了"教师科研产出（FSP）指标与数据库"（Faculty Scholarly Productivity (FSP) Index and Database），根据专著及期刊出版记录、期刊文献引用、联邦资助研究经费以及荣誉奖项测量教师科研产出。虽然学界分析帮助 FSP 指标与数据库成为排名工具，然而 Lawrence Martin——学界分析的创始人、纽约州立大学石溪分校（Stony Brook）研究生院主任——则表示："该指标的真正价值在于其原始数据。"这两大数据库的真正价值在于提供标准化比较的依据。

内部数据源也能帮助了解教师工作量的信息。内部数据源的两个例子是企业仓库以及年度员工评估过程。

问卷调查与研究（*Survey and Research Studies*）三项关注教师工作量的调查与研究是"问责报告联合委员会"（Joint Commission on Accountability Reporting, JCAR）、"国家教育统计中心全美高中等教育教师研究"（National Study of Postsecondary Faculty，NSOPF）和"高等教育研究院教师调查"（Higher Education Research Institute Faculty Survey）。JCAR 注重教师的活动及其如何影响院校产出。JCAR 不仅测量了教师花费在教学、科研及服务上的时间百分比，同时也基于 JCAR 所定义的教学、科研、服务三方面的产出指标对其教学活动进行描绘（Middaugh，2001）。

NSOPF 由联邦政府推行，试图以时间百分比报告教师活动。NSOPF 关注教学人员与团队的特征，用于教学、科研与行政活动的时间百分比，在课堂上及接待学生所花费的时间、著作出版与学术演讲，以及报酬。根据 2003 年秋季的 NSOPF 数据，四年制院校的全职教师报告，教师每周大约工作 54 小时（Cataldi，Bradbum，Fahimi & Zimbler，2005）。

学界以外的一个观念是教师们负有一项主要责任：教学生。NSOPF 数据的进一步证实了这一观念。2003年秋季NSOPF数据显示,四年制院校的全职教学人员报告他们花超过一半(58%)的时间用于教学,每周在教室里大约要待上九个小时(Cataldi, Bradbum, Fahimi & Zimbler, 2005)。

2003年秋季,四年制院校的全职教学人员与团队报告说他们花22%的时间用于科研活动,21%的时间用于行政以及其他活动(Cataldi, Bradbum, Fahimi, & Zimbler, 2005)。2004年NSOPF调查所报告的数据显示,教师们将他们的大多数时间花在教学上,比科研活动、行政活动以及其他活动的总和都要多。NSOPF数据可以被视作教师责任优先性顺序的准确反应:教学、科研、服务。

数年来,研究者们采纳NSOPF数据来为那些对高等教育教师议题感兴趣的人提供信息。无论对于教师还是管理者来说,对大量基于NSOPF数据的研究成果进行回顾总是值得的。其中一个研究话题可能是分析教师工作量,因为其与终身(tenured)、常任(tenure track)教师的生产效率相关。NSOPF数据可以用于仔细审查教师流动率(faculty turnover),探索获得终身教职的教师与未获终身教职的教员之离校原因的差别做出回应,并对其如何影响院校的人事、财政政策与实践获得更好的理解。进一步说,NSOPF数据可被用来监测高等教育的总体变化。比如说,Sallee和Tiemey(2011)通过分析NSOPF中学校教师的相关数据来考察过去十年间教师的组成(时间分配和终身教职状态)与教师责任有何变化。

社区学院的教师们绝大多数是兼职的(Leslie & Gappa, 2002; Eagan, 2007)。出于这个原因,莱斯利和盖帕(Leslie & Gappa, 2002)利用NSOPF数据来了解"那些人(兼职社区学院教师)是谁,他们做些什么,以及他们与他们的全职同行们有什么不同"。马米西什维利(Mamiseishvili, 2010)分析了NSOPF中外国出生的社区学院教师的相关数据,考察他们的组成、工作满意度和观念与美国出生的同行们有何差别。该分析的目的是根据其发现为外国出生的社区学院教师提供合适的资源和支持,以吸引并留住他们。伊根(Eagan, 2007)分析了NSOPF中兼职社区学院教师的相关数据,考察他们的组成、态度、信念如何随时间变化,并把这些发现与全职社区学院的教师们做了比较。

在高等教育领域,教师们在帮助学院和大学实现使命的过程中扮演了重要角色。出于此因,理解教师们的工作—生活事务非常重要,这也是为什么HERI(高等教育研究院)的"合作院校研究项目"(Cooperative Institutional Research Progam, CIRP)1978年开始进行了一项教师调查。1989—1990年度开始,CIRP开始每三年进行一次调查。在本文写作期间,最近进行的HERI教师调查是2007—2008年度开展的。共有来自372所四年制院校的22 562名全职大学、学院教师参与了调查。"教师"被"定义为任何正规四年制学院或大学的全职雇员,他们花费了部分时间用于本科生教学"(DeAngelo, Hurtado, Pryor, Kelly, Santos & Kom, 2009)。HERI教师调查结果一般包括社区学院,但由于参与率较低,2007—2008年度的结果并没有包含这些数据。

## 第 31 章 教师工作量的测量与评估

2007—2008年度HERI教师调查根据不同的院校类型（所有四年制大学，四年制学院），所有权性质（公立、私立、不确定、天主教、其他宗教），以及所有男女教师的职称（所有职称都被一并纳入进来，正教授、副教授、助理教授、讲师、兼职讲师[instructor]，无回答）对全职本科生教师做出描述。2007—2008年度HERI教师调查结果提供了教师活动、类型、参与度和生产效率的细节。2007—2008年度HERI教师调查结果中与教师工作量相关的特定数据包括花费在教学、科研与服务，及与本科生共同工作、帮助本科生参与科研项目的时间。

HERI教师调查发现，总体而言，教师们大部分时间花在备课上，其次是教学和科研，最后是委员会工作（committee work）。调查发现，超过半数的教师在过去两年中曾经与本科生合作进行科研项目研究。调查也发现仅有超过半数（大约58%）的教师对他们的教学负担感到满意（DeAngelo et al., 2009）。

学术院校们利用HERI教师调查结果为教学讨论提供信息，并理解教师们对于院校政策、规划过程和总体工作满意度的观念。调查结果也被用来改善教师职业发展项目，并对基于证据的授权自学过程（the evidence-based accreditation self-study process）提供支持。HERI教师调查最大的优势在于它可以接触到规范性基准数据，后者能够给决策提供更多信息。

中俄克拉荷马大学（University of Central Oklahoma，UCO）自2008年来参加了三次HERI教师调查，利用调查结果执行了"改善项目并最终使得学生的学习体验获得提升"项目（Gentry, 2008）。UCO的评估办公室人员仔细审视了他们的院校调查结果并撰写了一份报告，该报告尤其重视在比较群体中被认为具有学术重要性的那些指标。UCO提出了两个重要问题："我们了解了什么？"和"我们该如何处理它？"（Gentry, 2008），值得注意的是，通过与不同工作组及学校决策者分享HERI教师调查结果，UCO成功形成了交流—反馈的循环，这使得他们有机会倾听并考虑本校教师的声音。

随着时间的推移，教师们主要有三大职责——教学、科研活动、服务——的观念经由NSOPF和HERI教师调查获得了确认。上述引用的调查与研究主要关注教师的时间分配。除了考察教师时间分配之外，理解人事及财政资源分配也很重要。

## 经由数据分享方式理解教师工作负担与成本

如果有人打算分析、理解院校教师的工作量，他可以进行内部比较，也可以进行外部比较。以下环节对主要的数据库及其使用方法做了概述。

### 教学成本与生产效率的全美性研究

"教学成本与生产效率的全美性研究"（The National Study of Instructional

Costs and Productivity,也被称为"德拉维尔研究",http://www.udel.edu/IR/cost）是一项国家级标准研究,用于考察四年制学术院校的教师工作量和教学支出。该研究起初在 1995 年受到 TIAA-CREF 的资金支持,1996—1999 年间获美国教育部高等教育完善基金（U. S. Department of Education Fund for Improvement of Postsecondary Education, FIPSE）支持（Middaugh & Isaacs, 2005a）。该研究已经成为根据教师类型和外部赞助的教学开支来测量教学量的备选工具之一,所有测量都以学科为分析单位。这一标准研究对于高等教育院校决策所提供的有力帮助受到了广泛承认。比如,德拉维尔研究使得研究者们得以回答这类问题：同国家规定相比,我们的教师教得多了还是少了？我们有多少比例的本科生由正式教师授课？与同行们相比,本院校给学生们上一学时的课是不是更昂贵？我们的独立资助研究和服务开支与国家标准相比如何？与我们现在或志同道合的同行们相比又如何？

德拉维尔研究最早一次全美数据采集是在 1992 年,有 86 个院校参与（Middaugh, 2001；Middaugh & Isaacs, 2003；Middaugh & Isaacs, 2005a）。从那以后,有超过 500 个院校参与过德拉维尔研究,大约 200 个院校每年都参与。公立和私立的四年制院校都参与其中,覆盖了研究阶段、博士阶段、硕士阶段、本科阶段以及卡内基本科生分类法（baccalaureate Carnegie classifications）。州立大学系统的官员们,比如北卡罗来纳大学系统和密苏里大学系统,每年都利用德拉维尔研究的成果检测其公立院校的成本和产出效率数据。此外,类似全美大学数据交换协会（American Association of Universities Data Exchange, AAUDE）和南方大学集团（Southern University Group）这样的组织也利用其院校成员的德拉维尔研究数据同集团内部共享的数据进行比较。

**1. 德拉维尔数据要素**

德拉维尔研究数据集由根据教师类型划分的秋季教学量和根据课程层次（本科低年级、本科高年级、研究生）划分的学生课时数和开设课程数构成。教学活动数据被进一步细分为四个不同的教师类别。终身教职教员和进入终身轨道的教员,以及被称为"其他正式教师"都在考察范围内,后者是指那些签署定期合同的、主要受雇从事教学活动、无科研服务期望、无转入学术终身制可能的教师。补充性教员的教学活动（如兼职教师和管理人员的授课）和研究生助教也在考察范围之内。此外还收集了学年数据和财年数据：根据本科、研究生年级记录的学生学时数,以及根据教学、研究和公共服务这三个功能领域报告的直接开支数据。各个参与院校为本校各个学科提交数据材料,各学科按照适宜的教学方案分类（Classification of Instructional Program）码进行编号。该学科平均授予学位数也被记录在案。2010 年德拉维尔研究院系数据采集见图 31.1。

# 第 31 章　教师工作量的测量与评估

## 2010 National Study of Instructional Costs and Productivity

Institution: _____

Department/Discipline: _____

Associated CIP Identifier: _____　　　　　　　　　　　　　　CIP Verified? _____

Please indicate the **average** number of degrees awarded in this discipline at each degree level over the period from 2006–07 through 2008–09. If a degree level is not offered, leave as zero. If data are not available, please enter 'm' in the boxes.

Bachelor's: _____
Master's: _____
Doctorate: _____
Professional: _____

Place an 'X' in the box below if this discipline is non-degree granting. _____

### A. INSTRUCTIONAL COURSELOAD: FALL SEMESTER, 2009

Please complete the following matrix, displaying student credit hours and organized class sections taught, by type of faculty, and by level of instruction. Be sure to consult definitions before proceeding. Do not input data in shaded cells except for those mentioned in the important note below that pertains to (G) and (J).

| Classification | FTE Faculty | | | Student Credit Hours (Enter Undergrad Details / Enter Grad Details) | | | | | | | Organized Class Sections | | | | |
|---|---|---|---|---|---|---|---|---|---|---|---|---|---|---|---|
| | (A) Total | (B) Sep. Budg. | (C) Instruc- tional | (D) Lower Div. OC* | (E) Upper Div. OC* | (F) Undergrad Indv. Instruct. | (G) Total Undergrad SCH | (H) Grad OC* | (I) Graduate Indv. Instruct. | (J) Total Graduate SCH | (K) Total Student Credit Hours | (L) Lab/Disc/ Rec. Sections | (M) Lower Div. | (N) Upper Div. | (O) Graduate | (P) Total |
| Regular faculty: - Tenured/Tenure Eligible | | | | | | | | | | | | | | | | |
| - Other Regular Faculty | | | | | | | | | | | | | | | | |
| Supplemental Faculty | | NA | | | | | | | | | | | | | | |
| Teaching Assistants: - Credit Bearing Courses | | NA | | | | | | | | | | | | | | |
| - Non-Credit Bearing Activity | | NA | NA | NA | NA | NA | NA | NA | NA | NA | | | | | | |
| TOTAL | | | | | | | | | | | | | | | | |

*OC = Organized Class　　NA = Not applicable

In the box to the right, indicate the number of individualized instruction student credit hours from the total that are devoted to supervised doctoral dissertation. _____

Mark with 'X' the box that indicates your academic calendar: Semester: _____　Quarter: _____

Reminder: Use Fall 2009 semester data as of your official census date.

Important note: If you cannot differentiate between "Organized Class" and "Individualized Instruction" student credit hours, assign all credit hours to the appropriate "Organized Class" column. Similarly, if you cannot differentiate between "Lower Division" and "Upper Division" undergraduate student credit hours, report all those hours under "Total Undergraduate SCH."

### B. COST DATA: ACADEMIC AND FISCAL YEAR 2009–10

1. Total student credit hours generated during Academic Year 2009-10, that were supported by the department/discipline instructional budget. (NOTE: Semester calendar institutions will typically report fall and spring student credit hours; quarter calendar institutions will report fall, winter, and spring student credit hours.)

_____ A. Undergraduate
_____ B. Graduate

2. Total direct expenditures for instruction in Fiscal Year 2009–10

_____ A. Salaries　　Are the benefits included in the number reported for salaries(Y/N)? _____
_____ B. Benefits　　If the dollar value is NOT available, what percent of salary do benefits constitute at your inst. _____
_____ C. Other than personnel expenditures.
_____ D. Total (including benefits if it was calculated)

3. Total direct expenditures for separately budgeted research activities in Fiscal Year 2009–10

_____

4. Total direct expenditures for separately budgeted public service activities in Fiscal Year 2009–10

_____

© 2010 University of Delaware. The National Study of Instructional Costs and Productivity was initially developed under a grant from the Fund for the Improvement of Postsecondary Education (FIPSE).

图 31.1　2010 年德拉维尔研究数据采集表格

## 2. 德拉维尔研究结果与标准

在拥有每年 200 所四年制院校参与的情况下,德拉维尔标准提供了一套有力的、可供进行数据比较的价值规范。发布的国家标准每年以三种不同顺序排列:卡内基分类,该领域授予的最高学位以及本科/研究生项目总和。一门学科的数据首先根据四位(比如 26.02)和两位(比如 26.00)的 CIP 代码进行汇总,再根据各自不同的标准进行适宜分类。德拉维尔研究的结果展现了一个系所建制内全面的工作负担数据(学生学时,开设课程数和指导的全日制当量学生数(full-time equivalent [FTE] students taught)。

研究结果提供了每学年、每财年的每个学时、每位全日制学生(FTE)的直接教学开支概要。除此以外也提供每位终身教职和长聘教师在研究和公共服务上的直接开支。参与研究的院校能够登陆德拉维尔研究的加密网站,在此下载他们本院校的结果以及全美标准。该网站也允许参与者进一步挖掘数据,完成个性化的同类群体比较,同时保证单个院校数据的不可辨认。

## 3. 近期方法论上的改进

德拉维尔研究从一开始就同时收集学期制院校与学季制院校的数据。为了使每位全时当量学生的年度计算结果相等,研究采用了以下的办法:对于采用学期制的院校来说,每一位全时当量学生相当于 30 本科生学分或者 18 研究生学分;对于采用学季制的结构来说,每一位全时当量学生则相当于 45 个本科生学分或者 27 个研究生学分。久而久之,学季制院校中发现的一些访问证据向我们指出了德拉维尔数据中另一个需要调整的要素。对每学年、每财年"每学生学分的直接教学开支"的研究显示,德拉维尔研究要求某种调整来保证学期制与学季制院校间的可比性(把学季制院校的学年学生学时除以 1.5)(Walters,2009)。之所以如此,是因为学季制院校每学年有三个学期,而学期制院校每年只有两学期。对学年和财年数据计算的这种补充调整最初于 2008 年被引入德拉维尔研究,并已被证明是确保学期制/学年制院校间可比性的有效手段。

## 4. 利用德拉维尔研究

参与德拉维尔研究赋了各院校一套有价值的效率和成本指标,用以考核每一上报学科。德拉维尔研究的参与院校发现这些数据对学术项目的评估过程有好处,并有助于回答与院系教学活动或者教学、研究、公共服务活动开支有关的问题。他们尤其强调标准数据的作用,以此从教学量、生产效率和教学成本三个维度确定他们的教学活动在全美同行中的位置,做出比较。

德拉维尔大学的教务长(provost)、院长(deans)和系主任们(chairs)会在学术项目评估和院系规划过程中利用德拉维尔数据。他们对德拉维尔研究中的六组数据尤其感兴趣,这六组数据主要关注特定学科内终身教职教师和终身轨教职教师的产出效率和全体教师的总教学活动,教学开支和独立预算的科研、服务开支。这六组数据是:

(1) 每个终身教职教师和终身轨教职教师的本科教学学时数。
(2) 每个终身教职教师和终身轨教职教师的总学生学时数。
(3) 每个终身教职教师和终身轨教职教师的总开课数。
(4) 所有类别加以合并后每个终身教职教师和终身轨教职教师的总学生学时数。
(5) 用于每学生学时授课的教学总开支。
(6) 每个终身教职教师和终身轨教职教师的独立预算科研、服务开支。

这六个指标一般会被展示在一份单页的院系文件中，这份文件还包含五年的德拉维尔大学数据及其与卡内基研究院校(Carnegie research institutions)标准数据的比较结果。这种数据观察手段使得教学活动得以在教学成本和科研服务开支的语境中考察。例如，2001—2005 年间终身和长聘教师教学的总学生学时(图 31.2)比国家标准数据要低，但考虑到院系正专注于将教学工作向"其他常规教师"一类教员转移，这一现象也就不难理解了。事实上，减免终身和长聘教师教学时绝非无的放矢：它意在给予教师们更多闲暇时间以增进其科研能力，后者是学校当时的目标。对于管理者们来说这一抵消效果是显而易见的：科研、公共服务开支变量显示出高于全美平均水平的渐进增长。新晋终身和长聘教师的补充以及工资上涨所带来的重负十分明显地显示在每学时直接教学开支的增加上，后者也超过了全美平均水平。

德拉维尔大学并不会根据数据结果对院系进行奖惩，数据只是评估项目质量及其与院校的总体目标间匹配程度的额外工具。德拉维尔研究为院校在学术单位层次上考核财政和人力资源分配提供了丰富的资源，而标准数据则将院校学科放在全美背景下进行定位。

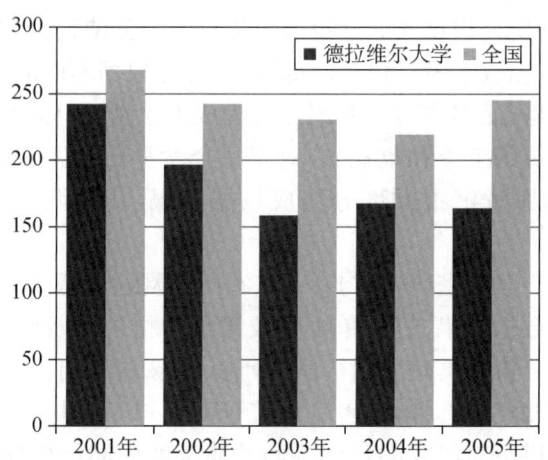

图 31.2　某科学院系全日制终身/常聘教师总授课学时数

## 堪萨斯社区学院教学成本与效率研究

2004年"堪萨斯社区学院教学成本与效率研究"(The Kansas Study of Community College Instructional Costs and Productivity)项目开展之前,没有任何单纯面向社区学院的国家级数据分享或数据报告联盟。堪萨斯被认为是德拉维尔研究的对照物,前者面向两年制学院,而后者则面向四年制学院与大学。2002年,约翰逊郡(堪萨斯州)社区学院[Johnson County(Kansas) Community College]的院校研究所申请并成功获得了高等教育改善基金(Fund for the Improvement of Postsecondary Education)的280 000美元经费,资助面向全美两年制学院的国家级教学负担和教学成本的数据采集和报告方案。该计划的设计阶段由一个国家级的顾问委员会领导,委员会由顶级的社区学院研究者、主要的学术与商业官员和国家社区学院政策组织的代表们组成。

该研究收集并汇报了学科层面的社区学院教员工作量(具体地说,由全职/兼职教员授课的学时占比)以及此类教学每学时的教学成本。自2004年首次开展以来,全美共有近200所两年制学院参加了堪萨斯研究,收集到的数据库成为迄今为止社区学院教学成本与效率方面最全面的数据。

### 1. 堪萨斯研究的数据要素

参与的院校向堪萨斯研究项目上报每一学科的学科层面数据,这一工作通常由院校研究主任或一名院校研究分析师来完成。录入工作完成后,参与者获得授权通过堪萨斯研究的网站获取线上的院校人口学档案、研究数据入门机能(Study data entry functionalities)以及在线文档。堪萨斯研究的学科分类与CIP代码紧密关联,使得数据录入不依赖每个院校的学科设置。人口学档案收集院校级别的特征,以在堪萨斯研究的同行分析工具(peer analysis tool)中建立其同行比较组。如前面所述,堪萨斯研究根据收集并报告各学科的学分课程(即有资格接受四等资助的课程)数据。数据收集模板包括两部分:A部分根据不同的教员类型收集秋季学期的教学负担数据,而B部分收集财年教学成本数据(具体地说,教师、辅助人员和直接行政管理人员的工资和收益)。对于每个学科而言,参与者需要在A、B部分中选择一个他们愿意汇报的部分完成数据汇报,或者两个都完成(他们愿意的话)。

通过分配的用户名和密码,参与者可以在研究网站上得到向他们开放的数据,包括年度国家汇总数据结果表格、单个院校级别的报告以及同行分析工具。参与者们可以利用同行分析工具建立同行群体列表,选入标准可以是学科,也可以在参与院校列表中进行搜索和选择,或者利用院校的人口学变量建立一组与本校相似的院校群体。然后堪萨斯研究的订阅者们就能接触到同行群体的个体汇报数值。所有院校的名字都是隐蔽的,以保证数据的机密性。

## 2. 堪萨斯研究结果与标准

堪萨斯研究结果以一系列国家标准表格的形式被提供给参与院校。这些表格仅包含那些有五所或以上学院进行汇报的学科数据。表 31.1 是国家标准表格的部分例子。虽然国家汇总报告展示的是参与者参与汇报的所有学科的数据，但订阅院校也能收到针对本校的个性化报告，该报告包含国家标准表格及本校数据与国家标准的比较结果。

堪萨斯研究团队和其他学者已经对研究数据进行了额外的分析。塞贝特和罗斯尔（Seybert & Rossol，2010）根据每学时成本报告了社区学院中最昂贵的十大学科（口腔卫生学、医学实验室技师、呼吸照护、职业病治疗助理、外科技术、人文学科、护理、新闻、理疗助理和电子设备维修）（表 31.2），以及最便宜的十大学科（人类学、房地产、社会学、心理学、历史学、经济学、哲学、营养学、政治学和传媒学）。此外，他们发现社区学院教学成本的主要驱力在谁上课（全职教师还是兼职教师）而非上什么类型的课（学科）。

表 31.1 堪萨斯研究：根据教员类型和学科分类的教学学时数百分比，全美改良均值（refined means），2002 年秋季

| 学科 | 报告院校数量 | 全美改良均值 由……教学的学生学时百分比 | | |
|---|---|---|---|---|
| | | 全职教师 | 兼职教师 | 全职雇员 |
| 生物科学——生命科学 | 42 | 69 | 30 | 0 |
| 商业行政与管理（大类） | 40 | 59 | 40 | 0 |
| 计算机与信息科学（大类） | 41 | 55 | 43 | 0 |
| 数学（发展方程除外） | 44 | 67 | 32 | 0 |
| 心理学 | 42 | 55 | 43 | 1 |

表 31.2 堪萨斯研究：每学时教学成本——最昂贵的学科

| 学科 | 教学成本 | N |
|---|---|---|
| 口腔卫生学（Dental Hygienist） | $484 | 10 |
| 职业病治疗助理（Occupational Therapist Assistant） | $309 | 8 |
| 医务助理（Medical Assistant） | $300 | 12 |
| 临床-医学实验室技师（Clinical-Medical Laboratory Technician） | $262 | 0.9 |
| 呼吸照护（Respiratory Care） | $254 | 9 |
| 理疗助理（Physical Therapist Assistant） | $253 | 13 |

| 学科 | 教学成本 | N |
|---|---|---|
| 护理学(Nursing) | $240 | 50 |
| 自由文理学科——博雅研究(Liberal Arts and Sciences-Liberal Studies) | $235 | 6 |
| 牙医助理(Dental Assistant) | $232 | 12 |
| 持照护士(Licensed Practical Nurse) | $217 | 16 |

表31.3 堪萨斯研究:每学时教学成本——最便宜的学科

| 学科 | 教学成本 | N |
|---|---|---|
| 人类学(Anthropology) | $50 | 16 |
| 心理学(Psychology) | $58 | 47 |
| 历史学(History) | $58 | 42 |
| 生活技能、基本技能(Life Skills, Basic Skills) | $59 | 5 |
| 人文学科(Humanities) | $60 | 16 |
| 社会科学(Social Sciences) | $60 | 10 |
| 房地产学(Real Estate) | $61 | 8 |
| 社会学(Sociology) | $62 | 35 |
| 哲学与宗教(Philosophy and Religion) | $62 | 28 |
| 政治学(Political Science) | $64 | 31 |

### 3. 利用堪萨斯研究

无论是对州系统还是对单个院校来说,堪萨斯研究数据在支持问责倡议、规划与决策方面都已被证明是有价值的。比如,田纳西州的所有十三所社区学院自最初起就参与了堪萨斯研究。田纳西大学董事会已经将堪萨斯研究数据纳入了田纳西州的社区学校绩效资助项目。具体地说,"在2005—2010年这一绩效资助周期中,田纳西州社区学院必须满足的一条标准之一就是要采集并利用堪萨斯研究数据"(Malo & Weed,2006)。在院校层面,纳什维尔州立技术社区学院(Nashville State Technical Community College)利用研究数据对教员席位进行再分配,将其作为项目评审过程的重要组成部分,并采纳堪萨斯研究数据作为南部院联盟(Southern Association of Colleges and Schools,SACS)复评过程中数个核心要求的记录。

此外,东北州立技术社区学院(Northeast State Technical Community College,NSTCC)利用堪萨斯研究数据来找出需要评审的项目,这一过程借由找出研究参与者中每学时成本何处最高来实现。堪萨斯研究数据也有助于院校决策,例如,将闲置的全职教师席位从兼职教师比例显著低于研究中位数的院系转移到兼职教师比例显著高于研究中位数的院系。最后,NSTCC 利用堪萨斯研究数据①为学院遵循 SACS 的复评要求提供支持,以证明学院符合正在实行的规划,评估过程带来的是持续的提升;②表明学院雇用了充足的全职教师;③表明学院维持了良好的财政基础和财政稳定(Malo & Weed, 2006)。

总之,堪萨斯研究提供了此前不可得的重要数据资源,即全美范围内社区学院层面的学科教师工作量与教学成本信息。

## 全美社区学院基准项目

"全美社区学院基准项目"(The National Community College Benchmark Project,NCCBP)广泛测量了超过 150 所两年制学院的投入产出指标,涵盖了学生学习产出以及院校层面的,准入、职员发展、教职员工、人力资源和财政变量。这一较广的覆盖面帮助参与者们在更大的语境下评估教师工作量和教学成本并制定相应标准。

2002—2003 年,社区学院基准专门小组(Community College Benchmark Task Force),即来自大型重点社区学院和社区学院改革联盟(League for Innovation in the Community College)的一群院校研究者,设计并实施了一套为社区学院产出建立标准的方法,以应对日益增长的高等教育问责需求。十几年来,NCCBP 已经足以自我维持(self-sustaining),并成长壮大为全美最大的国家级社区学院数据采集与分享联盟。自项目启动以来参加过项目的社区学院超过了 350 所,其中包括科罗拉多、佛罗里达、夏威夷、印第安纳(常春藤理工学院)、肯塔基、纽约、宾夕法尼亚、田纳西、怀俄明州的州立学院系统。此外,几个大型的社区学院区也参与其中,包括奥斯丁(Austin)、阿拉莫(Alamo,均位于得克萨斯州)、芝加哥(Chicago,位于伊利诺伊州)、哥林郡(Collin County)、达拉斯(Dallas)、埃尔帕索(El Paso,均位于得克萨斯州)、堪萨斯城(Kansas City,位于密苏里州)、马里科帕(Maricopa,位于亚利桑那州)、迈阿密戴德郡(Miami Dade,位于佛罗里达州)、波特兰(Portland,位于俄勒冈州)和圣路易斯(St. Louis,位于密苏里州)。2011 年有创纪录的 280 所两年制院校参与项目。

1. **NCCBP 数据要素**

NCCBP 数据采集的是院校层面的数据。在教师工作量和教学成本数据方面,NCCBP 的参与者需要提交下面几项数据要素:

(1)全日制教师总数(区分全职和兼职教师)。

(2)全日制学生数。

(3)学生授课总学时(区分全职和兼职教师)。

（4）总学分课程数（区分全职和兼职教师）。

（5）学分课程直接教学总开支。

（6）财年学生总学时。

数据采集工作每年一月开始，七月结束。截至 2010 年，主要的数据采集工具是 Microsoft Excel 工作簿，数据要素的定义、指示和数据录入表格分属不同的工作表（worksheet）。2011 年开始，所有参与院校开始在新的 NCCBP 网站（http://www.NCCBP.org）上直接录入数据，因此基准计划的所有标准数都可以自动计算获得。这使得分析的周转时间得以缩短，参与者们收到标准项目报告的时间因此比往年要提前了许多。

NCCBP 数据采集程序会自动检查缺失和不一致的数据。参与院校只有在处理完所有数据录入错误以后才能进入下一步的有效性审核步骤：异常值检验。在数据审核的这一阶段，院校的标准值被拿来与其他参与院校报告数值的均值进行比较。然后参与者们需要确认是否有任何异常值数据存在——也就是说，超过均值正负两个标准差的数值。更新之后的标准值随后就成为年度报告的基础。

### 2. NCCBP 结果与标准

在教师工作量和教学成本方面，NCCBP 报告如下标准值：生师比，不同类型教师的教学学时百分比（全职 vs.兼职），不同类型教师的授课课程百分比（全职 vs.兼职），每学时成本以及每个全日制学生的成本。

NCCBP 订阅者能够享受到三种生成标准值的功能：①全美与院系系统的汇总数据报告；②同行比较工具；③最佳实践报告。

全美汇总报告显示了 150＋个标准值中参与学院在每一个标准值上的排名百分位数。报告也为每个标准值提供了全美数据的第 10、25、50（即中位数）、75、90 百分位数。如果一整个学院系统或学院区都参与了标准项目的话，院校还将得到各自系统的汇总报告。某些参与院校从 NCCBP 标准数据中挑选一些作为关键绩效指标（KPIs，key performance indicators），后者产生于院校的宗旨说明，可以用以从数量上追溯院校历年来取得的进展。

NCCBP 的同行比较工具使得订阅者们能够从基准项目参与院校列表直接挑选比较对象，或者基于院校的人口学数据如无限制运营预算（unristricted operating budget），IPEDS（Integrated Postsecondary Education Data System，高等教育整合资料系统）录取规模，少数族群（minority）学生人数及其他类似指标进行挑选。随后参与院校能挑选一个个标准值并与它们的同行群体进行比较。为了保证单个学院数据的保密性，这一功能要求参与者至少选择五个同行院校。随后单个院校的身份信息就被隐藏起来，由于过滤后的数据库将仅仅包含被选同行组的结果，参与者就此时可以取得同行数据了。

对每个 NCCBP 标准数据来说，最佳实践报告列出了所有得分高于第 80 百分位数的院校(或者在某些情况下低于第 20 百分位数)。参与院校随后可以联系那些"最佳实践"学院来考察他们在特定标准值上快人一步背后的教育项目(programs)、方案(initiatives)和创新(innovations)。

### 3. 利用 NCCBP

NCCBP 标准值为全美社区学院的战略规划和质量提升计划提供了基础。参与者们利用汇总和同行比较结果为本地教学质量提升方案与考评要求提供信息[比如中北部各州大专院校联盟高等教育委员会的教学质量改善计划,North Central Association of Colleges and Schools (NCA) Higher Learning Commission's Academic Quality Improvement Program (AQIP)]的同行比较要求。得梅因社区学院(Des Moines Area Community College)利用 NCCBP 数据来应对 AQIP 的考评标准,并以此回答 AQIP 系统档案中的必答问题(Linduska & Emmerson, 2011)。类似地,沃希托技术学院将 NCCBP 数据整合到它的"实现梦想"(Achieving the Dream)计划中来,以支持并维护其追求质疑、证据与可审计性的文化(Prince, 2011)。NCCBP 标准数据也被纳入了表现(考核)过程(performance processes)中,如田纳西州高等教育系统的表现资助模型。作为多学院系统战略规划过程的一部分,NCCBP 标准数据发挥了重要作用。参与者们利用 NCCBP 提供的比较数据对院校项目进行评论和评估,并为诸如课程设置、成功率和项目完成率之类的议题提供信息(Juhnke, 2006)。包括北阿肯色学院和中北得克萨斯学院在内的其他学院将 NCCBP 标准值纳入各自院校的积分卡和管理展示板中,从而更迅速地为执行主管和校董会提供绩效总览信息(Hadlock, Seybert & Nutt, 2011)。作为高等教育的透视镜与问责工具,NCCBP 为社区学院的院校研究者们提供了必要的同行比较工具,以有效追踪作为目标的教学质量改善过程,准备考核报告,并为参与院校的行政领导层提供系统的、定期可得的量化指标,为提高院校的教学效率指明方向。

## 理解教师生产效率

尽管德拉维尔研究在描述教师工作量和附带成本方面极为有效,但这些数据并没能把握教师工作的全貌。事实上,还有其他在课堂之外开展的教师活动,包括学生的科研、教师的学术活动、院系的服务活动等。教师们花时间参与这些活动,给学生、院系和院校带来了积极影响。这些活动势必会影响教学量和生产效率,因此在考察院系和国家层次数据的时候应当将这些信息考虑进来。"课外教师活动研究精选量度"(Selected Measures of Out-of-Classroom Faculty Activity Study)项目开展的主要目的是补充教师工作量数据,提供四年制院校中课外活动的相关信息。

## 课外教师活动研究的精选测量指标

2001年,在 FIPSE 的资金支持及全美顾问委员会的努力之下,德拉维尔研究进一步扩充以处理课外对教师的时间需求,以及描述产出的量度和教师活动的成果。扩充后的德拉维尔研究被称为"教师活动研究"(Faculty Activity Study)。首次完整数据采集流程于2003年春季进行;随后已经又开展了四次数据采集工作。

"教师活动研究"试图处理前文提到的教师量研究的不足。比如,教师活动研究关注课堂外发生的教师活动,并包含一些质性量度。这类量度包括被引/未被引的出版物数量、选拔演出(juried shows)、受托表现(commissioned performances)、竞赛性展览、资助、合约、正式授予的学术奖金,正式展示(formal presentations)以及领导职位。教师活动研究的数据分析是描述性的,而非推断性的。虽然这未必理想,但描述性分析能够帮助参与的学校更好地了解教师们的课外活动及相关成果。Middaugh 和 Isaacs(2005a)特别指出:

(1) 它能够对课堂外的教师活动提供某种量化的测量指标,为考察德拉维尔研究每年产出的标准教学量和教学成本标准值提供一种语境。

(2) 教师们报告的活动类型有利于强调德拉维尔研究参与院校的不同宗旨。研究型大学和可授博士学位大学的教师可能被期望于参与那些传统上用以衡量学术的活动——出版、科研以及公共服务;而综合型和授学士学位院校的教师则可能更多参与那些学生直接参加的活动(如学业咨询、实习监督和本科生科研)。

(3) 收集到的数据能帮助我们看清不同学科的教师间参与学术活动和其他活动的不同类型。比如,美术和表演艺术方面的教师们并不出版,而是演出。此外,科学、工程和农业科学领域中接受资助的科研和服务活动总量预期将远远超过人文学科。

**1. "教师活动研究"数据要素**

"教师活动研究"调查了教师们的课外时间需求。数据采集概要表格现在由42个与教学、科研、服务相关的变量(图31.3),以及学科内全日制终身教师的数量、学科内全日制常任教师的数量和全日制教师总量构成。教师活动研究的现行方法论如下:参与院校的系主任们会收到一张概要表格,以及一张在内容上与概要表格相对应的教师清单。为了保证概要表格中的每一项都是清晰明了的,用"数据定义"(Data Definition)和"抽样部门走访"(Sample Departmental Walk-Through)工具辅助数据收集进程。教师活动研究的数据采集工具和两篇简要报告见 http://www.udel.edu/IR/focs/。

# 第 31 章　教师工作量的测量与评估

## Delaware Study of Instructional Costs and Productivity
*Selected Measures of Out-of-Classroom Faculty Activity: Summary Form*

Institution: _____ FICE Code: _____

Discipline: _____ CIP Code: _____

Degrees Offered in Discipline (check all that apply): _____ Bachelor's _____ Master's _____ Doctorate _____ Professional

This study focuses on the discipline level of analysis. Please carefully consult the data definitions accompanying this data collection form before reporting information. All data should be reported for the most recent *12-month faculty evaluation period* as defined in instructions. Please denote any not-applicable data as 'na' and any data element that is truly zero as '0'.

### DISCIPLINE-SPECIFIC STATISTICS

A. Total full-time equivalent (FTE) tenured faculty

B. Total FTE tenure-track faculty

C. Total FTE tenured and tenure-track faculty on which your responses below will be based.

### ACTIVITIES RELATED TO TEACHING

1. Total number of separate course preparations.

2. Number of *existing* courses where faculty have redesigned the pedagogy or curriculum under the auspices of a grant or course-release time.

3. Number of new courses which faculty have created and have been approved for delivery.

4. Number of courses indicated in the previous items which are delivered fully or primarily online.

5. Unduplicated headcount of *undergraduate* academic advisees *formally assigned* to faculty.

6. Unduplicated headcount of *graduate* academic advisees *formally assigned* to faculty.

7. Number of thesis/dissertation committees where faculty served as chairperson.

8. Number of thesis/dissertation committees where faculty served in a non-chairing role.

9. Number of undergraduate senior theses (e.g., senior portfolio project, recital, art show, other capstone experience) that faculty have supervised.

10. Total number of students taught individually in independent or directed studies (e.g., one-on-one student-faculty interaction for credit toward satisfying a degree requirement).

11. Number of undergraduate students formally engaged in research with a faculty mentor.

12. Number of graduate students formally engaged in research with a faculty mentor.

13. Number of clinical students (e.g., student nurses), practicum students (e.g., student teachers), internship students, and students in cooperative and service learning education programs who are formally assigned to faculty.

14. Number of students (undergraduate and graduate) who have co-authored a journal article or book chapter with a faculty mentor.

15. Number of students (undergraduate and graduate) who have co-presented a paper at a state, regional, national, and international professional meeting with a faculty mentor.

16. Number of assessment projects or separate assignments for purpose of program evaluation (as distinct from individual courses) faculty have undertaken.

17. Number of institution-sanctioned professional development activities related to teaching efforts (e.g., attending conferences on General Education, participating in workshops on undergraduate research, participating in workshops offered by Center for Teaching Effectiveness).

**Delaware Study of Instructional Costs and Productivity**
*Selected Measures of Out-of-Classroom Faculty Activity: Summary Form*

Institution: _____ FICE Code: _____

Discipline: _____ CIP Code: _____

### ACTIVITIES RELATED TO SCHOLARSHIP

18. Number of print or electronic *refereed* journal articles, book chapters, reviews, and creative works published by faculty. _____

19. Number of print or electronic *non-refereed* journal articles, book chapters, reviews, and creative works published by faculty. _____

20. Number of single-author or joint-author books or monographs written by faculty and published by an academic or commercial press. _____

21. Number of manuscripts (e.g. journal articles, books) *submitted* to publishers. _____

22. Number of books, collections, and monographs *edited* by faculty. _____

23. Number of pre-publication books, journal articles, and chapters *reviewed* by faculty. _____

24. Number of grant proposals reviewed by faculty related to field of expertise. _____

25. Number of editorial positions held by faculty. _____

26. Number of juried shows, commissioned performances, creative readings, and competitive exhibitions by faculty. _____

27. Number of non-juried shows, performances, creative readings, and exhibitions by faculty. _____

28. Number of digital programs or applications (e.g., software development, web-based learning modules) designed by faculty related to field of expertise. _____

29. Number of provisional or issued patents based on faculty products. _____

30. Number of faculty works in progress (e.g., journal articles, paintings, musical compositions). _____

31. Number of formal presentations made by faculty at state, regional, national, and international professional meetings. _____

32. Number of external and internal grant, contract, and scholarly fellowship proposals submitted by faculty. _____

33. Number of *new* external grants, contracts, and scholarly fellowships formally awarded to faculty or to the institution on behalf of faculty. _____

34. Total dollar value of the *new* externally funded grants, contracts, and scholarly fellowships reported in Item 33. _____

35. Number of *new* internal grants and contracts formally awarded to faculty. _____

36. Total dollar value of the *new* internal grants and contracts reported in Item 35. _____

37. Number of continuing external and internal grants, contracts, and scholarly fellowships. _____

38. Number of institution-sanctioned professional development activities related to scholarship (e.g., participating in a grant writing workshop, attending a training session to learn a new research tool or software application, enrolling in a statistics course). _____

### ACTIVITIES RELATED TO SERVICE

39. Number of faculty activities related to institutional service (e.g., faculty governance, faculty committees, peer mentoring, academic programs in residences, recruiting efforts, student activity advisor, other student activity involvement). _____

40. Number of faculty extension and outreach activities related to field of expertise (e.g., civic service, K-12 service, community workshops, invited talks to community groups, seminars, lectures, demonstrations). _____

41. Number of faculty activities related to recognized or visible service to profession (e.g., service on a regional or national committee, service on a self-study visitation team for another institution, serving as an invited or volunteer juror for a show, performance, or exhibition). _____

42. Number of leadership positions in a professional association held by faculty (e.g., elected officer, committee chairperson, conference chair). _____

Thank You!
http://www.udel.edu/IR/focs/

图 31.3 教师活动研究概要表格(续)

## 2. 教师活动研究的结果和标准数据

一旦数据检验和分析过程完成,就有了根据卡内基分类和最高授予学位分类的、以学科为分析单位的针对课外教师活动的全美标准。由于参与院校的数量较小、变异性又很大,就没有计算改良均值(refined means)。全美标准包括最小值、最大值、均值和中位数。每一卡内基分类下大多数变量的高度变异性使得中位数成为样本集中趋势的更好统计量。我们现在可以来仔细察看一下某一科学院系中服务相关的教师活动的中位数结果(图31.4)。

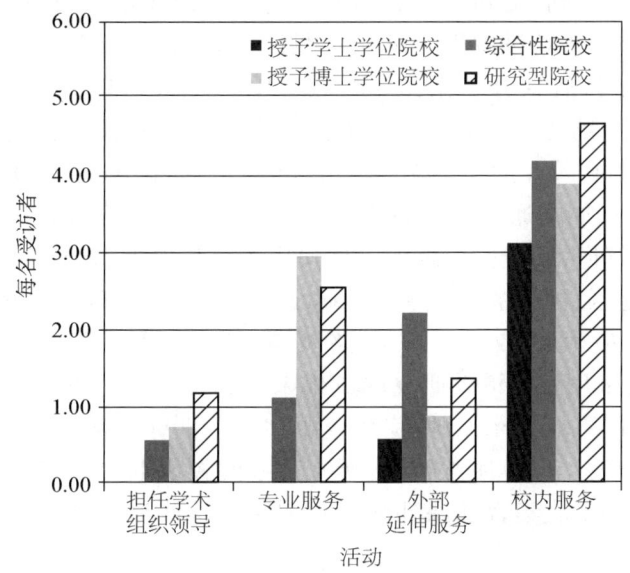

图 31.4 某科学院系内与服务相关的课外教师活动

在教学方面,本科院校并未在研究生科研或指导研究生上显示任何数据。意料之中的是,在科研活动方面,本科院校到研究型院校之间外部资助申请和已获得的外部资助呈现上升趋势。考察教授服务的话,所有院校——无论卡内基分类如何——都关注院校服务(Middaugh, Kelly & Walters, 2008)。

虽然所有的四年制教师都会履行教学、科研和服务三项职能,但具体哪项职能更受重视则取决于教师受雇的院校类型。教师活动研究提供证据表明,除了用于课堂教学的时间以外,教师们也参加了与院系和院校宗旨相关的大量活动。这些活动包括但不限于课程的再设计、学业咨询、毕业论文和博士论文监督、学术科研以及面向院校、社区和职业群体的服务活动。显而易见的是,教师们的时间分配是院校宗旨的一种反映。此外,无论卡内基分类如何,教师们显然都不会仅仅关注一类活动,而是同时参与教学、科研和服务活动。

### 利用"教师活动研究"

"教师活动研究"根据院校类型帮助量化了教师们在课堂外的实际活动。出于这个原因,教师活动数据能够作为一项管理工具,用以评估一所学院或大学实现院校或院系宗旨的程度(Middaugh, Kelly & Walters, 2008)。由于教师活动研究提供了相关信息,使得有关教师们实际做了什么、做了多少、做得多好以及相关产出和成本的讨论得以改善,才使得这一评估成为可能。

在一份关心数据收集和成果利用实践榜样的简要报告中,有四所参加过教师活动研究的院校被特别提及。北俄亥俄大学(Ohio Northern University)拥有一个开放数据集和信息分享渠道(Middaugh & Isaacs, 2005b)。"教师活动研究"的结果通过一场视觉展示在系主任和院长之间共享;随后再由他们和教师们共享。为了同其他适宜的群体分享信息,他们也同样编写了报告。莱德大学(Rider University)同样通过视觉展示的方式向校长委员会分享了数据。莱德大学的系主任是教师活动研究数据的主要使用者。教师活动研究产生的信息被用于项目评价和地区、项目的考核工作。莱德大学认为"教师活动研究"提供的规范性标准值是最大的收获。东南路易斯安那大学(Southeastern Louisiana University)主要采用教师活动研究的成果来帮助院校进行决策。西佛罗里达大学(University of West Florida)将院系概要和规范性标准值信息在教务长、系主任和院长之间分发。值得注意的是,所有这些院校都取得了资深学术领导队伍的支持,后者强调了收集教师课外活动数据并对这些活动进行标准化评价的重要性。

### 利用教师工作量数据

本章所描述的众多问卷调查、研究和数据分享联盟的目的在于,提高管理者和教师们收到的教师工作量相关信息的质量。本文描述的数据提供了进行理智决策,并回答有关教师们干了什么、做了多少、做得多好以及相关的产出和成本的审计问题。这些问卷调查、研究和数据分享联盟应当被视作帮助高校进行有效管理、鼓励资源高效利用的资源。

## 结语

院校研究者办公室的概要将会持续增长,同时增长的还有其完整描述教师工作量的能力,并因此将更易为高等教育的内/外部人士所理解。教师工作量的全貌必须是清楚明了的。随着财政资源更为有限、问责需求愈发普及,高等教育不能够再对针对教师工作负担的数据要求视而不见。一旦回应这些要求的时刻到来,回应就不再是可选的,而是必需的。高等教育必须做好准备提供回应这些要求的多种手段,院校研究办公室将扮演重要角色。

## 参考文献

Boyer, E. L. (1990). *Scholarship reconsidered: Priorities of the professoriate*. Princeton, NJ: The Carnegie Foundation for the Advancement of Teaching.

Cataldi, E. F., Bradburn, E. M., Fahimi, M., & Zimbler, L. (2005). *2004 National Study of Postsecondary Faculty (NSOPF: 04): Background characteristics, work activities, and compmsation of instructional faculty and staff: Fall 2003* (NCES Publication No. NCES 2006-176). U.S. Department of Education. Washington, DC: National Center for Education Statistics. Retrieved from http://nces.ed.gov/pubsearch/pubsinfo.asp?pubid=2006176

DeAngelo, L., Hurtado, S., Pryor, J. H., Kelly, K. R., Santos, J. L., & Korn, W. S. (2009). *The American college teacher: National norms for the 2007-2008 HERI faculty survey*. Los Angeles: Higher Education Research Institute, UCLA.

Eagan, K. (2007). A national picture of part-time community college faculty: Changing trends in demographics and employment characteristics. In R. L. Wagoner (Ed.), *The current landscape and changing perspectives of part-time faculty* (pp. 5-14). New Directions for Community Colleges, no. 140. San Francisco: Jossey-Bass.

Gentry, C. (2008). *University of Central Oklahoma Faculty Survey 2008*. Retrieved from http://www.uco.edu/academic-affairs/assessment/files/docs/uco-surveys-reports/faculty-survey08.pdf

Hadlock, E., Seybert, J. A., & Nutt, L. A. (2011, February). *Identifying key performance indicators: The foundation of an institutional dashboard*. Paper presented at the annual League for Innovation in the Community College Conference, San Diego, CA.

Hebel, S. (1999a, May 28). Virginia Board wants to link state aid for colleges to their performance in key areas. *Chronicle of Higher Education*, p. A33.

Hebel, S. (1999b, October 29). A new governors' approach rankles colleges in Colorado. *Chronicle of Higher Education*, p. A44.

Higher Education Research Institute. (n.d.). HERI Faculty Survey. Retrieved from http://www.heri.ucla.edu/facoverview.php

Juhnke, R. (2006). The National Community College Benchmark Project. In J. A. Seybert (Ed.), *Benchmarking: An essential tool for assessment, improvement, and accountability* (pp. 67-72). New Directions for Community Colleges, no. 134. San Francisco: Jossey-Bass.

Leslie, D. W., & Gappa, J. M. (2002). Part-time faculty: Competent and committed. In C. L. Outcalt (Ed.), *Community college faculty: Characteristics, practices, and challenges* (pp. 59-67). New Directions for Community Colleges, no. 118. San Francisco: Jossey-Bass.

Linduska, K. J., & Emmerson, J. E. (2011, June). *Benchmarking data and AQIP accreditation*. Paper presented at the annual National Higher Education Benchmarking

Conference, Overland Park, KS.

Lovell, C. D. (2000). Past and present pressures and issues of higher education: State perspectives. In J. Losco & B. L. Fife (Eds.), *Higher education in transition: The challenges of the new millennium* (pp. 109-132). Westport, CT: Bergin & Garvey.

Malo, G. E., & Weed, E. J. (2006). Uses of Kansas Study data at state system and institutional levels. In J. A. Seybert (Ed.), *Benchmarking: An essential tool for assessment, improvement, and accountability* (pp. 15–24). New Directions for Community Colleges, no. 134. San Francisco: Jossey-Bass.

Mamiseishvili, K. (2010). Characteristics, job satisfaction, and workplace perceptions of foreign-born faculty at public 2-year institutions. *Community College Review*, 39(1), 26-45.

Middaugh, M. F. (2001). *Understanding faculty productivity: Standards and benchmarks for colleges and universities*. San Francisco: Jossey-Bass.

Middaugh, M. F., & Isaacs, H. K. (2003). Describing faculty activity and productivity for multiple audiences. In W. E. Knight (Ed.), *The primer for institutional research* (pp. 24-47). Tallahassee, FL: Association for Institutional Research.

Middaugh, M. F., & Isaacs, H. K. (2005a). Benchmarking departmental activity via a consortial approach: The Delaware Study. In J. E. Groccia & J. E. Miller (Eds.), *On becoming a productive university: Strategies for reducing costs and increasing quality in higher education* (pp. 70-83). Bolton, MA: Anker Publishing.

Middaugh, M. F., & Isaacs, H. K. (2005b). *A study of exemplary practices in collection of data on out-of-of-classroom faculty activity: Part IIA briefing paper from the Delaware Study of Instructional Costs and Productivity*. Newark: University of Delaware, Office of Institutional Research and Planning.

Middaugh, M. F., Kelly, H. A., & Walters, A. M. (2008). The role of institutional research in understanding and describing faculty work. In D. G. Terkla (Ed.), *Institutional research: More than just data* (pp. 41–56). New Directions for Higher Education, no. 141. San Francisco: Jossey-Bass.

Palmer, J. (1998, September). Enhancing faculty productivity: A state perspective. *Education Commission of the States Policy Paper*.

Porter, S. R., & Umbach, P. D. (2001). Analyzing faculty workload data using multilevel modeling. *Research in Higher Education*, 42(2), 171-196.

Prince, J. (2011, June). *Use of NCCBP data for evidence-based decision making*. Paper presented at the annual National Higher Education Benchmarking Conference, Overland Park, KS.

Sallee, M. W., & Tierney, W. G. (2011). The transformation of the professors of education. *Journal of the Professoriate*, 4(1), 1-38.

Schmidt, P. (1996, May 24). Earning appropriations: States link spending on colleges to progress in meeting specific goals. *Chronicle of Higher Education*, pp. A23-A24.

Seybert, J. A., & Rossol, P. M. (2010). What drives instructional costs in community colleges: Data from the Kansas Study of instructional costs and productivity. *Planning for Higher Education*, 38-44.

Walters, A. M. (2009). Comparing apples to oranges: An evaluation of quarter calendar data in the Delaware Study of Instructional Costs and Productivity (Doctoral dissertation, University of Delaware). Retrieved from Dissertations & Theses @ University of Delaware. (Publication No. AAT 3360265).

Wasley, P. (2007, November 16). Faculty-productivity index offers surprises. *Chronicle of Higher Education*, p. A10.

Wilson, R. (1997, February 28). Faculty leaders in New York and California unite on productivity issues. *Chronicle of Higher Education*, p. A12.

Zhou, Y., & Volkwein, J. F. (2004). Examining the influences on faculty departure

intentions: A comparison of tenures versus non-tenured faculty at research universities using NSOPF-99. *Research in Higher Education*, 45(2), 139-176.

# 第 32 章

# 教师薪酬公平性分析

罗伯特·陶特库世安(Robert K. Toutkoushian)
丹尼斯·克雷默二世(Dennis A. Kramer Ⅱ)

　　高等院校重视教职工的问题是不足为奇的。高等教育中知识的产出是人手非常密集的过程,并且看一眼绝大多数院校预算便可发现,绝大部分的开支是用于教职工之上。高等教育的各院校依靠教师来教授学生、管理实验并且参加他们所在的区、州、国家,以及他们所在专业协会的服务活动。据此,找到并留住高质量的教师对高等院校来说就是重中之重。此外,高等院校的各院校也会聘请许多其他人员——行政人员、学术专家,以及后勤人员——所有这些人对帮助他们的院校实现目标都很重要。

　　尽管在学术界,大部分注意力都集中在了个人的工资上,但重要的一点是,要记得大学职工薪酬并不只包括个人基本工资,还包括额外福利,比如卫生保健费用以及退休金。劳动经济学家会很快指出,高等院校和其他劳动市场很像,都是相互竞争的,同时它们也在非学术劳动市场与其他雇主争夺职工;因此,吸引并留住高质量职工人才的主要因素就是他们获得工资福利的方式。

　　院校大多依靠它们的院校研究办公室获取和管理对雇员薪酬状态的数据信息。院校研究者所做的分析种类可被分为外部薪酬公平性和内部薪酬公平性的研究。在外部薪酬公平性研究中,最常问的问题是:目前向教职工发放的薪酬相对于类似院校是否公平？进行这种调查,需要院校研究办公室来确定什么算是"类似"院校、查找精确的薪酬数据,并且通过级别和/或部门来选择职工总体水平。与其相反,内部薪酬公平性的研究要求院校研究办公室来确认教职工在院校中相对于其他性别、种族、年龄的人,是否受到公平待遇。内部薪酬公平性研究的实验设计与外部薪酬公平性研究是截然不同的,但对于两种研究,问询的方式都能向管理者提供强大的信息。尽管薪酬公平性的问题关乎所有学校雇员,然而大多数研究工作通常还是面向教师的,因为非教师雇员的薪酬很难采集和比较。关于进行非教师雇员薪酬公平性研究的信息,可见布罗佐夫斯基和麦克劳林 1995 年的研究(Brozovsky & McLaughlin, 1995),科伦和巴赫 1976 年的研究

(Curran & Bach, 1996)，费伯和韦斯特米勒 1976 年的研究（Ferber & Westmiller, 1976），戈登和莫顿 1976 年的研究(Gordon & Morton, 1976)，斯坦利和亚当斯 1994 年的研究(Stanley & Adams, 1994)，以及陶特库世安 2000 年的研究(Toutkoushian, 2000)。

本章将探求有助于院校研究办公室分析教师外部及内部薪酬公平性的方法。尽管着眼于教师，然而普遍的原则和问题也同样适用于进行所有大学职工薪酬公平性的研究。本章将讨论外部和内部薪酬公平性研究的目的，表明怎样进行外部薪酬公平性研究，同时解释怎样完成内部薪酬公平性研究。最后，本章将讨论院校研究办公室在进行薪酬公平性研究中需注意的问题。

## 薪酬公平性研究的目的

再强调一下，院校研究办公室进行的薪酬研究可被分为外部和内部。完成外部薪酬公平性研究是院校研究办公室的例行公事，并且结果总是在办公室年报中体现。另一方面，进行内部薪酬公平性的研究则仅仅偶尔为之。即使缘由不同，但外部和内部薪酬公平性的研究都对院校非常重要。进行两种研究所用的方法论也截然不同，对于外部薪酬公平性研究，要使用描述统计学；对于内部薪酬公平性研究，要使用多元统计方法。

**1. 外部薪酬公平性研究**

在外部薪酬公平性研究中，研究者要决定，公平的院校教师薪酬与教师在其他院校的所得是如何挂钩的。外部薪酬公平性研究可以提供有用的信息，因为其他院校所发的相对薪酬是能够招聘或雇用新教师，以及挽留高产出有成果的教师职工选择跳到有更高工资的另一院校或领域的重要因素。

院校研究者必须首先确认分析目标的整体水平。进行外部研究最明显的方法是比较院校所有教师的平均工资与指定院校，或"同等"院校所有教师的平均工资。然而，另一种方法是将教师以级别分组（这意味着，比较 A 院校和其他院校正教授的平均工资）。将教师依级别分组可以有一个对相对教师工资的更为精确的比较，因为院校间教师的等级分布会影响到他们总体的平均工资。还可以依学术领域或学科划分教师来做这项研究。相比于院校所有教师的平均工资，以专业领域来划分教师的优点是消除了专业对工资的影响。因为学科不同，教师工资水平存在巨大差异，这一点很重要，在某种程度上是由于非学术劳动市场上的工资差异。

外部薪酬公平性研究中的第二个问题是，使用哪一个特定院校来作为对照组。通常做法是将官方的一系列同等院校作为对照组，因为人们认为这些院校与研究的院校比较相似，并且对于管理者和其他利益相关者来说，这也是容易接受的。然而，在某些情况下，如果一个或多个同等院校与本院校在教师上没有竞争关系，可能就要讨论选择另外一组院校。

第三个需要考虑的问题与用于获得工资信息的数据来源直接相关。对院校来说，有两种获得教师平均工资的主要方式。全美教育统计中心（NCES）会从所有高等院校（包括两年制、四年制以及营利性院校）收集教师平均工资的数据。这些信息可从教育综合数据系统（IPEDS）教师平均工资中获取。全美教育统计中心的数据可在他们的网站上公开获取。用这种方法，研究者能容易检索到指定院校教师平均工资的数据，并比较这些平均值以判断薪酬公平性。由于教育综合系统教师平均工资中同样要求了依级别划分的平均工资，因此我们也可以对助理教授、副教授、正教授级别的教师进行类似的分析。另一个很好的教师整体薪酬的数据来源是美国大学教授联合会（AAUP）。美国大学教授联合会的调查不仅包括以级别和性别划分的教师平均工资的数据，还收集了教师的额外福利以及"老教师"，即以前年度聘用的教师的工资增长百分比的信息。所有院校的原始数据都公布在美国大学教授联合会的《学术界》（Academe）三月四月刊上。

最后，如果研究者对系这一级别上比较薪酬公平性（依专业领域对院校作分析）感兴趣，有一个信息来源是俄克拉荷马州立大学院校研究办公室所进行的年度调查。这份报告表明了依照级别和参与调查院校的教学计划分类的六位数编码，教师的平均工资、高工资和低工资。院校研究者可以利用这份报告来比较他们本校的各学科平均工资和报告中显示的均值及范围。然而，参与特别提交教学计划分类编码工资数据的院校数量很有限，并且还必须要从俄克拉荷马州立大学处购买报告。美国高校职业协会（CUPA）也通过它们的年度教工调查收集了各学术领域教师工资的数据。参与调查的院校可以获得其他院校依教学计划分类编码确定的各学科平均工资。与俄克拉荷马州立大学教师薪酬调查的局限性相似，美国高校职业协会的数据也仅仅包括参与院校并且他们的统计报告仅仅集合了对照组，并且当某一个领域少于五所院校时，就无法取得数据。

绝大多数外部薪酬公平性的研究要使用描述统计学。通常，院校研究者会通过制表来说明是如何把其所在院校教职人员的平均工资与其同行们进行比较的。尽管出于这种目的，中位数可能是集中趋势的更好办法，但由于平均数在教育综合数据系统（IPEDS）和美国大学教授联合会（AAUP）的调查中都是现成的，所以平均数也常用。表 32.1 提供了一份有关 2006 年度佐治亚大学的教工平均工资较于同行院校薪酬的中位数和平均数的实例，表格中列明的院校全部由佐治亚大学所指定。我们注意到，在 2006 年，在 17 所院校当中，佐治亚大学整体平均工资位列 12，教工平均工资 80 086 美元，相比于指定同行的中位数低 2 399 美元。无论使用何种平均工资计算方法，佐治亚大学的教工平均薪酬仍要低于他们官方同行院校的平均水平。

# 第32章 教师薪酬公平性分析

**表 32.1　佐治亚大学与其同等院校间教师平均工资的比较(2006年)**　　（单位：美元）

| 院校 | 所在州 | 教师平均工资 |
| --- | --- | --- |
| 佐治亚理工学院主校区 | 佐治亚 | 94 432 |
| 马里兰大学帕克分校 | 马里兰 | 94 181 |
| 加州大学戴维斯分校 | 加利福尼亚 | 91 003 |
| 爱荷华大学 | 爱荷华 | 85 300 |
| 亚利桑那州立大学坦佩主校区 | 亚利桑那 | 84 198 |
| 弗吉尼亚理工大学暨州立学院 | 弗吉尼亚 | 84 111 |
| 密歇根州立大学 | 密歇根 | 83 941 |
| 印第安纳大学伯明顿主校区 | 印第安纳 | 83 356 |
| 科罗拉多大学波德分校 | 科罗拉多 | 81 614 |
| 德州农工大学 | 得克萨斯 | 81 177 |
| 北卡罗来纳州立大学 | 北卡罗来纳 | 80 649 |
| 佐治亚大学 | 佐治亚 | 80 086 |
| 堪萨斯大学主校区 | 堪萨斯 | 79 912 |
| 内布拉斯加大学林肯校区 | 内布拉斯加 | 76 792 |
| 爱荷华州立大学 | 爱荷华 | 73 977 |
| 密苏里大学哥伦比亚分校 | 密苏里 | 68 800 |
| 奥瑞冈大学 | 奥勒冈 | 66 025 |
| 同等院校薪酬的中位数 | | 82 485 |
| 佐治亚大学与中位数的比较结果 | | −2 399 |
| 同等院校薪酬的平均值 | | 81 842 |
| 佐治亚大学与平均值的比较结果 | | −1 756 |

　　相似地，也可以对不同级别做同类的比较。表32.2就用和表32.1同样的院校提供了一个这样的例子。这些数据表明了相比于助理教授级别的教师，佐治亚大学在最高级别的教师职工(正教授)薪酬方面和它的同等院校相比，远远没有竞争力。如果该校优先考虑的是吸引并保留高级学者方面的竞争力，高校管理者可以利用这份信息来重新评估他们教师的薪酬结构。如果院校研究办公室只是单纯地把所有级别教师合在一起来发布某院校及其同等院校的薪酬比较结果，这份信息很可能被遗漏。

表 32.2　佐治亚大学及其同等院校各级别教师平均工资的比较(2006年)　　（单位:美元）

| 院校 | 所在州 | 正教授 | 副教授 | 助理教授 |
| --- | --- | --- | --- | --- |
| 佐治亚理工学院主校区 | 佐治亚 | 123 913 | 85 914 | 72 481 |
| 马里兰大学帕克分校 | 马里兰 | 121 106 | 84 234 | 77 395 |
| 亚利桑那州立大学坦佩主校区 | 亚利桑那 | 113 701 | 76 385 | 67 820 |
| 加州大学戴维斯分校 | 加利福尼亚 | 111 216 | 74 976 | 68 404 |
| 弗吉尼亚理工大学暨州立学院 | 弗吉尼亚 | 110 788 | 79 257 | 65 754 |
| 密歇根州立大学 | 密歇根 | 110 233 | 79 158 | 61 834 |
| 爱荷华大学 | 爱荷华 | 109 838 | 75 355 | 65 799 |
| 印第安纳大学伯明顿主校区 | 印第安纳 | 109 048 | 75 055 | 66 006 |
| 德州农工大学 | 得克萨斯 | 108 972 | 76 330 | 67 395 |
| 科罗拉多大学波德分校 | 科罗拉多 | 106 724 | 77 995 | 67 504 |
| 北卡罗来纳州立大学 | 北卡罗来纳 | 103 886 | 77 433 | 66 264 |
| 堪萨斯大学主校区 | 堪萨斯 | 103 663 | 71 701 | 62 626 |
| 密苏里大学哥伦比亚分校 | 密苏里 | 100 589 | 68 521 | 56 596 |
| 佐治亚大学 | 佐治亚 | 99 879 | 71 027 | 64 966 |
| 爱荷华州立大学 | 爱荷华 | 99 661 | 73 385 | 64 528 |
| 内布拉斯加大学林肯校区 | 内布拉斯加 | 98 547 | 69 880 | 61 008 |
| 奥瑞冈大学 | 奥勒冈 | 88 476 | 62 110 | 59 825 |
| 同等大学薪酬的中位数 |  | 109 010 | 75 843 | 65 903 |
| 佐治亚大学与中位数的比较 |  | −9 133 | −4 816 | −937 |

　　院校研究者向管理者提供关于高等院校教师薪酬的相对水平随时间变化的信息同样很重要。为了完成这点,只需要简单地确认在之前的时间点上的平均薪酬的比较结果。然而必须要注意的是,要保证在同样的时间段使用同一批院校。表32.2显示了从2001年至2006年佐治亚州的15所四年制公立学校相对于官方指定的同组院校来说其薪酬水平是如何变化的。比较结果的第一列显示了2001年佐治亚大学的教师平均工资与同等院校平均工资的中位数的比较结果,中间列则是2006年的比较结果。最后一列则表明了在5年的间隔中,相对位置是怎样变化的。从这个表格中可以看出,除了一所院校外,其余所有研究中的院校均低于它们同等院校的中位数,除了两所院校外,其余院校相比于它们同等院校位置均有下滑。因为表格中所有的院校均是四年制公立高等院校,它们向教工发薪酬依赖州内的财政支持。因此,这个结果可能向管理者暗示,这段时间内这些院校竞争力的

下滑与州财政有关。

最后，院校研究者可能会利用平均工资比较的数据来估计相对于某个特别目标，工资优势或劣势的程度。举例来说，可能要计算院校教师平均工资，比如，同等院校教师平均工资的中位数在数量上或百分比上的差异。其他目标，比如第75个百分点，也可以用于这项目的。这将帮助管理者决定把多少钱用于提高教师薪酬从而达到特定目标。在表32.4中，我们展示了一个院校研究者对表32.3中15所佐治亚的院校的薪酬短缺数据的应用，以估计将教师薪酬拉高到中位数水平可能所要求的经费增长。必要的薪酬增长显示在表格的第4列，是通过将第三列的平均薪酬短缺的数值与该院校全职教师数量相乘得到的。相似地，福利增长大约估计为薪酬增长的三分之一（假设福利待遇大约是薪酬池的三分之一）。这种信息对于教师、管理者以及各州立法者在制订帮助他们的院校更有竞争力的政策时，都可能是极其重要的。

表32.3 佐治亚大学与指定的同等大学在大学系统中公立院校的薪酬相对排名的变化（2001—2006年）

| 院校 | 高于中位数比例（2001） | 高于中位数比例（2006） | 变化（2001—2006） |
|---|---|---|---|
| 亚伯拉罕鲍尔温农业学院 | 3.3% | −12.2% | −15.5% |
| 奥古斯塔州立大学 | −5.4% | −3.4% | 2.0% |
| 班布里奇学院 | 11.9% | −2.5% | −14.4% |
| 哥伦布州立大学 | 1.5% | −8.1% | −9.6% |
| 道尔顿州立大学 | 0.5% | −7.3% | −7.8% |
| 佐治亚学院暨州立大学 | −2.5% | −8.1% | −5.6% |
| 佐治亚理工学院 | 15.5% | 0.1% | −15.4% |
| 佐治亚周界学院 | −4.9% | −3.8% | 1.1% |
| 佐治亚南方大学 | −6.0% | −6.5% | −0.6% |
| 肯尼绍州立大学 | −11.8% | −18.4% | −6.7% |
| 佐治亚医学院 | −3.6% | −5.4% | −1.8% |
| 佐治亚中部大学 | 5.7% | −5.4% | −11.0% |
| 北佐治亚学院暨州立大学 | −3.7% | −7.7% | −4.0% |
| 佐治亚大学 | −1.2% | −2.9% | −1.7% |
| 瓦尔德斯塔州立大学 | 0.6% | −7.5% | −8.1% |

表 32.4　选用的佐治亚州的公立大学相比于其同等院校中位数为提高平均工资的支出(2006)

（单位：美元）

| 院校 | 平均薪酬 | 同等院校的薪酬中位数 | 高于/低于中位数的值 | 薪酬增长 | 福利增长 | 总计 |
|---|---|---|---|---|---|---|
| 亚伯拉罕鲍尔温农业学院 | 41 896 | 47 717 | 5 821 | 547 174 | 180 567 | 727 741 |
| 奥古斯塔州立大学 | 56 301 | 58 292 | 1 991 | 437 910 | 144 510 | 582 420 |
| 班布里奇学院 | 42 349 | 43 455 | 1 106 | 80 738 | 26 644 | 107 382 |
| 哥伦布州立大学 | 52 825 | 57 483 | 4 658 | 1 141 088 | 376 559 | 1 517 646 |
| 佐治亚学院暨州立大学 | 54 723 | 59 556 | 4 833 | 1 333 770 | 440 144 | 1 773 914 |
| 佐治亚理工学院 | 94 432 | 94 357 | 76 | 0 | 0 | 0 |
| 佐治亚周界学院 | 46 139 | 47 946 | 1 807 | 833 027 | 247 899 | 1 107 926 |
| 佐治亚南方大学 | 58 132 | 62 202 | 4 070 | 2 739 110 | 903 906 | 3 643 016 |
| 肯尼绍州立大学 | 57 183 | 70 093 | 12 910 | 7 655 630 | 2 526 358 | 10 181 988 |
| 佐治亚医学院 | 68 821 | 72 718 | 3 897 | 705 267 | 232 738 | 938 004 |
| 佐治亚中部大学 | 42 596 | 45 009 | 2 413 | 193 000 | 63 690 | 256 960 |
| 北佐治亚学院暨州立大学 | 51 973 | 56 301 | 4 328 | 792 024 | 261 368 | 1 053 392 |
| 佐治亚大学 | 80 086 | 82 485 | 2 399 | 4 162 265 | 1 373 547 | 5 535 812 |
| 瓦尔德斯塔州立大学 | 53 852 | 58 225 | 4 373 | 1 915 374 | 632 073 | 2 547 447 |

表 32.5　选定的不同性别的教师平均工资比较结果(2008—2009)

| 种类 | 男性 | 女性 | 数额差异 | 相比于女性薪酬的百分比差额 |
|---|---|---|---|---|
| 所有院校所有级别 | 86 170 | 69 622 | 16 548 | 24% |
| 博士院校所有级别 | 97 889 | 76 539 | 21 350 | 28% |
| 硕士院校所有级别 | 73 365 | 64 547 | 8 818 | 14% |
| 学士院校所有级别 | 70 488 | 63 352 | 7 136 | 11% |
| 所有院校正教授 | 112 235 | 98 942 | 13 293 | 13% |
| 所有院校副教授 | 78 259 | 73 088 | 5 171 | 7% |
| 所有院校助理教授 | 65 997 | 61 533 | 4 464 | 7% |

## 2. 内部薪酬公平性研究

院校研究办公室常常被要求进行内部薪酬公平性的研究,以应对一个或多个教师职工抱怨不公平待遇。关于学术界薪酬公平性,最常受到关注的问题是可能存在的同等工作的男女教师不同待遇的问题;然而,同样的问题也会因种族和年龄显现出来。如果院校没有处理这类问题,那么这种抱怨就可能导致诉讼而院校会承担巨额经济赔偿。除了法律层面与薪酬公平性有联系以外,这个主题由于如果院校想吸引并留住教师的话,就会意识到需要公平地对待所有员工,因而同酬很重要。

进行内部薪酬公平性研究,自然的起点就是比较指定组教师的平均工资。两组,比如男性教师($m$)和女性教师($f$)组之间平均工资的差异被记作总工资差(total wage gap):

$$总工资差 = \bar{Y}_m - \bar{Y}_f \tag{1}$$

$Y_m$=男性教师平均工资;$Y_f$=女性教师平均工资。如前文所言,男女教师的平均工资可以在教育综合数据系统(IPEDS)教师平均工资以及美国大学教授联合会(AAUP)年度调查中获得。表32.5显示了不同级别以及不同类院校中,男女教师平均工资的比较结果。可以看出,从平均值上看,男教师要比女教师多收入大约24%,另外,在研究导向型院校中(28%的博士点院校与11%的学士点院校相比)以及在级别更高的情况下(13%的正教授与7%的助理教授相比),总工资差更大。

然而,当评定实际的内部公平性时,要注意比较平均工资的价值有限,这一点很重要。教师薪酬可能受到一系列个人或工作相关因素的影响(记为 X),比如性别、种族、科研经验、研究的学术领域、教育级别、生产力。因此,男女平均工资可能因一些合理原因而不同,而且如果这些理由与利益因素有关,如性别,这样两组间平均工资差异的一些部分可能反映出的就是这些理由而非性别歧视。因此,在式(1)中所列的总工资差就可能源于非歧视性特征的差异(有解释工资差),其余的差异就是无解释工资差:

$$总工资差 = 有解释工资差 + 无解释工资差 \tag{2}$$

测定有解释工资差与无解释工资差的最常见的起始区是指定一个方程来表达教师职工薪酬(Y)作为一系列因素 X 的函数,如下:

$$Y_i = \alpha + X_i\beta + u_i \tag{3}$$

其中 $\alpha$=回归曲线的截距;$\beta$=回归曲线的斜率;$u$=随机误差。在式(3)中通常习惯用薪酬的自然对数作为因变量,是由薪酬随时间的复合性质决定的。举例来说,如果薪酬以相对稳定的百分比增长,那么使用薪酬的对数作为因变量就会带来对回归模型更好的吻合。为了在本章中简单地解释，我们还是只用实际薪酬数值作为因变量。然而，我们在这里讨论的方法和问题是适用于薪酬的自然对数作为因变量的情况的。斜率 $\beta$ 显示出各因素在教师薪酬方面对 $X$ 的影响。估计这些斜率的典型方法是通过将回归分析与教师个人层面的数据相结合。一名教师的实际工资与预想工资之间的差异就是衡量所得比预计多或少的范围的尺度。

许多研究已表明，教师工资受很多因素影响，比如他们的工作年限、获得学位，以及科研生产力（Barbezat, 2002; Ehrenberg, 2004; Perna, 2001; Ransom & Megdal, 1993）。另外，这些变量往往还与性别相关，因为大体上男性教师职工要比女性教师职工更年长，相似地，往往有更高比例的男性教师在工资更高的领域里，比如工程、金融，以及艰深的科学领域，反之，女性教师则大多在较低薪的领域如人类学、教育学，以及人文科学里常见（Nettles, Perna, Bradburn & Zimbler, 2000）。

院校研究者可以使用两种基础的统计学方法来测定两组教师间的无解释工资差：单变量方程法和多变量方程法。在各个例子中，最终的目标是在考虑关于教师职工薪酬的解释变量的影响后，获得更为可靠的测定两组教师间不解释工资差的方法。为开展研究，研究者必须首先确定他们想在模型中包括的控制变量，然后获得教师职工的特性以形成变量的数据。院校研究者可以运用很多研究来指导选择在内部薪酬公平性调查中要用的变量（Barbezat, 2002; Ferber & Loeb, 2002; McLaughlin & Howard, 2003; Moore, 1993）。

一旦确定了在薪酬模型中所用的变量，院校研究者就可着手获取教师个体数据了。通常来说，这些数据从院校的人力资源管理系统就能获取。系统通常包括以下几种关于教师职工个体的数据：聘用时间、薪酬、出生日期、任课时间（9 个月还是 12 个月）、性别、种族、最高学历、学术级别、部门以及所属学院、在院校中升职或改变工作岗位的日期。这些数据可以被用作构建变量，比如工龄以及其他应该包含在式（3）所示的集合 $X$ 中的变量。

决定研究中包含哪些教师也同样是一个分析中的重要部分，因为兼职教师和无终身任职资格的教师（比如兼任教师）的付酬方式实质上与全职、有任职资格的教师完全不同。大多数内部薪酬公平性研究中，数据对象都限定为全职、有任职资格的教师。相似地，从内部薪酬公平性研究中省略掉一些其他临床领域的教师（如药学）也是惯常做法，如果我们都知道他们所获报酬与传统的学术教师无法比较。然而，不能肯定时，从学院获取所有教师职工的人力资源的数据也是可取的，因为省去已得到的数据总比分析之后再添加数据要更简单。许多研究都有对进行薪酬公平性研究以及运用人力资源数据建立模型的基本要素的深入了解（Moore, 1993; Knight, 2003; Colbeck, 2002; Haignere, 2002; McLaughlin & Howard, 2003; Toutkoushain, 2002）。

还应当记住，人力资源系统是为报告和工资的功能而非研究的目的而设计的，因此几乎不包括其他相关因素的数据，比如科研生产力、教学评价、专业证书，以及在被目前所在院校聘用之前的工作经验等。因此，院校研究者必须决定是收集关于之前工作经验或生产力的额外数据还是借助能得到的人力资源数据建构一个模型。

单变量方程法 测定无解释工资差最简单的方法就是将对于性别的哑变量（二分变量）与工资模型相加：

$$Y_i = \alpha + X_i\beta + G\gamma + u_i \tag{4}$$

其中，所有的变量都如之前所定义，$G$ 是一个哑变量，对于女性教师等于 1，对于男性教师等于 0（反之亦可），同时 $\gamma$ = 预计的男女薪酬差异，控制 $X$ 中的变量。系数 $\gamma$ 可被看作式（2）中的无解释工资差。这种方法之所以对研究者很有吸引力是因为几点原因。首先，这个实行起来相对简单并且能够在几乎所有统计软件包中完成。其次，这个模型的结果允许研究者直接测定男女教师工资的差异是否在统计学上很重要。这个通过将预计的斜率分割为它的标准误差并比较统计系数与标准误差比率的结果来完成。最后，这个模型的结果很容易说明，因为根据解释，每位女性教师都被少支付或多支付了相同的数额，该数额由斜率 $\gamma$ 表示。

因此，绝大多数内部薪酬公平性研究都依赖于单变量方程法［更多讨论见(Toutkoushian & Hoffman, 2002)］。大规模的研究往往依赖从国家教育统计中心进行的不同迭代的高校教师的全美性研究（NSOPF）的数据。兰塞姆和梅格达尔(Ransom & Megdal, 1993)以及巴尔贝扎特(Barbezat, 2002)编制了选出的运用院校级和国家级数据进行的内部薪酬公平性研究结果的摘要。它们显示了即使控制了一系列相关人员和工作特征，在大多数情况下，女性教师的薪酬还是明显低于同等的男性教师。基于提到的研究，大多数特定院校的研究总是包括教师工作年限、所获得的最高学位，以及学术部门或领域。通常较少控制教师职工的级别/科研生产力。

表 32.6 说明了单变量方程法在院校中实施。在这个例子中，院校中共有 432 位教师职工。分析者选定了三种模型来解释教师工资。在第一个模型中，所用的唯一的自变量是性别的哑变量。在模型 2 中，分析者通过加入两个有关学术级别是正教授、副教授或助理教授的哑变量，控制了学术级别。最后，在第三个模型中，分析者控制了性别、级别以及每个教师在研究当年论文被引用的次数（传统上将其当作科研生产力的一个尺度）。表格的最后三行包括了每个模型的总工资差、有解释工资差和无解释工资差。在每个案例中，无解释工资差都和性别变量的斜率相等。总工资差和男女教师间平均工资差相等。最后，有解释工资差等于有解释总工资差减去无解释工资差。

表 32.6　用单变量方程法测定无解释工资差的说明

| 变量 | 单变量方程回归模型 | | |
|---|---|---|---|
| 回归结果 | 模型1:性别 | 模型2:性别与级别 | 模型3:性别、级别以及被引用次数 |
| 性别=1(男性) | 10 992.78<br>(1 756.31) | 3 354.54<br>(1 545.20) | 2 833.15<br>(1 498.83) |
| 正教授 | — | 22 832.22<br>(1 783.23) | 21 839.05<br>(1 729.48) |
| 副教授 | — | 7 991.61<br>(1 815.38) | 7 876.64<br>(1 751.87) |
| 引用 | — | — | 181.10<br>(31.69) |
| 结果 | 45 841.14<br>(1 566.10) | 37 651.18<br>(1 681.56) | 36 945.67<br>(1 627.31) |
| 判定系数 | 0.08 | 0.38 | 0.43 |
| 总工资差的分解 | | | |
| 总工资差 | 10 992.78 | 10 992.78 | 10 992.78 |
| 有解释工资差 | 0.00<br>[0%] | 7 638.24<br>[69%] | 8 159.63<br>[74%] |
| 无解释工资差 | 10 992.78<br>[100%] | 3 354.54<br>[31%] | 2 833.15<br>[26%] |

在模型1中,男女教师之间有一个很大的也是统计学中重要的薪酬差异。在这个模型中,无解释工资差与总工资差相等,因为没有其他的控制变量包含在这个模型之中。然而,在控制了学术级别后,无解释工资差就降了69个百分点。相似地,控制了级别和文章引用次数使得无解释工资差下降了74个百分点。然而,在各个案例中,无解释工资差仍然占据着统计学中重要的5个百分点。在得到最终关于院校中男女教师相对的薪酬现状的结论之前,分析者会需要探究这个结果对添加的控制变量因素,如学术领域、经验,以及教育成就的敏感度。还需要做出控制教师级别是否合适的决定,因为当级别被包括在薪酬模型(稍后提及)中时,升职的不平等待遇可能导致对薪酬不等的估值较低。

尽管单变量方程法很流行,但它也有缺陷。单变量方程法限定了所有变量都必须对男女教师薪酬有相同的影响。据此,结果可能不会容许院校研究者决定两组间无解释工资差异是源于男性教师每年获得比女性教师更高的工资增长,抑或是在特定部门有更高的奖金。其次,单变量方程法在很可能一些女性教师职工获得薪酬不足更为严重的情况下,将每一个女性教师职工都限定在有同样水平的薪酬不足上。如瓦哈卡(Oaxaca,1973)、布林德(Blinder,1973)、莱默斯(Reimers,

# 第 32 章 教师薪酬公平性分析

1983)、科顿(Cotton,1988)、纽马克(Neumark,1988)及其他人所发展的多变量方程法可用来解决内部薪酬公平性研究中的这些问题。

多变量方程法进行内部薪酬公平性研究的更复杂但可能更有价值的方法是运用多变量方程法。多变量方程法将在式(2)中显示的总工资差分解为有解释和无解释两个部分,如下所示:

$$Y_m - Y_f = (X_m - X_f)b_n + [(b_m - b_n)X_M + (b_n - b_f)X_F] \tag{5}$$

其中,$b_n$＝当没有歧视时存在的"无歧视"工资结构。据此,数值$(X_m - X_f)b_n$就表示有解释工资差,即男女教师间特质的平均差异与无歧视工资结构相乘之积。剩余的数值$(b_m - b_n)X_M + (b_n - b_f)X_F$是无解释工资差,多变量方程法的一个重要优势就是现在不同个体间的不同薪酬的估值也可以是不同的。对于这个问题的更多细节,可以参考 Toutkoushian 和 Hoffman(2002)。

多变量方程法的一个主要的缺点是其应用难度较大。不仅研究者需要估算男女不同的薪酬模型,同时需要操作结果来获得无解释工资差。研究者还必须要做出将何者视为无歧视薪酬结构的决定。已有其他研究(Neumark,1988;Oaxaca & Ransom,1994;Perna,2003)表明无歧视薪酬结构会影响到男女教师职工间无解释工资差,也会影响到某教师薪酬缺少的具体数额。尽管对无歧视薪酬结构没有一个"最好的"选择,对于研究者而言,最常见的是将男性方程或女性方程的斜率看作无歧视工资结构。

表 32.7 显示了一个关于如何在内部薪酬公平性研究中应用多变量方程法的假想例子。在这个例子中,男性教师的平均工资(\$86 000)比女性教师的平均工资(\$70 000)高出\$16 000,这个数值就是总工资差。

表 32.7 利用多变量方程法分解总工资差的说明

| 种类 | 男性教师 | 女性教师 | 差额 |
| --- | --- | --- | --- |
| 平均工资(\$) | 86 000 | 70 000 | 16 000 |
| 平均工龄(年) | 20 | 16 | 4 |
| 截距 | 20 000 | 20 000 | 0 |
| 斜率 | 3 300 | 3 125 | 175 |
| 使用男性斜率得出的有解释工资差＝(20－16)×3 300＝13 200 | | | |
| 使用男性斜率得出的无解释工资差＝(3 300－3 125)×16＝2 800 | | | |
| 对女性薪酬调整的百分比＝2 800÷70 000×100%＝4.0% | | | |
| 使用女性斜率得出的有解释工资差＝(20－15)×3 125＝12 500 | | | |
| 使用女性斜率得出的有解释工资差＝(3 300－3 125)×20＝3 500 | | | |
| 对女性薪酬调整的百分比＝3 500÷70 000×100%＝5.0% | | | |

为简化一下,假设薪酬模型只包括一个变量($X$＝工作年限)并且对于男女教师的斜率 $\beta$ 分别是＄3 300 和＄3 125。基于已知的人口统计资料,还假设男性教师职工平均有二十年教龄而女性教师职工则平均有十六年教龄。

表 32.7 显示了如何分解男女教师间的总工资差,并且非歧视薪酬结构的选择是如何影响最终结果的。首先,假设男性的斜率 $\beta$ 是"非歧视"斜率。这就意味着当没有歧视时,所有的教师职工都应该获得＄3 300 的年度增长。据此,有解释工资差就将是＄13 200,无解释工资差就是＄2 800。最终的解释就是通常来看,女性教师职工的工资被少付了＄2 800(或她们平均工资的 4 个百分点)。相反,如果假设女性的斜率 $\beta$ 是非歧视性斜率,有解释工资差将减小＄12 500 而无解释工资差将增大＄3 500(或女性平均工资的 5 个百分点)。然而,在两种例子下,总工资差都是有解释和无解释工资差之和。

## 薪酬研究的当前问题

前文提到的信息形成了大多数院校研究办公室需要开展以评定内部和外部薪酬公平性的调查的基础。然而,在大多数调查范围中,理解当前问题也同样重要。下面就简要讨论一下其中的一些问题。

### 内部薪酬公平性研究中对级别的控制

从前面的方程中可以看出,控制变量 $X$ 进入薪酬模型中的选择可能非常重要。在关于薪酬模型是否应该包括教师职工当前的学术级别的控制变量的领域有大量的讨论(Becker & Toutkoushian, 2003; Strathman, 2000)。支持将教师级别用于分析的人提出:①薪酬往往很明确与级别挂钩(鉴于当教师升职时,获得薪酬也相应提高),②级别是衡量一个教师生产力的普遍标准,而生产力理论上与薪酬相关。考虑到高级男性教师成员相比于女性教师成员的比例较大(Becker & Toutkoushian, 2003),对级别的控制常常导致性别间无解释工资差的降低。然而,如果教师性别间不平均的级别分布是某种程度上是源于歧视,那么在薪酬模型中加上级别的控制变量就将使女性处于不公平的不利地位的同时,使她们看起来没实际上那么获得工资不足。

我们介绍了一些研究者,他们选择了对此问题的两种基本方法。第一种是进行统计检验来检查各级别性别歧视的所有证据。这个可以通过估计一个将级别的二分变量用作因变量的逻辑斯蒂回归模型来完成。从这个模型中可以确定与男性教师有相似性格的女性教师是否更可能拥有更高的级别。如果证据做出了在级别上存在性别歧视的结论,那么就可以做出将级别的控制从薪酬模型中省略的结论,反之亦然。第二种方法是估计两种薪酬模型——纳入级别的和未纳入级别的——然后公布两种形式的结果。这允许了研究者来确定学术级别对结果的影响力。

## 教师生产力

大多数学术观察者会同意教师研究、教学、服务中的生产力与或应当与更高的薪酬挂钩。尽管有这项共识,但特别对院校的内部薪酬公平性的分析往往没有在统计模型中将对教师生产力的直接测量包括在内,这种省略同样为分析者带来了问题,因为教师生产力与性别相关,那么对估计不同性别薪酬的影响可能就会有偏见。

对于想要在分析中加入生产力信息的院校研究者有一些可考虑的选择。如果可以查看院校中所有教师的简历的话,可以手动计算发表文章、教学获奖,以及其他与生产力有关的因素并在内部薪酬公平性研究中利用这些信息。这样做的难点有:①院校中所有教师的简历是几乎不能获得的;②不能保证数据的完整详实以及是最新的;③必须要决定计算哪些作为生产力的量度同时怎样在各领域间确定标准;④完成这项工作需要大量的时间和资源。

院校可能会有至少与教师生产力有不那么密切的联系的其他方面的信息。举例来说,高等院校可能编纂了一个所有是国家科学院成员,或者获得过大学范围的教学奖项,或者拥有从大型机构如美国国家科学基金会获得的外部研究资金的教授的名单。尽管这些不是完美的测定教师生产力的量度,但能帮助减少任何由于省略掉生产力变量而导致的无解释工资差中可能的歧视。也可以使用文献计量学的方法来获得某教师个人发表文章以及被引用的次数。很多大学现在提供了上Web of Science数据库的途径,这就容许个人进行对个人发表文章的研究以及考察每个教师发表的文章被引用的次数。在教育研究中,对于文献计量学的研究方法,有一个相当大的文献库(例如 Budd, 1998;Budd & Magnuson, 2010;Toukoushian, 1994b),同时分析者需要意识到使用这些量度的局限性。尽管如此,在内部薪酬公平性研究中解决被忽略的变量歧视,还是一个有前景的研究领域。

## 消灭薪酬不公平的好处

院校研究办公室不仅可以帮助管理者理解和掌握教师薪酬的公平性,如果可能的话还可以提供如何更正薪酬缺陷的建议。研究表明有很多不同的方法可用来测定某个体少付薪酬的精确数值(Becker & Goodman, 1991;Toukoushian, 1994a;Becker & Toukoushian, 1995;Gaylord & McLaughlin, 1991;Haignere, 2002;Oaxaca & Ransom, 2003;Snyder, Hyer & McLaughlin, 1993)。这一点非常值得关注,因为由此带来院校在薪酬调整上的开支可能有非常大的不同,这由调整总体还是个人的薪酬决定。

## 法律考量

院校研究者还需要关注当决定是否并如何进行内部薪酬公平性研究时,可能会需要考虑一些严肃的法律问题。在某些例子中,这些研究的开展是为了回应一名或多名教师提出的关于不公平薪酬待遇的法律请求。因此,进行此研究的方法及其结果就会成为被诉讼双方重点审查的对象。即使这个研究是由院校研究办公室为内部目的而开展的,如果泄露了男女教师职工间巨大的薪酬差异,也可能招致诉讼。在两个例子中,研究的结果都可能被看作学校的特定个体的偏见,因为在院校中,院校研究办公室是行政机构的一部分。做出的调整个人薪酬的建议很可能招致来自全体教师的详细审查,尤其是那些获得的加薪低于别人的人。举例来说,在明尼苏达大学和北亚利桑那大学,教师职工就对进行加薪的行为提出了法律诉讼。埃克斯和陶特库世安(Ecks & Toutkoushian, 2006)比较了利用不同的方法消除薪酬不公所带来的支出及其法律含义,并且展示了基于单变量方程法的全面调整能够保障院校的经济利益和法律利益。

## 不同种族的薪酬公平性

对可能的薪酬歧视的关注不仅指向性别,还指向种族。如巴尔贝扎特(Barbezat, 2002)指出的,相对来说,几乎没有进行过关于不同种族的内部薪酬公平性研究,这是因为在很多院校,没有足够多的少数民族教师职工能够让人做出可靠的有关他们和其他教师间无解释工资差的估计。这个问题和多变量方程法有特殊关系。因此,大多数针对不同种族的薪酬差异的内部薪酬公平性研究依赖从高校教师的全美性研究(NSOPF)调查中获得的国家数据(Toukoushian, 1998a)。当开展一个特定院校的研究时,也许在许多情况下能做到最好的事情就是使用单变量方程法并且把所有少数民族教师(如黑人、西班牙人)集合在一个分类下。然而,我们还要注意到得出的哑变量将仍然有很小的变化,并且结果是,系数的标准误差将较大而计算出的统计系数与标准误差比率将较小。这种做法也会掩盖掉各自族群之间的差异。因此很难实施对不同种族薪酬公平性的研究。(更多对于歧视法律方面的讨论,详见第 20 章)

## 薪酬压缩

有时院校研究办公室会被要求调查是否存在教师薪酬过度压缩或逐年压缩的情况。薪酬压缩意为新教师职工可以获得与更老的教师相近的甚至是更高的薪酬。对于收缩经验不同的薪酬差异是反映了对老教师的不公平待遇,还是在外部市场付薪的转变,抑或是新教师素质的提高是有争论的(Snyder, McLaughlin & Montgomery, 1992; Toukoushian, 1998b)。检验薪酬压缩最常用的方法是比较不同级别教师的平均薪酬(包括新聘任的教师)并追踪比率随时间的变化(Blum，1989；Dworkin，1990；Heller，1987；Snyer，McLaughlin & Montgomery，1992)。陶特库世安(Toutkoushian，1996)发展了运用多元回归分析来检验薪酬压缩的五步程序。这是通过将新近聘用的教师的实际工资与通过老教师估计出薪酬模型所形成的预期工资相比完成的。

## 非教师职工的薪酬公平性

高等院校还会聘用一大批非教师职工。因此询问院校是否向他们提供公平的薪酬也是自然而然的。对于很多大学雇员的薪酬，公共数据的缺失使得在学术上很难评定外部薪酬的公平性。然而，用类似对教师的方法进行内部薪酬公平性的研究是可行的。举例来说，非教师职工可基于职称以及院校聘请他们的岗位来分类。这比起对教师的分析更具有挑战性，因为：①在大多数院校中，非教师职工的职称很多；②即使在给定的工作分类下，院校中他们所做的工作实际上也是各自不同，③可能有一些职称只有很少几个人拥有——甚至只有一个人拥有。或许最大的挑战是因为非教师员工实际上都在做不同的工作，想要有一个对他们的生产力或其他能够做出评判薪酬公平性的适当模型的主要量度的比较标准几乎是不可能的。

## 结语

本章大概介绍了外部和内部薪酬公平性研究，包括可利用的信息的来源和用来分析公平性的方法。这些研究的共同主题就是研究结果可能对院校研究者采取的概念化和明确表达方法的方式很敏感。比如，外部薪酬公平性，很大程度上依赖用来比较的院校的设置。虽然对于这个目的，利用院校的官方分类最为方便，但院校研究者也需要考虑它是否是用于决定院校教师的公平付酬的正确类别。另外一个需要解决的问题是院校教师薪酬是否会因地理位置和生活成本的不同而不同。特别是，加利福尼亚和新英格兰院校的教师有更高的生活成本指标，因此为了更好地在本地的劳动力市场竞争，需要向教师支付更高的薪酬。分析中所用的控制变量、将何者包括在数据集中的决定，以及用于测定无解释的工资差的方法同样对内部薪酬公平性研究中的结果影响很大。

可能有些情况下，对于院校来说，找一个校外的小组来进行外部和内部薪酬公平性研究更为可取。如薪酬公平性的关注是由院校教师提出的，内部生成的研究结果最后得到的可能是怀疑而非分析的质量或未注意的偏见。考虑到院校大规模的财政评价的可能性，有些时候一个院校必须考虑研究最好是由院校的院校研究办公室或是其他实体来进行。最后，与公平的薪酬相关的社会利益为对高等教育中各种团体薪酬的例行分析提供了一个另外的理由。利用本章中提供的方法，院校研究者可以在报告院校政策和实践的比较结果中和比较结果间进行研究。薪酬公平性中的法律问题在第 20 章有更详细的讨论。各种模型中有用的测量方法在第 10 章有所讨论。

## 参考文献

Barbezat, D. (2002). History of pay equity studies. In R. Toutkoushian (Ed.), *Conducting salary-equity studies: Alternative approaches to research* (pp. 9-39). New Directions for Institutional Research, no. 115. San Francisco: Jossey-Bass.

Becker, W., & Goodman, R. (1991). The semilogarithmic earnings equation and its use in assessing salary discrimination in academe. *Economics of Education Review*, 10, 323-332.

Becker, W., & Toutkoushian, R. (1995). The measurement and cost of removing unexplained gender differences in faculty salaries. *Economics of Education Review*, 14, 209-220.

Becker, W., & Toutkoushian, R. (2003). Measuring gender bias in the salaries of tenured faculty members. In R. Toutkoushian (Ed.), *Unresolved issues in conducting salary-equity studies* (pp. 5-20). New Directions for Institutional Research, no. 117. San Francisco: Jossey-Bass.

Blinder, A. (1973). Wage discrimination: Reduced form and structural estimates. *Journal of Human Resources*, 8, 436-455.

Blum, D. (1989). Colleges worry that newly hired professors earn higher salaries than faculty veterans. *Chronicle of Higher Education*, 36, A1, 21.

Brozovsky, P., & McLaughlin, G. (1995). Issues in studying administrative faculty salary equity. Paper presented at the annual meetings of the Association for Institutional Research, Boston, MA.

Budd, J. (1988). A bibliometric analysis of higher education literature. *Review of Higher Education*, 28, 180-203.

Budd, J., & Magnuson, L. (2010). Higher education literature revisited. Citation patterns examined. *Research in Higher Education*, 51, 294-314.

Colbeck, C. (Ed.). (2002). *Evaluating faculty performance*. New Directions for Institutional Research, no. 114. San Francisco: Jossey-Bass.

Cotton, J. (1988). On the decomposition of wage differentials. *Review of Economics and Statistics*, 70, 236-243.

Curran, F., & Bach, N. (1996). The University of Vermont: An equity study of full-time staff pay. Working paper, Office of Institutional Studies, University of Vermont.

Dworkin, A. (1990). The salary structure of sociology departments. *American Sociologist*, 21, 48-59.

Eckes, S., & Toutkoushian, R. (2006). Legal issues and statistical approaches to reverse pay discrimination in higher education. *Research in Higher Education*, 47, 957-984.

Ehrenberg, R. (2004). Prospects in the academic labor market for economists. *Journal of*

*Economic Perspectives*, 18, 227-238.

Ferber, M., & Loeb, J. (2002). Issues in conducting an institutional salary-equity study. In R. Toutkoushian (Ed.), *Conducting salary-equity studies: Alternative approaches to research* (pp. 41-70). New Directions for Institutional Research, no. 115. San Francisco: Jossey-Bass.

Ferber, M., & Westmiller, A. (1976). Sex and race differences in nonacademic wages on a university campus. *Journal of Human Resources*, 11, 366-373.

Gaylord, C., & McLaughlin, G. (1991). Adjusting observations to make residuals of a subgroup sum to zero. VAS Chapter, American Statistical Association, Blacksburg, VA.

Gordon, N., & Morton, T. (1976). The staff salary structure of a large urban university. *Journal of Human Resources*, 11, 374-382.

Haignere, L. (2002). *Paychecks: A guide to conducting salary-equity studies for higher education*. Washington, DC: American Association of University Professors.

Heller, S. (1987). Faculty pay up 5.9 pct. to $35,470; best raise in 15 years, AAUP says. *Chronicle of Higher Education*, 33, 1, 16.

Knight, W. (Ed.). (2003). *Primer for institutional research*. Resources in Institutional Research, no. 14. Tallahassee, FL: Association for Institutional Research.

McLaughlin, G., & Howard, R. (2003). Faculty salary analyses. In W. Knight (Ed.), *The primer for institutional research* (pp. 48-78). Tallahassee, FL: Association for Institutional Research.

Moore, N. (1993). Faculty salary equity: Issues in regression model selection. *Research in Higher Education*, 34, 107-126.

Nettles, M., Perna, L., Bradburn, E., & Zimbler, L. (2000). *Salary, promotion, and tenure status of minority and women faculty in U.S. colleges and universities*. Washington, DC: National Center for Education Statistics.

Neumark, D. (1988). Employers' discriminatory behavior and the estimation of wage discrimination. *Journal of Human Resources*, 23, 279-297.

Oaxaca, R. (1973). Male-female wage differentials in urban labor markets. *International Economic Review*, 14, 693-709.

Oaxaca, R., & Ransom, M. (1994). On discrimination and the decomposition of wage differentials. *Journal of Econometrics*, 61, 5-21.

Oaxaca, R., & Ransom, M. (2003). Using econometric models for intrafirm equity salary adjustments. *Journal of Economic Inequality*, 1, 221-249.

Perna, L. (2001). Sex differences in faculty salaries: A cohort analysis. *Review of Higher Education*, 24, 283-307.

Perna, L. (2003). Studying faculty salary equity: A review of theoretical and methodological approaches. In J. C. Smart & A. Bayer (Eds.), *Higher education: Handbook of theory and research* (vol. 18, pp. 323-388). Dordrecht, Netherlands: Kluwer Academic Publishers.

Ransom, M., & Megdal, S. (1993). Sex differences in the academic labor market in the affirmative action era. *Economics of Education Review*, 12, 21-43.

Reimers, C. (1983). Labor market discrimination against Hispanic and black men. *Review of Economics and Statistics*, 65, 570-579.

Snyder, J., Hyer, P., & McLaughlin, G. (1993). Faculty salary equity: Issues and options. Paper presented at the 1993 AIR Forum, Chicago, IL.

Snyder, J., McLaughlin, G., & Montgomery, J. (1992). Diagnosing and dealing with salary compression. *Research in Higher Education*, 33, 113-124.

Stanley, E., & Adams, J. (1994). Analyzing administrative costs and structures. *Research in Higher Education*, 35, 125-140.

Strathman, J. (2000). Consistent estimation of faculty rank effects in academic salary models. *Research in Higher Education*, 41, 237-250.

Toutkoushian, R. (1994a). Issues in choosing a strategy for achieving salary equity. *Research in Higher Education*, 35, 415-428.

Toutkoushian, R. (1994b). Using citations to measure sex discrimination in faculty salaries. *Review of Higher Education*, 18, 61-82.

Toutkoushian, R. (1998a). Racial and marital status differences in faculty pay. *Journal of Higher Education*, 69, 513-541.

Toutkoushian, R. (1998b). Using regression analysis to determine if faculty salaries are overly compressed. *Research in Higher Education*, 39, 87-100.

Toutkoushian, R. (2000). Addressing gender equity in nonfaculty salaries. *Research in Higher Education*, 41, 417-442.

Toutkoushian, R. (2002). *Conducting salary equity studies*. New Directions for Institutional Research, No. 115. San Francisco: Jossey-Bass.

Toutkoushian, R. (2003). What can labor economics tell us about the earnings and employment prospects for faculty? In J. Smart (Ed.), *Higher education: Handbook of theory and research* (vol. XVIII, pp. 263-321). Dordrecht, Netherlands: Kluwer Academic Publishers.

Toutkoushian, R. (2006). Economic contributions to institutional research on faculty. In R. Toutkoushian & M. Paulsen (Eds.), *Applying economics to institutional research* (pp. 75-93). New Directions for Institutional Research, no. 132. San Francisco: Jossey-Bass.

Toutkoushian, R., & Hoffman, E. (2002). Alternatives for measuring the unexplained wage gap. In R. Toutkoushian (Ed.), *Conducting salary-equity studies: Alternative approaches to research* (pp. 71-89). New Directions for Institutional Research, no. 115. San Francisco: Jossey-Bass.

第 33 章

# 高效的研究报告

莉兹·桑德斯(Liz Sanders)
乔·菲尔金斯(Joe Filkins)

院校研究者的基本任务是提供那些用来支持院校规划、政策制定和决策设计的信息(Saupe, 1990)。现在,到你的副校长的办公室并看看他的办公桌,你很有可能会看到一堆包含大量有价值的信息的报告,这些报告关系到学校政策和规章制度的制定。你自己的一些报告说不定也已经在这堆报告里。这些报告是否真的都用来制定决策了?如果没有,怎样才能保证我们的报告在嘈杂的政策支持环境中突出重围呢?

韦斯(Weiss, 1980)认为,政策制定者运用研究结果回答问题而不是做出决定。这过程中所用到的信息逐渐显现,或者说渗透到大学的语境之中,成为能被共享到已有讨论的知识储备的一部分。信息就这样塑造了决策者的决定以及他们做出决定的语境。作为这个过程的一部分,研究者的工作首先要考虑到它的目标读者,再传递一些读者心目中认为既相关又重要的信息。这些信息应该以一种易于理解、引人关注、准确又令人印象深刻的形式来表达。一篇高效的报告可以穿透其他嘈杂的声音,与读者直接相连,并对已有的讨论有所助益。本章将讨论如何准备一篇高效的报告,利用它的内容、表格和图来与读者产生联系,以期令它成为已有讨论的知识储备的一部分。

## 为高效的报告做准备

高效的报告不只是要知道如何设计版式和写报告。这个过程牵涉到很多人和步骤。在收集数据、运行 SPSS 统计程序和制作图表之前,先问几个问题以便更好地组织研究项目是非常重要的。

### 委托人与受众

举个例子,星期一早上你走进办公室,发现电话语音信箱的提示灯在闪烁。听取留言后,你了解到,为了更好地了解学生参与情况,学校的校长正在为再次制定年度规划收集信息，并要求你准备一篇报告。了解让你写报告的委托人和目标读者的需求，可以帮助你大致地构造研究问题并决定如何最有效地回答。

## 谁可能会看你的报告：不同的读者？

你的委托人是这篇报告的结果的最大既得利益者，也是最忠实的使用者。然而，对你的研究结果感兴趣的人不只是再次制定计划的工作人员。贝尔斯和塞贝特（Bers & Seybert，1999）列出了一些你的报告潜在的其他读者，包括学校管理者（校长、教务长、院长、副校长等），学校的理事或董事，教职工，该领域的专家，还有未来的学生和他们的家长。

通常情况下，个别报告的读者是这些人中的几类人，校内外的一些人也有可能偶然读到你的报告。这个事实令准备一篇报告变成一件艰难的任务，因为你必须注重这篇报告的综合性，找到实践和理论之间的平衡、数字和表格与饼图和图表之间的平衡、质性研究和量化研究之间的平衡等。另外，一旦一篇报告完成了，它会成为管理者未来利用的知识库的一部分。所以，你的报告可能会被有意或无意地使用。

## 研究清单

让我们从头说起。在研究者开始执行数据统计并设计报告时，通过一些问题来管理整个研究课题就非常重要。我们把这个问题列表叫做"研究清单"。

（1）谁是研究的委托者？研究者是委托你做这个研究并使这个报告产生的人（或者单位、委员会、特别小组等）。

（2）什么信息是委托者想要的？尽管委托者的问题表面看上去会足够清晰，已经提供给研究者必要的方向，然而，澄清相关的主题是很重要的。

（3）委托人为什么要这份报告？它的用途是什么？知道委托人为什么需要这些信息是很重要的，为了确定统计数据已经尽可能地完善并且使报告尽可能地被用于讨论和决策过程。

（4）委托人真正需要的信息是什么？准备这份报告最大的挑战之一就是回答委托人提出的问题，因为委托人通常并不知道他真正想要的东西是什么（只有当他看到他所要求的报告时，他才会意识到这个报告并不能回答他的问题）。

（5）委托人会与谁一起看这份报告？院校研究者的首要原则是，他所准备的信息会与学校校长共享。不确切的数据定义、不清晰的标签和缺失的数据来源会带来的草率的、不正式的统计，这个原则令这种统计导致的困惑最小化。

（6）该研究何时被需要？在一开始就弄清楚委托人何时需要报告以及何时打算分享发现是很重要的。

（7）如何最优地准备这篇报告？这个问题与要完成的报告的风格有很大关系，这个问题的答案也受所在院校的校园文化、目标读者以及院校研究办公室的风格影响。

# 第33章 高效的研究报告

(8) 如何将报告最好地表达出来？一个通用标准是，多种多样的方式可能是最有效的：通过一个概述（口头的或书面的均可）来向你的委托人传递信息，并让读者在你的网页上通过直接通往报告的链接来获取新材料。

在了解了所在院校文化以及以上这些问题的答案后，研究者会拥有足够的信息来开始他的研究。

## 报告传达了哪些信息？

你见过报告人明显没有准备过就来做研究汇报的情况吗？你读过充斥着拼写错误的报告吗？你的反应是什么？在报告过程中，远多于数据的信息被传递给了受众。如果这份报告是提供给校外组织的，你代表的是与你一起工作的人，甚至是你所在学校。

贝尔斯和塞贝特（Bers & Seybert，1999）认为，在做报告之前应先提出以下问题：

(1) 读者需要知道什么？
(2) 读者想要知道什么？
(3) 我想告诉他们些什么？
(4) 通过这篇报告，读者可能做出怎样的决策？
(5) 读者会与谁共享这篇报告？
(6) 其他哪些人也对这个话题感兴趣？

## 定量信息的不同类型

刚才叙述的问题是为了让大家更好地理解研究者（使用研究问题列表）和读者所处的环境。现在，再来看看院校研究办公室准备的信息类型，从数据到信息再到做出决策，以便更好地理解各种信息类型的主要用户以及什么情况下哪种类型是最合适的。

### 获取数据

在报告的左侧结尾是原始数据。一些院校研究者提供获得原始数据的来源，以便数据能被他人使用，这有赖于校园文化和其他使用者的技能。我们分享数据，以便管理内部资源并为校外有能力、有学识且也需要做出院校决策的用户建立网络。一般说来，对统计或者相关技术很懂行的信息使用者能从数据获取渠道和数据统计操作的工具中受益。这些工具不仅对院校研究办公室之外的人有用处，也能使研究者可以更迅速、更高效、更有针对性地回答问题。

在此，我们指出研究者应该考虑的两个问题。第一，无论数据包以原始数据还是以工具包的形式共享,都必须采取最可靠的安全措施。不严密的安全措施会导致数据被不正确使用或是被歪曲地进行统计处理,因为院校研究办公室对于数据如何被处理是没有监控力的。第二,共享数据使得获取数据的途径更加分散,这可能导致人们误解了数据真正想反映的内容。即使信息检索的专业人员在处理数据细节时也会提供详尽的说明和脚注,但这件事很容易被快速上手的新使用者忽略。在选择最优解决办法时,每个院校研究办公室必须评估其可使用的财政、人力资源和校园文化。

## 获取信息

沿着这个方向下去,下一步要探讨的就是获取信息。这是我们在拿到原始数据之后要考虑的事情。作为一篇已记录在册的报告的一部分,表格便是用来传达信息的一个很好的办法。共享表格,可以提供相当广泛的信息,这些表格已经为各种各样的终端使用者提取成有意义的信息。对于正在进行研究和对这些信息有兴趣的终端使用者来说,这些信息是最有用的。即使他们不必像研究者一样去研究某种趋势,他们依然需要了解这些有意义的信息,这是数值报告的双刃价值。

## 获得观点

在这个思路的最后则是获得一系列结论。我们利用数据来讲故事,强调主要研究发现,从而达到分享洞见的目的。读者不需要再去操作原始数据或者浏览几页调查报告才能了解最重要的发现,这些发现会被放在概论或者报告合适的部分。院校研究者能够通过交互大量数据来证明数据的统计价值,使之变为与趋势或因果关系有联系的、有意义的洞见。

院校研究办公室不能满足每个使用者的要求,但是这个平台可以为有能力的使用者提供获取数据的途径,为项目带头人提供大量信息表格以供其所需,与行政领导人分享有重要战略意义的发现,可以使信息办公室能更高效、更有针对性地统筹管理其所在单位的信息需求。

# 报告

作为研究者,尽管可能对沉浸在数据和统计中更有热情,但将我们的思想体现在报告内容中,不是完全定量地向受众描述我们所做的事情,以及建立对研究发现的热情等,这些额外的工作可能是报告工作中最重要的任务。

准备一篇报告并不一定是个繁重的任务。它之所以被有的人认为是繁重的,可能因为有的人认为必须一次性写出完美的文章,它必须是有灵性、自然而然又快速写成的。写一篇报告或者准备一个展示并不困难,尽管它不是一个快速的过

# 第33章 高效的研究报告

程(也就是说,它是一个反复的过程)。我们在开始这个过程之前应该先清楚它的大纲,然后再准备一份能被同事们反复斟酌的草稿,请一个责任编辑来负责编辑,最后一定要找一个校对人员做最终的检查。

## 报告里应该有哪些内容?

基本上,一篇报告的内容取决于它的目的。贝尔斯和塞贝特(Bers & Seybert,1999)列出了报告的五个特定的目的。

(1) 提供历史背景。比如,一篇呈现过去十年继续就学率的报告,不仅提供了当前现状,也提供了过去继续就学率的历史记录。

(2) 支持现在的规划和决策的讨论。早期学术研究状况对毕业去向统计会对如何制定第一年决策起到支持作用。

(3) 建立良好的愿景或者建立合适的制度。一篇关于来自某所特定高中的生源在大学中如何表现的报告可以向合作高中证明该大学当初的承诺,并建立良好的愿景。

(4) 交流信息。比如,秋季注册报告的首要目的是交流有关学生注册和收益生成的相关信息。

(5) 满足其他的报告要求。报告可能被用来记录一整年的信息,比如,学校录取注册情况,学位授予和在线课程,以便符合联邦和国家的指导方针或者合作协议。

然而,与目的无关,也有另外几个你可以在准备草稿时就采取的策略,这些策略可以让你的工作更有效率。

(1) 确保你的信息足够多、与主题相关、有时效性且前后一致。把它们放在一起,这四个参数确保你的信息是有效的。当你准备报告的时候,回答合适的研究问题,并提供和主题或问题相关的信息在手边。同理,利用一些数字来呈现你的报告。当所做的决定与之相关时,用足够多的时间来处理数据,使之有效。

(2) 了解你的读者。别以为你的读者足够了解数据和统计有多复杂,或者你的数据处理过程意味着什么。

(3) 为你的读者提取重要的发现。为了使你的观点能够被理解,分配一页的篇幅给摘要,引导读者从整篇报告中获得更多的信息,提取整篇文章的关键词,要简短一点。

(4) 练习高效的写作能力。我们要对使用这篇报告的读者一直留心。考虑一下,或可以 Q&A(问题和回答)的形式来呈现报告。利用逸闻趣事和引证也会使报告更生动。

## 报告的类型

这里列出了几种报告的类型,按照写作细节和长度的要求从多到少排列。

（1）叙事或全面报告大多数包含着对以下内容的详细描述：该研究的目的、采取的研究方法、发现及解读。对于这样的报告来说，最前面有一个摘要或概述是很重要的。

（2）报告备忘录大多数关注一个很窄的话题，为那些对这个话题有特殊兴趣的一小部分读者而写。

（3）头条报告通常作为研究报告的一部分出现，它为管理部门用很少的篇幅概述了报告的关键发现。报告不应该出现行业术语，虽是为高级管理人员而作，但报告同时又面向特定的人群。

（4）简报语言简短平实，并且非常受欢迎，因为可以迅速地组织内容，特别是与叙述式报告和报告备忘录相比而言。

（5）在线报告和可视化分析包括一系列动态图表，在网络环境下呈现的菜单和选项，这些东西使得读者能够对数据有更深刻的挖掘。

（6）仪表盘评估绩效用易于理解的表格来展示现有活动的状态。仪表盘对于那些包含需要被有规律地观察的数据元素是很有用的。

（7）展示是利用口头和可视化方法报告，而不仅仅限于书面报告。

（8）点对点询问需要时间来检验。尽管问什么答什么的方式看上去浪费时间或者过于官方化，但这实际上很好地利用了时间。这种方式通常以固定时间的形式发布，可能每年一次或者每季度一次，所以是可以被预期且标准化的，使得报告质量更高且能为客户提供更好的回应。同时，类似于点对点询问的类型可以被统一为一种方式，并被安排为周期固定的活动。

## 报告的组成部分

大多数报告会包括以下几个部分，但这取决于受众、主题和报告的类型（Bers & Seybert，1999）。

（1）鲜明的标题。标题吸引读者来阅读报告，所以利用些东西来吸引读者的注意力。有时，标题页也包含关键字词以满足数据搜索引擎的需要。

（2）概述。这个部分是对文章重要发现的简短总结，可以作为单独的一页来呈现，也可以作为报告的一部分。不要忽略一篇优秀综述的作用——有时这是决策制定者唯一会阅读的部分。

（3）目录。这个部分会清晰地说明，在这篇报告中，每个部分包含哪些内容。

（4）介绍与目的。这个部分说明为什么要做这个研究。

（5）研究方法。这一部分要解释研究的，是做调查还是观察。如果研究方法太学术并且（或者）太复杂，你可以把细节呈现在附录里，在研究方法部分增加一个概述即可。

（6）研究发现。这一部分包括研究结论，是文章的灵魂。它应该用叙述性的、表格化或图表语言来呈现。

（7）研究概述、结论、内涵和建议。一些委托人希望你只提供发现和结论，使委员会成员用他们自己的理解来做出决定。

（8）参考文献。这是报告中非常必要的一部分，包括了你所做的背景阅读。这些被呈现在报告最后的一个独立的部分中或者在文中以脚注形式出现。

（9）术语表。在报告中运用术语以及（或者）缩略词是不可避免的，术语表对读者而言是非常有用的参考。

（10）附录、列表与链接。过大的数据表，特殊的图表，相关学术内容和其他材料应该被呈现在报告的最后，作为带有标题的清晰的附加内容出现。

## 做一个优秀的展示

无论是正式站在台前拿着讲稿的报告还是非正式的以讨论形式进行的展示，所有做过展示的人都知道，对于受众和研究者来说，讲解你的研究发现比用书面形式分享更困难。与书面叙述相比，在展示中，你没有展示细节的机会，所以必须依靠可视化工具，比如用你所讲的要点的图表，来帮助你达到目的。你需要根据受众的需求来控制你的节奏。

沟通专家 Grice 和 Skinner 提出，我们更愿意听到积极的、活泼的、令人激动的、有启发意义的、鼓舞他人的、催人奋进的演讲。记住，即使你的展示内容对于你而言已不再新鲜，受众却是第一次听。好的演讲者表现得很得体，与受众保持有效的眼神交流，用受众能理解的方式演说，并运用有效的肢体语言，而且，全程都围绕着展示内容进行。

焦虑是对演讲者做出优秀展示影响最大的东西。我们都有过这样的经历，一些院校研究者是经过训练的展示者，即使那些已经可以在小范围内面对同事做出非常不错的展示的人，在面对很多人时也会有不熟悉的感觉。解决这种问题的一个办法是：去参加一些公共演说或者戏剧学院开设的相关课程。也有很多在线课程可以帮助研究者提高他们的公共演说能力，并在受众面前拥有自信，比如艾伦（Allyn）和培根（Bacon）的公共演说主页以及 Toastmasters 国际主页。一条最基本的建议是，练习，练习，再练习！

## 展示者的角色与展示软件

展示者的角色是与受众相联系的，在展示全程引导并抓住他们的注意力，帮助他们理解问题。一些展示者用可视化内容来帮助受众理解。关于展示软件，比如微软的 PowerPoint，已经有很多讨论，这些内容超出了本章的讨论范围（Atkinson, 2008; Kosslyn, 2007; Tufte, 2001, 2006）。记住，无论准备纸质讲稿还是 PowerPoint 的幻灯片，可视化手段只起到对演讲者的支持作用。

## 定量数据表格设计

我们在写报告过程中已经意识到，运用叙述性语言描述数据是很沉闷的，表或图的形式会使其更高效。表格被用来组织、展示数据，在表格里，数据被重新编码为文字或者数字(Few, 2004)。当遇到下列情况时，用表比图更合适：

（1）展示或比较个体数值。
（2）需要精确的数值。
（3）定量信息被用于不止一组（也就是说，数据能在不同列被用到）。

### 设计高效率的表格

表格设计的艺术性远高于它的科学性，即使已经有很多关于如何设置行、列、字体、小数等的规范。记住，表格不同于其他形式的主要特征是，它利用行和列来组织数据。一个表格的支撑元素是那些没有数据的"笔迹"所构成的物体，这个物体被用来强调或组织数据，用它来区分行和列。

表格的设计，我们推荐单独使用白色的间隔——如果空间允许的话——而不是用网格线来区分行和列。如果无法使用白色间隔，那就使用非常淡的填充色（不要用亮红色或玫粉色！）。如果无法使用填充色，那就使用横隔线，但是我们强烈反对使用网格。这里有一些其他的方法：

（1）把塔夫特（Tufte）所说的"表格垃圾"和其他与你讲的故事无关的、会分散别人注意力的东西（比如剪贴画）的数量最小化。
（2）文本方向应为水平的，从左向右。
（3）挑选有意义的数据。
（4）文本左对齐，数字右对齐，令小数点在同一列上。
（5）非数字数据居中。
（6）在整数中用逗号分位。
（7）不要超过要求的精度。小数点后没必要保留六位数字！
（8）用两个数字或者三个字母的格式来表示月份。
（9）选择清晰易辨认的字体、字号和格式，并且前后一致。
（10）运用粗体字、斜体字或者字体颜色来强调。
（11）如果表格分成很多页，标题行应该在每一个续表上面出现。

运用这些原则会让你的表格更加易于理解。用这样的表格传递信息（以及整篇报告你要讲的故事），更可能会让后人在参考时保留更多内容。

### 静态表格和动态数据表工具

表格的种类取决于我们称为静态表格的东西，也就是印在纸上的表格。受众并不能自己改变每个数据。对于你要做的报告而言，静态表格的数据是你用公式得出的。然而，技术的发展使我们能够为委托人提供动态的表格。动态表格出现在网络环境中，一系列的下拉菜单让使用者能够根据他利用数据的位置改变每个单元格的内容。

如今，院校研究者们为动态表格创造了很多种替代品，网络或者桌面工具这两种途径都可以运用数据库进行。这些替代工具有如下几种：

（1）微软的Excel提供的数据透视表使得使用者可以自定义表格，来精确寻找他们需要的数据。

（2）其他的软件包，比如Tableau，为统计和可视化数据展示提供了令人瞩目的工具。

（3）联机分析技术（OLAP）允许数据的多维分析，并提供了各种强有力的动态表格以及其替代产品。

## 用图来展示数据

院校研究者面临的最大的一个挑战就是如何将数据转化为洞见，完成这件事最有效的技术之一就是利用定量数据可视化的展示过程——图表。毕竟，正如常言所说，一图抵千言。但是，一图抵千言的情况只有读者能看懂图的时候才会发生（Kosslyn，2006）。好的图表需要时间、创造力和耐心才能产生。

### 高效作图的原则

高效的图表语言是什么样的？毫无疑问，它应该让读者易于理解。毕竟，"人们并不愿意花太多心思在这上面，尽管也不厌烦这么做，特别当他们不能确定这是有用功时。这种想法只是一种心理作用，不能进行道德上的判断"（Kosslyn，2006）。塔夫特（Tufte）认为高效作图的基本原则是，"呈现数据高于一切"（Tufte，2001）。优秀的图表应该有以下特点：

（1）有内容、有统计意义、有构思——数据展示必须精心设计，并且有趣。

（2）清晰、准确、高效——复杂的内容应该用清晰的语言表达，去除无用和不必要的信息。

（3）简洁——图表应该能用最少的时间空间为读者提供数据信息。

（4）多变量——大多数图表一次性可以提供多个变量信息。

（5）阐述事实——图表能阐明数据的真实含义。

使用图表展示数据时,应该关注最重要的内容。准备一个能够与读者直接联系、能抓住读者注意力,并有助于读者理解和记忆的图表(Kosslyn,2006)。Kosslyn 阐述的高效作图的八个心理原则可以作为指导方针:

关于与读者直接联系的原则:以读者需要的内容为表达的基础。

(1) 适中原则:信息量不多也不少,可以使表达效率最高。这个原则让我们不必在图中包含所有你分析过的数据,尽管它们可能很有趣。

(2) 选取合适的知识:表达时应使相关概念、术语和符号明确。运用这个原则,我们不会在图表中向一个没有统计知识的人展示标准差。

关于吸引和抓住读者注意力的原则:以符合读者想要参阅的框架为表达基础。

(1) 突出原则:注意力是由感官上明显的差异吸引的。比如说,为读者点亮重要信息。

(2) 可辨性原则:两种不同性质的内容必须用足够多的空间来表达,否则无法辨别。因为我们阅读文本时,每一行的颜色必须有足够大的差异才能注意到。

(3) 感官导向原则:人们会自动地把元素组合为单元,以便记忆。图表中过长的项目,应该被分为小的概念单位。

关于促进记忆和理解的原则:以能被读者学习为表达基础。

(1) 兼容原则:如果一条信息形意兼备,是很容易理解的。人们违反这个原则的通常情况是,比例和图标数字选取不当。

(2) 做出有益的改变:人们希望形式的改变可以传达更多信息。不要仅仅为了让图表更生动就改变颜色,读者期望图表的改变可以传达出更多有意义的信息。

(3) 能力有限原则:人们接受和传达信息的能力是有限的。如果一条信息里包含或传达了太多内容,它就不易于理解。有研究表明,人们一次只能记住三到四条信息,所以,避免让一个图表中或者一个项目包含超过四条信息,除非你能用更有意义的方式表达。

## 做展示的其他原则

除了以上原则,我们还准备了如下指导方针:

(1) 减少除描述数据之外的笔墨,即"图表垃圾"。图表的网格,除非是必要的,否则不应该夺去线状表格中数据的风头。将你的时间、注意力和润色能力集中在表达数据上,而不是网格线、框架和其他标记上。

(2) 不要使用三维图,三维图会曲解数据。

(3) 为了向读者展示数据发展的方向,挑选的数据要具有意义。

(4) 有的读者不太理解双 $y$ 轴的图表。试着用两个并行的表格(用两个表展示)来避免这种对于坐标轴的困惑。

(5) 图表附属物的尺寸——比如气泡、记号或者类似的东西——可以表达相关的定量信息,但并不能传达很精确的信息。

(6) 对于有阴影的内容一定要采用无衬线字体。对于手写体的内容,无衬线字体很不错。

(7) 不要使用软件的默认设置。不要满足于对数据已经做好的现成的准备。你的数据很珍贵,展示给受众的机会可能只有一次。

(8) 不要满足于第一次操作。多做几种图,看看哪种最好。花点时间精力做些尝试。毕竟,一图抵千言。

### 仪表盘和其他图表形式

仪表盘是报告的一种特殊类型,只需轻轻一瞥,就能在一页中用多种可视化方式传达现在正在运行的数据。按照 Tufte 的想法,仪表盘为院校研究者们提出了新的设计挑战,它提供的相关环境下的数据可以启发人们的非线性思考(Tufte,2001),但是其仍是分析操作的核心。研究挑战,是要去理解仪表盘如何帮助高校解决智力问题,以及其能为高校做出怎样的贡献。以此为基础,分析者可以分析数据,并将一系列有意思的图和表组合在一起,仅仅一瞥,便可以阐释这些数据。仪表盘的发展面临如下一些独特的挑战(Few,2010;Goodman,2008;Juice Analytics,2009;Tufte,2003):

(1) 高效地利用一页纸的空间,里面只有图和表。

(2) 用最有意义的方式来组织信息,强调信息是如何变化的以及相关信息的元素是如何组合在一起的,至少要说明这些元素为什么被分为一组。

(3) 避免"图表垃圾"所指代的东西,比如用太强太亮的颜色将人们的注意力从信息内容中转移出去。

(4) 设计高效的页面布局,左上方应从最重要的信息开始,让视觉呈 F 形顺序浏览页面,右下角应该用最不重要的信息结束。

如果想了解关于仪表盘发展的很有用的指引,请参阅(Juice Analytics,2009)(指示器和仪表盘的其他讨论请参阅第 35 章)。

### 报告质性数据

尽管这一章的大部分篇幅都在强调报告量化数据的技术,但我们知道,院校研究者也会从调查的开放性问题中收集数据,关注某个群体,并进行定性研究。在报告中,这些数据也出现了独一无二的挑战。这些数据提供了丰富的内容和细节,值得你将它们报告给你的委托人,并将有价值和有说服力的引证写在报告结尾的摘要里。有时,我们也需要综合这些数据,利用它们扩充发现——这在一开始可能让人望而却步,因为信息已经被整合过了。

一些工具可以帮助我们分析质性数据，包括但不限于以下软件，比如，SPSS，QSR NVico，ATLAS.ti，以及 RQDA。分析了质性数据后，其挑战在于如何高效地表达它们。我们可以运用传统的图表呈现质性数据，本质上是把质性发现量化了。对于某些质性数据来说，比较适合用量化表达，比如，可以将学生选择"你所在的院校的一些重要原因"用频数表或条形图的方式展示。

另外一种选择是，使用标签云或文字云。文字云与以文本为基础的散点图非常类似，可将你的质性数据以字词的形式在文本框中呈现，利用字体字号来区分分析出来的重要信息。比如，在学生对学校满意度调查这个开放式调查中，学生选择该学校的重要因素里，"院系"经常被提到，这个词就应该列入文本框；而其他不常出现的词，比如"膳食计划"就不应该出现。虽然文字云在视觉上是很高效的，但事实上它们面对着一些挑战。正如 Vieges 和 Wattenberg(2008)所说，较长的词语比较短的词语更易让人注意，字体字号的区别并不足以传递区别，文字云仅仅是在文字表面含义上区分相关含义，比如"东方"和"西方"，可能造成理解上的偏差。

大多数视觉上的呈现可以准确地表达量化信息(事项，地点，以及时间)，但是，在表达质性信息时，比如"为什么"和"怎样"并没有那么高效(Slone，2009)。斯隆(Slone)认为，执行数据将更多注意力放在"为什么"或者"怎样"以及概念之间的关系上。很少有技术能比表格传达信息更为高效，尽管表格在某些方面功能有限，因为它不能展示数据合成的模式和多变量之间的结构关系。在量化研究中，弄清楚数据的内容模式是很困难的。

然而，你所做的研究不可能只有开放式研究中的其他量化研究，也可能是质性研究项目、民族志或案例研究。这时，就很难被区分数据收集、分析和论文写作过程(Gresswell，2007)。虽然有关定性研究的完整讨论已经超越了本章的内容(如果你想了解更多，请参阅 Gresswell，2007；Guba，1990；Patton，1990)，我们也提供一些实践中有用的建议。第一，撰写一篇冗长的定性研究报告需要研究者专注并平衡描述与解读的关系(Patton，1990)。第二，记住概要的价值。巴顿认为，这种一到两页、用平实的语言撰写的文章，深入研究或评估的本质内容，可能会是你所做的研究中最被广泛阅读的内容(Patton，1990)。

## 发布信息与沟通结果

现在我们到了最后一步。我们已经写好了报告，画好了图表，准备让学校管理者来看看我们的发现，这时就需要发布信息。发布信息的目的是推广报告发现——让我们的劳动对将要进行的讨论起作用。

发布信息可以采取多种形式，但是各种形式采取的策略无非是两种：把报告递给使用者看，或者吸引使用者主动来找信息。可以通过电子邮件来发布有时效性的报告,也可以通过校园邮箱寄送报告。其他时候可以在网页上发布报告并邀请人们利用闲暇时间来阅读,并提供一些额外资源,这样你就可以吸引使用者主动来找这些信息。虽然不同的报告可能会需要不同的策略,通常情况下你也许更愿意两种都用。在制定发布信息的最优计划时,理解你的读者与校园文化是非常重要的。

### 网络的重要性

由于网络的出现,在过去的十年里,院校研究办公室共享信息的途径发生了翻天覆地的变化。1996 年,《院校研究新方向》杂志发布信息称,已有 46 所院校在网页上或者小田鼠服务器(一种全文字界面的网络信息系统)上发布了学校的情况说明书,但没有一所院校有完全在网络上发布的情况说明书(Jones, 1996)。如今,这种情况已经完全不同了。对于院校研究办公室来说,网络的便捷既是喜讯也是噩耗。喜的是,人们可以通过网络迅速地发布分析结果,让研究者通过各种技术手段发布自己的研究成果。忧的是,人们不断地在网页上寻找现有消息和情况的需求,以及由于网站上已经发布的一些内容,人们就认为学校一定在据此做什么决策。(参见第 26 章对于智能分析的讨论)

如今,我们非常依赖网络来将消息传递给受众,它是信息支持工作中被广泛使用的一种策略,带来了如下的好处:

(1) 允许使用者通过在线数据获取的形式获得数据。

(2) 提供数据切削工具。允许终端使用者在分析数据时加以合成,同时,我们自己保留原始数据。

(3) 为工具使用者提供训练和再训练服务。根据我们的经验,只有少数人能正确使用诸多技术工具,会迅速成为熟练的使用者,但而剩下的大部分使用者也应该受到关注。

(4) 可以像一个移动图书馆一样为人们服务。信息检索页面提供最新的消息并提供相关资源的链接,是学校的移动图书馆。

## 结语

作为院校研究人员,你所需的技能远不止分析和统计。你必须能够向决策者高效地表达你的发现,这样他们才能够在已有的决策讨论中筛选出有用信息。因为大多数研究者并没有时间或资源在一个高效的量化研究展示中整合所有文献资料,所以希望本章能够为你提供一些鼓励、专业支持以及对你已做出的努力的肯定。

我们高度评价优秀的图、精心设计的表格和吸引人的研究展示。我们觉得你也应该做到这些。毕竟,一篇无人问津、被一摞文件压在副校长桌子上的分析报告，就算它用到了很先进的统计技术也没有意义。我们希望你能花些额外的时间来绘制不同样式的图表，去掉表格的网格线，与同事们分享你的报告并让你的同伴帮忙校对。我们已从经验中知晓，正如 Bers 和 Seybert 在 1999 年的论述一样，当量化研究工作可以被高质量的可视化展示方法呈现时，它会受到更多地认可、被更广泛地流传，比一篇充斥着文字的分析报告被更多决策制定者采纳。而且，是的，创造优秀的可视化数据表达方式的确充满挑战且非常有趣。

## 参考文献

Allyn & Bacon Public Speaking. (n.d.). Pearson Education. Retrieved from http://wps.ablongman.com/ab_public_speaking_2/0,9651,1593249-t,00.html

Atkinson, C. (2008). *Beyond bullet points: Using Microsoft Office PowerPoint 2007 to create presentations that inform, motivate, and inspire*. Redmond, WA: Microsoft Press.

Bers, T., & Seybert, J. (1999). *Effective reporting*. Tallahassee, FL: Association for Institutional Research.

Cresswell, J. (2007). *Qualitative inquiry & research design: Choosing among five approaches* (2nd ed.). Thousand Oaks, CA: SAGE.

Few, S. (2004). *Show me the numbers: Designing tables and graphs to enlighten*. Oakland, CA: Analytics Press.

Few, S. (2010). *Information dashboard design*. Sebastopol, CA: O'Reilly.

Goodman, A. (2008, November). The science of site seeing. Retrieved from http://www.agoodmanonline.com/pdf/free_range_2008_11.pdf

Guba, E. (1990). *The paradigm dialog*. Thousand Oaks, CA: SAGE.

Jones, L. (1996). *Campus fact books: Keeping pace with new institutional needs and challenges*. New Directions for Institutional Research, no. 91. San Francisco: Jossey-Bass.

Juice Analytics, Inc. (2009). A guide to creating dashboards people love to use. Retrieved from http://media.juiceanalytics.com/downloads/Dashboard_Design_Part_1_v1.pdf

Kosslyn, S. (2006). *Graph design for the eye and mind*. New York: Oxford University Press.

Kosslyn, S. (2007). *Clear and to the point: 8 psychological principles for compelling PowerPoint presentations*. New York: Oxford University Press.

Patton, M. (1990). *Qualitative evaluation and research methods* (2nd ed.). Thousand Oaks, CA: SAGE.

Saupe, J. (1990). *The function of institutional research* (2nd ed.). Retrieved from http://www.airweb.org/page.asp?page=85

Slone, D. J. (2009). Visualizing qualitative information. *Qualitative Report*, 14(3), 488–497. Retrieved from http://www.nova.edu/ssss/QR/QR14-3/slone.pdf

Toastmasters International. (n.d.). Retrieved from http://www.toastmasters.org/

Tufte, E. (2001). *The visual display of quantitative information* (2nd ed.). Cheshire, CT: Graphics Press.

Tufte, E. (2003). *Executive dashboards: Ideas for monitoring business and other processes*. Retrieved from http://www.edwardtufte.com/bboard/q-and-a-fetch-msg?msg_id=0000bx

Tufte, E. (2006). *The cognitive style of PowerPoint: Pitching out corrupts within* (2nd ed.). Cheshire, CT: Graphics Press.

Viegas, F., & Wattenberg, M. (2008). Tag clouds and the case for vernacular visualization. *Interactions*, *15*(4), 49–52.

Weiss, C. (1980). *Social science research and decision making*. New York: Columbia University Press.

# 第 34 章

## 制定战略的工具

简·W.莱顿(Jan W. Lyddon)
布鲁斯·E.麦库姆(Bruce E. McComb)
J. 帕特里克·米扎克(J. Patrick Mizak)

专业研究院校研究者的角色正在变化,并且新的期待以及新的工具正使得快速回应这一变化成为可能。本章希望回顾一些在制定战略方面最突出的工具,包括何时以及如何使用和开发这些工具,谁是这些工具的使用者以及为什么它们是重要的。

战略性工具的舞台主要聚焦于机构战略,正如在它的战略计划中所理想化地诠释的那样。高等教育领域有丰富资源用以开发战略计划,其中就有 Norris 和 Poulton 的著作《计划转变的指导》(A Guide to Planning for Change),本章不会赘述,重复这本书的内容。本章将主要关注院校研究所专家是如何支持战略设定的,或者是在正式战略计划过程之前或者是在其他方面。

院校研究在战略制定方面的角色正变得越来越重要。如 Glagett(2004)所说,专业院校研究在计划过程中扮演着建构性的角色,通过提供数据对其进行支持。通过专业机构体系中的其他工具,院校研究者甚至对于机构的战略发展是必需的。正如在第 35 章"执行战略的工具"中所展示的一样,战略能够在很多方面使用:比如战略可以作为计划,作为一种行为模式,一种定位,一种观念、哲学抑或是一种策略或谋略(Mintzberg, Ahlstrand & Lampel, 1998)。战略,对于我们的目的来说,是选择市场和利益相关者的环节。在这些目标环节中,机构希望能够服务并且甄别出关键的向利益相关者传递价值的内部过程(摘自 Kaplan & Norton, 1996)。这其中就包括在环境性扫描、处理内部情况、组合分析以及参照过程中的行为(详见第 35 章)。

在新环境下对于专业院校研究者来说最重要的能力便是战略性思维。尽管其本身不是一件看得见的工具,但是其元素是能够获取和学习的。因此,我们应该坚持一点,如果专业院校研究者希望能够以更高层次、更有效率地支持战略开发与执行,就应该学习战略性思维。那么什么是战略性思维呢?它是一种思考的特定方式,包括以下几个方面:

(1) 系统性视角——系统思考者从始至终都对价值创造的完整系统的一种思维模式，并且理解链条中的独立性(Lawrence，1999)。

(2) 关注意图并且是意图驱使型的——战略性思维传递出一种关于达致目标的方向感(Lawrence，1999)。

(3) 智慧的机会主义——就是说，对新的体验开放。这包括测量种种与一些机构在传统意义上已经报道过的现象很不相同的现象。

(4) 及时地思考——战略是由现时的事实和对未来的意图之间的代沟所驱动的，这一点Hamel和Prahalad已清晰地表述过(摘自Lawrence，1999)。专业院校研究者意识到过去的预测价值，他们也日益融入为未来设定目标的过程中。这种重复的、经常摇摆并将过去同现在进行比较的过程，是及时思考的一种特征。

(5) 假设驱动的——"在一种信息可及性日益增长、思考时间日益缩减的环境中，提出好的假设并有效检验它们的能力是很重要的。"(见Liedtka的"战略性思考：能否被教授"一文，摘自Lawrence，1999)

总而言之，战略性思维更加抽象，通过改变细节测量的时间和方式的视角可看到大的图景，并同时理解相关的细节。为了更简单地描述这一点，一些人会使用像"三万英尺的视角"这样的术语。

## 处理外在环境的战略性工具

战略性计划的过程中，机构经常会为了确认因素而进行环境性的扫描，这些因素经常是大规模的事宜或有可能影响机构的趋势。机构也可能为跟上那些影响它们的力量和趋势而经常对正在进行的基础执行环境性的扫描。外在因素可以被总结为以下六个种类：政治性的、经济的、社会的、科技的、环境的和法律的——即"PESTEL"分析。在如今的高等教育环境中，竞争性的问题和趋势也需要被作为扫描过程中的一个部分被纳入考虑。波特(Porter，2007)为竞争性分析而提出的五力分析模型为我们提供了一个有效的工具。

### 宏观环境分析

环境性扫描从建立关注开始，比如，一个研究机构或特定的项目关注于它的市场，或者一个研究机构检验它是如何适应它要服务的社区。为了进行宏观环境分析，一个专业院校研究人员或团队会回顾并总结以下几方面相关的信息来源：

(1) 政治的——在国家、地方或本地层面的行政和立法行为，同时也包括对于大范围政治性行为和问题群体的关心和可能行为。

(2) 经济的——现时的和未来的来自政府、基金会或其他渠道财政拨款、基金和授权。在这里同时也包括影响支出和收入的宏观和微观趋势，劳动和人力资源合同的影响以及其他机构所使用的其他物品和服务的价格。

（3）社会的——人口和社会趋势以及问题。

（4）科技的——与机构有关的所有类型的科技趋势和问题。

（5）环境的——能源和与"绿色"有关的一大类问题以及趋势。

（6）法律的——联邦的、州一级以及本地的可能影响机构的法规政策，法庭案例和契约。

分析表格中的第一行列上了每个分类（表34.1）。在每一个分类中，研究者都列出了最为重要的趋势并总结了影响的本质和程度、启示以及在其他行中趋势的重要性。这些极大部分地组成了SWOT（优势、劣势、机会、威胁）分析中的机会与威胁部分。

扫描部分的有用信息能够直接从与高等教育或其他有关的领域的资源中获取。富有知识和经验的管理层与教职工很大程度都会使用SWOT分析。它们可能会服务于环境扫描团队或提供建议。谷歌或其他搜索引擎也能出现有用的信息。

表34.1 宏观环境分析

| 宏观环境分析因素 | 各个因素如何影响机构或项目 | 潜在影响（高 中 低） | 启示和重要性 | | | |
|---|---|---|---|---|---|---|
| | | | 时间框架 | 类型（积极的、中立的或负面的） | 影响（增强、不变还是减弱） | 相关的重要性（关键的、重要的或不重要的） |
| | | | | | | |
| | | | | | | |

宏观环境分析（PESTEL）对于环境扫描是一个特别有用的出发点，因为它帮助院校员工想出一系列的趋势和影响并提供一种路径来对它们进行分类。这是一个永不终止的过程，它可能间断性地重复着以帮助机构保持与关键信息的同步。这一分析持续着，以使得可能与这些分类有关的其他项目能够浮现出来。这些项目并不列在进行中的总结里，但应该被包括进来（Morrison，2010）。

## 波特的五力分析模型

高等教育领域正变得越来越充满竞争性。越来越多的文理学院正在或打算授予学士学位。那些并未传统意义上的高等教育领域玩家组织为迎合日益增长的需求，正越来越多地开展提供网络课程和学位项目。公关协议和其他的战略性结盟正以更大程度使得吸引学生流动变得更容易。这种增加的趋势表明环境勘察包括竞争性问题和趋势的思考。

波特的五力模型对于高等教育竞争性分析是重要的工具。波特所提出的五力模型中用于解释在行业中的竞争程度的力量包括行业内竞争的程度、供货商的力量、购买方的力量、进入行业的障碍以及替代性威胁（McLaughlin & McLaughlin，2007；Porter，1980）。

在表34.2中所展现的用于高等教育的五力模型，总结了影响竞争的力量因素。为了介绍这一模型，专业院校研究者应该获取信息以回答在问题分析行列中出现的问题。其他在机构中比如商业领域的职员，可能成为帮助应用模型来分析解答问题的好的资源。

**表34.2　竞争性分析问题**

| 力量 | 涉及的因素 | 对于竞争的影响 | 分析问题 |
| --- | --- | --- | --- |
| 同业竞争者的竞争程度 | 进入门槛，竞争者的集中程度，竞争者的规模，对于服务的要求，间断性的容量超载，行业成长性，项目的差异性，固定支出，转换项目的支出，机构利益，同业竞争者的差异和品牌认识 | 同业竞争者的竞争程度是一种对于竞争现时水平和本质的评估 | 什么是同业竞争者的竞争程度现时水平和本质？现时竞争者的数量、规模和项目在未来是否可能变化？这些变化将会对于同业竞争的水平和本质产生怎样的影响？ |
| 供应商的议价能力 | 供应商的集中程度或是供应商的数量，对于机构的重要程度，替代性产品的出现，转换成本，对于支出的影响，与总购买有关的支出以及投入的差异化程度 | 在支出方面和应对于新项目、新服务的需求或消除存在的需求量很小的项目服务的需求的回应能力方面，关键供应商力量的水平和类型将在未来限制机构的弹性 | 现时供应商的力量对于机构成为同业竞争者的能力施加了怎样的限制？（控制成本，增加或减少的项目或服务以及喜好，比如非教育辅助服务） |
| 购买者的议价能力 | 议价的杠杆，购买者的动机，可能替代品，价格敏感性，品牌的识别，对于收入杠杆作用的依赖 | 购买者力量的水平和类型，尤其是政府可能限制机构关于支出、收入和项目以及服务供给方面的弹性，这些将会影响机构的竞争性 | 政府、学生团体对于支出、收入、项目或服务直接或间接施加了怎样的限制，对于机构的竞争性造成了怎样的影响？ |
| 进入行业的门槛 | 政府政策，对于学生的可及性，能力要求，品牌辨识度，专业项目，转换成本，支出优势，学习曲线和经济的范围 | 困难的程度或者提供高等教育产品或服务的容易程度对于高等教育领域竞争的水平和本质具有直接的影响 | 是什么因素使得新的加入者进入高等教育领域提供竞争性产品或服务更加困难或容易，以及这是否会导致在高等教育领域更多还是更少的竞争？ |
| 替代品的威胁 | 转换成本，购买者对于与挑选替代品的倾向，替代品的价格和表现 | 高等教育服务或专业教育替代品的可及性和可支付性对于高等教育领域的竞争具有直接影响 | 高等教育服务或专业服务替代选择的可及性到了何种程度？ |

## 处理战略和决策的工具

为处理战略和决策有很多工具,正如你可以从不同学校的课题中看到的一样。这一部分讨论了一些最为受欢迎的工具。

### SWOT

SWOT(优势、劣势、机会和威胁)分析是用以辨别和处理可能影响到战略计划和决策的各种外在和内在因素的影响程度。内在因素可以被归为组织的优势和劣势。比如,一个机构有可能会有一些被认为很出色的大学生的项目,在这些项目中研究生经常被雇佣。同样的机构有可能会有定位不足的项目和有问题的注册登记程序。

表 34.3 标准 SWOT 分析模型

| SWOT 模型 | 内部视角 | 外部视角 |
| --- | --- | --- |
| 有利的 | 一系列的优势 | 一系列的机会 |
| 不利的 | 一系列的劣势 | 一系列的威胁 |

SWOT 分析中的一系列的威胁和机会可以通过运用宏观环境分析和五力模型对于环境勘察的结果得到。

在院校努力去改善和扩张的项目中,日渐增长的对于项目的毕业生的市场需求可能成为一个机会。而在机构在传统意义上已经投入巨大资源的项目中,对于项目日渐减少的需求正成为一个威胁。

表 34.3 是一个对于院校研究者而言能够列出的一系列包括优势、劣势、威胁和机会的标准的表格。将每个项目与一些证据进行验证而不是仅仅提供意见将能够极大地提升 SWOT 分析的价值。另外,确保每一个项目是现时的优势或劣势或可能机会或威胁也是很重要的。

SWOT 分析的价值能够通过提供其他背景信息而获得极大地提升。卡普兰和诺顿(Kaplan & Norton, 1996)推荐使用平衡记分卡视角下的 SWOT 分析。高等教育机构的典型平衡积分卡视角是诸如官方代表团、利益相关者、过程、学习和成长以及金融和其他资源。专业院校研究者在使用 SWOT 分析时可以回答表格中提出的问题来(表 34.4)。

SWOT 的另一种变异形式是 TOWS(SWOT 的颠倒形式),"它鼓励决策者走向下一个阶段——关于可能的战略选择的对话和选择"(McLaughlin & Mclaughlin, 2007)。除此以外,使用表 34.5 所展示的九宫格,能够使院校使用 SWOT 分析来规划和选择合适的战略。

表 34.4　平衡计分表视角下的 SWOT 模型

|  | 内部因素 | | 外部因素 | |
|---|---|---|---|---|
|  | 优势 | 劣势 | 机会 | 威胁 |
| 官方使命 | 对于我们的官方使命来说，什么是我们的优势和劣势？ | | 什么机会能够帮助我们完成官方使命？ | 什么是我们达致官方使命的威胁？ |
| 利益相关者：学生、教职员工、校友和基金会资源 | 在我们满足利益相关者的期待和过程中有哪些优势和劣势？ | | 有哪些机会能够帮助我们满足利益相关者的期待？ | 什么是我们满足利益相关者的期待的威胁？ |
| 过程：内部过程诸如招聘登记、募集基金、指导方法等；创造新的过程或提升现有过程的主动性精神 | 什么是我们擅长的内部过程中的优势？ | 什么是我们内部过程中的劣势？ | 如何能够利用内部过程的优势或我们如何提升现有过程来实现这些机会？ | 我们如何能利用内部过程的优势或如何提升现有过程从而使得这些机会无效？ |
| 学习和成长：开发和提升人类信息——IT，数据库和其他信息资源——以及组织性（文化的）能力（有时被称为人力资本，信息资本和组织资本） | 什么是人类，信息和文化核心竞争力以及战略能力优势？ | 什么是人类，信息和文化核心竞争力以及战略能力劣势？ | 有哪些机会以及我们如何利用人类、信息和文化核心竞争力和战略优势来成功地实现这些机会？ | 对于我们在人类、信息和文化核心竞争力和战略优势方面的劣势，有哪些显著的外在威胁？ |
| 金融和其他资源 | 什么是金融和资源劣势？ | 什么是金融和资源劣势？ | 有哪些机会是我们的资源和优势能够让我们成功地实现的？ | 在我们的金融资源的条件下，有哪些最为重要的外部威胁？ |

表 34.5　TOWS 模型

|  | 优势：在这一单元格中列出主要优势 | 劣势：在这一单元格中列出主要劣势 |
|---|---|---|
| 机会：在这一单元格中列出主要机会 | 优势＋机会<br>列出机构通过其优势来利用机会的战略 | 劣势＋机会<br>列出机构通过利用机会来克服它的劣势的战略 |
| 威胁：在这一单元格中列出主要威胁 | 优势＋威胁<br>列出机构使用它的优势使得威胁无效的战略 | 优势＋威胁<br>列出机构通过使得威胁无效来克服它的劣势的战略 |

资料来源：McLaughlin & Mclaughlin，2007。

除了已经列出来的优势、劣势、机会、威胁之外，通过将一系列的优势与一系列的劣势进行比较来识别战略，这种战略能够使用一种独特的优势并利用一种特别的机会。在单元格1中所列出来的战略,继续识别出单元格1的其他战略,这些战略能够使用同种优势或其他优势来达致其他机会。通过使用诸如头脑风暴,一个群体可以在选择单元格1的最佳战略之前识别出一系列潜在的战略。通过选择单元2,3,4的战略来完成整个表格。一个大的白板对于识别和考虑战略是非常理想的,正如几个参加的个人之间一个互相作用的过程。

### 运用 Ansoff 模型的组合分析

如表34.6所示,Ansoff模型将市场与项目和服务做比较,一旦完成,它能够与SWOT分析有效地结合来识别出潜在的战略方向。这些能够用于整个机构或者是一个特定的单元或区域。打个比方,一个学校有可能出现这样的情况:建议为一个学术类项目市场开发,但却建议为另一个学术类项目市场渗透。

表 34.6 ANSOFF 模型

| | 现有的项目和服务 | 新的项目和服务 |
| --- | --- | --- |
| 现有的市场(学生、企业培训师等) | 列出市场渗透战略 | 列出项目、服务开发的战略 |
| 新的市场(新的群体或学生、企业培训师等) | 列出市场开发战略 | 列出差异化战略 |

资料来源:引自 Ansoff,2010

将 Ansoff 模型和整个 SWOT 分析结合起来,如表34.1所示,为一系列机构能够做出的战略决策提供了指导。Ansoff 模型与 SWOT 分析的有效结合帮助机构开发和思考能够利用其自身优势和劣势的市场战略。使得威胁或劣势无效从而可能抑制对于认定的市场战略的追求的重要性也同样变得显而易见。

这一分析说明院校不应该只考虑一个战略(比如,市场开发和市场差异化经营)。如果分析是由高校或学校层面做出时尤其如此,院校会因为不同的学院采用多种战略。

## 基准和标杆学习

基准和标杆学习最初可应用于院校开发战略时,之后可应用于测度结果时。基准代表的是"什么"而标杆学习代表的是"如何做"(Stroud,2010)。基准提供的是一个比较表现的总的标准,而标杆学习则帮助院校识别"过程能够帮助发展观察的表现的水平"(Watson,1993)。"标杆学习是一个正在进行的系统性的过程",而它的目标是"在整个过程为核心员工提供测度内在行为的质量和成本一个外部标准,并帮助识别改善的机会。"(Alstete,1995)

标杆学习面临的一个普遍障碍是在高等教育领域普遍存在的态度:即认为每

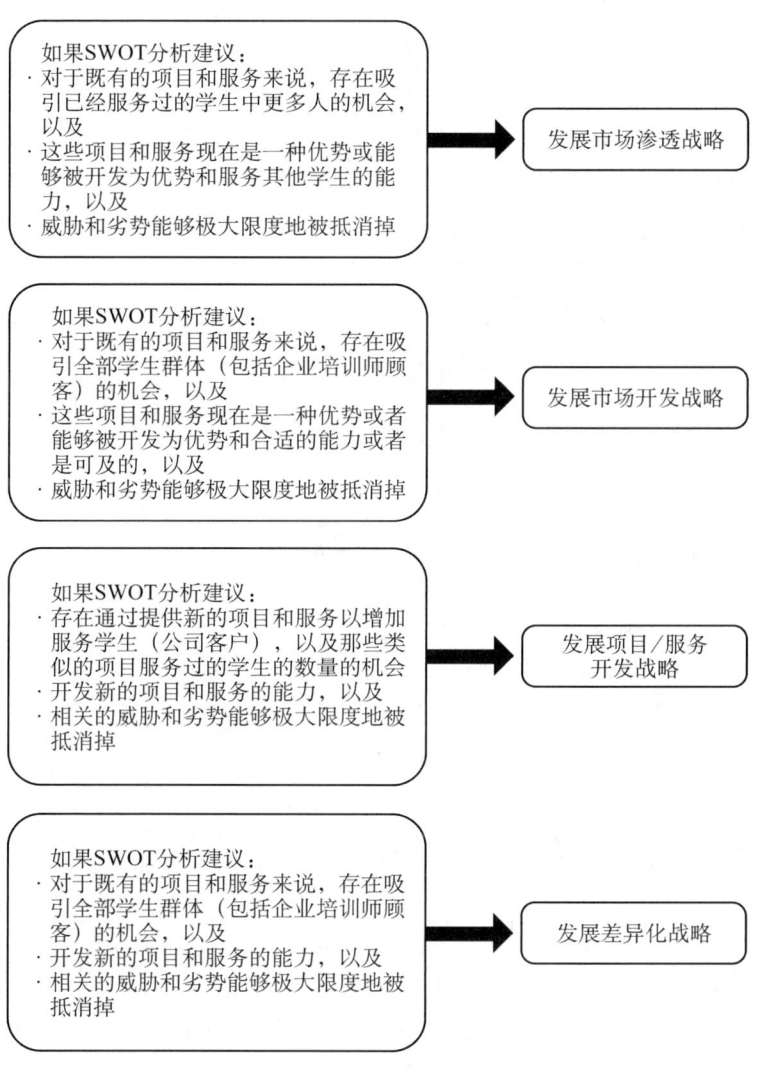

图 34.1 SWOT 和 ANSOFF 模型

个院校都是独一无二的,行政管理层和全体职工会快速地指出他们的院校异于其他院校的地方。无论如何,大学和文理学院在很多方面有类似的地方。两者都招募和录取学生,雇佣职工开发和教授课程并最终授予学位。这些以及其他的特征使得标杆学习成为一个有价值的工具,可能是开发或测度工具也可能是理解潜在的过程。文理学院和大学雇佣并支付给职工薪酬,运行实体空间,大多数情况下还提供住宿。其他非高等教育组织也普遍有这些功能,因此这些可能成为高等教育领域之外的组织标杆学习研究的潜在领域。

在既定的对于机构独特性的普遍坚持的态度下,有一种事实已经不言自明,即高等教育领域的标杆学习已经更多关注于跨领域的方法来对诸如招生的规模或成长性作比较。(Coughlin,2009)。伴随着诸如 IPEDS 和 IPEDS 数据反馈报告等数据库的日益普及,比较的结果或产出的更加容易。除此以外,也有其他的公会会定期地分享一些特定的变量或结果数据,包括在本章最后一段中所列出来的(表 34.7)(如需更多关于数据交换的讨论,请见第 25 章)。

表 34.7 高等教育领域的标杆学习资源的例子

| 资源名称 | 数据类型 | 特殊学校信息 | 网址 | 备注 |
| --- | --- | --- | --- | --- |
| IPEDS 执行同类工具 | IPEDS | 是 | http://nces.ed.gov/IPEDSPAS/expt/ | 更多最新为 IPEDS 主要掌握者的信息 |
| NCCBP | Pseudo-IPEDS | 是 | http://www.nccbo.org/Index.asp?IdS=000347-7C58080&~= | 需要支付会员费 |
| AAUDE | 评估,环境影响,性别平等,HINI 政策其他外部学习 | 是 | http://aaude.org/home | 仅限于会员 |
| CIC KIT | 基础的 IPEDS/工资信息 | 否 | http://www.cic.edu/projects-services/infoservices/kit.asp | 仅限于会员 |
| CIC FIT | 金融信息 | 否 | http://www.cic.edu/projects-services/infoservices/fit/index.asp | 仅限于会员 |
| WICHE | 西部地区的 IPEDS 信息 | 否 | http://www.wiche.edu/resources/policy/297 | 仅限于西部学校 |
| CUPA-HR | 工资信息 | 否 | http://www.cupahr.org/index.asp | 近期数据需要付费 |
| AAUP | 工资信息 | 是 | http://www.aaup.org/AAUP/pubsres/research/compensation.htm | 更多信息需要付费 |
| 学校理事会 | 广泛性差异 | 否 | http://professionals.collegeboard.com/educator/higher-ed | 支持数据 |
| HERI 新人调查 | 新人薪酬调查 | 否 | http://www.heri.ucla.edu/publications-brp.php | 为参与者的其他数据 |
| HERI YFCY | 新人年终调查 | 否 | http://www.heri.ucla.edu/publications-brp.php | 为参与者的其他数据 |

(续表)

| 资源名称 | 数据类型 | 特殊学校信息 | 网址 | 备注 |
|---|---|---|---|---|
| HERI 高级调查 | 高级研究生调查 | 否 | http://www.heri.ucla.edu/publications-brp.php | 为参与者的其他数据 |
| HERI 职工调查 | 职员调查 | 否 | http://www.heri.ucla.edu/publications-brp.php | 为参与者的其他数据 |
| NSSE | 学生参与 | 是 | http://nsse.iub.edu/NSSE-2009-Results/order-ar.cfm | 需要购买 |
| FSSE | 职工参与 | 否 | http://fsse.iub.edu/ | 需要购买 |
| BCSSE | 学生参与 | 否 | http://bcsse.iub.edu/ | 需要购买 |
| CCSSE | 学生参与 | 是 | http://www.ccsse.org/ | 需要购买 |
| CCFSE | 职工参与 | 是 | http://www.ccsse.org/CCFSSE/CCFSSE.cfm | 需要购买 |
| SENSE | 学生参与 | 是 | http://www.ccsse.org/sense/ | 需要购买 |

标杆学习会导致两种主要的结果：对于表现的测量以及关于能够帮助达到那种表现水准的过程的信息。最终，标杆学习使得领导者"做出比较并在客观标准的基础上对于他们的机构做出判断"（McLaughlin & Mclaughlin，2007）。

## 标杆学习过程

一个标杆学习过程可能会遵循四个阶段，每个阶段伴随着几个步骤（摘自Alstete，1995和Mahalik，2010）。专业院校研究者可能在这些过程中扮演不同的角色，而他们特殊的贡献可能因院校和标杆学习过程而异。

1. **阶段1：规划**

确定并按重要性排列出标杆学习内容。在早期阶段将主要的利益相关者纳入决策，所以优先项是满足他们的需求，因此他们会更加倾向关注这些结果。间隔性的分析可能帮助确定需要检查的最重要的结果。

决定谁或哪些组织——同类院校——作为基准，其中哪个有卓越的表现。内部的标杆学习对于一些过程来说是一个选择。比如，如果一个大的学术单位对于相似的学生拥有出色的学生教育成果，其他的学术单位可能也会进行标杆学习分析来确定如何取得相似的成果。

2. **阶段2：信息集聚与分析**

学习较高层次的过程。这一阶段在信息收集过程中可能是最消耗时间的。有时关于过程的信息是保密的或者分散在比较院校的几个单位里。在这个阶段中可能会有重大的支出，包括时间上的支出，以及花在到其他做比较的院校那里检验过程的差旅。指导性的问题可能包括以下几方面：

（1）什么是这一过程的主要输入以及如何将这些与其他输入进行比较？比如，一个对于特定学生的标杆学习研究将极大地依赖所研究的学生的类型。

（2）比较的院校所遵循的有哪些关键性的过程或步骤？在这些阶段中，将要持续多长时间以及它们需要哪些资源？院校需要哪些成功的因素或措施来表明这些阶段将会是有效的？

（3）什么是总过程的输出或措施？这些可能包括服务的许多学生或相似的措施的结果。

（4）什么是总过程的输出或结果？这些经常是对本院校的表现与比较院校的表现之间距离的测量。

确定与本院校的表现相比的更好表现的原因。仔细地检查比较院校的输入和过程以发现与本院校相比在哪里出现了差异。

为改善过程设置目标。本院校需要改变什么？如何以及何时能够通过改变达到预期结果？在时间、设备、天赋和其他资源上有哪些支出？谁来领导以及谁需要参加这一工作？

**3. 阶段3：整合**

交流研究的发现并赢得主要利益相关者的接受。这一过程有可能与信息收集和分析过程进行整合，正如很多利益相关者会早些进入这一过程。然而，超越一个项目团队进行交流去赢得理解和接受是重要的，以避免改善性过程推进的过程中的障碍。

建立新的功能性目标。这包括在迎合长期预设目标之前院校同时设立短期和中期目标以显示研究的进度。它也同时需要为院校中的特殊单元设立目标。比如，如果一个标杆学习过程需要加速招募助理员工，这将有可能同时牵扯人力资源部门和学术单位。这些单位的每一个人都会有不同的任务，因此也会有它们各自的功能性的目标。

**4. 阶段4：行动**

制定行动计划。这一过程有可能与设定功能性目标同时展开。细节性的行动计划应该包括时间表、每个人执行任务和目标的职责。

保持过程的连贯性。从一个时间段过程的努力所达到的成果很有可能丧失，除非这一过程的努力是持续的。

"标杆学习的最大优势之一是院校通过学习其他院校的过程所得到的改善。一个更好的和证实过的过程在经过合适的修改过后能够被接受，同时投入更少的实际来创造新的方法论。"（Mahalik，2010）

标杆学习也有风险或局限。McLaughlin 和 Mclaughlin(2007)列出了几个风险或局限，包括考量使用元素的错误的说明、未能在比较完成以后充分描述出标准、未能成功使用比较的单位分析。在职工的时间和经济成本上，标杆学习将是耗费巨大的，有时比较的院校可能不愿意与其他院校分享内部信息。

表34.7展示了在高等教育领域的标杆学习资源的另一个例子。

作为一种重要的实践，标杆学习将继续使用下去，同时也需要越来越多的能力和机会。

## 结语

专业院校研究者的角色正随着一大批工具的作用而发生变化。那些进行战略性思考的专业院校研究者对于院校战略开发而言是必须的。专业院校研究者能够以整合的方式使用这些工具：从环境扫描的PESTEL分析开始，然后进行有效的SWOT分析，接着以战略性思维的有组织的SWOT视角深入下去有效地为战略开发搭建平台。继续深入下去，就是通过TOWS将特殊的优势、劣势与机会和威胁进行匹配，帮助指向可能的战略。同样地，将SWOT分析的结果与Ansoff模型的结果进行匹配，使得院校能够检验它的选择组合。最后，基准和标杆学习提供了有效的结果和过程的比较，以帮助院校跨越藩篱向外拓展视野。每一个工具都依赖数据，但数据和信息正日益用作战略性的用途。专业院校研究者对于支撑这些工具而言是不可缺少的。

## 参考文献

Alstete, J. W. (1995). *Benchmarking in higher education*. ASHE-ERIC Higher Education Report no. 5. Washington, DC: The George Washington University Graduate School of Education and Human Development.

Ansoff, I. (2010). *Ansoff* matrix. QuickMBA. http://www.quickmba.com/strategy/matrix/ansoff/

Clagett, C. A. (2004, Fall). Applying ad hoc institutional research findings to college strategic planning. In M. J. Dooris, J. M. Kelley, & J. F. Trainer (Eds.), *Successful strategic planning* (pp. 33–48). New Directions for Institutional Research, no. 123. San Francisco: Jossey-Bass.

Coughlin, M. A. (2009). IPEDS Training Materials Module 1, *Using IPEDS data for benchmarking*. Tallahassee, FL: Association for Institutional Research, in cooperation with National Center for Education Statistics. Unpublished.

Kaplan, R. S., & Norton, D. P.. (1996). *The balanced scorecard: Translating strategy into action*. Boston: Harvard Business School Press.

Lawrence, E. (1999). *Strategic thinking: A discussion paper*. Prepared for the Research Directorate, Policy, Research and Communications Branch, Public Service Commission of Canada.

Mahalik, P. (2010). Benchmarking: Ten practical steps with review points. Retrieved from http://www.isixsigma.com

McLaughlin, G. W., & McLaughlin, J. S. (2007). *The information mosaic: Strategic decision making for universities and colleges*. Washington, DC: Association of Governing Boards of Universities and Colleges.

Mintzberg, H., Ahlstrand, B., and Lampel, J. (1998). *Strategy safari: A guided tour through the wilds of strategic management*. New York: The Free Press.

Morrison, M. (2010). RapidBI. Retrieved from http://rapidbi.com/pestle/

Norris, D. M., & Poulton, N. J. (2008). *A guide to planning for change*. Ann Arbor: Society for College and University Planning.

Porter, M. E. (1980). *Competitive strategy: Techniques for analyzing industries and competitors*. New York: Simon & Schuster.

Porter's Five Forces. (2007, March 23). *QuickMBA: Strategic management*. Retrieved from http://www.QuickMBA.com/strategy/porter.shtml

Stroud, J. D. (2010, February 26). *Understanding the purpose and use of benchmarking*. Retrieved from http://www.isixsigma.com/methodology/benchmarking/understanding-purpose-and-use-benchmarking/

Watson, G. H. (1993). *Strategic benchmarking: How to rate your company's performance against the world's best*. New York: Wiley.

# 第 35 章

# 战略执行的工具

简·莱顿(Jan W. Lyddon)
布鲁斯·E. 麦库姆(Bruce E. McComb)
J. 帕特里克·米扎克(J. Patrick Mizak)

院校为制作战略计划花费了大量时间和其他资源。但令人遗憾的是,很多院校将这些文案束之高阁,只有当鉴定机关审查时才将它们找出来;另外,一些院校的计划太过宏大且笼统,以至于它们做的几乎所有事情似乎都是为了满足计划。尽管如此,人们现在对高等教育机构有了更多期望,包括竭尽全力执行战略计划并提供这么做的证明。本章将解决战略执行的主要工具问题,这些工具大部分来源于商业领域,经修改之后被应用于高等教育领域。本章以测量开篇,但是是处于战略高度的测量,继而展现其在战略执行的开发、呈现以及应用。

## 关键绩效指标

罗卡特(J. F. Rockart)所改编的关键绩效指标(KPIs)是指"在数目有限的领域内,如果这些领域达到要求,将会确保组织获得成功的竞争绩效。这些为了组织事业蓬勃发展'一切必须有条不紊'的少数领域是关键领域"(Sapp, 1994)。"少数"一词的调用引发了一个问题:一家院校应选取多少个关键绩效指标?"为了利用平衡计分卡作为一套测量系统与一套交流系统的效用,必须将指标以及与其相关的测量的数量控制在可管理的水平上……将目标数量限制在 10 到 20 个之间。(Niven, 2003)"此外,关键绩效指标需尽可能地在同一页或者同一屏幕上展示出来,以便决策者们可以一眼就清楚他们需要对哪些方面的工作做出指导(Few, 2006)。

### 关键绩效指标的类别

关键绩效指标通常是关于产出或成果的测量或指标,也被认为是领先型或滞后型指标。"产出"测量指的是即时活动数量,如参与学生的人数或百分比、单位产出、在职教职工的数量和百分比……而"成果"则解答"之后又如何?"或后果类的问题。虽然在某些目的上有用,但"产出"通常不提供关于学生或其他利益相关者是否因为院校提供的服务或教育而变得更好的信息。然而"产出"同一些"成果"一样,可以作为领先型指标,给院校提供战略是否生效的早期指示。领先型指标着眼于重要事务,这将帮助院校达成长期的业绩成果。"例如,学生在某些课程上取得的成绩可能成为他们毕业率的领先型指标。如果我们只是等待和监控毕业率,那么就不能在短期内做出修正以提高学生们的成功率。"(Lyddon & McComb, 2008)滞后型指标——常为"成果"指标——基于利益相关者的利益源于机构运作的前提,对其利益的获得展开追踪。

## 关键绩效指标的部类:观点的平衡

无论是领先型还是滞后型的关键绩效指标,都应该保证视角的平衡,平衡计分卡通常涉及相关的 4~5 种部类的观点。

图 35.1 所示均为商业领域改编,应用到高等教育领域的部类:

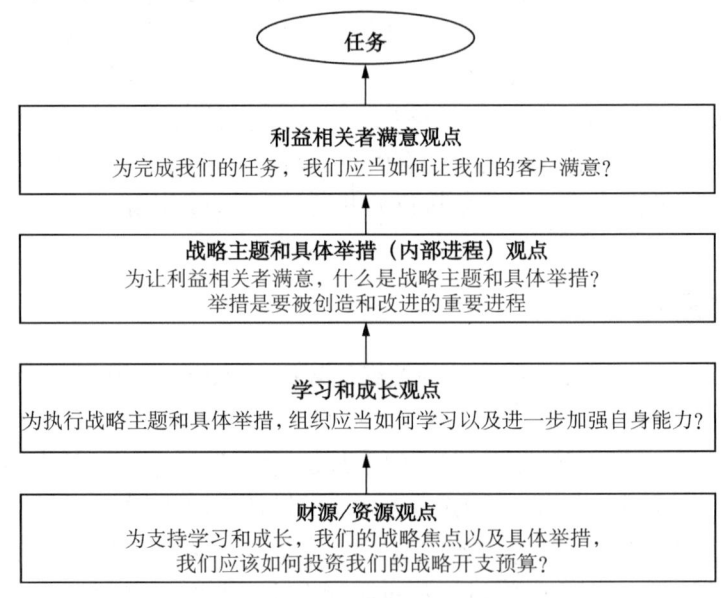

**图 35.1  教育机构观点模型**

资料来源:改编自 Kaplan & Norton, 2004;2008(Kaplan & Norton, 1996)。

(1) 使命。指的是院校的任务或"存在的理由"。

(2) 利益相关者。该指标展现对于利益相关者(或关于利益相关者)而言什么是重要的。这些指标是滞后的成果指标,应该被限制在 2~5 个。

(3) 过程。该指标展现院校最能直接影响利益相关者的产出或成果的生产进程情况,在进程指标和下一个部类——学习和创新(也被称为"学习和成长")中的关键绩效指标,大都直接测量院校将会如何执行其战略(Kaplan & Norton,2008)。

"学习和创新"指标展现个人、团体以及机构作为一个整体为达成所需的进程性成果而学习和创新的情况,也被称为"学习和成长"测量。这个指标界定"组织出于长期增长和提高的目的而建造的基础架构………组织的学习和成长有三个重要的来源:个人、系统和组织规程"(Kaplan & Norton,1996)。在员工职业发展、信息技术和系统以及改进组织规程方面的战略投资都属于这个部类。所有院校都可以从"社会资本"这个新增的部类中获益,社会资本包括院校所在地的社区和校友提供的非货币性良好意愿、支持、提高、鼓励以及志愿者资源。"资源指标"则说明为实现期望的结果,哪些资源是必要的,或哪些资源与完成相关工作相关而需要增加和消耗的(Lyddon & McComb,2008)。这些同样是战略性的资源而非日常经营资源。

在选择测量指标时,很重要的一点就是要区分重要进程与战略进程。"重要进程类似重要的人体机能,例如决定体温、血压和心率,如果其中的任何一项出现不规律或失去控制,人体将不能运作并且需要立即采取急救措施。(Kaplan & Norton,2008)"而另一方面,战略进程是那些可以凸显院校的战略并且创造战略性差异的进程,在重要进程中最好的表现——准时提交报告,回应学生们的需求,诸如此类——不能凸显机构间的差别或创造突破性效益。

## 指标平衡的重要性

本章的后半部分将详细讨论平衡计分卡。平衡计分卡给予机构关于战略执行情况的相关信息。有了定期提供的指标的平衡,决策层就可以中途做出必要的修正,从而更好地确保目标达成。一张仅由成果测量构成的计分卡,可以说明院校在达成目标的过程中做得怎么样,却几乎不提供在中途调整中能用到的实用的或可付诸实施的信息。不仅如此,只带有一种观点的计分卡可能是不平衡的,并且导致决策层忽略院校战略中的一些重要因素。最后,只使用已有的测度的计分卡,例如出现在资料手册中的那些测度,可能导致错过重要的战略方向。因此一张"平衡"计分卡(即KPIs的显示机制)不仅要有领先和滞后型指标,也要提供几种视角或观点(Kaplan & Norton,1996;2008)。

## 关键绩效指标的构成

每个关键绩效指标都有几个组成部分:①指标的实绩;②指标努力实现的目标;③一套可以便捷地指出指标是否超出正常变化范围的机制。我们将最后一项称为"信号值",因为当结果超出临界值时,显示器上的计分卡或仪表盘的颜色或符号将会发生改变。信号值在指标取值可能的变化范围之内经常被设定为三种级别,使机构可以轻易地分辨出结果的细微变化或/和出正常范围。结果可能是合意的或不合意的(谨慎使用"上"或"下"这两种区分,因为一些测量是结果越小越好,一些则是越大越好)。在关键绩效指标的显示器上,"好的"或"合意的"的结果经常被显示为绿色,不合意但无明显问题的(结果)显示为黄色,非常不合意的结果则显示为红色,这是一套每个人都理解地"红绿灯"系统。无论使用什么样的取值或显示器,都必须是在利益相关者同意其含义并且(其含义)也被清晰地传达给用户的前提下。

一些院校用另外一些术语形容关键绩效指标,例如主要绩效指标、关键成功因素,或最终结果评估。无论这些重要的指标被称作什么,都必须经过谨慎挑选,进行有意义的测量并恰当地传达给利益相关者。

## 关键绩效指标的更改或更新

关键绩效指标的更新频率是需要重点思考的因素,最好的建议就是关键绩效指标的更新频率与指标所测量事务相关的有效决策的更新速率保持一致。另外,有些关键绩效指标值测量一年仅变动几次的数据(例如一些与学生考试分数相挂钩的关键绩效指标)。可能存在一种建立一套即时的关键绩效指标体系的诱惑——即测量可以逐日改变,甚至更加频繁。但是机构真的能够如此迅速地做出战略决策并展开行动吗?不大可能。

关键绩效指标本身可能被改变,如果指标不再有效,或者例如最终显示关于某项事务的测量方法只是在一个更好的测量方法开发出来之前的过渡性测量,那么它就应该被更改。此外,如果机构的战略发生改变,毫无疑问,与此相关联的测量也将改变。院校研究专家与利益相关者们一起研究机构战略,应该向利益相关者推荐新的关键绩效指标。

## 院校研究在发展关键绩效指标开发中的角色和进程

作为战略家和执行领导层的顾问,院校研究专家可以研究并向利益相关者推荐对战略兼具效度和信度的测量,并且与利益相关者一道,建立恰当的目标和信号值。院校研究专家与主管战略的人一起工作,帮助他们理解和应用这些指标,使得他们更有可能对其有深入理解,用起来也更加得心应手(Lyddon & McComb, 2008)。尽管我们描述了开发关键绩效指标的一般方法,但还有其他方法,包括卡朋特-休宾(Carpenter-Hubin)和霍恩斯比(Hornsby)所描述的那些(2005)。

明确关键绩效指标不仅需要根据测量的意义,也需要根据测量的手段。拥有一个身居高位的项目领头人或倡导者是很重要的,主要因为关键绩效指标将要用到整个机构的信息。这个人要愿意并且有能力说服他(或她)的同事们支持关键绩效指标的信息收集工作,并且为这套指标将会被如何使用奠定基调。项目领头人可以向高层管理人员传授这些测量的价值并且设置一个更以团队为导向的方法来使用测量结果。最后,领头人可以帮助院校研究部门清除其他竞争性的优先事项的干扰,将注意力集中到这个项目中。

选择要使用的测量或指标的方法有很多。从制定院校的战略计划开始,院校研究专家就可以回顾战略目标并且问每一个人"如果我们达成了这个目标,我们会改变什么?我们应如何测量它(即这种变化)?"通过重复问这个问题并利用战略性思考技巧(见第34章),院校研究专家可以明确初始的关键绩效指标列表并与利益相关者们共享。另一个方法——开发战略地图并将地图转化为计分卡——这个稍后讨论。最后,一个常用的方法就是让利益相关者们识别出通常他们在向组织的上级汇报时所需要的测量信息。然而,这个方法存在风险,因其经常会导致列举出来的测量信息可能是非战略性的,或可能没有与机构应该监控的并且帮助激发战略行动的最重要的变量挂钩。

利用所得的初始的潜在关键绩效指标列表,院校研究专家可以研究选项,包括特定指标的变化情况。例如,如果一家院校想要建立一套教师素质指标,院校研究专家需要确立选项,例如(教师中)最高学历的百分比、平均薪资水平、研究产量,等等。利用这些变化,院校研究专家就可以和利益相关者们一起界定哪种测量是关于战略的产出,或是否可以利用各种测量指标的结合生成一个指数。这样的指数也许抵得过两个或两个以上的变量,以便于从这些指标的得分中生成一个单一的测量。例如,教师素质的关键绩效指标就可以由占总体1/3权重的教师中拥有最高学位教师比例,以及占总体剩下的2/3权重的教师每年著作发表率以及其他研究活动的比率构成。鉴于拥有最高学历的在职教师的比例不会变化得很快,但研究的产量每年都会变,这可能是一个合理的动态测量。

最后,机构与利益相关者一道,需要在少数基本的关键绩效指标上达成一致——15到20个最能代表机构战略的关键绩效指标。

除了战略领头人,在进程中的其他利益相关者将根据每个机构而有所变化。通常来说,利益相关者是高层领导小组,可能是一个校长的智囊团(成员),不管他们的头衔是什么,关键绩效指标通常对于机构的最高领导层具有很大的意义。

关键绩效指标体系是高度浓缩的,但其中也可能嵌入级联的测量或细节。这些细节,包括单位接单位的测量或其他变化,会在一些工具中展现,例如级联的仪表盘或与特定学校,部门或其他群体相关的报告。关于这类细节的一个典型的例子就是注册学生的构成,例如兼职学生和全职学生。

## 平衡计分卡和仪表盘

英国科学家开尔文男爵(Lord Kelvin)在1883年曾说过:"如果你无法测量它,你就无法改进它"。一个多世纪以后,罗伯特·卡普兰(Robert Kaplan)和大卫·诺顿(David Norton)介绍了应用在商业领域的平衡计分卡的概念,且很快被改编并被非营利组织使用，包括高等教育机构。但它并不是以测量为起点的，而是战略的陈述。学院或学校打算要达成什么？机构想要的主要成果或结果又是什么？

"一张结构合理的计分卡可以通过你所选择的清晰、客观的绩效测量，敏锐地描绘出你的战略，并使得模糊和不确定的观点和战略变得清晰、活现。"（Niven，2003）一张平衡计分卡或一张简易计分卡通常在战略高度上呈现出整个机构，它只包括前面关键绩效指标部分提及的重要测量。另一方面，仪表盘通常是关于经营项目的具体观点。这些项目指示机构中某一环节的运行情况。一个仪表盘可能包括例如开发总监所监督的测量，基金值、校友捐赠率、总捐赠量、校友捐赠量。开发总监可能不会监督院长所监督的事务，所以他们的仪表盘上包含不同的测量。然而，他们可能都担任校长的智囊团，所以也会看见机构总体的计分卡。记住这个区别，那么计分卡或仪表盘又是如何开发的呢？

## 计分卡开发进程

一张好的计分卡从用户开始。用户通常包括高层管理人员和项目领头人。最终计分卡将重点聚焦在机构的战略上，转化为测量。对于计分卡使用者而言，什么指标是最有意义的？以及使用频率怎么样？一些机构按月更新它们的计分卡，另一些可能按季度更新，甚至频率更低。

如果院校研究部门对关键绩效指标具有强大的控制力，也许通过战略地图和表格的创建，开发过程就已经步入正轨。在这种情况下，院校研究专家可以与利益相关者举行会议，回顾所有的关键绩效指标，包括它们的类型（领先的产出或成果 vs 滞后的产出或成果）、部类（利益相关者、进程成果、学习与创新，还有资源）和构成（实绩、目标，以及"信号值"）。将所有的关键绩效指标发展到这个高度可能需要数月的努力，所以院校研究部门与利益相关者沟通工作的进程是反复的渐进的，而不是一次会议就可以解决的。

如果机构的战略和一些或许多关键绩效指标都已经确认下来了，那么在接下来开发平衡计分卡的主要步骤中，院校研究专家的角色就如图 35.1 中所描述的那般。

## 高等教育机构中平衡计分卡的使用者

尽管平衡计分卡源于商业领域，但其在高等教育领域中的使用也在不断增长，特别是作为一项顶级机构领导的工具的使用。另外，一些州已经将计分卡作为对政策举措进行描述性测量的重要方法，这些测量的受众包括普通民众、政策制定者和机构领导者。院校的例子包括特克拉等人（Terkla，Wiseman & Cohen，2005）综述中提及的，他们注意到几乎在所有他们综述的院校中，仪表盘或计分卡都是董事会、校长或教务长所要求的。"主要的读者是上层管理人员，包括董事会、校长和/或教务长"，此外，在这其中，有很多相同的例子将（仪表盘或计分卡的）入口限制给少数用户(使用),例如高层管理人员。特别是最近(2010年),个别评论员在做一项在线调查的时候注意到,他们的计分卡也被高层领导人员或董事会所使用(Mizak, 2010)。

| |
|---|
| **明确战略伙伴:项目领头人,内容提供者和技术支持者** |
| ● 项目领头人:一些在管理层中有足够高的地位,可以和机构中的其他领导一道提倡计分卡及其用途 |
| ● 内容提供者:可能是首席院校研究专家,也可能是使用并报告与关键绩效指标相关数据的学识渊博的人 |
| ● 技术支持者:协助获取数据并格式化数据,并可能(协助)计分卡显示器的开发(Lyddon & McComb, 2008) |
| **明确关键绩效指标,这是一项常在几个月之后才要做的步骤** |
| **与进程利益相关者一起,提炼关键绩效指标** |
| ● 过程利益相关者是有责任确保战略进程被执行,以及(战略执行)与战略中设定的目标相一致的人进程利益相关者可以帮助提炼定义甚至提供数据 |
| ● 设置基准、目标或者信号值以提供测量的内容,通过清晰地显示关键绩效指标的结果是否在可接受水平,来测量战略是否生效 |
| **设计显示和传输机制;显示机制必须符合一些重要的标准,包括如下几条:** |
| ● 将数据调适到同一单页或者电脑显示屏中;利用超链接或者其他手段向下钻取恰当的细节。这些也可能成为级联式仪表盘的一部分(如本章后半部分,图35.3所述) |
| ● 避免杂乱。用户必须一瞥便可洞悉数据,而杂乱——包括太多箭头、方框、仪表、标度盘或其他元素——只会将观察者的注意力从"战略是否生效?"这个主要信息上转移走 |
| ● 使用可以在多种不同环境下被轻易辨认的颜色和形状,包括涂成黑白色或(当结果)被色盲人士所使用时。利用专栏,形状或其他在显示器中增补颜色的方法 |
| ● 提供相关信息和培训给计分卡的用户,计分卡的意义在于沟通、预告,以及用作机构的学习系统——而不只是惩罚性的控制系统(Kaplan & Norton, 1996) |
| **在预定和相关的时间内更新计分卡,包括:** |
| ● 主要使用者(更新)决策的频率 |
| ● 测量本身变化的频率 |
| **在预定的时间内审核计分卡,最好每年两次或多次** |
| ● 举行战略审核会议以展示计分卡的结果,在此,领导就可以询问"我们的战略生效了吗?"以及"这是不是正确的战略?" |
| ● 院校研究专家可以通过对潜在数据相关的测量和问题的回答来引导领导者,以此来协助这类会议 |
| **当战略改变时修订计分卡** |

图35.1　院校研究专家在平衡计分卡中的角色

另外一些采用平衡计分卡的院校也将其改造过,有一些通过改变计分卡上的观点以和它们的战略更加契合,也许,是为了使语言与高等教育的专业术语更加一致。

还有一些机构采用的方法至少在刚开始的时候与他们院校的资料手册十分相似。

然而,平衡计分卡的优点在于它能将许多决策制定者可能忽略的,但许多教师、职工以及学生都很关心的领域都提前呈现出来。平衡计分卡可以被当作引导企业达成其长期目标的强大工具,它允许管理人员从多个视角看整个机构,包括但不局限于财务状况。平衡计分卡也通过聚焦内部进程,客户和雇员的发展,可以帮助高等教育机构达成支持机构的任务和未来规划的目标,并在这个过程中不断地提高。……通过促使机构关注非传统的指标,平衡计分卡使得存在于竞争性优先事务中矛盾清晰可见。

### 计分卡和仪表盘的显示和呈现:科技的角色

读者们可能注意到,尽管技术性手段不断涌现计分卡和仪表盘的呈现方式多样,这里我们首先不讨论这些技术选项,当然这么做是有意义的。因为合适的工具的选定,不管是高级的商业智能系统(BI)还是电子表格,选定时间应该是在用途、内容和其他考虑因素都被基本被定下来之后。

挑选恰当的计分卡或仪表盘技术包括几个步骤和谨慎的审核,特别是当需要投入大量的时间、金钱或两者都需要的时候。院校研究专家应该通过明确地界定测量指标,然后从用户角度出发优先处理技术需要呈现的功能的问题,从而开始这个进程。这其中一个固有的问题就是:用户是谁?既包括是谁将数据集中起来(经常是院校研究专家或其他人)又包括系统的终端用户。在选择工具的初期,广泛而谨慎的定义"用户"是很重要的,哪些用户出于何种目的会使用技术工具?应当如何使得一级和二级用户接入并使用该技术?何人可以通过何种方式接入——互联网、内部网络或者其他系统?系统的复杂性也很重要:该技术必须有能力支持多少种不同(在内容和关注焦点方面)的计分卡或仪表盘?如果需要任何向下挖掘数据的能力又要怎样呢(例如,通过点击已有数据上的项目就可以得到更详细的信息)?计分卡或者仪表盘需要级联吗,以便于让连接战略层次的计分卡和经营层次的仪表盘成为可能?该技术应该具备怎样的屏幕显示能力?我们强烈建议避免用大量的仪表、标度盘和炫目的图表来取代直观的数字化的和图形化的展示,而记住这一点是很重要的。在某些情况下,纸上的表格就已经足够(展示)了。显示器是否具备视觉上吸引力并且容易理解?计分卡和仪表盘的数据源是什么?这些数据将从自动化的资源还是手动的资源导入,或者两种途径都可以?计分卡和仪表盘技术必须于何时被安装 并且充分运作?(见第 26 章中关于商业情报和分析的更多讨论部分)。

一旦这些以及另外一些基于用户的功能性问题被解决了，答案就可以被转化为院校的技术购买进程中所使用的规格要求。当考虑技术供应商的提议时，与其他正使用这项技术的机构进行深度探讨就显得尤为重要。询问这些机构，相比于供应商承诺的那样，技术的安装以及使用状况如何，安装时间是否比承诺的要长？是否比承诺的更难或者花销更大？是否可以如承诺的那样运行？当不可避免的问题出现时，供应商是否会及时地并用高性价比的方式修复问题？在系统升级方面是否存在困难？支持、维护以及使用这项技术需要多少培训量？如果让你重新走一遍技术挑选过程，你会做出什么不同的事情？

深入挖掘并与该技术的用户交谈，而不仅仅与技术职工交流。供应商经常援引那些技术的快速安装，并且用户都很开心满意的院校作为例子。找到在其他院校的同行并与之交谈，与同事通过在线讨论组进行讨论以明确哪些院校已经从这个供应商那里购得该技术，并且学习他们的经验。

在走正式购买新技术的路之前，考虑利用例如电子表格等现有的桌面软件发展并测试计分卡和仪表盘系统的基础部分。尽可能利用超链接来提供向下挖掘数据的能力。当院校的用户对计分卡和仪表盘的方法利于机构（的观点）抱有信心之后，员工就可以更加自信地推进更高级技术购买进程。表35.2展示了利用标准化电子表格软件制作的显示器示例。

## 战略执行：平衡计分卡和仪表盘的新兴角色

战略地图、平衡计分卡以及仪表盘都是确保机构战略有效实行的重要工具。许多高等教育院校奋力有效地执行它们的战略。有一种看法认为许多院校的战略计划，一旦开发好了，要么被束之高阁并被遗忘要么就被直接忽视。但委托方越来越多地要求院校证明战略规划环已经被关闭——即计划被实行了、其结果也被评估了并且为了确保达成机构的战略目标，也进行了一些适当的调整。同样地，通常院校不实行它们的战略也是因为它们的注意力从战略上转移到他处了。

在这个部分，我们将概述优秀组织为了帮助确保它们战略被有效执行（而尝试）的六个最新水准的实践(Kaplan & Norton, 2008)。

第一个实践就是将战略转化为测量(Kaplan & Norton, 2008)。贝克特和麦克科姆(Beckett & McComb, 2009)注意到"人们关注什么被测量，从事于他们所关注的事物，并且改善他们所从事的事务。测量的原则很简单，如果你想让人们去改善一个进程，那就对它进行测量并且使得测量被人所熟知……卡普兰和诺顿开发的平衡计分卡就是这样做的：明确战略焦点和目标，并且测量关键绩效指标体系中潜在的成功因素"。平衡计分卡（表35.1）就提供了战略地图（图35.2）如何被转化为测量的例子。

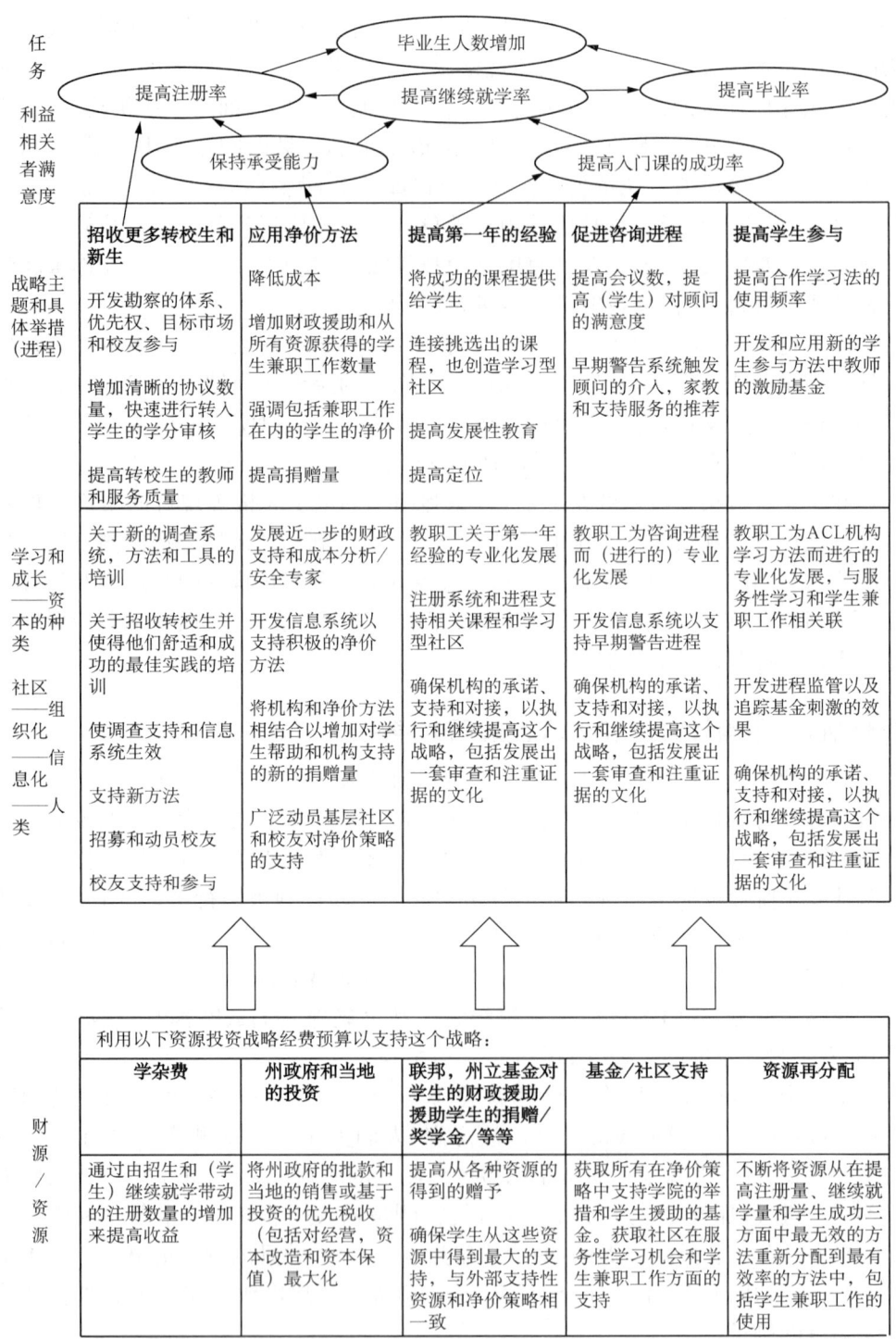

图 35.2　一所大学的战略地图

## 表35.1 平衡计分卡电子表格

| 观点 | 战略地图 | 平衡计分卡 | | | 行动计划 | |
|---|---|---|---|---|---|---|
| | 目标 | 测量 | 目标（4年内） | 实际情况（当前） | 举措 | 战略预算 |
| 任务 | 增加毕业生数量 | 毕业生数量 | 3 000 | 2 400 | 针对每个举措的行动计划内容。实际情况展现在的测量值。战略预算表示支持战略主题和具体举措，达成的内容。战略预算表示支持战略主题和具体举措所需要投资数额，花费预算中获得财力支持，所需要投资数额，各种资源中获得财力支持。针对每个举措的行动计划跨度为4年。测量的目标是4年内达成的内容。战略预算表示支持战略主题和具体举措（战略花费预算）中获得财力支持，所需要的投资数额以及从各种资源中获得财力支持，所需要的投资数额 | |
| 任务 | 增加注册数量 | 注册学生数量 | 13 600 | 12 200 | | |
| 任务 | 提高毕业率 | 毕业率 | 51% | 48% | | |
| 利益相关者满意度 | 提高继续就学量 | 继续就学量（秋季到秋季） | 70% | 65% | | |
| 利益相关者满意度 | 保持学院支付能力 | 平均每名学生净成本增长率 | 2.5% | 4.5% | | |
| 利益相关者满意度 | 提高入门课程通过率 | 达到C或以上的学生百分比 | 75% | 70% | | |
| 战略主体和具体举措 | 招收更多转校生 | 转校生数量 | 1 600 | 1 000 | 更多清晰的协议，转校生学分情况的快速审核，招收更多转校生 | $150 000 |
| 战略主体和具体举措 | 招收更多新生 | 新生数量 | 4 500 | 4 000 | 提高招收进程以及让更多校友参与招收过程中 | $200 000 |
| 战略主体和具体举措 | 加强对学生的支持 | 学生支持占全年支出百分比 | 18.3% | 15% | 控制费用，利用各种资源改善学生支持 | $11 800 000 |
| 战略主体和具体举措 | 提高第一年经验 | 修读成功课程的学生人数 | 2 000 | 0 | 每个潜在风险的新生都要经历选修成功课程的阶段。提供配对的课程。也创造学习型社区，包括一些与(有)学分课程相关的发展教育，提高定位 | $8 900 000 |

(续表)

| 战略地图 | | 平衡计分卡 | | | 行动计划 | |
|---|---|---|---|---|---|---|
| 观点 | 目标 | 测量 | 目标（4年内） | 实际情况（当前） | 举措 | 战略预算 |
| 战略主体和具体举措 | 提高学生咨询进程 | 修读配对课程或课程交流课程的学生数 | 3 500 | 0 | 重构、改善并扩大咨询规模，监控学生在学期内的表现并涉及学生所需的家教和支持服务 | $2 400 000 |
| | | 定向满意率 | 95% | 50% | | |
| | | 新生咨询频率/满意度 | 3/95% | 1.5/60% | | |
| | 提高学生参与 | 使用家教或支持服务的百分比 | 80 | N.A | 利用职业发展项目和教师激励基金鼓励和支持教师参与，并利用合作学习（ACL）方法促进学生参与，将调查结果补充到"所有课程参与的全美大学生情况调查"（NSSE）中 | $700 000 |
| | | 教师扩大使用学生参与方法的百分比 | 80% | 40% | | |
| | | 使用合作学习（方法）的学生百分比 | 90% | 40% | | |
| 学习和成长 | 储备好教师和职工以执行举措 | 储备教师数 | 800 | 200 | 为开发教师和员工的能力而开展的职业发展项目所需的动员、鼓励和支持举措 | 包括以上内容 |
| | 确保职工计划、信息和分析系统的支持举措 | 储备职工数 计划、信息和分析系统能力指数 | 500 | 100 | 支持举措的技术、培训和服务 | $1 000 000 |
| | 利用战略调整个机构提高发展的社区支持对接以及承诺 | 支持、对接以及承诺指数 | 80 | 40 | 职业发展和研究室、支持性服务 | $150 000 |

# 第35章 战略执行的工具

(续表)

| 战略地图 | | 平衡计分卡 | | | 行动计划 | |
|---|---|---|---|---|---|---|
| 观点 | 目标 | 测量 | 目标(4年内) | 实际情况(当前) | 举措 | 战略预算 |
| 学习和成长 | 增加学生通过社区服务型学习所参加的数量 | 基于社区的服务性学习小时数 | 90 | 50 | 识别和协调包括"社区服务性学习"和专业或课程相关的"基于社区的兼职工作"(这两种资源)的人员配置和相关支持,以提高学生参与 | $400 000 |
| | 创造基于社区的学生兼职工作 | 基于社区的学生兼职工作小时数 | 300 000 / 300 000 | 50 000 / N.A | | |
| 财源和资源 | 通过继续就学量和注册数量增长带来的净收益的增长 | 净收入增加金额 | $1M | $0.2M | 左边的项目展示了总计两千三百六十万美元的战略花销预算的资金来源。右边的项目展现的是与提高各种资源对学生的支持,以及与学生从各种资源中获得的拨款相关的预算的增长情况。从增长的净收入是一个净价值:成本分配地注册量所得预算反映,并且没有关于资源分配的额外成本,所以没有就没有这些项目的分配预算 | 增加学生支持:$200 000 |
| | 提高支持学生的投资金额——来自所有资源 | 提高从各种资源中获得的支持学生的投资金额 | $12M | $1M | | |
| | 资源再分配 | 再分配金额 | $10M | $0.5M | | |
| | 从学院的举措中获得拨款 | 获得金额 | $3M | 0.7M | | 得到拨款:$100 000 |

来源:摘录自 Kaplan & Norton, 2004。

第二个实践就是管理数量有限的战略举措(Kaplan & Norton，2008)。"帕累托定律(The Pareto Principle)阐明大约80%的影响来自20%的原因。运用到组织当中，这个定律就意味着80%的成功来自20%的行动。任何机构可以在同一时间有效完成的新举措数目都是固定有限的。"相比于尝试执行过多举措，更好的方法是执行好数量有限的战略举措，并且观察重要的冲击，这样产生的冲击会更小(Beckett & McComb，2009)。开发战略地图是限制战略举措数目的有效方法，这是出于对空间的考虑，图35.2给出了关于大学战略地图的例子。

　　第三个实践就是将各单位与战略对接起来。这些战略要求战略计划与经营计划之间进行有意义的连接，便于雇员和各单位知道他们的工作与机构的战略目标相紧密结合并且对战略目标有所贡献(Kaplan & Norton，2008)。"那就意味着关注具体举措将会如何影响经营，以及需要什么样的经营计划以支持整个战略。"(Beckett & McComb，2009)表35.2所示计分卡显示器是一种通过对齐的方式展现数据的方法，并且利用超链接连接拥有部门或主要单位恰当细节的其他环节。这里的显示器是利用普通的桌面电子表格软件发展起来的，但如前文所提到的，还有其他的可行方法。

　　很重要的一点就是要注意平衡计分卡的级联排列与仪表盘(图35.3所示)、战略地图(图35.2)、平衡计分卡电子表格(表35.1)三者之间的联系。电子表格作为桥梁，连接稍许抽象的战略地图和显示在计分卡上的总结的(定期更新)测量。

　　开发一套机构平衡计分卡(战略焦点)和经营仪表盘(图35.3)的级联排列，提供了一条观察与机构战略目标关联的单位工作情况(仪表盘测量)的途径，正如平衡计分卡所测量的那样(表35.2)。

表35.2　利用桌面软件显示平衡计分卡示例

| 一般性大学使用的平衡计分卡观点和测量 | 达到目标或目标以上 | 低于目标 | 远低于目标 | 分数或等级 | 目标 | 最新更新日期 |
|---|---|---|---|---|---|---|
| 任务 | | | | | | |
| 毕业生数量 | × | | | 2 644 | 2 640 | 2011年春 |
| 利益相关者满意度 | | | | | | |
| 注册学生数量 | × | | | 13 020 | 12 760 | 2011年春 |
| 毕业率 | × | | | 49.4% | 49.2% | 2011年春 |
| 继续就学量(秋季到秋季) | × | | | 67.0% | 67.0% | 2011年春 |
| 平均每名学生净成本增长率 | | × | | 3.9% | 3.7% | 2011年春 |

(续表)

| 一般性大学使用的平衡计分卡观点和测量 | 达到目标或目标以上 | 低于目标 | 远低于目标 | 分数或等级 | 目标 | 最新更新日期 |
|---|---|---|---|---|---|---|
| 学生入门课程成绩达到 C 或以上的百分比 | | | × | 70.5% | 72.0% | 2011年春 |
| **战略主题和具体举措** | | | | | | |
| 转入学生数量 | × | | | 1 400 | 1 240 | 2011年春 |
| 新生数量 | × | | | 4 300 | 4 200 | 2011年春 |
| 支持学生的支出占年度总支出的百分比 | | × | | 16.1% | 16.3% | 2011年春 |
| 顺利完成学生成功课程的学生数量 | | × | | 822 | 1 000 | 2011年春 |
| 修读配对课程或学习型社区课程的学生人数 | | × | | 1 401 | 1 500 | 2011年春 |
| 定位满意率 | × | | | 85.0% | 85.0% | 2011年春 |
| 新生咨询频率/满意率 | × | | | 2/76% | 2/75% | 2011年春 |
| 使用家教和学生支持服务的学生百分比 | | | × | 59.0% | 65.0% | 2011年春 |
| 扩大使用学生参与教学法的教师百分比 | × | | | 57.0% | 56.0% | 2011年春 |
| 使用合作学习法的学生百分比 | × | | | 61.0% | 60.0% | 2011年春 |
| **学习和成长** | | | | | | |
| 为执行具体举措而储备的教师数量 | × | | | 442 | 440 | 2011年春 |
| 为执行具体举措而储备的职工数量 | × | | | 265 | 260 | 2011年春 |
| 计划,信息和分析系统的能力指数 | × | | | 73.0% | 70.0% | 2011年春 |
| 领导支持,与目标对接的单位以及任务承诺指数 | × | | | 84.0% | 80.0% | 2011年春 |

（续表）

| 一般性大学使用的平衡计分卡观点和测量 | 达到目标或目标以上 | 低于目标 | 远低于目标 | 分数或等级 | 目标 | 最新更新日期 |
|---|---|---|---|---|---|---|
| 承诺的基于社区的服务性学习小时数 | × | | | 155 000 | 150 000 | 2011年春 |
| 现有基于社区的兼职学生工作小时数 | | × | | 95 000 | 120 000 | 2011年春 |
| **财源/资源** | | | | | | |
| 学生继续就学量和注册数量增长带来的净收益的增长量 | × | | | 550 000 | 520 000 | 2011年春 |
| 现有的来自所有支持学生的资源投资增长量 | | × | | 4 800 000 | 5 400 000 | 2011年春 |
| 支持战略举措而重新分配的金额 | × | | | 3 500 000 | 3 400 000 | 2011年春 |
| 支持学院的战略举措的拨款金额 | × | | | 650 000 | 500 000 | 2011年春 |

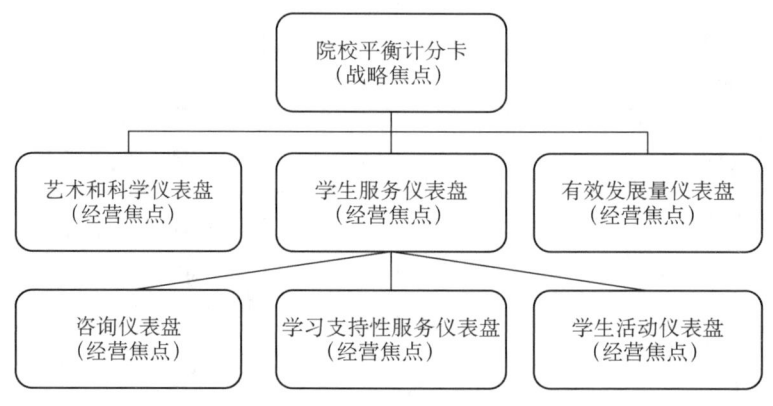

图35.3　平衡计分卡和仪表盘的级联对接

　　与利益相关者和整个机构就战略进行磋商是很重要的；在第四个实践，如果人们不理解战略，他们就不知道怎样将自己的工作和机构的战略目标对接起来。平衡计分卡、经营仪表盘、战略地图、平衡计分卡（BSC）电子表格，以及战略计划的进程描述都囊括在战略举措的经营计划的开发中——这些都是战略可以向机构传达的途径。当目标是确保整个组织都理解战略，那么充分沟通就很重要。

第五个实践是审核战略（Kaplan & Norton, 2008）。"对于有效的战略执行而言,战略审核是必需的。然而,很少组织这么做。相比之下,经营审核则更加普遍,因为经营审核是在组织的小范围内完成的,更容易实行。而相比之下战略审核是跨部门的并需要高层领导的参与……一个好的绩效管理体系使得战略审核更加便捷,并且通过向下钻取数据的方式将其与经营审核相连接。校长、副校长学科带头人和分析师可以向下挖掘更多他们认为适合的细节。"(Beckett & McComb, 2009)平衡计分卡是战略审核的主要工具,而经营仪表盘则是经营审核的工具。

第六个实践就是更新战略（Kaplan & Norton, 2008）。当战略审核或经营审核的结果显示战略需要进行调整,战略就必须进行更新。更新战略尽管简单而直接,但这个步骤有时不会执行。尽管许多机构使用三到五年的战略规划视野。然而,每年更新战略并且以五年为基础完成计划的检修,才是在不断变化环境下利用恰当的资料更新平衡一套稳定战略的有效方法。

## 结语

对关键绩效指标、战略计划、平衡计分卡或仪表盘在战略高度进行的测量是协助机构执行其战略的系统性方法。加上院校研究专家在这些工具开发中的核心作用,这些工具对于高层而言将有着巨大的帮助。

## 参考文献

Ballentine, H., & Eckles, J. (2009). Dueling scorecards: How two colleges utilize the popular planning method. *Planning for Higher Education*, 37(3), 27-35.

Beckett, T., & McComb, B. E. (2009). *Increase enrollment, retention, and student success: Best practices for information delivery and strategic alignment*. An Expert Series White Paper: Information Builders, Inc. Retrieved from http://www.informationbuilders.com/cgi-shell/products/whitepaper/whitepaper_form.pl?Whitepaper_Code=8940

Carpenter-Hubin, J., & Hornsby, E. E. (2005, Fall). *Making measurement meaningful*. AIR Professional File, no. 97. Tallahassee, FL: Association for Institutional Research.

Few, S. (2006). *Information dashboard design: The effective visual communication of data*. Sebastopol, CA: O'Reilly.

Kaplan, R. S. (2010). Conceptual foundations of the balanced scorecard. Working paper 10-074.

Kaplan, R. S., & Norton, D. P. (1996). *The balanced scorecard: Translating strategy into action*. Boston: Harvard Business School Press.

Kaplan, R. S., & Norton, D. P. (2004). *Strategy maps: Converting intangible assets into tangible outcomes*. Boston: Harvard Business School Press.

Kaplan, R. S., & Norton, D. P. (2008). *The execution premium: Linking strategy to operations for competitive advantage*. Boston: Harvard Business Press.

Lyddon, J. W., & McComb, B. E. (2008, Spring). Strategic reporting tool: Balanced scorecards in higher education. *Journal of Applied Research in the Community College*, 15(2), 138-145.

Mizak, J. P. (2010, March). Results of survey of members of NEAIR, AJCU, and WNYIR communities regarding dashboards and balanced scorecards. Unpublished.

Niven, P. R. (2003). *Balanced scorecard step-by-step for government and nonprofit agencies*. New York: Wiley.

Sapp, M. M. (1994, Winter). *Setting up a key success index report: A how-to manual*. AIR Professional File. Tallahassee, FL: Association for Institutional Research.

Terkla, D. G., Wiseman, M., & Cohen, M. (2005, August). Institutional dashboards: Navigational tool for colleges and universities. Paper presented at the 27th annual EAIR Forum.

第 36 章

# 发展院校比较研究

格伦·W. 詹姆斯(Glenn W. James)

院校研究包括对高等教育院校的内部活动和运作进行分析。尽管部分评估和审查在内部集中于主要院校(primary institution),但将对内部院校的评估和审查所得的信息与其他一个或多个院校的相应信息做比较仍具备研究价值。这种院校比较研究和标杆分析过程为评估最主要院校的信息提供了最重要的语境。

对主要院校测量数据和其他院校或院校集团的相应测量数据的恰当比较,能够催化其检视解释差异的原因,以及对于所比较信息的意义和有效性的讨论。这种比较研究能成为院校测量发展,或发展院校完善的战略导向的过程的有益输入。

与前数十年的方法论相比,如今的数据源更广泛且易得,分析工具也更强有力且易于使用。然而,在进行跨院校分析时,对所比较的院校进行恰当地分类至关重要(Teeter & Brinkman, 2003)。跨院校比较不仅有助于战略规划和决策,所得的比较数据还有助于提出预算请求,以及合理化学费、薪水和教学负荷调整(Teeter & Brinkman, 2003)。跨院校比较也有助于评估院校竞争者、寻找参照、识别弱势领域,以及引导政策发展(McLaughlin & Howard, 2005)。

本章讨论的内容包括:①比较信息源;①获得及分析比较数据的方法和工具;③跨院校比较组的类型;④比较小组的分类方法;⑤小组比较的运用。

## 院校信息源

可用于跨院校比较研究的数据源类型多样,其中最主要的三种类型是全美数据库及网络资源、数据共享联盟和目标数据集。

### 全美数据库及网络资源

就美国的高等教育而言,最易获得且最常使用的全国性数据库是"高等教育一体化数据系统"(Integrated Postsecondary Education Data System, IPEDS),它由美国教育部教育科学研究所下辖的国家教育数据中心(National Center for

Education Statistics，NGES）运作，是一个综合性的全美院校数据源。

IPEDS 包含院校特色、招生注册、学生保持率、毕业率、学位完成度、经济支持、职员聘用、薪水，以及财政状况。从数据系统中选取的数据组能从一个称作"院校导航"网络工具上获得，它被用于进行基本比较。NGES 则在 IPEDS 为数据选取、管理和分析提供了更有效的网络工具，这些网络工具能在 IPEDS 的主网站（https://nces.ed.gov/ipeds）上找到。NCES 还提供数据反馈报告，来呈现一组标准数据和一组由 NGES 产生的比较院校组的信息。除了这份标准的数据反馈报告外，来自院校的使用者还可以根据自己指定的院校组别来请求或生成数据反馈报告（NCES, 2010）。（更多关于 NCES 数据及工具的信息详见第 21 章）。

其他使用 NCES 和 IPEDS 数据的网络工具及资源还可在院校董事会协会（Association of Governing Borads，https://www.agb.org），教育信托基金会（Education Trust），美国院校商务官协会（National Association of College and University Business officers，NACUBO，https://www.nacubo.org），以及美国高等教育管理系统中心（National Center for Higer Education Management Systems，NCHEMS，http://www.nchems.org）。这些数量繁多的高等教育管理咨询公司和其他 IPEDS 数据的专业使用者，或促进选定数据组使用的便利化、从其他来源中整合数据，或/以及提供基于 IPEDS 数据的分析。

另外，特定的院校搜索信息提供方也提供全美性院校比较数据。这样的信息提供方或数据源包括：美国院校测试（American College Testing，ACT）、院校委员会（College Board）、常用数据集（Common Data Set，CDS），以及《美国新闻和世界报告》（U.S. News and World Report）。

## 数据共享联盟

数据共享联盟是第二个数据及分析源，比如由独立院校组成的高等教育数据共享联盟（Higher Education Data Sharing consortium，HEDS）。联盟成员机构负责收集和共享院校比较数据，用于内部评估及标杆分析，以帮助有效战略规划（Higher Education Data Sharing Consortium，2010；Trainer，1996）。类似的组织还有由美国高校协会（AAU）成员院校组成的美国高校数据共享协会（Association of American Universities Data Exchange，AAUDE，http://www.aaude.org），以及独立院校委员会（Council of Independent Colleges，CIC，http://www.cic.edu）。尽管数据共享联盟是一个有用的数据分析源，Sapp（1996）就共享数据的不规范和前后不一致等潜在缺陷提出了警告。

在某些州，公立高等教育院校（public higher education institutions）系统成为划定数据共享组织的界限，其由特定种类的院校数据组成，但由于这其中的部分院校不是与高等教育院校相似的类型，故所能提供的院校比较的有效性可能更低。

相应的,有些州的独立院校协会则提供了更有限的共享数据,但能用于更基本、更普遍的比较研究。(更多有关数据共享的探讨详见第 25 章。)

## 目标数据集

与数据共享联盟相似,目标数据集关注具体的对象或功能,例如雇员补偿、院校成本或学生保持率。这些目标数据集包括院校人力资源专业性协会(College and University Professional Association for Human Resources,CUPA-HR, http://www.cupahr.org)和美国大学教授协会(American Association of University Professors,AAUP,http://www.aaup.org)的年度补偿研究。

关于四年制院校的院校成本的全美性比较信息能够从国家教学成本及成产率研究中获得,这一研究亦因其基于达特华大学的研究而被称作达特华研究(Delaware Study,http://www.udel.edu/IR/cost)。关于社区学院的全美性研究则可在国家社区学院标杆分析项目(National Community College Benchmark Project,NCCBP,http://www.nccbp.org)中获得,这一项目在堪萨斯欧佛兰帕克的约翰逊县社区学院中运营。

目标数据集的另一个例子是以俄克拉荷马大学为基地的学生保持率数据共享联盟(Consortium for Student Retention Data Exchange,CSRDE),其组织一个有关学生保持率和毕业率的全美性院校数据收集工作(http://csrde.ou.edu)。公立及政府赠地大学协会所下辖的院校教师薪酬调查,简称风纪性教师薪酬调查(Faculty Salary Survey by Discipline),由俄克拉荷马大学运作,提供针对特定公立大学群体的教师薪酬数据。(详见第 25 章有关数据共享联盟的内容。)

## 数据搜集及分析的方法和网络工具

NCES 发展并完善了 IPEDS 数据的可获得性,以及相应的获得、选择和管理高等教育机构比较数据的工具。使用 NCES 的在线网络工具,用户能进行基本的比较分析,或选择并下载数据以用作深入分析。以下是这些工具的简要介绍,更多内容详见第 21 章。

## 院校导航

院校导航(http://nces.ed.gov/collegenavigator/)是 NCES 发展的一个院校搜索网络工具,用于帮助未来学生探索和比较美国高校的基本特点和信息。用户界面选择工具操作简单,还能够比较用户选定的院校的一组 IPEDS 的数据。所能比较的数据类型包括一般信息、录取、学生保持率/毕业率、课程设置及项目、大学运动代表队、鉴定与认证、校园安全和联邦贷款。

## IPEDS 数据中心

正如名字所示，由 NCES 建立的 IPEDS 数据中心（http://nces.ed.gov/ipeds/datacenter）提供了获得院校数据的途径，使得基本比较分析更加便利，用户能够生成新报告，并建立、下载自己定制的数据文件。数据中心的功能包括比较院校、单变量院校排名、单变量趋势预览、生成组别数据、生成预定义报告、下载调查数据文件、下载定制数据文件、运用 PowerStats 工具分析数据，以及下载 IPEDS 数据反馈报告（IPEDS Data Feedback Report，DFR）。其中，PowerStats 数据分析工具能够获得九个 NCES 高等教育数据库及其中的成千上万个变量。

## IPEDS 数据反馈报告

数据反馈报告（http://nces.ed.gov/ipeds/datacenter/）提供了有关测量数据的比较信息，例如秋季注册、当量全日制学生（full-time equivalent students）、无重复注册总人数、毕业率、学位完成率、当量全日制职员、教员薪酬、核心收入及支出，以及学杂费等。数据反馈报告除提供主要院校的比较信息外，还提供自动生成的比较院校组的比较信息，或用户定制的比较院校组的信息。

用户定制的比较院校组可由主要院校提出，并由 IPEDS 在该主要院校的首席 IPEDS 报告官员——IPEDS 钥匙专员（IPEDS Keyholder）提交至 NCES。否则，NCES 则运用由该中心研发的算法来提供一组比较院校。选择的标准包括院校级别、院校权属（公立或私立机构）、卡内基分类法（Carnegie Classification）、学生注册及其他变量。

一组用户定制的比较院校可通过使用 IPEDS 数据域中多样的一般性或具体化标准变量来产生。生成的定制比较组不能超过 100 个院校，但典型而有效的最终比较组所包含的院校数通常大幅度小于此数额。（更多有关 NCES 工具的讨论详见第 21 章。）

# 院校比较小组的分类方法

使用划分不当的比较组可能导致比较信息扭曲或无效，进而导致不当的决策和政策发展。因此，尝试划分合理的比较组、了解划分的目的、理解使用该比较组的相对优点和缺陷尤为重要。

## 小组类型

按蒂特和布林克曼（Teeter & Brinkman，2003）的分类，有四种典型的院校比较组类型：竞争者组、目标参照组、预设组、同侪组。

**1. 竞争者比较组**

第一种类型竞争者比较组包含的院校在学生、院系或经济资源方面相互竞争，尽管它们可能不是相同的院校类型。划分此比较组的依据是院校所竞争的资源。例如，一种常见的竞争是招聘与招生。在划分一个竞争者比较组时，聚焦院校可以寻找自身所录取但并没有注册的申请者实际上注册的院校。国家学生数据交换中心（National Student Clearinghouse）提供了此类型的搜索服务。发现学生申请入学的其他院校的一项技巧，是获得有关申请者投送如 ACT 或 SAT 分数等入学测试成绩的去向的信息。

**2. 目标参照组**

院校比较组的第二种类型是目标参照组，所包含的院校与主要院校有相似之处，但也有值得效仿的特色。例如，目标参照组可能包含这样一些院校，它们与主要院校有某种程度的相似，但其一年级新生的保持率要显著高于主要院校。当主要院校期望提高其一年级新生保持率时，这组志同者比较组的院校就因为这一目标而被选择。然而，主要院校在使用志同者比较组时必须小心，并恰当地将其标志为"目标参照"，以免与标准的同侪组相混淆。一旦混淆，可能会导致可信度的下降，以及与跨院校组别比较的使用或被认为的滥用有关的政治性不良影响。

**3. 预设比较组**

第三种比较组别的类型是预设比较组。蒂特和布林克曼（Teeter & Brinkman，2003）将预设比较组描述为由一系列院校为了某种主要院校之外的目的而组成，并描述了四种一般的预设比较组类型：自然的、传统的、司法的和基于分类法的。

（1）自然预设比较组。以已存在的院校关系为依据，如地理位置、地区协议，或运动会等。这些院校属于一个可见的小组内，故可自然地认为对它们做一般的比较是恰当的。然而，具体的比较类型对于衡量这一比较是否合理是至关重要的。自然预设比较组的例子有南方大学集团（Southern Universities Group，SUG）、田纳西高等教育监管委员会（Tennessee Board of Regents System）或十大体育竞技联盟（Big Ten Athletic Conference）。

（2）传统预设比较组。以历史为依据。传统比较组通常是人们耳熟能详且广泛接受的院校，但有些院校的比较可能是不恰当的。传统预设比较组的例子是常春藤联盟（Ivies），由美国北部八所独立院校组成。

（3）司法预设比较组。包括属于同一政治或司法管辖权的院校，尽管有些院校因为并不特别相似而使其比较值得怀疑。例如，城市地区的社区院校可能被认为是同一比较组。假如司法管辖的同质性相当高，那么建立这样的比较组是恰当的，因其所处的环境和语境相似；但若司法管辖的定义太过宽泛，建立这样的比较组者会面临所含机构差异极大的风险，它们可能在关键的特征上完全不同。

(4) 基于分类法的预设比较组。以全美性院校分类为依据,比如由卡内基教育促进基金会(Carnegie Foundation for the Advancement of Teaching)发展的分类法(2005)。卡内基分类法的使用提供了被普遍接受且广泛使用的全美分类方法,这一方法有可信度及名称识别的优点。目前的分类法包括一个基本类别和五个涵盖所有院校的、用于具体目的的类别(http://classifications.carnegiefoundation.org)。这六个全覆盖的卡内基类别也是 IPEDS 数据的组成部分,不仅提供了一套基本、普遍的分类,还提供了有关诸如规模和设定、招生概况、本科生概况、本科及研究生教育课程等维度的信息。使用基于分类法的比较组的一个缺陷是,将院校分派到不同的小组是以有限数量的分类变量为依据的,对于用户而言可能并不适用。Teeter 和 Brinkman(2003)亦警告称,基于分类法的预设比较组对于某些类型的比较分析而言可能包含过多的组内变异。

**4. 同侪比较组**

比较组的第四种类型是同侪比较组(Peer Comparison Group),所包含的院校有着共同的使命和范围。这种比较组能够解决那些大致相似但不必是完全一致的院校的分组问题。这些院校分享特定的分类变量,如"美国西部政府赠地的大学",但在用于表示招生规模、外部资助科研经费、对于当量全日制学生的人均教育和一般支出等方面的区间变量上也有相似的特征。

## 划分方法

蒂特和布林克曼(Teeter & Brinkman, 2003)认为,划分方法的范围包括统计学方法和完全依赖判断的方法两个极端。由他们提出的类型学将最常用的分类过程划分为四种类型:门槛法、聚类分析法、小组审查法和混合法。

**1. 门槛法**

门槛法(有时又称作"最临近法")建立了测量特定院校属性的可允许浮动范围(Teeter & Brinkman, 2003; Xu, 2008)。这种方法通常需使用到名义变量和区间变量。名义变量将大量的高等教育院校限制为一组更恰当有用的比较院校。例如,在为一所公立大学划分一个可能的院校比较组时,"院校权属"可用于筛选出公立院校而非私立院校;同样地,"院校类型"这一变量可用于筛选出综合性大学而非其他类型的高校。在运用名义变量划分出一个更有用的可用于比较的院校子集后,关于一系列选好的特征的区间变量将被用于对剩下的院校排序,这一排序以这些院校与主要院校测量值的相近程度为依据。这些特征可以是招生总数的本科生比重、兼职学生比重,以及能够指示课程体系的指标,比如在所授学位中工程学位的比重。针对每一特征,选取一个可允许的浮动范围,然后用分值体系来给可用于比较的院校评分。如果一个可能用于比较的院校在某个特征上与主要院校不相似,该院校将得零分。如果可用于比较的院校与主要院校有某种程度的相似,则得一分。如果可用于比较的院校与主要院校相似，则得两分。然后分数将被加总，用于将所有可用于比较的院校依据与主要院校测量值的相近程度排序。分值体系亦可由重要性这一标准来加权；在此基础上，针对主要院校的决策为每个特征提供一个重要性系数。

门槛法的使用能通过决定特定院校特征与一系列选定特征的相近度来识别出比较院校。生成的院校排序列表将被复查，然后由主要院校的分析师和管理者运用专业判断来选出最终的比较院校。Xu Juan(2008)在《院校研究协会专业档案》的第110期上提供了使用这一方法的详细例子。

蒂特和布林克曼(Teeter & Brinkman, 2003)认为门槛法提供了一个排序化的指引，但其比较的指标、浮动范围、权重，以及最终院校的选择，都是由人为判断做出的。他们认为，这一程序被设计用于在院校特征和数据的基础上运用人为判断。尽管程序的透明度是一个积极的特征，其仍存在操控比较院校的选择的风险。门槛法的一个变体已被国家高等教育管理系统中心广泛用于院校及各州高等教育院校系统的咨询中(Teeter 和 Brinkman, 2003; Brinkman 和 Teeter, 1987)。

**2. 聚类分析法**

聚类分析法需要使用大量多变量数据，并拥有运用到大量院校特征，以可能是最客观的方式产生结果等固有优点(Della Mea, 1989; Korb, 1982; Hurley, 2002)。更多有关聚类分析的信息详见第28章中 Luna, Kumar, ujitparapitaya 和 Bohannon 的描述。

**3. 小组审查法**

小组审查以一组审查员对情况的了解和判断为依据，不需要运用算法或数据分析技巧。相反，一组针对主要院校的恰当的比较组由一组审查员商讨并达成共识来产生。尽管比较组的选择基于有见识的审查员的判断，最后产生的比较组仍可能有不被接受的风险，这反映了审查员可能的偏见和操控(Teeter 和 Brinkman, 2003; Xu, 2008)。

**4. 混合法**

混合法运用数据、统计分析和判断来产生比较院校组(Teeter & Brinkman, 2003; Zhao & Dean, 1997)。混合法吸收了专家判断的优点和数据、统计分析的实证优势，因此被认为具备了判断性方法和统计分析方法的长处、均衡和优点(Zhao & Dean, 1997; Xu, 2008; Ingram, 1995)。

运用门槛法或混合法时，选择恰当的变量至关重要(Teeter 和 Brinkman, 2003; Xu, 2008; Borden, 2005)。对使用所选择的特征变量的理论依据必须加以描述和讨论，因为根据产生比较组过程中所使用院校特征变量的不同，最终产生的院校比较组差别会非常大。几种常用的院校特征变量在比较组的选择中比较重要。院校规模，通常由注册人数来表示，对于院校结构、复杂性、文化、财政和其他方面有重要的含义（Carnegie Foundation for the Advancement of Teaching，2005；Xu，2008）。招生力度，或本科生中根据课程负荷量划分的全日制和非全日制学生比例的区别，则影响课程排期、学生服务、课外活动、完成学位所需时间和其他因素(Carnegie Foundation for the Advancement of Teaching，2005；Xu，2008）。学生的混合程度、研究活动、课程项目的混合程度同样对产生一个有效的比较院校组有重要的含义(Xu，2008）。

Xu(2008)推荐了变量选择中的这些关键过程：使用清楚定义的变量和可信度高的数据；适当时，使用百分比或比率，而不是绝对的数值；避免夸大统计分析中的某些概念，避免重复的或高度相关的量度。

## 小组比较的运用

正如本章所说明的那样，划分适当的比较组的运用十分重要，使研究者能自信地进行接下来的比较分析。然而，从比较分析中产生的信息在使用时也需要注意谨慎、妥当。

比较分析的开展用于促进对院校及其运作的特定方面的认识，比较信息应当成为审查、讨论和额外的探索与分析的促进因素。为了说明这一点，当主要院校的某一测量数据高于或低于比较组的平均值时，意味着什么？这究竟是积极或消极的发现，原因又是什么？例如，对于院校运作的一个特定的功能领域，假如主要院校对当量全日制学生的人均支出比比较组的平均数少，这对于主要院校而言是积极还是消极的结果？换句话说，低于平均的支出表明主要院校效率更高或者更加有效，还是说明了主要院校在这一功能领域的预算更弱且不足？这一问题的答案或许并不是显而易见的。因此，对比较分析结果的阐释和使用，必须十分谨慎，并应尽可能地由该数据测量或功能领域的专家来审核。

### 标杆分析

跨院校比较信息和分析能用于对主要院校的绩效进行标杆分析：跟踪过程、比较主要院校和其他院校绩效差异，以及形成一种质量保证的形式（McLaughlin & Howard，2005）。（对作为设定策略一部分的标杆分析法的讨论见于第34章。）

### 决策支持

跨院校比较信息和分析的另一重要应用是院校决策过程。院校研究院的部分标准角色是为院校的决策提供信息和分析支持。跨院校比较信息及分析的运用补充了现有的信息体系，这部分信息是对于院校目前与以往绩效的内部比较。尽管仅仅关注主要院校的分析的确有一定功用，运用跨院校的比较信息能扩大其价值。

这一拓宽的视野而不是对于主要院校的孤立的分析,对加深对主要院校的认识、为决策过程提供有效支持有重要意义,对资深管理者和决策者有重要作用。

**小组比较的优势与局限**

前文已印证过,小组比较的使用能丰富标杆分析的过程、扩展及启发高等教育院校中的决策过程。比较组的信息提供了直接的环境,有助于加深对主要院校的测量数据和过程的理解。然而,比较的信息、分析和比较组结果的使用在实践上亦有局限。

对于共享院校数据的效度、准确度、信度的基本关注一直是院校比较不可或缺的部分(Teeter & Brinkman, 2003)。然而,对数据收集过程和数据定义的标准化的完善是 IPEDS 一个独特而重要的特征,IPEDS 在数据的完整度方面亦有优势。有些数据共享联盟和其他数据源可能也使用在 IPEDS 能够找到的数据要素,但院校研究者应当持续保持对使用、整合多数据源数据的谨慎态度。某些比较组分析的应用要求其基础数据有更高的精确度,比如管理控制分析;其他的应用,如战略规划,则能接受更低的精准性且不会引起无序和麻烦(Teeter & Brinkman, 2003)。

不断发展的问责和分析文化使院校比较带有一定的强制性。因此,院校研究者应严谨地、有意地建立院校比较研究团体,并使用恰当的方法使主要院校中的比较分析用户亦能接纳。在比较分析的早期阶段引入利益相关的团体,有助于为比较分析获得必要的政治支持,从而使其裨益主要院校(Teeter & Brinkman, 2003)。在划分能适用于院系的比较组时,技术性、数据驱动的部分和主观判断、政治性的方面同等重要。

## 参考文献

Brinkman, P. T., & Teeter, D. J. (1987). Methods for selecting comparison groups. In P. T. Brinkman (Ed.), *Conducting interinstitutional comparisons* (pp. 5-23). New Directions for Institutional Research, no. 53. San Francisco: Jossey-Bass.

Borden, V.M.H. (2005). Identifying and analyzing group differences. In M. A. Coughlin (Ed.), *Application of intermediate/advanced statistics in institutional research*. Tallahassee, FL: Association for Institutional Research.

Carnegie Foundation for the Advancement of Teaching. (2005). The Carnegie Classification of institutions of higher education. Retrieved from http://classifications.carnegiefoundation.org/

Della Mea, C. L. (1989). A comparison of two procedures for peer group assignment of institutions of higher education (Doctoral dissertation, Virginia Polytechnic Institute and State University, 1989). *Dissertation Abstracts International*, 50(4), 838. (ProQuest

No. 746594831)

Higher Education Data Sharing (HEDS) Consortium. (2010). HEDS website home page. Retrieved from http://www.e-heds.org/

Hurley, R. G. (2002, Spring). Identification and assessment of community college peer institution selection systems. *Community College Review*, 29(4), 1-27.

Ingram, J. A. (1995). *Using IPEDS data for selecting peer institutions*. Paper presentation at the annual meeting of the Association for Institutional Research, Boston, MA. (ERIC Document Reproduction Service No. ED 387 010)

Korb, R. (1982). *Clusters of colleges and universities: An empirically determined system*. Washington, DC: National Center for Education Statistics. (ERIC Document Reproduction Service No. ED 227 797)

Luan, J., Kumar, T," Sujitparapitaya, S., & Bohannon, T. (2012). Exploring and mining data. In R. D. Howard, W. E. Knight, & G. W. McLaughlin (Eds.), *The handbook of institutional research* (pp. 478-501). San Francisco: Jossey-Bass.

McLaughlin, G. W., & Howard, R. D. (2005, May). *Comparison groups: Data and decisions*. Workshop presented at the annual meeting of the Association for Institutional Research, San Diego, CA.

National Center for Education Statistics. (2010). Executive Peer Tool. Retrieved from http://nces.ed.gov/ipedspas/expt/

Sapp, M. M. (1996). Benefits and potential problems associated with effective data-sharing consortia. In J. F. Trainer (Ed.), *Inter-institutional data exchange: When to do it, what to look for, and how to make it work* (pp. 15-28). New Directions for Institutional Research, no. 89. San Francisco: Jossey-Bass.

Teeter, D. J., & Brinkman, P. T. (2003). Peer institutions. In W. E. Knight (Ed.), *The primer for institutional research*. Tallahassee, FL: Association for Institutional Research.

Terenzini, P. T., Hartmark, L., Lorang, W. G., & Shirley, R. C. (1980). A conceptual and methodological approach to the identification of peer institutions. *Research in Higher Education*, 12(4), 347-362.

Trainer, J. F. (Ed.). (1996). To share and share alike: The basic ground rules for inter-institutional data sharing. In J. F. Trainer (Ed.), *Inter-institutional data exchange: When to do it, what to look for, and how to make it work* (pp. 5-13). New Directions for Institutional Research, no. 89. San Francisco: Jossey-Bass.

Xu, J. (2008, Winter). Using the IPEDS Peer Analysis System in peer group selection. *AIR Professional File*, 110. Tallahassee, FL: Association for Institutional Research.

Zhao, J., & Dean, D. C. (1997, May). *Selecting peer institutions: A hybrid approach*. Paper presentation at the annual meeting of the Association for Institutional Research, Orlando, FL. (ERIC Document Reproduction Service No. ED 410 877)

# 第 37 章

# 提升院校效率的工具

乔纳森·D. 菲夫(Jonathan D. Fife)
斯蒂芬·斯潘吉尔(Stephen D. Spangehl)

由于公共和私人对高等教育院校基金支持的减少,如今院校研究的专业人员发觉自己在院校中显得越来越重要。当今的院校面临着全新的挑战,只有全新的思维方式,全新的工具以及主动式的教学角色才能应对这些挑战。这些外在的压力迫使院校要向公众证明,对他们的支持并非竹篮打水一场空。这些压力主要以以下两种形式呈现。

(1) 问责:院校需要对自己负责,不仅仅是对收入和支出负责,更加是要对其学生、员工、所在的社区、州甚至是国家负责。过去对产出负责就已足够,比如通过课程并且取得学位的学生的数量,但是现如今人们也想了解成果:是否通过了这些课程学生就能掌握他们需要了解的内容呢?是否取得了哪些学位后可以为"学生过上幸福的生活,找到一份令人满意的工作"而奠定基础呢?对成果的测量要求我们权衡相互矛盾的以及难以预计的价值观念,并且这可比纯粹的计算时间要有挑战性多了。然而事实上每一所院校都会首先向他们的院校研究人员寻求帮助,希望他们提供评定学生的产出而并非成果的指导。

(2) 效率:认证与外部报告的要求相符合的确很重要,但是不能仅仅局限于此。曾经,撰写报告足以衡量一个人是否是一个成功的院校研究人员。新的预期要求院校研究人员要在辨析、收集、分析以及应用数据方面扮演更主动的角色,从而使得院校能够更有效地了解其不断变化的愿景与任务。这些不断变化的愿景与任务都是随着与日俱增的国际竞争、对学生的雇用要求其有着更强的辩证思维和技术能力,以及技术使得工作的可运输性得到增强而产生的。那些无法找到证明自己的效率以及在提升效率的同时也降低成本的大学将会被推向舆论的风口浪尖。

因此院校研究人员有着很大的责任,他们不再仅仅单方面地观察其院校的工作以及将相关数据对校内校外进行报告。更多地,他们必须成为协助其院校通过降低成本且增加效率来提高其影响力的一股积极力量。为了形成这股力量,很大一部分就是要对院校的教师进行培训，传播教师们所需的知识与技能，为此，院校研究的专业人员需要合理利用数据来为院校做出正确的决定。为了达到这一目标，院校研究部门必须掌握创建一个高效率组合的理论基础（Chaffee & Sherr，1992）。

## 商业理论：误解以及文化差异

在商业世界中所产生的理论、内容以及工具却被高等教育的文化环境拒之门外，这是有很多原因的。首先就是人们有一种观念，认为商业理论是建立在利益最大化的基础之上的，这可不是高等教育的目标。事实上，商业理论是建立在创造一个能够持续运作以拓展其前景、价值以及目标从而为投资者提供一份可观的回报的可持续设想的基础之上的。这是每一个企业的核心所在，所以这些理论应也可以在高等院校有效运用。唯一的区别就在于，高校对于投资者的回报是通过对知识的理解、传递与创造推动社会进行完善与改良来体现的。

第二个障碍是商业语言与高等教育语言之间存在的冲突。商业是需要经营的，高校是需要管理的。企业中员工的胜利依靠其对高层管理人员指令的遵守程度；教职人员不是传统意义上的员工，他们更多的视自身为独立的学者，是为院校的管理制定学术政策的共同治理系统的一份子。商业中往往认为每一个人都应该为组织的共同愿景与价值而奋斗；教师部门的建立则是为了保护其成员免受其他学术部门与管理的打扰。公司依赖顾客的满足；教师认为他们面对的不是客户，他们教育学生、创新学识并且与其他部门成员平等互助。

这些语言和组织上的文化差异在将全面质量管理的工具引入高等教育的努力中显现得淋漓尽致。教师的回答一致地消极，主要是因为：①没有什么是全面的；②他们所在的院校已经是一个高质量的组织了；③教师不是被经营的，而是让管理者认识到组织的高效运作并且给予教师们一定的自由去深入研究他们的学术领域。

第三个阻碍就是员工责任范围内各方面技术的持续发展的缺失。大型企业会花费全员预算的 3%～5% 在继续教育方面，而小型公司则是在 5%～8%。而除去派遣教师前往学术会议发表文章的消费，有关高等教育花费了什么在对教师与管理者进行相关训练，以提高其进一步拓展院校核心价值的能力方面的数据资源则是寥寥可数。据估计，相关预算所占全员预算的比例小于 0.5%。

要想克服这些障碍，创造出一种能够同时注重质与量的新的测量方式不失为一种解决之道。这样的测量方式应该对高等教育的习惯以及语言相当敏感，并且能够助力于推进一种更高效的组织，正如像为了达成院校目标所必需的资源所定义的那样。

## 高质量院校潜在理念的力量

为了使用测量工具测量一所院校的效率并且发掘提高其效率的途径，了解有关组织效率的概念是必不可缺的。

### 一个集关系和流程于一体的组织

接下来的两个概念对于将组织视作一个整体至关重要。首先，所有的组织都是由既不相关又相互依存的关系组成的。组织越是庞大，关系越是繁杂。这些关系是由组织内部的文化所形成并连接着的，这种组织文化是个体有关于"这个组织代表了什么"（它的核心价值观）以及"它该怎么做"（什么才是合适的过程）看法的总和。

其次，牵一发而动全身，一段关系的改变最终将会影响众多其他关系。由于这种相互关联性，想要真正观察到这种变化的结果可能会耗费几个月甚至是几年的时间。举个例子，当部门同意提高管理标准以改善院校的国际排名（这是想要达到的结果），但是更高的标准也许就意味着接收更少的学生，因此院校的收益也将降低。反过来，这也将导致项目的难以为继，以及教师的缩减（这是意料之外的结果）。

### 院校文化的建构

那些效率不断提高的组织正是意识到存在于形成其组织文化的重要元素中的阶层式联络关系。如果这个组织没有认识到这样的层级，那么这个组织的效率就会面临大问题。图 37.1 展示了对三百多本有关高校组织的书以及文章分析后而提出的概念性设计（Freed, Klugman & Fife, 1997）。

这张图主要展现了三项内容。第一点，院校的效率被定义为：院校能够满足其支持者的预期。因此正如院校在其愿景、任务以及成果叙述中所呈现的，其核心价值观需要建立在各种各样不同支持者的需求以及预期之上。所有的活动需要与这一核心的支撑与发展息息相关。

第二点，是了解院校的效率是由个人长期或短期与院校的互动能够多大程度上产生一种始终支持院校长远愿景成就的成果所决定的。对于那些成功的互动而言，必须对这些互动是如何产生的，铭刻在互动中的普适价值观念以及期望达到的成果有共知。这些都是在组织中的系统及过程中有所体现的，正如在这个模型的外部界限所展现的一样。正是这种被普遍认可的系统与程序的价值导向界限将组织联结在了一起。

第三点，在这个模型的外部以及核心中间是六个极其重要的元素。这六个元

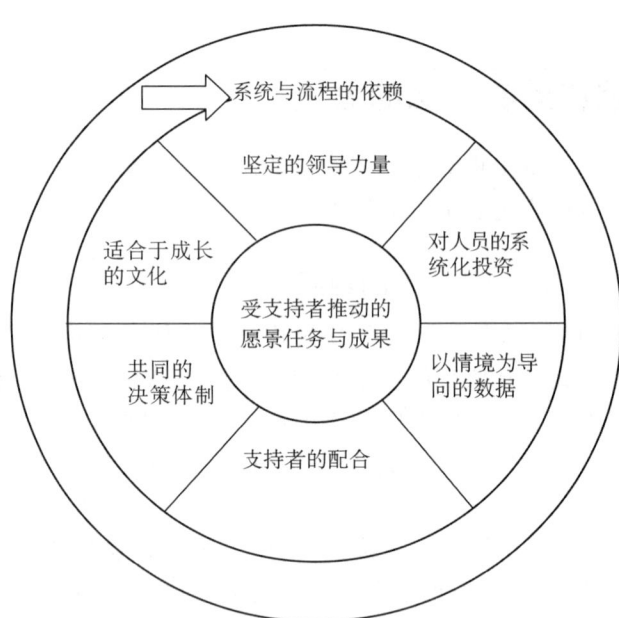

图 37.1　有效率的组织的基本元素

素时刻将院校的系统以及流程与核心价值紧紧相连,创造出了院校的文化。六大元素的效率高低主要取决于两种情况:连接着院校的核心价值与处理过程的程度和先前活动发展得是好还是坏。

这六个元素是按照其内部相互间的关系来进行排列的。

(1) 第一,必须坚定的领导力量有贯穿在组织中来支撑一个概念,这个概念就是:发展一个专注院校核心价值的组织文化。

(2) 第二,缺乏对人员的系统化投资(这样的投资是有目的性地着眼于提高院校中所有成员实现院校愿景、任务以及成果的知识与能力),很有可能院校的期望与任务是无法达成的。对人力的系统投资中极为重要的就是了解对每一个工作岗位而言,哪种技艺是有需求的,并且确保每一个个体都有接受训练的机会。虽然这时常被视作是人力资源部的责任所在,但是院校研究部门可以在确定哪种类型的训练才是真正需要的这一方面扮演非常重要的角色。

(3) 第三个元素是以情境为导向的数据,其对院校研究部门来说至关重要。院校决策者所需要掌握的一项特殊技能就是知道如何理解院校研究部门收集的数据。高效率的院校研究部门的关键所在就是能够在院校的核心价值观以及流程的情境下展现数据(Terenzini,1999)。院校研究部门收到的众多数据要求都必须涉及输出数据,比如,挂科学生的数量,多少学生在学一个专业或者是毕业学生所占的比例。尽管这一类型的数据因各种各样的理由而必须存在,但是正是有助于实现院校的具体目标的数据才能够让院校在未来的表现中起到重要作用。用爱德华·迪敏的话来说,没有情境性的数据只不过是没有意义的数字与符号罢了。以情境为导向的数据对于了解院校的核心价值观念以及任务完成得好与坏,还有哪一个流程尚未对院校效率的增加有所贡献都起着重要作用。

(4) 缺少了以情境为指导的数据——第四个元素,支持者的配合就不太有可能得以实现。有效的支持者配合活动依赖辨别哪个支持方作为一个团体是最为可靠并且能够获得成功的,以及哪个支持方又是依赖团体以获得其自身的利益。当拥有了情境导向性的数据后,各个单位就能够更好地认清这些支持者之间的关系,且致力于使这些关系更为高效。(想要了解更多的有关于经营方式的转变以及系统思维的讨论请参见第 7 章。)

(5) 由于在组织关系中,大部分员工是专业人员并且构成了各种不同的部分,自上而下的政策决定是不起作用的。如果前四个要素运行稳定,第五个要素共同的决策制定就更有可能得以发展。因为一种愿意相信以及改变的组织文化已经被建立起来了。对于院校研究部门而言,为了发展质性以及量性的且与院校、组织的文化与流程有着情境性关联的测量方式,了解这些元素是很重要的。

## 维持一个高效组织的封闭系统

所谓封闭系统,是指一组直接或者间接且持续相互影响的流程;因此一个流程中的改变将会最后影响整个程序。图 37.2 的接续适应模型(也被称为接续改良模型)就是一个封闭的强化程序的典例。

图 37.1 表明了在连接核心价值观与其程序和系统的基础上建立起的院校文化所必不可缺的要素。图 37.2 则显示了一个用来定期评估每一个流程以确保它在院校核心价值方面的关注的封闭系统。

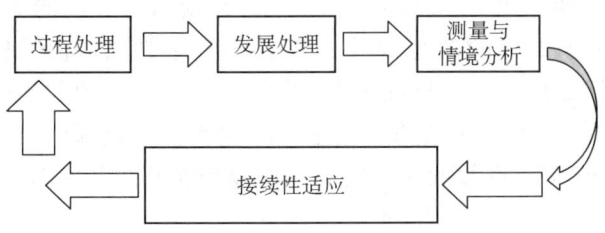

图 37.2　持续调整的循环

(1) 方法处理:这是一个关于每个过程是如何致力于获得院校的核心成果的计划或者说一种表达。院校的战略计划时常体现出很多这种关联。

(2) 发展处理:这一过程显示了一些共同产生作用从而达到战略计划中目的的元素,包括组织的结构、政策、程序、过程以及日常行为。

(3) 测量与情境分析:院校研究部门面临着一个在推进院校取得其目标的过

程中起重要作用的好机会。也许这也是分析中最具政治敏锐性的领域。此处的联系是建立在部署过程的成果与输出，以及那些要么对院校取得期望的目标有所帮助，要么阻碍其发展的大型事件或相互关系之间的。

（4）接续性适应：一旦完成了分析，接下来就到了决策时间了。在院校的方法以及相关的程序中有哪些改变是需要进一步加强，以及有哪些是需要被改变甚至是消灭的呢？虽然这并非一个院校研究部门的责任所在，但是院校研究部门如何展现这些数据将会对决策制定产生很大影响。一旦做出了决策，那么方法处理，连同相关程序将会得以优化，并且这一循环也将继续进行下去。

## 提高院校效率的工具

人们（也因此影响到组织）时常不太乐意改变，除非能够从改变中可以看到一些个人利益。一个组织的文化就像生活有机体一样：当一些新的（或者说是异域的）事物介入时，如果它感受到了益处，那么它就会接受这种改变，但是如果它觉得自己受到威胁就会拒绝改变。制造改变的诀窍就在于强调改变的内在利益，认清改变中的领导者，并且确保这些个体掌握合适的技巧以及数据来进一步突出有益之处，以达到将个人对改变的不安最小化的目的（Cameron & Quinn, 2006）。

开发一个程序要从认清起点开始。在众多案例中，我们可以利用帕雷托原则来达到这一目标。早在 20 世纪初就有一位名叫维尔弗雷多·帕雷托（Vilfredo Pareto）的意大利经济学家发现，国家 80% 的财富掌握在 20% 的人的手中。20 世纪 40 年代，约瑟夫·朱兰（Joseph M. Juran）将这一发现应用于组织表现之中。因此，这一原则也被称之为"二八原则"。这一原则可以应用在组织效率统一体的两端：20% 的 $X$ 可以生产出 80% 的 $Y$；活动的 20% 要求总支出的 80%；20% 的学生得到了 80% 的高分；20% 的教师撰写了 80% 的学术文献。在院校低效率的另一端，20% 的职员引发了 80% 的行政人员方面的问题，20% 帮助学生解决学术行为问题的程序也可能会引起 80% 的人辍学。因此院校研究部门可以通过辨析以及检测那些造成院校 80% 低效的成果的 20% 的活动来极大提高院校的效率。

### 用来辨析从何处着手的特定工具

接下来的一些工具对于帮助认清一些领域至关重要。在这些领域之中，院校可以在决策匹配以及处理其核心价值观、愿景以及任务方面进一步提高一致性。此外，我们也应该意识到虽然这些工具大有用武之地，但是它们并不是按照其重要性来排列的，并且也不仅仅只局限于这些工具而已。本章末尾的附录 37.1 就列举出了另外一些有用的资源，可以对研究人员收集提高院校效率有所裨益数据［也可以参照（Brassard & Ritter, 2010）以及（Tague, 2005）］。下面的各个工具更为详

## 1. 基线评估

诚如在各种搜集数据的尝试中那样，为了能够知道去向何方，了解从何处下手极为重要。一个极其有效而简便的工具就是用波多里奇教育组织概况来进行自我测评与行动规划（http://patapsco.nist.gov/eBaldrige/Education_Profile.cfm）。这项调查从以下几个方面对组织的知觉进行检测：组织的环境、组织关系、外部环境以及院校的战略情境。这种工具可以用来检测整个院校或是单个院系。高等教育委员会（HLC）的学术质量改进计划（AQIP）已经发展出九种类别，这九种类别可以用作基线结构来检测主要的程序。这些程序与对能源的利用以及能够帮助院校实现其目标的资源有着一定的关系（http://www.hlcommission.org/aqipcategories/aqip-categories.html）。

## 2. 成分分析

单个院系与作为一个整体的院校，其效率的展示主要是看他们多大程度满足了人们或者是机构的需求与预期，这也是组织存在的理由。比如，在商业方面，这些组织或者人群可以是员工、供货商、顾客、股东以及投资者；在高等教育领域，他们包括职员及教师（员工）、中学（供货商）、学生群体、学术圈以及研究基金组织（顾客）、父母、当地社区以及政府管理的院校与雇主（股东）、州政府及联邦政府、学生与家长、基金会以及校友（投资人）。由于高等教育不是以测评为导向的，对支持者的需求及预期的评估以及院校在多大程度上满足了这些需求都必定会被限制。认清所有期待中最为重要的20%将会成为提升院校效率最为关键的一步，并且这也将与院校成果效率的80%息息相关。

## 审视过程的特定工具

虽然很多院校研究部门有规律地调查外部与内部关键的支持因素，这些支持因素与院校在多大程度上满足了其需求有关，但是我们尚不清楚这些数据在过程变革决策中是如何作用的。如果这些调查的问题缺乏情境基础，那么其结果就会成为惊鸿一瞥又或者是普遍性的数据，这是很难用来进行决策的。比如，对雇主问："你会继续雇用我们的毕业生吗？"又或者"在你从其他院校雇来的成员以及我们的毕业生之间，您如何对他们进行排名？"这些问题对于改善院校的效率所起到的作用微乎其微。类似于"我们的毕业生掌握了哪些其他的知识或技能会更加吸引您呢？"这样的问题将会提供有可操作性的信息。

## 1. 内部院系相关性分析

由于院系之间的相互影响以及间接的相互联系，对于一个院校而言，了解哪些院系对于取得成功至关重要与哪些院系以自身为依托才能取得成功是有着很大的必要性的。仅有很少的院校有规律性地测量这些关系。在乔治华盛顿大学的课程练习中,学生们采访了七个不同的院系,主要询问了他们认为他们最依托于哪两个院系以及哪两个院系最依托于他们。学生们之后又以相同的问题询问了被提及的四个院系。没有一个院系提及采访的第一个院系。

**2. 因果映射**

一旦我们认为一个程序不能满足核心目标,那么必须就要以发现一种永久改善这一过程的方法为目标对其进行分析。为了达到这一目标,找到问题的根源就显得很有必要(Andersen & Fagerhaug, 2006)。

**3. 细节分析**

最初的解决方案往往是很表面化的,只能治标却不能治本。我们所需要的是更加细节化的分析以分辨出问题最主要的根源所在。以下的四种工具可以在此类分析中有所帮助。

(1) 头脑风暴法。极限 X 加上五个答案的技巧。这仅仅是头脑风暴法的一种形式而已(不要和批评会混为一谈)。质量工具箱(Tague, 2005)详细列举出了六种进行头脑风暴的方法。在互联网上还能找到更多。这个技巧极其重要,因为它不会接受将那些最明显的答案作为解决问题的方法。相反的,他要求参与者列举出他们所能够想到的所有的可能性(这就是 X)并且在这之后再确认五个答案。这添加的一步可以在同一个会议或者是随后的会议中进行。其目的就是发现内在而不拘泥于外在。

(2) 鱼骨图。也可以称之为因果图或是石川图,这张图使得一组中的所有成员都能够辨别、探索并且通过图表来展示更多的细节,将所有可能造成问题的原因进行分类。石川图使得一个小组关注于问题的内容而不是有关于问题的过去或者是成员的个人喜好。通过将组员的注意力广泛地集中在原因而不是症状上,这一工具可以使思维已经走进死胡同的人员重新打开思路。一般这种图的外形看上去像是鱼的骨架,因此其名为"鱼骨图"。这一过程首先是确定问题;比如,对学校伙食的不满。下一步就是确定哪些主要原因可能引起这些不满。可能是因为菜色太少,食品质量不高,民族伙食宗教食物选择面过小,用餐区已经服务不够洁净,又或者是用餐时间不合理等。在确定了主要的可能性之后,一张所有可能导致学生不满的单子就产生了。接下来就是比较麻烦的一步了:确定这一结果鱼骨图的哪一个部分是正确的而哪一部分又是不正确的。一种方法就是以鱼骨图为基础来创设一份细致的学生调查并且将之分发给所有学生。但是学生的不满可能是对不同的食品服务区有所不满,并且全校范围的调查也许并不能找到解决单个学生不满的方法。一个更加能够定位的方法就是在每个食品院校制作评论卡片并且每天都要评测,第二天将反馈公之于众。关键在于要给学生一定的反馈,让他们知道他们也做出了贡献,这样就能在数据上有所作为。

(3) 决策树。这种分析工具也被称为系统图、树状分析、等级图表或者分析树。其目的是从一个令人不满的结果向前回溯,审视各种不同的将原本应该是正确的决定转变为负面结果的可能性。比如,一所院校正在经历生源以及相应的收入的减少。造成这一结果的原因有很多种:经济繁荣使得求职者不再需要更多的教育;经济衰退使得发放更多地助学金成为必要;在国家大学排名中排名落后从而显得其他院校更加有吸引力;或者提供的课程不能满足地方社区的需要。所有的这些可能都可以分析与测量,估计其对招生带来的影响。一所面临着无从解释的招生人数下降的状况的院校构建了决策树后发现,由于来自董事会的压力要求提升院校的国家排名,行政部门将 SAT 以及 ACT 考试的最低分调高了。这一决定的确提高了那些被录取学生的平均分,但是这也同时拒绝了更多的学生,也因此无意间造成了招生人数下降以及学费收益减少的后果。一个能够提供更多有关于决策树的信息的平台尽在质量工具箱中(Tague, 2005)。

(4)系统图。在确定了问题的各个部分之后,下一步就是要在期望达到的结果以及能够对达到这一结果有所裨益的程序相关的不同活动之间,建立一种程序关系。在《第五项法则:学习组织的艺术与实践》(*The Fifth Discipline: The Art and Practice of the Learning Organization*)(Senge, 2006)以及《卓越学术成就的文化:质量原则在高等教育中的应用》(*A Culture for Academic Excellence: Implementing the Quality Principles in Higher Education*)(Freed, Klugman & Fife, 1997)中有对程序或者是系统思维方式的完美介绍。

将一个组织视为一系列的连锁流程与将其设想为一支交响乐团有着异曲同工之妙。每个乐师在合奏中都起着极其重要的作用。根据乐谱的不同,一些乐师的作用可能大于其他人,但是,如果每一个人无法在对的时间及时演奏出相应部分的话,那么集体表现就无法满足观众的预期了。

系统图能够迅速展现出一个院校中单个的程序或是系统与其他程序或系统之间的相互联系,它也同时让每个人了解到,为什么系统思维(鉴别每个元素是如何在更大的情境下运作的)对高效地解决问题那么重要。一个完整的系统图将会激发有关于要求的全面探讨;比如,为了让每位顾客满意,哪种系统产出是应有所规定的;为了确保每个程序的顺利运行,哪种投入又是必须的;需要哪些供货商提供合适的投入。

一旦理想的系统图被设计出来并且得以完善,我们可以对各个成分进行分析,分清那个部分也许并不能如我们所期待的那样运作良好,又或者根本不可能出现。系统图的绝妙之处就在于,它可以帮助我们轻松确定基本设想的存在与缺乏。

## 其他程序管理的分析工具

还有很多其他的工具可以在分析院校流程管理中有所帮助。下面将介绍一些最为常见的工具。许多读者也许已经有所了解,有的人又或许第一次接触。更为详细的描述见附录 37.1,也可以上网进行搜索(Ewy & Gmitro, 2010)。

**1. 管制图**

这是作业图的一种特定类型,可以用来监测程序的不同。一般说来公认的变化范围已经建立完毕。如果成果依旧在这些范围内,那么这一流程就可以被视作是如预期般运作。如果有很多指数出现在了变化幅度限制之外,那么这一流程就需要进行深入检测了。

**2. 作业图**

工作指标往往是由院校研究部门搜集而来的。趋势图或者是跟踪图的创设,是为了对具体的工作指标在多大程度上符合了期待的成果进行更为明晰的观测。创建一条趋势线至少需要三个测量点。测量点越多,作业图的真实性就越强。比如,可以用作业图来确定建立在一个战略规划中的具体目标。比方说,减少处理维护要求所需的时间。如果回应时间在这一目标提出后瞬时减少,之后却又一如往昔,那么这张图就清楚表明要检测程序,找出未能达到目标的根本原因。

**3. 柱状图**

这是一种对在一段时期内通过一种特定的程序收集到的数据一览的条形图。在了解数量众多的数据时,柱状图有着不少的益处:能够显示出不同数据值发生的相关频数;展现出数据的中心、变化以及形态;协助我们认清行为中的改变并预估程序中的变数;也可以让我们认识到这一程序在多大程度上支撑着院校核心价值。

**4. 流程图**

流程图是一个有关于流程的图表,它展示了起源与末尾之间的关系。流程图使用各种符号来对处理步骤,输入输出,条件点或是决定点进行阐述(如果 $x$ 发生了,那么 $y$ 也将发生)。一般说来,流程图是多种系统图的高阶结合。它是工作流程的展示,按照顺序列出工作步骤,包括转接、认可以及程序边界。流程图使一个组织以产品或服务通用的流程方式来采集并分析事件的真正流程或顺序。流程图将"应该"与"现实"进行了对比。流程图强调了复杂性、问题领域、冗余以及可以简化的不必要的循环。并据此使得一个团队得以在程序步骤上形成一致观点。

**5. 六西格玛(6σ)**

六西格玛作为一种改善组织效率的流程,在 20 世纪 80 年代盛行,主要是由于摩托罗拉用这一技术创造了一个比其日本竞争对手高出许多的质量等级。它的目的是为了使企业达到六种质量标准差或者是将项目出错率控制为 3.4% (Pyzdek & Keller, 2010)。六西格玛质量程序不为众多高等教育人士所认可,主要是因为以下两个原因:六西格玛的创设,其初衷是为了改善制造程序,并且他所提出的控制差异的标准显得不是那么现实。但是六西格玛程序中的一些工具被认为还是有益的(图 37.3)。

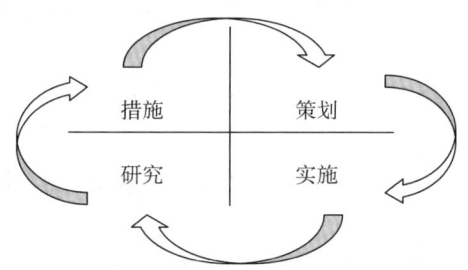

图 37.3　策划-实施-研究-措施

**6. 计划-实施-研究-行动（PDSA）**

其也被称为计划-实施-检查-行动（PDCA），或者是施瓦特循环。PDSA 的价值可以体现在一个高效组织在犯下了损失惨重的错误后所得出的金科玉律之中，那就是："说得多，做得少。"PDSA 还包括了接续性适应循环的相关概念。它的指导理念就是，当创造一个新的程序或者是对旧的程序进行调整时，这些调整需要进行小范围地测试。因此，"计划-"设计一个程序变化，"实施-"将这一变化小范围内的应用，"研究-"审视结果，如果有必要的话还需要进行调节，"行动-"将改变应用于稍大的范围内。这样 PDSA 循环流转始终，不断循环。在研究阶段，院校研究部门可以对组织效率提高发挥一定作用。

**7. 优先矩阵**

优先矩阵首先创造出一个 L 形矩阵，用 L 形矩阵衡量一个程序变化的选项，之后再使用特定标准系统性地比较这些选项，比如费用、实施的难易程度、影响、需要的技术以及风险。当受到直接影响的成分的典例也被囊括在制造矩阵的过程中时，优先矩阵最为有效。使用这一工具，有着以下几点益处：

（1）基础的不一致公开化。

（2）确定下了最好要做什么，摒弃那些虽好却未必有价值的点子。

（3）感兴趣的日程变得更为明显，并且通过了特殊标准的检测。

（4）跟进工作更易进行，因为每一个决定都是在全体成员集体同意的情况下做出的。

**8. 相互关系图**

这一图表为首先确定因果关系提供了另外一种新的路径，这样的因果关系在造成改变并提出有效解决方案中起着推动或者是阻碍作用。这一程序需要支持者以及那些拥有资源或者数据来证明个人观点的人这两方面代表的加入。使用相互关系图有着如下的好处：

（1）拓展了参与者的思维，使其能够多方面思考问题。

（2）创造了一种更为综合性的对所有因果关系的检测。

（3）创造了一种不受审判的氛围，从而使得重要的事件可以按照逻辑顺序出现。

（4）产生了对可能造成意见不一的原因进行检测（比如错误假设，害怕失去什么或是地域保护）。

（5）使得人们可以找到问题的根本原因并且解决他们过程中的阻碍。

### 9. 亲和图

这一方法总结出了一张技术清单，这些技术都可以用来提高院校的效率。将这一方法放在最后介绍，是为了强调组织的重大收获，这些机构已经由于其被授予马尔科姆波多里奇国家质量奖而受到广泛认可。当被问及："当你开始采用一个程序提升效率时，你做的第一件错事是什么？"这个问题时，普遍的回答是："我们在数据这一艰难的方面花了太多时间，而不是将时间花在，人这一较为简单的方面。"

亲和图是通过那些被聚集在一起以找到产生各种新点子的可能性，并且形成对问题核心的理解以及提出有创意的解决办法的团队合作而形成的。形成步骤如下：

（1）清楚而又简洁地对事物下定义。

（2）以头脑风暴法思考解决办法，比如之前介绍的"极限加五"法。

（3）将所有想法按相关性分组。

（4）最后，通过协商，将每个组进行分类并且按逻辑将相关想法排列。最后的结果应该是整齐有序的，有创意的点子的呈现，真正克服了被过多可能性包围而产生的理智与情感方面的桎梏。

正如图37.1所示，一个高效的组织是为它的中心愿景、任务以及目标所推动的。这些都是信念的核心所在，因为在组织内部以及身处组织外部但是也会直接被组织的产出与成果所影响。本章所提及的一些工具可以帮助发展测量与观察，这样的测量与观察将会提供有关于组织在哪些地方是被核心价值驱使，哪些地方又不是的质性与量性的证据（Revelle，2004）。

## 结语

只有人才能有所作为。高效的院校研究专业人员不会仅仅将收集到的事实进行堆砌，然后希望或是认为其他人将会使用这些事实得出结论或是进行活动。院校研究人员必须积极主动地帮助教师团体，管理团体以及员工团体了解并且践行研究所发现的成果。创造出高效组织的方法——CQI，TQM，六西格玛，精益管理以及其他相似的活动，都为在学术团体中的讨论以及分析提供了便利。

与学术人员一同合作，院校研究部门应该正确意识到真正的不同点在哪里。学院教授以及研究人员喜欢强调被其他人所忽视的不同。他们通过对已有事实的再解读而产生的发现与真知灼见与从发现新事物中所产生的是一样多的。他们的学术价值与标准时常并不包括妥协与求同,并且他们会将"你的头发分叉了"或是"你那是鸡蛋里挑骨头"。视为一种赞扬而非批评。面对着教师团体时,对组织文化很敏感的院校分析专家将会采用一种手段,这种手段不会将人的性格纳入考量范围内,弥补不好的或者是荒疏的倾听技巧,并且创造一个流程,这样的流程会使得一个组织在既不给予其成员过度的独立性,也不让他们明显感受到被控制着的情况下向着共同的观点推进。

研究人员所想出来的为组织制定的目标应该是趋向一致认同的——也就是说,达成一个能够最大程度上反应所有成员思想的决定。所谓共识,是指对于一个目标而言,所有的成员都是可接受并且支持的,没有一个成员明确表示不赞成。达成共识需要时间,所有的组员必须积极参与,展现出交流的技巧(倾听、解决冲突、讨论)并且保持开阔的心胸。

共识并非多数票。在多数票中,只有投多数票的人才会开心,并且少数人将会得到他们根本就不想要的东西。我们应该明白达成共识是让每个人都能尽兴,给予每个人他们想要的一切是不切实际的。一个共识也许并不需要代表每个人的第一需求。

并不是每一个决定都需要每一个人的支持。院校研究人员应该与领导者商讨并且提前决定好什么时候需要共识,多少才是充足的。决策可能对项目的发展方向或是整个组织的活动开展有着很重要的影响(比如在现行的运行过程中主要的新的目标以及重要的改变),这些决策需要得到广泛的支持,因此也就需要共识。但是有些决策是需要立即得出而不能等待公共意见的具体化,危难时个人决策(在寻求他人的观点与建议后理想化地做出)是合理的对策。

如果时间允许,并且决策做好之后的支持至关重要的话,院校研究人员可以努力追求共识。将这个组织纳入决策制定过程中有利于加强每个人的责任感与主人翁意识。有广泛支持的决策(其投入来源于各种不同的渠道)会更加稳健一些,并且在实施的过程中也将更加容易一些。但是,院校研究人员需要让任何与他们合作的成员相信,并不是每个人会对一切都满意,并且一个理性的目标需要全体成员的75%~80%对产生的结论与决策同意,只要每个人都能为组织决定的无论什么决定做出100%的努力即可。

# 参考文献

Andersen, B., & Fagerhaug, T. (2006). *Root cause analysis: Simplified tools and techniques* (2nd ed.). Milwaukee, WI: ASQ Quality Press.

Brassard, M., & Ritter, D. (2010). *The memory jogger II: A pocket guide of tools for continuous improvement and effective planning* (2nd ed.). Milwaukee, WI: ASQ Quality Press.

Cameron, K. S., & Quinn, R. E. (2006). *Diagnosing and changing organizational culture: Based on the competing values framework* (revised ed.). San Francisco: Jossey-Bass.

Chaffee, E. E., & Sherr, L. A. (1992). *Quality: Transforming postsecondary education*. ASHE-ERIC Higher Education Report, no. 3. Washington, DC: The George Washington University, Graduate School of Education and Human Development. (ERIC Document Number 351 922)

Ewy, R. W., & Gmitro, H. A. (2010). *Process management in education: How to design, measure, deploy, and improve educational processes*. Milwaukee, WI: ASQ Quality Press.

Freed, J. E., Klugman, M. R., & Fife, J. D. (1997). *A culture for academic excellence: Implementing the quality principles in higher education*. ASHE-ERIC Higher Education Report, 25(1). Washington, DC: The George Washington University, Graduate School of Education and Human Development. (ERIC Document Number 406 963)

Pyzdek, T., & Keller, P. (2010). *The six sigma handbook* (3rd ed.). New York: McGraw-Hill.

Revelle, J. B. (2004). *Quality essentials: A reference guide from A to Z*. Milwaukee, WI: ASQ Quality Press.

Senge, P. M. (2006). *The fifth discipline: The art and practice of the learning organization* (rev. ed.). New York: Currency Doubleday.

Tague, N. R. (2005). *The quality toolbox* (2nd ed.). Milwaukee, WI: ASQ Quality Press.

Terenzini, P. T. (1999). On the nature of institutional research and the knowledge and skills it requires. In J. F. Volkwein (Ed.), *What is institutional research all about? A critical and comprehensive assessment of the profession* (pp. 21-29). New Directions for Institutional Research, no. 104. San Francisco: Jossey-Bass.

# 附录37.1

美国质量学会，P.O. Box 3005，Milwaukee 53201-3005，877-713-0692(仅限于美国和加拿大)。http://www.asq.org。美国质量学会是一个致力于质量的成员组织。他们拥有为各个领域的质量监管工具提供话题的广泛出版物。

学术质量改进计划(*AQIP*)，高等教育委员会，230 South LaSalle Street，Suite7-500，Chicago，IL 60604，800-621-7440，http://www.hlcommission.org/aqip-home。在1999年7月推出的来自Pew慈善信托基金的慷慨赠予，委员会的学术改进项目通过提供另一种已经被院校认可的，可以保持其认证的过程，来为高校文化注入原则，并使其不断进步。学术质量改进计划中的一个院校演示了通过一系列的事件和院校正在进行的努力改善其性能的活动，如何达到认证标准和期待。

*Baldrige National Quality Program*，NIS，100 Bureau Drive，M/S 1020，

Gaithersburg，MD 20899-1020，301-975-2036.波多里奇卓越绩效计划，在继其联邦资金的损失后，处在过渡到一个新的组织模式的过程。他们的新网站（http://www.nist.gov/baldrige/transition/index.cfm）细节化了演变发展中的进步：它是如何过渡到一个可持续的企业模型，为马尔科姆波多里奇国家质量奖提供基础，卓越计划联盟，美国质量学会和州以及其他卓越绩效计划将共同携手创造面向全国的，卓越的集成模型。

*National Consortium for Continuous Improvement in Higher Education (NCCI)*，Jennifer Gentry，Association Administrator，NICI，342 North Main Street，West Hartford，CT 06117，860-586-7567，jgentry@ncci-cu.org/http://www.ncci-cu.org.委员会声称："NICI通过加快实践和学科在所有学术和行政职能的不断进步来促进高等教育的可持续卓越发展。"

# 第38章

# 衡量院校研究有效性的工具

莎伦·朗科(Sharron Ronco)
桑德拉·阿彻(Sandra Archer)
帕特里夏·莱恩(Patricia Ryan)

正如本书所述,从日常工作和专案报告,到政策制定的复杂分析,诸多领域的事物研究都是院校研究者的职责所在。他们经常需要帮助进行各种院校有效性的研究,而对于院校持续改进行动,他们则要协助机构的其他部门收集这些信息并加以分析。但是这些院校研究办公室自身的效率如何?如何将研究的方法与成果自得其用以达到有效性最大化呢?

## 在院校研究中,我们如何定义"有效性"?

院校研究这一行业得益于自我反思的悠久历史(Peterson,1999)。为了得到持续的完善,他们对院校所作所为的跟踪评估可以追溯得到这一行业的创业之初。乔·索普(Joe Saupe)和詹姆斯·蒙哥马利(James Montogmery)联合发表的《关于院校性质和作用的研究——给大学或院校的谨言》(*The Nature and Role of Institutional Research—Memo to a College or University*)声明中写道:"一旦大学或者院校建立起院校研究,并且不论以何种形式开展,院校研究都必须经过定期仔细的评估。它们的成立和之后的一切作为都应建立在清晰的原因和目的之上。如果某一种研究不起作用,那么可以尝试另一种研究。"

尽管对于院校研究的有效性没有普遍适用的衡量办法或者简单的量化统计,诸多的研究已经总结出一个有效的院校研究办公室所拥有的一些特点。对于决策、计划、政策形成,它必须拥有实质的影响力,这是最基本的一点(Kninght,2010)。而研究者对于有效性和生产率的自我感知报告显示:在衡量有效性时,识别障碍比探索绩效要简单得多。所谓的障碍通常包括人力物力的缺乏、高管对于数据的不够重视、不尽如人意的研究环境。人们对于有效的院校研究所的定义取决于他们做出的研究成果是否有效(Chamber,2007;Gerek,2007)。

## 第 38 章 衡量院校研究有效性的工具

高效的院校研究所人员应具备"话题捕捉"和"适应性智力"这两大素质,这是那些讨论院校研究所所具备特质的著作中经久不衰的话题(Terenizi,1993)。虽然这些专业人士技术能力过关,但他们却在应当详细说明研究成果的大问题上缺乏论据(Chamber,2007)。显然,这种适应性智力只能随着时间的推移而习得,但它对于一位高效的院校研究员至关重要。事实上,奈特(Knight)、穆尔(Moore)和库珀斯威特(Coperthwaite)发现:在参与调查的院校研究员中,88%的人群表示在职工作经历是学习专业技能和积累经验最重要的渠道。就像普雷斯利(Presley,1990)描述的那样,一位有能力的研究者通常会由一位"全才"来领导,所谓"全才"就是那些适应能力强、技能完备还要有灵活沟通能力的人。同时,那些"专员",或者是那些擅长计算机操作、数据处理或评估的人员对于院校研究的运作也是至关重要的。

关于高效的院校研究办公室所应具备的特质,钱伯斯(Chambers,2007)可能是总结得最完备的一人了,他为院校研究所的高效运作提炼了以下这些普遍适用的结论:①保持真实客观;②走在前沿;③时刻处于国家、州、地方和院校的角度审时度势;④突破常规;⑤与高级主管合作了解你的研究现状;⑥积极参与自我评估。

对院校研究办公室进行有效性的评估是个有价值的举措,不仅如此,另外所有六所大学或学院的区域认证院校也注重管理运作的评估,其中包括院校研究所的评估(关于区域认证的详细内容请看第 18 章)。六所院校联盟如下:

(1) 中部国家学院联盟,高等教育委员会,规章 5——管理:"说明……行政架构和服务有效性的定期评估。"(Middle States Commission on Higher Education,2009)

(2) 新英格兰学院协会,高等教育委员会,规章 2.5:"院校应定期对教育研究成果进行系统评估……评估系统是为了获得中肯而又可信的信息以达到学术进步的目的。"(New England Association of Schools and Colleges,Commission on Institutions of Higher Education,2011)

(3) 北部中心学院协会,高等教育委员会,核心部分 5.D.1:"院校应将其发展记录存档。"(Higher Learning Commision,2011)

(4) 西北院校联盟,规章 4.2.A:"院校应当拥有一套完备有效的评估系统,针对项目的明确目标或者预期结果进行有效的评测,不论这个项目或者服务是如何运作的。"(Northwest Commission on Colleges and Universities,2010)

(5) 南部院校联盟,院校委员会,核心规则 3.3.1:"在行政支持中,明确预期结果,评定能达到的程度,基于结论的数据提供改进的证据。"(Southern Association of Colleges and Schools,Commission on Colleges,2012)

(6) 西部院校联盟,高等院校认证协会,规章 4.5:"定期回顾可以保证(院校)研究的有效性和数据的合理性以及实用性。"(Western Association of Schools and Colleges,2008)

院校研究办公室可以通过自我审查,对自身运作有效性的研究学习来规范自身的行为。钱伯斯(Chambers，2007)指出："为了在校园中树立可信度，院校研究办公室在那些它们准备参与的事务中扮演着非常重要的角色。"这一部分将会授以院校研究办公室必要的方法，以此来显示出"美德始于家庭"并通过例子引导大家。

## 院校研究办公室的自我学习

"补鞋匠的鞋子最破！"这一谚语的背后蕴含的意思是：补鞋匠因为工作繁忙而无法顾及自身的需求或者改进其本身。院校研究员必须保证自身有足够的时间来将自己的"鞋子"调整到最佳状态。有效的方法就是自我学习。就像在别的领域那样，自我学习可以对办公室的现状有全面的认识，明确自身的优缺点。通过自我学习，院校研究办公室可以提出改进方案，在另一方面产生提升的效率。

表38.1提供了一些涵盖院校研究办公室自我学习的论题，在下面有进一步的说明。对这些论题的进一步探讨，可以参见(Gerek，2007)或联系帕特里夏·莱恩(Patricia Ryan)。

**表38.1　院校研究办公室自我学习的论题建议**

| 职责 |
|---|
| • 确立并写下办公室的任务目标 |
| • 与学术目的保持一致 |
| • 将其付之于院校研究办公室的日常实践 |
| • 和内外的组织部门都要随时沟通 |
| • 定期回顾并随时更新 |
| **办公室的资源——人力** |
| • 按要求提高员工素质 |
| • 拥有完成研究工作所必需的能力资格 |
| • 互叉训练 |
| • 员工提升专业水平的机遇 |
| • 合理的工作量 |
| • 明确的职责介绍和常规员工评定 |
| • 员工有适应的时间，并能积极主动行事 |
| • 与管理和学术部门有着高效的工作联系 |
| **办公室的资源——其他** |
| • 办公室运作所必需的硬件与软件 |
| • 院校研究办公室所需的充分预算 |
| • 编程、网页设计、统计与研究方法咨询、文案等的辅助资源 |
| **工作流程** |
| • 向院校研究办公室提交工作申请 |
| • 工作申请的受理、布置、优先分配 |
| • 工作申请的记录、日程、监督竣工的跟踪系统 |
| • 日常汇报自动化 |

(续表)

| 信息的获取和检索 |
| --- |
| • 即时/交互数据的获取<br>• 存档/快照/存放数据的获取<br>• 数据中心和其他文献的获取<br>• 确认数据可信度的进程 |
| 报告和其他成果的发布 |
| • 发布前确认准确性的进程<br>• 报告和其他成果的发布进程<br>• 院校研究办公室网页的信息公开<br>• 数据与报告的备案和信息安全处理 |
| 评估 |
| • 获取客户反馈<br>• 机构内部日常工作的评估<br>• 根据工作日程表评定可改进的部分和效率 |

## 办公室的职责

自我学习由对办公室职责陈述的回顾开始,这为院校研究办公室所提供的各种制度需求和职责范围打下了基础。在这个过程中最重要的考量包括:学术研究的支持、对于使用者的适用性并且使得办公室的实践与理论相一致。职责回顾至少三年一次,或者只要有影响办公室的目标、组成或运作的改变时就应重新确认。

## 资源

总的来说,分配给办公室的人力资源必须与制度的需求相一致。当研究者有时间思考手头任务以外的东西并且主动地向院校给出未被指明需求但同样重要的信息时,充足的人力资源此时就显得格外重要。在这种情况下的自我学习中,经验、教育、交互训练以及员工工作量应当结合员工的评估和职业发展机遇一同进行回顾。院校研究办公室与院校其他部门的工作关系应当诚实评估,以此保证它们都有效地运作。

充足的物质资源包括预算和充分维持院校运行的技术。根据职员的技能,其他的工作者——例如网页设计师、统计分析师或编程人员——也要分拨给院校研究办公室。

## 工作流程

彼得·F.布鲁克斯(Peter F. Brooks,1962)说效率就是将事情做好。高效就是做对的事情。在不违背院校初衷的背景下，一项针对院校研究办公室工作流程的彻底检查就是对其效率和高效的考察。

达顿(Darton, 1997)发明的商业进程分析是对于工作流程审查的有效工具。每个个体的工作都会通过工作完成情况和信息传输从头至尾映射出来。无论是常规的还是特殊的任务，一旦被院校研究办公室接收，审查就会对此后发生的事进行分析。针对任务是否属于办公室研究职责，是否有一个专门的评定过程？如果不是，是否应该重新安排给其他领域的研究者处理？或协商由谁来处理？办公室的工作应当根据职工的能力公平地分配，这一点必须明确。当工作量很大时，确立工作优先级和预期完成时间是非常必要的。工作申请表或者内部日志可以用来记录工作或追踪完成情况。对于已完成工作的简单文件归档分类可以消除重复工作并且对于同一信息或分析的重复需求进行自动处理。常规需求的共享一览表可以使每个人都清楚报告或者何时可以调用信息。

数据就像是院校研究办公室的血液一样，它必须随手可用，容易被调出，是可判断的、可信的。自我学习则应当对即时的和存档的数据的存在和利用率以及捕捉储存数据的过程进行探索研究。数据字典、文件归档、验证、安全性以及数据系统的备份都是评估的有关项目。

自我学习必须对准备工作、分配工作和院校研究办公室的研究成果的发布进行彻查。当成果以专业的形式发表时，它不仅能够满足机构的要求，更能体现出对于细节、熟练程度和可用性的关注。传播到院校的信息可以有不同的来源和传播渠道。对于院校研究办公室来说，"信息产品"要有可见的标示——可认证的外观是非常重要的。院校研究室发布或出版的成果代表了官方和学术性认可的数据。院校研究对所有信息传递应采用统一的、专业的和可识别办公室的菜单形式，并在自我研究时对此进行评估。和研究室成果有关且需要检查的同等重要级别的事务需要经历以下过程：在发布前的信息认证、产品创立、发布渠道和研究成果的出版。

## 成本效益

院校研究室一直长时间高效运作，很少有停工时间甚至是慢工时间。自我研究学习应当包括成本效益的分析，这很关键。只有货币价值和研究需求或成果结合在一起时，才能算是对于研究室资本的有效利用。

从检查年度预算开始说起，它包括人员配置、经营支出、器材和其他费用。进一步区分雇员的薪层十分有用，主管、专业人士、研究生助理和其他受雇者的小时薪资都应分开计算。操作和器材的费用可以换算成雇主的每小时支出。结果是一个专业人士一小时的研究工作大概会花费院校 50 美元。全天的项目需支出 400 美元。研究生或其他学生工作则需支付 12 美元一小时。

支出预算可以在计算工作的接收量和布置量时有助设置参数。

院校研究室通常都被委派研究复杂的问题。当请求者并不十分清楚他们想要得到什么的时候,他们会要求研究室"先研究起来"或者"先看看结果再说",这时应当注意资源的更合理利用。分配任务时的人力花费也应当慎重考虑;确保劳工等级和工作难度等级是相对应的。通常需求可以利用程序调度程序的建立实行自动化处理。

## 评估过程

自我研究的一个重要组成部分是检视来自办公室内部、院校内部和院校与办公室之外的信息反馈。建议为了完成一项工作,尽管简短,但负责的职工也应该花些时间去仔细思考工作过程,在数字工作日志上应该记录下摘要评述,包括遇到的问题和随后的改进方案。这些信息会为办公室主管提供有价值的见解,并为提升工作环境和成效做出贡献。自我研究的内部其他部门或外部审查人员信息反馈的处理将会在下一个部分叙述。

自我研究应当涵盖一个由研究室员工负责的日常工作审查。随着时间的推移,对于信息的需求愈来愈庞大,而常规的数据传递"报告"也会随之增长。随着数量激增,"报告蠕变"也会上升。这个一旦发生,那些不再需要的信息依然会按常规来传送。着眼于消除冗余或淘汰汇报,时不时重新评估此类信息的需求性是非常重要的。

根据建议,自我研究管理应每三至五年进行一次。负责研究室运作的主管或管理者应当承担审查工作,或许会需要一到两位其他院校管理人员的协助。外部的参与将有助于获得一个更加中肯的结果。自我省查小队的工作必须在一个月内完成。这个工作的理想时间应当放在工作量较低的时段进行,比如夏季。学习的结果应当以更高一等的监督水平来进行审查,以此来提高认知成果、处理低产以及确保可持续发展进步的可能性。

## 获得客户反馈

为了充分实现员工与部门的协调一致性,院校研究室需要明白自己的成果是如何获得以及为人接收的。通过有效的努力,研究室所提供的种种服务将会更上一个台阶,更好地满足需求。其中第一步便是倾听客户的心声。

广泛运用在高等教育领域的全面质量监控(TQM)是奠基石,要求格外注重客户驱动质量(Quinn, 2009)。从这个观点看来,客户是质量鉴定的主判官。为了满足他们的需求甚至是领先于他们的期望,就必须和他们建立联系,了解他们。院校研究室的客户包括高校的领导层和决策者、教职员工、学生、家长、媒体和普通群众。虽然不可能获得所有客户的信息反馈,但是研究室可以利用技术获取"群众广泛的呼声"。

一个获得客户反馈的便捷的方法是通过在产品的实际传输中附加上满意度指标要求。通常被用来传送所需产品的电子邮件可以包含调查网站的超链接。收件人可以在还留有印象时链接网页上给出迅速并且匿名的回答,任何问题或者不满意随时都会传回院校研究办公室。相似地,在院校研究室的网络主页底部创建一个链接,点击进去可以接受提问或者"为我们的服务打分",以获得形成性评估。

总结性技术通常都要建立在一年或者是一段时间的基础之上,关注点主要落在收集院校高层领导或者收件人的信息上。通过与用户的随访来获得关于研究室产品的更深层次的满意度信息。不论以何种方式获得反馈,掌握客户对于质量"最重要"的需求,是获得客户驱动质量的关键。例如,有着深入分析能力的数据透视表对某个用户是适用的,而相反的,一个能提供上下文信息和解释的幻灯片展示可能会异常适合另一位用户。

年度或者每两年一次的客户信息调查是院校研究室从内部客户那里获得反馈的有效途径。不同的院校研究室网站上有许多较好的问卷示例。北卡罗来纳州大学办公室的院校规划与分析网站上有这些院校研究室的主页链接。

典型的满意度调查就是寻求客户为得到的产品以及和研究室交流接触的经历进行评价,评价标准采用李克特式量表形式,从"非常满意"到"非常不满意",或者从"极好"到"差评",这是这两个方面获得用户看法的极有效手段。在院校研究室经历方面的示例有:

(1) 网站可用性。
(2) 及时交付性。
(3) 员工知识面。
(4) 责任心。
(5) 员工专业素质。
(6) 使用专业院校研究成果的频度。

产品质量的重点示例:
(1) 客户是否知道院校研究办公室的产品和服务。
(2) 易用性。
(3) 准确性和一致性。
(4) 产品是否符合客户需求。
(5) 产品综合等级。

有效的调查工具可以帮助用户在匿名状态下接受进一步的随访,同时也应该让用户在勾选了最不满意选项的问题下做出具体解释和阐述,以供院校研究室能在特定的问题上进行改进。一般具有代表性的调查上还应该有让用户留下普遍评价和改进建议的地方。

经过深思熟虑和巧妙设计的问卷能够用最少的问题或者尽可能便捷地从客户那里收集到最有用的信息。越简洁,越理想。在提供调查问卷的时候说明"只有八个问题"或者"只需要五分钟"将会吸引那些繁忙的工作者参与调查。比如,帕特-阿马科斯特和阿马科斯特(Pet-Armacost & Armacost,2007)定义了交付质量的六个方面——产品方面(实用性、价值和综合性)还有过程方面(组织、人力消耗和响应性)——来判定那些有明确产品需求的用户是否得到了满足。这六个方面被认为是对质量至关重要的因素,因此在客户反馈上设置六个问题就足以评估该交付产品的成功性(调查问卷的具体设计讨论详见第 29 章)。

比起调查自身更重要的一点是,要确保回收的反馈信息会被用于改进研究办公室的工作。许多院校研究者将客户的调查结果公布在他们的网站上。美国海岸警卫队的指挥官 Thad Allen 曾说:"信息公开透明会产生自我更正。"(Linden,2010)调查结果透明化将会给院校工作者灌输自我问责意识,激励他们落实改革。一旦弱势方面的进程能够得以改变,年复一年的调查追踪将会帮助院校研究办公室看清改革中的措施是否正确有利。

## 寻求外部反馈

尽管自我研究和内部有效性的反馈是必不可少并且有用的,外部的回馈却能给整个院校研究机构带来一个全新的视野和独立的质量保证。也许是因为研究室的专业人员经常感觉自己是孤立的,向外部寻求认可和支持是很自然的行为。事实上,有研究表明,那些寻求别的专业人士给予建议的研究者和那些作为强大的专业团体的一部分工作的研究者会觉得,在给整个机构带来改进的方面,他们会变得更加高效(Delaney,2001)。

在评估有效性时向外界寻求帮助的方式可以是正式的也可以是非正式的,并且可以邀请别人来机构参观或者是去参观其他机构。下面介绍一下将外界对于院校研究室的看法带回办公室的方法和技巧。

### 外部顾问

在高等教育中,利用咨询顾问解决问题确立新政策或新想法是一项历史悠久的传统做法。咨询不仅对现存的院校研究工作有利,而且能对机构的能力进行更全面的检测:①有效地参与数据驱动的决策制定;②明确所需要的技能和专业知识;③帮助设计能完成工作的组织结构。

咨询顾问普遍都有跨机构的洞察力,并且他们能为他人提供解决方案,是名副其实的实力,但是雇佣他们非常昂贵——覆盖差旅和一般开销的支出非常的高。并且,因为他们并不"搞这行",比起可信的外部人员,他们更像是入侵者。咨询顾问可能会依赖通用法则，而不是针对某一特别形势制定专门的解决方案。除此之外，他们普遍不会对后续问题负责，除非事先在合同里有约定。一旦顾问们离开，解决方案的执行就落实到普通话成员身上。

由于理想中的咨询顾问应该拥有扎实的院校研究背景，人们看重的是他在院校研究协会中的关系网以及他背后带的潜力专家组。许多资深的院校研究室的专业人员已经建立了独立的咨询小组。

### 志愿者同行审核

有一个讽刺的说法是这样的：所谓的咨询人士就是离家两百英里外的任何一个人。然而，忽视周围院校机构同事的帮忙确实是种错误，尤其是那些在某一方面拥有突出成绩的机构工作人员。志愿者同行审核是一个次正规的、能够从外部视角带来切实有效策略的存在。这种类型的工作通常是在重申认可的准备阶段完成的，但是一旦需要外部观点并且找到了志愿人员，那么任何时候进行这项工作都是合适的。同行审核可以回顾院校研究所的自我学习成果或者利用相同的模板来检查研究室的运作。同行审核员们可以随意地采访管理者、决策者和产品主要客户。他们会带来上进务实的态度，并且分享的经验对双方都有好处。不足之处是他们的专业知识可能会受限于各自工作的机构和领域。

## 过程基准

许多组织都将标杆管理视为提高绩效和生产的办法。流程标杆管理，通常和全面质量监控和持续质量改进的运作相结合，指研究一些特定的别的院校的工作成果或流程并且吸取其长处以自用。它基于坦诚开放的信息共享。标杆管理既可以是一次性的也可以是持续性的。

麦克劳林和霍华德（McLaughlin & Howard, 2009）介绍了一个利用流程标杆管理来观测其他院校是如何定义院校研究室的职责的案例。我们可以将其他院校的流程和自己的相比较，从而为评测有效性奠定基础。

流程标杆管理始于确立标杆。院校研究办公室是否在不同类别的项目招生上有所欠缺？或者在做调查方面不够？是否因为可变数据库中有相互矛盾的地方而困扰？当领导要求把关于校园的探讨转化为前瞻性研究时，员工是否毫无头绪？

建立项目团队就是为了将那些对标杆项目很有想法学识但并非对此专门负责的个人聚集起来。人们通常将院校执行关键活动的有效性认知作为衡量院校潜能的工具。用于比较的院校数目应当可控，通常四到七个，并且应该有权利在各种报告调查中保持匿名状态。项目团队将关键的教育活动分配职责，确定所需的资源，设立日程安排、规定、衡量标准或者是评定活动的办法，并且确定①首选的执行方案，②影响过程质量的障碍。这个过程将会以参访团队的报告、学习心得交流以及后续推荐事项为结束。为了推行适宜的制度改革，这些报告将会经过常规的决策过程进行进一步探讨。

流程标杆管理执行起来非常困难，代价高昂，并且需要一个主要的资源组织赞助。它需要院校间良好的信任，面对问题时的坦诚相待，以及对于一些限制不足的认同。这个策略制胜的关键是人们能普遍意识到，在某一所院校能够成功运作的流程在另一个不同文化和组织的背景下不一定会成功。

虽然如此，流程标杆管理在评估院校研究室的运作和有效性方面提供了最全面和有用的信息。由于对时间和资源的有效投资，流程标杆管理在短时间需要有效而广泛的改革情况下非常适用。

志愿者同行审核变动是一种更加非正式的流程标杆管理；出于交换流程信息的目的，它需要将不同院校的人员聚集在一起。这对于那些缺少长期经验的院校研究者来说是一个非常有用的策略，使得在计划和发展项目的时候他们能够拥有别的院校的经验丰富者的陪伴、帮助。

## 绩效基准

院校研究室的专业人员对于绩效基准评测异常地熟悉。绩效基准评测是将一系列的测量结果和数字化的标准或者数据点进行比较（McLaughlin & McLaughlin，2007）。这个标准或者数据点可以是别的院校在相同的指标上得到的数据。院校研究室的职员们通常需要花大量的时间编程、绘图，解释用于检测院校研究成果的度量标准，包括院校的继续就学率和毕业率，学生学习经验和财政指标等。

绩效基准对于院校研究室是不是毫无用处的呢？像数据需求的周转时期或者客户服务的满意度反馈这类指标，以其他院校的数据作基准，有可能是毫无意义的。但是，那些最关键的绩效数据——必须获得成功谋以生存的领域——可以使用由格雷克（Gerek，2007）和沃赫斯（Voorhees，2010）发明的检查表这样的调查工具来实现提升。调查的项目可以围绕院校研究的主要进程设计，例如处理数据和信息系统，提供准确及时的数据，设计管理调查，研究并发布成果，设计赞助活动，等等。通过确定愿意参加调查排名的同等院校，院校研究室可以将他们各自的能力和有效性进行比较。这一类的"绩效基准管理"确实做到了过程和结果分析的结合，并且这种做法比之前所说的访问参观花费更少。

在另一方面，通过网页登录或者"博客"的信息交流，院校研究室的专业人员可以有越来越多的机会进行标杆基准管理。在博客上由常见数据机构如 IPEDS、SACS 评估，《美国新闻与世界报道》(*U.S. News and World Report*)以及别的与院校有关话题的虚拟讨论可以帮助从业者时刻了解别人在做什么。标杆管理在制定策略方面的用途已在第 34 章做了详细讨论，标杆管理必要的小组分工见第 36 章介绍。

## 将结论付诸实践

一旦院校研究室经历了综合的学习训练、得到了内部反馈、接收了外部建议，那么是时候来将这一切付之实践了。进行一个差距分析可以为持续改善提升确立方向。所谓差距就是办公室现状和未来理想之间的不同。分析的内容应该是决定为了缩小差距并且达到目标所必须采取的行动。缩小差距的计划应当包括所必需的资源和完成每一阶段的计划表。

尽管这个章节所提供的衡量院校有效性的建议可能在较大的组织中容易实现，但是对于想要持续发展的小型院校研究室也一样适用。在资源受限的情况下，客户反馈显得尤为重要，因为它可以体现出没有满足的需求和额外的人员问题。和其他小型办公室合作的同行审核和绩效基准管理是非常有用的策略，它可以帮助发现别人在处理小型办公室的需求和挑战时是如何找到富有创造性的应对手法的。

成功转型始于在转变要求及转变方向上和院校研究室进行开诚布公的谈话。本章介绍的客户反馈调查或者是其他方法所得到的结果将会清晰展示出转变的初衷以及转变的证明。个人和集体的工作量、工作布置和职责方面的内部共识会为转变集中众人的精力，并且有助于进程进入下一阶段：为了确保更多资源与管理层进行沟通。

为了满足更多资源的要求，提高工作的可视化在提醒管理者注意院校研究办公室工作价值方面非常有用。将自我学习发现的成果、主要的技术指标、工作情况和客户反馈做成报告卡张贴出来可以推动工作进展。将工作支出的费用与所带来的利益进行比较，说明支出-效益关系，可能会是一个成功的策略。

如果现在的预算限制变成了永久的运转的方式，额外的员工和资金将不再是上策。取而代之的则是必须去找到达到最基本需求和更机智灵活工作的办法。在评定院校研究室操作有效性时，这个章节所提出的方法和工具将会为你指出一条明路。

## 参考文献

Chambers, S. (2007). Insights from the Institutional Research Knowledge Base on understanding chief executive needs. IR Activities. IR Applications, vol. 12. Tallahassee, FL: Association for Institutional Research. Retrieved from http://www.airweb.org/page.asp?page=1154

Darton, G., & Darton, M. (1997). *Business process analysis*. London, UK: International Thomson Business Press.

Delaney, A. M. (2001). Institutional researchers' perceptions of effectiveness. *Research in Higher Education*, 42(2), 197-210.

Drucker, P. F. (1962). *The effective executive: The definitive guide to getting the right things done*. Oxford, UK: Elsevier.

Gerek, M. L. (2007). Appendix I, Institutional research activities inventory. IR Activities. IR Applications, vol. 12. Tallahassee, FL: Association for Institutional Research.

Higher Learning Commission (2012). *The New Criteria for Accreditation*. A Commission of the North Central Association of Colleges and Schools. Chicago, IL: The Higher Learning Commission. Retrieved from http://www.ncahlc.org/

Knight, W., (2010). In their own words: Effectiveness in institutional research. AIR Professional File, no. 115. Tallahassee, FL: Association for Institutional Research.

Knight, W., Moore, M., & Coperthwaite, C. (1999). *Knowledge, skills, and effectiveness in institutional research*. New Directions for Institutional Research, no. 104. San Francisco: Jossey-Bass.

Linden, R. (2010, January 13). *Governing*. Retrieved from http://www.governing.com/columns/mgmt-insights/Transparency-Breeds-Self-Correcting-Behavior.html

McLaughlin, G. W., Howard, R., & McLaughlin, J. S. (2009, June). *Assessing effectiveness of the IR function by visiting other institutions*. Paper presented at the Association for Institutional Research Annual Forum, Atlanta, GA.

McLaughlin, G. W., & McLaughlin, J. S. (2007). *The information mosaic: Strategic decisionmaking for universities and colleges*. Washington, DC: AGB Press.

Middle States Commission on Higher Education. (2009). *Characteristics of excellence in higher education*. Philadelphia, PA: Middle States Commission on Higher Education. Retrieved from http://www.msche.org/publications/CHX06_Aug08REVMarch09.pdf, p. 19.

New England Association of Schools and Colleges Commission on Institutions of Higher Education. (2011). *Standards for accreditation*. Bedford, MA: New England Association of Schools and Colleges. Retrieved from http://cihe.neasc.org/standards_policies/standards/standards_html_version

North Carolina State University Office of University Planning and Analysis. (n.d.) Retrieved from http://www2.acs.ncsu.edu/upa/assmt/resource.htm

Northwest Commission on Colleges and Universities. (2010). *Standards for accreditation*. Retrieved from http://www.nwccu.org/Standards%20and%20Policies/Accreditation%20Standards/Accreditation%20Standards.htm

Pet-Armacost, J., & Armacost, R. L. (2007, November). *Performance-based assessment of quality and capability of educational support programs*. Paper presented at the 2007 Assessment Institute, Indianapolis, IN.

Peterson, M. W. (1999, Winter). The role of institutional research: From improvement to redesign. In J. F. Volkwein (series Ed. and vol. Ed.), *What is institutional research all about? A critical and comprehensive assessment of the profession* (pp. 83 - 103). New Directions for Institutional Research, no. 104. San Francisco: Jossey-Bass.

Presley, J. (Ed.). (1990, Summer). *Organizing effective institutional research offices*. New Directions for Institutional Research, no. 66. San Francisco: Jossey-Bass.

Quinn, A., et al. (2009). Service quality in higher education. *Total Quality Management & Business Excellence*, 20(2), 139-152.

Saupe, J., & Montgomery, J. (1970). The nature and role of institutional research: Memo to a college or university. Tallahassee, FL: Association for Institutional Research. Retrieved from http://www3.airweb.org/page.asp?page=84

Southern Association of Colleges and Schools, Commission on Colleges. (2010). *The principles of accreditation: Foundations for quality enhancement 2010 edition*. Decatur, GA: Southern Association of Colleges and Schools. Retrieved from http://www.sacscoc.org/principles.asp

Terenzini, P. T. (1993). On the nature of institutional research and the knowledge and skills it requires. *Research in Higher Education*, 34(1), 1-10.

Voorhees, R. (2010). *Institutional data readiness assessment tool*. Retrieved from http://www.voorheesgroup.org/

Western Association of Schools and Colleges, Accrediting Commission for Senior Colleges and Universities. (2008). *Handbook of accreditation*. Alameda, CA: Western Association of Schools and Colleges. Retrieved from http://www.wascsenior.org/resources

# 后　记

　　教育机构的组织复杂性以及公众态度、观点和情绪的某种激进转变推动了学术管理职能的不断变化。人们对传统的教育程序存在强烈的不满,越来越多的人认为我们的学院和大学管理不善,并且越来越期望采用美国工业和商界的管理理念和技术来缓解或纠正过去十年中所经历的许多难题。我们坚定地要求大学在其运营中变得更高效,并且能够更加有效地处理国家面临的复杂的社会、经济和技术问题(Fincher & McCord,1973)。

　　这些评论提醒了我们,更好地管理学院和大学的挑战一直伴随着院校研究的成长和发展。事实上,在许多方面,这种压力使院校研究得以发展,因为它"是对高等教育各个方面进行的批判性评估"(Suslow,1971)。

## 直到结束才结束

　　欢迎你阅读本手册的最后一部分。你可能从第一页开始,依次阅读每一节和每一章从而到达这里。你也有可能已经在手册中找到了一个感兴趣的或者困惑的点。在这种情况下,我们希望鼓励你继续研究本书中那些能够帮助解决你所面临的挑战的部分或者那些你颇感兴趣的部分。

　　本手册旨在介绍同时面临机遇和责任的院校研究。与院校研究的创始人和建设者一样,目标受众的学术兴趣和专业背景各不相同。它为那些对院校研究感兴趣的人提供了院校研究关键组成部分的概览。它着眼于院校研究在学院和大学的典型职责。它为包括学生在内的行业新人提供了广泛的技术和分析的主题。这些章节的内容和参考资料可以帮助那些对新领域感兴趣或想在熟悉的主题中进一步探讨的人加深理解。换句话说,这不仅仅是一本方法手册、评估手册或统计手册。我们的目的是提供一个框架来支持院校研究的发展。

## 数据丰富,信息贫乏

　　随着经济实惠的计算机主机、高速打印机和低成本打孔卡的出现,该行业催生了一代技术专家和分析师。这些工具使得提供数据成为可能，我们也确实使用 PPBS、RRPM 和 IEP 等工具生成了大量数据。这就是卡梅隆·弗林彻（Cameron Flincher）和迈克尔·麦考德（Michael McCord）在开篇的引言中所描述的阶段。

这一趋势已经延伸到 ERP、CRM 和 MDM 等。并不是只有院校研究人员面临着数据处理器的兴起；那些参与规划、编制预算，掌握信息技术，履行注册职能，管理设备和办公室的人也同样如此。广大社会对增加经费、提高效率的呼声越来越高。

## 有时候你是挡风玻璃，有时候你是漏洞

在 20 世纪 80 年代，光有数据显然是不够的。评估运动是伴随着台式计算机、互联网和综合机构数据库的出现而兴起的。所带来的结果是数据的民主化。我们建立了突变理论的概念模型，出现了 TQM、CQI 以及一系列名字不被文字处理软件所喜欢的模型。学术评估成为了受欢迎的替代 BRHC（Bottom Right Hand Corner）标准的选择。在这一系列事件中，院校研究的数据处理技能似乎不再是讨论的中心。在某些情况下，院校研究办公室在组织中的地位下移，人们更重视满足对外部责任和内部数据管理日益增长的需求。其他的办公室能够利用这一新环境，不仅能够提供用于院校研究的数据，而且能够帮助我们讨论数据意义和结果影响。除了学术和财务诚信外，认证机构还采用了一套新的、不同的标准来衡量院校的成果质量。评估成果和衡量有效性的标准成为讨论的新话题和审查的重点。

## 否认、敌意、报复、沮丧和接受

你可能很清楚库布勒-罗斯（Kubler-Ross）在《死亡与面对死亡》（*On Death and Dying*，1969）中代表压力变化阶段的模型。我们这个行业已经发生了变化。这种变化很大程度上来自技术变革，造成了数据民主化。通过努力，我们将数据重新放到了问题和院校背景中，正如院校研究创始人（第 1 章）所做的那样。院校研究功能的发展正在进入一个新的阶段，它侧重将信息置于具体环境中。方案需要根据其外在效度和结构有效性来判断。决策需要以数据为参照，而不是由数据来制定。正如后记的开篇所述，社会大众仍期望高等教育能对人们想要获得的机会、承受力、成就这些目标作出回应。如果我们想要继续增加院校研究的价值，作为学习者，我们院校研究人员就需要加强自身能力，并在 Terenzini 所有智能层次上从新手转变为专家。

参照美国国家研究委员会（National Research Council）的看法，我们发现新手和专家之间存在着巨大的差异。其中一个关键的区别是，专家拥有元认知能

力——监控问题解决和不断学习的能力。第二个关键方面是适应性专长——更灵活且更能适应外部需求。适应性专长包括掌握元认知（National Research Council, 2000）。元认知和适应性专长使我们能够挑战目前与院校相关的一些传统的定义和规则，包括院校生产什么以及如何对社会做出贡献。我们希望这些章节将帮助院校研究专业人员培养和使用所需要的技能，并进而为其所属院校或机构做出贡献。

## 质量是动态的，改变是一个过程

如何保证这本手册对院校研究工作和你所从事的行业有帮助？首先，我们希望你已经发现了一些能给你的认知视角带来价值的方面。除了学习以外，希望你已经确定了你职业发展的下一步，你可以使用本书提供的参考资料。更重要的是，希望你可以使用此处提供的概念图来构建一个问题，它将指导你完成下一阶段的学习。你的同行分享的院校研究的基本技能和知识，对于促进你的成功有很大的帮助；你的机会就是以他们的努力为起点。

我们现在回到特伦齐尼的想法。要想成为具有最高智能的专家，必须要加强人际关系和对个人的了解。这是职业发展、解决问题、维持生计和可持续发展的关键（尤其是当你发现自己是漏洞而不是挡风玻璃时）。这本手册的三位主编肯定能找出那些在我们的院校研究职业生涯中持续指导和支持过我们的人。有些是同事关系，有些是师徒关系，也有很多是私人友谊。无论用于互动的方法或技术是什么，这些关系都将支撑我们继续前行。院校研究经过近 40 年的发展，仍然面临许多现实挑战，这为那些愿意继续学习并致力于解决问题的人提供了机会。正如 40 年前一样，未来对于院校研究专业人员和学者来说，仍然既是令人兴奋的又是充满挑战的。考虑到院校研究的发展历史和院校研究人员已证明的适应能力，我们来回顾一下西德尼·萨斯洛（Sidney Suslow）在 1971 年谈到院校研究的未来时的观点：

作为高等教育的一个领域，如果院校研究人员既没有屈服于那些希望通过普遍管理方式拯救院校的人群的施压，也没有忽视适当应用管理工具所带来的价值，那么院校研究就会富有成效并且会聚集力量……如果我们为迄今为止取得的成就感到自豪，那么就让我们自命不凡一次吧；但是如果我们满足于这一成就，那么我们就是愚蠢的；如果我们不能加速和扩大我们的成就，那么我们将会非常失望。

## 参考文献

Fincher, C., &; McCord, M. (1973). *Management concepts and academic administration.*

Athens, GA: Institute of Higher Education, University of Georgia.

Kubler-Ross, E. (1969). *On death and dying*. New York: Scribner.

National Research Council. (2000). *How people learn: Brain, mind, experience, and school*. J. D. Bransford, A. L. Brown, R. R. Cocking, M. S. Donovan, and J. W. Pellegrino (Eds.). Washington, DC: National Academy Press.

Suslow, S. (1971), Presidential address: Present reality of institutional research. In C. T. Steward (Ed.), *Institutional research and institutional policy formulation*, Proceedings of the 11th Annual Forum of the Association for Institutional Research, Denver, CO, pp. 1-3.

# 译后记

现代大学已经变成了规模巨大、功能和组织复杂、利益相关者众多、社会责任广泛的社会组织，需要大量的信息和专门知识才能对其有效进行管理。学校的领导人和决策层，很难再依靠传统的经验进行决策与管理大学，通过加强研究，开展科学决策与管理成为一种顺应发展的内在需要。大学越来越需要专业化的机构和人员协助收集数据与信息，研究问题、提供决策咨询与参考。

院校研究（Institutional Research）的蓬勃发展正是顺应了上述需要。院校研究以大学自身管理为研究对象，通过系统收集数据与信息、科学分析数据与信息、提供决策参考与支持，以达到解决实践问题，提高管理科学化水平的目的。院校研究在西方广受重视，尤其是美国的大学普遍建立了院校研究办公室，形成了较为完善的专业化发展体系。中国的院校研究也日益受到重视，近年来中国大学的规划、政策或高等教育研究等相关部门纷纷转型，朝着院校研究专业化机构的方向发展，探索以问题为导向、以数据为支撑、以改进为目标，努力开展本校的问题研究，并加以实践，促进学校管理改进与优化。

《院校研究手册》是美国院校研究协会组织了200多位院校研究专家集体编撰而成，是迄今为止关于美国院校研究最全面的指导手册，是关于院校研究角色、知识和方法讨论的经典著作。通过《院校研究手册》，可以系统了解以下四个方面的内容：一是美国院校研究的历史、理论和实践；二是院校领导和管理的支持；三是缩小院校研究的内外部需求差异；四是院校研究工具和技术。研究与学习《院校研究手册》，对于推动中国大学的院校研究发展、促进中国大学院校研究的专业化与科学化具有重要的参考价值。《院校研究手册》可作为中国大学发展规划、政策研究、教学科研、质量保障、信息化等各个相关管理部门工作参考，也可作为高等教育研究以及专业院系教学与科研参考用书。

《院校研究手册》翻译是一项具有挑战性的工作。本手册的翻译工作由同济大学高等教育研究所牵头，联合复旦大学高等教育研究所共同完成。本手册第1—7章由同济大学高桂娟、陈乐翻译，第8—11章由同济大学蔡三发翻译，第12—16章由同济大学王雁翻译，第17—21章由同济大学张端鸿翻译，第22—26章由同济大学钟之阳翻译，第27—38章由复旦大学熊庆年、郑雅君组织谢楚君、梅兰尹、钱怡明、唐俊超、王雪松、梁丹妮、宋嘉楠、兰加雄、余颖贞、龚立瑾等学生翻译,全书由蔡三发、熊庆年、张端鸿、王雁、李玲玲统筹组织翻译及校稿。在翻译过程中,得到了同济大学王倩、赵蓉、靳霄琪、刘宇馨、赵小凡、许洋、赵启晶等研究生的协助与支持,在此表示感谢。同时,感谢刘献君、赵炬明、常桐善等国内外院校研究专家在翻译过程中提供的指导与帮助。此外,本手册的出版也要感谢同济大学出版社的大力支持,感谢翁晗、熊磊丽、赵泽毓等编辑的辛勤工作。

由于译者水平所限,本手册的翻译难免存在错误与不足之处,欢迎读者批评指正。

蔡三发<br>
2021年6月于同济大学